■2025年度中学受験用

芝浦工業大学附属中学校

5年間(＋3年間HP掲載)スーパー過去問

●収録内容一覧

入試問題と解説・解答の収録内容

2024年度　１回	算数・理科・国語	実物解答用紙DL
2024年度　２回	算数・理科・国語	実物解答用紙DL
2023年度　１回	算数・理科・国語	実物解答用紙DL
2023年度　２回	算数・理科・国語	実物解答用紙DL
2022年度　１回	算数・理科・国語	実物解答用紙DL
2022年度　２回	算数・理科・国語	実物解答用紙DL
2021年度　１回	算数・理科・国語	
2021年度　２回	算数・理科・国語	
2020年度　１回	算数・理科・国語	

2019～2017年度（HP掲載）

「カコ過去問」
（ユーザー名）koe
（パスワード）w8ga5a1o

問題・解答用紙・解説解答DL

◇著作権の都合により国語と一部の問題を削除しております。
◇一部解答のみ（解説なし）となります。
◇９月下旬までに全校アップロード予定です。
◇掲載期限以降は予告なく削除される場合があります。

～本書ご利用上の注意～　以下の点について，あらかじめご了承ください。

★別冊解答用紙は巻末にございます。実物解答用紙は，弊社サイトの各校商品情報ページより，一部または全部をダウンロードできます。
★編集の都合上，学校実施のすべての試験を掲載していない場合がございます。
★当問題集のバックナンバーは，弊社には在庫がございません（ネット書店などに一部在庫あり）。

合格を勝ち取るための
『スーパー過去問』の使い方

本書に掲載されている過去問をご覧になって，「難しそう」と感じたかもしれません。でも，多くの受験生が同じように感じているはずです。なぜなら，中学入試で出題される問題は，小学校で習う内容よりも高度なものが多く，たくさんの知識や解き方のコツを身につけることも必要だからです。ですから，初めて本書に取り組むさいには，点数を気にしすぎないようにしましょう。本番でしっかり点数を取れることが大事なのです。

過去問で重要なのは「まちがえること」です。自分の弱点を知るために，過去問に取り組むのです。当然，まちがえた問題をそのままにしておいては意味がありません。

本書には，長年にわたって中学入試にたずさわっているスタッフによるていねいな解説がついています。まちがえた問題はしっかりと解説を読み，できるようになるまで何度も解き直しをしてください。理解できていないと感じた分野については，参考書や資料集などを活用し，改めて整理しておきましょう。

このページも参考にしてみましょう！

◆どの年度から解こうかな　「入試問題と解説・解答の収録内容一覧」

本書のはじめには収録内容が掲載されていますので，収録年度や収録されている入試回などを確認できます。

※著作権上の都合によって掲載できない問題が収録されている場合は，最新年度の問題の前に，ピンク色の紙を差しこんでご案内しています。

◆学校の情報を知ろう!!「学校紹介ページ」

このページのあとに，各学校の基本情報などを掲載しています。問題を解くのに疲れたら息ぬきに読んで，志望校合格への気持ちを新たにし，再び過去問に挑戦してみるのもよいでしょう。なお，最新の情報につきましては，学校のホームページなどでご確認ください。

◆入試に向けてどんな対策をしよう？「出題傾向＆対策」

「学校紹介ページ」に続いて，「出題傾向＆対策」ページがあります。過去にどのような分野の問題が出題され，どのように対策すればよいかをアドバイスしていますので，参考にしてください。

◇別冊「入試問題解答用紙編」

本書の巻末には，ぬき取って使える別冊の解答用紙が収録してあります。解答用紙が非公表の場合などを除き，（注）が記載されたページの指定倍率にしたがって拡大コピーをとれば，実際の入試問題とほぼ同じ解答欄の大きさで，何度でも過去問に取り組むことができます。このように，入試本番に近い条件で練習できるのも，本書の強みです。また，データが公表されている学校は別冊の１ページ目に過去の「入試結果表」を掲載しています。合格に必要な得点の目安として活用してください。

本書がみなさんの志望校合格の助けとなることを，心より願っています。

株式会社　声の教育社　編集部

芝浦工業大学附属中学校

所在地	〒135-8139 東京都江東区豊洲6-2-7
電　話	03-3520-8501
ホームページ	https://www.fzk.shibaura-it.ac.jp/
交通案内	東京メトロ有楽町線「豊洲駅」6b出口より徒歩７分 ゆりかもめ「新豊洲駅」南口より徒歩１分

くわしい情報はホームページへ

トピックス

★2021年4月より，男女共学化となりました。
★2026年度入試より，3教科入試から4教科入試（社会の論述問題を出題）になります。

創立年 昭和57年　男女共学　高校募集あり

応募状況

年度	募集数			応募数	受験数	合格数	倍率
2024	①	90名	男	340名	312名	63名	5.0倍
			女	122名	115名	37名	3.1倍
	②	50名	男	435名	308名	46名	6.7倍
			女	147名	101名	22名	4.6倍
	言語	15名	男	168名	128名	20名	6.4倍
			女	50名	39名	6名	6.5倍
	英語		男	28名	25名	3名	8.3倍
			女	10名	10名	4名	2.5倍

学校説明会等日程（※予定）

○学校説明会　※要予約
［春夏］いずれか１回のみ予約可能
　６月１日　10：30～11：50
　６月28日　10：30～11：50
　９月14日　10：30～11：50
［秋］いずれか１回のみ予約可能
　10月26日　９：30～11：50
　11月16日　14：00～16：00
○SHIBAURA DAY　※要予約
　６月15日午後／11月４日午前・午後
○SHIBAURA GIRLS' DAY　※要予約
　６月23日午前・午後

入試情報（参考：昨年度）

○試験日程（募集人数）
　第１回…２月１日午前（男女計90名）
　第２回…２月２日午前（男女計50名）
　言語・探究入試／英語入試…
　　　　２月２日午後（男女計15名）
○試験科目
　第１回・第２回…国語・算数・理科
　※各教科の試験時間内に，聞いて解く問題（リスニング）を実施。
　言語・探究入試…言語技術と探究・算数
　英語入試…英語・算数

<算数の配点における変更点>
　正答を導けるだけでなく，解く過程を他者に説明できる力をはかるため，「式や考え方」と「答え」のそれぞれに配点があります。

2023年度の主な他大学合格実績

<国公立大学>
東北大，筑波大，千葉大，横浜国立大，埼玉大，電気通信大，東京都立大

<私立大学>
慶應義塾大，早稲田大，上智大，東京理科大，明治大，青山学院大，立教大，中央大，法政大，学習院大，成蹊大，成城大，明治学院大，國學院大，武蔵大，日本大，東洋大，駒澤大，専修大，東京都市大，東京電機大，順天堂大

※芝浦工業大学への附属校推薦制度があります。

編集部注一本書の内容は2024年4月現在のものであり，変更されている場合があります。正式な情報は，学校のホームページ等で必ずご確認ください。

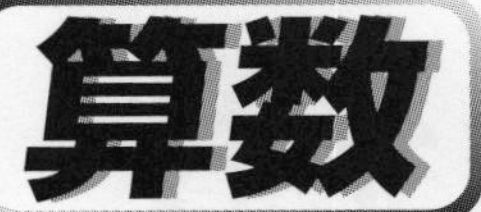

算数 出題傾向＆対策

◆基本データ（2024年度１回）

試験時間／満点	60分／120点
問題構成	・大問数…５題 計算・応用小問１題（４問）／応用小問１題（５問）／応用問題２題／放送問題１題 ・小問数…17問
解答形式	計算・応用小問の一部をのぞくほとんどの問題で，式や計算，図をかくスペースがもうけられている。
実際の問題用紙	Ａ４サイズ，小冊子形式
実際の解答用紙	Ａ３サイズ，両面印刷

◆出題傾向と内容

▶過去３年の出題率トップ３
１位：体積・表面積12％　２位：四則計算・逆算，構成・分割11％
▶今年の出題率トップ３
１位：角度・面積・長さ17％　２位：場合の数，四則計算・逆算など９％

計算・応用小問は，小数や分数をふくむ四則計算，逆算，やさしめの特殊算，図形の面積・体積，規則性などとなっています。

応用問題では，複雑な条件を整理する問題や，図形の問題が中心です。図形は，以前は面積や体積などを求める問題が主流でしたが，最近は，立体図形を切断した立体の体積を問うものや，回転体の表面積を問うもの，図形の面積・体積の求め方を示して複雑な図形に応用させるものなど，より高度なものとなっています。

◆対策〜合格点を取るには？

全体的に見て，受験算数の基本をおさえることが大切です。まず，計算力（解く速さと正確さ）をつけましょう。ふだんから，計算式をていねいに書く習慣をつけておいてください。難しい計算や複雑な計算をする必要はありません。毎日少しずつ練習していきましょう。

図形については，基本的な性質や公式を覚え，応用問題については，旅人算などの速さの変化，点の移動と面積の変化などを読み取れるように練習しておくこと。特殊算については，教科書などの例題を中心に，かたよりなく習得しておきましょう。

分野 ＼ 年度		2024		2023		2022	
		1回	2回	1回	2回	1回	2回
計算	四則計算・逆算	◎	○	◎	◎	◎	◎
	計算のくふう		○			○	
	単位の計算						
和と差	和差算・分配算					○	
	消去算						
	つるかめ算		◎	○			
	平均とのべ						
	過不足算・差集め算						
	集まり					○	
	年齢算						
割合と比	割合と比						○
	正比例と反比例						○
	還元算・相当算				○	○	○
	比の性質	○					
	倍数算		○				○
	売買損益						○
	濃度	○		○			
	仕事算				○		
	ニュートン算						
速さ	速さ		○		○		
	旅人算	○			○		
	通過算					○	
	流水算						
	時計算			○			
	速さと比		○			○	
図形	角度・面積・長さ	◎	●	◎	○	○	●
	辺の比と面積の比・相似		○		○		○
	体積・表面積	◎		◎	◎	●	○
	水の深さと体積			◎			
	展開図		○		◎		
	構成・分割	◎	○		◎	○	◎
	図形・点の移動	○		○	○	○	○
表とグラフ			○	○	○	○	
数の性質	約数と倍数						
	N進数						
	約束記号・文字式						
	整数・小数・分数の性質	○					
規則性	植木算						
	周期算						○
	数列	○			○		○
	方陣算						
	図形と規則						
場合の数		○	◎	○		○	○
調べ・推理・条件の整理		○				○	
その他		○	○	○	○	○	○

※　○印はその分野の問題が１題，◎印は２題，●印は３題以上出題されたことをしめします。

理科 出題傾向＆対策

◆基本データ（2024年度１回）

試験時間／満点	50分／100点
問題構成	・大問数…７題 ・小問数…34問
解答形式	記号選択と適語・数値の記入のほかに，１～２行の記述問題も見られる。
実際の問題用紙	Ａ４サイズ，小冊子形式
実際の解答用紙	Ａ３サイズ

分野＼年度		2024		2023		2022	
		1回	2回	1回	2回	1回	2回
生命	植物	★		○		★	○
	動物		★		★		○
	人体			★			
	生物と環境						★
	季節と生物						
	生命総合						
物質	物質のすがた						
	気体の性質	○	★	★	★		
	水溶液の性質	★	○	★	★		
	ものの溶け方	○	★			★	
	金属の性質						★
	ものの燃え方		★		★		
	物質総合	★				★	★
エネルギー	てこ・滑車・輪軸	★					★
	ばねののび方	○		★			
	ふりこ・物体の運動					★	○
	浮力と密度・圧力		★			○	
	光の進み方		★		★		
	ものの温まり方						
	音の伝わり方						
	電気回路	★		★		★	★
	磁石・電磁石				★		
	エネルギー総合						
地球	地球・月・太陽系	★	★	★			★
	星と星座						
	風・雲と天候						
	気温・地温・湿度						
	流水のはたらき・地層と岩石	★			★		
	火山・地震				○	★	
	地球総合						
実験器具				○	○		
観察							
環境問題					○	★	
時事問題							
複数分野総合				★	★	★	★

※　★印は大問の中心となる分野をしめします。

◆出題傾向と内容

あるテーマにそった小問集合題や，分野別の応用問題によって構成されています。

●生命…セミ，ヒトのからだのつくりとはたらき，植物のつくりとはたらき，生物と環境などが取り上げられています。実験にもとづいた問題構成になっていることが多いようです。

●物質…ものの燃え方，金属の性質と反応，気体の発生と性質，ものの溶け方，水溶液の性質などが出題されています。基礎知識にそった平易なものが多く見られます。

●エネルギー…とつレンズ，物体の運動，回路と電流，滑車やばねの性質，浮力なども取り入れられ，複雑化されたてこも出ています。計算問題が多くふくまれており，やっかいに感じられるかもしれません。ほかに，電磁石，光の進み方と反射も出されています。

●地球…地震，柱状図，岩石と化石，金星の動きと見え方，などが出されています。特に天体(太陽や月の動きと見え方，太陽系など)がよく出題されているようです。

◆対策～合格点を取るには？～

本校の理科は，設問の内容が基礎的なものにある程度限られていることから，基礎的な知識をはば広く身につけるのが，合格への近道です。

「生命」は，身につけなければならない基本知識の多い分野ですから，確実に学習する心がけが大切です。ヒトのからだ，動物や植物のつくりと成長などを中心に知識を深めましょう。

「物質」では，気体や水溶液，金属などの性質に重点を置いて学習してください。中和反応や濃度など，表やグラフをもとに計算させる問題にも積極的に取り組むように心がけましょう。

「エネルギー」では，てんびんとものの重さ，てこ，輪軸，ふりこの運動などについて，基本的な考え方をしっかりマスターし，さまざまなパターンの計算問題にチャレンジしてください。また，かん電池のつなぎ方や方位磁針のふれ方，磁力の強さなども出題が予想される単元です。

「地球」では，太陽・月・地球の動き，季節と星座の動き，天気と気温・湿度の変化，地層のでき方などが重要なポイントです。このほか，さまざまな環境問題や科学ニュースについてもノートにまとめるなどしておきましょう。

国語 出題傾向＆対策

◆基本データ（2024年度１回）

試験時間／満点	60分／120点
問題構成	・大問数…６題 文章読解題３題／知識問題２題／放送問題１題 ・小問数…29問
解答形式	記号選択と，字数制限のある記述問題から構成されている。ほかに，放送問題も出題されている。
実際の問題用紙	Ａ４サイズ，小冊子形式
実際の解答用紙	Ａ３サイズ，両面印刷

◆出題傾向と内容

▶近年の出典情報（著者名）
説明文：山口真美　山岸敏男　稲垣栄洋
小　説：相沢沙呼　辻村深月　まはら三桃
韻　文：吉田瑞穂　まど・みちお　原田亘子

●読解問題…説明文・論説文と小説・物語文（または随筆）が各１題ずつ出されます。さらに，韻文も毎年のように取り上げられています（鑑賞文とあわせて出されることもある）。出題される問題も多様で，内容や主題の読み取り，表現技法，形式，詩の種類などのほか，空らんにあてはまる語句を自分で考えて補充する問題など，表現力や想像力も問われます。

●知識問題…漢字の書き取りが出題されるほか，慣用句を使った短文づくり，ことわざ，ことばの意味，類義語，正しい日本語が用いられた文を選ぶ問題などが見られます。

◆対策～合格点を取るには？～

入試で正しい答えを出せるようにするためには，なるべく多くの読解題にあたり，出題内容や形式に慣れることが大切です。問題集に取り組むさいは，指示語の内容や接続語に注意しながら，文章がどのように展開しているかを読み取ること。答え合わせをした後は，漢字やことばの意味を辞書で調べるのはもちろん，正解した設問でも解説をしっかり読んで解答の道すじを明らかにしましょう。

知識問題については，分野ごとに，短期間に集中して覚えるのが効果的といえます。ただし，漢字については，毎日少しずつ学習するとよいでしょう。

分野＼年度			2024		2023		2022	
			1回	2回	1回	2回	1回	2回
読	文章の種類	説明文・論説文	★	★	★	★	★	★
		小説・物語・伝記	★	★	★	★	★	★
		随筆・紀行・日記						
		会話・戯曲						
		詩	★	★	★			★
		短歌・俳句				★	★	
解	内容の分類	主題・要旨				○		○
		内容理解	○	○	○	○	○	○
		文脈・段落構成	○	○	○	○	○	○
		指示語・接続語	○	○	○	○	○	○
		その他	○	○	○	○	○	○
知	漢字	漢字の読み						
		漢字の書き取り	★	★	★	★	★	★
		部首・画数・筆順						
	語句	語句の意味	○					
		かなづかい						
		熟語		○	○	○	○	○
		慣用句・ことわざ	○	○	○	○	○	○
識	文法	文の組み立て						
		品詞・用法	○	○	○	○	○	○
		敬語				○		
	形式・技法			○				
	文学作品の知識							
	その他		○	○	○		○	○
	知識総合		★	★	★	★	★	★
表現	作文							
	短文記述		○	○	○	○	○	○
	その他							
放送問題			★	★	★	★	★	★

※　★印は大問の中心となる分野をしめします。

Memo

2024年度 芝浦工業大学附属中学校

【算　数】〈第１回試験〉（60分）〈満点：120点〉

〈編集部注：1の音声は学校ＨＰで確認できます。（右の二次元コードからアクセス可能）〉

〔注意〕１．1は聞いて解く問題です。聞いて解く問題は，試験開始後すぐに放送します。

２．3以降は，答えだけではなく式や考え方を書いてください。式や考え方にも得点があります。

３．定規（じょうぎ）とコンパスを使用してもかまいませんが，三角定規と分度器を使用してはいけません。

４．作図に用いた線は消さないでください。

５．円周率が必要な場合は，すべて3.14で計算してください。

1 この問題は聞いて解く問題です。

聞いて解く問題は全部で(1)と(2)の２題です。(1)は１問，(2)は①と②の２問あります。問題文の放送は１回のみです。問題文が流れているときはメモを取ってもかまいません。ひとつの問題文が放送された後，計算したり，解答用紙に記入したりする時間はそれぞれ１分です。聞いて解く問題の解答は答えのみを書いてください。ただし，答えに単位が必要な場合は必ず単位をつけてください。

(2)

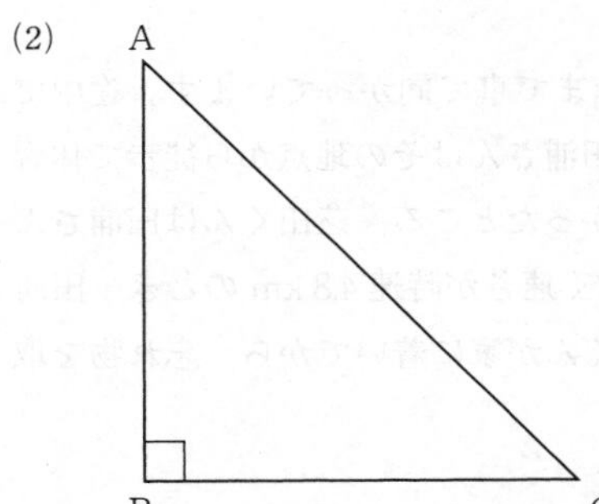

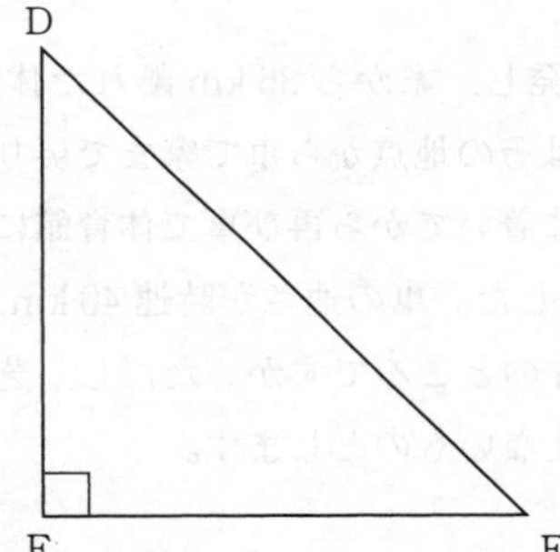

2 次の各問いに答えなさい。ただし，答えのみでよい。

(1) $0.64\times\dfrac{2}{7}\times\left(3-1\dfrac{1}{4}\right)+0.42\div\left(0.75+\dfrac{3}{4}\right)$ を計算しなさい。

(2) □にあてはまる数を求めなさい。

$(9\div\square+1.8\div6)\times\dfrac{10}{11}=3$

(3)　１から９までの数字が書かれた９枚のカードから同時に３枚のカードを取り出します。このとき，３枚のカードに書かれた数の和が２の倍数となるような取り出し方は何通りありますか。

(4)　右の図のように，長方形ABCDの中に半径１cmの円があります。円が長方形の内側の辺上をすべることなく転がるとき，円が通過することができる部分の面積を求めなさい。

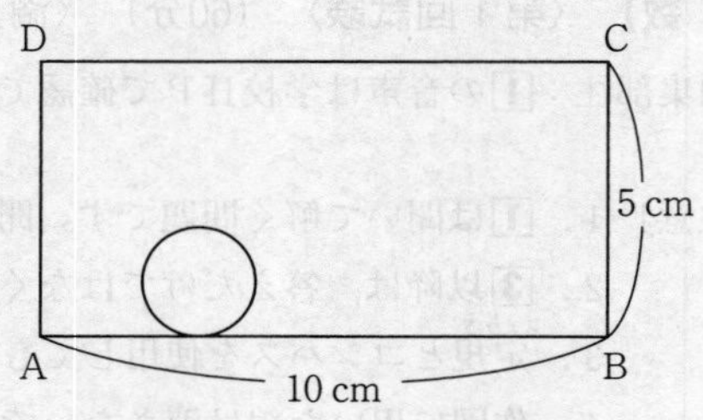

3　次の各問いに答えなさい。

(1)　120円の商品Ａと80円の商品Ｂを合計420個売りました。商品Ａの売上金の合計と商品Ｂの売上金の合計の比が２：１のとき，商品Ａの売れた個数を求めなさい。

(2)　芝田くんと田浦さんは，家を出発し，家から36 km離(はな)れた体育館まで車で向かっています。途(と)中で忘れ物に気づいたため，芝田くんはその地点から車で家まで戻(もど)り，田浦さんはその地点から徒歩で体育館に向かいました。芝田くんが家に着いてから再び車で体育館に向かったところ，芝田くんは田浦さんよりも10分遅(おく)れて体育館に着きました。車の速さが時速40 km，歩く速さが時速4.8 kmのとき，田浦さんが歩き始めたのは家から何kmのところですか。ただし，芝田くんが家に着いてから，忘れ物を取って再び家を出るまでの時間は考えないものとします。

(3)　１から50までの整数をすべてかけた数$1\times2\times3\times4\times5\times\cdots\times50$は，一の位から０が何個連続して並ぶか求めなさい。

(4)　図のような２つの円すいがあります。２つの円すいの表面積が等しいとき，□にあてはまる数を求めなさい。

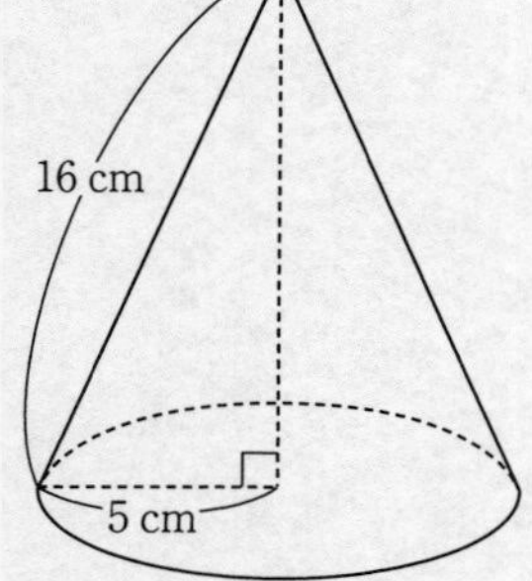

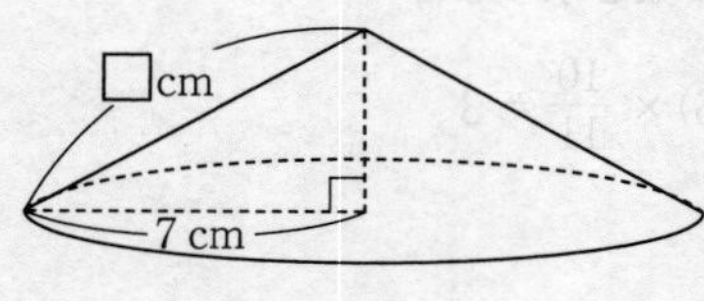

(5)　図のような四角形 ABCD について，頂点Ｄが点Ｅと重なるように折ります。このときにできる折り目を作図しなさい。（この問題は答えのみでよい）

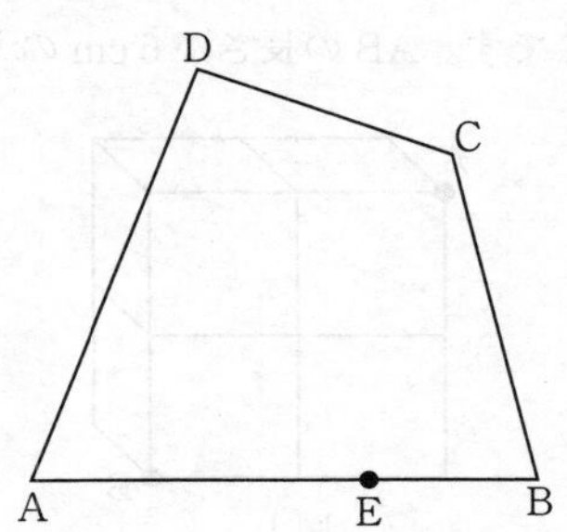

4　右の表のように整数を規則的に並べ，４つの数を四角で

A	B
C	D

のように囲みます。四角で囲んだ４つの数の和を≪Ａ≫とします。

例えば，≪９≫は

9	16
8	15

なので，

≪９≫＝ 9 ＋ 16 ＋ 8 ＋ 15 ＝ 48 です。

	1列目	2列目	3列目	4列目	…
1段目	1	4	9	16	…
2段目	2	3	8	15	…
3段目	5	6	7	14	…
4段目	10	11	12	13	…
⋮	⋮	⋮	⋮	⋮	⋱

次の各問いに答えなさい。

(1)　≪49≫を求めなさい。

(2)

A	B
C	D

において，Ａ＋Ｄ＝Ｂ＋Ｃとならないような数Ａを２つあげなさい。（この問題は答えのみでよい）

(3)　≪○≫が４の倍数とならないような２けたの数○のうち，最も小さいものを求めなさい。

(4)　≪□≫＝ 2024 になるような数□を求めなさい。

5 次の各問いに答えなさい。

(1)　図１は立方体を４個重ねた立体Ｘです。ABの長さが６cmのとき，立体Ｘの表面積を求めなさい。

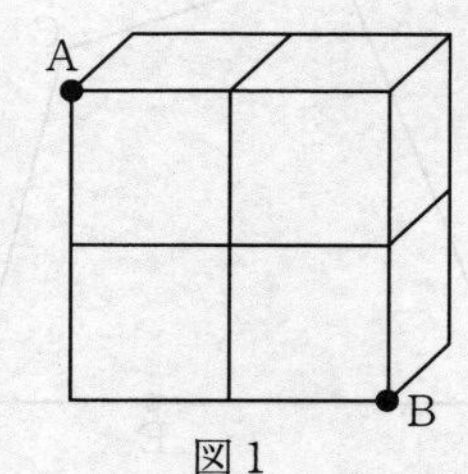

図１

(2)　図２は(1)と異なる大きさの立方体を16個積み上げたものです。この立体をＹとするとき，次の①，②に答えなさい。

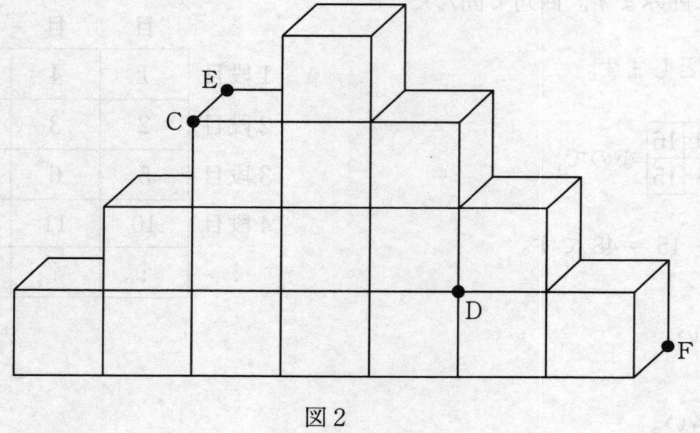

図２

①　CDの長さが10cmのとき，立体Ｙの表面積を求めなさい。

②　立体Ｙを３点Ｃ，Ｅ，Ｆを通る平面で切断したとき，切断後の２つの立体の体積の比を最も簡単な整数の比で答えなさい。

【理　科】〈第１回試験〉（50分）〈満点：100点〉

〈編集部注：1の音声は学校ＨＰで確認できます。（右の二次元コードからアクセス可能）〉

〔注意〕1は聞いて解く問題です。聞いて解く問題は，試験開始後すぐに放送します。

1　この問題は聞いて解く問題です。

聞いて解く問題は全部で３題です。問題文の放送は１回のみです。メモをとっても構いません。ひとつの問題文が放送されたあと、解答用紙に記入する時間は15秒です。聞いて解く問題の解答は答えのみを書いてください。

(1)

(2)

(3)

ア．９時間　　イ．12時間　　ウ．16時間　　エ．19時間

2　次の文を読み、あとの問いに答えなさい。

もとの長さが20 cmで、20 gのおもりをつけると3 cmのびるばねＡと、もとの長さが30 cmで、20 gのおもりをつけると2 cmのびるばねＢ、長さ60 cmの一様な変形しない棒を用いて、**〔実験１〕**～**〔実験３〕**を行いました。ただし、棒はすべて同じものを使用し、おもり以外の重さは考えないものとします。

〔実験１〕

（図１）のように、かべにとりつけたばねＡ、ばねＢと棒を一直線にとりつけたところ、全体の長さが120 cmになったところで静止した。

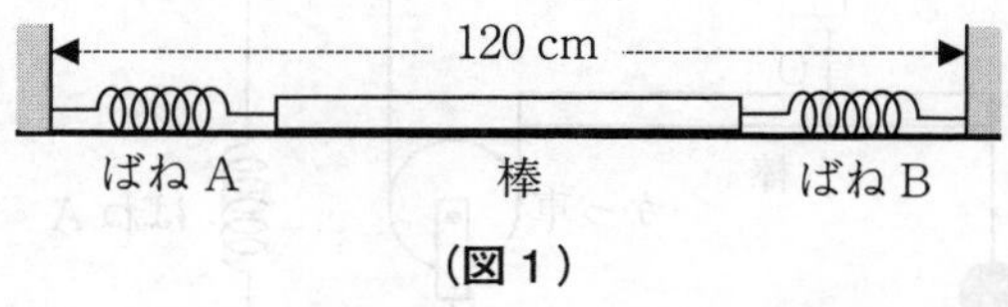

（図１）

〔**実験２**〕

ばねＡ、ばねＢ、２本の棒、150ｇのおもり、重さの分からないおもりＸを（**図２**）のように組み合わせたところ、ばねＡとばねＢの長さは等しくなり、２本の棒は水平につり合った。なお下側の棒において、おもりＸをとりつけた位置から糸までの距離（きょり）は45 cmである。

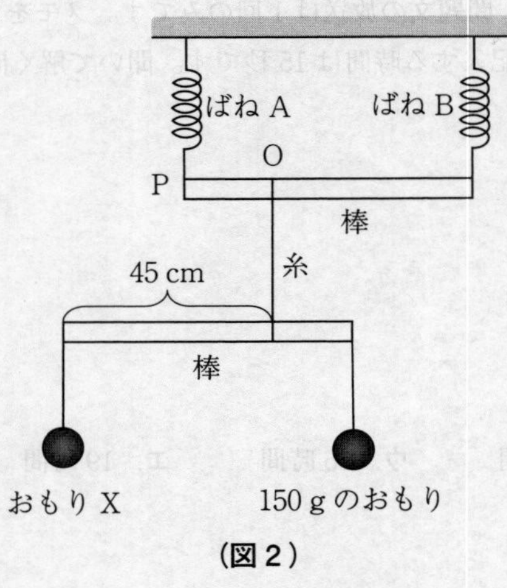

（**図２**）

〔**実験３**〕

３本のばねＡ、棒、100ｇのおもり、重さの分からないおもりＹ、おもりＺ、２つのかっ車、半径の比が2:3の輪じくを（**図３**）のように組み合わせたところ、３本のばねはすべて同じ長さになり、棒は水平につり合った。

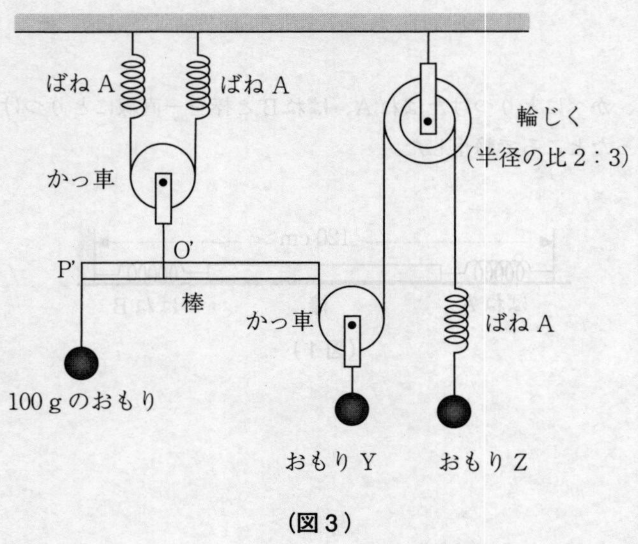

（**図３**）

(1) **〔実験1〕**において、ばねAの長さは何cmですか。

(2) **〔実験2〕**において、おもりXの重さは何gですか。

(3) **〔実験2〕**において、ばねA、Bの長さは何cmですか。

(4) **〔実験2〕**において、糸をとりつけた支点Oの位置は、棒の左はし（点P）から何cmのところにありますか。

(5) **〔実験3〕**において、おもりY、Zの重さはそれぞれ何gですか。

(6) **〔実験3〕**において、かっ車をとりつけた支点O'の位置は、棒の左はし（点P'）から何cmのところにありますか。

3 次の文は芝雄（しばお）さんと先生の会話文です。あとの問いに答えなさい。ただし、数値を答えるときは小数第1位を四捨五入して、整数で答えなさい。

芝雄さん：先生は先日胃が痛いと言って、胃腸薬を飲まれていましたよね。主成分は何ですか。

先生　：炭酸水素ナトリウムですね。

芝雄さん：炭酸水素ナトリウムって、私たちが普段（ふだん）料理のときなどに（　a　）とよんでいるものですよね。胃腸薬にも使われているのですね。

先生　：そうですね。ただし、（　a　）を料理でベーキングパウダーとして使うときと胃腸薬として使うときに起こっている変化は実は少しちがいます。

芝雄さん：ベーキングパウダーの場合は加熱する変化ですものね。

先生　：一方で、胃腸薬の場合は（　b　）と反応することが目的とされています。このときに起こる反応は中和とよばれますね。

芝雄さん：医薬品って面白いですね。でも、医薬品を量産するのは大変だと聞いたことがあります。

先生　：環境（かんきょう）負荷が大きいことも問題になっています。少ない原料で多くの製品を作れることが理想です。ここで、**原料と製品の「重さの比率」**のことをアトムエコノミーと言います。

（図1）は原料A、B、Cから製品Dを作る経路を示したものです。40gの物質Aと60gの物質Bが反応すると50gの物質A'と50gの物質B'が生じます。さらに、50gの物質A'と30gの物質Cが反応すると52gの物質Dと28gの物質C'が生じます。

A + B → A' + B'	A' + C → D + C'
原料　原料	原料　製品

（図1）

物質A′を作るとき、アトムエコノミーは$50\div(40+60)\times100=50$%だと求めることができます。製品Dを作るとき、アトムエコノミーは$52\div(40+60+30)\times100=40$%だと求めることができます。

芝雄さん：例えば原料240ｇから４段階の変化を経て180ｇ得られるなら、この場合はアトムエコノミーは（　c　）%ですね。

先生　：中和の変化では変化がほぼ100％進むのでその考え方でいいのですが、多くの医薬品は有機物で、100％変化が進むことは少ないです。もし各段階の変化がすべて90％進むとしたら、アトムエコノミーはもっと小さくなります。現代ではほしい化学物質があっても、環境への負担を考えるようになりました。このような考え方をグリーンケミストリーと言います。蒸留や物質の変化のために加熱に使う燃料や、ろ過で廃棄(はいき)する物質など、すべての物質をむだなく使うことがこれからの時代では求められます。

(1)　（　a　）に適する語句は何ですか。**ア**～**エ**から選び記号で答えなさい。

ア．うま味調味料　　**イ**．重そう　　**ウ**．砂糖　　**エ**．片栗(くり)粉

(2)　（　b　）に適する言葉は何ですか。**ア**～**エ**から選び記号で答えなさい。

ア．水酸化ナトリウム　　**イ**．水　　**ウ**．二酸化炭素　　**エ**．塩酸

(3)　（　c　）に入る数値を答えなさい。

(4)　ベンゼンをもとに、フェノールを作るときのアトムエコノミーを求めます。＜条件１＞～＜条件３＞を満たすように変化するとき、あとの①、②について答えなさい。

78ｇのベンゼンと42ｇのプロペンを反応させクメンを得て、さらに酸素と反応させ物質Ｅを作る。この物質Ｅを分解して製品であるフェノールができる。

＜条件１＞ベンゼンとプロペンは13：7の重さの比で反応し、90％だけ反応が進行し、クメンができる。このときにほかの物質は生じない。

＜条件２＞クメンと酸素は10：3の重さの比で反応し、100％反応が進行し、物質Ｅができる。このときにほかの物質は生じない。

＜条件３＞物質Ｅの分解は100％進行し、フェノールと物質Ｆが3：2の重さの比で生じる。

①　78ｇのベンゼンと42ｇのプロペンを反応させてクメンを得て、さらに酸素と反応させ物質Ｅを作るとき、反応する酸素の重さはいくらですか。

②　アトムエコノミーは最大何%ですか。

(5) 芝雄さんは物質を変化させる順番がアトムエコノミーに関係あるのか気になり、次のようなモデルを考えました。

（図２）の 100 g の物質 X は●の部分を 50 g、△の部分を 50 g もつ。●、△、■、☆の重さの比は 1：1：1：1 である。

<操作１>**（図２）**の△の部分は加熱すると☆になり、この変化は 80 % 進行する。

<操作２>**（図２）**の●の部分は物質 Y と反応して■になり、物質 Y は 50 g 分の●に対して 100 g 必要であるが、この変化は 50 % しか進行しない。

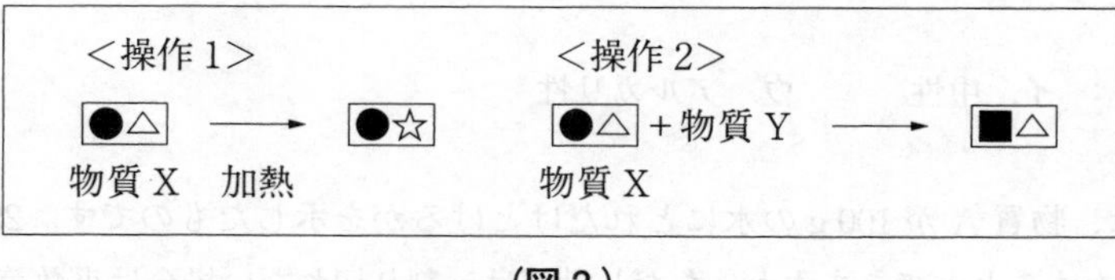

（図２）

物質 X ●△ をもとに、物質 Z ■☆ を作る場合、**（図２）**の<操作１>、<操作２>の順番に反応するとアトムエコノミーは 22 % と求まります。<操作２>、<操作１>の順番に反応すると、アトムエコノミーは何％ですか。

4 次の文を読み、あとの問いに答えなさい。

① 私たちがよく知る石灰水には、多くのカルシウムがふくまれる。石灰水は、物質 A の飽和水溶液である。いま、石灰水に気体 G を通したところ、物質 B が生じ、溶液が白くにごった。

② スーパーなどで売られている水や水道水は、純すいな水ではなく、マグネシウムやカルシウムなどがわずかにとけている。これらがふくまれている量によって、私たちが感じる味や、セッケンの泡立ちなどがことなる。これは、水の硬度がことなるためである。硬度は、日本では、水 1 L にとけているマグネシウムの重さ X [mg] とカルシウムの重さ Y [mg] をもとに、次の式で計算される。

$$(\text{硬度}) = 4.1 \times X + 2.5 \times Y$$

(1) 気体 G として正しいものはどれですか。**ア**～**エ**から選び記号で答えなさい。

ア．酸素　　**イ**．ちっ素　　**ウ**．二酸化炭素　　**エ**．ヘリウム

(2) 物質Ａ、物質Ｂの組み合わせとして正しいものはどれですか。**ア～エ**から選び記号で答えなさい。

	物質Ａ	物質Ｂ
ア	水酸化カルシウム	酸化カルシウム
イ	水酸化カルシウム	炭酸カルシウム
ウ	塩化カルシウム	酸化カルシウム
エ	塩化カルシウム	炭酸カルシウム

(3) 物質Ａ、気体Ｇをそれぞれ水にとかした水溶液は、何性になりますか。**ア～ウ**から選び記号で答えなさい。

ア．酸性　　**イ．**中性　　**ウ．**アルカリ性

(4) **（グラフ）**は、物質Ａが100ｇの水にどれだけとけるかを示したものです。25℃の水400ｇには物質Ａは何ｇとかすことができますか。ただし計算は、割り切れない場合は小数第３位を四捨五入して、小数第２位まで答えなさい。

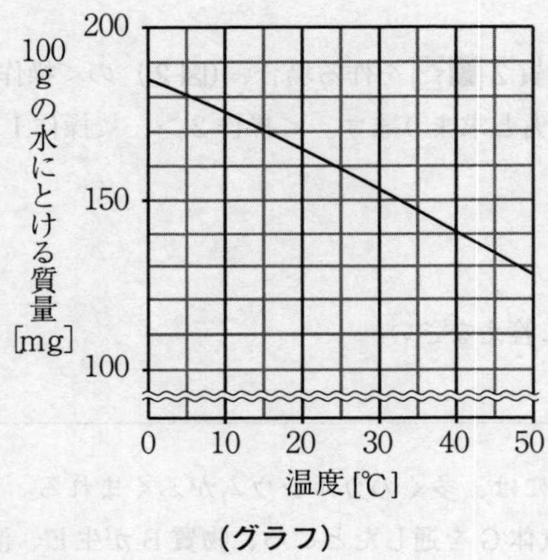

（グラフ）

(5) 硬度に関する次の問いに答えなさい。ただし、石灰水は純すいな水と物質Ａのみからなるものとし、物質Ａがとける前後での液体の体積変化はないものとします。また、物質Ａのうちカルシウムが占める重さは54％です。なお、水１mLの重さを１ｇとします。

① いま、水道水を200 mLコップにとって硬度を調べたところ、その硬度の値は60でした。この水道水200 mLに3.98 mgのカルシウムがふくまれているとき、１Ｌの水道水にふくまれるマグネシウムの重さは何mgですか。ただし計算は、割り切れない場合、小数第２位を四捨五入して、小数第１位まで答えなさい。

② 25℃の石灰水の硬度の値はいくらですか。十の位を四捨五入して答えなさい。

5 芝太郎君は夏休みに青木ヶ原樹海のガイドツアーに参加し、そこで学んだことをレポートにまとめました。次の文を読み、あとの問いに答えなさい。

青木ヶ原樹海の不思議

1. 富士山の噴火について

現在、富士山がきれいな円すい形を形作っているのは、過去に何度も噴火し、溶岩などの火山噴出物が重なったためです。そのうち、西れき864年に起こった貞観噴火によって、流れ出した溶岩の上に発達したのが青木ヶ原樹海です。

2. 青木ヶ原樹海の様子

（図１）は、標高約1000ｍ付近の青木ヶ原樹海の遊歩道から撮ったものです。一年を通じて、まるで海原のように木々の葉が生いしげっていることから「樹海」とよばれているそうです。

（図１）

3. 青木ヶ原樹海の特ちょう

① 地面には、びっしりと様々なコケが生えている。

② 溶岩の上に発達しているため、植物の根が地面からうき上がっていて、地中に根がかくれていない。

③ 溶岩の上に発達しているため、水はけがとてもよく、川や池などの水場がほとんどない。

4. まとめ

青木ヶ原樹海には遊歩道が整備されていて、ガイドウォークの前に、遊歩道を外れないようにしてくださいと注意を受けました。通常、土は長い年月をかけて岩石が風化し、生き物の死がいが分解されるなどして作られていきますが、青木ヶ原樹海はまだ若い森林のため、土が十分発達していません。そのかわりに、(あ) 地面に生えているコケが土のかわりの役割を果たしているため、むやみに踏(ふ)んではいけないのだそうです。

樹海に入ってみると、日が差しているところと比べてすずしく、他の森林と比べこん虫が少なかったです。また、同じ標高の場所なのに、(い) 急に植物の生えている様子が変わるところがあり、不思議だなと感じました。

(1) 芝太郎君が、青木ヶ原樹海ですずしく感じた理由のひとつは、木が直射日光をさえぎっていることです。これ以外の理由として、もっともふさわしいのはどれですか。**ア**～**エ**から選び記号で答えなさい。

ア. 植物が光合成をしているため。
イ. 植物が落葉するため。
ウ. 植物が呼吸をしているため。
エ. 植物が蒸散をしているため。

(2) 青木ヶ原樹海でみられるこん虫として、もっともふさわしいものはどれですか。**ア**～**エ**から選び記号で答えなさい。

ア. カ　**イ**. バッタ　**ウ**. ゲンゴロウ　**エ**. カワゲラ

(3) 青木ヶ原樹海でもっとも多く生育している植物はどのような植物ですか。**ア**～**エ**から選び記号で答えなさい。

ア. 夏に緑葉をしげらせ、冬に落葉させる落葉広葉樹
イ. 夏に緑葉をしげらせ、冬に落葉させる落葉針葉樹
ウ. 季節に関係なく落葉させる常緑広葉樹
エ. 季節に関係なく落葉させる常緑針葉樹

(4) 下線部（あ）の役割として、もっともふさわしいのはどれですか。**ア**～**エ**から選び記号で答えなさい。

ア. 雨水をためこむ。
イ. 太陽からの紫(し)外線を吸収する。
ウ. 土じょう動物のエサになる。
エ. 植物の根を支える。

(5) **（図２）**は、下線部（い）の写真です。写真の左側と右側では、どちらの方が新しい火山噴火によって溶岩が流れたと考えられますか。また、その根拠をレポートの「4.まとめ」から読み取れることを参考に、30字程度で説明しなさい。ただし、次の語句を入れて答えること。

【 根 ・ 土 】

（図２）

6 同じ豆電球、同じ乾電池を用いて**（図１）**～**（図４）**のような回路を作りました。これらの回路について、あとの問いに答えなさい。

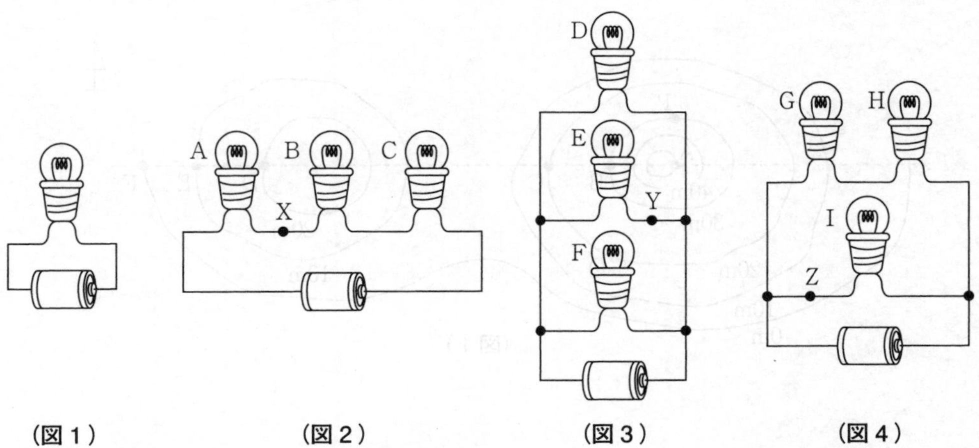

（図１） **（図２）** **（図３）** **（図４）**

⑴　**（図１）**の豆電球と同じ明るさで光る豆電球はどれですか。Ａ～Ｉからすべて選び記号で答えなさい。

⑵　**（図２）**～**（図４）**のＸ点、Ｙ点、Ｚ点には、それぞれ0.1アンペア、0.3アンペア、0.3アンペアの電流が流れています。**（図２）**～**（図４）**の乾電池にはそれぞれ何アンペアの電流が流れていますか。

⑶　**（図１）**の乾電池のかわりに手回し発電機を取りつけました。豆電球をソケットから外す前と後で手回し発電機のハンドルを回したとき、その手ごたえはどうなりますか。**ア～ウ**から選び記号で答えなさい。

ア. 豆電球を外す前の方が、手ごたえがある。
イ. 豆電球を外した後の方が、手ごたえがある。
ウ. 豆電球を外す前と後で、手ごたえに変化はない。

⑷　**（図１）**～**（図４）**の乾電池のかわりに手回し発電機を取りつけ、１秒間に２回転の速さでハンドルを回転させました。手回し発電機のハンドルの手ごたえがもっとも軽いのはどの回路ですか。**（図１）**～**（図４）**から選びなさい。またその理由を20字以内で答えなさい。

7　次の文を読み、あとの問いに答えなさい。

（図１）は、日本のある地域の地形図で、Ａ～Ｆ地点は東西の一直線上に並んでいます。このＡ～Ｆ地点の地下がどのような岩石でできているかを調べるために、筒(つつ)状の深い穴をほって調べる作業をおこなったところ、ＡとＣの２地点については、**（図２）**のような柱状図を得ることができました。

さらに調査を進めると、この地域の地層は全体を通して平行に重なっていて、その断面を見ると、東西方向には水平で、南北方向には45°の角度で北側が低くなっていることが分かりました。

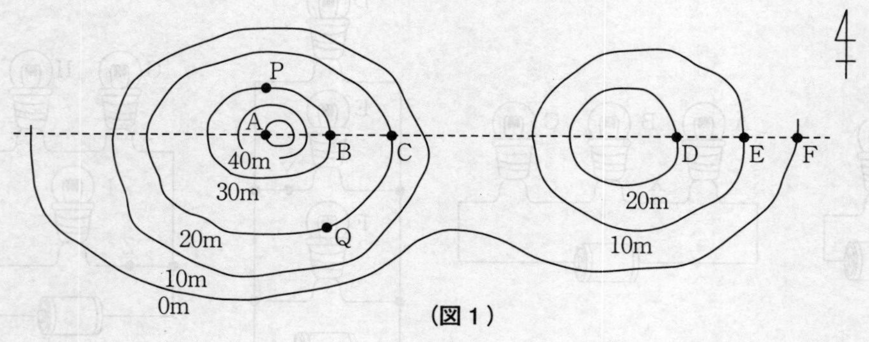

（図１）

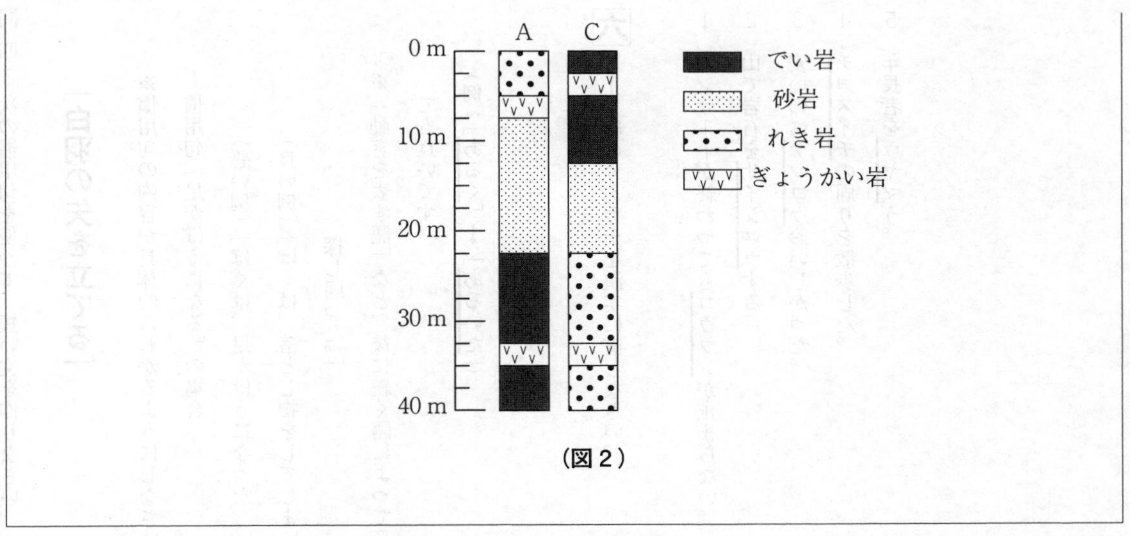

（図２）

(1)　文中の下線部のような調査を何といいますか。カタカナで答えなさい。

(2)　A 地点のでい岩からビカリアの化石が見つかりました。このことから、でい岩のできた地質時代はいつですか。**ア**～**エ**から選び記号で答えなさい。

ア．先カンブリア時代　　**イ**．古生代　　**ウ**．中生代　　**エ**．新生代

(3)　れき岩と砂岩のちがいは、それぞれを作っている粒子(りゅうし)の大きさのちがいです。れき岩の粒子の大きさは何 mm 以上ですか。

(4)　**（図１）**の E 地点、P 地点の柱状図はそれぞれどれですか。右の**ア**～**エ**から選び記号で答えなさい。ただし、P 地点は A 地点から北に 10 m です。

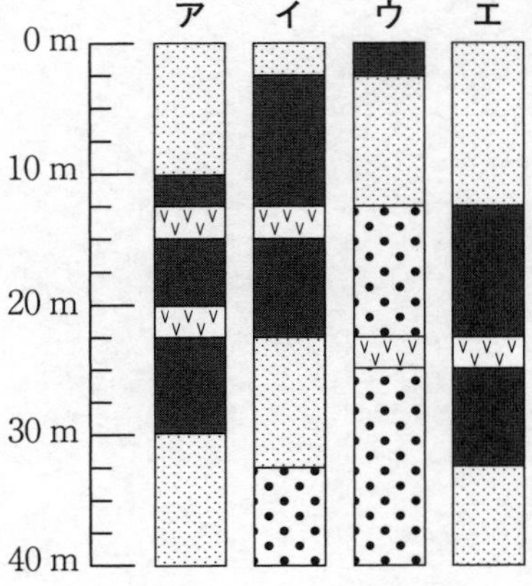

(5)　調査の結果、**（図１）**の Q 地点と同じ柱状図が得られる地点はどこですか。**（図１）**の A ～ F から選び記号で答えなさい。ただし、Q 地点は B 地点から南に 20 m です。

(6)　**（図２）**の結果から、この地域では、過去に少なくとも何回の火山噴火(ふんか)がありましたか。

問四　次の慣用句を使って、短い文を作りなさい。

「白羽の矢を立てる」

※慣用句の内容が具体的にわかるようにしなさい。

慣用句「足がぼうになる」の場合

(悪い例)「ぼくは、足がぼうになった。」

(良い例)「ぼくは、落とし物をしてしまい、足がぼうになるまで探し回った。」

※「動きを表す語」など、後に続く語によって形が変わる場合は、変えても良いです。

(例：「あるく」→「あるいた」)

六　━━線のカタカナを漢字に直しなさい。

1　コンサートが終わってもコウフンが止まらない。

2　山で岩石をサイシュウする。

3　安いのにケッコウおいしかった。

4　チョスイチの周りを散歩した。

5　年長者をウヤマう。

問三　――線③「にぎやかに　うたいだした」とありますが、この時の筆者の様子として適切なものを次の中から一つ選び、記号で答えなさい。

ア　子蛙を心配するように鳴き声を上げる親蛙を見たことで、人間と同じように親子の情を大切にする蛙の姿に親しみを感じている。

イ　「ぼく」が子蛙に話しかけたのに合わせたかのようなタイミングで親蛙が鳴きだしたことで、偶然のおかしみに感動している。

ウ　四回ずつ同じ鳴き方をくり返すという親蛙の鳴き声の規則性に気付いたことで、自然のもたらす音楽的な美しさを体感している。

エ　子蛙にかけた「ぼく」の言葉に答えるように親蛙が鳴きだしたことで、蛙と心が通じ合って調和が生じたように感じている。

問四　この詩の表現上の特色として適切でないものを次の中から一つ選び、記号で答えなさい。

ア　部分的に段を下げて強調する箇所を設けることで、詩の背景に社会への問題意識があることを示している。

イ　蛙を擬人法によって描写することで、「ぼく」が自然と人間とを対等に見ていることが表現されている。

ウ　「ごるく」や「げぺる」という擬音を用いることで、何にもおびやかされずに過ごす蛙の生き生きとした様子を表している。

エ　「そめている。」や「あるく。」のように多くの文末で過去形を用いないことで、詩の臨場感を高めている。

五　次の各問いに答えなさい。

問一　ことわざ「のれんに腕押し」と同じ意味のことわざを次の中から一つ選び、記号で答えなさい。

ア　打てばひびく

イ　豆腐にかすがい

ウ　蛙の面に水

エ　猫に小判

問二　次の語句の意味として適切なものを後のア～エの中から一つ選び、それぞれ記号で答えなさい。

1　クリエイティブ

ア　新規的　　イ　画期的　　ウ　創造的　　エ　空想的

2　やきもきする

ア　いらいらして気をもむ　　イ　ゆったり落ち着く

ウ　嫉妬で気が気でない　　エ　やけを起こして怒る

問三　日本語として適切なものを次の中から一つ選び、記号で答えなさい。

ア　ピアノ教室の練習が延びてテレビが見れない。

イ　父の会社は約十人ほどの小さなものであった。

ウ　鬼になった私は笑いながら逃げる友達を追いかけた。

エ　私はこの本を読んで主人公が勇敢だと思った。

四　次の詩を読んで、後の問いに答えなさい。

※黎明(れいめい)の蛙(かえる)たち　　吉田瑞穂(よしだみずほ)

九州山脈の朝焼けが、
有明海も水田も
あかねいろにそめている。
ぼくは朝やけにそまりながら
たんぼのあぜみちをあるく。

不意の客に
おどろいた子蛙たちは
草むらの露(つゆ)をけちらして
水田にとびこみ
水底にもぐって土になる。

大きなとのさま蛙だけ
ゆったりと早苗(さなえ)にだきついて
①すがたをけしてしまう。

子蛙たちは、
水面にうきあがり
おちついて　ぼくをみつめる。
②人間に話しかけたい人間の目だ。
ぼくは子蛙たちに話しかける。
――公害もなく、保護色もいらない
　　蛙の村をつくりたいね――

となりのたんぼの親蛙たちが
ごるく　ごるく　ごるく　ごるく
げぺる　げぺる　げぺる　げぺる
③にぎやかに　うたいだした。
とのさま蛙も　すがたをみせて
いっしょに　うたったらどうだ。
朝やけのあかねいろにそまりながら……。

※　黎明……明け方。

問一　――線①「すがたをけしてしまう」とは、どういうことですか。本文中の語句を用いて二十字以上三十字以内で答えなさい。

問二　――線②「人間に話しかけたい人間の目だ」とありますが、もし「子蛙たち」が人間の言葉を話せたら、どんなことを「ぼく」に話しかけるか、あなたの考えを答えなさい。ただし、次の条件に従うこと。

A　「子蛙たち」の一匹(いっぴき)になり切って書くこと。ただし、人間の言葉を話せるものとする。
B　詩に書かれている状況(じょうきょう)をふまえて書くこと。
C　八十字以上、百二十字以内で書くこと。ただし、出だしの一マスは空けないで書くこと。

問三　――線③「空間については晴眼者とまったく違う、豊かな世界を持っているることがわかりました」とありますが、その空間の把握の仕方の例として適切でないものを次の中から一つ選び、記号で答えなさい。

ア　先生の話す声の響き方から、部屋の広さを把握する。
イ　友人の会話の内容から、部屋にいる人の数を把握する。
ウ　自分の足音のはね返り方から、家具の配置を把握する。
エ　杖をつく音の反射から、自分の座席までの道を把握する。

問四　――線④「視覚障害の彼には理解できない空間経験」とありますが、これはどのような経験ですか。適切でないものを次の中から一つ選び、記号で答えなさい。

ア　教科書を読み、強調された重要な箇所にすぐに気づくこと。
イ　新聞を読み、順番に文字をたどって小さな記事に気づくこと。
ウ　映画の説明を聞き、情景を広い視野からとらえ整理すること。
エ　小説を読み、登場人物から離れた客観的な視点から話を把握すること。

問五　[A]・[B]に入る言葉として適切なものを次の中から一つずつ選び、それぞれ記号で答えなさい。

ア　また　イ　たとえば　ウ　しかし
エ　つまり　オ　ところで

問六　――線⑤「『俯瞰する』という視点が、ピンと来ないようなのです」とありますが、目が見えない人にとって「俯瞰する」という視点を理解することが難しいのはなぜだと筆者は考えていますか。理由を五十字程度で答えなさい。

問七　次の文が入るのに適切な箇所を本文中の[Ⅰ]～[Ⅳ]から一つ選び、記号で答えなさい。

つまり、同じ環境に住む人たちでも、受け取る感覚の違いから、異なった世界を見ていることもあるということです。

見下ろすような⑤「俯瞰する」という視点が、ピンと来ないようなのです。

それで気がついたのですが、私を含めた晴眼者は、視点の切り替えをよくします。漫画や映画を「視点」から見なおしてみると、気づくことができるでしょう。自分自身の視点で見ている風景と、俯瞰する視点から見る風景を、効果的に見えるように、切り替えています。

たとえば広い空間を、敵と味方が複雑に入り交じり格闘する戦闘シーンや、スパイ映画で、敵に追われてビルの上を飛び回るシーン。こうしたシーンは、天から見下ろすような「俯瞰する」視点で描かれることが少なくありません。ちなみに、こうした視点の切り替えは、夢の中でもおきています。たとえば自分が空を飛んでいる様子を、天から見下ろしているような夢を見たことはありませんか？

晴眼者が日常で頻繁に目にするシーンの切り替えは、視覚障害者の学生にとっては理解し難く、特に俯瞰的な光景をイメージすることが難しいというのです。漫画や映画を説明されて情景をイメージするときも、自分で小説を読むときも、常に登場人物と同じ視点でいるといいます。

Ⅲ それでは、俯瞰的な視点とは、どのように得られるのでしょうか？ どんな実体験と結びついているのでしょう？ 晴眼者にとっては、高いビルや小高い丘から眼下に広がる街並みを見下ろしたときなどに見た、さえぎられていたものがなく視野が広がるという、視覚的な経験にもとづいているのではないでしょうか。

一方の視覚障害の学生によれば、俯瞰的な視点は、小説で触れたくらいで、実際に体験したことはないそうなのです。

Ⅳ 互いの語りをほんとうに理解するためには、異なることと共通することを、丁寧に知り合っていくことが重要なのではないでしょうか。

（山口真美『こころと身体の心理学』）

※ 白杖……目の不自由な人が歩行するときに使う白い杖。

問一 ――線①「印象派の画家クロード・モネ」とありますが、クロード・モネの考えは、この文章においてどのような役割を持っていると考えられますか。適切なものを次の中から一つ選び、記号で答えなさい。

ア 読者と同じ視点の考えを示すことで、読者に親近感を持たせるとともに、この後述べる筆者の考えを理解させやすくする役割。

イ 画家の考えを示すことで、目の見えない人の世界が、独特な感性を持つ画家にも想像できない世界であることを誇張する役割。

ウ 晴眼者の考えを示すことで、この後述べる目の見えない人の世界が、晴眼者の想像とは異なる世界であることを強調する役割。

エ 有名人による、筆者と同じ視点の考えを示すことで、その後述べる筆者の考えに説得力を持たせる役割。

問二 ――線②「そんな様子」とありますが、どのような様子ですか。説明として、適切なものを次の中から一つ選び、記号で答えなさい。

ア 目の見えない人が認識する世界は真っ暗であるため、目の前にあるものすら、なにかわからない様子。

イ 目の見えない人が認識する世界は真っ暗であるが、目の前に広がる世界を聴覚などによってとらえている様子。

ウ 目の見えない人が認識する世界は色がないため、色について説明されてもイメージすらわかない様子。

エ 目の見えない人が認識する世界は色がないが、実は晴眼者の想像以上に世界を豊かにとらえている様子。

三　次の文章を読んで、後の問いに答えなさい。

身体感覚を考えるにあたり「感覚そのものがない」ことについても考えてみましょう。

感覚のなかでも視覚は重要です。目が見える晴眼者にとって、世界は視覚を基礎に作られているといっても過言ではないでしょう。そんな視覚を失ったら、つまり目が見えなかったら、真っ暗でなにもない世界となるのでしょうか？　目の前の空間がどのように広がっているのかすら、わからないのでしょうか？

心理学の観点から「美」を研究する神経生理学者セミール・ゼキによれば、①印象派の画家クロード・モネは「生まれつき目が見えない状態で生まれ、後から目が見えるようになりたい」と語ったそうです。そうすれば「目の前にあるものがなにかわからないまま、その純粋な形を見ることができる」と考えたからだといいます。

ですが実際は、②そんな様子ではなさそうです。10年ほど前、全盲の研究生と一緒に視覚について考えてみたことがありました。彼が感じる世界について話してもらうのです。聞くと驚くことばかり、そこには想像とはまったく異なる、豊かな世界がありました。

たとえば、色について話したことがあります。生まれつき目が見えなかった彼は、これまで一度も色を見たことがないにもかかわらず、色には強い関心を持っていました。そして、それぞれの色に対するイメージのようなものを抱いていました。ちょっとした会話の話題や、小説のエピソードなどから、明るくて目立つ赤や空の色の青といったように、それぞれの色がどんなものなのかを推測しているのです。

色については、欠けた情報を補って想像しているという様子ですが、③空間については晴眼者とまったく違う、豊かな世界を持っていることがわかりました。

そもそも彼は私の研究室までは※白杖をついて来るのですが、研究室に入った後は、白杖をまったく使わないで歩き回ります。そして、そのまま椅子のあるところに来て座るのです。それはまるで、見えているかのような行動にも思えました。

目が見えないのに、どうしてテーブルと椅子のある場所まで迷わずに歩けるのかと聞いたところ、音の反射から、空間内の広がりやおおよその障害物があることがわかるというのです。彼は旅行好きで、旅先でボランティアの同行をつのっては旅に出るとのことですが、はじめて入るホテルの部屋でも、音の響きから部屋の大きさがわかるそうです。広めの部屋では音が広がるというのです。音が吸収される方向から、ベッドの位置もわかるといいます。

［Ⅰ］つまり彼は視覚がなくても、目の前の空間は、音と空気の流れから把握できるのです。視覚という、影響力の強い感覚がなかったとしても、まったく別のルートから作りあげた空間世界を共有できる。こうした違いを意識しながら、共通の世界について語らえたら、それこそがすばらしいことではないでしょうか。

［Ⅱ］しかし一方で、④視覚障害の彼には理解できない空間経験もありました。彼がボランティアに新聞記事を読みあげてもらっていたときに、片隅にある小さな記事にボランティアが気づくことに驚いたというのです。

晴眼者にはごくふつうのこと、興味をもった記事であれば、小さな記事であっても気づくことができます。［A］、触覚でひとつひとつ点字を順番に確かめていく目の見えない学生にとって、この一目で気づくという見方が大きな驚きだったのです。

［B］、当然のことかもしれませんが、どこからどのように見ているかという「視点」への理解は、彼には難しく感じられたようです。たとえば天から

※１　貴賤……貴いことと、卑しいこと。

２　乾いたひとさし指の爪……涙子が、倉田さんにネイルを塗ってもらった後にそのまま登校し、教員に見つかってネイルを落とされたという出来事があった。

問一　＝線ア～エの「ない」の中で、他とは性質の異なるものを一つ選び、記号で答えなさい。

問二　――線①「わたしは、はっとして顔を上げる」とありますが、なぜ涙子はこのような反応をしたのですか。二十字以上三十字以内で答えなさい。

問三　――線②「ちょっと呆れてしまう」とありますが、なぜ涙子は呆れてしまったのですか。三十字以上四十字以内で答えなさい。

問四　――線③「知っておいてほしいと思うこと」とは、どのようなことですか。適切なものを次の中から一つ選び、記号で答えなさい。

ア　涙は優しい気持ちになった時にも流れるものなので、「涙の子」という名前もネガティブな意味だけではないということ。

イ　涙は人を優しい気持ちにするものなので、「涙の子」という名前も他人への優しさに満ちた綺麗な名前であるということ。

ウ　涙は人の心が動いた時に流れるものなので、「涙の子」という名前には人の心を動かす力が込められているということ。

エ　涙は人間であれば誰でも流してしまうものなので、「涙の子」という名前も必ずしも悪い意味ばかりではないということ。

問五　――線④「自分を覆い隠すものを脱ぎ捨てる」とありますが、これは具体的にどのようなことですか。適切なものを次の中から一つ選び、記号で答えなさい。

ア　ためらいや恥ずかしさを捨て、自分から図書室へしおり先生を訪ねられるようになること。

イ　涙に対する先入観を捨て、作品に感動した時に素直に優しい涙を流すことができるようになること。

ウ　名前に対するコンプレックスを捨て、「涙の子」という名前の通りに生きられるようになること。

エ　自分が好きなものを人に馬鹿にされるかもしれないという不安を捨て、素直に好きと言えるようになること。

問六　しおり先生の人物像に関する説明として適切でないものを次の中から一つ選び、記号で答えなさい。

ア　生徒に対して、丁寧に言葉を選んで寄り添える人物。

イ　生徒に積極的に働きかけ、正しい答えに導ける人物。

ウ　生徒をよく観察し、些細な行動の変化にも気づける人物。

エ　小説も漫画も公平に扱う、物語への愛情が深い人物。

けれどね、田中さんに③知っておいてほしいと思うことがあるの」

先生はそう言いながら、悩むように眉を寄せていた。わたしが人と話すとき、言葉を必死にほじくり返そうと焦るように、先生も慎重に言葉を選ぼうとしているのかもしれないと思った。

「あのね、涙の子って、なにも悪い意味ばかりじゃないんだよ」

「そう……、でしょうか」

「うん」しおり先生は眼を伏せる。ふぅ、とカップを冷ますために息を吹きかけながら。

「先生も、子どもの頃はたくさん泣いた。嫌なことばかりで、つらくて悲しくて、部屋に閉じこもって、枕に顔を押しつけて、誰にも聞かれないようにわんわん泣いていたことがある……。そういう経験を積み重ねると、涙ってなんだかネガティブなイメージが付いて回るのかもしれない。けれどね、大人になって、ちょっとわかったことがあるんだ」

カップを置いて、先生が伏せていた眼を上げる。わたしを見て、にっこりと笑いながら、彼女は教えてくれる。

「大人になっても、やっぱりたくさん泣いちゃうことに変わりはないんだけれど……。けれどね、嬉しかったり、感動したりして、涙を流すことも増えてくるの。優しい気持ちに包まれて、胸が温かくなって、じんじん心が揺れ動いて……。そうして流す涙は、とても優しい温度をしているんだよ」

わたしは、先生の言う、その涙の感触を想像しようとしたけれど。

それは、なんだかわたしには、手の届かないもののような気がして。

けれど。

「涙って、人の優しさがかたちになった、綺麗なものなの。先生は、今じゃそういう涙を流すことの方が多いよ。読書をして、心を動かされて、感動をして……。そうすることで積み重なった優しさは、また他の誰かを優しい気持ちにしてくれると思う」

わたしは、乾いた爪の感触を確かめる。

あのとき、彼女が触れて走った、むずがゆい感覚のことを、思い返した。

世界が色づく魔法を見て、込み上げてきたものを。

「いつか、優しい気持ちで流す涙で、つらい気持ちを洗い流せるときがくるといいよね。我慢しなくてもいいの。つらいときがあったら、先生のところに来ていいからね。ここにあるたくさんの本は、つらい気持ちを忘れさせてくれる。涙の本当の意味を、きっと教えてくれるから」

だから、いつでも。

いつでも、あなたのことを、先生に話していいからね。

わたしは眼を伏せて、紅茶のカップに口をつける。熱い液体が、喉の奥へと少しずつ流れていくのを感じた。

「先生」

「うん」

「わたし……」

今は、うまく言えない。

わたし自身のことや、わたしが受けている仕打ちのことを、話すのには勇気が必要だった。

けれど、きっとわたしは、またここに来ることになるだろう。

そのとき、わたしは④自分を覆い隠すものを脱ぎ捨てることができるだろうか。

わたしのことを知ってほしいと、そう訴えることができるだろうか。わたしの趣味、わたしの夢、わたしの名前、わたし自身のことを、誇れるときがくるだろうか。

「また、ここに来ます、から」

わたしはそうとだけ告げて、紅茶を飲み干した。

（相沢沙呼『教室に並んだ背表紙』所収「煌めきのしずくをかぶせる」）

「見ればわかるよ。先生は、司書ですから」

そう言いながら胸を張り、しおり先生は誇らしげに言う。

「どうして、怒らないんですか」

「ふふふ、それはね」

子どものような笑みを浮かべると、秘密めかして先生は言った。

「先生も、漫画が好きだから」

若い先生だから、それに不思議はないのかもしれないけれど。

だからって、校則で禁じられていることを見過ごすなんて、先生としてはどうなのだろう。

②ちょっと呆れてしまう。

「本や物語に、※1貴賤はないよ」ウ

キセン、という言葉を変換するのに、ほんの少し時間がかかったけれど、漫画で出てきたことのある単語だったから、なんとなく意味は理解することができた。

「小説でも、漫画でも、物語の価値は等しく、人の心を動かすから」

「でも、馬鹿にされます。くだらないものだって……」

「だからカバーをかけて読んでいるの?」

しおり先生は、そう首を傾げて言う。

思っていたより、普段の行動を先生に見られていたらしい。

カバーをかけていたのは、校則で漫画が禁じられているからだけれど、たとえ校則で赦されていたとしても、わたしはカバーをかけていただろうな、とも思う。

「なにを読んでいるかは、知られたくないです」

馬鹿にされたくない。

自分のことを知られて、嗤われたくなんて、なかった。

読んでいる本のこと、趣味のこと、夢のこと。

役に立たないとか、くだらないとか、悪い影響があるとか。

大好きなもののことを、否定されたくなかった。

ちゃぶ台の陰で、※2乾いたひとさし指の爪の感触を、撫であげるようにして確かめる。

「そうだね」

なにに関してか、先生は同意を示して、頷いた。

「けれど、他人にどう見られようと、田中さんの想う価値は変わらないからね。それだけは、憶えていて」

なんて答えたらいいかわからなくて、やっぱりわたしは黙り込んでしまう。沈黙の気まずさを隠すように、紅茶のカップに口をつけると、この静寂に耐えられなかったのは先生も同じだったのかもしれない。彼女はうんうんと頷き、饒舌に語った。

「漫画にはね、人の心を動かす力があるんだから。先生だって、漫画を読んでいなかったら、読書の楽しみを知ることはなかったし、この仕事についてなかったとも思う。うん、漫画は人の心を動かすよ。漫画に何度泣かされたことがあるか……」

「悲しくて、ですか」

「違うよ」

それは沈黙を気まずく思っての意味のないエ質問だったけれど、先生は微笑んで否定した。

「嬉しかったり、温かかったり、ほっとしたり……。そういう優しい気持ちで泣くの」

カップを両手で包み込むようにしながら、しおり先生が優しく笑う。

「先生、もしかしたら無責任だったり、見当はずれなことを言うかもしれない。

2024年度 芝浦工業大学附属中学校

【国語】〈第一回試験〉（六〇分）〈満点：一二〇点〉

〈編集部注：一の音声は学校HPで確認できます。
（下の二次元コードからアクセス可能）〉

〔注意〕一、一は聞いて解く問題です。聞いて解く問題は、試験開始後すぐに放送します。
二、指示がない限り、句読点や記号などは一字として数えます。
三、正しく読めるように、読みがなをふったところがあります。

一 この問題は聞いて解く問題です。問題文の放送は一回のみです。問題文の放送中にメモを取っても構いません。放送の指示に従って、問一から問三に答えなさい。

二 次の文章を読んで、後の問いに答えなさい。

> 自分の名前にコンプレックスを持っている中学生の田中涙子（ティアラ）（わたし）は、名前の読み方を「るいこ」と偽り、同級生の倉田さんと仲良くなった。ある日、倉田さんといた涙子は、他の同級生に自分の名前の本当の読み方をばらされ、倉田さんを置いてその場から逃げ去ってしまう。涙子が泣きながら廊下を走っていたところ、図書室司書のしおり先生に声をかけられ、図書室へと案内される。

先生は、優しくわたしが泣いていた理由を訊ねてきた。もちろん、わたしは答えたりしなかったけれど、先生の静かな声音に誘われたような気分になって、わたしは「わたしがティアラだから」とだけ呟いた。しおり先生は、そんな意味不明なわたしの呟きに、難しそうな表情で、涙の子かぁ、と呟いたのだ。

先生は少し困ったように眉を寄せて、優しく言う。

「名前の通りに、生きる必要なんてないんだよ。ア 先生も、自分の名前の通りに生きてる自信はないもの。涙の子だからって、泣く必要はないんだから」

わたしが黙り込んだせいだろう。先生は、わたしが泣いていた理由を探るのを諦めたのか、ぜんぜん違うことを言った。

「田中さんは、最近、漫画を読んでないね。前はよく、漫画を読んでいたでしょう」

①わたしは、はっとして顔を上げる。

先生の言う通り、図書室の当番のときは漫画を読んでいた。イ けれど、漫画を持ち込むのは校則で禁じられているから、先生にはばれないようにしていたつもりだった。

「どうして」

2024年度

芝浦工業大学附属中学校 ▶解説と解答

算 数 ＜第１回試験＞（60分）＜満点：120点＞

解 答

1 (1) 50g (2) ① 9 cm^2 ② **正方形**…X，**差**…1 cm^2 2 (1) $\frac{3}{5}$ (2) 3 (3) 44通り (4) 43.14cm^2 3 (1) 240個 (2) 29km (3) 12個 (4) 8 (5) 解説の図２を参照のこと。 4 (1) 224 (2) （例） 1と3 (3) 21 (4) 484 5 (1) 72cm^2 (2) ① $415\frac{5}{13}$$cm^2$ ② 21：11（または，11：21）

解 説

1 （放送問題）濃度，面積

(1) 濃度３％の食塩水Ａを500gと濃度６％の食塩水Ｂを□g混ぜて，濃度４％の食塩水ができたから，右の図１のように表すことができる。図１で，ア：イ＝(4－3)：(6－4)＝1：2なので，500：□＝$\frac{1}{1}$：$\frac{1}{2}$＝2：1となり，□＝500×$\frac{1}{2}$＝250(g)とわかる。また，食塩水Ｂははじめに300gあったから，残りの食塩水Ｂの重さは，300－250＝50(g)である。

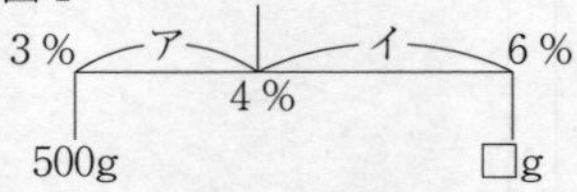

図１
3％ ア 4％ イ 6％
500g □g

(2) ① 右の図２の正方形Xの面積を求める。三角形ABCを図２のように区切ると，正方形Xの面積は三角形ABCの面積の半分であることがわかる。また，三角形ABCの面積は，6×6÷2＝18(cm^2)なので，正方形Xの面積は，18÷2＝9(cm^2)である。 ② はじめに，右上の図３の正方形Yの面積を求める。三角形DEFを図３のように区切ると，正方形Yの面積は三角形DEFの面積の$\frac{4}{9}$であることがわかる。また，三角形DEFの面積は三角形ABCの面積と等しく18cm^2だから，正方形Yの面積は，18×$\frac{4}{9}$＝8(cm^2)と求められる。よって，面積が大きいのは正方形Xであり，正方形Xと正方形Yの面積の差は，9－8＝1(cm^2)である。

図２
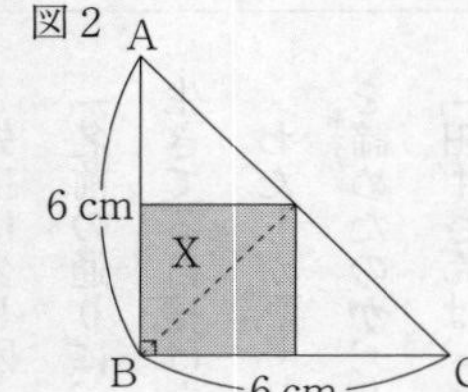

図３
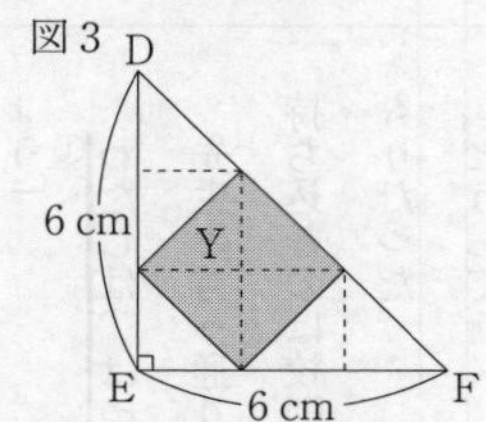

2 四則計算，逆算，場合の数，図形の移動，面積

(1) $0.64\times\frac{2}{7}\times\left(3-1\frac{1}{4}\right)+0.42\div\left(0.75+\frac{3}{4}\right)=\frac{16}{25}\times\frac{2}{7}\times\left(\frac{12}{4}-\frac{5}{4}\right)+\frac{21}{50}\div\left(\frac{3}{4}+\frac{3}{4}\right)=\frac{16}{25}\times\frac{2}{7}\times\frac{7}{4}+\frac{21}{50}\div\frac{6}{4}=\frac{8}{25}+\frac{21}{50}\div\frac{3}{2}=\frac{8}{25}+\frac{21}{50}\times\frac{2}{3}=\frac{8}{25}+\frac{7}{25}=\frac{15}{25}=\frac{3}{5}$

(2) 1.8÷6＝0.3より，$(9\div\square+0.3)\times\frac{10}{11}=3$，$9\div\square+0.3=3\div\frac{10}{11}=3\times\frac{11}{10}=\frac{33}{10}=3.3$，9÷□＝3.3－0.3＝3 よって，□＝9÷3＝3

(3) ３枚の和が２の倍数（偶数）になるのは，㋐「３枚とも偶数」，㋑「２枚が奇数で１枚が偶数」の場合がある。㋐の場合，{2，4，6，8}の４枚の中から３枚を取り出すから，４枚のうち取り出さない１枚を選ぶのと同じことであり，４通りの取り出し方がある。また，㋑の場合，{1，3，

５，７，９｝の中から２枚を取り出す方法は，$\frac{5\times4}{2\times1}$＝10(通り)あり，｛２，４，６，８｝の中から１枚を取り出す方法は４通りあるので，10×４＝40(通り)となる。よって，㋐と㋑を合わせると，４＋40＝44(通り)と求められる。

(4)　円が通過することができるのは，右の図のかげをつけた部分である。この面積は，長方形ABCDの面積から白い部分の面積をひいて求めることができる。円の直径は，１×２＝２(cm)だから，中央の長方形は，たての長さが，５－２×２＝１(cm)，横の長さが，10－２×２＝６(cm)であり，面積は，１×６＝６(cm^2)とわかる。また，四すみの白い部分を集めると，１辺が２cmの正方形から半径が１cmの円を取り除いたものになるので，面積は，２×２－１×１×3.14＝0.86(cm^2)と求められる。さらに，長方形ABCDの面積は，５×10＝50(cm^2)だから，円が通過することができる部分の面積は，50－(６＋0.86)＝43.14(cm^2)となる。

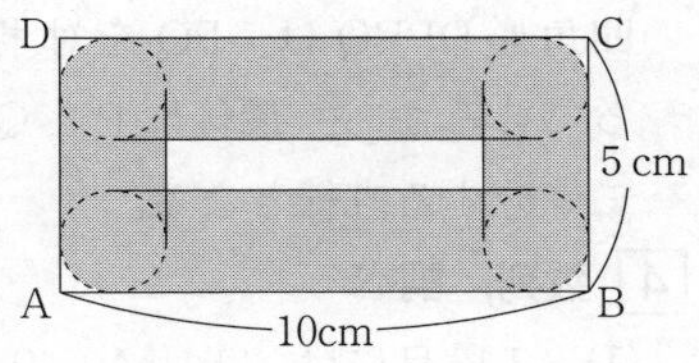

３　比の性質，旅人算，整数の性質，表面積，平面図形の構成

(1)　ＡとＢの１個の値段の比は，120：80＝３：２だから，ＡとＢの売れた個数の比は，$\frac{2}{3}$：$\frac{1}{2}$＝４：３である。この合計が420個なので，Ａの売れた個数は，420×$\frac{4}{4+3}$＝240(個)と求められる。

(2)　２人の進行のようすをグラフに表すと，右の図１のようになる。図１で，アの時間は，36÷40＝0.9(時間)，60×0.9＝54(分)だから，イの時間は，54－10＝44(分)であり，ウの距離(きょり)は，4.8×$\frac{44}{60}$＝3.52(km)，エの距離は，36－3.52＝32.48(km)とわかる。また，かげをつけた部分では，２人の間の距離は１時間に，40＋4.8＝44.8(km)の割合で広がるので，オの時間は，32.48÷44.8＝$\frac{29}{40}$(時間)と求められる。したがって，求めるカの距離は，40×$\frac{29}{40}$＝29(km)とわかる。

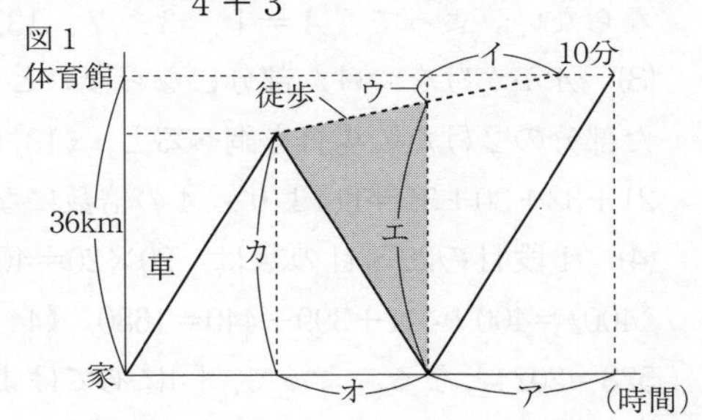

(3)　１×２×…×50を素数の積で表したとき，２と５の組み合わせが１組できるごとに，一の位に０が１個増える。また，素数の積で表したとき，明らかに２よりも５の方が少ないから，一の位から並ぶ０の個数は，素数の積で表したときの５の個数と同じになる。１から50までに５の倍数は，50÷５＝10(個)ある。このうち，５×５＝25の倍数は，50÷25＝２(個)あり，この中には５が２個ずつあるので，１×２×…×50を素数の積で表したときの５の個数は，10＋２＝12(個)と求められる。よって，一の位から連続して並ぶ０の個数は12個である。

(4)　円すいの側面積は，(母線)×(底面の円の半径)×(円周率)で求めることができる。よって，問題文中の図の左側の円すいは，底面積が，５×５×3.14＝25×3.14(cm^2)，側面積が，16×５×3.14＝80×3.14(cm^2)だから，表面積は，25×3.14＋80×3.14＝(25＋80)×3.14＝105×3.14(cm^2)となる。一方，右側の円すいは，底面積が，７×７×3.14＝49×3.14(cm^2)なので，側面積は，105×3.14－49×3.14＝(105－49)×3.14＝56×3.14(cm^2)とわかる。したがって，□×７×3.14＝56×3.14より，□×７＝56，□＝56÷７＝８(cm)と求められる。

(5)　下の図２で，直線DEを垂直に二等分する直線を引けばよい。はじめに，直線DEの左側にD

とＥを中心とする同じ半径の円の一部をかき，その交点をＰとする。同様に，直線DEの右側にもＤとＥを中心とする同じ半径の円の一部をかき，その交点をＱとする。このとき，四角形DPEQは，PQを対称の軸として線対称な図形になっているから，最後にＰとＱを結ぶと，PQがDEを垂直に二等分する直線となる。

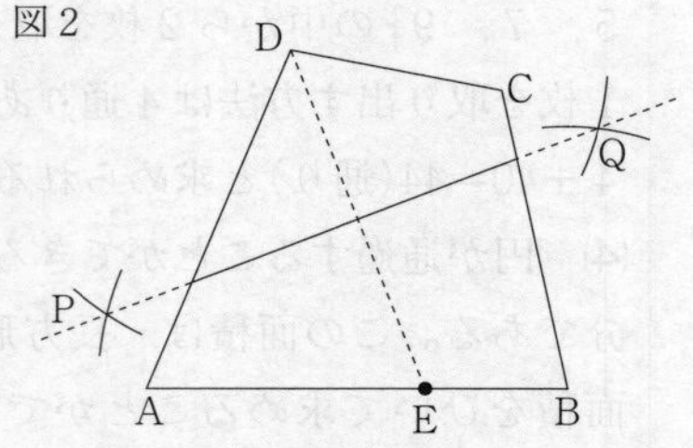

4 数列，調べ

⑴　１段目には，１，４，９，16，…のように平方数(同じ整数を２つかけた数)が並ぶから，右の表のようになる。よって，《49》$=49+64+48+63=224$とわかる。

	1列目	2列目	3列目	4列目	5列目	6列目	7列目	8列目	……	20列目	21列目	22列目	23列目
1段目	1	4	9	16	25	36	49	64		400	441	484	529
2段目	2	3	8	15	24	35	48	63		399	440	483	528
3段目	5	6	7	14	23	34							
4段目	10	11	12	13	22	33							
5段目	17	18	19	20	21	32							
6段目	26	27	28	29	30	31							

⑵　Aがかげをつけた部分になるとき，$A+D=B+C$とならない。よって，$A=1$，３，７，13，…などが考えられる。

⑶　Aがかげをつけた部分にならないとき，《A》は必ず４の倍数になる。そこで，Aがかげをつけた部分の２けたの場合を調べると，《13》は，$13+22+20+21=76$より，４の倍数になり，《21》は，$21+32+30+31=114$より，４の倍数にならないので，条件に合う最も小さい数は21とわかる。

⑷　１段目の20列目の数は，$20\times20=400$であることをもとにして調べると，表のようになり，《400》$=400+441+399+440=1680$，《441》$=441+484+440+483=1848$，《484》$=484+529+483+528=2024$となる。よって，□にあてはまる数は484である。

5 立体図形―表面積，分割，体積

⑴　下の図Ⅰで，１個の正方形の対角線の長さは，$6\div2=3$(cm)だから，正方形１個の面積は，$3\times3\div2=4.5$(cm^2)とわかる。また，表面に出ている正方形の数は，$4\times2+2\times4=16$(個)なので，図Ⅰの立体の表面積は，$4.5\times16=72$(cm^2)と求められる。

⑵　①　下の図ⅡのようにCDを１辺とする正方形CDGHを作ると，正方形CDGHの面積は，$10\times10=100$(cm^2)となる。また，小さい正方形１個の面積を１とすると，かげをつけた三角形１個の面積は，$2\times3\div2=3$となるから，正方形CDGHの面積は，$3\times4+1=13$となることがわかる。これが100cm^{2}なので，小さい正方形１個の面積は，$100\div13=\frac{100}{13}$(cm^2)と求められる。さらに，立体Ｙの表面に出ている小さい正方形の数は，$(16+4+7)\times2=54$(個)だから，立体Ｙの表面積は，$\frac{100}{13}\times54=\frac{5400}{13}=415\frac{5}{13}$(cm^2)とわかる。　②　切り口を正面から見ると下の図ⅢのCIになる。よって，２つの立体の体積の比は，図Ⅲのかげをつけた部分と斜線部分の面積の比と等しくなる。正方形１個の面積を１とすると，三角形CJIの面積は，$3\times5\div2=7.5$となるので，かげをつけた部分の面積は，$7.5+3=10.5$とわかる。また，図形全体の面積は，$1\times16=16$だから，斜線部分の面積は，$16-10.5=5.5$と求められる。したがって，２つの立体の体積の比は，$10.5:5.5=21:11$となる($11:21$でもよい)。

図Ⅰ

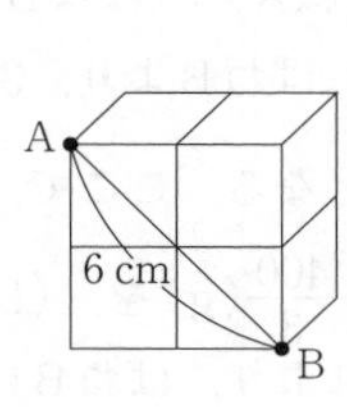

図Ⅱ

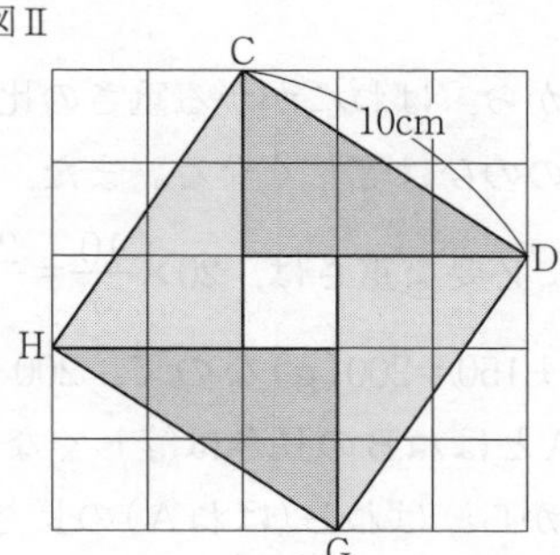

図Ⅲ

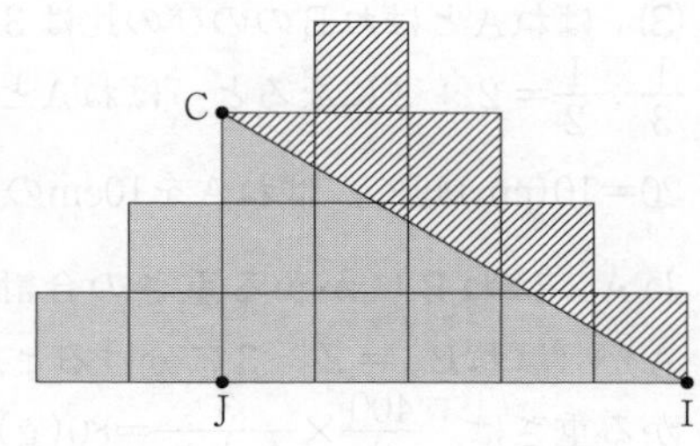

理 科 ＜第１回試験＞（50分）＜満点：100点＞

解 答

1 (1) 6　(2) 13時　(3) ウ　2 (1) 26cm　(2) 50ｇ　(3) 38cm　(4) 24cm　(5) **Y** 100ｇ　**Z** 75ｇ　(6) 20cm　3 (1) イ　(2) エ　(3) 75　(4) ① 32ｇ　② 55％　(5) 20％　4 (1) ウ　(2) イ　(3) **A** ウ　**G** ア　(4) 0.64ｇ　(5) ① 2.5mg　② 2200　5 (1) エ　(2) イ　(3) エ　(4) ア　(5) **どちらか**…右側　**根拠**…(例)　右側は左側と比べ，木の根がかくれるほど土ができていないため。　6 (1) D，E，F，I　(2) **図２**…0.1アンペア　**図３**…0.9アンペア　**図４**…0.45アンペア　(3) ア　(4) 図２／**理由**…(例)　回路に流れる電流がもっとも小さいため。　7 (1) ボーリング　(2) エ　(3) ２mm以上　(4) **E地点**…ウ　**P地点**…エ　(5) F　(6) ３回

解 説

1 放送問題

(1) アメリカ合衆国は国土が東西に広いため，本土で４つの標準時を定めている。このほか，アラスカ州，ハワイ州も標準時を設けていて，合計６つの標準時が定められている。

(2) エジプトは東経30度，日本の兵庫県明石市は東経135度なので，経度の差は，135－30＝105(度)である。地球は西から東に１時間で，360÷24＝15(度)自転しているので，日本は，エジプトよりも，105÷15＝７(時間)時刻が進んでいる。よって，エジプトが午前６時（６時）のときの日本の時刻は，６＋７＝13(時)となる。

(3) 西経105度のデンバーと東経135度の日本の明石市の経度の差は，105＋135＝240(度)である。よって，日本とデンバーの時差は，240÷15＝16(時間)と求められる。

2 ばねとてこ，輪じく，かっ車のつりあいについての問題

(1) 図１のばねA，ばねBには，同じ大きさの力がかかっており，ばねA，ばねBに同じ大きさの力がかかったときのばねののびの比は，(ばねA)：(ばねB)＝３：２である。ここで，ばねAとばねBののびの合計は，120－(20＋30＋60)＝10(cm)なので，ばねAののびは，$10\times\frac{3}{3+2}=6$(cm)となる。よって，ばねAの長さは，20＋６＝26(cm)である。

(2) おもりXの重さを□ｇとすると，てこのつりあいより，□×45＝150×(60－45)の関係が成り

立ち，□＝50(g)となる。

(3)　ばねＡとばねＢののびの比は３：２だから，ばねにかかる重さの比が，(ばねＡ)：(ばねＢ)＝$\frac{1}{3}$：$\frac{1}{2}$＝２：３になると，ばねＡとばねＢののびは等しくなる。また，ばねＡはばねＢより，30－20＝10(cm)短く，ばねＡを10cmのばすのに必要な重さは，$20\times\frac{10}{3}=\frac{200}{3}$(g)となる。ここで，ばねＡ，ばねＢにかかる重さの合計は，50＋150＝200(g)なので，$200-\frac{200}{3}=\frac{400}{3}$(g)を，(ばねＡ)：(ばねＢ)＝２：３に分けると，ばねＡとばねＢの長さは等しくなる。これより，ばねＢにかかる重さは，$\frac{400}{3}\times\frac{3}{3+2}=80$(g)となるから，ばねＢ(ばねＡ)の長さは，$30+2\times\frac{80}{20}=38$(cm)になる。

(4)　ばねＡにかかる重さは，200－80＝120(g)なので，支点ＯからばねＡ，ばねＢまでの距離(きょり)の比は，ばねにかかる重さの逆比の，$\frac{1}{120}$：$\frac{1}{80}$＝２：３になる。よって，支点Ｏから棒の左はし(点Ｐ)までの距離は，$60\times\frac{2}{2+3}=24$(cm)となる。

(5)　おもりＺの重さを□ｇとすると，図３でばねや糸にかかる重さは右の図のようになる。これより，棒の力のつりあいから，□×２＝100＋□×$\frac{2}{3}$の関係が成り立ち，□×$\left(2-\frac{2}{3}\right)$＝100，□×$\frac{4}{3}$＝100，□＝75(g)となる。よって，おもりＹの重さは，$75\times\frac{2}{3}\times2=100$(g)になる。

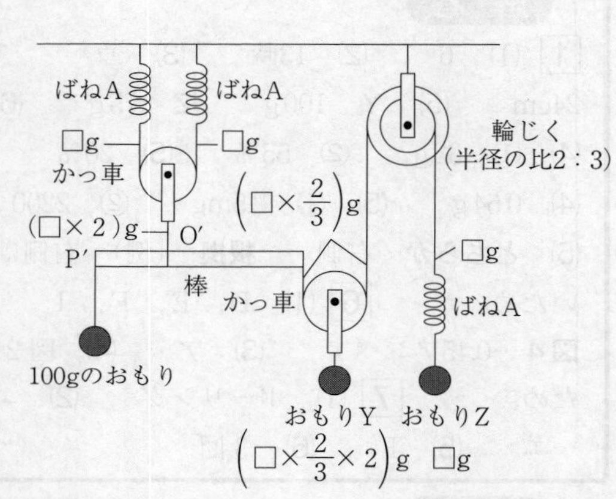

(6)　棒の左はしには100ｇ，右はしには，$75\times\frac{2}{3}$＝50(g)の重さがかかっていて，その重さの比は，100：50＝２：１である。したがって，(4)と同様に考えて，支点Ｏ′から棒の左はし(点Ｐ′)までの距離は，$60\times\frac{1}{1+2}=20$(cm)と求められる。

3　原料と製品の重さの比率についての問題

(1)　炭酸水素ナトリウムのことを重そうともいい，料理で使うベーキングパウダーに多くふくまれている。

(2)　アルカリ性の水溶液(すいようえき)と酸性の水溶液を混ぜたときに起こる，たがいの性質を打ち消しあう反応を中和という。炭酸水素ナトリウム水溶液はアルカリ性だから，胃液にふくまれる酸性の塩酸と混ざると中和が起こる。

(3)　原料240ｇから製品が180ｇ得られるときのアトムエコノミーは，180÷240×100＝75(％)である。

(4)　①　反応させるベンゼンとプロペンの重さの比は，78：42＝13：７で，ベンゼンとプロペンは13：７の重さの比で反応するのだから，78ｇのベンゼンと42ｇのプロペンは過不足なく反応する。このとき得られるクメンの重さは，90％変化が進むので，(78＋42)×0.9＝108(g)である。クメンと酸素は10：３の重さの比で，100％が反応するから，108ｇのクメンと反応する酸素の重さは，$108\times\frac{3}{10}=32.4$より，32ｇである。　②　108ｇのクメンと32ｇの酸素が反応してできる物質Ｅの重さは，108＋32＝140(g)で，140ｇの物質Ｅが分解してできるフェノールの重さは，$140\times\frac{3}{3+2}$＝84(g)である。このときの原料の重さの合計は，78＋42＋32＝152(g)なので，アトムエコノミーは，84÷152×100＝55.2…より，55％となる。

(5)　〈操作２〉をはじめに行った場合，物質Ｘ（[●△]）100ｇにふくまれる●，△の重さはどちらも50ｇなので，必要な物質Ｙの重さは100ｇである。[●△]100ｇと物質Ｙ100ｇが反応し，この変化は50％進行するから，このときにできる[■△]の重さは，100×0.5＝50（ｇ）となる。次に〈操作１〉を行うと，[■△]を50ｇ加熱してできる[■☆]の重さは，50×0.8＝40（ｇ）である。よって，[■☆]が40ｇできるときの原料の重さは，100＋100＝200（ｇ）なので，アトムエコノミーは，40÷200×100＝20（％）と求められる。

4　石灰水と水の硬度についての問題

(1)，(2)　石灰水は水酸化カルシウム（消石灰）がとけた水溶液で，石灰水に二酸化炭素を通すと，水にとけにくい炭酸カルシウムができるので，石灰水は白くにごる。

(3)　水酸化カルシウム水溶液（石灰水）はアルカリ性，二酸化炭素を水にとかした炭酸水は酸性を示す。

(4)　物質Ａは25℃の水100ｇに約160mg（0.16ｇ）とけるので，25℃の水400ｇにとける物質Ａの重さは，$0.16\times\frac{400}{100}=0.64$（ｇ）となる。

(5)　①　水道水１Ｌ，つまり1000mLにふくまれているカルシウムの重さは，$3.98\times\frac{1000}{200}=19.9$（mg）である。硬度60の水道水１Ｌにふくまれるマグネシウムの重さをXmgとすると，60＝4.1×X＋2.5×19.9より，X＝2.5（mg）になる。　②　25℃の水１Ｌ，つまり1000ｇにとける物質Ａの重さは，$160\times\frac{1000}{100}=1600$（mg）で，このうちのカルシウムの重さは，1600×0.54＝864（mg）になる。ここで，石灰水は純すいな水と物質Ａからなるので，マグネシウムはふくまれていない。よって，25℃の石灰水の硬度は，2.5×864＝2160より，2200と求められる。

5　森林についての問題

(1)　植物が体内の水を水蒸気として放出するはたらきを蒸散という。蒸散が行われると，植物の体内から出た水が水蒸気に変化するときにまわりの熱をうばうので，気温が低くなる。

(2)　カの幼虫（ボウフラ），ゲンゴロウ，カワゲラは水中や水辺で生活するので，水はけがとてもよく，川や池などの水場がほとんどない青木ヶ原樹海では生活できないと考えられる。

(3)　レポートに，一年を通じて，まるで海原のように木々の葉が生いしげっているとある。また，日かげが多いので，日光が少ないところでも育つことができる植物が多いと考えられるから，常緑針葉樹が生育していると推測できる。

(4)　コケが土のかわりの役割を果たしているのだから，コケが雨水をためこむ役割を果たしているといえる。

(5)　写真の右側の樹木は，左側の樹木よりも地上部分に多くの根が出ている。つまり，写真の右側では，土が十分発達しておらず，新しい火山噴火によって流れ出た溶岩の上に樹木が生育しているとわかる。

6　電気回路，手回し発電機についての問題

(1)　図１の豆電球に流れる電流の大きさを１とすると，豆電球Ａ～豆電球Ｉに流れる電流の大きさは，右の表のようになる。豆電球に流れる電流の大きさが等しいと，豆電球は同じ明るさで光る。よって，図１の豆電球

豆電球	A	B	C	D	E	F	G	H	I
電流の大きさ	$\frac{1}{3}$	$\frac{1}{3}$	$\frac{1}{3}$	1	1	1	$\frac{1}{2}$	$\frac{1}{2}$	1

と同じ明るさで光る豆電球はＤ，Ｅ，Ｆ，Ｉである。

⑵　図２のように，豆電球が直列につながれている回路では，回路に流れる電流はどこも等しい。したがって，図２の乾電池には0.1アンペアの電流が流れる。図３の豆電球が並列につながれている回路では，それぞれの豆電球に流れる電流は等しく，それぞれの豆電球に流れる電流を合わせた電流が乾電池に流れるから，乾電池には，0.3×３＝0.9(アンペア)の電流が流れる。図４で，Ｇ，Ｈに流れる電流の大きさは，0.3×$\frac{1}{2}$＝0.15(アンペア)になる。したがって，乾電池には，0.3＋0.15＝0.45(アンペア)の電流が流れる。

⑶　手回し発電機から流れる電流の大きさが大きいほど，ハンドルを回す手ごたえは重くなる。豆電球を外す前は回路に電流が流れるので，ハンドルを回す手ごたえがあるが，豆電球を外した後は回路に電流が流れないので，ハンドルを回す手ごたえがほとんどない。

⑷　図１の乾電池に流れる電流の大きさは，図３の豆電球１個に流れる電流の大きさと等しい0.3アンペアである。図１～図４の乾電池に流れる電流の大きさの関係は，図２＜図１＜図４＜図３となる。乾電池に流れる電流が小さいほど手回し発電機のハンドルを回す手ごたえは軽くなるので，図２の回路につないだとき，手ごたえが最も軽い。

7　地層の重なり方についての問題

⑴　筒状の深い穴をほって地層のようすを調べることをボーリング(調査)という。

⑵　ビカリアは新生代に栄えた生物である。ビカリアのように，地層ができた地質時代を知る手がかりになる化石を示準化石という。

⑶　れき，砂，どろは粒子の大きさで分類され，粒子の直径が２mm以上のものをれき，0.06mm～２mmのものを砂，0.06mm以下のものをどろという。

⑷　この地域の地層は平行に重なっていて，東西方向には水平とある。Ｅ地点の標高は10m，Ｃ地点の標高は20mなので，Ｅ地点の柱状図はＣ地点の柱状図の上面から，20－10＝10(m)より下の部分と同じウのようになる。また，Ｐ地点はＡ地点から北に10mの位置にあり，地層は南北方向に45度の角度で北側が低くなっているから，その地層は，Ａ地点の地層を10m低くしたようになっている。よって，標高30mのＰ地点の地表に見られるのは，Ａ地点の標高，30＋10＝40(m)にある層なので，Ｐ地点の柱状図は，Ａ地点の，50－40＝10(m)より下の部分と同じになる。したがって，エが選べる。

⑸　Ｑ地点はＢ地点の南20mの位置にあるので，⑷と同様に考えると，標高20mのＱ地点の地表に見られるのは，Ｂ地点の標高，20－20＝０(m)の層と同じになる。この地域の層は東西方向に水平に重なっているので，Ｂ地点の標高０mより下の柱状図は，標高０mのＦ地点の地表からの柱状図と等しくなる。よって，Ｑ地点の柱状図は，Ｆ地点の柱状図と同じになることがわかる。

⑹　ぎょうかい岩は，火山灰などの火山噴出物がたい積してできたものなので，ぎょうかい岩の層があれば地層がたい積した当時，その地域で火山噴火があったことがわかる。Ａ地点の下側のぎょうかい岩の層とＣ地点の上側のぎょうかい岩の層は同じ層だから，この地域には，ぎょうかい岩の層が３つ見られる。よって，過去に少なくとも３回の火山噴火があったと考えられる。

国　語　＜第１回試験＞（60分）＜満点：120点＞

解　答

一 問１ 午前　問２ （例） 外国のバレンタインデーの習慣(について。)　問３ １ ア　２ ア　３ ア　４ イ　５ イ　二 問１ イ　問２ （例） 内緒で漫画を読んでいることが，先生にばれていたから。　問３ （例） しおり先生が，校則で禁じられた漫画を涙子が読むのを見過ごし，叱らなかったため。　問４ ア　問５ エ　問６ イ　三 問１ ウ　問２ ア　問３ イ　問４ イ　問５ Ａ ウ　Ｂ ア　問６ （例） 目が見えない人は俯瞰的な視点を小説で経験する程度で，晴眼者のように視覚的な経験で得ることができないから。　問７ Ⅳ　四 問１ （例） 保護色で周囲にまぎれて姿が見えなくなるということ。　問２ （例） 最近あなたたち人間によって水を汚されたり大きな機械でこねくり回されたりして，ぼくたちのすみかが荒らされて困っています。あなたも突然ぼくたちのすみかにやってきましたが，ほかの人間と同じようにぼくたちに意地悪をするんですか。　問３ エ　問４ ウ　五 問１ イ　問２ １ ウ　２ ア　問３ エ　問４ （例） クラスメイトは，自分たちの中で特にしっかりしている彼女を，学級委員になるべきだと白羽の矢を立てた。　六 下記を参照のこと。

●漢字の書き取り

六 １ 興奮　２ 採集　３ 結構　４ 貯水池　５ 敬(う)

解　説

一 放送問題

問１ このラジオ放送の生放送の時間帯はいつであるかを，午前か午後かで漢字二字で答える。午前二時三十分に生放送されていると司会者は話しているので，「午前」が答えになる。

問２ 放送中で読まれた質問者の質問内容は何についてのものかを答える。「外国のバレンタインデー」の習慣について知りたいと質問者は書いてきている。

問３ １ 「質問者は，朝の電車の中，聞き逃(のが)し配信で番組を聞いている」ので，正しい。　２ ラジオの司会者は冒頭(ぼうとう)で「おはようございます」「こんにちは」「こんばんは」とあいさつしているので，「どんな時間帯に聞いてもいいように配慮(はいりょ)したあいさつをしている」といえる。　３ 「質問を寄せた人は去年のバレンタインデーに友達から二つ，家族から一つチョコレートをもらい，好きな人からはもらえなかった」という内容は正しい。　４ イギリスではバレンタインデーにバラをわたす習慣があるが，「女性から男性へ」ではなく「男性から女性へ」である。　５ 韓国(かんこく)で，バレンタインデーに「チョコレートをもらえなかった男性たち」が「ジャージャー麺(めん)を食べる」のは，当日ではなく，二か月後の四月十四日である。

二 出典：相沢沙呼(あいざわさこ)「煌(きら)めきのしずくをかぶせる」（『教室に並んだ背表紙』所収）。自分の名前にコンプレックスを持つ涙子(ティアラ)は，図書室司書のしおり先生に涙(なみだ)は優(やさ)しい気持ちでも流れるものだと言われ，いつでも話に来ていいと温かな言葉をかけられる。

問１ イの「ない」は，「ばれる」という言葉について意味を打ち消すはたらきをしているが，イ以外は「ない」だけで否定を表す一つの言葉である。

問２　続く部分に注意する。涙子と先生の会話から，涙子は「どうして」先生には自分が漫画を読んでいたことがわかったのだろうと驚いているものとわかる。したがって，ぼう線①で涙子が驚いて顔を上げたのは，内緒で漫画を読んでいたのが先生にばれていたと知ったからだといえる。

問３　直前の部分に注目する。校則で漫画は禁じられているのに，それを涙子が読んでいることをしおり先生は知りながら見過ごし，叱らなかったため，先生として不適切なのではないかと呆れたのである。

問４　この後，先生は「涙の子」という涙子の名前は「悪い意味ばかりじゃない」と言い，その理由として，子どものころは涙にはネガティブなイメージがあったが，大人になって，うれしかったり感動したりして流す涙が増え，優しい気持ちになれることがわかったと説明している。よって，アが選べる。

問５　前後の内容から，涙子は自分の悩みを話したり，趣味や夢を語ったりすることに抵抗があることがうかがえる。読んでいる本が何かを知られたくないと言う場面が本文前半にもあり，自分のことを知られて馬鹿にされたり，好きなものを否定されたりすることを恐れていることがわかるので，エがあてはまる。

問６　しおり先生は泣いている涙子に語りかけて力づけ，いつでも自分のことを話していいと寄り添っているが，正しい答えに涙子を導いたとまではいえないので，イが選べる。

三　**出典：山口真美『こころと身体の心理学』**。目の見えない人の世界は，目が見える晴眼者が想像する世界とはまったく異なる豊かな世界だが，お互いを理解するために丁寧に知り合うことが重要だと述べている。

問１　クロード・モネは晴眼者だったが，彼の想像した目の見えない人の世界は，実際に目が見えない人が見ている世界とはまったく異なっていたと次の段落にある。よって，ウが選べる。

問２　ぼう線②は，前の二つの段落にある，目が見える人が想像した，目が見えない人にとっての世界の見え方を指す。世界は真っ暗で，目の前にあるものが何かもわからないと書かれているので，アがあてはまる。

問３　この後，目が見えない人が何を頼りにどんな情報を得ているかが述べられている。音の反射から空間内の広がりや障害物の位置，目指す場所までの道がわかったり，音の響きから部屋の広さがわかったりなど，音と空気の流れが空間把握に役立つのである。だから，会話の内容を頼りにするというイが，ふさわしくない。

問４　「触覚でひとつひとつ点字を順番に確かめていく」ことで目の前にあるものを認識する「全盲の研究生」にとって，新聞の片隅にある小さな記事に「一目で気づ」いた晴眼者(ここではボランティア)の視点は，「理解できな」かったというのである。つまり「全盲の研究生」は，自分にはない，一度に全体を見渡す(俯瞰する)ことのできる晴眼者の視点に驚いたのだから，イが選べる。

問５　**A**　前には，晴眼者は小さな記事でもその存在に気づくとある。後には，目の見えない人にとっては，一目で気づくというその見え方が驚きだったと続く。よって，前のことがらを受けて，それに反する内容を述べるときに用いる「しかし」が入る。　**B**　前には，目の見えない人にとっては，晴眼者が一目で小さな記事にも気づくことが驚きだったとあり，後には，目の見えない人にとっては，晴眼者の「視点」への理解が難しかったと続く。いずれも，目の見えない人にとって理解しにくい，晴眼者の見え方について述べた内容なので，あることがらに次のことがらをつけ加えるはたらきの「また」が合う。

問６　最後から二，三番目の段落に，「俯瞰的な視点」を得る方法について，晴眼者と目の見えない人との違いが述べられている。晴眼者は「視覚的な経験」にもとづいて俯瞰的な視点を得るが，目の見えない人は小説でふれる程度で，実際には体験できないとある。

問７　もどす文の最初にある「つまり」は，前に述べた内容を，“要するに”とまとめて言いかえるときに用いる語なので，同じ環境にいても晴眼者と目の見えない人のように受け取る感覚が違えば，異なった世界を見ることもあると前に書かれた箇所に入れればよい。よって，視覚的な経験の有無で俯瞰的な視点を得られたり得られなかったりする，晴眼者と目の見えない人とを直前の二段落で対比した空らんⅣに入れるのがよい。

四　出典：吉田瑞穂「黎明の蛙たち」。田んぼのあぜ道を歩く作者が，足を止めて子蛙たちに話しかけたときのようすを描いている。

問１　とのさま蛙は「早苗にだきつい」たとあるが，早苗はとのさま蛙の体と同じ緑色なので，「すがたをけしてしまう」は，保護色で周囲にまぎれ，姿が見えなくなることを意味している。早苗は，苗代から田へ移し植える，田植えのころの若い稲の苗のこと。

問２　「詩に書かれている状況」をおさえる。突然現れた作者に，子蛙たちがおどろいて身をかくすようすが第二連で描かれている。また，作者が話しかけた内容から，蛙たちは公害や外敵のためにおだやかに暮らせずにいるものと考えられる。蛙たちに不安を与える人間の仲間である作者に対し，子蛙は自分たちが人間のために困っていること，安心して暮らしたいと望んでいることなどを話すのではないかと想像できる。

問３　作者が子蛙たちに話しかけると親蛙が鳴きだしたのが，まるで答えてくれたかのようで，作者は心が通じ合ったと感じたものと考えられる。よって，エがよい。なお，にぎやかな親蛙の鳴き声はのどかで，不安なようすは感じ取れないため，アは合わない。

問４　「ごるく」，「げぺる」は親蛙たちの鳴き声を表すが，作者が子蛙たちに話しかけた内容から，蛙たちは公害になやまされたり，外敵から身を守ろうと保護色を活用したりしていることがわかる。よって，ウにあるように，蛙が「何にもおびやかされずに過ご」しているとはいえない。

五　ことわざ，語句の意味，ことばの知識，短文づくり

問１　「のれんに腕押し」は，手ごたえがないようすをいい，「豆腐にかすがい」と同じ意味になる。なお，アは，働きかけるとすぐに反応するようす。ウは，どんなしうちにも平然としているようす。エは，価値のわからない者に高価なものを与えても意味がないということ。

問２　**１**　「クリエイティブ」は，創造的。独創的。　**２**　「やきもき」は，気をもんでいらいらするようす。

問３　エは正しい。なお，アの「見れない」は，見ることができないという意味だが，「見られない」とするのが正しい。イは，「約」と「ほど」が同じような意味なので，「約十人」あるいは「十人ほど」とするのが適切となる。ウは，「笑」っていたのが「私」ならば「笑いながら」の後に，「友達」ならば「私は」の後に読点をつけ，文の意味をはっきりさせる必要がある。

問４　「白羽の矢を立てる」は，“多くの中から特にねらいをつけて選びだす”という意味。

六　漢字の書き取り

１　しげきを受けて，気持ちがたかぶること。　**２**　こん虫や石などを取って集めること。

3　完全とはいえないが，それなりに良いようす。なかなか。　**4**　飲料水や水力発電に使うため，水をためておく池。　**5**　音読みは「ケイ」で，「敬語」などの熟語がある。

2024年度 芝浦工業大学附属中学校

【算　数】〈第２回試験〉（60分）〈満点：120点〉

〈編集部注：**1**の音声は学校ＨＰで確認できます。（右の二次元コードからアクセス可能）〉

〔注意〕１．**1**は聞いて解く問題です。聞いて解く問題は，試験開始後すぐに放送します。

２．**3**以降は，答えだけではなく式や考え方を書いてください。式や考え方にも得点があります。

３．定規(じょうぎ)とコンパスを使用してもかまいませんが，三角定規と分度器を使用してはいけません。

４．作図に用いた線は消さないでください。

５．円周率が必要な場合は，すべて3.14で計算してください。

1 この問題は聞いて解く問題です。

聞いて解く問題は全部で(1)と(2)の２題です。(1)は１問，(2)は①と②の２問あります。問題文の放送は１回のみです。問題文が流れているときはメモを取ってもかまいません。ひとつの問題文が放送された後，計算したり，解答用紙に記入したりする時間はそれぞれ１分です。聞いて解く問題の解答は答えのみを書いてください。ただし，答えに単位が必要な場合は必ず単位をつけてください。

(1)

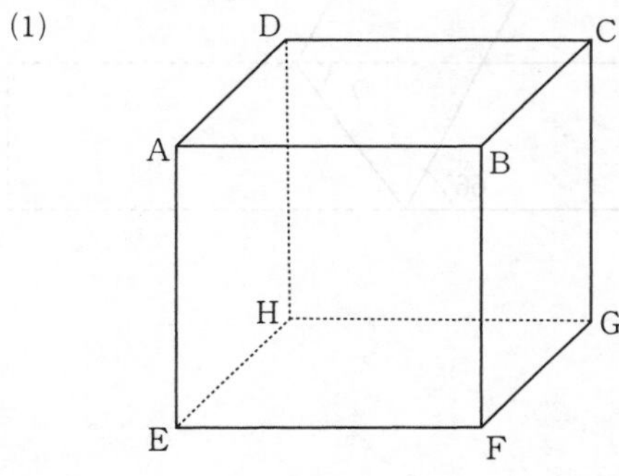

2 次の各問いに答えなさい。ただし，答えのみでよい。

(1) $4048\times20.24\div46-1012\div23\times40.46$ を計算しなさい。

(2) □にあてはまる数を求めなさい。

$$\left(1+\frac{1}{2}-\frac{1}{3}+\frac{1}{4}+\frac{1}{\square}\right)\times12=\frac{37}{2}$$

(3) 1個40円のピーマンと1個70円の玉ねぎを合わせて12個買うと，代金は720円です。このとき，ピーマン，玉ねぎはそれぞれ何個ずつ買いますか。

(4) 右の図は，長方形の紙を折り曲げたものです。角アの大きさを求めなさい。

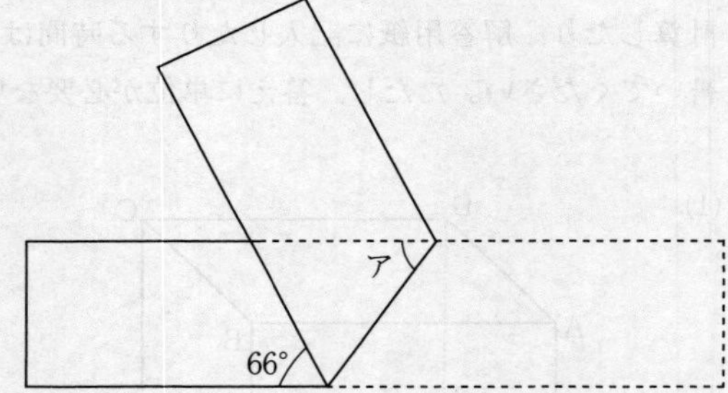

3 次の各問いに答えなさい。

(1) 袋(ふくろ)の中に赤玉と白玉が入っており，その個数の比は３：５です。袋の中に赤玉を12個入れたら赤玉と白玉の個数の比が11：15になりました。このとき，最初に袋に入っていた白玉の個数を求めなさい。

(2) ６個の数字０，１，２，３，４，５から異なる３個の数字を使って３けたの数をつくります。つくることができる３けたの数を小さい順に並べたとき，63番目の数を求めなさい。

(3) Ａ，Ｂはともに２けたの整数です。Ａの２倍とＢの３倍をたすと102になります。Ａ，Ｂの数の組み合わせは何通りありますか。

(4) 右の図は円と正方形でできた図形です。斜線(しゃ)部分の面積を求めなさい。

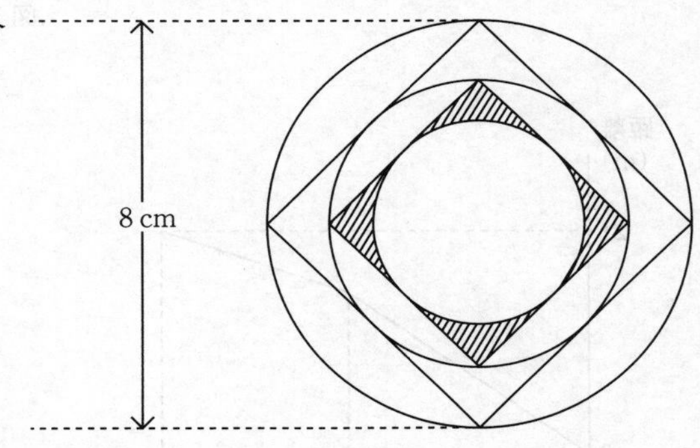

(5) 右の図のように，円すいの中に球がちょうどおさまっています。この球の半径を求めなさい。

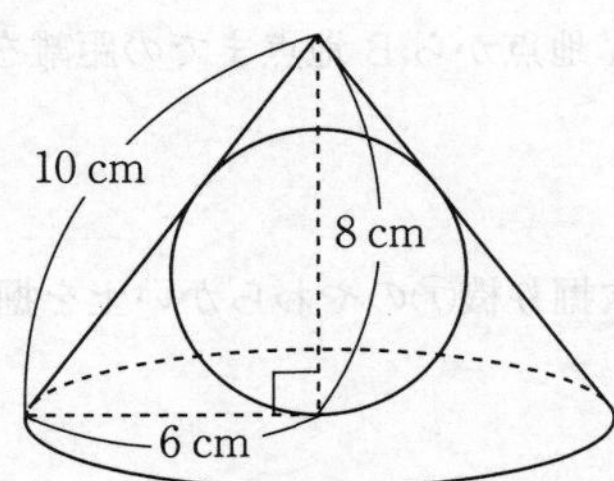

4 図１のように２台の穴掘り機㋐，㋑を使用してＡ地点からＢ地点まで１本のトンネルをつくります。穴掘り機㋐はＡ地点から，穴掘り機㋑はＢ地点から同時に掘り始め，トンネルが貫通するまで掘ります。図２，３はそれぞれ穴掘り機㋐，㋑が掘り始めてから貫通するまでの時間と掘った距離の関係を表したグラフです。やわらかい土を掘る速さは固い土を掘る速さの２倍です。このとき，次の各問いに答えなさい。

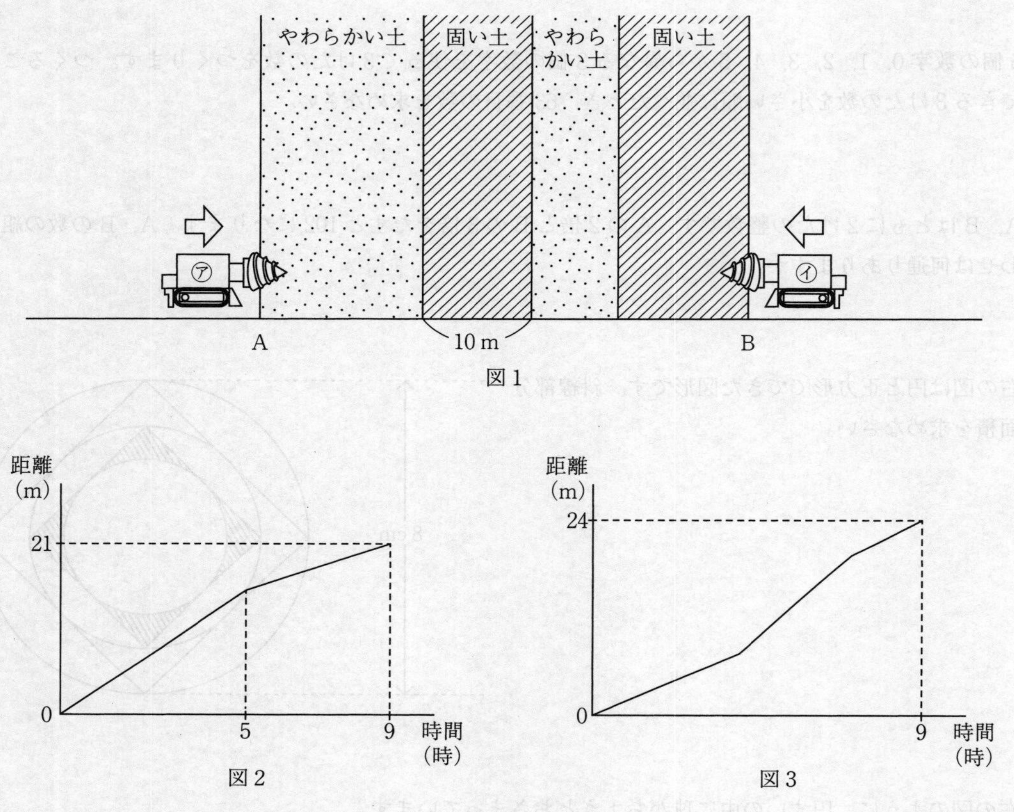

図１
図２
図３

(1) Ａ地点からＢ地点までの距離を求めなさい。（この問題は答えのみでよい）

(2) 穴掘り機㋐のやわらかい土を掘る速さを求めなさい。

(3) 穴掘り機㋑の固い土を掘る速さを求めなさい。
ただし，穴掘り機㋑の固い土を掘る速さ（毎時メートル）は整数です。

(4) (3)のとき，２つの穴掘り機が掘り始めてからトンネルが貫通するまでの時間と穴掘り機㋐と㋑の距離の関係を表したグラフをかきなさい。必要に応じて目盛りをつけなさい。（この問題は答えのみでよい）

5 図１のように正方形ABCDの辺BC，CDの真ん中の点をそれぞれE，Fとします。ACとDEとBFは点Gを通ります。FGの長さが10 cmのとき，次の各問いに答えなさい。

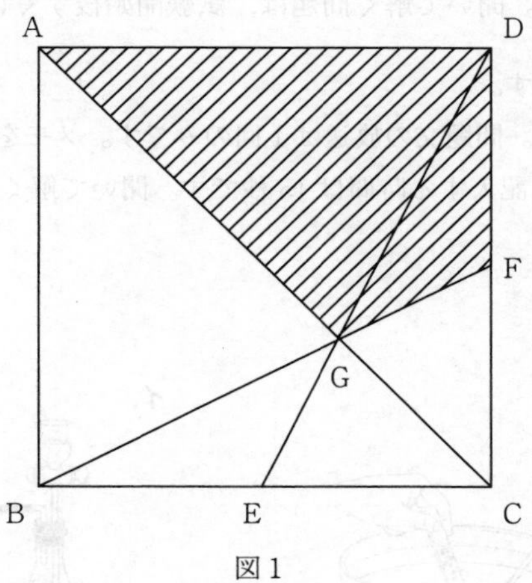

図１

(1)　AFとDGの長さをそれぞれ求めなさい。

(2)　四角形AGFDの面積を求めなさい。

(3)　正方形ABCDの面積を求めなさい。

(4)　図２は(3)の正方形ABCDにおいて，APとDQの長さが等しくなるように辺AD上に点P，辺DC上に点Qをとり，PCとBQの交点をRとしたものです。PRの長さとQRの長さの差が5 cmのとき，四角形PRQDの面積を求めなさい。

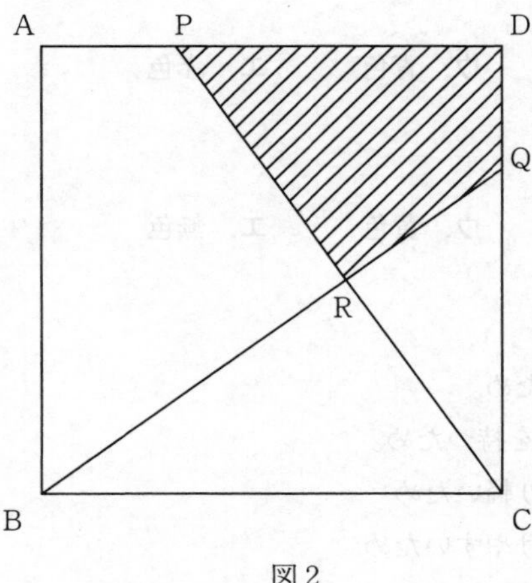

図２

【理　科】〈第２回試験〉（50分）〈満点：100点〉

〈編集部注：1の音声は学校ＨＰで確認できます。（右の二次元コードからアクセス可能）〉

〔注意〕1は聞いて解く問題です。聞いて解く問題は，試験開始後すぐに放送します。

1　この問題は聞いて解く問題です。

聞いて解く問題は全部で４題です。問題文の放送は１回のみです。メモを取っても構いません。ひとつの問題文が放送されたあと、解答用紙に記入する時間は15秒です。聞いて解く問題の解答は答えのみを書いてください。

(1)

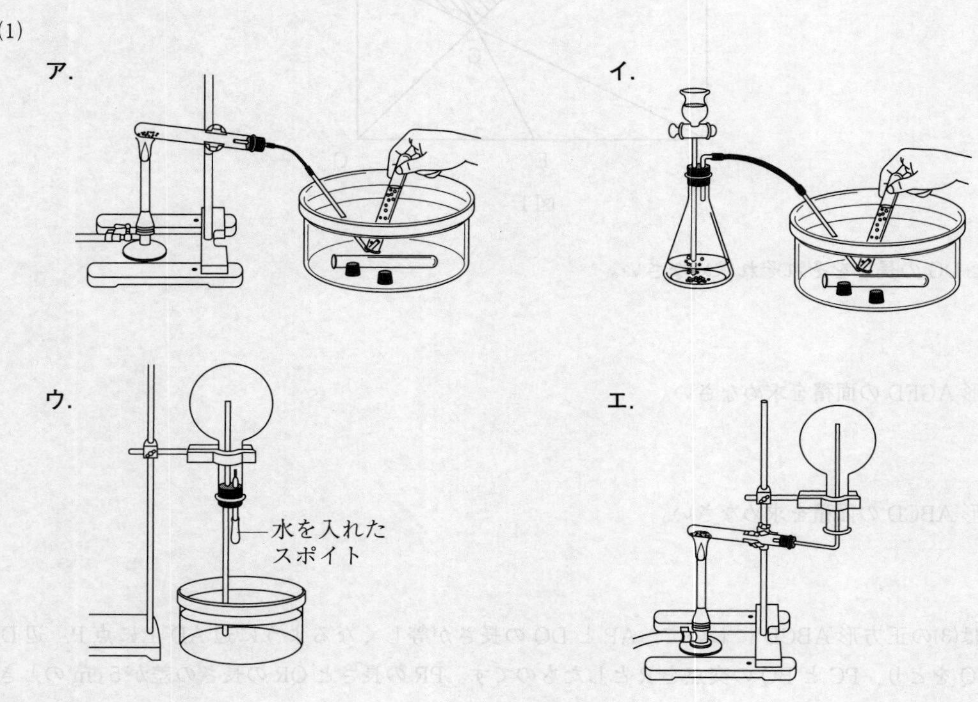

(2)

ア．黄色　　イ．緑色　　ウ．青色　　エ．赤色

(3)

ア．赤色　　イ．青色　　ウ．黄色　　エ．無色

(4)

ア．発生した気体は有毒なため。
イ．発生した気体は刺激臭（しげきしゅう）を持つため。
ウ．発生した気体は空気より軽いため。
エ．発生した気体は水にとけやすいため。

2 芝美(しげみ)さんはさまざまな実験を行い、レポートにまとめました。あとの問いに答えなさい。

実験題目	ビーカーの中で雪を降らせよう				
実験者	**氏名** 江東(こうとう) 芝美				
実施(じっし)日	2月2日	**天候**	くもり	**気温**	18℃
目的・ねらい	・食塩をとけるだけとかした食塩水にエタノールを加えると、雪のような結晶(しょう)ができる現象を観察する				

準備 □食塩 □200 mL ビーカー □350 mL ペットボトル □薬包紙 □水 □ガラス棒 □薬さじ □エタノール（薬局で売っている無水エタノール）□温度計 □電子てんびん □スポイト □スライドガラス □顕微鏡(けんびきょう)

【仮説】

食塩水にエタノールを加えると生じる結晶は、食塩水の中から生じた食塩ではないか。

【実験】

❶ 電子てんびんに折り目をつけた薬包紙をおき、※0gに設定したのち、こぼさないように薬さじで40gになるまで食塩をのせる。

❷ 350 mL ペットボトルに、薬包紙の食塩をこぼさないようにすべて加える。

❸ 電子てんびんに食塩の入ったペットボトルをおき、※0gに設定したのち、100gになるまで水を入れる。

❹ ❸のペットボトルにふたをしてから数分間よく振(ふ)り、さらに数分間静置し、温度計でその液体の温度を測る。

❺ 電子てんびんに空の200 mL ビーカーをおき、※0gに設定したのち、100gになるまで❹の上ずみを入れる。

❻ ❺の液体にガラス棒を伝わらせてエタノールを少しずつ加えてビーカー内を観察する。

※0gに設定：電子てんびんの表示を0gに設定すること。

【結果】

❹ではペットボトルを何度振っても (a)とけ残りが生じていた。また液体の温度は25℃を示していた。

❻の操作後、白く境界面がはっきり見えるようになった。境界面をガラス棒で素早くかき混ぜると、(b)雪のような結晶が底のほうへ降り積もっていくことを観察した。

【仮説立証実験と結果】

❹のとけ残りと【結果】の雪のような結晶を含む液体を、それぞれスポイトでスライドガラスに少量たらし、1日放置した。それらを顕微鏡で観察したところ、大きさは異なるが、同じ形の結晶が観察できた。

【まとめ】

とけるだけとかした食塩水にエタノールを加えると境界ができ、とけていた食塩が小さな結晶となって、雪のように降り積もることがわかった。

(1)　下線部（a）について、次の①、②に答えなさい。ただし、**（グラフ）**の値を利用すること。

① 下線部（a）は何ｇ生じますか。整数で答えなさい。

② **【実験】**❶〜❹について、食塩の代わりに40ｇのミョウバンを利用し、25℃になった場合、ミョウバンの結晶は何ｇ生じますか。もっとも近いものを**ア**〜**エ**から選び記号で答えなさい。

ア．0ｇ　　**イ**．15ｇ

ウ．25ｇ　　**エ**．40ｇ

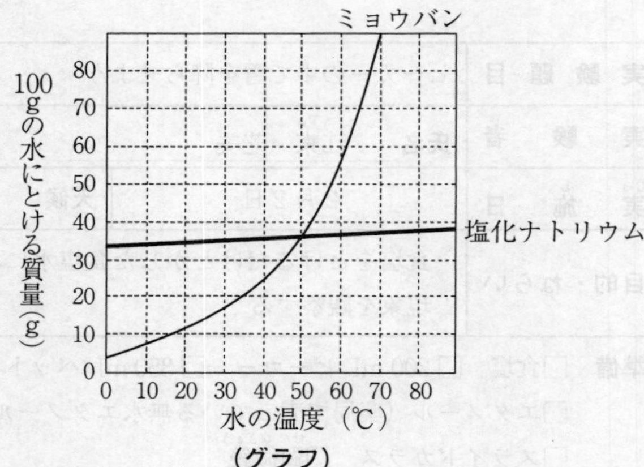

（グラフ）

(2)　下線部（b）について、芝美さんが顕微鏡で観察したものはどれですか。**ア**〜**エ**から選び記号で答えなさい。

ア．
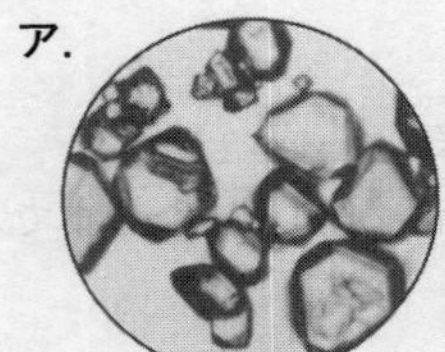
イ．
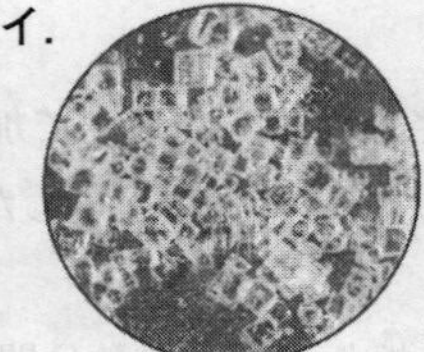
ウ．
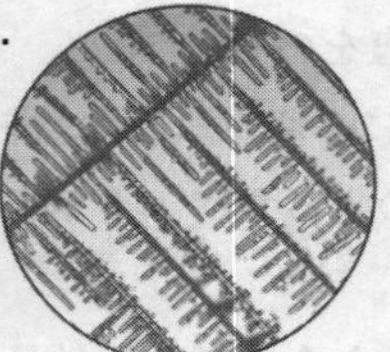
エ．

(3)　芝美さんは、食塩と水とエタノールの関係を調べて、**（表）**にまとめました。**（表）**を参考にして、ビーカーの中で雪が降る原理を述べているのはどれですか。**ア**〜**エ**から選び記号で答えなさい。

液体＼とかすもの	食塩	エタノール	水
水	よくとける	いくらでもとける	—
エタノール	ほとんどとけない	—	いくらでもとける

（表）

ア．エタノールは水をいくらでもとかし、食塩もよくとかすことから、食塩にうばわれていた水がエタノールにとけて食塩の結晶となって出てくる。

イ．食塩がエタノールにほとんどとけず、水にはよくとけることから、食塩にエタノールをうばわれて食塩の結晶となって出てくる。

ウ．エタノールは水をいくらでもとかし、食塩をほとんどとかさないことから、食塩をとかしていたエタノールが水にうばわれたため、食塩が結晶となって出てくる。

エ．エタノールは水をいくらでもとかし、食塩をほとんどとかさないことから、食塩をとかしていた水がエタノールにうばわれたため、食塩が結晶となって出てくる。

(4)　**【実験】**❻について、液温を25℃に保ったまま、エタノールを入れられるだけ入れた場合、下線部（b）は最大何ｇ生じますか。ただし、**（グラフ）**の値を利用し、割り切れない場合は小数第１位を四捨五入して、整数で答えなさい。

3 次の文を読み、あとの問いに答えなさい。

（図１）のように、円柱状の透明な容器の中に、ひと回り小さな円柱状の容器を入れて、水で満たしました。容器に満たした水に木材を静かに浮かべると、水が小さな容器からあふれて、透明な容器にたまりました。しばらくすると水はあふれなくなり、**（図２）**のように、木材は一部が水中に沈んだ状態で静止しました。このときの木材の浮かび方と水のあふれ方の関係について調べるために、次の**〔実験〕**を行いました。

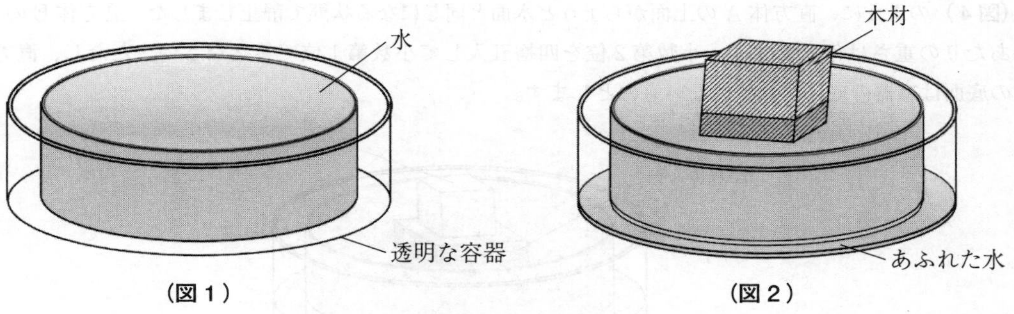

（図１）　　**（図２）**

〔実験〕

〈手順１〉同じ木材でできた直方体Ａ～Ｃに、**（図３）**のように目印をつけ、重さ、幅、高さ、奥行を測定しました。

〈手順２〉直方体Ａ～Ｃを、**（図２）**のように、１つずつ容器に満たした水に浮かべて、水面から出ている部分の木材の高さと、あふれた水の体積を測定しました。

〈手順３〉〈手順１〉、〈手順２〉の結果を**（表）**にまとめました。このとき、あふれた水の体積は、木材の水に沈んでいる部分の体積と同じであることがわかりました。

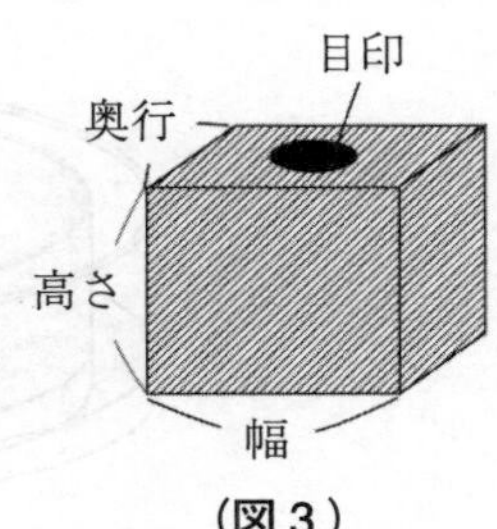

（図３）

		直方体Ａ	直方体Ｂ	直方体Ｃ
重さ	[g]	576	400	384
幅	[cm]	12	20	8
高さ	[cm]	10	5	15
奥行	[cm]	12	10	8
水面から出ている高さ	[cm]	6	3	9
あふれた水の体積	[cm^3]	①	②	③

（表）

(1) **(表)** の①～③に入る数値を答えなさい。

(2) この木材の $1\,cm^3$ あたりの重さは何 g ですか。

(3) 同じ木材でできた幅 10 cm、奥行 15 cm の直方体Ｄを用いて **〔実験〕** の〈手順２〉を行ったところ、容器からあふれた水の体積は $720\,cm^3$ でした。直方体Ｄの高さは何 cm ですか。

(4) 金属でできた１辺 8 cm の立方体Ｅを、直方体Ａの上にのせて **〔実験〕** の〈手順２〉を行ったところ、**(図４)** のように、直方体Ａの上面がちょうど水面と同じになる状態で静止しました。立方体Ｅの $1\,cm^3$ あたりの重さは何 g ですか。小数第２位を四捨五入して小数第１位で答えなさい。ただし、直方体Ａの底面は容器の底にふれていないものとします。

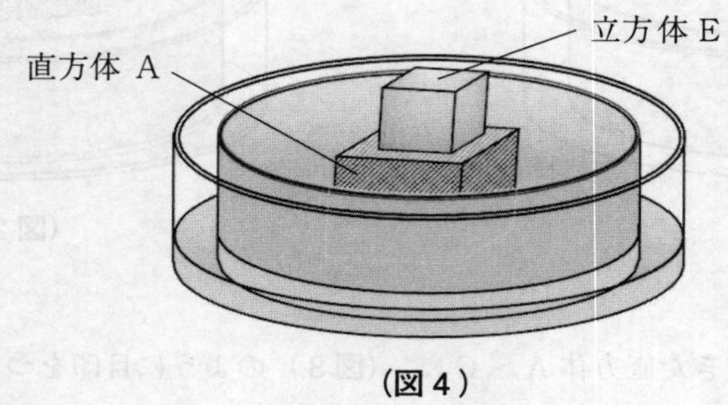

(図４)

(5) **(図５)** のように、糸を用いて、(4)で用いた立方体Ｅを直方体Ａにつるして **〔実験〕** の〈手順２〉を行ったところ、**(図６)** のように、直方体Ａの上面が水面よりも上の位置で静止しました。この理由を 30 字程度で答えなさい。ただし、糸の重さと体積は考えないものとし、立方体Ｅの底面は容器の底にふれていないものとします。

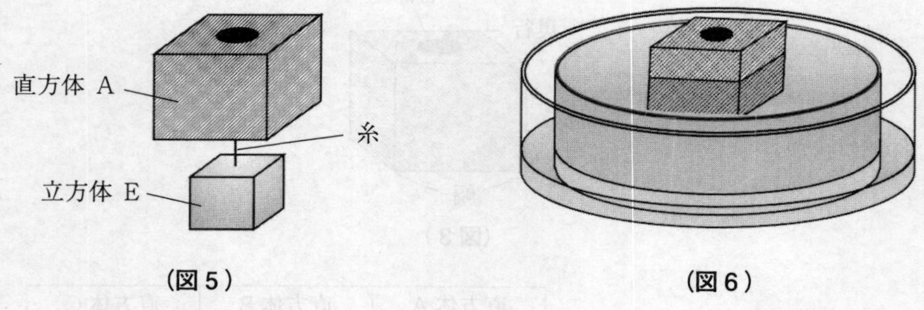

(図５)　　**(図６)**

4 次の文を読み、あとの問いに答えなさい。

ガソリンは、石油を精製して得られる燃料の１つです。車やバイク、あるいは一部の発電機の燃料として使用されます。車はガソリンを燃焼させることで動き、同時に二酸化炭素や（　a　）が発生します。完全に燃焼すれば、これらが主な生成物です。しかし、完全には燃えきれないこともあり、その場合は有害なガスも出ることがあるので注意が必要です。

ガソリンの燃焼によって出る二酸化炭素は、地球温暖化の原因となる温室効果ガスの一つです。私たちが車を運転するたびに、このガスが放出されています。そのため、地球温暖化を防ぐための取り組みが求められています。

石油やガソリンにふくまれる物質の性質を**（表１）**に、それぞれの物質がある重さで燃えたときに発生するエネルギーや二酸化炭素の量を**（表２）**にまとめました。

物質名	$1\,cm^3$あたりの重さ［g］	沸点（ふってん）［℃］
プロパン	0.002	－42
ヘキサン	0.66	69
オクタン	0.70	126
デカン	0.73	174
ドデカン	0.75	216

（表１）

物質名	重さ［g］	エネルギー［kJ］	燃焼したときの二酸化炭素の量［L］
プロパン	44	2220	67.2
ヘキサン	86	4150	134.4
オクタン	114	5500	179.2
デカン	142	6900	224.0
ドデカン	170	7510	268.8

（表２）

(1)　文中の（　a　）にあてはまる言葉を書きなさい。

(2)　**（表１）**、**（表２）**からわかることは何ですか。**ア～エ**から選び記号で答えなさい。

ア． 沸点が高くなるにつれ、１gあたりのエネルギーが大きくなっている。

イ． １L燃焼したときの二酸化炭素の量は、プロパンが一番多い。

ウ． １gあたりの体積が一番小さいのはドデカンである。

エ． **（表１）**、**（表２）**の物質は室温（20℃）ではすべて液体である。

(3)　オクタンとドデカンを３：２の体積の割合で混ぜて１Ｌにしました。このとき、$1\,cm^3$ あたりの重さは何ｇですか。

(4)　近年、ガソリン車だけでなく電気自動車が作られています。電気自動車は、走行中に二酸化炭素などの温室効果ガスを出しません。しかし、環境（かんきょう）に優しい車といえるかどうかを判断するには、走行中以外のことも考える必要があり、ある観点から見ると、電気自動車も二酸化炭素を出しているといえます。電気自動車は、どのような点で二酸化炭素を出していると考えられますか。「電気自動車を」に続くように50字程度で書きなさい。

5　セミについて調べてまとめた次の文を読み、あとの問いに答えなさい。

① 鳴き声と鳴く時間帯について

・セミの鳴き声と鳴く時間帯について **(表)** のようにまとめました。

セミの種類	鳴き声	鳴く時間帯
A	カナカナ	早朝と夕方（明るさが急に変化するとき）
B	ミーンミン	午前中
C	シャンシャン	午前中
D	ジリジリ	午後
E	チー	１日中（早朝や夕方は活発）

(表)

② セミ（幼虫）のぬけがらについて調べたところ、次のことがわかりました。

・体長が 26 mm 以上 35 mm 未満のものは、「アブラゼミ・ミンミンゼミ」である。
・体長が 26 mm 未満のものは、「ニイニイゼミ・ヒグラシ」である。
・体長が 35 mm 以上のものは「クマゼミ」である。
・まるっこく泥（どろ）だらけのものは、「ニイニイゼミ」である。
・ミンミンゼミは、触角（しょっかく）の第２節と第３節がほぼ同じ長さであった。
・アブラゼミは、触角の第３節が第２節より長かった。
・ヒグラシは、触角の第４節は第３節の２倍以下である。

③ **(図１)** は、セミ（成虫）の頭部前面を示したものです。

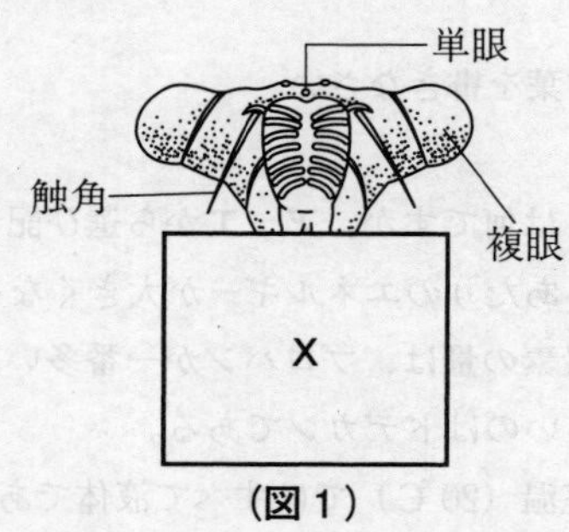

(図１)

④ ある地域にすむクマゼミの数を調べるため、次のような調査を行いました。

> ある地域で、虫取りあみを使ってクマゼミを100匹(ひき)つかまえた。その全てに目印をつけてその場に放した。次の日に、同じ場所と時間に、同じように虫取りあみを使って120匹のクマゼミをつかまえたところ、30匹に目印がついていた。

⑤ 生き物の仲間分け

セミの仲間について調べるために、AIチャットサービスを使い、昆(こん)虫の定義について検さくをした。

(1) **(表)** の **A**～**E** のセミの種類として正しいものはどれですか。**ア**～**カ**から選び記号で答えなさい。

	A	B	C	D	E
ア	ヒグラシ	アブラゼミ	クマゼミ	ミンミンゼミ	ニイニイゼミ
イ	ヒグラシ	ニイニイゼミ	ミンミンゼミ	アブラゼミ	クマゼミ
ウ	ヒグラシ	ミンミンゼミ	クマゼミ	アブラゼミ	ニイニイゼミ
エ	ミンミンゼミ	クマゼミ	ヒグラシ	ニイニイゼミ	アブラゼミ
オ	ニイニイゼミ	ミンミンゼミ	ヒグラシ	クマゼミ	アブラゼミ
カ	クマゼミ	ニイニイゼミ	ヒグラシ	ミンミンゼミ	アブラゼミ

(2) あるセミについて、**(図２)** はぬけがら、**(図３)** は触角を示したものです。このセミの種類はどれですか。**ア**～**オ**から選び記号で答えなさい。ただし、方眼紙の１マスは１cmです。

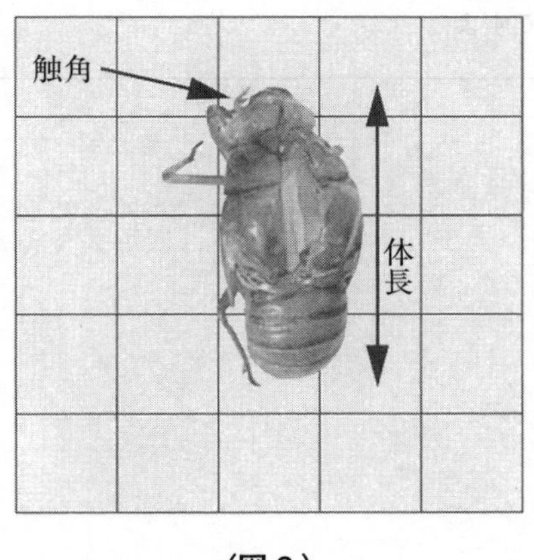

(図２)

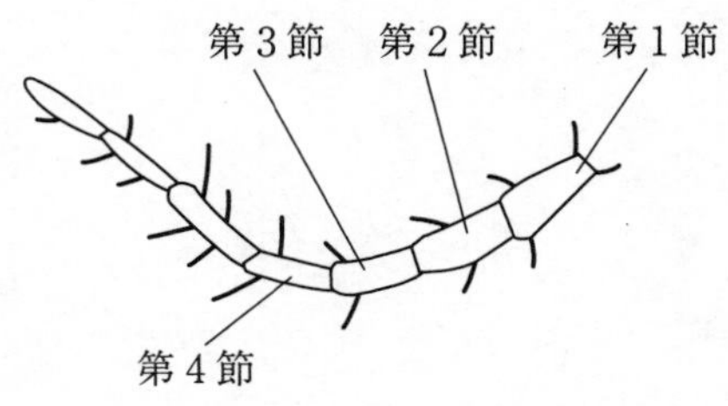

(図３)

ア．ヒグラシ　**イ**．ミンミンゼミ　**ウ**．クマゼミ　**エ**．アブラゼミ　**オ**．ニイニイゼミ

(3)　次の文の［ａ］、［ｂ］に適する言葉を答えなさい。

> セミのたまごは、夏の間に産みつけられる。１年後に産まれた幼虫は、土の中に入り、何度も［ａ］をくり返して成長する。その後、地上に出た幼虫は、サナギにならずに木の枝や葉の裏などで羽化をして成虫になる。このような育ち方を［ｂ］変態という。

(4)　**(図１)** の**Ｘ**の部位を解答らんの図中にかきなさい。

(5)　④について、この地域のクマゼミの数を予想しなさい。ただし、この地域にはクマゼミがかたよりなく生活し、セミは再びつかまえるまでに新たに生まれたり、死んだり、地域の外に行ったりしないものとします。

(6)　⑤について、AIから次のような回答が返ってきました。理科のことがらで、誤っている部分のうち、２か所を抜き出し、正しく書き直しなさい。

> 昆虫とは、地球上にたくさんいる小さな生き物のことです。たとえば、アリやクモ、チョウやテントウムシなどが昆虫です。昆虫は、足がたくさんついていて、頭・胸・お尻の３つの部分に分かれています。頭には目や口があり、胸には足がついていて歩いたり跳んだりします。たくさんの昆虫は、翼というものを持っていて、それで空を飛ぶこともできます。
>
> 昆虫の体は、固い皮でおおわれていて、これが骨みたいな役割をしています。でも、大きくなるときにはその皮を脱いで新しい皮に入れ替えるんですよ。

6 凸(とつ)レンズを用いた光の実験について、次の文を読み、あとの問いに答えなさい。

(図１) は、太陽から平行にやってくる光に対して、凸レンズを垂直に置いたとき、凸レンズを通った３本の光線について示している。**(図１)** の８本の破線（------）は、凸レンズから平行に4 cm ごとに引いてあり、①～③の破線と凸レンズの中心Ｏを通った光線との交点をそれぞれＰ、Ｑ、Ｒとした。

(図２) は、**(図１)** の①～③の破線の位置にそれぞれ白色の紙を置いたとき、紙上にできた明るさのちがいを、模様のちがいで示している。

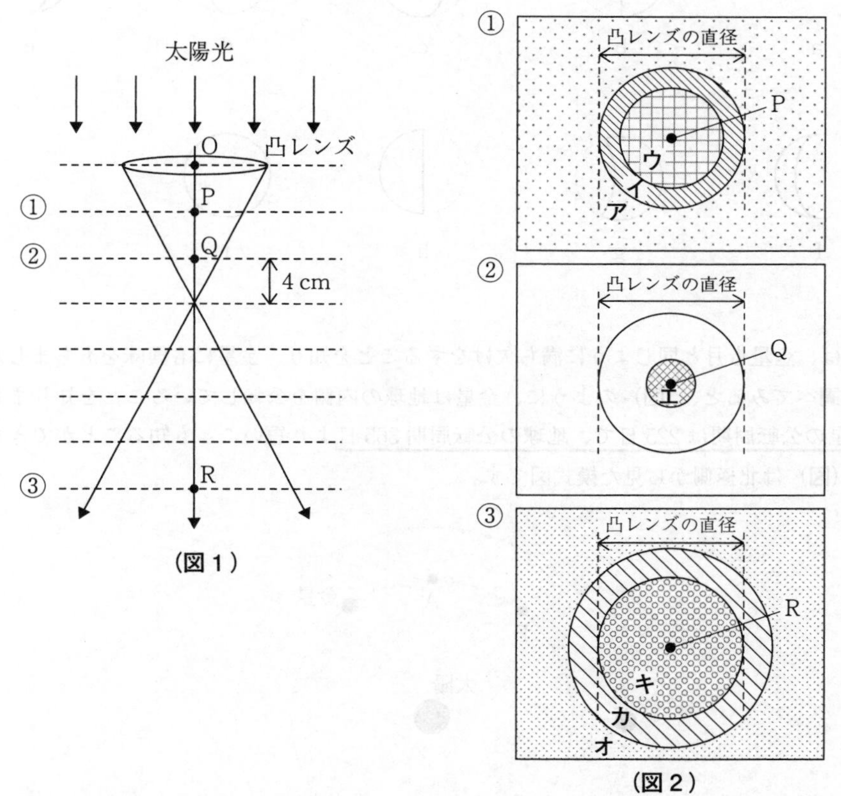

(図１)

(図２)

(1) **(図１)** の凸レンズの焦点距離(しょうてんきょり)は何 cm ですか。

(2) **(図２)** ①の**ア**～**ウ**の領域で、「もっとも明るい領域」と「もっとも暗い領域」はそれぞれどれですか。**ア**～**ウ**から選び記号で答えなさい。

(3) **(図２)** ③の**オ**～**キ**の領域で、「もっとも明るい領域」と「もっとも暗い領域」はそれぞれどれですか。**オ**～**キ**から選び記号で答えなさい。

(4) **(図２)** ②の**エ**の領域の明るさを「１」とするとき、①の**ウ**の領域の明るさはいくらになりますか。分数で答えなさい。

7 次の文を読み、あとの問いに答えなさい。

東京に住む芝吉(しばきち)君は、月が満月になったり、三日月になったりすることに興味をもちました。そこで、月を肉眼で観察し、①a〜iのスケッチを残しました。黒線で囲まれた部分は光っており、点線で囲まれた部分は暗くなっています。aは新月を、iは満月を表しています。

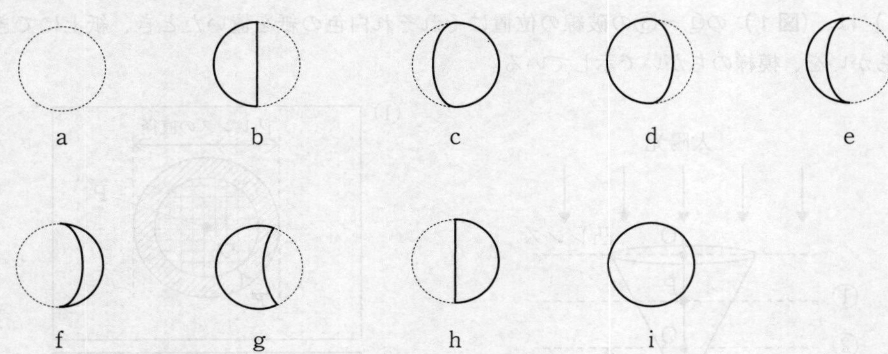

芝吉君は、金星も月と同じように満ち欠けをすることを知り、金星にも興味をもちました。金星について調べてみると、**(図)** のように、金星は地球の内側を公転していることを知りました。また、②金星の公転周期は225日で、地球の公転周期365日より短いことも知ることができました。ただし、**(図)** は北極側から見た模式図です。

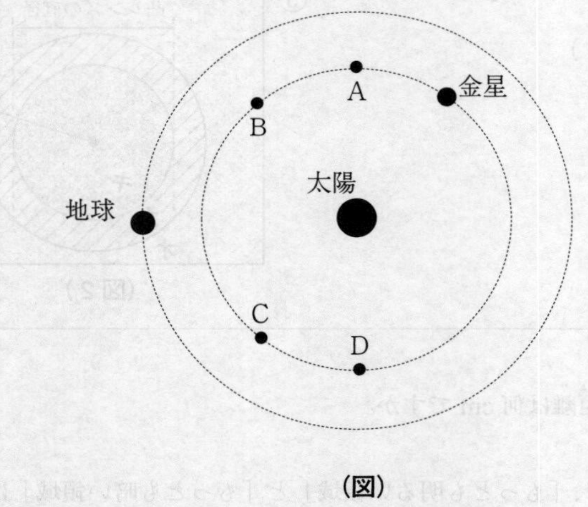

(図)

(1) 下線部①のうち、月食のスケッチはどれですか。b〜iから選び記号で答えなさい。

(2) 月食のとき、地球、太陽、月が一直線上に並びます。間に入る天体はどれですか。ア〜ウから選び記号で答えなさい。

ア. 地球　　**イ.** 太陽　　**ウ.** 月

(3)　下線部①について、ａから始まりｉになるまでの月の満ち欠けを、順に並べなさい。ただし、ｂ～ｈの中から必要な記号だけを用いなさい。

(4)　**(図)** のように、太陽と地球が位置しているとき、下線部①のｂのような金星が見えました。金星はどこにありますか。**(図)** のＡ～Ｄから選び記号で答えなさい。ただし、金星の満ち欠けは、肉眼で見たものとし、大きさは考えないものとします。

(5)　(4)のとき、金星が見えているのはいつですか。**ア～エ**から選び記号で答えなさい。

ア．夜　　**イ**．明け方　　**ウ**．昼　　**エ**．夕方

(6)　下線部②より、太陽、金星、地球が一直線上に並んでから、再び同じ順で一直線上に並ぶのは何日後ですか。以下の文を参考にして、小数第１位を四捨五入し、整数で答えなさい。

地球の公転周期 365 日と金星の公転周期 225 日の差が 140 日。地球から見ると、１年で金星は $\frac{140}{225}$ 周分だけ公転しているように見える。残りの $\frac{85}{225}$ 周分公転する日数を求めてから、最終的な日数を計算する。

五

次の各問いに答えなさい。

問一　ことわざ「坊主憎けりゃ袈裟まで憎い」と反対の意味のことわざを次の中から一つ選び、記号で答えなさい。

ア　弘法筆を選ばず
イ　医者の不養生
ウ　あばたもえくぼ
エ　好きこそ物の上手なれ

問二　次の語の類義語として適切なものを後の語群の漢字を組み合わせて作りなさい。

1　納得
2　同意

《語群》

調	整	賛	点	承
成	合	認	変	定

問三　日本語として適切なものを次の中から一つ選び、記号で答えなさい。

ア　デザートに美味しいケーキをいただいてください。
イ　私はキャンプで焚き火や料理をするのが趣味です。
ウ　想像と違った結論に彼はつむじを曲げて従わなかった。
エ　有名球団からの誘いに彼はよもや断った。

問四　次の慣用句を使って、短い文を作りなさい。

「後の祭り」

※慣用句の内容が具体的にわかるようにしなさい。
慣用句の例「足がぼうになる」
（悪い例）「ぼくは、足がぼうになった。」
（良い例）「ぼくは、落とし物をしてしまい、足がぼうになるまで探し回った。」

※「動きを表す語」など、後に続く語によって形が変わる場合は、変えても良いです。

六

——線のカタカナを漢字に直しなさい。

1　伝統芸能がフッカツする。
2　場のおごそかな雰囲気にシセイを正した。
3　物語をロウドクした。
4　桜は日本中に広くブンプしている。
5　美しい山々がツラなる。

問一　――線①「ヒガンバナがさいていた」とありますが、「ぼく」がこのヒガンバナから感じ取っていることとして、適切なものを次の中から一つ選び、記号で答えなさい。

ア　田んぼの中の道に一本だけでずっと咲いているヒガンバナに、孤独でも咲き続ける力強さを感じている。
イ　道に沿って一直線にヒガンバナが咲いていることに、はかまでの道を案内されていると感じている。
ウ　田んぼの道に長い間咲き続けるヒガンバナに、自然のたくましさと人間の弱さを感じている。
エ　田んぼの道に並んで咲いているヒガンバナを、亡くなった人を弔う線香のように感じている。

問二　――線②「でんぱがとどいているかのように」とありますが、ヒガンバナたちはどのような情報を伝えたと考えられますか。十五字以内で答えなさい。

問三　――線③「みまもった」とありますが、「ぼく」がヒガンバナの咲いている様子をこのように表現した理由として、適切なものを次の中から一つ選び、記号で答えなさい。

ア　風で揺れながら咲いているヒガンバナが、まるで手招きをして「ぼくたち」が近づくのを待っていると思ったから。
イ　おはかの周りのたくさんのヒガンバナが、わざわざ山のてっぺんまで来た「ぼくたち」を祝福していると思ったから。
ウ　おはかのうしろに咲いたヒガンバナの一輪一輪が、はかに眠る人たち一人ひとりが立っているかのようだと思ったから。
エ　たくさんのヒガンバナが集まると一人の人の顔のように見え、おはかに入っている人の優しげな表情になっていると思ったから。

問四　この詩の表現について説明したものとして、適切**でない**ものを次の中から一つ選び、記号で答えなさい。

ア　具体的に情景を描写することによって、読者の想像力をかき立てている。
イ　比喩を用いることによって、「ぼくたち」の行動を生き生きと表している。
ウ　ひらがなを多用し子どもの視点で語ることで、親しみを感じさせている。
エ　擬人法を効果的に用いることで、ヒガンバナの様子を印象づけている。

問五　大人になった「ぼく」が、自分の子どもを連れてこのおはかを訪れたとします。「ぼく」は子どもに色々な話をしましたが、おはかのうしろに昔から咲いているヒガンバナたちがそれを聞いていたとしたら、どのような気持ちになったと思いますか、答えなさい。ただし、次の条件に従うこと。

A　ヒガンバナのうちの一本になったつもりで書くこと。
B　他のヒガンバナに語る口調で書くこと。
C　「ぼく」が子どもに話している内容が分かるように書くこと。
D　八十字以上、百二十字以内で書くこと。ただし、出だしの一マスは空けないで書くこと。

問六　――線③「血液型性格判断を信じている人の性格が、ほんとうに血液型性格判断の通りになる」とほぼ同じことを述べている部分を、本文中から五十字でぬき出し、初めと終わりの五字を答えなさい。

問七　――線④「偏見やステレオタイプが予言の自己実現を生み出してしまうってことには十分に気をつけておかないといけない」とありますが、気をつけることの内容として適切なものを次の中から一つ選び、記号で答えなさい。

ア　情報の正誤の判断を客観的なデータから行い、正しい情報を元に自分の行動を決めるのが良いということ。

イ　自分や周りが正しいと思い込むことで、本来の自分とは違う考え方や行動をしてしまうかもしれないこと。

ウ　血液型性格判断などは、差別や偏見のもとになっているステレオタイプにつながる考え方だということ。

エ　自分が正しいと信じていることが、経験からの思い込みでしかないかもしれないということ。

四　次の詩を読んで、後の問いに答えなさい。

ヒガンバナ　　まど・みちお

こどものころ　ぼくはよく
はげあたまのじいちゃんと
やまのおてらにはかまいりにいった
たんぼのなかの一ぽんみちに
ずうっと①ヒガンバナがさいていた
おはかにつくと
そのヒガンバナたちからもう
②でんぱがとどいているかのように
おはかのうしろのヒガンバナたちが
一せいにぼくたちを③みまもった
まわりをそうじしたり
みずやはなをかえたり
てをあわせておがんだりするのを
はじめからおわりまでじいっと…
なにやら　ヒガンバナごで
ひそひそ　ひそひそ　しながら…

たくさんの人たちが信じてしまうってことじゃなくて、③血液型性格判断を信じている人の性格が、ほんとうに血液型性格判断の通りになる場合もあるってことなんだ。このことについては、山崎賢治さんと坂元章さんという社会心理学者が研究してるんだよ（日本社会心理学会大会論文集、一九九一年、一九九二年）。

山崎さんと坂元さんは、一九七八年から八八年までの間に、血液型と性格特性との関係が強くなってきているという調査データの分析（ぶんせき）をしています。たとえばA型の人がA型の人に当てはまるとされている性格特性を持っていると自分で思っている程度、つまり血液型性格判断が「あたっている」程度が、一九七八年よりも一九八八年のほうが強くなっているということ。同じことは、別の血液型についても言えるんだよ。

ということは、みんなが血液型判断をあたっていると思い込むことで、ほんとうにそうした性格特性を知らず知らずのうちに身につけるようになってきたということなんだと考えられます。自分は何とか型だからこういうときにはこういった行動を取るんだよねと思い込んで、ほんとうにそうした行動を取るようになってしまう。また、〇〇ちゃんは何型だから、やっぱりこういう性格なんだねって言われ続けてると、そういう性格を身につけてしまう、ってこと。

こうしたことは血液型性格判断だけだとあんまり害はないけど、まわりからの偏見にさらされていると、ほんとうにそうした偏見に応じた考え方をしたり、行動をするようになってしまう可能性があるってことだから、④偏見やステレオタイプが予言の自己実現を生み出してしまうってことには十分に気をつけておかないといけないいんだよ。

（山岸俊男『「しがらみ」を科学する』）

※　ステレオタイプ……型にはまった考え方

問一　［A］・［C］・［D］に入る語として適切なものを次の中から一つずつ選び、それぞれ記号で答えなさい。

ア　たとえば　イ　さらに　ウ　だから　エ　さて　オ　それとも

問二　――線①「どうして統計的には存在しないはずの関係が、自分の経験だけを考えるとほんとうにあるように思ってしまうんだろう？」とありますが、これに対する答えを「情報」「経験」の語を使って五十字以内で説明しなさい。

問三　［B］に入る語として適切なものを次の中から一つ選び、記号で答えなさい。

ア　そんなのうそだ　イ　ほんとうかな？　ウ　きょうみないな　エ　そのとおり

問四　本文中のア～エの文を正しい順に並べ変えて、並び順を記号で答えなさい。

問五　――線②「そうなんだから」の内容として適切なものを次の中から一つ選び、記号で答えなさい。

ア　血液型性格判断と一致してるんだから
イ　少しは差別意識や偏見があるんだから
ウ　ステレオタイプにあてはまるんだから
エ　あたっていると思い込んでるんだから

いと思っているからなんです。友達とか自分自身の血液型と性格については、やっぱりあたっていると思っている。[A]、いくら統計的な結果を見せられても、自分の経験の方を重視しちゃうんですね。そういうことって、多くないですか？

ダイエットの広告を見ても、皮膚の若返りの広告を見ても、個人的な経験談や「ダイエット前」と「ダイエット後」を比べた写真なんかが目につくよね。だけど、科学的な方法を使って調べた統計的なデータはほとんどのってない。そういうデータをちゃんと調べたら効果がないことが分かっちゃう場合にも、個人的な体験談をのせておけば、それだけで広告を見た人は納得しちゃうから。

どうして、そんなことが起こるんだろう？①どうして統計的には存在しないはずの関係が、自分の経験だけを考えるとほんとうにあるように思ってしまうんだろう？

原因はいろいろあるんだけど、「A型の人はこういった性格の持ち主だ」という情報を読んだり聞いたりするときに、私たちはそうした情報をそのまま鵜呑みにするからだ、というわけではありません。そんなことをしてたら、世の中には矛盾した情報がいっぱいあるから、頭の中がすぐにパンクしてしまう。だから、そうした情報に接すると、まず、「[B]」と考えてみるよね。

そして、ほんとうにそういった性格をもったA型の人を思い出すと、「あ、やっぱりそうなんだ」と思って、その情報を正しいものとして受け入れるんだよ。

だけど、その時に、その逆のことはしないんだ。[C]A型なのに、そういった性格ではない人を思い出そうとしたり、そういう性格なのにA型以外の血液型の人を思い出そうとしない。つまり、あたっている人だけを思い出そうとする。

ア　その結果、自分自身や自分の知っている人にあてはまるということで、血液型性格判断が正しいと思ってしまう。

イ　そうすると、血液型性格判断に書いてあるような性格特性は、誰でも多かれ少なかれ持っているような性格特性なので、「あたってる」と思ってしまう。

ウ　世の中に手に入れたいものや達成したい目標を持っていない人なんていないんだから。

エ　たとえば「O型の人は自分の目標を追求する」と書かれていれば、自分はO型で、自分は目標を何とか手に入れたいなーと思っているから、やっぱりあたっていると思うんだよね。

そうすると、日常生活の中でも、血液型性格判断と一致する例を見つけるたびに、「あ、やっぱり、〇〇ちゃんはA型だからそんなことをするんだー」ということで、ますますあたっていると思い込むようになるんだよね。

その逆に、血液型性格判断にあてはまらない行動をしたりする人に出会っても、そうした人の行動をわざわざ血液型に結びつけて考えることはしない。だから、客観的にはあたらない場合の方が多くても、主観的には「いつも」あたっていると思ってしまうんだよ。

こうした「思い込み」は血液型についてだけじゃなくて、差別や偏見のもとになっているステレオタイプ※についても言えることで、日本人は何とかだとか、アメリカ人にはこういう傾向があるとか、黒人はなんとかだというたぐいのステレオタイプも、そう思っている本人にとっては、自分の個人的な経験からあたっていると思い込んでるんだよ。そういう人たちに、科学的な手続きを使って調べた結果を見せても、②「だって自分の知ってる人は、みんなそうなんだから」といって、考えを変えようとしないんだ。

[D]、ここで言いたかったことは、血液型性格判断に根拠がないのに、

問三　――線②「心の中では『はぁ』みたいな感じ」とありますが、ここから読み取れる様子として適切なものを次の中から一つ選び、記号で答えなさい。

ア　馬鹿にされているように感じ憤る様子。
イ　一方的に話し続ける先生に落胆する様子。
ウ　一挙に情報を伝えられて理解できない様子。
エ　先生が話し続ける勢いに気圧される様子。

問四　――線③「その先生の声がさらに跳ねた」とありますが、このときの先生の心情を三十字程度で説明しなさい。

問五　――線④「気持ちの上では感嘆していた」とありますが、どういうことですか。適切なものを次の中から一つ選び、記号で答えなさい。

ア　予想とは大きく異なる事実を教えられたことで、月への距離感が改まったということ。
イ　実際の距離を数値で示されることによって、月がどれほど遠いのかが明確に理解できたということ。
ウ　自分の知らない知識を与えてくれる先生に対して、今までに感じたことのない敬意を抱いたということ。
エ　ラジオ放送でわからないと言ってしまったことによって、言葉を述べられないほど緊張したということ。

問六　――線⑤「人間って本当に自分本位に物を見る」とありますが、ここではどのようなことを指していますか。三十字程度で説明しなさい。

問七　――線⑥「その時の亜紗には本当に嬉しかった」とありますが、このときの亜紗の心情を言い換えた言葉を文章中から十字以内で書きぬきなさい。

三　次の文章を読んで、後の問いに答えなさい。

筆者は、「予言の自己実現」を「人々がある期待を持って行動すると、結局その期待通りの結果が生まれてしまう」ことだと説明して、これについての具体例を本文までに四つ挙げている。

予言の自己実現がはたらいているもう一つの例に、血液型による性格判断があります。

読者のみなさんの中にも、血液型による性格判断はあたっていると思っている人がいるかもしれないね。本当はそんなことはないんだけど、それでもなぜ血液型性格判断はあたっていると思うんだろう？

ぼくはときどき、社会心理学の授業の中で学生に性格テストをやってもらって、その結果を血液型と比べることで、血液型と性格の間に関係がないことを教えています。小さなクラスだと、たまたま血液型による性格の違いが起こってしまうことがあるけど、ある程度大きなクラスだとそうしたランダムなかたよりが起こりにくくなるので、血液型と性格には関係がないことが分かります。

だけど、実際にそうした結果を見せて、「血液型と性格には関係がないでしょ」と言っても、まだ納得しない学生がたくさんいます。

そういう人たちにいくら統計的な研究結果を示しても、ほとんど役に立たない。どうしてかというと、自分の個人的な経験からいってあたっている例が多

どうしても気になって尋ねた。電話の向こうで、ハハッと軽い笑い声がした。例の男の先生が答える。

『チガクは、地球の地に、学問の学。地球を対象とする学問です。ぼくは高校教諭だけど、高校だと、今、亜紗さんと話した月のこととか、天文学もその範囲になります』

高校の先生なのか——と、そこで初めて知った。

『脳の錯覚だってわかってはいても、月がついてくるって考え方は、ちょっといいよね。⑤人間って本当に自分本位に物を見るけど、そこもまあ、なんていうか、いい』

ひとりごとのような、番組の流れを気にしたわけですらなさそうな、自由な呟きだった。「ありがとうございました」と亜紗がお礼を言い、電話を切る。

驚いたのは——さらに、その日の夜だ。

亜紗が質問を送った家のパソコンのアドレスに、番組からメールが届いていた。

『今日、質問に答えた綿引先生からです』と、ある。その下に、「月がついてくる」錯覚がなぜ起こるのか、答えの補足が書かれていた。地学の先生は絵もうまいらしい。歩く女の子の絵と、夜空の月、歩く方向と、周りの家々を図解して、数コマの漫画のようになって説明されている。

震えるような感動が、胸の底から湧いてきた。

それは、感謝とも、少し違った。こんなに真剣に書いてくれたことはもちろんありがたいと思うけれど、直感のようにして、亜紗は、これはきっと自分のためじゃない、と悟っていた。亜紗のために書いたのではなくて、あの先生はきっと、説明をするのが「好き」なのだ。誰に頼まれなくても必要とされなくても、自分が好きだから、求められたら、きっとどこまでもその相手には答えるというだけだ。

電話の向こうから聞こえた、あのはしゃいだ声を思い出すと、亜紗は感動してしまう。あの人は子どもだから大人だからとか関係なく、まだ早いとかそんなふうに思うこともなく、亜紗が理解できると考えて、この説明を書いてくれた。自分がこんなに楽しいし、おもしろいと考えていることは、きっと他の人にもそう思ってもらえると、無条件に、子どもみたいに信じている。

子どもの自分がきちんと相手をしてもらえたこと以上に、そんな子どもみたいな大人がいることがただただ、⑥その時の亜紗には本当に嬉しかった。

メールの末尾に、先生の勤務先の高校名と、「地学科教諭」の文字があった。

「地学」というのは、地球に関する学問。その言葉を胸に刻むようにして、覚えた。

(辻村深月『この夏の星を見る』)

問一 ===線ア〜エの「れる」について他とは性質の異なるものを一つ選び、記号で答えなさい。

問二 ——線①「チガク」とありますが、このように表記されているのはなぜですか。適切なものを次の中から一つ選び、記号で答えなさい。

ア ここで触れられているチガクは本来の意味とは異なるものだと示すため。

イ ラジオという音声のみの情報に触れていることを読者に強調するため。

ウ 亜紗がチガクという言葉の意味を理解していないということを示すため。

エ ラジオの向こうの「先生」が嬉しそうに話していることを表現するため。

まの大きさだと思うのか、石みたいとか、塵とか言う子もいて、ええー、それはないでしょうって思ったりもするんだけど、月も星だと言ってくれるのは嬉しいよねえ。月と星って、いろんな場所で、対の言葉みたいに言われるせいか、小学生くらいだと、月と星は別物だって言う子までいたりするから』

「はい」

はい、と言いながら、②心の中では「はぁ」みたいな感じだった。さっきまでおとなしく控えていたとは思えないくらい、この先生は話し出すと止まらないタイプの人のようだった。

『そう、月も星です。地球に比べれば小さいけれど、太陽系の中だと、実は冥王星よりも大きな星です』

「はい」

『亜紗さんは、月が地球とどれくらい離れているのか、知っている？　月は地球の周りを常に回っている衛星と呼ばれる星で、地球に一番近い星でもあるんだけど、それでも、約38万キロメートルも離れたところにあるんだ。満月の時なんかまるでつかめそうなくらいすごく近く見えるけど、それでも、おいそれと行けないくらい遠い。月に人類が到達したのは、どれくらい前かわかる？』

「――アポロ十一号の、一九六九年」

興味があって、前に本を読んだから知っていた。すると、電話の向こうで、③その先生の声がさらに跳ねた。

『そうそう！　じゃあ、最後に人類が月に行ったのがいつか、わかる？』

「……わかりません」

でも、今も、NASAの名前はニュースで聞くことも多いし、きっと、よく行ってるんじゃないの？　という気持ちで小五の亜紗が答えると、その先生が嬉しそうに明かした。

『なんと、一九七二年。もう四十年以上も、人類はあれだけ近そうに見える月に行っていないんだ。それくらい、月は、近くて遠い星です』

「へぇ！」と思った。あまりに緊張していたから、声には出なかったけど、④気持ちの上では感嘆していた。月の遠さへのイメージが、一気に広がる。

その先生は、その後、丁寧に説明してくれた。月は、地球上の亜紗たちが地上でどれだけ動いても、あまりに遠くて大きいので見えている方向が変わらない。でも、夜道を歩く自分の近くにある建物や車窓から見える景色は、月と比べれば、亜紗とはぐんと近い位置にあるから、移動する速度に合わせて見える位置が変わっていく。同じ景色の中で、流れて位置を変えていくものと、変わらないものがあることで、脳が「月がついてきている」と錯覚を起こすのだ、と説明された。

海の塩分について調べた時と同じで、今度も複雑な説明だと思った。一度の説明で完全に理解できたわけではなかったけれど、先生が、具体例を挙げながら月の大きさや遠さを説明してくれたことで、イメージはつかみやすかった。

何より、先生の声がずっと楽しそうではしゃいでいる感じなのだ。

『早口で説明しちゃったけど、わかったかな？　亜紗さん』

「はい」

『うーん。本当かなぁ。ぼくや番組に気を遣ってそう言ってるんじゃないのかなぁ』

そう言われても、番組の生放送中なのだから、「わからない」と口にするのも憚られる。

すると、『先生、そろそろ』とアナウンサーが横から口を挟んだ。亜紗に向けて聞く。

『亜紗さん、わかりましたか？』

「はい。あの――『チガク』ってどういう意味ですか？」

自分が番組の流れを止めるわけにはいかない――と思っていたはずなのに、

2024年度 芝浦工業大学附属中学校

【国　語】〈第二回試験〉（六〇分）〈満点：一二〇点〉

〈編集部注：㊀の音声は学校ＨＰで確認できます。
（下の二次元コードからアクセス可能）〉

〈注意〉一、㊀は聞いて解く問題です。聞いて解く問題は、試験開始後すぐに放送します。

二、指示がない限り、句読点や記号などは一字として数えます。

三、正しく読めるように、読みがなをふったところがあります。

㊀　この問題は聞いて解く問題です。問題文の放送は一回のみです。問題文の放送中にメモを取っても構いません。放送の指示に従って、問一から問三に答えなさい。

㊁　次の文章を読んで、後の問いに答えなさい。

小学五年生の亜紗は、専門家の先生が子どもの悩みや質問に答えるラジオ番組である『子どもの夏、電話質問箱』を知った。「どうして月は、ずっとついてくるのですか」という質問を番組に投稿したところ、番組から亜紗のもとに電話がかかってきた。

「――はい」

『こんにちは。番組は聞いていてくれた？』

「はい、聞いてました」

名前を聞かれ、改めて答える。離れたリビングから聞こえるラジオの声と、電話の声とが時間差で重なるように響く。電話の向こうで、さっきの先生の声が言った。

『いやあ、この質問。嬉しいなぁ。なぜ嬉しいかというとね、これ、僕も子どもの頃にすごく不思議に思っていたことなんだよ。今ね、番組の司会のお姉さんが「①チガク」って言ったけど、厳密にはこれ、チガクとはちょっと違うんだけどなぁ。うん、でも、大サービス。嬉しい質問だから、僕がこのまま答えちゃいましょう』

「はい」

圧倒された。電話の向こうの「先生」は、大人なのに、子どもみたいな弾んだ声をしている。演技とか、子どもに合わせてそうしてる感じがまるでなくて、ただ「嬉しそう」なのだ。

『亜紗さんは、「星」ってわかる？　星。どんなものだと思う？』

「月とか、太陽とか、火星とか、土星とかのことですか」

『そうそう！　いいね。最近、聞くと、みんな、星って、空に見えてるあのま

2024年度 芝浦工業大学附属中学校 ▶解説と解答

算 数 ＜第２回試験＞（60分）＜満点：120点＞

解 答

1 (1) **切り口**…五角形，**切り取り線**…解説の図２を参照のこと。 (2) ① 13時30分 ② 時速84km　2 (1) 0.88 (2) 8 (3) **ピーマン**…４個，**玉ねぎ**…８個 (4) 57度　3 (1) 90個 (2) 403 (3) ９通り (4) 3.44cm^2 (5) ３cm　4 (1) 45m (2) 時速３m (3) 時速２m (4) 解説の図Ⅳを参照のこと。　5 (1) **AF**…30cm，**DG**…20cm (2) 300cm^2 (3) 720cm^2 (4) 173.75cm^2

解 説

1 (放送問題)立体図形の分割，展開図，速さ

(1) 右の図１のように，EH，EF，CGの真ん中の点をそれぞれP，Q，Rとする。はじめに，PQを延長した直線と，GH，GFを延長した直線が交わる点をそれぞれI，Jとする。次に，RとI，RとJをそれぞれ結ぶと，切り口は太線のような五角形になる。また，切り口の線を展開図に表すと，上の図２のようになる。

図１
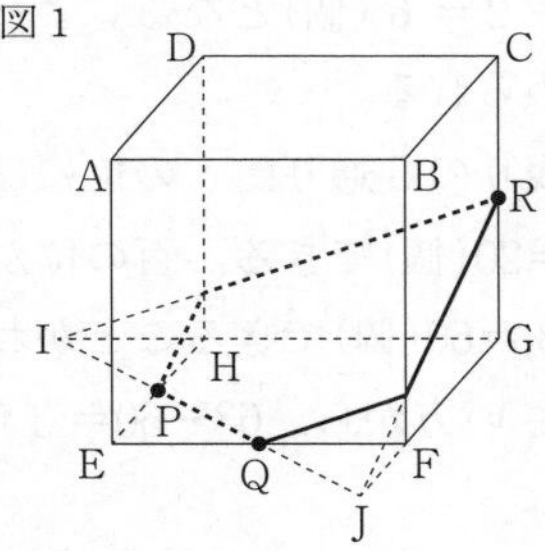

図２
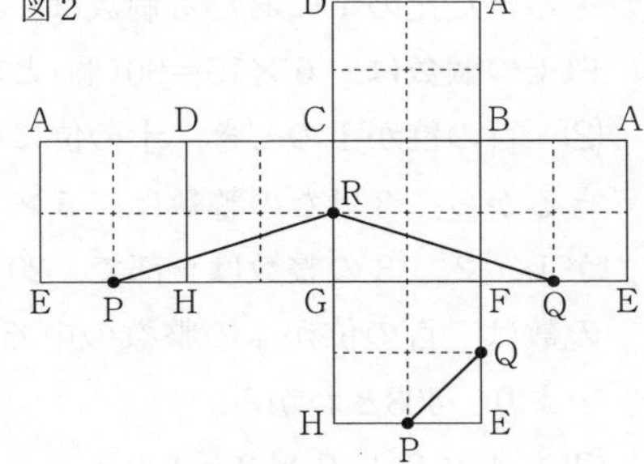

(2) ① わかっていることを図に表すと，右の図３のようになる。家を出発してから温泉に到着（とうちゃく）するまでの時間は，20分＋１時間50分＋30分＝１時間100分＝２時間40分だから，家を出発した時刻は，16時10分－２時間40分＝15時70分－２時間40分＝13時30分である。 ② 一般（いっぱん）道を走った時間は，20＋30＝50(分)である。また，一般道での速さは時速30kmなので，一般道の道のりの合計は，$30\times\frac{50}{60}=25$(km)とわかる。よって，高速道路の道のりは，179－25＝154(km)だから，高速道路での速さは時速，$154\div1\frac{50}{60}=84$(km)と求められる。

図３
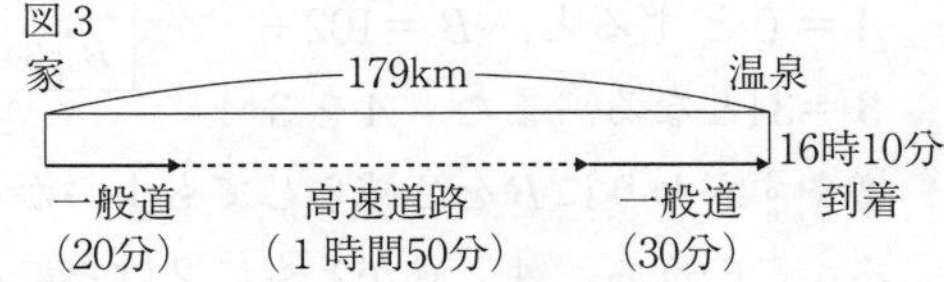

2 計算のくふう，逆算，つるかめ算，角度

(1) $A\times B+A\times C=A\times(B+C)$となることを利用すると，$4048\times20.24\div46-1012\div23\times40.46=4048\div46\times20.24-1012\div23\times40.46=88\times20.24-44\times40.46=44\times2\times20.24-44\times40.46=44\times40.48-44\times40.46=44\times(40.48-40.46)=44\times0.02=0.88$

(2) $1+\frac{1}{2}-\frac{1}{3}+\frac{1}{4}=\frac{12}{12}+\frac{6}{12}-\frac{4}{12}+\frac{3}{12}=\frac{17}{12}$より，$\left(\frac{17}{12}+\frac{1}{\square}\right)\times12=\frac{37}{2}$，$\frac{17}{12}+\frac{1}{\square}=\frac{37}{2}\div12=\frac{37}{2}$

$\times\frac{1}{12}=\frac{37}{24}$，$\frac{1}{\square}=\frac{37}{24}-\frac{17}{12}=\frac{37}{24}-\frac{34}{24}=\frac{3}{24}=\frac{1}{8}$　よって，□＝8

⑶　右の図１のようにまとめることができる。玉ねぎを12個買ったとすると，代金は，70×12＝840(円)となり，実際よりも，840－720＝120(円)高くなる。玉ねぎのかわりにピーマンを買うと，１個あたり，70－40＝30(円)安くなるから，ピーマンの個数は，120÷30＝４(個)，玉ねぎの個数は，12－４＝８(個)とわかる。

図１

ピーマン（１個40円）	合わせて
玉ねぎ　（１個70円）	12個で720円

⑷　右の図２で，折り返した図形は合同なので，●印をつけた角の大きさは等しく，どちらも，(180－66)÷２＝57(度)である。また，ADとBCは平行だから，かげをつけた角の大きさも等しくなる。よって，角アの大きさも57度とわかる。

図２

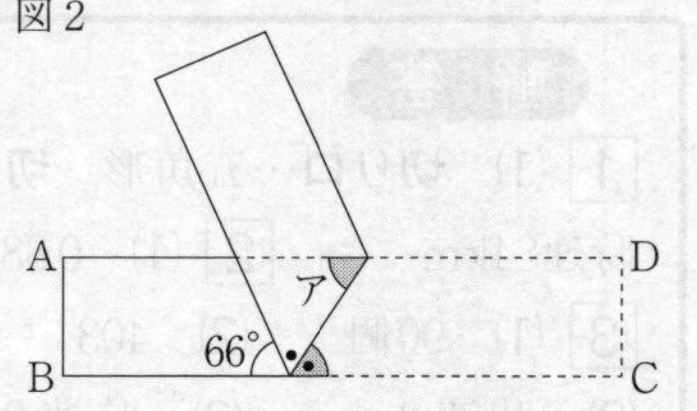

3　倍数算，場合の数，面積，長さ

⑴　白玉の個数は変わっていないから，白玉の個数を表す比の数を５と15の最小公倍数の15にそろえると，右の図１のようになる。すると，そろえた比の，11－９＝２にあたる個数が12個とわかるので，そろえた比の１にあたる個数は，12÷２＝６(個)となる。よって，白玉の個数は，６×15＝90(個)と求められる。

図１

	赤玉		白玉		赤玉		白玉
前	3	：	5	＝	9	：	15
後	11	：	15	＝	11	：	15

⑵　百の位が１のとき，十の位には残りの５通り，一の位には残りの４通りの数字を使うことができるから，３けたの整数は，５×４＝20(個)できる。百の位が２，３の場合も同様なので，百の位が１，２，３の整数は全部で，20×３＝60(個)できることがわかる。よって，小さい方から63番目の数は，百の位が４の整数の中で小さい方から，63－60＝３(番目)の数なので，401，402，403，…より，403とわかる。

⑶　$A\times2+B\times3=102$と表すことができる。この式で，$A=0$とすると，$B=102\div3=34$となる。また，Aを３増やすかわりにBを２減らしてもよいから，考えられるAとBの組み合わせは上の図２のようになる。このうち，A，Bがともに２けたになるのはかげをつけた９通りである。

図２

＋３　＋３

A	0	3	6	9	12	15	18	21	24	27	30	33	36	39	42	45	48	51
B	34	32	30	28	26	24	22	20	18	16	14	12	10	8	6	4	2	0

－２　－２

⑷　内側の正方形を回転させると，右の図３のようになる。図３で，★印の部分の長さはすべて等しく，８÷４＝２(cm)である。よって，内側の正方形は１辺の長さが，２×２＝４(cm)なので，面積は，４×４＝16(cm²)とわかる。また，内側の円の面積は，２×２×3.14＝12.56(cm²)だから，斜線(しゃせん)部分の面積は，16－12.56＝3.44(cm²)と求められる。

図３

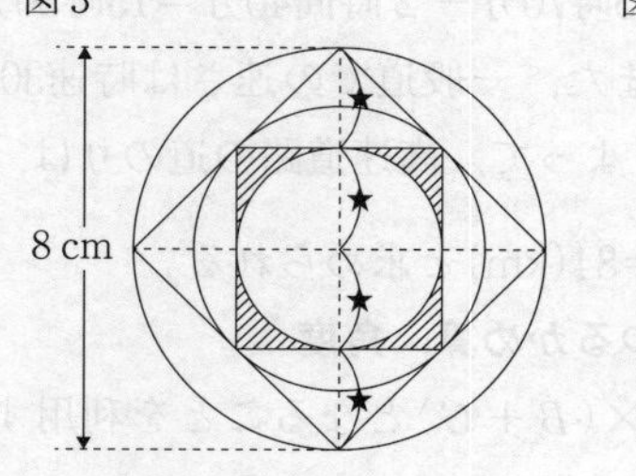

図４

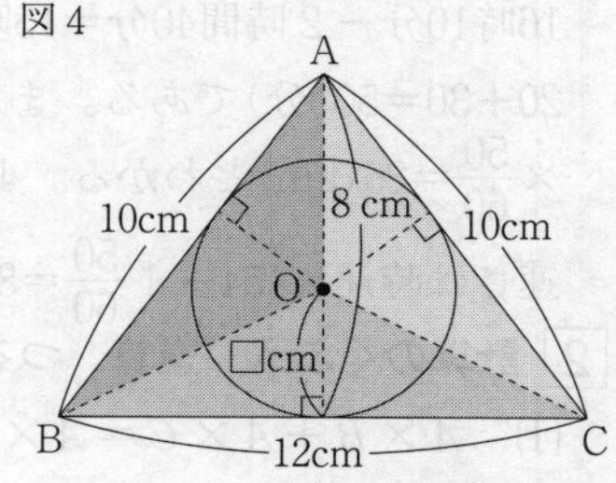

⑸　正面から見ると右上の図４のようになる。図４で，三角形ABCの面積は，12×８÷２＝48(cm²)である。また，円の半径を□cmとして，三角形ABCを３つの三角形OAB，OBC，OCAに

分けると，これらの三角形の高さはすべて□cmになる。さらに，これらの三角形の底辺の和は，10＋12＋10＝32(cm)なので，32×□÷２＝48(cm²)より，□＝48×２÷32＝３(cm)と求められる。

4 グラフ―速さと比，つるかめ算

(1) 問題文中のグラフから，㋐は21m，㋑は24m掘(ほ)ったことがわかるから，AB 間の距離(きょり)は，21＋24＝45(m)である。

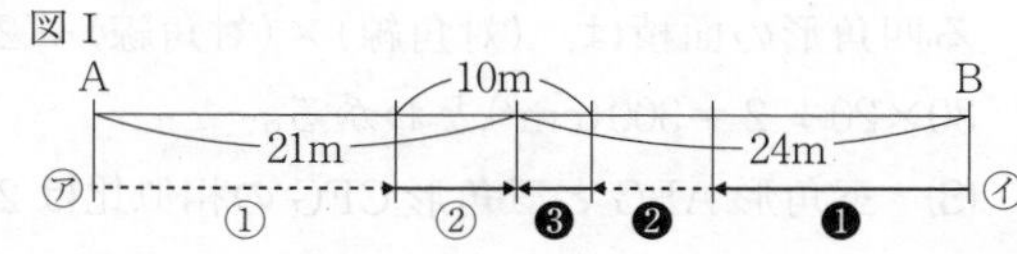

(2) 右上の図Ⅰで，㋐は①，②の順番に掘り，㋑は❶，❷，❸の順番に掘っている(実線部分は固い土，点線部分はやわらかい土を表している)。ここで，やわらかい土と固い土を掘る速さの比は２：１であり，①の時間は５時間，②の時間は，９－５＝４(時間)なので，①と②の距離の比は，(２×５)：(１×４)＝５：２となる。この和が21mだから，①の距離は，$21\times\frac{5}{5+2}$＝15(m)となり，㋐がやわらかい土を掘る速さは時速，15÷５＝３(m)と求められる。

(3) ㋑は９時間で24m掘ったので，㋑の速さは平均すると時速，24÷９＝$2\frac{2}{3}$(m)になる。よって，㋑が固い土を掘る速さは時速$2\frac{2}{3}$mよりおそく，やわらかい土を掘る速さは時速$2\frac{2}{3}$mより速い。また，㋑が固い土を掘る速さは整数だから，㋑が固い土を掘る速さは時速２m，やわらかい土を掘る速さは時速，２×２＝４(m)と考えられる。

(4) ㋑についてまとめると，右の図Ⅱのようになる。時速２mで９時間掘ったとすると，２×９＝18(m)掘るので，実際よりも，24－18＝６(m)短くなる。時速２mのかわりに時速４mで掘ると，１時間あたり，４－２＝２(m)長くなるから，時速４mで掘った時間は，６÷２＝３(時間)と求められる。よって，図Ⅰの❷の距離は，４×３＝12(m)なので，❶と❸の距離の和は，24－12＝12(m)とわかる。さらに，②の距離は，21－15＝６(m)だから，❸の距離は，10－６＝４(m)，❶の距離は，12－４＝８(m)となる。したがって，㋐と㋑が掘った時間と距離の関係を表すグラフは下の図Ⅲのようになる。図Ⅲから，４時間後の間の距離は，45－(12＋８)＝25(m)，５時間後の間の距離は，45－(15＋12)＝18(m)，７時間後の間の距離は，45－(18＋20)＝７(m)とわかるので，㋐と㋑の距離を表すグラフは下の図Ⅳのようになる。

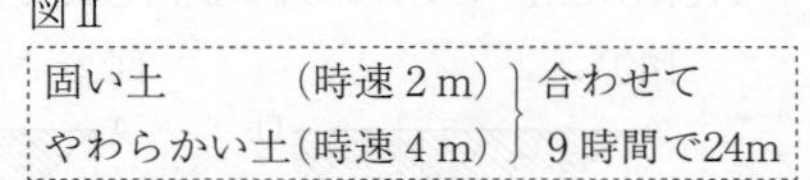

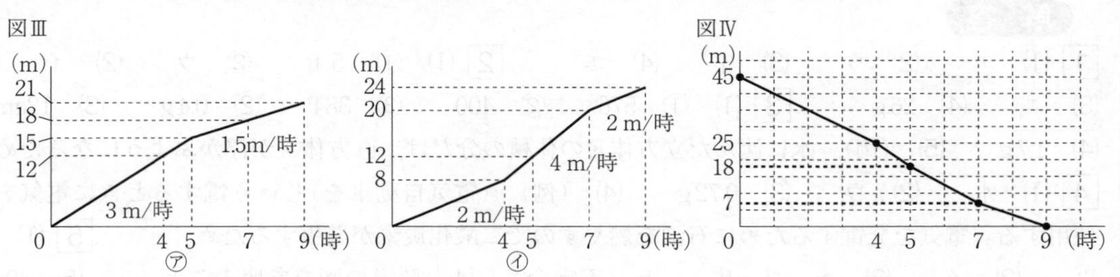

5 平面図形―相似，面積

(1) 下の図①で，三角形 ABG と三角形 CFG は相似であり，相似比は，AB：CF＝２：１だから，BG：GF＝２：１となる。よって，BG＝$10\times\frac{2}{1}$＝20(cm)なので，BF＝20＋10＝30(cm)とわかる。したがって，三角形 AFD と三角形 BFC は合同だから，AF の長さも30cmである。さらに，三角形 ABG と三角形 ADG は合同なので，DG の長さは BG の長さと等しく20cmとわかる。

⑵　三角形AFDと三角形DECは合同だから，図①で○印と●印をつけた角の大きさはそれぞれ等しい。また，○印と●印をつけた角の大きさの和は90度なので，角DHFの大きさは，180－90＝90(度)とわかる。つまり，AFとDGは垂直に交わることになる。さらに，対角線が垂直に交わる四角形の面積は，(対角線)×(対角線)÷２で求めることができるから，四角形AGFDの面積は，30×20÷２＝300(cm^2)とわかる。

⑶　三角形ABGと三角形CFGの相似比は２：１なので，面積の比は，(２×２)：(１×１)＝４：１となり，各部分の面積の比は下の図②のようになる。この比を用いると，正方形ABCDの面積は，(１＋１＋４)×２＝12，四角形AGFDの面積は，１＋４＝５となるから，正方形ABCDと四角形AGFDの面積の比は12：５とわかる。よって，正方形ABCDの面積は，$300\times\frac{12}{5}$＝720(cm^2)と求められる。

⑷　⑵と同様に考えると，下の図③のようにPCとBQは垂直に交わる。また，三角形PCDと三角形QBCは合同なので，両方から三角形QRCを取り除くと，四角形PRQDの面積は三角形RBCの面積と等しくなる。さらに，PCとQBの長さは等しいから，PRとQRの長さの差はBRとRCの長さの差と等しくなる。つまり，□と△の差は５cmになる。よって，三角形RBCと合同な三角形を４つ組み合わせると，下の図④のような正方形になる。この正方形の面積が720cm^2なので，三角形RBC４個分の面積が，720－５×５＝695(cm^2)となり，三角形RBCの面積は，695÷４＝173.75(cm^2)と求められる。したがって，四角形PRQDの面積も173.75cm^2である。

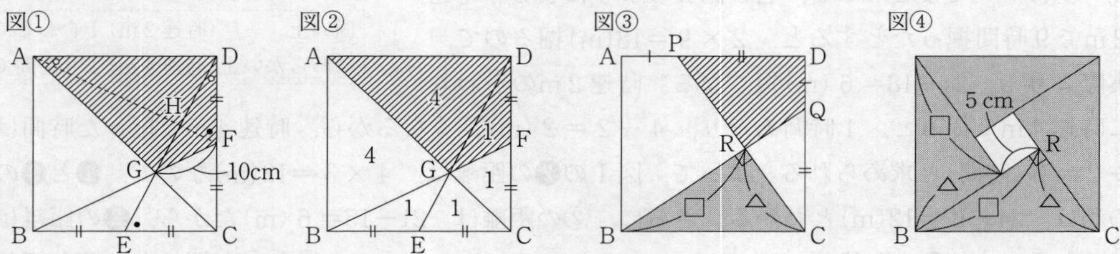

理　科　＜第２回試験＞（50分）＜満点：100点＞

解　答

[1]　⑴　エ　⑵　ウ　⑶　イ　⑷　エ　[2]　⑴　①　５g　②　ウ　⑵　イ　⑶　エ　⑷　26g　[3]　⑴　①　576　②　400　③　384　⑵　0.4g　⑶　12cm　⑷　1.7g　⑸　(例)　水に沈んだ立方体Eの体積の分だけ，直方体Aが浮かぶようになるため。　[4]　⑴　水　⑵　ウ　⑶　0.72g　⑷　(例)　(電気自動車を)じゅう電するときに電気を使用する。電気を発電するために石油を燃やすので二酸化炭素が発生するため。　[5]　⑴　ウ　⑵　イ　⑶　a　だっ皮　b　不完全　⑷　解説の図を参照のこと。　⑸　400匹　⑹　１，２　(例)　誤…アリやクモ／正…アリ　誤…頭，胸，お尻／正…頭，胸，腹　[6]　⑴　12cm　⑵　もっとも明るい領域…ウ　もっとも暗い領域…イ　⑶　もっとも明るい領域…カ　もっとも暗い領域…キ　⑷　$\frac{1}{4}$　[7]　⑴　g　⑵　ア　⑶　(a→)f→h→c(→i)　⑷　C　⑸　イ　⑹　587日

解説

1 放送問題

(1)　アンモニアは固体の塩化アンモニウムと水酸化カルシウムを混ぜて加熱すると発生する。また，アンモニアは水に非常によくとけ，空気よりも軽いので，エのように上方置かん法で集める。

(2)　アンモニアが水にとけてできたアンモニア水はアルカリ性なので，赤色リトマス紙につけるとリトマス紙が青色に変化する。

(3)　BTBよう液は酸性のとき黄色，中性のとき緑色，アルカリ性のとき青色を示す。よって，アルカリ性のアンモニア水と緑色のBTBよう液が混ざると，全体が青色に変化する。

(4)　容器の内壁(ないへき)がぬれていると，容器内のアンモニアが内壁についた水にとけるので，スポイトの水を入れても水そう内にうまく水が吸い上げられなくなってしまう。

2 もののとけ方についての問題

(1)　①　グラフより，25℃の水100gにとける食塩(塩化ナトリウム)の重さは約35gなので，とけ残った食塩の重さは，40－35＝５(g)である。　②　グラフより，25℃の水100gにとけるミョウバンの重さは約15gだから，とけ残るミョウバンの重さは，40－15＝25(g)となる。

(2)　食塩の結晶(けっしょう)は，イのように立方体に近い形をしている。

(3)　食塩がとけるだけとけている食塩水にエタノールを加えると，食塩をとかしていた水がエタノールにうばわれるので，エタノールと水の境界面では，食塩をとかしていた水がなくなり，食塩が結晶となって出てくる。

(4)　エタノールを入れられるだけ入れた場合，水がほとんどエタノールにうばわれるため，もとの食塩水100gにとけていた食塩のほぼすべてが結晶になると考えられる。25℃の水100gに食塩をとけるだけとかしてできる食塩水の重さは，(1)より，100＋35＝135(g)だから，その上ずみ液100gにとけている食塩の重さは，$35\times\frac{100}{135}=25.9\cdots$より，約26gである。よって，食塩の結晶は最大26g生じるとわかる。

3 木片の浮(う)き方についての問題

(1)　あふれた水の体積は，木材の水に沈(しず)んでいる部分の体積と同じだから，①は，12×(10－６)×12＝576(cm³)，②は，20×(５－３)×10＝400(cm³)，③は，８×(15－９)×８＝384(cm³)となる。

(2)　直方体Ａの体積は，12×10×12＝1440(cm³)，重さは576gだから，１cm³あたりの重さは，576÷1440＝0.4(g)である。

(3)　(1)より，直方体Ａ～直方体Ｃをそれぞれ水に入れたときにあふれた水の体積の値と，それぞれの重さの値は等しくなっている。直方体Ｄを水に入れたときにあふれた水の体積は720cm³だから，直方体Ｄの重さは720gとわかる。また，直方体Ｄはほかの木片と同じ材質でできているので，１cm³あたりの重さは0.4gであり，直方体Ｄの体積は，720÷0.4＝1800(cm³)となる。よって，直方体Ｄの高さは，1800÷(10×15)＝12(cm)になる。

(4)　直方体Ａの上に立方体Ｅをのせたことであふれた水の体積は，12×６×12＝864(cm³)だから，立方体Ｅの重さは864gとわかる。立方体Ｅの体積は，８×８×８＝512(cm³)なので，立方体Ｅの１cm³あたりの重さは，864÷512＝1.6875より，1.7gと求められる。

(5)　直方体Ａと立方体Ｅの重さの和は，576＋864＝1440(g)なので，全体が水に浮いているとき，1440cm³の水をおしのけることになる。立方体Ｅがおしのけた水の体積は512cm³だから，直方体Ａ

がおしのけた水の体積は，1440－512＝928(cm^3)となり，このときの直方体Ａは，1440－928＝512(cm^3)だけ水面から出る。つまり，水に沈んだ立方体Ｅの体積の分だけ，直方体Ａが浮かぶため，直方体Ａの上面が水面よりも上の位置で静止する。

４　ガソリンの燃焼についての問題

⑴　ガソリンにふくまれている炭素が燃焼して酸素と結びつくと二酸化炭素が発生し，水素が燃焼して酸素と結びつくと水が発生する。

⑵　１cm^{3}あたりの重さが大きい物質ほど，１ｇあたりの体積が小さくなる。よって，ウが選べる。なお，１ｇあたりのエネルギーの大きさの関係を調べると，沸点の低いプロパンでは，2220÷44＝50.4…(kJ)，沸点の高いドデカンでは，7510÷170＝44.1…(kJ)となるので，沸点が高くなるにつれて１ｇあたりのエネルギーが大きくなっているとはいえない。また，プロパンは１cm^{3}あたりの重さが，室温ではほかと比べて非常に小さいので，１Ｌ燃焼したときに発生する二酸化炭素の量が一番少ない。さらに，沸点は液体が沸とうして気体になるときの温度で，プロパンの沸点は－42℃なので，プロパンは20℃のときに気体であるとわかる。

⑶　オクタンとドデカンを３：２の体積の比で混ぜた物質１Ｌ(1000cm^3)にふくまれるオクタンの体積は，$1000\times\frac{3}{3+2}$＝600(cm^3)，ドデカンの体積は，1000－600＝400(cm^3)である。また，オクタン600cm^{3}の重さは，0.70×600＝420(ｇ)，ドデカン400cm^{3}の重さは，0.75×400＝300(ｇ)なので，混ぜた物質1000cm^{3}の重さは，420＋300＝720(ｇ)となる。よって，混ぜた物質１cm^{3}あたりの重さは，720÷1000＝0.72(ｇ)と求められる。

⑷　2024年現在の日本でのおもな発電方法は火力発電である。電気自動車に使われる電気をつくるときに，火力発電では石油や石炭などの化石燃料を燃やしており，大量の二酸化炭素を放出している。そのため，電気自動車も二酸化炭素を出しているといえる。

５　セミについての問題

⑴　カナカナと鳴くのはヒグラシ，ミーンミンと鳴くのはミンミンゼミ，シャンシャンと鳴くのはクマゼミ，ジリジリと鳴くのはアブラゼミ，チーと鳴くのはニイニイゼミである。

⑵　図２のセミのぬけがらの体長は約３cm(30mm)なので，アブラゼミかミンミンゼミのどちらかがあてはまる。また，図３より，触角の第２節と第３節がほぼ同じ長さだから，ミンミンゼミのぬけがらだとわかる。

⑶　昆虫などが成長の途中で古い皮をぬぎすてることをだっ皮といい，セミの幼虫は土の中で何度もだっ皮をくり返して成長する。その後，地上に出た幼虫は，サナギにならずに羽化して成虫になる。このような，サナギの時期のない育ち方を不完全変態という。

⑷　セミの成虫は，右の図のように木のしるをすうのに適した口の形をしている。

⑸　この地域のクマゼミの数を□匹とすると，120：30＝□：100の関係が成り立ち，これより，□＝400(匹)と求められる。

⑹　昆虫のからだは頭・胸・腹の３つの部分に分かれていて，胸に足が３対(６本)ついている。クモは，からだが２つに分かれていて足が８本あるので，昆虫ではない。また，多くの昆虫は，胸に２対(４枚)のはねがある。解答例としてほかに，誤…足がたくさんついていて／正…足が６本ついていて，誤…翼／正…はねなどがあげられる。

6　凸レンズを通る光についての問題

(1)　太陽から平行にやってくる光に対して凸レンズを垂直に置いたとき，凸レンズを通った光は１点に集まる。この点を焦点といい，凸レンズの中心から焦点までの距離を焦点距離という。よって，図１より，この凸レンズの焦点距離は，４×３＝12(cm)となる。

(2)　凸レンズを通った光は焦点に集まるので，ウの領域は太陽の光がそのまま当たっているアの領域よりも明るくなる。また，イの領域には光が当たっていないので暗くなる。

(3)　凸レンズを通った光は，焦点を通過した後，広がっていく。カの領域には，焦点を通過後に広がった光と，凸レンズを通っていない太陽の光が重なっているので，もっとも明るくなる。キの領域は，焦点を通過後の太陽の光が，凸レンズの直径よりも広いはん囲に広がった一部なので，太陽の光がそのまま当たっているオの領域よりも暗くなる。

(4)　ウの領域の直径とエの領域の直径の比は２：１なので，ウの領域の面積とエの領域の面積の比は，(２×２)：(１×１)＝４：１になる。ウの領域とエの領域に当たっている光の量は同じなので，ウの領域の明るさとエの領域の明るさの比は，面積の比の逆比になり，$\frac{1}{4}:\frac{1}{1}=1:4$になる。よって，エの領域の明るさを１とすると，ウの領域の明るさは，$1\div4=\frac{1}{4}$になる。

7　月，金星の動きと見え方についての問題

(1)　月食は月が地球のかげに入る現象で，満月のときに起こる。地球のかげの直径は満月の直径の約４倍で，満月と地球のかげの位置関係は右の図１のようになり，月食のスケッチはｇが選べる。なお，ｇ以外のスケッチは月の満ち欠けのようすを表している。

図１

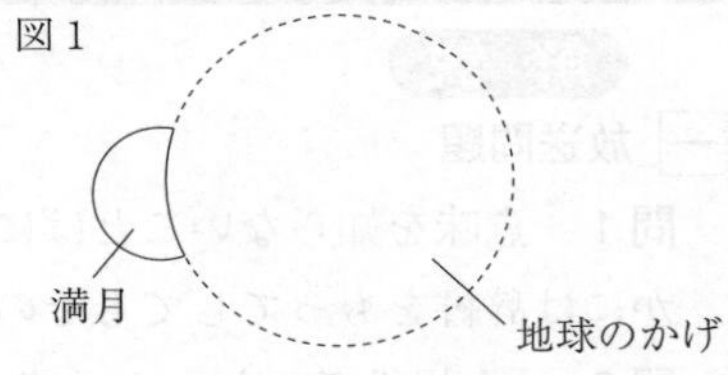

(2)　月食では月が地球のかげに入るのだから，太陽─地球─月がこの順で一直線上に並ぶ。

(3)　ａの新月は，ｆ(三日月)→ｈ(上げんの月)→ｃの順に右側から満ちて，やがてｉの満月になる。

(4)　ｂでは左半分が光っているので，右の図２から，金星はＣの位置にあるとわかる。

(5)　Ｃの位置にある金星は，図２より，明け方，東の空に見える。

図２

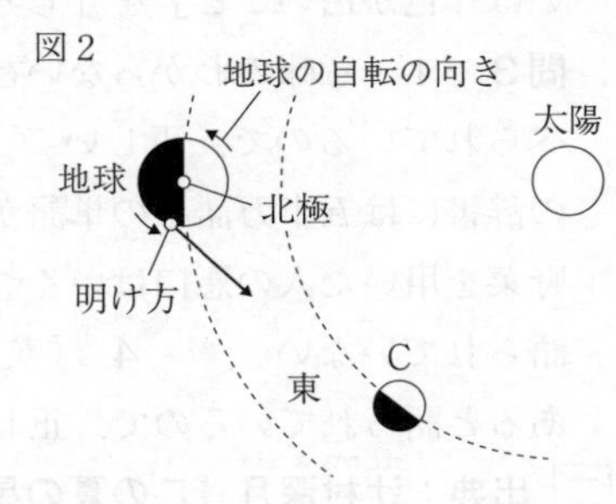

(6)　地球から見ると，金星は１年で$\frac{140}{225}$周分だけ公転しているように見えるので，残りの，$1-\frac{140}{225}=\frac{85}{225}$(周分)公転するのにかかる年数は，$\frac{85}{225}\div\frac{140}{225}=\frac{17}{28}$(年)となる。つまり，太陽，金星，地球が一直線上に並んでから，再び同じ順で一直線上に並ぶのは１年と$\frac{17}{28}$年後なので，$365+365\times\frac{17}{28}=586.6\cdots$より，587日後と求められる。

国　語　<第２回試験>（60分）<満点：120点>

解　答

□一　**問１**　由来(のわからない言葉)　**問２**　(例)　食べて食あたりをすることがめったにない

こと。／色が白いこと。　問３　１　ア　２　イ　３　イ　４　ア　二　問１　ア　問２　ウ　問３　エ　問４　(例)　亜紗が自分と同様に天体に関心を寄せていると確信し喜んでいる。　問５　ア　問６　(例)　月が人間を意識して行動しているかのようにとらえているということ。　問７　震えるような感動　三　問１　A　ウ　C　ア　D　エ　問２　(例)　自分の経験のうち，与えられた情報と一致するものだけを意識し，一致しないものを意識しないから。　問３　イ　問４　イ，エ，ウ，ア　問５　ウ　問６　血液型判断～身につける　問７　イ　四　問１　イ　問２　(例)　子孫がはかまいりに来たこと。　問３　ウ　問４　イ　問５　(例)　あの子が親になって自分の子どもを連れてきたんだ。あの子のじいちゃんが話していたように，自分の子どもにも先祖への感謝を忘れないこととおはかを守り続けることを伝えていたことに，私は感激したんだよ。今後もずっと子孫を守っていこうと思うんだ。　五　問１　ウ　問２　１　合点　２　賛成　問３　ウ　問４　(例)　願書の提出期限は昨日までであった。今さら悔やんでも後の祭りだ。　六　下記を参照のこと。

●漢字の書き取り

六　１　復活　２　姿勢　３　朗読　４　分布　５　連(なる)

解　説

一　放送問題

問１　意味を知らないことばに出会ったとき，辞書を引けばさまざまなことが明らかになるが，なかには辞書をもってしてもその「由来」がわからない単語も存在している，と述べられている。

問２　「大根役者」という言葉のもとになったと考えられている大根の特ちょうを二つ答える。「食べて食あたりをすることがめったにないこと」から「芸があたらない役者」の意味になった，あるいは「色が白いこと」を「しろうと」にかけたという説があると語られている。

問３　１　意味のわからない言葉を調べるには，数ある手段の中でも辞書を引くことが確実だと述べられているので，正しい。　２　「日本語には全部で五十万の単語がある」のではなく，大型の辞書には五十万語もの単語が収録されているというのだから，合わない。　３　日本語には，野菜を用いた人の悪口はいくつもあるが，人を「ほめるときに野菜の名前を使うことが多い」とは語られていない。　４　「英語では，演技ができない役者のことをハムアクターと呼ぶこと」があると語られているので，正しい。

二　出典：辻村深月（つじむらみづき）『この夏の星を見る』。ラジオ番組に質問を送った亜紗は，答えてくれた先生が天体が大好きで，ほかの人も天体に関心を持ってくれるはずだと信じているらしいことに感動する。

問１　アは補助動詞の「くれる」の一部だが，イ～エは受身の助動詞の「れる」である。

問２　本文の中ほどで，亜紗が先生に「『チガク』ってどういう意味ですか？」と聞いたことをおさえる。つまり，亜紗が先生の言った「チガク」の意味を理解できずにいることを，カタカナを用いて表現したと考えられるので，ウが選べる。

問３　「さっきまでおとなしく控（ひか）えていたとは思えない」ほど「話し出すと止まらない」先生の勢いに，亜紗は圧倒（あっとう）されているものと考えられる。よって，エが合う。

問４　「月に人類が到達（とうたつ）したのは，どれくらい前かわかる？」と聞いたところ，亜紗から「アポロ十一号の，一九六九年」と返答された先生は，声を弾ませ，「そうそう！　じゃあ，最後に人類が月に行ったのがいつか，わかる？」と続けている。自分も好きで関心がある天体に，亜紗も関心を寄せていることを確信して，先生は嬉しくてたまらなくなったのである。

問５　先生から，月が「近くて遠い星」だと聞かされた亜紗は，「もう四十年以上」も人類が「月に行っていない」という意外な事実に驚いている。よって，アが合う。

問６　月が人の移動に合わせてついてくる，と感じる考え方について，先生は「人間って本当に自分本位に物を見る」と表現している。あたかも月が人間を意識して行動しているかのように人々はとらえている，というのである。

問７　亜紗が嬉しかったのは，ラジオで話した先生が，答えの補足の説明をメールで送ってくれたことを通じて，自分がおもしろいと感じることはほかの人にもそう感じてもらえると無邪気に信じる大人がいるという事実である。その説明のメールを見た亜紗は，「震えるような感動」を覚えているので，この部分がぬき出せる。

三　出典：山岸俊男『「しがらみ」を科学する―高校生からの社会心理学入門』。血液型性格判断や偏見，ステレオタイプをあたっていると思い込むことで，予言の自己実現が生み出される危険性について筆者は述べている。

問１　**Ａ**　人々は，自分の個人的な経験から「血液型性格判断」があたっていると思っているので，「いくら統計的な結果を見せられても」納得しない，というつながりである。よって，前のことがらを原因・理由として，後にその結果をつなげるときに用いる「だから」が入る。　**Ｃ**　血液型と性格についての情報に接したとき，それにあてはまらない人を思い出そうとする人はいないと述べた後，筆者はその例を取り上げている。よって，具体的な例をあげるときに用いる「たとえば」が合う。　**Ｄ**　血液型に限らず，人種や国民性にまつわるステレオタイプも，個人的な経験からあたっていると思い込んでいる人は多いと述べた後，筆者は「血液型性格判断を信じている人の性格が，ほんとうに血液型性格判断の通りになる場合もある」ことに話題を移している。よって，話題の転換を示す「さて」がよい。

問２　続く三段落の内容からまとめる。人々は自分の経験のうち，「Ａ型の人はこういった性格の持ち主だ」という与えられた情報と一致するものだけを意識し，Ａ型なのにそういった性格ではない人など，一致しないものは意識しないため，「統計的には存在しないはずの関係」が「ほんとうにあるように思ってしまう」のである。

問３　「Ａ型の人はこういった性格の持ち主だ」のような情報を鵜呑みにしてしまうと，世の中には矛盾した情報があるために頭の中がパンクしてしまう。だから，そうした情報に直面したとき，人々はまず立ち止まって「考え」，「ほんとうにそういった性格をもったＡ型の人を思い出すと，『あ，やっぱりそうなんだ』と思って，その情報を正しいものとして受け入れる」のだから，イの「ほんとうかな？」があてはまる。

問４　前には，血液型性格判断の情報を得た人は，「あたっている人だけを思い出そうとする」とある。結果，「あたってる」と思うのだから，イが最初になる。次には，その例にあたるエが来る。エにある「自分は目標を何とか手に入れたいなーと思っている」ことを受けて，目標を持っていない人などいないと，「あたっている」と思わされる理由を述べるウがこれに続く。このように，自分や自分の知人にあてはまると考えると，血液型性格判断は正しいと思うという結果が導かれるアが最後になる。

問５　この段落では，国民性や人種に関するステレオタイプも，自分の個人的な経験に照らしてあたっていると思い込む人たちがいることが書かれている。そう思い込んでいる人たちは，自分の知っている人たちがみな「ステレオタイプにあてはまる」からという理由で，考えを変えないのである。

問６　続く部分で，「血液型性格判断を信じている人の性格が，ほんとうに血液型性格判断の通りになる」ことについて研究している，山崎賢治さんと坂元章さんの分析が取り上げられている。「血液型性格判断が『あたっている』程度が，一九七八年よりも一九八八年のほうが強くなっている」という彼らの調査データを受け，筆者は人々が「血液型判断をあたっていると思い込むことで，ほんとうにそうした性格特性を知らず知らずのうちに身につける」ようになってきたのだろうと述べている。

問７　「予言の自己実現」とは前書きにあるとおりで，この場合は偏見やステレオタイプにさらされていると，それにそった考え方や行動をとってしまうかもしれないことを指す。偏見やステレオタイプも，個人的な経験からあたっていると思い込むことで，知らず知らずのうちに本来の自分とは違う，その偏見やステレオタイプのような考え方や行動をとりがちだというのだから，イが選べる。

四　**出典：まど・みちお「ヒガンバナ」**。墓参りに行った「ぼく」たちを見守るかのようなヒガンバナのようすが描かれている。

問１　第二連に「そのヒガンバナたち」とあるとおり，ヒガンバナは墓までの道に沿って「ずうっと」咲いていたのだから，あたかも「ぼく」を道案内しているかのように感じたと考えられる。

問２　子孫が墓参りに来たという情報を道沿いのヒガンバナたちが伝えたからこそ，墓に咲くそれらは，やってきた「ぼく」たちに目を向けたものと考えられる。

問３　墓には先祖が眠っており，墓参りに来た「ぼく」たち子孫を見つめていると想像できる。自分たちを「みまもった」ヒガンバナに，「ぼく」は墓に眠る先祖を投影していると考えられるので，ウがあてはまる。

問４　「はかまいりにいった」ほか，その「まわりをそうじしたり／みずやはなをかえたり／てをあわせておがんだり」するなど，「ぼく」たちの行動はさまざまに描写されているが，ここに比喩は用いられていないので，イが選べる。

問５　この詩での「ぼく」は，じいちゃんに連れられて墓参りをしている。おそらく，じいちゃんは「ぼく」に墓参りの作法や，先祖に感謝し，墓を守ることの大切さを教えたと考えられる。大人になった「ぼく」が今度は自分の子どもを連れて墓参りをするとしたら，やはり，じいちゃんから教わったことを子どもに伝えるに違いない。墓の後ろのヒガンバナに先祖のたましいが宿っているなら，ヒガンバナは，先祖を大切にし墓を守っていこうとする「ぼく」の気持ちに感激し，これからも子孫を見守っていこうと思うはずである。

五　**ことわざの知識，類義語の知識，ことばの知識，短文づくり**

問１　「坊主憎けりゃ袈裟まで憎い」は，“相手を憎むあまり，相手に関係するものすべてが憎くなってしまう”という意味。よって，“相手を好きになれば，欠点までが良く見える”という意味を表す，ウの「あばたもえくぼ」が反対のことわざにあたる。なお，アの「弘法筆を選ばず」は，

“技量がすぐれていれば使う道具に左右されない” という意味。イの「医者の不養生」は，人には立派なことを言いながら自分では実行しないようす。エの「好きこそ物の上手なれ」は，楽しんでやれば上達するということ。

問２　**１**「納得」は，人の考えを理解して受け入れることをいい，「合点」が類義語になる。
２「同意」は，人の意見をよしとして認めることで，「賛成」が類義語となる。

問３　ア　ケーキを食べるのは相手なので，「食べる」の尊敬語「めしあがる」を用いて「めしあがって」とするのが正しい。　イ　主語と述語が対応していない。ここでは，“私の趣味は，キャンプで焚き火や料理をすることです” などとするのがよい。　エ「よもや」は後に打ち消しや推量を意味することばをともなうので，誤り。

問４「後の祭り」は，手おくれで，もうどうすることもできないようす。

六　漢字の書き取り

１　一度すたれたものが，またさかんになること。　**２**　体のかまえ。　**３**　声を出して読むこと。　**４**　あちこちに分かれて広がること。　**５**　音読みは「レン」で，「連続」などの熟語がある。訓読みにはほかに「つ(れる)」がある。

Dr.福井の

入試に勝つ！脳とからだのウルトラ科学

復習のタイミングに秘密あり！

算数の公式や漢字，歴史の年号や星座の名前……。勉強は覚えることだらけだが，脳は一発ですべてを記憶することができないので，一度がんばって覚えても，しばらく放っておくとすっかり忘れてしまう。したがって，覚えたことをしっかり頭の中に焼きつけるには，ときどき復習をしなければならない。

ここで問題なのは，復習をするタイミング。これは早すぎても遅すぎてもダメだ。たとえば，ほとんど忘れてしまってから復習しても，最初に勉強したときと同じくらい時間がかかってしまう。これはとっても時間のムダだ。かといって，よく覚えている時期に復習しても何の意味もない。

そもそも復習とは，忘れそうになっていることを見直し，記憶の定着をはかる作業であるから，忘れかかったころに復習するのがベストだ。そうすれば，復習にかかる時間が一番少なくてすむし，記憶の続く時間も最長になる。

では，どのタイミングがよいか？　さまざまな研究・発表を総合して考えると，１回目の復習は最初に覚えてから１週間後，２回目の復習は１か月後，３回目の復習は３か月後――これが医学的に正しい復習時期だ。復習をくり返すたびに知識が海馬（かいば）（脳の，知識をためる倉庫みたいな部分）にだんだん強くくっついていくので，復習する間かくものびていく。

この計画どおりに勉強するには，テキストに初めて勉強した日付と，その１週間後・１か月後・３か月後の日付を書いておくとよい。あるいは，復習用のスケジュール帳をつくってもよいだろう。もちろん，計画を立てたら，それをきちんと実行することが大切だ。

ちなみに，記憶量と時間の関係を初めて発表したのがドイツのエビングハウスという学者で，「エビングハウスの忘却（ぼうきゃく）曲線」として知られている。

Dr.福井（福井一成（ふくいかずしげ））…医学博士。開成中・高から東大・文Ⅱに入学後，再受験して翌年東大・理Ⅲに合格。同大医学部卒。さまざまな勉強法や脳科学に関する著書多数。

Memo

Memo

2023年度 芝浦工業大学附属中学校

【算　数】〈第１回試験〉（60分）〈満点：120点〉

〈編集部注：1の音声には右のＱＲコードからアクセス可能です。〉

〔注意〕１．1は聞いて解く問題です。聞いて解く問題は，試験開始後すぐに放送します。

２．3以降は，答えだけではなく式や考え方を書いてください。式や考え方にも得点があります。

３．定規(じょうぎ)とコンパスを使用してもかまいませんが，三角定規と分度器を使用してはいけません。

４．作図に用いた線は消さないでください。

５．円周率が必要な場合は，すべて3.14で計算してください。

1 この問題は聞いて解く問題です。

聞いて解く問題は全部で(1)と(2)の２題です。(1)は１問，(2)は①と②の２問あります。問題文の放送は１回のみです。問題文が流れているときはメモを取ってもかまいません。ひとつの問題文が放送された後，計算したり，解答用紙に記入したりする時間はそれぞれ１分です。聞いて解く問題の解答は答えのみを書いてください。ただし，答えに単位が必要な場合は必ず単位をつけてください。

(2)

㋐	㋑
㋐	㋒
㋐	㋓
㋔	㋕

2 次の各問いに答えなさい。ただし，答えのみでよい。

(1) $\left(0.2+5\frac{2}{3}\right)\div\left\{6\div\left(2\frac{1}{2}+2\right)\right\}$ を計算しなさい。

(2) □にあてはまる数を求めなさい。

$$4\frac{2}{3}\times\left(\frac{\square}{8}+0.25\right)-\frac{3}{4}=1$$

(3) ５％の食塩水100ｇに10％の食塩水を加えて８％の食塩水を作りました。加えた10％の食塩水は何ｇですか。

(4) 右の図は，すべての辺の長さが５cmの三角柱です。この三角柱を３点Ａ，Ｅ，Ｆを通る平面で切断し，２つの立体に分けるとき，点Ｃを含(ふく)む立体の表面積と点Ｄを含む立体の表面積の差を求めなさい。

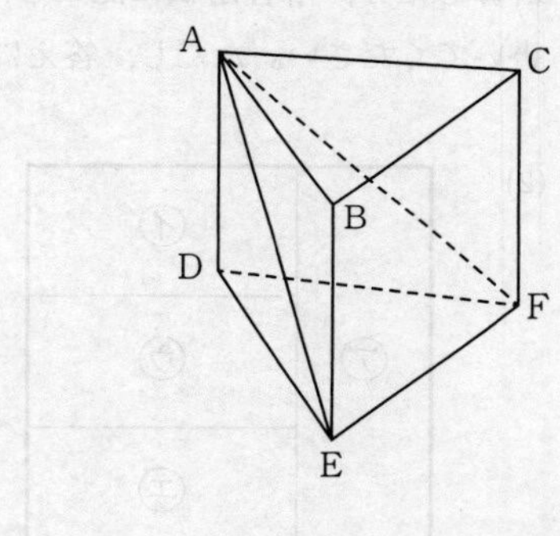

3 次の各問いに答えなさい。

(1) １本120円のカーネーションと１本150円のバラを合わせて15本買い，250円のラッピングをします。合計代金が2200円以下でバラがなるべく多くなるように買います。このとき，カーネーションとバラをそれぞれ何本買いますか。

(2) 1g，3g，5gの分銅がたくさんあります。これらの分銅を使って13gの重さを作る方法は何通りありますか。ただし，使わない重さの分銅があってもよいものとします。

(3) 今の時刻は７時です。今から１時間後の８時までに，短針と長針の作る角度がちょうど90°になるのは２回あります。その時刻は７時何分か求めなさい。

(4) 右の図のような一辺の長さが1cmの立方体があります。この立方体を辺GCを軸として１回転させたとき，側面ADHEが通過してできる立体の体積を求めなさい。

(5) 右の図は五角形ABCDEです。五角形ABCDEと三角形ABFの面積が同じになるような点Fを作図しなさい。（この問題は答えのみでよい）

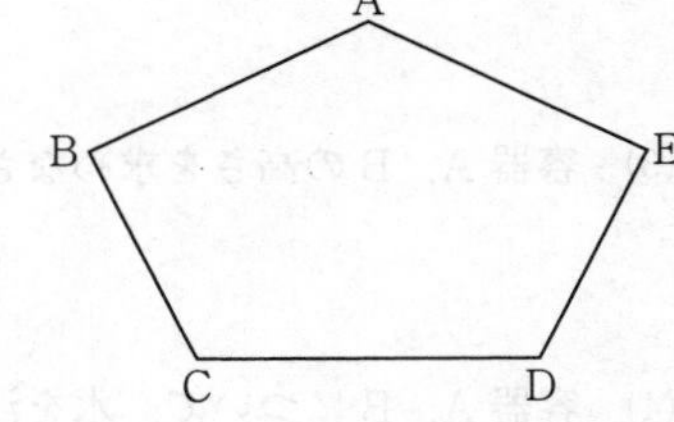

4 右の図のような同じ直方体の容器Ａ，Ｂと給水量の違う給水管ａ，ｂがあります。給水管ａ，ｂから一定の割合でそれぞれ容器Ａ，Ｂが満杯になるまで水を注入しました。

容器への水の注入方法は以下に示した①～④の順で１回行いました。

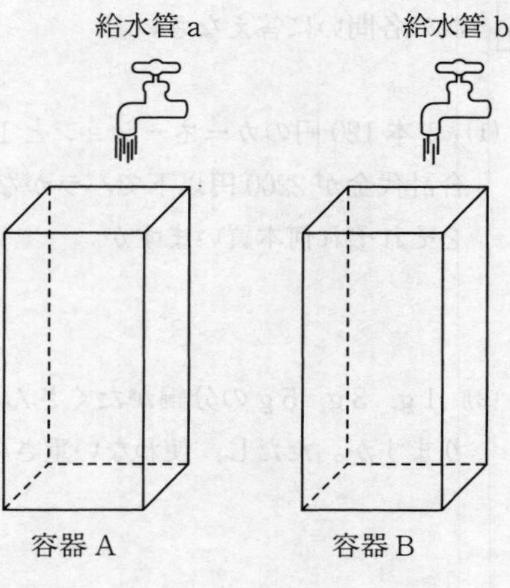

注入方法
① 容器Ａ，Ｂともに水を注入した
② 容器Ａに注入するのを止め，容器Ｂのみに注入した
③ 容器Ｂに注入するのを止め，容器Ａのみに３分間注入した
④ 容器Ａ，Ｂともに注入した

下のグラフは水を注入してからの時間と容器Ａと容器Ｂの水面の高さの差の関係を表しています。この差は水面の高さの高い方から低い方を引いたものを表します。このとき，次の各問いに答えなさい。

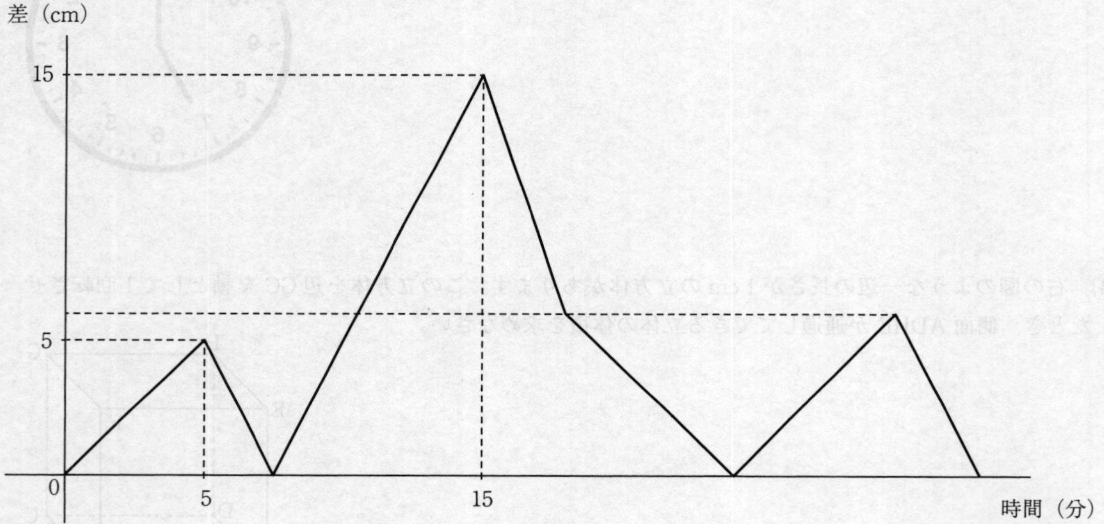

⑴ 給水中，容器Ｂの水面の上昇(しょう)する速さは毎分何cmですか。

⑵ 給水中，容器Ａの水面の上昇する速さは毎分何cmですか。

⑶ 容器Ａ，Ｂの高さを求めなさい。

⑷ 容器Ａ，Ｂについて，水を注入してからの時間と水面の高さの関係のグラフをかきなさい。
また，必要に応じてメモリを記しなさい。（この問題は答えのみでよい）

5 図１は直方体の形をした容器で，容器の中には水が14400 cm^3 入っていて，水の中に３つの立体が沈(しず)んでいます。３つの立体は底面の形がそれぞれ図２のようにＳ，Ｉ，Ｔで，高さがそれぞれ等しい柱体です。図２は方眼紙で，ます目は一辺が２cmです。水面の高さが52.71cmのとき，次の各問いに答えなさい。ただし，底面の形がＳの曲線部分は円の弧(こ)です。

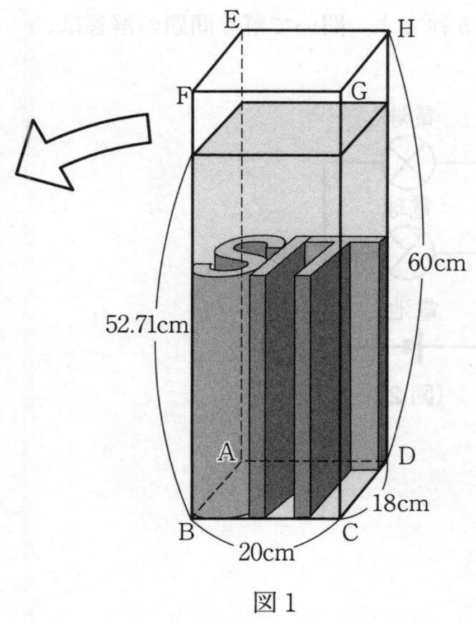

図１

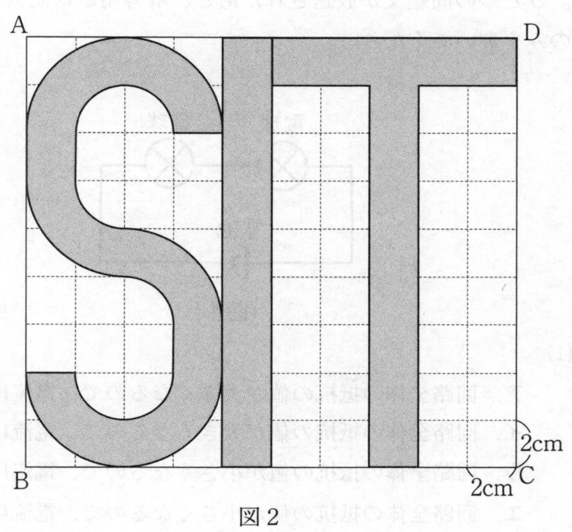

図２

(1) ３つの立体の底面積の合計を求めなさい。

(2) ３つの立体の高さを求めなさい。

以下，底面の形がＳ，Ｔの立体を容器から取り除きます。

(3) 水面の高さを求めなさい。

(4) 辺ABを固定して図１の矢印の方向に容器を傾けて水をこぼします。水を何 cm^3 以上こぼすと底面の形がＩの立体は水面から出ますか。ただし，容器を傾けたときに底面の形がＩの立体は容器の中で動かないものとします。

【理　科】〈第１回試験〉（50分）〈満点：100点〉

〈編集部注：1の音声には右のＱＲコードからアクセス可能です。〉

〔注意〕1は聞いて解く問題です。聞いて解く問題は，試験開始後すぐに放送します。

1 この問題は聞いて解く問題です。

聞いて解く問題は全部で３題です。問題文の放送は１回のみです。問題文の放送中にメモを取っても構いません。ひとつの問題文が放送されたあと、解答用紙に記入する時間は15秒です。聞いて解く問題の解答は、答えのみを書いてください。

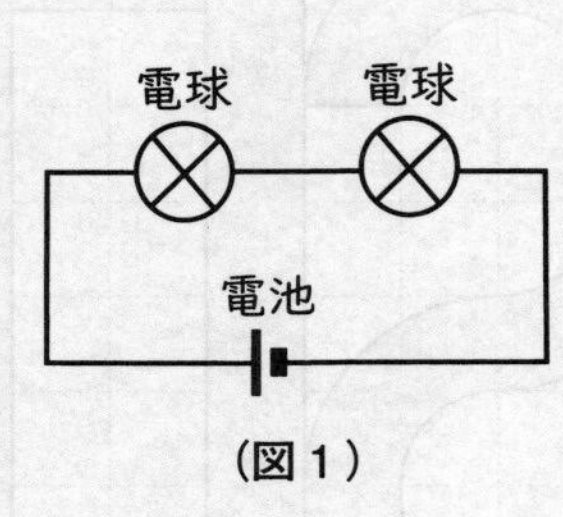

（図１）

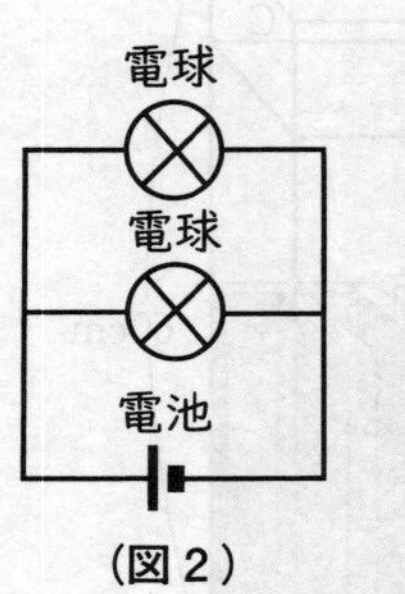

（図２）

(1)

ア．回路全体の抵抗の値が大きくなるので、電流は大きくなる。

イ．回路全体の抵抗の値が大きくなるので、電流は小さくなる。

ウ．回路全体の抵抗の値が小さくなるので、電流は大きくなる。

エ．回路全体の抵抗の値が小さくなるので、電流は小さくなる。

(2)

(3)

2 次の文を読み、あとの問いに答えなさい。

理科実験で用いる薬品は、薬品庫という倉庫の中で試薬びんに入れて厳重に保管します。試薬びんには必ずラベルをはり、後で中身が分からないということが起こらないようにします。中身が分からない場合、様々な手法で中身を特定します。それでも中身が分からない場合、処分には非常に高い費用がかかります。

理科部の芝雄さんは薬品庫で中身不明の水溶液Ａ～Ｅの５本の試薬びんを見つけました。先輩から中身は塩酸、石灰水、砂糖水、食塩水、塩素水溶液、アンモニア水、濃いアルコール水溶液のいずれかであり、すべてちがう水溶液であると言われました。

芝雄さんは試薬びんの中身を調べるために、**〔実験１〕**～**〔実験５〕**を行いました。

〔実験１〕

水溶液のにおいを確認したところ、B、C、Dはにおいがあることが分かりました。

〔実験２〕

水溶液Ａ～Ｅをそれぞれ試験管にとり、炭酸水を加えたところ、水溶液Ａのみ白色の沈殿（ちんでん）が生じました。

〔実験３〕

水溶液Ａ～Ｅをそれぞれ蒸発皿にとり、おだやかに加熱したところ、水溶液Ａ、Ｅのみから白い固体が得られましたが、それ以上加熱しても色の変化がありませんでした。そのほかの水溶液は何も残りませんでした。

〔実験４〕

水溶液Ａ～Ｅをそれぞれ試験管にとり、フェノールフタレイン溶液が入った水酸化ナトリウム水溶液を加えたところ、水溶液Ｂ、Ｃのみが無色に変化しました。

〔実験５〕

緑色のBTB溶液を水溶液Ｃに加えると、黄色に変化したのち、無色になりました。

(1) 水溶液Ａ、Ｂ、Ｃ、Ｅはそれぞれ何ですか。**ア**～**キ**から選び記号で答えなさい。

ア．塩酸　**イ**．石灰水　**ウ**．砂糖水　**エ**．食塩水

オ．塩素水溶液　**カ**．アンモニア水　**キ**．濃いアルコール水溶液

(2) 水酸化ナトリウム水溶液のとりあつかいについて、正しいものはどれですか。**ア**～**エ**から選び記号で答えなさい。

ア．キャップのついているアルミ製の缶（かん）に入れて、密封（みっぷう）して保管する。

イ．使用する１週間前にはかり取り、風通しの良いところに保管する。

ウ．手についた場合、うすい塩酸で洗う。

エ．余った水酸化ナトリウム水溶液は、食酢（す）とまぜて流しに捨てる。

(3) ５つの実験の結果から水溶液Ｄは２つの候補が考えられます。その候補は何ですか。(1)の**ア**～**キ**から２つ選び記号で答えなさい。また、水溶液Ｄを特定するにはどのような実験を行えばよいですか。次の【実験器具】から少なくとも１つ用いて、実験方法を説明しなさい。ただし、**〔実験１〕**～**〔実験５〕**と同じ実験はできないものとします。

【実験器具】

ビーカー、三角フラスコ、蒸発皿、マッチ、ガスバーナー、ピンセット、ろ紙

3 次の文を読み、あとの問いに答えなさい。

芝雄さんは、雑貨屋のそうじコーナーに行くと、お母さんが必ず月に一度は買っていた「過炭酸ナトリウム」が気になっていたので調べることにしました。この粉末をお湯に入れると、出てくるあわが洗濯槽(せんたくそう)をきれいにしてくれるため、不思議に思ったからです。

次に、そうじコーナーにあった他の粉末も気になったので購入(こうにゅう)することにしました。お父さんによると、ポットの水あかやトイレの尿(にょう)石をとるときは「クエン酸」、キッチンまわりをきれいにするときは「重そう」や「セスキ」の粉末を利用するそうです。

これらの粉末を利用して次の**〔実験１〕**～**〔実験４〕**を行い、結果をそれぞれ**（表１）**～**（表４）**にまとめました。

〔実験１〕

（図１）のように40℃のお湯300 cm^3の入った三角フラスコに「過炭酸ナトリウム」の粉末を20ｇ入れたところ、フラスコ内はすぐに白くにごり、たくさんの細かいあわが発生しました。発生した気体を水槽(そう)の水の中にしずめてある30 cm^3試験管に次々と集めました。集めた気体に、火のついた線香を近づけた結果を**（表１）**にまとめました。

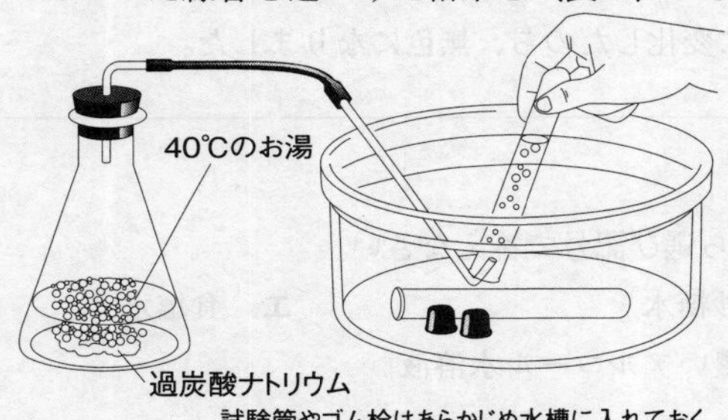

（図１）

集めた気体（試験管～本目）	1	2	3	4	5	6	7	8	9
火のついた線香を近づける	－	－	－	－	△	○	○	○	○

－：変化なし　△：ほのおが少し大きくなった
○：ほのおが大きくなり明るくなった

（表１）

〔実験２〕

（図２）のように40℃のお湯300 cm^3の入った三角フラスコに「クエン酸」の粉末10ｇと「重そう」の粉末を10ｇずつ入れたところ、フラスコ内ではいっきに大きなあわが発生しました。発生した気体を水槽(そう)の水の中にしずめてある30 cm^3試験管に次々と集めました。集めた気体に、火のついた線香を近づけた結果を**（表２）**にまとめました。

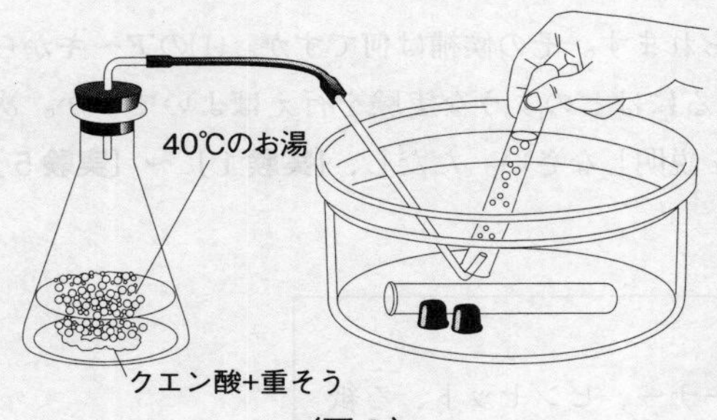

（図２）

集めた気体（試験管～本目）	1	2	3	4	5	6	7	8	9
火のついた線香を近づける	－	－	－	－	▽	●	●	●	●

－：変化なし　▽：ほのおが少し小さくなった
●：ほのおが消えた

（表２）

〔実験３〕

（図３）のように、試験管に「セスキ」の粉末４gを入れて加熱しました。加熱をしていくとゆっくりとあわが出ました。発生した気体を水槽の水の中にしずめてある30 cm^3 試験管に次々と集めました。また、加熱部以外の試験管の内側がくもり、少し<u>液体</u>がついていることを観察できました。集めた気体に、火のついた線香を近づけた結果を**（表３）**にまとめました。

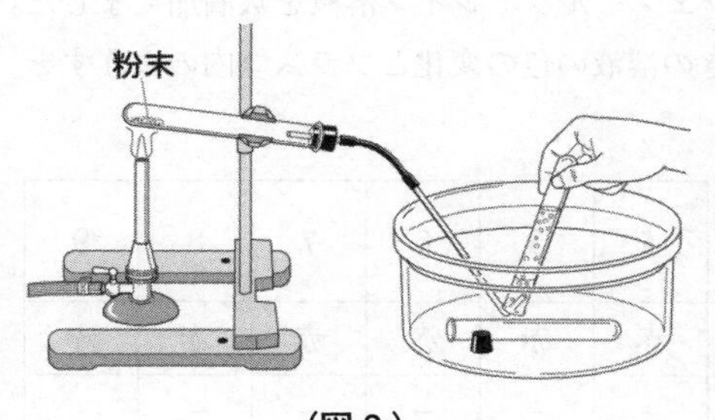

（図３）

集めた気体（試験管〜本目）	1	2	3	4	5	6	7	8	9
火のついた線香を近づける	−	▽	●	●	●	●	●	●	×

−：変化なし　▽：ほのおが少し小さくなった
●：ほのおが消えた　×：気体が集められなかった

（表３）

⑴ **〔実験１〕**〜**〔実験３〕**で発生した気体の集め方を何といいますか。

⑵ **〔実験１〕**で発生した気体について、正しいものはどれですか。**ア〜エ**から選び記号で答えなさい。
ア．空気より軽くて燃えやすい。
イ．空気中に含まれていて、呼吸をすると増える。
ウ．二酸化マンガンに塩酸を加えて加熱すると生じる。
エ．レバー（肝臓）にオキシドールをかけると生じる。

⑶ **〔実験２〕**や**〔実験３〕**で発生した気体は同じでした。この気体について、<u>誤っているもの</u>はどれですか。**ア〜エ**から選び記号で答えなさい。
ア．空気より重くて燃えない。
イ．空気中に含まれていて、呼吸をすると減る。
ウ．塩酸に貝がらを入れると生じる。
エ．わりばしを燃やすと生じる。

⑷ **〔実験３〕**の下線部の物質を調べる方法と結果が正しいものはどれですか。**ア〜エ**から選び記号で答えなさい。
ア．塩化コバルト紙が青色からうすい赤い色に変わることで、水であることが分かる。
イ．赤色リトマス紙が青色に変わることで、アンモニア水であることが分かる。
ウ．火をつけると、赤いほのおができることで、アルコールであることが分かる。
エ．塩化コバルト紙がうすい赤色から青色に変わることで、アンモニア水であることが分かる。

芝雄さんは、お父さんから油汚れを落とすためには水溶液がアルカリ性であるほど効果が高いことを教えてもらいました。**〔実験２〕**で使用後の溶液はアルカリ性ではないことが分かったので、さらに実験を行うことにしました。

〔実験４〕

〔実験２〕のあとに残った三角フラスコ内の溶液にフェノールフタレイン溶液を数滴加えました。さらに重そうを１ｇずつとかしていきました。このときの溶液の色の変化とフラスコ内のようすを**（表４）**にまとめました。

〔実験２〕のあとに加えた重そう［g］	1	2	3	4	5	6	7	8	9
溶液の色	無	無	無	赤	赤	赤	赤	赤	赤
フラスコ内のようす	↑	↑	↑	−	−	−	−	−	−

−：変化なし　↑：あわが発生した

（表４）

(5) **〔実験４〕**の結果から、クエン酸と重そうを何ｇずつにすればアルカリ性の水溶液になりますか。**ア**～**エ**から選び記号で答えなさい。

	クエン酸［g］	重そう［g］
ア	20	8
イ	29	37
ウ	23	25
エ	21	30

(6) **〔実験１〕**や**〔実験２〕**では、集めた気体に火のついた線香を近づけると「変化なし」となった試験管の本数が**〔実験３〕**に比べて多かった理由を「試験管よりも三角フラスコ」に続くように答えなさい。また、これを減らすためにもっとも適した方法はどれですか。**ア**～**エ**から選び記号で答えなさい。

ア．40℃のお湯を80℃にする。

イ．加える粉末の量を多くする。

ウ．お湯の量を増やす。

エ．ゴム管の長さを長くする。

4 次の文を読み、あとの問いに答えなさい。

電子レンジなどの家電製品では、電気をどれくらい消費するのかを表す目安として、W（ワット）という単位が用いられます。一般的な家庭用電子レンジでは、食材の解凍や温めなどといった目的に応じて、200 W ～ 700 W の範囲から、適切なワット数を選んで使用することができます。

電子レンジのワット数による温度の上がり方のちがいを調べるために、20 ℃の水 120 mL を耐熱容器に入れて、ワット数と時間を変えながら電子レンジで加熱しました。**(表)** は、それぞれのワット数における加熱時間と水の温度の関係をまとめたものです。

経過時間〔秒〕	0	10	20	30	40	50	60
水の温度〔℃〕(200 W)	20	24	28	32	36	40	44
水の温度〔℃〕(500 W)	20	30	40	50	60	70	80
水の温度〔℃〕(600 W)	20	32	44	56	68	80	92

(表)

(1) 電子レンジと、同じ「モノの温め方」をする家電製品はどれですか。**ア**～**エ**から選び記号で答えなさい。

ア. ドライヤー
イ. アイロン
ウ. エアコン
エ. 電気ストーブ（カーボンヒーター）

(2) 200 W で 20 ℃の水 120 mL を 80 ℃にするために必要な加熱時間は何秒ですか。

(3) 20 ℃の水の量を 240 mL に増やして同様の実験を行ったところ、いずれのワット数においても、同じ温度まで加熱するために必要な時間は２倍に増加しました。20 ℃の水 240 mL を 600 W で、20 ℃の水 120 mL を 500 W で温めます。このとき、同じ温度まで温めるためには、600 W の電子レンジは 500 W の電子レンジに比べて何倍の時間が必要になりますか。小数第２位を四捨五入して小数第１位まで答えなさい。

(4) コンビニエンスストアなどに置かれている業務用電子レンジは、家庭用電子レンジよりも高いワット数でものを温めることができます。例えば、同じお弁当を温めるとき、600 W では５分かかっていたものが、業務用電子レンジでは２分で温め終わります。この場合、業務用電子レンジのワット数はいくらですか。

5 次の文を読み、あとの問いに答えなさい。

（図１）のように、天井に取りつけたばねＡにおもりをつり下げ、ばねの長さを測定しました。
次に、**（図２）**のように直列に接続したばねＡとばねＢにおもりをつり下げ、ばね全体の長さを測定しました。それぞれの測定結果を**（グラフ）**に示しました。次の問いに答えなさい。ただし、ばねの重さは考えないものとします。

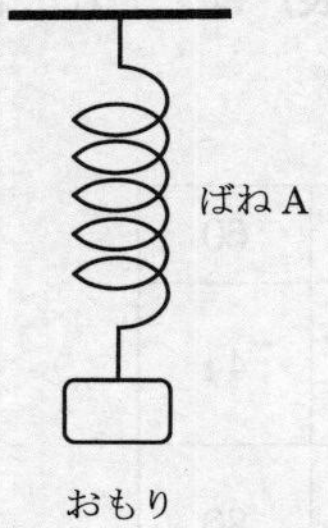

ばねＡ
おもり

（図１）

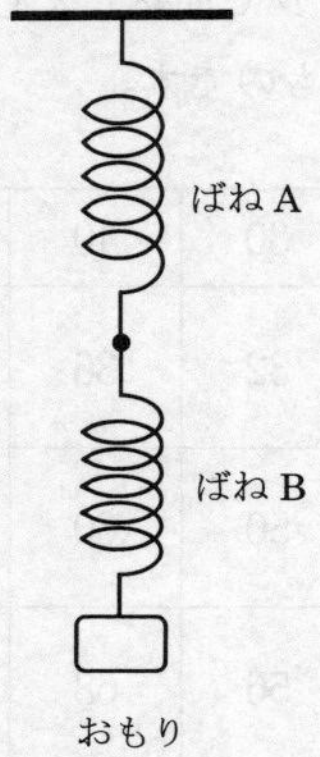

ばねＡ
ばねＢ
おもり

（図２）

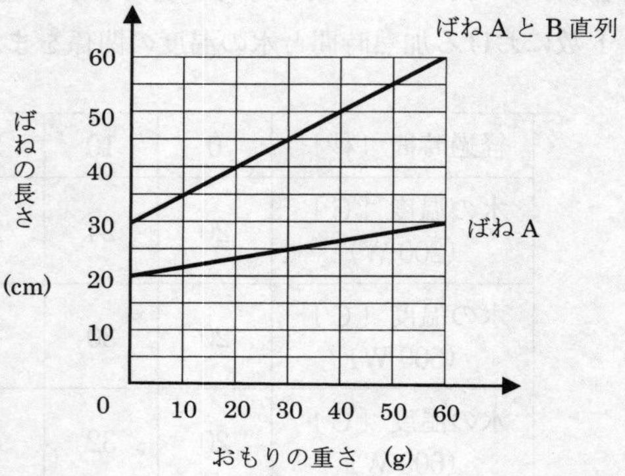

ばねの長さ (cm)
60
50
40
30
20
10
0
10 20 30 40 50 60
おもりの重さ (g)
ばねＡとＢ直列
ばねＡ

（グラフ）

⑴ **（図１）**と同じようにして、ばねＢに90ｇのおもりをつり下げたときのばねＢの長さは何cmになりますか。

⑵ **（図２）**のとき、ばねＡとばねＢの長さが同じ長さになるのは何ｇのおもりをつり下げたときですか。

⑶ **（図３）**のように、ばねＡとばねＢを棒でつなぎ、ある重さのおもりを棒の適当な位置につるしたところ、ばねＡとばねＢは同じ長さ35cmになりました。このときつるしたおもりの重さは何ｇですか。ただし、ばねはつるした棒に垂直にのびており、棒の重さは考えないものとします。

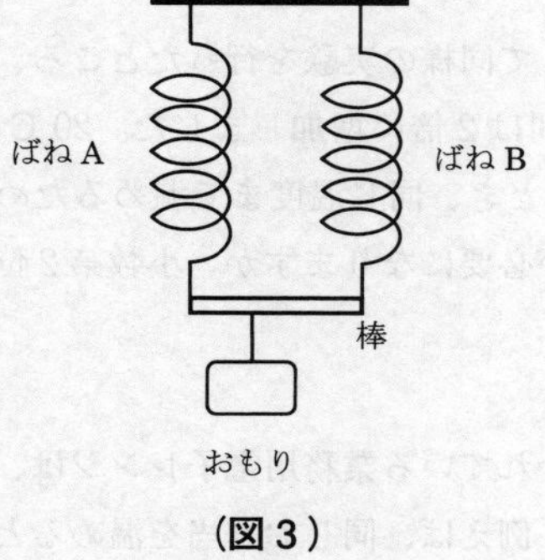

（図３）

(4)　２本のばねＡ、ばねＢと30ｇ、60ｇのおもりをそれぞれ１個ずつ直列につなげました。ばねののびの合計がもっとも長い組み合わせはどれですか。**ア～エ**から選び記号で答えなさい。またそのときのばねののびの合計の長さは何 cm ですか。

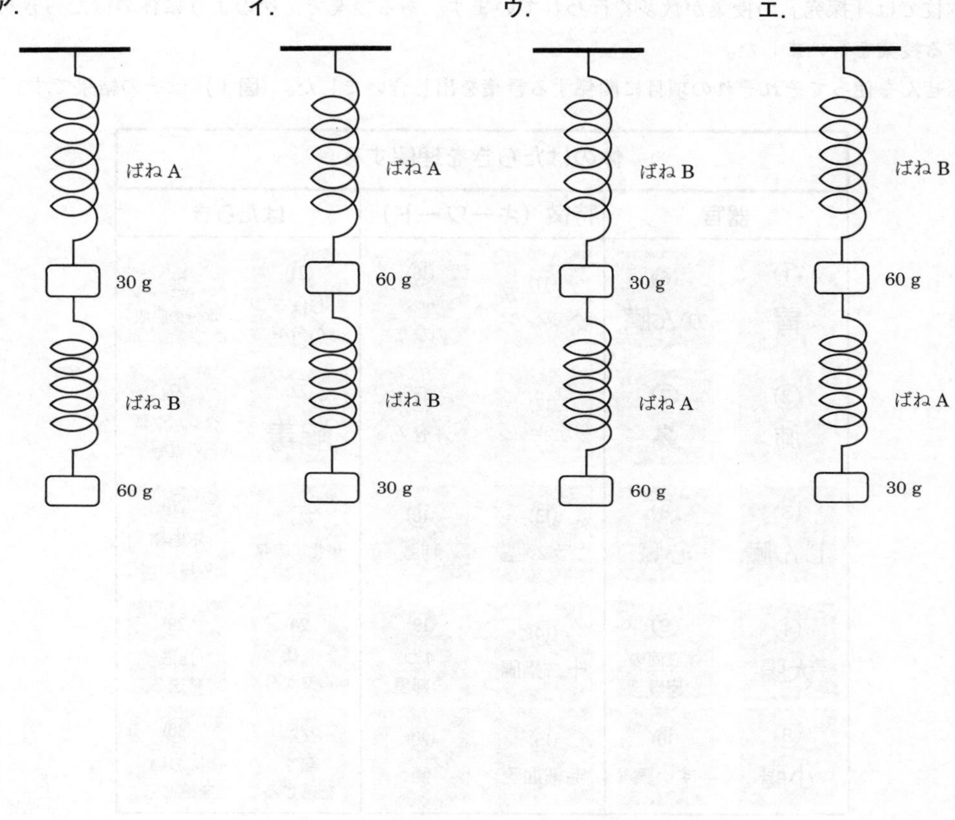

6 次の文を読み、あとの問いに答えなさい。

本校では「探究」の授業が数多く行われています。ある授業で、次のように体のはたらきを理解する授業を行いました。

・ふせんを使ってそれぞれの項目に関係する言葉を出し合いました。**（図１）**はその結果です。

体のはたらきを理解する					
器官		特徴（キーワード）		はたらき	
① 胃	⑥ かん臓	⑪ ペプシン	⑯ かべのひだ	㉑ しぼうの分解	㉖ 水分の吸収
② 肺	⑦ 鼻	⑫ グリコーゲン	⑰ 汗せん	㉒ 解毒	㉗ タンパク質の分解
③ じん臓	⑧ 心臓	⑬ ソラマメ型	⑱ 刺激	㉓ 消化・吸収	㉘ 不要物のはい出
④ 大腸	⑨ 体表面の皮膚	⑭ 十二指腸	⑲ ４つの部屋	㉔ 気体の交かん	㉙ 血液を送る
⑤ 小腸	⑩ すい臓	⑮ 毛細血管	⑳ 便	㉕ 熱さを感じる	㉚ においを感じる

（図１）

・調べた内容について発表するためにスライドをつくってまとめました。**〔まとめ〕**は、スライドのある１ページです。

〔まとめ〕

栄養吸収についてさらに探究するため小腸の内側の表面積について考察した。**（図２）**のように小腸の長さを６m、直径（内側）を５cmの円柱状の管として小腸の内側の表面積を計算したところ［　X　］m^2となった。

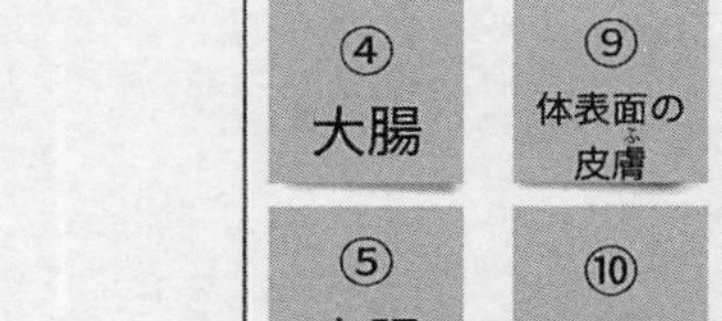

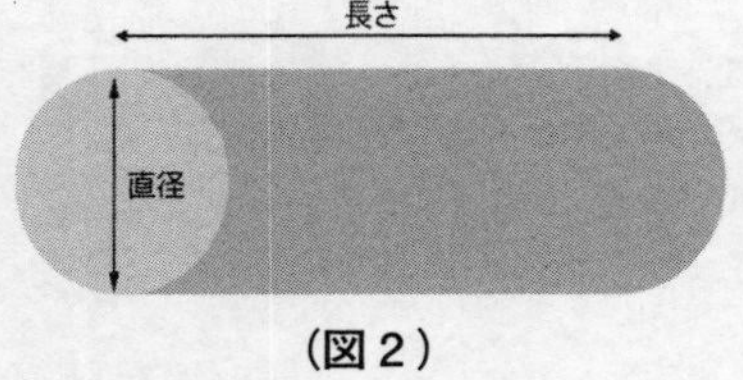

（図２）

〔考察〕小腸の実際の表面積をインターネットで調べたところ「テニスコート１面分」と分かった。計算した値は、それよりもかなり小さかった。それは、［　Y　］と考えられる。

⑴ **（図１）** の「器官」の中で「消化・吸収」に関するものとして正しいものはどれですか。**ア～エ**から選び記号で答えなさい。

ア. ① ③ ④ ⑤ ⑥
イ. ① ④ ⑤ ⑥ ⑨ ⑩
ウ. ① ④ ⑤ ⑥ ⑩
エ. ① ③ ④ ⑤ ⑥ ⑩

⑵ **（図１）** の「器官」「特徴（キーワード）」「はたらき」のつながりとして正しいものはどれですか。**ア～オ**からすべて選び記号で答えなさい。

	器官	特徴	はたらき
ア	①	⑪	㉗
イ	③	⑬	㉘
ウ	⑤	⑯	㉔
エ	⑥	⑫	㉖
オ	⑦	⑱	㉚

⑶ **（図３）** は、かん臓、すい臓、胃を示した模式図ですが、たんのうがかかれていません。たんのうを解答らんの図中にかきなさい。

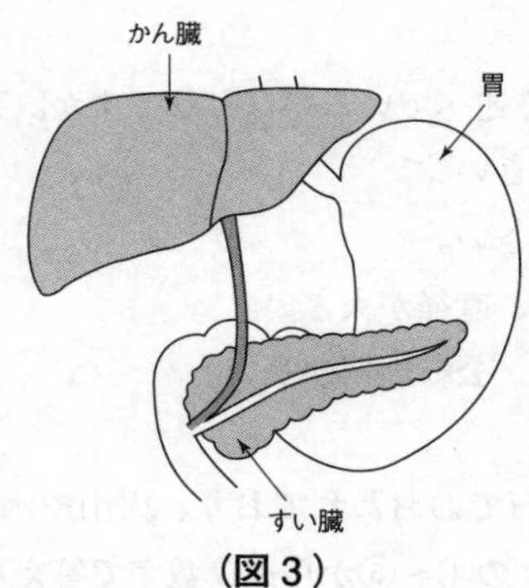

（図３）

⑷ **〔まとめ〕** の X にあてはまる数値を答えなさい。円周率は3.14とし、小数第３位を四捨五入して小数第２位まで答えなさい。

⑸ **〔まとめ〕** の Y に適する理由を30字以内で答えなさい。

7 次の文を読み、あとの問いに答えなさい。

太陽系の惑(わく)星について調べたところ、地球には誕生直後から生命が誕生し存在するための<u>1 液体の水</u>や<u>2 大気</u>が存在したことや、金星を望遠鏡で継(けい)続して観測すると月のように満ち欠けをすることが分かりました。また、各惑星の天体に関する数値を **(表)** にまとめました。

ただし、**(表)** の太陽からの距(きょ)離(り)は太陽と地球間を１とし、直径および質量は地球を１としたときの値で、密度は物質 $1\,cm^3$ あたりの質量 (g) を表しています。

	太陽からの距離	直径	質量	密度	公転周期［年］
①	0.39	0.38	0.06	5.43	0.24
金星	0.72	0.95	0.82	5.24	0.62
地球	1.00	1.00	1.00	5.51	1.00
②	1.52	0.53	0.11	3.93	1.88
③	5.20	11.21	317.83	1.33	11.86
④	9.55	9.45	95.16	0.69	29.46
⑤	19.22	4.01	14.54	1.27	84.02
⑥	30.11	3.88	17.15	1.64	164.77

(表)

(1) **(表)** の８つの惑星について正しく述べているのはどれですか。**ア**～**エ**から選び記号で答えなさい。

ア．直径が大きいほど、質量が大きい。

イ．直径が大きいほど、密度が小さい。

ウ．太陽からの距離が大きいほど、直径が大きい。

エ．太陽からの距離が大きいほど、公転周期が長い。

(2) 「惑星の表面は赤かっ色の砂や岩石でおおわれており、火山や水が流れたあと」が見られる惑星はどれですか。惑星の名前を書き、**(表)** の①～⑥から選び数字で答えなさい。

(3) **(図１)** は、ある日の北極側から見た太陽、金星、地球の位置関係を表しています。このとき地球の北半球から見た金星の満ち欠けのようすはどれですか。**ア**～**エ**から選び記号で答えなさい。ただし、満ち欠けの向きは肉眼で見た場合とし、大きさは考えないものとします。

ア．
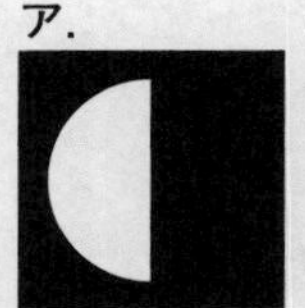

イ．

ウ．

エ．
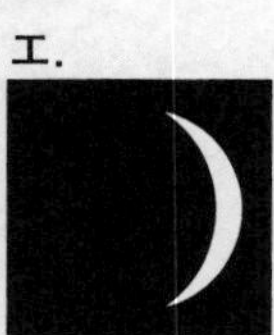

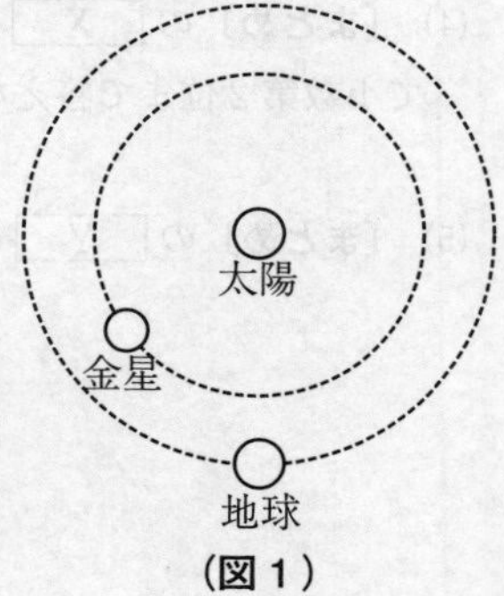

(図１)

(4) **(表)** の距離をもとに金星と地球の公転軌道のようすを表しました。ある日 **(図２)** のように太陽－金星－地球が一直線上に並んだとする（○の位置）と、この日から１ヶ月後（●の位置）の金星と地球の位置関係を表したものはどれですか。**ア～エ**から選び記号で答えなさい。ただし、**(図２)** は北極側から見たものとします。

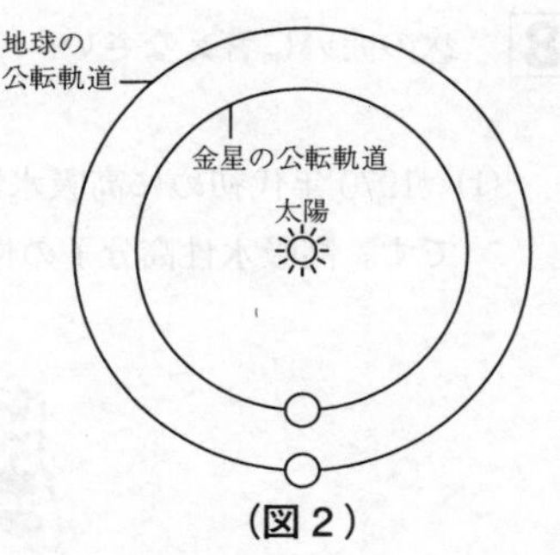

(図２)

ア.

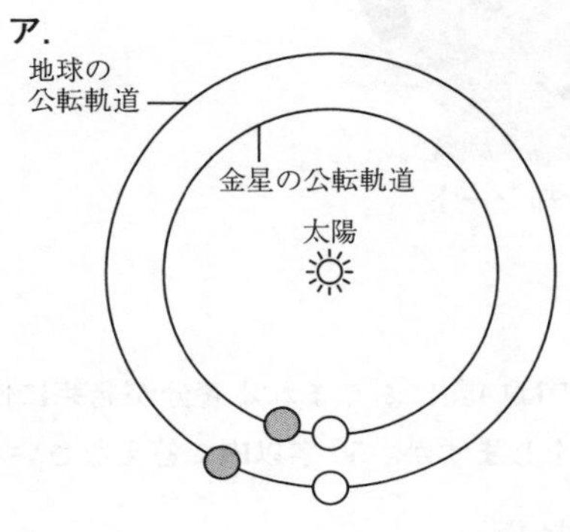

イ.

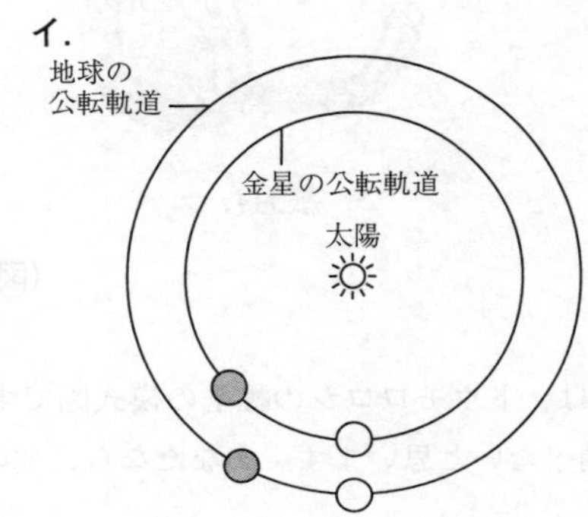

ウ.

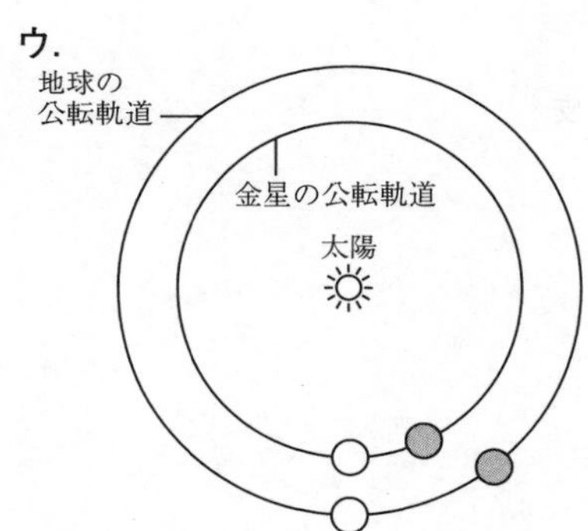

エ.

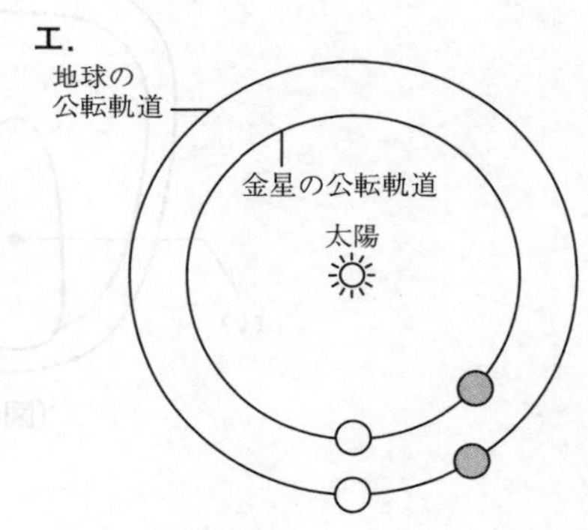

(5) 下線部１、２が、それぞれ存在するための条件としてもっとも関係が深いものはどれですか。**ア～エ**からそれぞれ１つずつ選び記号で答えなさい。

ア. 太陽からの距離　**イ.** 直径　**ウ.** 質量　**エ.** 公転周期

8 次の問いに答えなさい。

(1) 1970 年代初めに高吸水性高分子が開発されました。**(図１)** は高吸水性高分子の性質を利用した商品です。高吸水性高分子の性質を「水」ということばを用いて、2つそれぞれ 15 字以内で書きなさい。

(図１)

(2) **(図２)** は、トウモロコシの種子の模式図です。この種子のはい乳にふくまれる養分が発芽に使われることを調べたいと思います。あなたなら、どのような実験をしますか。50 字以内で答えなさい。

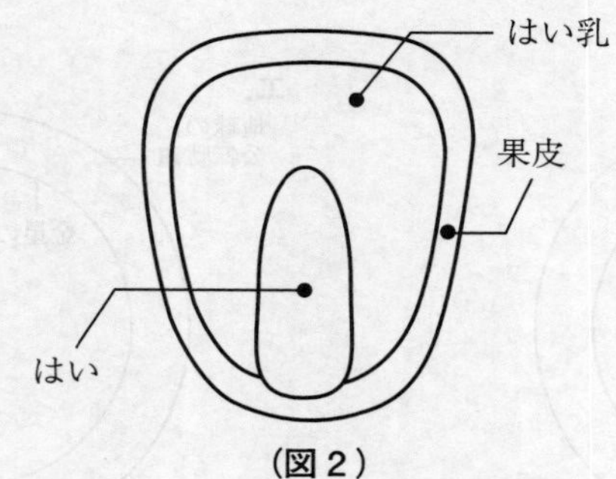

(図２)

五 次の各問いに答えなさい。

問一　――線部の四字熟語の使い方が適切でないものを次の中から一つ選び、記号で答えなさい。

ア　彼の今回の入院では、病状が一進一退を繰り返していた。
イ　彼の演技は役が変わるごとに、一期一会の成長を見せた。
ウ　実用化を考えると、彼の発明には一長一短がある。
エ　彼の実力は一朝一夕で身についたものではない。

問二　次の二つの文の「慣用句」の（　）の中には、共通する言葉が入ります。その言葉を平仮名で答えなさい。

・中学のテストの数の多さに目が（　　　）った。
・方々に手を（　　　）して部品を調達した。

問三　日本語として適切なものを次の中から一つ選び、記号で答えなさい。

ア　私はこのコーヒーは苦すぎる。
イ　きれいな新宿の高層ビルをながめた。
ウ　このクラスの目標はみんなで仲良くしたい。
エ　学校で楽しめる画期的なゲームを教えます。

問四　次の「慣用句」を使って、短い文を作りなさい。

「かぶとを脱ぐ」

※慣用句の内容が具体的にわかるようにしなさい。
慣用句「足がぼうになる」の場合
（悪い例）「ぼくは、足がぼうになった。」
（良い例）「ぼくは、落とし物をしてしまい、足がぼうになるまで探し回った。」

※「動きを表す語」など、後に続く語によって形が変わる場合は、変えても構いません。
（例：「あるく」→「あるいた」）

六 ――線部のカタカナを漢字に直しなさい。

1　広い宇宙にカンシンをもつ。
2　兄は銀行にシュウショクした。
3　コクモツをたくわえる倉庫を作った。
4　キボの大きな開発が始まった。
5　風がハゲしくふく。

問一　――線①「どういうわけか」からわかる作者の思いとして適切なものを次の中から一つ選び、記号で答えなさい。

ア　山鳩が自分を監視しているという気がして不安を感じている。
イ　山鳩が自分をからかっているようで、腹立たしく感じている。
ウ　自分を気にしているような山鳩の行動を不思議に感じている。
エ　自分を楽しませるかのような山鳩の行動をほほえましく感じている。

問二　第一連の表現に関する説明として適切なものを次の中から一つ選び、記号で答えなさい。

ア　「たり」という言葉を繰り返すことで、山鳩の行動に警戒心がないことを示している。
イ　「妙にきどって」など擬人法を用いることで、山鳩の行動の不審さをより強調している。
ウ　擬音語や擬態語を多用することで、状況をより臨場感のあるものとして表現している。
エ　途中に言い切りの形を用いないことで、山鳩の行動を一続きのものとして表している。

問三　[A] に入る語句として適切なものを次の中から一つ選び、記号で答えなさい。

ア　やっぱりね　　イ　あぁそうか
ウ　まさかね　　エ　それはない

問四　――線②「寂しかったのは／わたしの方だったんだね」とありますが、このときの作者の思いとしてふさわしくないものを次の中から一つ選び、記号で答えなさい。

ア　寂しく見える自分を心配して、山鳩が自分を見守ってくれていたのだと感じた。
イ　山鳩が自分の様子をうかがっていたことで、自分が寂しいことに気づけた。
ウ　山鳩に見守られていることに気づいたので、自分は寂しい気分になった。
エ　山鳩に見つめられていると感じたのは、自分が寂しいからだとわかった。

問五　この詩の状況を「山鳩」の視点に立って書きなおしなさい。ただし、次の条件に従うこと。

A　山鳩も心と言葉を持っているとする。
B　詩に書かれている状況をふまえて書くこと。
C　行替えをしないで文章で書くこと。
D　八十字以上、百二十字以内で書くこと。ただし、出だしの一マスは空けないで書くこと。

問四　――線③「雑草は踏まれたら立ち上がらない」とありますが、それはなぜですか。理由を説明した次の文の［Ⅰ］・［Ⅱ］に入る言葉をそれぞれ答えなさい。ただし、［Ⅰ］は本文中から五字で書きぬき、［Ⅱ］は本文中の言葉を用いて十五字以内で答えなさい。

雑草にとって重要なのは、立ち上がることではなく［Ⅰ］ことであり、立ち上がることに［Ⅱ］から。

問五　――線④「かたばみ紋は、特に、戦国武将が好んで用いていた」とありますが、それはなぜですか。理由がわかる最も適切な一文を本文中からぬき出し、初めの五字を答えなさい。

問六　――線⑤「つまらない雑草」とありますが、筆者は「カタバミ」のどのようなところを「つまらない」としていますか。次の中から当てはまるものをすべて選び、記号で答えなさい。

ア　抜いても抜いてもなくならないところ。
イ　めでたい植物とは言えないところ。
ウ　草丈や花が小さいところ。
エ　美しい花とは言えないところ。
オ　ありふれた植物であるところ。
カ　そこら中に種子をばらまいて広がるところ。

問七　次の一文は、本文中のある段落とある段落の間からぬき出したものです。この一文が入る箇所(かしょ)の直後の五字を本文中から書きぬきなさい。

しかし、不思議なことがある。

四　次の詩を読んで、後の問いに答えなさい。

山鳩(やまばと)　原田亘子

①どういうわけか　山鳩が
ベランダの手すりをいったりきたり
妙(みょう)にきどって首を傾(かし)げたり
そして　ツィッと
アメリカ楓(かえで)の樹(き)にいってみたり
しばらくして　またもどって
ちょっとこちらをうかがったり

［A］

②寂(さび)しかったのは
わたしの方だったんだね

山鳩に　ありがとうの
礼をした

とにあった。

どこにでも生えているカタバミは、じつにしつこい雑草である。抜いても抜いてもなくならないし、そこら中に種子をばらまいて広がっていく。戦国武将たちは、この小さな雑草のしぶとさに、自らの子子孫孫までの家の繁栄を重ねたのである。

カタバミは、けっして強そうな植物には見えない。［B］、戦国武将たちは、そのカタバミの強さを知っていたのである。

日本では「雑草魂」や「雑草軍団」という言い方をする。やっかいな邪魔者である雑草を、ほめ言葉に使うのは日本人くらいのものである。日本人は雑草を観察し、雑草の強さを見ていたのである。

カタバミに限らず、日本の家紋は植物をモチーフにしたものが多い。虎や龍など、強そうな生き物はいくらでもある中で、植物をシンボル※4として選んでいるのである。

見るからに強そうな生き物ではなく、何事にも動じず静かに凛と立つ植物に日本人は強さを感じた。私たちの祖先は「本当の強さとは何か」を知っていたのかも知れない。

（稲垣栄洋『植物はなぜ動かないのか　弱くて強い植物のはなし』）

※1　テリトリー……領域。なわばり。
　2　ライフサイクル……生活の周期。
　3　モチーフ……主題。題材。
　4　シンボル……しるし。記号。象徴。

問一　［A］・［B］に入る言葉として適切なものを次の中から一つずつ選び、それぞれ記号で答えなさい。ただし、同じ記号を二度用いることはできません。

ア　しかし　　イ　つまり　　ウ　さらに
エ　しかも　　オ　そこで　　カ　または

問二　――線①「『中間型戦略』」とありますが、その説明として適切なものを次の中から一つ選び、記号で答えなさい。

ア　ライバルがいないうちに横へ広がり競争力を高め、ライバルが現れると上へ伸びてテリトリーを拡大するという戦略。
イ　ライバルがいないうちに上へ伸びて陣地を獲得し、ライバルが出現すると横に伸びて競争を避けるという戦略。
ウ　競争相手がいない状況では横に陣地を広げ、競争相手がいる状況では上へ伸びて競争力を高めるという戦略。
エ　横にテリトリーを広げることで競争相手の出現を防止すると同時に、上へ伸びて競争力を高めておくという戦略。

問三　――線②「植物は動物に比べて可塑性が大きい」について、次の問いに答えなさい。

（1）「可塑性」を言い換えた言葉を本文中から五字で書きぬきなさい。
（2）「可塑性が大きい」のはなぜですか。理由を四十字以上五十字以内で答えなさい。

うこともできないし、逃げることもできない。その環境を受け入れるしかないのだ。

そして、環境が変えられないとすれば、どうすれば良いのだろうか。環境が変えられないのであれば、環境に合わせて、自分自身が変化するしかない。だから、植物は動物に比べて「変化する力」が大きいのである。

植物の中でも雑草は可塑性が大きく、自由自在に変化することができる。この「変化する力」にとって、もっとも重要なことは何だろうか。

それは「変化しないことである」と私は思う。

植物にとって重要なことは、花を咲かせて種子を残すことにある。ここはぶれることはない。種子を生産するという目的は明確だから、目的までの行き方は自由に選ぶことができる。だからこそ雑草は、サイズを変化させたり、ライフサイクル[※2]を変化させたり、伸び方も変化させることができるのである。

つまり、生きていく上で「変えてよいもの」と「変えてはいけないもの」がある。

環境は変化していくのであれば、雑草はまた変化し続けなければならない。しかし、変化しなければならないとすれば、それだけ「変化しないもの」が大切になるのである。

踏まれても踏まれても立ち上がる。

これが、多くの人が雑草に対して抱く一般的なイメージだろう。人々は、踏まれても負けずに立ち上がる雑草の生き方に、自らの人生を重ね合わせて、勇気付けられる。

しかし、実際には違う。③雑草は踏まれたら立ち上がらない。確かに一度や二度、踏まれたくらいなら、雑草は立ちあがってくるが、何度も踏まれれば、雑草はやがて立ち上がらなくなるのである。

雑草魂というには、あまりにも情けないと思うかも知れないが、そうではない。

そもそも、どうして立ち上がらなければならないのだろうか。

雑草にとって、もっとも重要なことは何だろうか。それは、花を咲かせて種子を残すことにある。そうであるとすれば、踏まれても踏まれても立ち上がるという無駄なことにエネルギーを使うよりも、踏まれながらどうやって種子を残そうかと考える方が、ずっと合理的である。だから、雑草は踏まれながらも、最大限のエネルギーを使って、花を咲かせ、確実に種子を残すのである。まさに「変えてはいけないもの」がわかっているのだろう。努力の方向を間違えることはないのだ。

踏まれても踏まれても立ち上がるという根性論よりも、雑草の生き方はずっとしたたかなのである。

日本の家には、代々続く「家紋」と呼ばれるものがある。

古くから人気の高い家紋で、日本の五大紋の一つにも数えられているものに「かたばみ紋」と呼ばれるものがある。④かたばみ紋は、特に、戦国武将が好んで用いていた。

かたばみ紋のモチーフ[※3]となったカタバミは、けっして珍しい植物ではない。道ばたや畑など、どこにでもあるありふれた雑草である。しかも草丈は一〇センチにも満たないような小さな雑草であるし、花も直径三センチほどのほんの小さな花である。御世辞にも美しい花とは言えないし、松竹梅のようにめでたい植物とも言えない。

どうして、⑤こんなにもつまらない雑草が、武家が好むような立派な家紋として利用されたのだろうか。

戦国武将にとって、大切なことは、家を絶やすことなく、繁栄させていくこ

ウ　男子たちのパワーやエネルギーに対する劣等感よりも、少数派として勝手に特別扱いされることへの不満感のほうが強いのではないかということ。

エ　力や度胸で男子に負けているという悔しさよりも、部内でも自分だけが特別扱いされることへの悔しさのほうが大きいのではないかということ。

問七　――線⑦「ほかの学科の先生から女子が出たほうが学校のＰＲになるから、私が選ばれるやろうって、言われた」とありますが、この出来事を聞いた祖母の様子として適切なものを次の中から一つ選び、記号で答えなさい。

ア　心の思いを踏みにじる「ほかの学科の先生」に過度に憤ってみせることで心の怒りを鎮めたうえで、ものづくりには性別は関係ないという事実を示して、落ち込む心を立ち直らせようとしている。

イ　「ほかの学科の先生」の本心を推測して切り捨てることで心の気持ちを切り替えさせたうえで、かつて自分が同じようなことで悩んでいた時に祖父から聞いた言葉を伝えて、心を励まそうとしている。

ウ　わざと「ゼラシー」と言葉を間違えて笑わせることで心の気持ちを軽くしたうえで、優れた技術者であった祖父がものづくりに性別は関係ないと考えていたことを教えて、心の弱気をたしなめている。

エ　女に負ける悔しさをごまかす言動だと自分の経験から見ぬいて指摘することで心を安心させたうえで、かつて自分も同じような悩みを抱えていたことを打ち明けて、心の悩みに寄りそっている。

三　次の文章を読んで、後の問いに答えなさい。

雑草の空間の利用の仕方は、大きく「陣地拡大型戦略」と「陣地強化型戦略」の二つがあると言われている。

「陣地拡大型」は、横へ横へと生育しながら自分の占有するテリトリー※1を広げていく戦略である。一方の「陣地強化型」は、テリトリーを顕示して他の植物の侵入を防ぐ戦略である。

雑草の種類によって、横に茎を這わせていく陣地拡大型と、上へ上へと伸びて競争力を高める陣地強化型とに分けられる。それでは、陣地拡大型と陣地強化型は、どちらが有利なのだろうか。

じつは、メヒシバやツユクサなど、しつこいとされる雑草の中には①「中間型戦略」と呼ばれる戦略を取っている。陣地拡大型と陣地強化型がどちらが有利かは、状況によって異なる。　Ａ　、中間型戦略の雑草は、二つの戦略を使い分けるのである。

中間型の雑草は、ライバルがいない条件では陣地拡大型を選択し、地面を這って横に伸びながらテリトリーを次々に拡大していく。しかし、競争相手が現れるとなると、一転して立ち上がり、上へと伸びながらテリトリーでの競争力を高める陣地強化型を選択するのだ。

陣地を広げるか、それとも守るか。状況に対応して使い分けることが、中間型の雑草をしつこい雑草たらしめているのである。

②植物は動物に比べて可塑性が大きい。それは、どうしてだろうか。

動物は自由に動くことができるので、エサやねぐらを求めて移動することができる。しかし、植物は、動くことができない。そのため、生息する環境を選ぶことができないのだ。その環境が生存や生育に適さないとしても文句を言

父は記憶よりも少し若い。福岡県の卓越技術者に選ばれた時に撮影された六十代半ばのものだ。どこか照れくさそうではあるものの、確固たる自信が感じられるよい笑顔だと心はいつも思う。

（まはら三桃『鉄のしぶきがはねる』）

※１　中原先生……ものづくり研究部の顧問を務める教員。
２　原口……ものづくり研究部の三年生。高い加工技術を持っている。
３　心ちゃんの手を治してくれて……心は半年ほど前に、部活動で旋盤の練習をしていて、指をけがしていた。
４　吉田……ものづくり研究部の三年生。

問一　――線①「冷ややかな空気」とありますが、これと最も近い意味の言葉を次の中から一つ選び、記号で答えなさい。
ア　警戒感　イ　孤独感　ウ　緊張感　エ　危機感

問二　――線②「心の胸に芽生えたまっすぐな思い」とは、どんな思いですか。解答欄に合わせて、二十字以上二十五字以内で説明しなさい。

問三　――線③「中からぬっとなじみのない顔が出てきた」の文法的な説明として適切でないものを次の中から一つ選び、記号で答えなさい。
ア　「中から」と「ぬっと」はどちらも「出てきた」に係る。
イ　「なじみのない」の「の」は、「が」に置きかえることができる。
ウ　ここでの主語は「顔」である。
エ　ここには名詞が二つ用いられている。

問四　――線④「ざらざらとした気持ち悪さが広がって、心は胸を押さえた」とありますが、この時の心の気持ちを、「努力」という語を用いて四十五字以上五十五字以内で説明しなさい。

問五　――線⑤「心ちゃん、男子の中でちょっと気おくれしとるんやないんかね」とありますが、周囲が男子ばかりという環境に対する心の姿勢として適切なものを次の中から一つ選び、記号で答えなさい。
ア　初めからわかっていたことであり、かえって気楽な面もあるが、努めて気にしないように心がけている。
イ　入学前から覚悟していたことであり、孤独感も感じるが、大切に扱われるありがたさも感じている。
ウ　わかり切っていたことであり、気にしてもどうすることもできないので、あきらめて受け入れている。
エ　入学の前提だったことであり、心自身が女子の中でも力や度胸があるほうなので、少しも気にならないでいる。

問六　――線⑥「持っていないというハンディと、もらうというハンディがあるけれど、もしかしたら、もらうハンディのほうが大きいんじゃないか」とありますが、この時の心の気持ちの説明として適切なものを次の中から一つ選び、記号で答えなさい。
ア　校内にいる数少ない女子であるという孤独感よりも、希少な存在として尊重される優越感のほうが大きいのではないかということ。
イ　男子たちから少し丁重に扱われるありがたさよりも、親切にされることで成長の機会を奪われる歯がゆさのほうが強いのではないかということ。

祖母は少し笑ったようだった。

⑤「心ちゃん、男子の中でちょっと気おくれしとるんやないんかね」

「それはないと、思う」

自分の心を探ってから、心は慎重に答えた。

工業高校に通う心にとって、男女の区別というのは不思議なポジションにあった。自分以外はみんな男。気にしてしまうと、とめどがなくなるし、気にしたところでどうすることもできないことのほうが多い。そもそも男ばかりなのは大前提の覚悟で入学を決めたのだし、むしろのびのびできる部分もある。実際、全裸の男子を目撃しようが、隣でパンツ一丁になられようが、そんなことは気にならない。

「あたしはやっぱり気になったけどね。ほら、ばあちゃん、昔は職人に交じって旋盤回しよったでしょ。男の職人にはどうしても勝てんところがあってねえ。心ちゃんも男の中でコンテストを目指すのはつらいところもあるやろう」

祖母は言う。

確かに工業高校で男子と同じように実習をやっていくのは、ハンディがある。体力がいるし、危険物を扱ううえで度胸もいる。力も度胸もあるほうの心でも、男子ほどには備わっていないと感じることが多い。でも。

「つらいっていうよりも……」

言わないでおこうと思っていたが、やっぱり口に出てしまったのは、仏壇の前だからだろうか。

「特別扱いされることのほうが、嫌なんよ」

男子との明確なちがいを気にする一方で、機械科に通う女子はたったひとりだという現実がある。希少価値の分だけ、自分へのあたりは柔らかいと感じることもある。

⑥持っていないというハンディと、もらうというハンディがあるけれど、もしかしたら、もらうハンディのほうが大きいんじゃないか。

本意とするところではなかったが、それに気づいた時には、もう心は抜き差しならないところにきていた。旋盤に夢中になっていたのだ。硬い鋼の形を自在に変える工作機械の魅力に取りつかれていた。あのあらがえないような鉄のパワーを受け止め、形に返す旋盤の魅力に。

ありがたいことに、そんな心のがんばりが自然と周りに浸透していったのか、部活の中では特別な扱いを受けると感じることもない。

けれど、外部の人にはやはりまだ女子は特別だという思いがあるようだ。

⑦「コンテストには校内選考で勝たんと出られんのやけど、ほかの学科の先生から女子が出たほうが学校のPRになるから、私が選ばれるやろうって、言われた」

あたりまえだと言わんばかりの軽々しい口調だったので、余計にこたえた。自分のがんばりをせせら笑われたような気分だった。

思い出して、心はまた暗い顔になる。

「それは男のゼラシーやね」

「ジェラシー?」

「その男は女に負けるのが悔しいけん、そんな理由をつけるんやろ。気にせんでいい」

ちょっと意地悪な顔になって言う。ふっと力が抜けて、笑ってしまった。祖母も少し笑ったけれど、すぐに真顔になった。

「心ちゃん、ものをつくるのに男も女もないよ。昔じいちゃんが言ってくれたんよ。あたしがへたくそで悩んどった時ね。『女には旋盤できんのやろか』ってきいたら、『ものをつくるのに男も女もあるか』っち怒られたよ」

「そうよね」

いくぶん軽くなった気がする首を動かして、心は仏壇に目を移す。遺影の祖

からネームプレートを下げていて、自動車科教諭　宮田雅治と書いてある。心は会釈をした。

「おお、きみが三郷心くんか」

学科がちがうと接点はほとんどないが、相手は心を知っているらしかった。

「はい」

うなずくと、宮田先生はほくほくと笑って、

「〈ものコン〉に出るんやろ。がんばれよ」

心の肩をどーんとたたいた。

「まだ決まったわけじゃな……」

言いかけた言葉を宮田先生は意味不明な言葉でさえぎった。

「決まったも同然よ。せっかく女子が旋盤やっとるんやから」

「え？」

つながりがよくわからなくて、心は瞬きをした。

「女子が旋盤やるなんて珍しいけんね。それだけで新聞やらテレビやらも来るやろう。そしたら学校のＰＲにもなるやんね。そういう役割も背負っとるんやから、きみにはがんばってもらわんと。自動車整備のほうも女子がおるとよかったんやけどね」

それだけ言うと宮田先生は、ぽかんとする心の脇をすり抜けて職員室を出ていった。

④ざらざらとした気持ち悪さが広がって、心は胸を押さえた。

ちーん。

「心ちゃんの手を治してくれて、本当にありがとうございました」

抜糸[※3]以来、お線香をあげるたび祖母は開口いちばんにお礼を言う。心がけがをした時、のんきな反応をしたように見えた家族は、じつはとても心配していたらしい。

「正直、部活をやめさせようかと思った」

と、ついこの間、父からきいた。機械の現場で働いてきた父は、機械の怖さをよく知っているのだ。けれど、それを実行しないでいてくれたことに、心は感謝している。

祖母はお礼を言ったあと、さらに深く頭を垂れた。

「おじいちゃん。心ちゃんはがんばっとるよ。どうぞ旋盤のコンテストに出られますように」

心も手を合わせた。心が〈ものコン〉を目指すと決めた時、いちばん喜んだ祖母は、何かにつけて心をサポートしてくれる。春休みには、年度末で経理のパートが忙しい母に代わって、お弁当づくりも引き受けてくれた。父は練習で帰りが遅い日や雨の日は、仕事の都合がつく範囲で迎えにきてくれる。

「どうしたんね、心ちゃん。なんかしょぼくれとるね」

祖母はくるりと心を振り返った。暗い顔をしていたのがわかったのだろう。

「うまくいかんことが多い」

心はぽつんと言った。

「ほかの部員はみんなすごいと。どんどん上達しとる。それに比べて、私は毎日同じことを指摘される。進歩がないん」

それは春休みの強化訓練の時から感じていたことだ。男子たちの、ここいちばんのパワーはすごかった。朝、工場に入ってくる時から、目に見えるようなパワーのベールをまとってくる。そして、そのパワーを旋盤の上で集中力に変え、細かくて正確な仕事をするのだ。特に吉田[※4]など、春休みのたった二週間の練習で見ちがえるほど腕を上げた。

それに比べて、自分の力はうまく旋盤に乗っていない。知らない間に体からもれているのではという気がするほどだ。

2023年度

芝浦工業大学附属中学校

【国　語】〈第一回試験〉（六〇分）〈満点：一二〇点〉

〈編集部注：㊀の音声には下のＱＲコードからアクセス可能です。〉

〈注意〉一、㊀は聞いて解く問題です。聞いて解く問題は、試験開始後すぐに放送します。
二、指示がない限り、句読点や記号などは一字として数えます。
三、正しく読めるように、読みがなをふったところがあります。

一　この問題は聞いて解く問題です。問題文の放送は一回のみです。問題文の放送中にメモを取っても構いません。放送の指示に従って、問一から問三に答えなさい。

二　次の文章を読んで、後の問いに答えなさい。

> 工業高校の電子機械科に通う高校二年生の三郷心（しん）は、ものづくり研究部に所属し、高校生ものづくりコンテスト旋盤（せんばん）部門の出場を目指している。旋盤とは、工作機械の一つで、回転させた物体に刃物（はもの）を当てて、形を削（けず）り出すものである。

「それから」

中原先生※1は声を引き締（し）めた。

「校内選考は、例年どおり六月初めだ。中間テスト明けでもあるけど、あわせてがんばってくれ」

①すっと冷ややかな空気が流れた。校内選考。選ばれるのはひとり。か、ふたり。下腹にぐっと力が入った。自分でも意外なほどの思いが込（こ）み上げてきた。ひとりは原口※2に決まっているにしても、もうひと枠（わく）可能性が残っている。出たい。

混じりけのない、ただまっすぐな思いだった。突然（とつぜん）、途方（とほう）もないような道が目の前に開けたみたいな気になる。

地区大会、九州大会、全国大会。意味なんかいらない。とにかく行けるところまで行ってみたい。見えているところには行ってみたい。それだけだ。ストレートな思いが、つき上げるように心の胸に湧（わ）いてきた。

数時間後、②心の胸に芽生えたまっすぐな思いは思わぬ力にゆがんでしまうことになる。その日の練習を終え、工場の鍵（かぎ）を職員室に返しに行った時だった。

「二年三組、三郷心入ります」

大きな声で挨拶（あいさつ）をして入ると、③中からぬっとなじみのない顔が出てきた。首

2023年度

芝浦工業大学附属中学校 ▶解説と解答

算 数 ＜第１回試験＞（60分）＜満点：120点＞

解 答

1 (1) 7500m (2) ① (例) **間違った考え**…㋔が１通りに決まる。／**理由**…㋐と㋕が同じ色の場合があるから。 ② 16通り 2 (1) $4\frac{2}{5}$ (2) 1 (3) 150g (4) 25cm^2
3 (1) **カーネーション**…10本，**バラ**…５本 (2) 10通り (3) ７時$21\frac{9}{11}$分と７時$54\frac{6}{11}$分 (4) 3.14cm^3 (5) (例) 解説の図６を参照のこと。 4 (1) 毎分２cm (2) 毎分３cm (3) 60cm (4) 解説の図２，図３を参照のこと。 5 (1) 152.52cm^2 (2) 30cm (3) 43cm (4) 4680cm^3

解 説

1 放送問題

(1) ２時間ずっと時速３kmで歩いたとすると，歩いた道のりは，３×２＝６(km)となり，実際に歩いた道のりよりも，９－６＝３(km)短い。時速３kmで歩く時間を１時間減らし，かわりに時速５kmで歩くと，進む道のりは，５－３＝２(km)長くなるので，時速５kmで歩いた時間は，３÷２＝1.5(時間)とわかる。よって，時速５kmで歩いた道のりは，５×1.5=7.5(km)より，7500mである。

(2) ① ㋔は，㋐，㋓，㋕ととなり合っているので，㋐，㋓，㋕と違(ちが)う色をぬる必要がある。しかし，㋐と㋕はとなり合っていないから，同じ色の場合も考えられる。よって，㋔の色は１通りの場合と２通りの場合があるので，㋔が１通りに決まるという考えが間違っている。 ② ㋐の色は㋒，㋓と違う色だから，２通りあり，㋑の色は㋐，㋒と違う色だから，２通りある。よって，㋐，㋑のぬり方は，２×２＝４(通り)ある。また，㋕の色は㋓と違う色なので３通りあり，このうち，㋐と同じ色は１通り，㋐と違う色は２通りあるから，㋐，㋑，㋕のぬり方のうち，㋐と㋕の色が同じものは，４×１＝４(通り)，㋐と㋕の色が違うものは，４×２＝８(通り)ある。さらに，㋔の色は㋐，㋓，㋕と違う色だから，㋐と㋕の色が同じ場合は２通りあり，㋐と㋕の色が違う場合は１通りある。したがって，㋐，㋑，㋔，㋕をぬる方法は，㋐と㋕の色が同じものは，４×２＝８(通り)，㋐と㋕の色が違うものは，８×１＝８(通り)あるから，全部で，８＋８＝16(通り)ある。

2 四則計算，逆算，濃度(のうど)，表面積

(1) $\left(0.2+5\frac{2}{3}\right)\div\left\{6\div\left(2\frac{1}{2}+2\right)\right\}=\left(\frac{1}{5}+\frac{17}{3}\right)\div\left(6\div4\frac{1}{2}\right)=\left(\frac{3}{15}+\frac{85}{15}\right)\div\left(6\div\frac{9}{2}\right)=\frac{88}{15}\div\left(6\times\frac{2}{9}\right)=\frac{88}{15}\div\frac{4}{3}=\frac{88}{15}\times\frac{3}{4}=\frac{22}{5}=4\frac{2}{5}$

(2) $4\frac{2}{3}\times\left(\frac{\square}{8}+0.25\right)-\frac{3}{4}=1$ より，$4\frac{2}{3}\times\left(\frac{\square}{8}+0.25\right)=1+\frac{3}{4}=1\frac{3}{4}$，$\frac{\square}{8}+0.25=1\frac{3}{4}\div4\frac{2}{3}=\frac{7}{4}\div\frac{14}{3}=\frac{7}{4}\times\frac{3}{14}=\frac{3}{8}$，$\frac{\square}{8}=\frac{3}{8}-0.25=\frac{3}{8}-\frac{1}{4}=\frac{3}{8}-\frac{2}{8}=\frac{1}{8}$ よって，□＝1

(3) 10％の食塩水の重さを□gとして図に表すと，下の図１のようになる。図１で，かげをつけた部分の面積と太線で囲んだ部分の面積は，どちらも混ぜた食塩水に含(ふく)まれている食塩の重さを表し

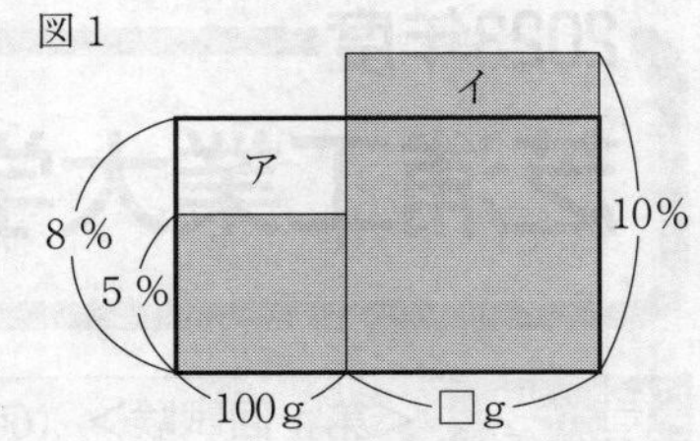

ている。よって，これらの面積は等しいから，アとイの長方形の面積も等しくなる。また，アの面積は，100×(0.08−0.05)＝3(g)にあたるので，イの面積も3gとわかる。さらに，イのたての長さは，0.1−0.08＝0.02だから，□＝3÷0.02＝150(g)と求められる。

⑷　右の図2の2つの立体の表面積の差を求める。切り口の面(三角形AEF)は両方に共通である。また，左側の立体の三角形ADFと三角形ADE，右側の立体の三角形ABEと三角形ACFは同じ大きさの直角二等辺三角形である。さらに，左側の立体の三角形DEFと右側の立体の三角形ABCは同じ大きさの正三角形である。よって，表面積の差は右側の立体の正方形BEFCの面積にあたるから，5×5＝25(cm^2)と求められる。

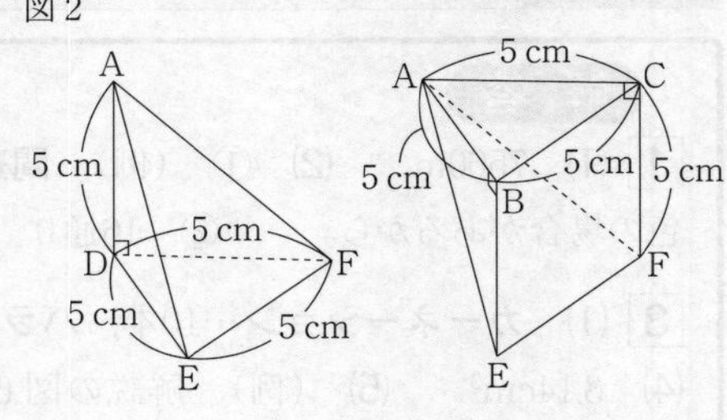

3 つるかめ算，場合の数，時計算，図形の移動，体積，面積，作図

⑴　ラッピングを除いた金額を，2200−250＝1950(円)以下にすればよいから，右の図1のようにまとめることができる。バラだけを15本買うと，150×15＝2250(円)となり，2250−1950＝300(円)多くなってしまう。また，バラとカーネーションを1本ずつ交換(こうかん)するごとに，150−120＝30(円)ずつ安くなるので，300÷30＝10(本)交換する必要がある。よって，カーネーションを10本，バラを，15−10＝5(本)買えばよい。

図1

カーネーション(120円)　バラ(150円)　｝合わせて15本で1950円以下

⑵　5gの分銅の個数で場合分けをして求める。右の図2のように，5gの分銅を使わない場合は5通り，5gの分銅を1個使う場合は3通り，5gの分銅を2個使う場合は2通りある。5gの分銅を3個以上使うことはできないから，全部で，5＋3＋2＝10(通り)とわかる。

図2

1g(個)	13	10	7	4	1	8	5	2	3	0
3g(個)	0	1	2	3	4	0	1	2	0	1
5g(個)	0	0	0	0	0	1	1	1	2	2

⑶　長針は1分間に，360÷60＝6(度)，短針は1分間に，360÷12÷60＝0.5(度)動くので，長針は短針よりも1分間に，6−0.5＝5.5(度)多く動く。また，右の図3で，アの角の大きさは，360÷12×7＝210(度)だから，1回目に90度になるのは，図3の状態から長針が短針よりも，210−90＝120(度)多く動いたときである。よって，120÷5.5＝$21\frac{9}{11}$(分)より，1回目は7時$21\frac{9}{11}$分とわかる。また，2回目に90度になるのは，図3の状態から長針が短針よりも，210＋90＝300(度)多く動いたときなので，300÷5.5＝$54\frac{6}{11}$(分)より，2回目は7時$54\frac{6}{11}$分と求められる。

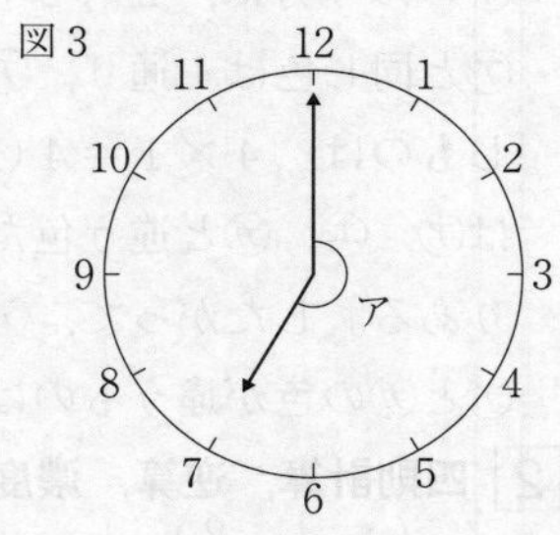

⑷　面ADHEが通過する部分を真上から見ると，右の図4のかげの部分になる(太線部分が面ADHE)。よって，面ADHEが通過してできる立体は，図4のかげの部分を底面とする高さが1cmの立体になる。また，図4のように正方形EFGHの対角線の長さを□cmとする

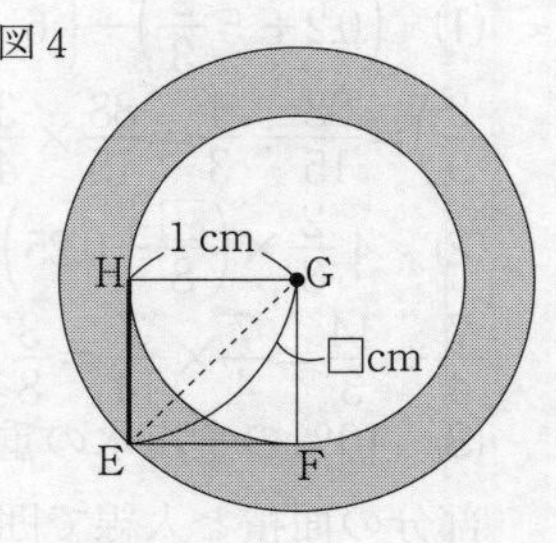

と，□×□÷２＝１(cm²)より，□×□＝１×２＝２とわかる。したがって，かげの部分の面積は，□×□×3.14－１×１×3.14＝２×3.14－１×3.14＝(２－１)×3.14=3.14(cm²)と求められるから，面ADHEが通過してできる立体の体積は，3.14×１＝3.14(cm³)となる。

(5)　右の図５のように，Ｃを通りBDに平行な直線と，Ｅを通りADに平行な直線が交わる点をＦとする。すると，三角形BCDと三角形BFD，三角形EADと三角形FADの面積はそれぞれ等しくなるので，五角形ABCDEと三角形ABFの面積も等しくなることがわかる。よって，このような２本の平行線を作図すればよい。はじめに，上の図６のように，Ｃを中心として半径がBDの長さに等しい円の一部をかく。次に，Ｄを中心として半径がBCの長さに等しい円の一部をかく。これらの交点をＰとすると，四角形BCPDは平行四辺形になるから，CPはBDと平行になる。同様にすると，ADと平行な線EQを引くことができるので，CPとEQをそれぞれ延長して交わる点がＦになる。

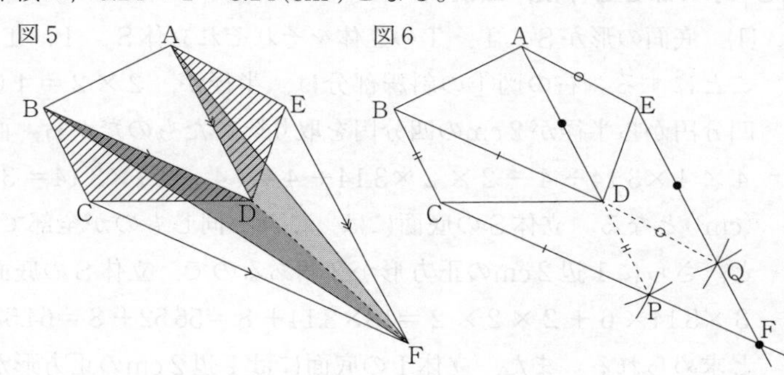

4　グラフ―水の深さと体積

(1)　Ａ，Ｂの水面の高さをそれぞれグラフに表すと，右の図１のようになる(□は等しい)。５分後から15分後までの，15－５＝10(分間)でＢの水面の高さは，５＋15＝20(cm)上がったから，Ｂの水面が上昇(じょうしょう)する速さは毎分，20÷10＝２(cm)である。

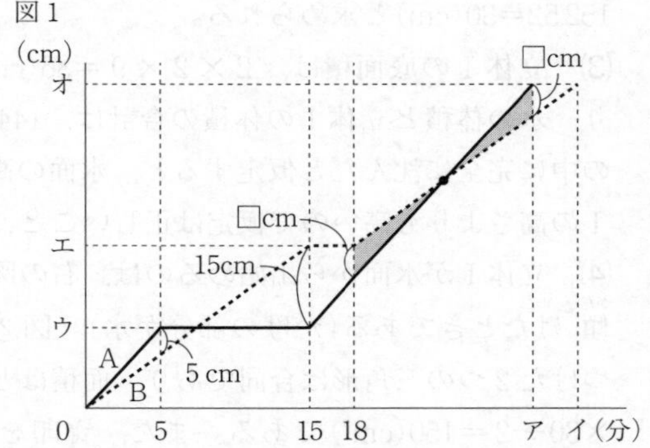

(2)　水を注入し始めてから５分後までに，ＡとＢの水面の高さの差は５cm広がっているので，Ａの水面が上昇する速さとＢの水面が上昇する速さの差は毎分，５÷５＝１(cm)とわかる。よって，Ａの水面が上昇する速さは毎分，２＋１＝３(cm)と求められる。

(3)　(2)から，□=15－３×３＝６(cm)とわかる。また，かげをつけた２つの三角形は合同であり，かげをつけた部分ではＡとＢの水面の高さの差は毎分１cmの割合で変化するから，かげをつけた部分の時間はどちらも，６÷１＝６(分)とわかる。よって，ア＝18＋６＋６＝30(分)と求められるので，Ａが満杯(まんぱい)になるまでに注入していた時間は，30－10=20(分)となる。したがって，ＡとＢの高さ(図１のオ)は，３×20=60(cm)である。

(4)　ウ＝３×５＝15(cm)だから，横軸(よこじく)の１メモリを５分，たて軸の１メモリを10cmとすると，Ａの水面の高さを表すグラフは右の図２のように

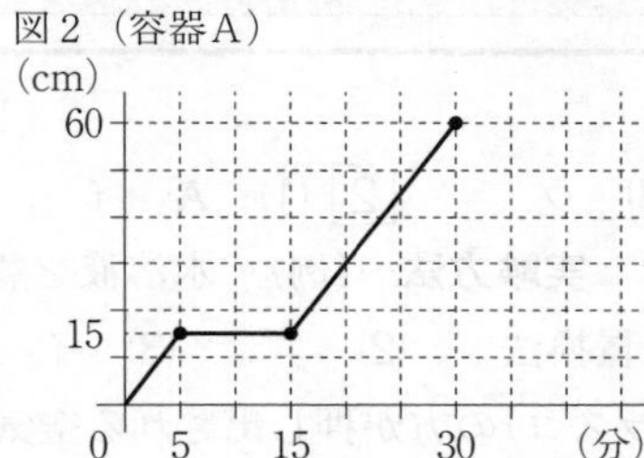

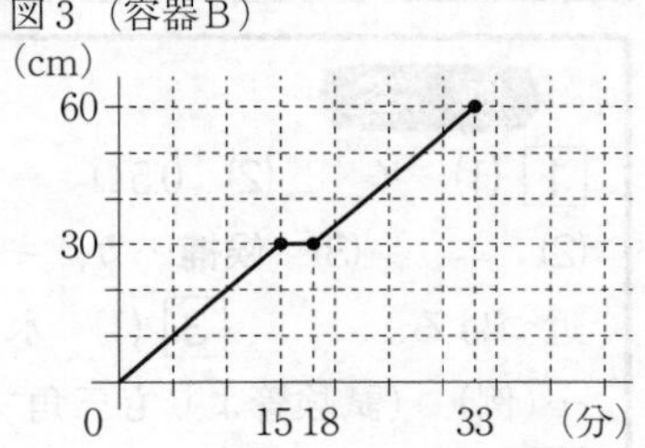

なる。また，最後にBだけに注入した時間は，$6\div2=3$（分）なので，イ＝$30+3=33$（分）とわかる。さらに，エ＝$2\times15=30$（cm）だから，Bの水面の高さを表すグラフは上の図3のようになる。

5 水の深さと体積，面積

(1) 底面の形がS，I，Tの立体をそれぞれ立体S，I，Tと呼ぶことにする。右の図①の斜線部分は，半径が，$2\times2=4$（cm）の四分円から半径が2cmの四分円を取り除いたものだから，面積は，$4\times4\times3.14\div4-2\times2\times3.14\div4=(4-1)\times3.14=3\times3.14$（cm²）となる。立体Sの底面には，これと同じものが全部で6か所と，さらに1辺2cmの正方形が2個あるので，立体Sの底面積は，$3\times3.14\times6+2\times2\times2=18\times3.14+8=56.52+8=64.52$（cm²）と求められる。また，立体Iの底面には1辺2cmの正方形が9個，立体Tの底面には1辺2cmの正方形が13個あるから，立体Iと立体Tの底面積の合計は，$2\times2\times(9+13)=88$（cm²）とわかる。よって，3つの立体の底面積の合計は，$64.52+88=152.52$（cm²）である。

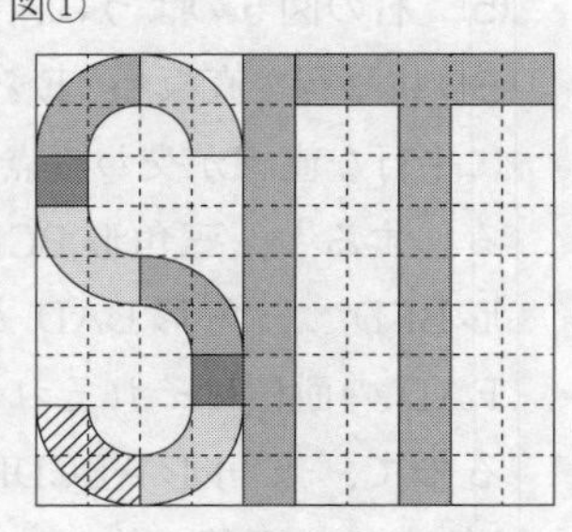

(2) 水の体積と3つの立体の体積の合計は，$18\times20\times52.71=18975.6$（cm³）なので，3つの立体の体積の合計は，$18975.6-14400=4575.6$（cm³）とわかる。よって，3つの立体の高さは，$4575.6\div152.52=30$（cm）と求められる。

(3) 立体Iの底面積は，$2\times2\times9=36$（cm²）だから，立体Iの体積は，$36\times30=1080$（cm³）となり，水の体積と立体Iの体積の合計は，$14400+1080=15480$（cm³）とわかる。よって，立体Iが水の中に完全に沈んだと仮定すると，水面の高さは，$15480\div(18\times20)=43$（cm）になる。これは立体Iの高さよりも高いので仮定は正しいことになり，このときの水面の高さは43cmとわかる。

(4) 立体Iが水面から出始めるのは，右の図②のように傾けたときである（かげの部分が水）。図②で，★印をつけた2つの三角形は合同であり，面積はどちらも，$10\times30\div2=150$（cm²）である。また，☆印をつけた長方形の面積は，$8\times30=240$（cm²）だから，かげをつけた部分の面積は，$150\times2+240=540$（cm²）と求められる。よって，このとき容器に入っている水の体積は，$540\times18=9720$（cm³）なので，図②のようになるのは水を，$14400-9720=4680$（cm³）こぼしたときとわかる。

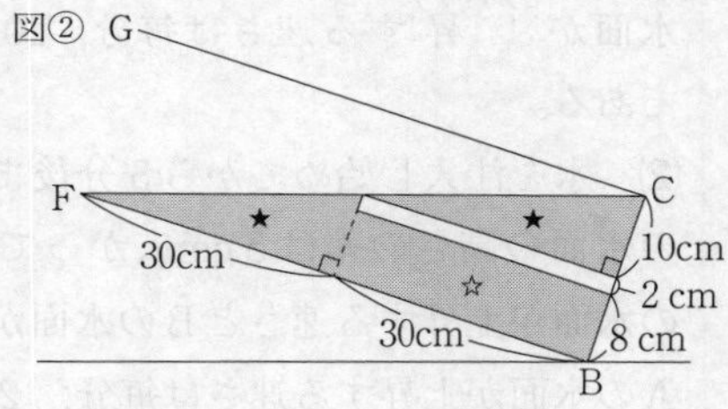

理 科 <第1回試験>（50分）<満点：100点>

解 答

1 (1) イ　(2) 0.5Ω　(3) ウ　2 (1) **A** イ　**B** ア　**C** オ　**E** エ　(2) エ　(3) **候補**…カ，キ　**実験方法**…（例）水溶液を蒸発皿にとり，火のついたマッチを近づける。　3 (1) 水上置換法　(2) エ　(3) イ　(4) ア　(5) エ　(6) **理由**…（例）（試験管よりも三角フラスコ）の方が押し出される空気が多いから。　**記号**…ウ　4 (1) エ　(2) 150秒　(3) 1.7倍　(4) 1500W　5 (1) 40cm　(2) 60g　(3)

165ｇ　(4)　**記号**…ウ　**のびの合計の長さ**…40cm　**6**　(1)　ウ　(2)　ア，イ，オ　(3)　解説の図を参照のこと。　(4)　0.94m²　(5)　（例）　小腸の内側のじゅう毛の表面積を考えなければいけないから。　**7**　(1)　エ　(2)　**名前**…火星　**数字**…②　(3)　イ　(4)　エ　(5)　**下線部１**…ア　**下線部２**…ウ　**8**　(1)　（例）　多くの水を吸収する。／水を少しずつ蒸発させる。　(2)　（例）　２つの種子を用意し，片方の種子のはい乳を一部切りとってから，同じ条件で育てて比かくする。

解　説

1　放送問題

(1)　電球を直列につないだ回路全体の抵抗(ていこう)の値は，それぞれの電球の抵抗の値の和になる。電球を直列につなぐと，回路全体の抵抗の値が大きくなるので，流れる電流は小さくなる。

(2)　電球が２つ並列につながれたときの抵抗の大きさは，$\frac{(抵抗の値の積)}{(抵抗の値の和)}$で求められるので，図２のように抵抗が１Ω(オーム)の電球を２個並列につなぐと，回路全体の抵抗の大きさは，$\frac{1\times1}{1+1}=0.5(\Omega)$になる。

(3)　並列につないだ３個の電球のうち，２個の部分の抵抗の値は，(2)より0.5Ωである。並列につないだ３個の電球を，１Ωの電球と0.5Ωの電球が並列につながれているものとして考えると，この部分の抵抗の値は，$\frac{1\times0.5}{1+0.5}=\frac{1}{3}(\Omega)$になる。よって，回路全体の抵抗の値は，図２のときよりも小さくなるので，電流は大きくなる。

2　水溶(よう)液の性質についての問題

(1)　実験１～実験５の結果をまとめると，下の表のようになる。実験２より，水溶液Ａは石灰水とわかる。また，実験４で，フェノールフタレイン溶液にアルカリ性の水酸化ナトリウム水溶液を加えると赤色に変化する。このとき，赤くなった水溶液に酸性の水溶液を加えると中和が起こり，アルカリ性の性質が失われて無色になる。酸性の水溶液は塩酸と塩素水溶液で，このうち，水溶液Ｃは，BTB溶液を加えると黄色に変化したのち，無色になったのだから，漂白(ひょうはく)作用がある塩素水溶液とわかる。よって，水溶液Ｂは塩酸となる。さらに，水溶液Ｅはにおいがなく，実験２より固体がとけた水溶液で，加熱し続けても色が変化しなかったので，食塩水が当てはまる。なお，砂糖水を加熱し続けると，黒くこげた物質が残る。

	A	B	C	D	E
実験１		あり	あり	あり	
実験２	白色の沈殿				
実験３	白い固体				白い固体
実験４		無色に変化	無色に変化		
実験５			黄色に変化後，無色		

(2)　ア　水酸化ナトリウム水溶液はアルミ製の缶(かん)をとかしてしまう。　イ　水酸化ナトリウム水溶液を空気中に放置しておくと，空気中の二酸化炭素と反応して炭酸ナトリウムが生じる。　ウ　水酸化ナトリウム水溶液が手についた場合，大量の水道水で洗い流す。　エ　水酸化ナトリウム水溶液は強いアルカリ性なので，少量の場合は，食酢(す)と混ぜて中和させ，アルカリ性を弱めてから流しに捨てる。

(3)　においがあり，気体か液体がとけている水溶液Ｄはアンモニア水か濃いアルコール水溶液と考えられる。そこで，アンモニア水と濃いアルコール水溶液をそれぞれ蒸発皿にとり，火のついたマッチを近づける。すると，アンモニア水は変化しないが，濃いアルコール水溶液では，マッチの火が気体に変化したアルコールにふれて，アルコールが燃えるので，水溶液が特定できる。

3　気体の発生についての問題

(1)　水で満たした試験管に発生した気体を入れ，水と気体を置き換えて気体を集める方法を水上置換法という。

(2)　実験１で発生した気体は，ものが燃えるのを助けるはたらきがあることから酸素とわかる。酸素は空気よりも重く，呼吸をすると減り，二酸化マンガンやレバー(肝臓)に過酸化水素水(オキシドール)を加えて発生させる。

(3)　重そうにクエン酸を混ぜると二酸化炭素が発生する。また，セスキ(重そうと炭酸ナトリウムを混ぜたもの)を加熱しても二酸化炭素が発生する。二酸化炭素は，呼吸をすると増える。

(4)　セスキを加熱したときに発生した液体は水である。青色の塩化コバルト紙に水をつけると，うすい赤色に変わる。

(5)　実験２では，クエン酸10ｇと重そう10ｇを混ぜている。実験４で，さらに重そうを４ｇ加えたとき，フェノールフタレイン溶液が赤色に変化したことから，クエン酸10ｇに加える重そうが14ｇ以上だと，アルカリ性になることがわかる。つまり，重そうの量がクエン酸の量の，14÷10＝1.4(倍)以上のときアルカリ性になる。これに当てはまるのはエである。

(6)　発生した気体を試験管に集めるとき，はじめに出てくる気体は，実験１，実験２では三角フラスコ内の空気，実験３では試験管内の空気である。空気は，試験管よりも三角フラスコの方に多く入っているので，発生した気体に押し出される空気の体積が多くなり，三角フラスコで気体を発生させた実験の方が，空気が集まる試験管の本数が多くなる。また，空気が集まる試験管の本数を減らすには，三角フラスコ内の空気を減らせばよいので，三角フラスコに入れるお湯の量を増やせばよい。

4　ワット数と水の温度変化についての問題

(1)　電子レンジは，マイクロ波という電磁波を発生させて直接ふれることなく食品などを温める。電気ストーブ(カーボンヒーター)は，ヒーター表面から赤外線という電磁波を発生させて直接ふれることなく部屋を温める。

(2)　ワット数が200W，水の量が120mLのとき，経過時間が10秒増えるごとに水の温度は，24－20＝４(℃)上昇する。よって，水の温度を，80－20＝60(℃)上昇させるのに必要な時間は，$10\times\frac{60}{4}=150$(秒)である。

(3)　経過時間が10秒増えるごとに，ワット数が500Wのときは，水の温度が，30－20＝10(℃)上昇し，ワット数が600Wのときは，32－20＝12(℃)上昇する。また，水の量を，240÷120＝２(倍)にすると，同じ温度まで加熱するために必要な時間は２倍増加したと述べられているから，20℃の水240mLを600Wで温めたとき，10秒で温度は，12÷２＝６(℃)上昇する。したがって，同じ温度まで温める時間は，600Wの電子レンジでは500Wの電子レンジに比べて，10÷６＝1.66…より，1.7倍必要になる。

(4)　表より，お弁当をある温度まで上昇させるとき，温める時間は電子レンジのワット数に反比例する。よって，600Wで温めるのに5分かかっていたお弁当が2分で温まるときのワット数は，$600\times\frac{5}{2}=1500$(W)と求められる。

5 ばねののびについての問題

(1) ばねAのもとの長さは20cmで，30gのおもりをつり下げると25cmになる。直列に接続したばねAとばねBのもとの長さは30cmだから，ばねBのもとの長さは，30－20＝10(cm)で，30gのおもりをつり下げたとき，ばね全体の長さは45cmである。よって，ばねBに30gのおもりをつり下げると，45－25－10＝10(cm)のびる。これより，ばねBに90gのおもりをつり下げたときののびは，$10\times\frac{90}{30}=30$(cm)なので，ばねBの長さは，10＋30＝40(cm)となる。

(2) ばねAとばねBのもとの長さの差は，20－10＝10(cm)，ばねAとばねBにそれぞれ30gのおもりをつり下げたときののびは，ばねAが，25－5＝5(cm)，ばねBが，(1)より，10cmなので，それぞれに30gのおもりをつり下げると，ばねの長さの差が，10－5＝5(cm)縮まる。よって，同じ長さになるときにつり下げたおもりの重さは，$30\times\frac{10}{5}=60$(g)である。

(3) 図3で，ばねAののびは，35－20＝15(cm)なので，ばねAにかかっている重さは，$30\times\frac{15}{5}=90$(g)である。また，ばねBののびは，35－10＝25(cm)だから，ばねBにかかっている重さは，$30\times\frac{25}{10}=75$(g)となる。よって，つるしたおもりの重さは，90＋75＝165(g)になる。

(4) 下につるしたおもりの重さは，上下のばねのどちらにもかかるので，ばねののびの合計を長くするためには，重い60gのおもりを下につるせばよい。また，ばねBの方がばねAよりのびやすいので，(2)より，それぞれのばねにかかる重さが60g以上になるとき，ウのように，ばねBを上，ばねAを下にしてつるすと，ばねののびはもっとも長くなる。このとき，ばねAにかかる重さは60gなので，のびは，$5\times\frac{60}{30}=10$(cm)，ばねBにかかる重さは，30＋60＝90(g)だから，のびは，$10\times\frac{90}{30}=30$(cm)となり，ばねののびの合計の長さは，10＋30＝40(cm)と求められる。

6 人体のつくりについての問題

(1) 養分が通ったり，消化液をつくったりする，消化・吸収に関する器官は，胃(胃液を出す)，大腸(水分を吸収する)，小腸(養分を消化したり，吸収したりする)，かん臓(たんじゅうをつくる)，すい臓(すい液をつくる)である。

(2) 図1の器官，特徴(キーワード)，はたらきのつながりをまとめると，右の表のようになる。よって，ア，イ，オが選べる。

器官	特徴	はたらき
①	⑪	㉗
②	⑮	㉔
③	⑬	㉘
④	⑳	㉖
⑤	⑯	㉓
⑥	⑫	㉒
⑦	⑱	㉚
⑧	⑲	㉙
⑨	⑰	㉕
⑩	⑭	㉑

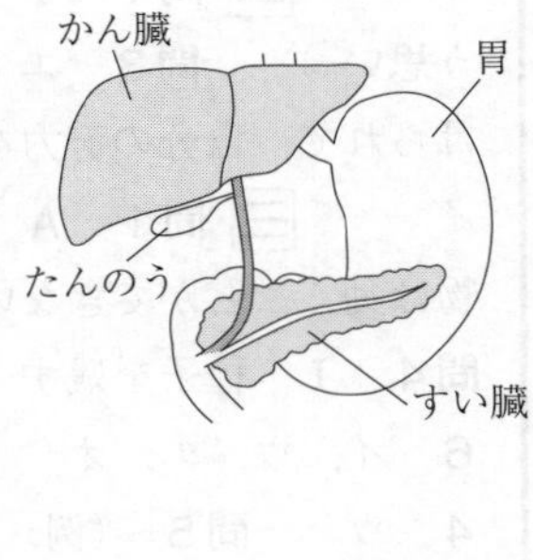

(3) たんのうはかん臓の下側にあり，たん管(かん臓と十二指腸をつなぐ管)につながっている。よって，たんのうを示すと，上の図のようになる。

(4) 長さが6m，直径(内側)が5cm(0.05m)の小腸の内側の表面積は，$0.05\times3.14\times6=0.942$($m^2$)より，0.94$m^2$となる。

(5) 小腸の内側のかべにはたくさんのひだがあり，ひだの表面には多数のじゅう毛がある。ひだとじゅう毛があることによって小腸の表面積は非常に大きくなり，養分を効率よく吸収することができる。

7 太陽系の惑(わく)星についての問題

⑴　表より，太陽からの距離(きょり)が大きくなるほど，公転周期が長くなっていることが読み取れる。

⑵　赤かっ色の砂や岩石でおおわれており，火山や水が流れたあとが見られる惑星は火星である。火星は，地球のすぐ外側を公転しているので②となる。

⑶　金星は太陽の光が当たっている部分だけが光って見える。図１の地球から金星を見ると，金星の右半分に太陽の光が当たっているので，イのように見える。

⑷　公転周期は金星の方が地球より短いので，１ヶ月で公転軌(き)道上を動く角度は，金星の方が地球より大きくなる。また，金星と地球の公転の向きは同じで，北極側から見て反時計回りだから，１ヶ月後の位置関係はエのようになる。

⑸　液体の水が存在する温度は０℃～100℃で，地表面の温度は太陽からの距離に深く関係している。また，地表面に大気が存在するには，適度な大きさの重力が必要である。重力は質量に大きく関係しているので，大気が存在するには，質量が関係しているといえる。

8 高吸水性高分子とはい乳についての問題

⑴　高吸水性高分子は多くの水を吸収する性質があるので，紙おむつなどに利用されている。また，ふくんだ水を保つはたらきがあるから，高吸水性高分子に水を吸収させ，水が少しずつ蒸発したときの気化熱によって温度を下げる冷却(れいきゃく)シートに利用されている。

⑵　はい乳の有無以外の条件はすべて同じにして，発芽，成長のようすを比べる実験を行えばよい。

国　語　＜第１回試験＞（60分）＜満点：120点＞

解　答

一 問１　同音異義語　問２　洋食　問３　１　イ　２　ア　３　ア　４　イ　５　イ　二 問１　ウ　問２　(例)　大会に出てどこまでいけるか自分の力を試したい(という思い。)　問３　エ　問４　(例)　女子だからというだけでコンテストに出られると決めつけられて，自分の努力を軽視された気がして傷ついている。　問５　ア　問６　ウ　問７　イ　三 問１　A　オ　B　ア　問２　ウ　問３　⑴　変化する力　⑵　(例)　植物は動くことができないため，生息する環境に合わせて自分自身が変化するしかないから。　問４　Ⅰ　種子を残す　Ⅱ　(例)　エネルギーを使うのは無駄だ　問５　戦国武将た　問６　イ，ウ，エ，オ　問７　かたばみ紋　四 問１　ウ　問２　エ　問３　イ　問４　ウ　問５　(例)　私がえさを探していると家の中で人間が寂しそうな表情をしているのが見えた。いったんそこから離れたが彼女のことが気になる。何度も窓辺を行き来して様子を見ているうちに，私に気づいたのか彼女はほほ笑んで，私に礼をした。元気になったようだ。良かった。　五 問１　イ　問２　まわ　問３　エ　問４　(例)　一生懸命に説得する君の熱意にはかぶとを脱ぐよ。　六 下記を参照のこと。

●漢字の書き取り

六 １　関心　２　就職　３　穀物　４　規模　５　激(しく)

解　説

一 放送問題

問１　この問題文では，同じ音で意味が異なる「同音異義語」がテーマとなっている。　**問２**　店員は「このうなぎ，養殖ですか？」という質問に「いいえ，和食です」と答えているので，店員のとらえた「ようしょく」は「和食」と対になる「洋食」だとわかる。　**問３**　**１**　英語の子音の数は24音，日本語の子音の数は16音と述べられているので，正しくない。　**２**　最も多い同音異義語は「こうしょう」で48個あると述べられているので，正しい。　**３**　日本人は同音異義語の意味を文脈によって聴き分ける一方で，頭のなかで無意識にその言葉を漢字に変換することで意味を把握していると述べられているので，正しい。　**４**　言葉を覚えるときは，漢字でどのように書くのかを覚えておくと，より確実に聴き分けられると述べられているが，覚えなくてはならないとは述べられていないので，正しくない。　**５**　日本語を学ぶ外国人は，「同音異義語が多いことに日本語の難しさを感じ」ているのであって，「漢字が多く存在すること」に頭を悩ませているわけではない。

二 出典はまはら三桃の『鉄のしぶきがはねる』による。心は，旋盤でものづくりコンテストへの出場を目指しているが，なかなか上達しないことや女子だという理由で特別扱いされることに，悩んでいる。

問１　選ばれるのは一人か二人という「校内選考」について中原先生が話した場面なので，心が「下腹にぐっと力が入っ」ているように，ほかの生徒も緊張していると考えられるので，ウが合う。

問２　前の部分に注目する。校内選考の話を聞いた後の，「出たい」，「とにかく行けるところまで行ってみたい」という心の気持ちを指していることがわかる。

問３　ぼう線③で用いられている名詞は，「中」，「なじみ」，「顔」の三つである。よって，エがふさわしくない。

問４　心が祖母と話している場面で，「ほかの学科の先生から女子が出たほうが学校のPRになる」から心が選ばれるだろうと言われ，「自分のがんばりをせせら笑われたような気分だった」と思い出している。心は実力で選ばれたくてがんばっているのに，女子だからという理由で「決まったも同然」だと言われ，傷ついたのである。

問５　続く部分に注目する。「気にしたところでどうすることもできないことのほうが多い」，「そもそも男ばかりなのは大前提の覚悟で入学を決めたのだし，むしろのびのびできる部分もある」と書かれているので，アがふさわしい。

問６　直前に注目する。心には，体力や度胸において男子ほどには備わっていないというハンディがあるが，そのつらさよりも，たったひとりの女子だからといって特別扱いされることのほうが嫌だと感じていることをおさえる。続く部分に「部活の中では特別な扱いを受けると感じることもない」とあるので，心の感じている「特別扱い」というのは，部内のことではないとわかる。よって，ウが選べる。

問７　祖母は，「ほかの学科の先生」の態度を「ゼラシー(ジェラシー)」だとし，「気にせんでいい」と言い切っている。そして心に，「ものをつくるのに男も女もない」という，かつて自分が悩んでいたときに祖父に言われた言葉をかけ，はげましている。

三 出典は稲垣栄洋の『植物はなぜ動かないのか　弱くて強い植物のはなし』による。雑草は，生存のための戦略を持っていることを説明し，雑草に強さを見出してきた日本人は，その本当の強さを知っていたのかもしれないと述べた文章である。

問１　**A**　「陣地(じんち)拡大型と陣地強化型がどちらが有利かは，状況(じょうきょう)によって異なる」ので，「中間型戦略の雑草」は，状況によって「二つの戦略を使い分ける」という文脈である。よって，前のことがらを受けて，そこから導かれることがらに移るときに用いる「そこで」が合う。　**B**　「カタバミは，けっして強そうな植物には見えない」と述べた後で，「戦国武将たちは，そのカタバミの強さを知っていた」と反対の内容を述べているので，前のことがらを受けて，それに反する内容を述べるときに用いる「しかし」があてはまる。

問２　続く部分に注目する。競争相手がいない状況では「地面を這(は)って横に伸(の)びながらテリトリーを次々に拡大して」いき，競争相手が現れると「上へと伸びながらテリトリーでの競争力を高める」と説明されている。よって，ウがふさわしい。

問３　⑴　続く部分に注目する。ぼう線②について理由が説明された後，「だから，植物は動物に比べて『変化する力』が大きいのである」とまとめられている。よって，「可塑(かそ)性」は「変化する力」と言いかえられる。　⑵　直後で理由が説明されている。植物は動物とちがって生息する環境(かんきょう)を選んで動くことができないので，環境が生存や生育に適さないときには，環境に合わせて自分自身が変化するしかないとある。これをふまえ，「植物は動くことができないため，生存のためには環境に合わせて自分自身が変化するしかないから」のようにまとめられる。

問４　続く部分に「そもそも，どうして立ち上がらなければならないのだろうか」とあるように，雑草にとって重要なのは花を咲(さ)かせて子孫を残すことであり，立ち上がる必要はない。つまり，雑草は，踏(ふ)まれた後立ち上がるためにエネルギーを使うのではなく，踏まれても最大限のエネルギーを使って花を咲かせ確実に「種子を残す」ことを選んでいるのである。

問５　ぼう線⑤の後に，理由が説明されている。カタバミは「抜(ぬ)いても抜いてもなくならないし，そこら中に種子をばらまいて広がっていく」雑草であり，戦国武将はそのしぶとさに自らの子子孫孫までの家の繁栄(はんえい)を重ねて，カタバミを家紋(かもん)にしたのだと述べられている。

問６　前の部分に注目する。「どこにでもあるありふれた雑草である」こと，「小さな雑草」で花も小さいこと，「美しい花とは言えない」こと，「めでたい植物とも言えない」ことから，「つまらない雑草」と言っているのである。

問７　もどす文に「不思議なこと」とあるのに注目する。ぼう線⑤をふくむ段落で述べられた，「どうして，こんなにもつまらない雑草が，武家が好むような立派な家紋として利用されたのだろうか」という疑問が「不思議なこと」にあたると考えられる。よって，カタバミのどのようなところがつまらないのかを述べている段落の直前に入れるのがふさわしい。

四　**出典は原田亘子(はらだのぶこ)の詩「山鳩(やまばと)」による。**山鳩が何度もやってくるようすを不思議に思いながら見ていた「わたし」は，自分が寂(さび)しかったことに気づかされる。

問１　「どういうわけか」から，「わたし」が山鳩の「いったりきたり」「首を傾(かし)げたり」「こちらをうかがったり」するようすを不思議に感じていることがわかる。

問２　言い切りの形を用いず，「たり」という言葉を繰(く)り返すことで，山鳩の行動がとぎれることなく続いていることが伝わる。よって，エが選べる。

問３　「寂しかったのは／わたしの方だった」と気がついたときの「わたし」の言葉なので，イがふさわしい。

問４　山鳩の行動を不思議に感じていたが，それは自分が寂しかったからだと気がつき，最後には気づかせてくれた山鳩に感謝しているので，ウがふさわしくない。

問５　山鳩が何度も「いったりきたり」していた理由や，「わたし」が寂しそうであること，最後は「ありがとうの／礼をした」とあるので「わたし」が笑顔（えがお）になっていることを書くとよい。

五　四字熟語の知識，慣用句の知識，ことばのかかり受け

問１　「一期一会（いちごいちえ）」は“一生に一度の機会”という意味なので，イがふさわしくない。

問２　「目がまわる」は，“とてもいそがしいようす”という意味。「手をまわす」は，“いろいろな手段を使って準備する”という意味。

問３　アは，主語の「私は」に対して述語の「苦すぎる」が合わない。イは，「きれいな」のが「高層ビル」だとわかるように，「きれいな」を「高層ビル」の直前に入れる。ウは，主語の「目標は」に対して述語の「したい」が合わない。

問４　「かぶとを脱（ぬ）ぐ」は，“相手にかなわないと認めること”という意味。

六　漢字の書き取り

１　ものごとに対しておもしろいと感じたり，注意をはらったりすること。　**２**　職業につくこと。　**３**　米や麦などの，種子を食用とするために育てられる農作物。　**４**　ものごとの構造や内容などの大きさ。　**５**　音読みは「ゲキ」で，「感激」などの熟語がある。

2023年度 芝浦工業大学附属中学校

【算　数】〈第２回試験〉（60分）〈満点：120点〉

〈編集部注：1の音声には右のＱＲコードからアクセス可能です。〉

〔注意〕1．1は聞いて解く問題です。聞いて解く問題は，試験開始後すぐに放送します。

2．3以降は，答えだけではなく式や考え方を書いてください。式や考え方にも得点があります。

3．定規(じょうぎ)とコンパスを使用してもかまいませんが，三角定規と分度器を使用してはいけません。

4．作図に用いた線は消さないでください。

5．円周率が必要な場合は，すべて3.14で計算してください。

1 この問題は聞いて解く問題です。

聞いて解く問題は全部で(1)と(2)の２題です。(1)は１問，(2)は①と②の２問あります。問題文の放送は１回のみです。問題文が流れているときはメモを取ってもかまいません。ひとつの問題文が放送された後，計算したり，解答用紙に記入したりする時間はそれぞれ１分です。聞いて解く問題の解答は答えのみを書いてください。ただし，答えに単位が必要な場合は必ず単位をつけてください。

2 次の各問いに答えなさい。ただし，答えのみでよい。

(1) $4\frac{2}{5} \div \left(0.25 + \frac{17}{20}\right) - 3.9 \times \frac{5}{13}$ を計算しなさい。

(2) □にあてはまる数を求めなさい。

$14.5 \times 6 - 2 \times \left(2.8 \times \square + 37 \times \frac{3}{10}\right) = 48$

(3) 右の図は，さいころの展開図です。さいころの向かい合う面の目の数をたすと7になります。このとき，Aにあてはまる目の数はいくつですか。

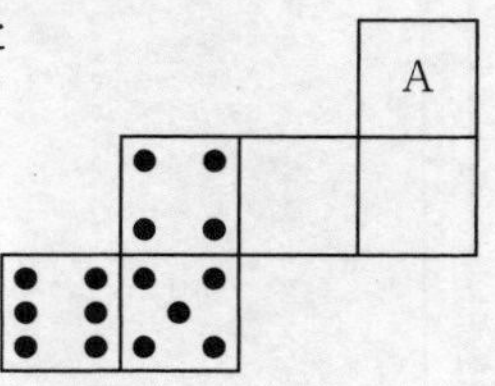

(4) 右の図のように，２種類の三角定規を重ねました。このとき，角アと角イの大きさを求めなさい。

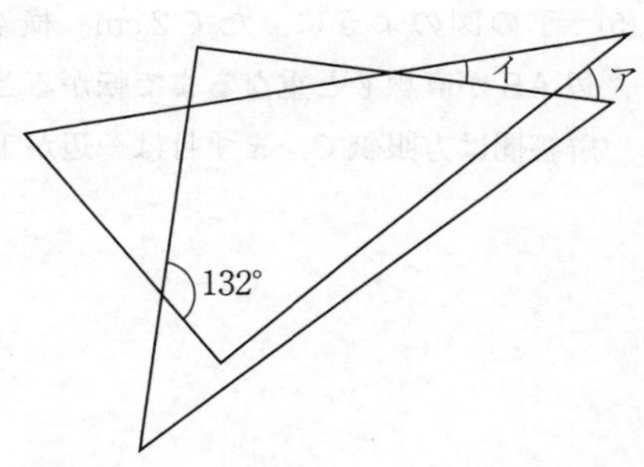

3 次の各問いに答えなさい。

(1) 次の表のように，ある規則にしたがって式が並んでいます。式の計算結果がはじめて500より大きくなるのははじめから何番目ですか。

１番目	２番目	３番目	４番目	…
1	1＋2	1＋2＋3	1＋2＋3＋4	…

(2) 芝田くんは，自転車で家から公園まで行きます。家から公園までの道のりの$\frac{9}{16}$のところにある店まで行き，さらに店から公園までの道のりの$\frac{17}{35}$を進むと，残りの道のりは1.08kmになります。家から公園までの道のりは何kmですか。

(3) 芝田くんは，$1\frac{1}{8}\text{m}^2$の庭を５分間かけて草取りをします。田浦さんは，芝田くんが50分間かけて草取りをすることができる広さの庭の半分を15分間かけて草取りをします。12.9m^2の庭の草取りを２人が同時にはじめたら，何分何秒かかりますか。

(4) 図１のような，たて９cm，横10cm，高さ６cmの直方体を，図２のように３つ重ね，３点Ｐ，Ｑ，Ｒを通る平面で切断し，６つの立体に分けます。体積の異なる立体は全部で何種類ありますか。また，その種類のうち，体積が１番小さい立体の体積を求めなさい。

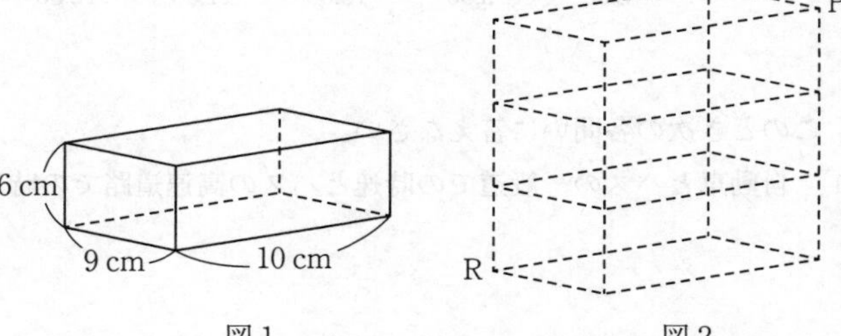

図１　図２

(5)　下の図のように，たて2cm，横4cmの長方形が直線ℓ上をすべらずに時計回りに転がります。辺ABが直線ℓと重なるまで転がるとき，辺ADが通過した部分を作図し，斜線で示しなさい。ただし，解答欄は方眼紙で，ます目は一辺が1cmです。(この問題は答えのみでよい)

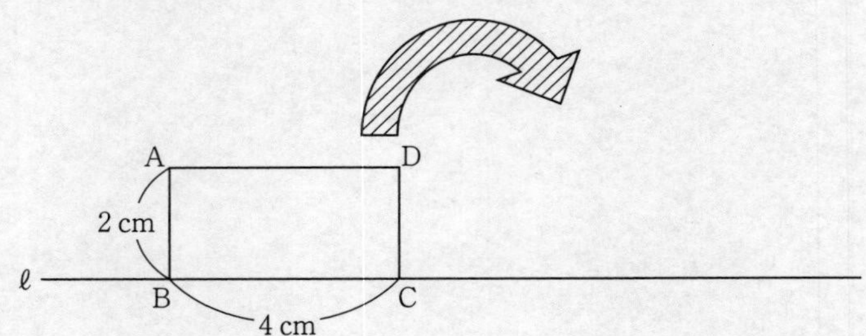

4　公園に集合してキャンプ場に行く計画を立てました。自動車を使う場合は，すべて一般道を走ります。バスを使う場合は途中で高速道路を走りますが，公園から高速道路の入口までと高速道路の出口からキャンプ場までは一般道を走ります。自動車とバスは，一般道を走るときは同じ速さで，キャンプ場には同時に到着します。下の図は，自動車とバスの時刻ごとの動きで，実線は走っている状態を表します。また，自動車とバスの動き方は，次の通りです。

【自動車】 ① 8:00に公園を出発する
② 公園を出発してからキャンプ場に到着するまでの道のりは170kmである
③ 休憩は，1回目が10:00からの15分間と，2回目が12:00から30分間の合計2回である
④ 公園から2回目の休憩場所までの道のりは112.5kmである

【バ　ス】 ① 10:45に公園を出発する
② 11:41から13:55まで高速道路を走る
③ 休憩時間は12:11から44分間で，公園から休憩場所までの道のりは77kmである

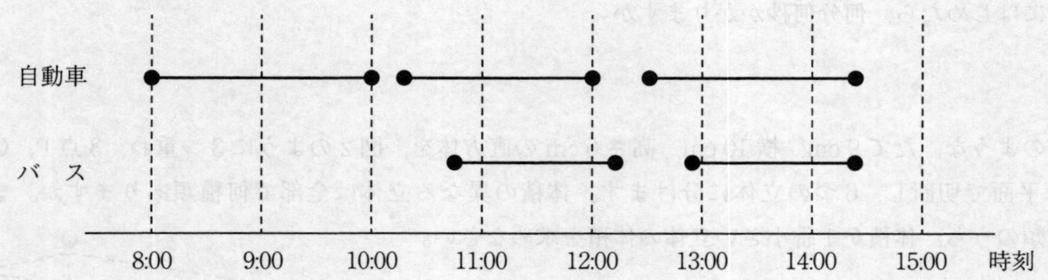

このとき次の各問いに答えなさい。

(1)　自動車とバスの一般道での時速とバスの高速道路での時速を求めなさい。

(2)　自動車とバスがキャンプ場に到着する時刻を求めなさい。

(3)　解答用紙の図は，自動車とバスが公園を出発し，キャンプ場に到着するまでの時刻と道のりの関係を表すグラフの一部です。自動車とバスのグラフをそれぞれ完成させなさい。(この問題は答えのみでよい)

(4)　ある時刻で，バスの走った距離と自動車の走った距離は同じになります。その時刻を求めなさい。

5　図のように，一辺の長さが４cm の立方体 ABCD－EFGH があります。点Ｐ，Ｑはそれぞれ辺 AB，AD の真ん中の点です。次の各問いに答えなさい。

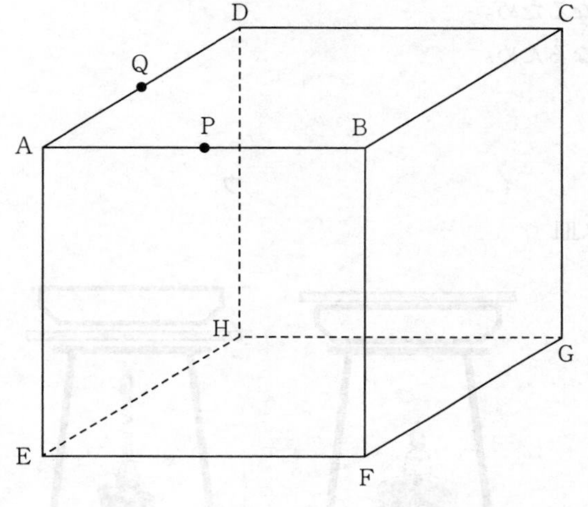

(1)　点Ｅ，Ｐ，Ｑを通る面で立方体を切ったとき，点Ａを含む立体をＸとする。立体Ｘの体積を求めなさい。ただし，(三角すいの体積)＝(底面の面積)×(高さ)÷３です。

(2)　三角形 EPQ の面積を求めなさい。

(3)　(1)の立体Ｘの中に，すべての面に接するような球を入れるとき，この球の半径を求めなさい。

【理　科】〈第２回試験〉（50分）〈満点：100点〉

〈編集部注：1の音声には右のＱＲコードからアクセス可能です。〉

〔注意〕1は聞いて解く問題です。聞いて解く問題は，試験開始後すぐに放送します。

1　この問題は聞いて解く問題です。

聞いて解く問題は全部で３題です。問題文の放送は１回のみです。問題文の放送中にメモを取っても構いません。ひとつの問題文が放送された後、解答用紙に記入する時間は15秒です。聞いて解く問題の解答は答えのみを書いてください。

(1)

ア．酸素と反応しやすいため。

イ．酸素と反応しにくいため。

ウ．酸素がつくと重くなるため。

エ．酸素がつくと軽くなるため。

(2)

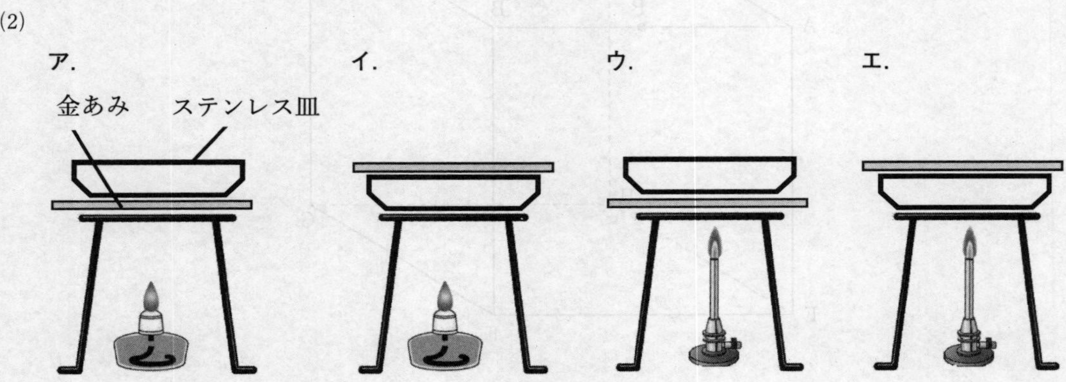

(3)

ア．25％　　イ．33％　　ウ．50％　　エ．100％

2 次の文を読み、あとの問いに答えなさい。

〔実験１〕

（図１）のように、筒(つつ)にコイルを巻いたものに鉄の棒を差し入れ、電池につないだところ、コイルに電流が流れて電磁石となった。

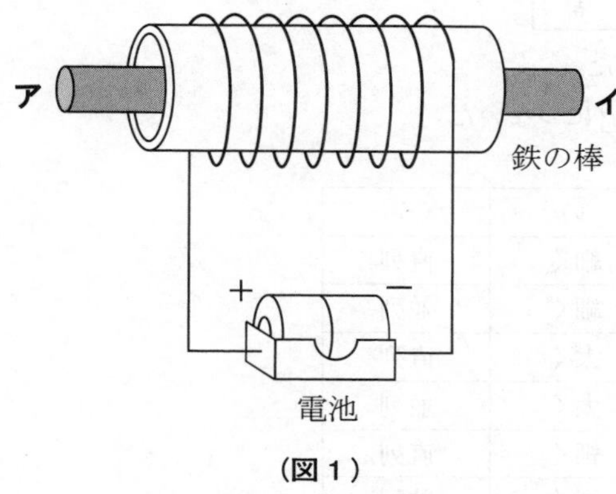

（図１）

〔実験２〕

鉄製のくぎの頭部と棒磁石のＮ極を**（図２）**のようにくっつけたあと、くぎを棒磁石から静かにはなした。このくぎを長方形に切った発泡(はっぽう)スチロール板にセロハンテープで貼(は)り付けて、**（図３）**のように水そうの真ん中に浮(う)かべたところ、発泡スチロール板は回転して、くぎの頭部がある方角を向いたまま静止した。その後、水そうの側面から棒磁石のＮ極を近づけたところ、くぎは**（図４）**のように向きを変えた。

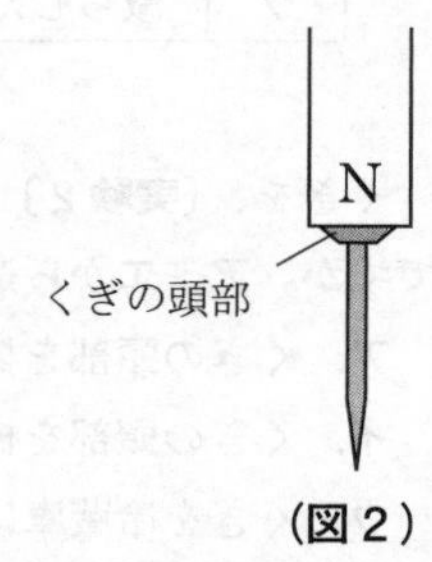

（図２）

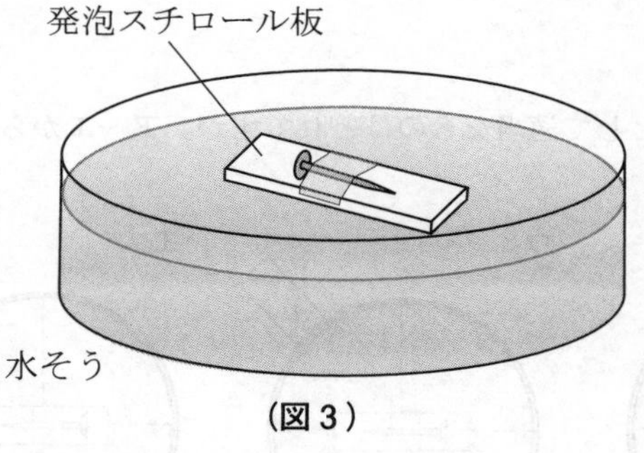

（図３）

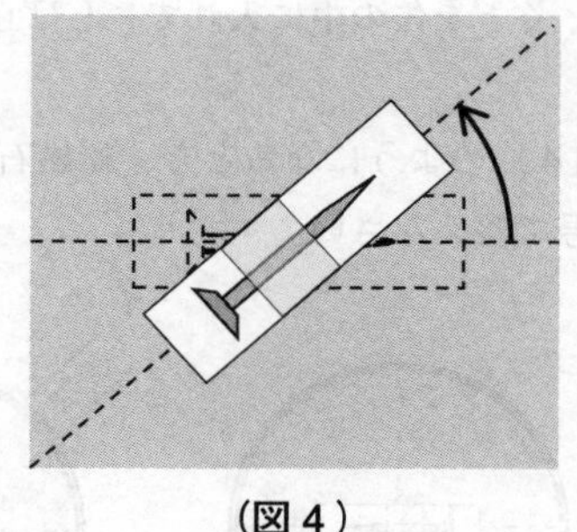

（図４）

(1)　**(図１)** において、電磁石のＮ極になっているのは、**ア**、**イ**のどちらですか。記号で答えなさい。

(2)　電磁石にクリップを近づけたところ、クリップは鉄の棒に２つだけくっつきました。そこで、鉄の棒にくっつくクリップの数を増やすために、次の操作を行いました。空らん［あ］～［う］にあてはまる言葉の組み合わせとしてもっとも適当なものはどれですか。**ア～ク**から選び記号で答えなさい。

〔操作Ａ〕コイルの巻き数を［あ］。
〔操作Ｂ〕鉄の棒を［い］した。
〔操作Ｃ〕電池を２個、［う］につないだ。

	あ	い	う
ア	増やした	細く	直列
イ	増やした	細く	並列
ウ	増やした	太く	直列
エ	増やした	太く	並列
オ	減らした	細く	直列
カ	減らした	細く	並列
キ	減らした	太く	直列
ク	減らした	太く	並列

(3)　くぎを、**〔実験２〕**で棒磁石にくっつける前の状態にもどす方法として、もっとも適当なものはどれですか。**ア～エ**から選び記号で答えなさい。

ア．くぎの頭部を棒磁石のＳ極にしばらくくっつける。
イ．くぎの頭部を棒磁石の真ん中にしばらくくっつける。
ウ．くぎを冷蔵庫に入れて冷やす。
エ．くぎを缶(かん)の中に入れて、しばらくふる。

(4)　**(図４)** のようになるとき、棒磁石の近づけ方として適当なものはどれですか。**ア～エ**からすべて選び記号で答えなさい。

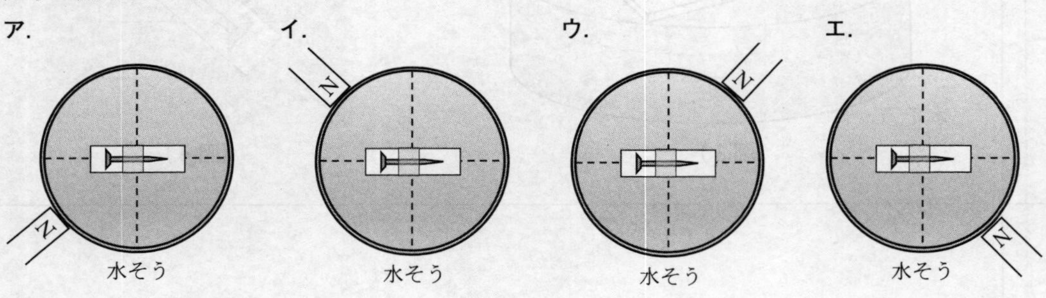

3 次の文を読み、あとの問いに答えなさい。

（図１） は、２枚の鏡を利用した潜望鏡を人がのぞきこむ様子を示しています。潜望鏡とは鏡やレンズを利用して視点の位置を変える装置のことです。水中に潜った潜水艦が水上の様子を観察するのに用いられていました。**（図２）** は **（図１）** の潜望鏡の断面図を表しています。太い斜めの線は鏡を表しています。矢印のついた直線は光の進む向きを示しており、上の窓から入った光が２つの鏡で反射され、下の窓から出ていく様子が示されています。**（図３）**、**（図４）** は **（図１）** と同じように鏡だけを用いた潜望鏡で、のぞきこむ向きを変えたものです。

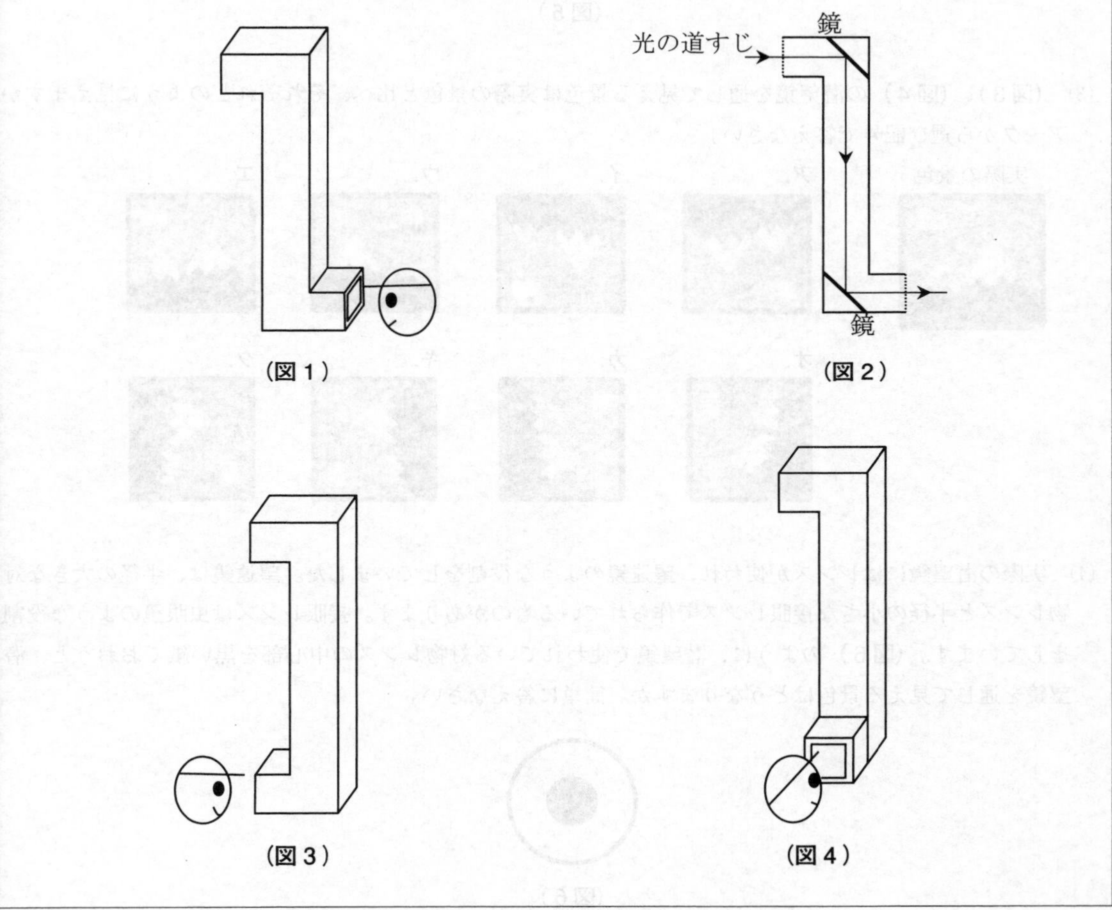

（図１）　**（図２）**
（図３）　**（図４）**

(1) **（図１）** の潜望鏡の上の窓の下半分を黒い紙でおおうと、潜望鏡を通して見える景色はどうなりますか。**ア～オ**から選び記号で答えなさい。

ア．上半分が見えない　　**イ**．下半分が見えない
ウ．右半分が見えない　　**エ**．左半分が見えない
オ．全体が暗くなる

⑵ **（図２）** では、鏡によって光の進行方向は90°変わっています。**（図２）** と同じ条件で、**（図５）** のように光の進行方向を変えました。鏡をかたむけた角度Ｘは何度ですか。

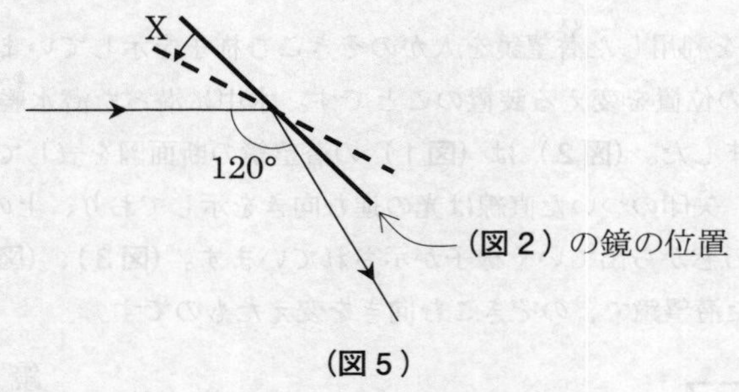

（図５）

⑶ **（図３）**、**（図４）** の潜望鏡を通して見える景色は実際の景色と比べ、それぞれどのように見えますか。**ア～ク**から選び記号で答えなさい。

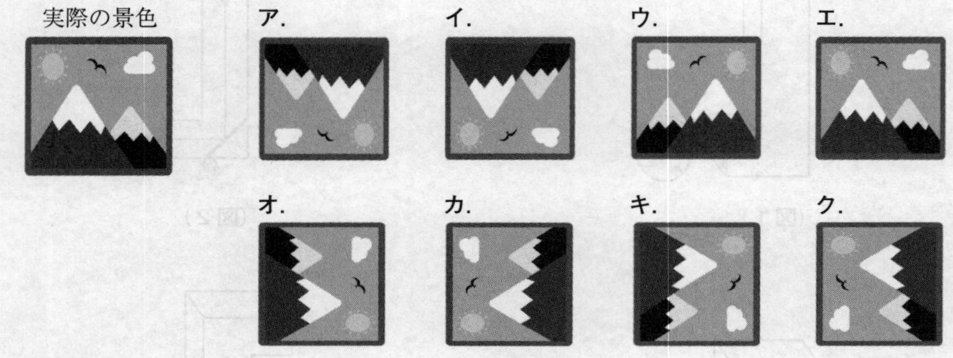

⑷ 実際の潜望鏡にはレンズが使われ、望遠鏡のような役割をしていました。望遠鏡は、半径の大きな対物レンズと半径の小さな接眼レンズで作られているものがあります。接眼レンズは虫眼鏡のような役割をしています。**（図６）** のように、潜望鏡で使われている対物レンズの中心部を黒い紙でおおうと、潜望鏡を通して見える景色はどうなりますか。簡単に答えなさい。

（図６）

4 芝浦君は、理科の授業で金属と水溶液の反応の実験を行い、レポートにまとめました。あとの問いに答えなさい。

2022年７月１日（金）晴れ　29℃
６年２組（12）芝浦　太朗

第５回　理科　実験レポート　**金属と水溶液の反応**

○金属Ａ～Ｃに水溶液を加えると、それぞれどのような反応をするか実験・観察をしましょう。
金属Ａ～Ｃはそれぞれ１ｇのアルミニウム、マグネシウム、銅のいずれかです。

〔実験１〕
①金属Ａ～Ｃの入った試験管の中にうすい塩酸30 cm^3 を加える。それぞれの金属でどのような変化が起こるかを調べる。
②実験後、残った金属があれば重さをはかる。

〔実験２〕
〔実験１〕と同様に水酸化ナトリウム水溶液を30 cm^3 加える。

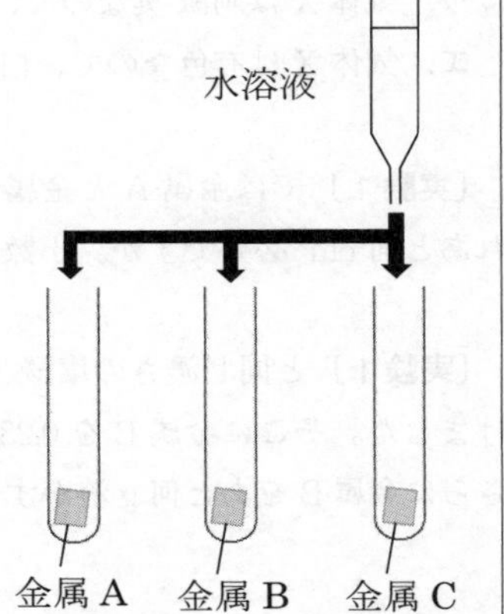

注意点
1. 必ず白衣を着て、実験用めがねをかけてから実験をすること。
2. 先生の指示に従い、実験を進めること。
3. (　　　　　　　　　　　　　　　　　　　　　)
4. 実験が終わったら、水溶液は決められた容器に捨てること。

〔結果〕

	金属Ａ	金属Ｂ	金属Ｃ
〔実験１〕	激しく気体Ｘを出して溶けた。反応後、0.2ｇ残った。	気体Ｘを出して溶けた。反応後、0.32ｇ残った。	反応しなかった。
〔実験２〕	反応しなかった。	気体Ｘを出して溶けた。	反応しなかった。

(1) **〔結果〕**より金属Ａ～Ｃの正しい組み合わせはどれですか。**ア～エ**から選び記号で答えなさい。

	金属Ａ	金属Ｂ	金属Ｃ
ア	マグネシウム	銅	アルミニウム
イ	銅	アルミニウム	マグネシウム
ウ	アルミニウム	マグネシウム	銅
エ	マグネシウム	アルミニウム	銅

(2) レポートの注意点３にあてはまるものはどれですか。**ア～エ**から選び記号で答えなさい。

ア．気体Ｘは毒性が高いので、においをかぐときは手であおぐこと。

イ．気体Ｘは引火するので、火を近づけないこと。

ウ．気体Ｘは刺激臭(しげきしゅう)なので、風通しの良いところで実験を行うこと。

エ．気体Ｘは有色なので、白い板を置いて色の観察を行うこと。

(3) **〔実験１〕**では金属Ａと金属Ｂが溶け残りました。これらの金属をすべて溶かすのに塩酸はそれぞれあと何 cm^3 必要ですか。小数第２位を四捨五入して小数第１位で答えなさい。

(4) **〔実験１〕**と同じ濃(こ)さの塩酸 24 cm^3 に対して金属Ａを 0.32 g 入れたところ、金属Ａは全て反応し溶けました。そこに金属Ｂを 0.23 g 入れたところ、金属Ｂも同様に全て反応し溶けました。この溶液にさらに金属Ｂをあと何 g 溶かすことができますか。小数第３位を四捨五入して小数第２位で答えなさい。

5

さまざまな気体を混ぜて燃やす実験を行いました。あとの問いに答えなさい。

（図１）のようにガス缶(かん)Ａ～Ｆを用意しました。ガス缶Ａ～Ｃは燃えない気体のちっ素、酸素、二酸化炭素のいずれかが入っています。また、ガス缶Ｄ～Ｆは燃える気体の水素、メタン、プロパンのいずれかが入っています。**（表１）**は、これらの気体の数値をまとめたものです。

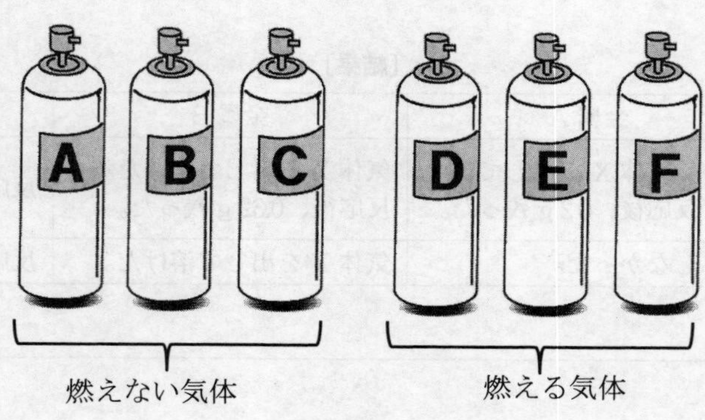

（図１）

燃えない気体	気体１Ｌの重さ［g］
ちっ素	1.37
酸素	1.56
二酸化炭素	2.14

燃える気体	気体１Ｌの重さ［g］	１Ｌ燃やすのに必要な酸素［L］	１Ｌ燃やして生じる二酸化炭素［L］
水素	0.10	0.5	0
メタン	0.78	2.0	1
プロパン	2.15	5.0	3

（表１）

〔実験１〕

（図２）のように、石灰水の入った水そうの中で石灰水を満たした目盛つきプラスチックの筒に、ガス缶Ａの気体を50 mL 注入しました。そのときのガス缶の重さの変化とその様子を調べました。同様に、ガス缶Ｂ、Ｃも調べました。**（表２）**はその結果をまとめたものです。

ガス缶	重さの変化［g］	変化の様子
A	0.078	特になし
B	0.069	特になし
C	0.107	石灰水が白くにごり、筒の中の気体がどんどん減っていき、やがて無くなった。

（表２）

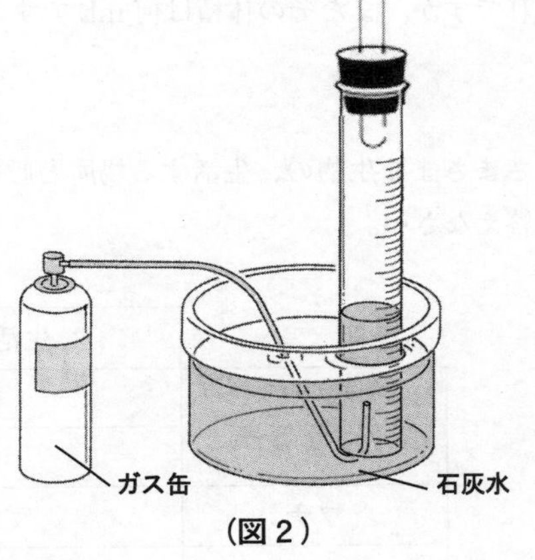

（図２）

〔実験２〕

〔実験１〕と同様に、**（図３）**の装置を用いて、ガス缶Ｄ～Ｆのいずれか25 mLと酸素缶25 mLを注入しました。その後、点火装置を使って燃焼させました。十分に時間がたった後に、残った気体の体積を調べました。**（表３）**はその結果をまとめたものです。

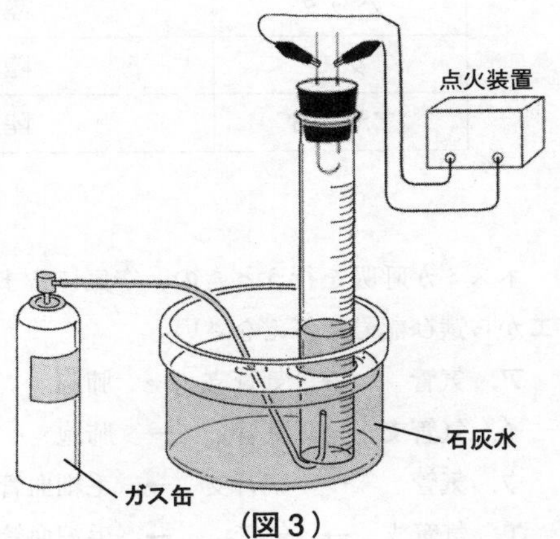

（図３）

ガス缶	燃焼後の気体の体積［mL］	変化の様子
D	20.0	石灰水が白くにごった
E	12.5	特になし
F	12.5	石灰水が白くにごった

（表３）

(1) **〔実験１〕**において、酸素缶はどれですか。Ａ～Ｃから選び記号で答えなさい。

(2) **〔実験２〕**において、ガス缶の重さの変化がもっとも大きなものはどれですか。気体の名前を答えなさい。

(3) **〔実験２〕**において、Ｅの燃焼後に残る気体は何ですか。

(4) **〔実験２〕**において、燃焼後に残る気体の重さがもっとも小さいものはどれですか。Ｄ～Ｆから選び記号で答えなさい。

(5) **〔実験２〕**において、ガス缶Ｄ～Ｆのうち、燃焼後に発生した二酸化炭素の量がもっとも多いのはどれですか。またその体積は何 mL ですか。

6 さまざまな生物の、生活する場所と呼吸を行う器官について調べ、**(表)** にまとめました。あとの問いに答えなさい。

	生活する場所	呼吸を行う器官
ネズミ	陸上	肺(はい)
イモリ	水辺	エラ、肺、①
フナ	たん水中	エラ
ハマグリ	海水中	エラ
バッタ	陸上	②
クモ	陸上	書肺、②
アサガオ	陸上	根、くき、葉など

(表)

(1) ネズミが呼吸を行うときの、空気に含(ふく)まれる酸素の通り方について、正しいものはどれですか。**ア～エ**から選び記号で答えなさい。

ア. 気管 → 気管支 → 肺胞 → 毛細血管
イ. 気管支 → 気管 → 肺胞 → 毛細血管
ウ. 気管 → 気管支 → 毛細血管 → 肺胞
エ. 気管支 → 気管 → 毛細血管 → 肺胞

(2) **(表)** の①、②に適する語句を答えなさい。

(3) **（図１）** は、解ぼうしたハマグリの模式図です。ハマグリのエラはどれですか。**ア～オ**から選び記号で答えなさい。

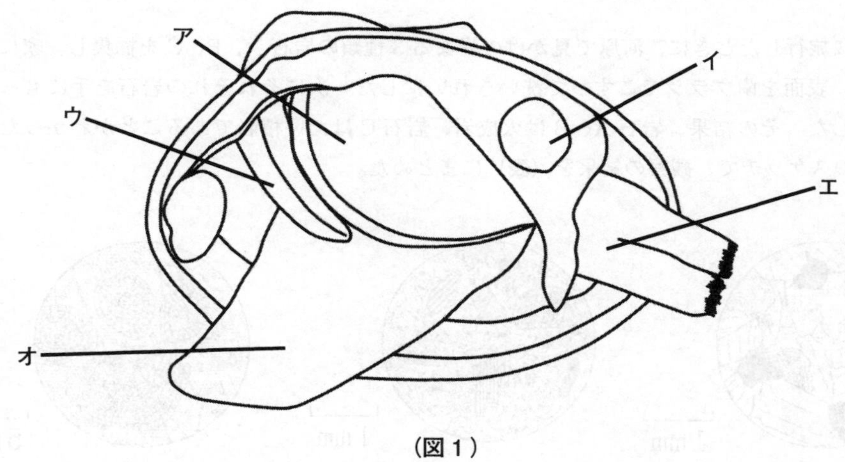

（図１）

(4) フナは酸素を含んだ水を吸いこみ、エラで呼吸をします。**（図２）** は、イモリが酸素を含んだ空気を口から吸いこんで、口から出している様子を示しています。**（図２）** に従って、フナが呼吸のために吸いこむ水とはい出する水の流れを、解答用紙の図にそれぞれ矢印で書き加えなさい。

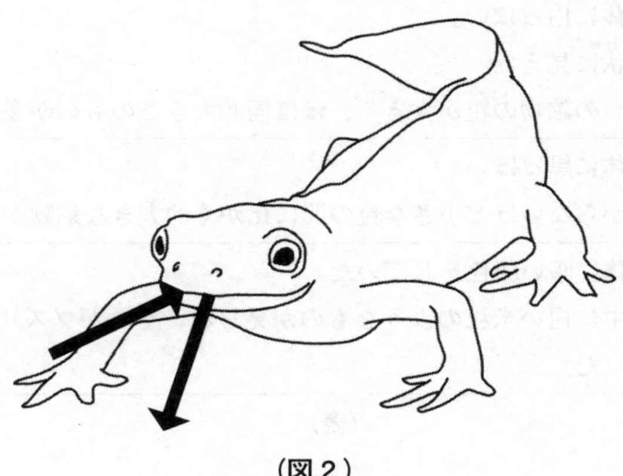

（図２）

(5) とう明で密閉できる箱を複数用意し、**（表）** のうち陸上で生活する生物をそれぞれの箱に入れ、明るい部屋でじゅうぶん呼吸をさせました。その後、その箱の中の空気を同じ量取り出して石灰水にとおしたところ、他と比べて石灰水が白くにごらなかったものがありました。石灰水が白くにごらなかった理由を、その生物の活動に着目して答えなさい。ただし、箱はそれぞれの生物のからだがちょうど入るくらいの大きさとします。

7 次の文を読み、あとの問いに答えなさい。

夏休みに旅行したときに、河原で見かけの異なる３種類の岩石Ａ、Ｂ、Ｃを採集し、家にもち帰ったあと、表面を歯ブラシでこすって洗いきれいにした。次にそれぞれの岩石を手にもってルーペで観察した。その結果、岩石Ａ、Ｂは火成岩、岩石Ｃはたい積岩であることがわかった。**(図)**はそれらのスケッチで、観察の結果を**(表)**にまとめた。

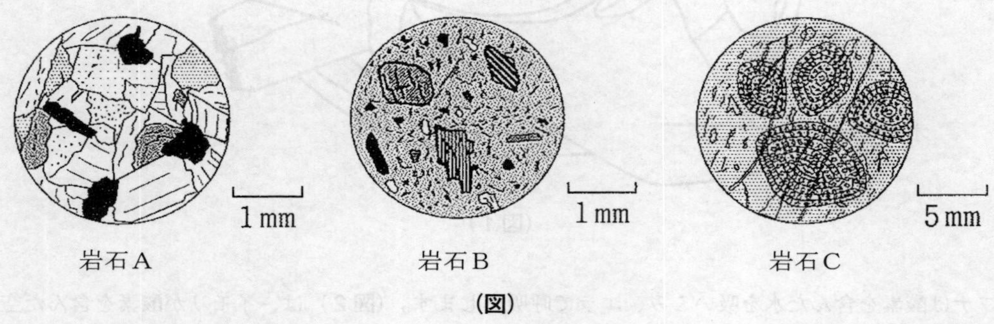

(図)

	岩石の特徴(ちょう)
岩石Ａ	・色は全体に白っぽい。 ・ごま塩状に見えた。 ・一つ一つの鉱物の粒(つぶ)が大きく、ほぼ同じ大きさのものが多かった。
岩石Ｂ	・色は全体に黒っぽい。 ・形がわからないほど小さな粒の間に比かく的大きな鉱物が散らばっていた。
岩石Ｃ	・色は全体に暗い灰色をしていた。 ・岩石の中に白い米粒のようなものが見られ、それがフズリナの化石であることがわかった。

(表)

(1) 観察で使用したルーペの使い方について正しく説明したものはどれですか。**ア〜エ**から選び記号で答えなさい。

ア. ルーペを岩石に近づけてもち、ルーペだけを前後に動かす。

イ. ルーペを目からはなしてもち、ルーペと岩石を同時に動かす。

ウ. ルーペを岩石に近づけてもち、頭だけを前後に動かす。

エ. ルーペを目に近づけてもち、岩石だけを前後に動かす。

(2) 岩石Ａのでき方を説明したものはどれですか。**ア**～**エ**から選び記号で答えなさい。

ア．マグマが地表あるいは地表近くで長い時間をかけて冷えて固まってできた。

イ．マグマが地表あるいは地表近くで短い間に冷えて固まってできた。

ウ．マグマが地下深いところで長い時間をかけて冷えて固まってできた。

エ．マグマが地下深いところで短い間に冷えて固まってできた。

(3) 岩石Ｂに関する次の文の（ ① ）と（ ② ）にあてはまる語句の組み合わせはどれですか。**ア**～**エ**から選び記号で答えなさい。

> 岩石Ｂのもとになったマグマのねばりけは（ ① ）と考えられる。ねばりけが（ ① ）マグマによって作られる火山の形は（ ② ）である。

	①	②
ア	弱い	おわんをふせたようなドーム状
イ	弱い	けいしゃのゆるやかなたて状
ウ	強い	おわんをふせたようなドーム状
エ	強い	けいしゃのゆるやかなたて状

(4) 岩石Ｃに含まれていたフズリナは示準化石として知られています。フズリナが栄えた地質年代と分布地域について説明したものはどれですか。**ア**～**エ**から選び記号で答えなさい。

ア．古生代の海で、広い地域に分布していた。

イ．古生代の海で、限られたせまい地域に分布していた。

ウ．中生代の海で、広い地域に分布していた。

エ．中生代の海で、限られたせまい地域に分布していた。

(5) 岩石Ｃは、フズリナが化石として含まれていることから石灰岩と考えましたが、それ以外に岩石Ｃが石灰岩であることを確かめる方法について説明しなさい。

8 次の問いに答えなさい。

(1) 純粋な鉄の粉は空気中に落下させるだけで燃焼します。スチールウール（非常に細い鉄線のかたまり）は落下させても燃焼しませんが、ライターで火をつけると燃焼します。しかし、鉄製のくぎはライターで火をつけても燃焼しません。鉄製のくぎが燃焼しない理由を「空気」という言葉を用いて30字以内で答えなさい。

(2) 人間の活動によって、世界の平均気温は、産業革命以前（1850～1900年を基準とする）から約1.1℃上昇しています。現在の割合で温暖化が進行すれば、それによってもたらされる環境への影響は大きくなると考えられています。このまま気温上昇が続くと、その原因の１つである大気中の二酸化炭素の量が連鎖的に増え、気温の上昇が止められなくなると考えられています。**(グラフ)** は、1Lの水にとける二酸化炭素の量とそのときの水温の関係を示したものです。**(グラフ)** を参考にして下線部の理由を55字以内で答えなさい。

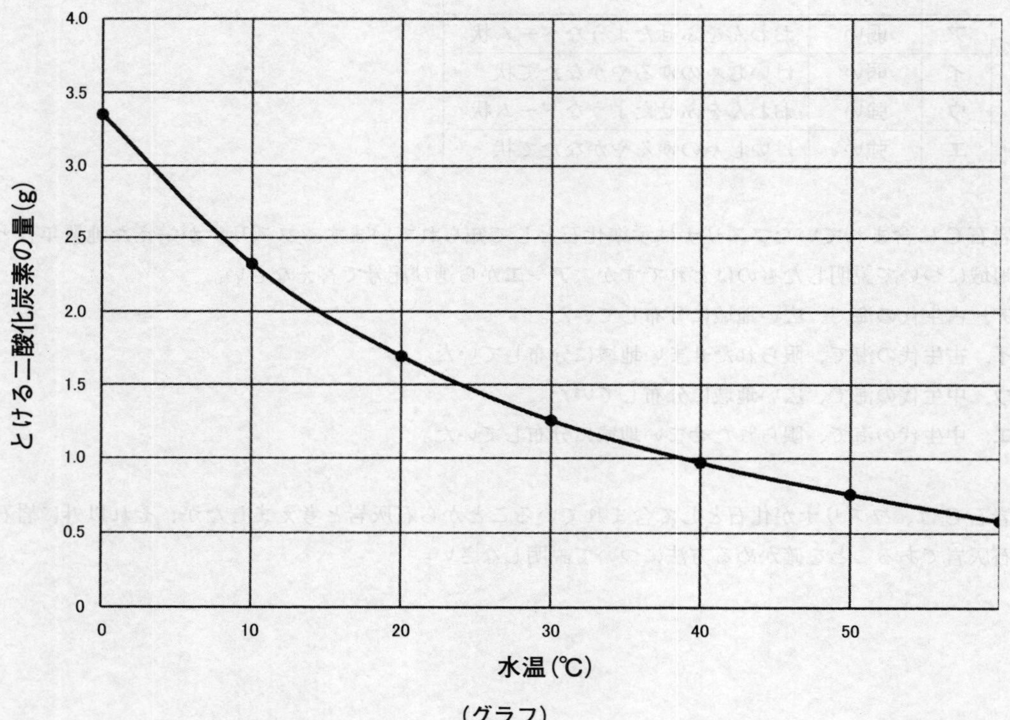

(グラフ)

五　次の各問いに答えなさい。

問一　――線部の四字熟語の使い方が**適切でない**ものを次の中から一つ選び、記号で答えなさい。

ア　彼らの意見は、対立しているようにみえるが大同小異である。

イ　彼らの議論は同じように聞こえているが、同工異曲で違っている。

ウ　彼女のプログラミングチームは日進月歩の成長をとげている。

エ　彼らの発言は首尾一貫していて分かりやすい。

問二　次の二つの文の「慣用句」の（　）の中には、共通する言葉が入ります。その言葉を平仮名で答えなさい。

・彼は骨董品の鑑定の時に目が（　　）ので、とても重宝されている。

・よく来ているこの店には顔が（　　）ので、ちょっとくらいなら無理を聞いてくれる。

問三　日本語として**適切でない**ものを次の中から一つ選び、記号で答えなさい。

ア　これは先生がいただく食事です。

イ　先生がおっしゃった言葉の意味が今わかりました。

ウ　母は仕事に出ております。

エ　その件は担当者に尋ねてください。

問四　次の「慣用句」を使って、短い文を作りなさい。

「狐につままれる」

※慣用句の内容が具体的にわかるようにしなさい。

慣用句「足がぼうになる」の場合

（悪い例）「ぼくは、足がぼうになった。」

（良い例）「ぼくは、落とし物をしてしまい、足がぼうになるまで探し回った。」

※「動きを表す語」など、後に続く語によって形が変わる場合は、変えても構いません。

（例：「あるく」→「あるいた」）

六　――線部のカタカナを漢字に直しなさい。

1　エンゲキ部に入部する。

2　オクガイの気温は氷点下になった。

3　『奥の細道』はキコウ文です。

4　ユウビン局に手紙を出しに行った。

5　文化祭のチラシをスる。

です。

（ここまでの俳句は『合本俳句歳時記第五版』より引用・一部表記を変更）

問一　[A] に入る言葉として適切なものを次の中から一つ選び、記号で答えなさい。

ア　意外性　イ　滑稽さ　ウ　余韻　エ　季節感

問二　[B] に入る最も適切な言葉を漢字二字で答えなさい。

問三　[C] に入る言葉として適切なものを次の中から一つ選び、記号で答えなさい。

ア　緊迫した　イ　困惑した
ウ　落胆した　エ　歓喜した

問四　――線①「季語の力」とありますが、この句における「季語の力」の説明として適切なものを次の中から一つ選び、記号で答えなさい。

ア　豊かな自然に囲まれて生きていることの喜びを実感させる力。
イ　日常の暮らしの中で大切にされてきたものを後世に伝える力。
ウ　季節の移ろいを感じながら生きていく繊細な心を養う力。
エ　人々の共通認識としてある文化的な伝統を連想させる力。

問五　高校生の芝君は、俳句部に所属し、日々俳句を詠んでいます。ある日、自分が詠んだ句をより良いものにするため、先生からアドバイス（助言）をもらうことにしました。次の句は、芝君が最初に詠んだ句と、先生からのアドバイスをもとに作り直した句です。

【最初に詠んだ句】

手を伸ばし硬くて柔き木の芽かな

【作り直した句】

しなやかに引き締まりたる桜の芽

先生は芝君にどのようなアドバイスをしたと考えられますか。先生のアドバイスの一部を想像して書きなさい。ただし、次の条件に従って書くこと。

A　アドバイスを二つ書くこと。
B　最初に詠んだ句と作り直した句の違いに注目すること。
C　変える理由も含めること。
D　先生が生徒に話す言葉で書くこと。
E　八十字以上、百二十字以内で書くこと。ただし、出だしの一マスは空けないで書くこと。

四

俳句についての会話文を読んで、後の問いに答えなさい。

永き日や欠伸うつして別れ行く　　夏目漱石

生徒　あの有名な夏目漱石も俳句を詠んでいたのですね。この句には、日常の何気ない様子が描かれています。のんびりとした気分が感じられる句だと思います。

先生　［A］も昔から俳句の重要な要素の一つとされてきました。この句では「欠伸うつして」ですね。「永き日」という春の季語もうまく効いていると思います。春分を過ぎると夜よりも昼の時間が長くなり始め、何となく気持ちがのびやかになります。暖かな春の空気に包まれて、二人の人物の間にゆったりとした時間が流れているようです。

紅梅や枝々は空奪ひあひ　　鷹羽狩行

生徒　私は青空をイメージしましたが、広い空を背景に梅の紅い花がきれいに咲いていて、色彩の美しい景色ですね。「枝々」に着目しているところが、この句ならではの特徴だと思います。

先生　たくさんの枝が空に向かって勢いよく広がっている様子を、擬人法によって効果的に表現しています。紅梅の枝が他の枝に負けまいと、まるで意志をもって伸びているようです。紅梅の［B］力が感じられる句です。最後を「奪ひあふ」と言い切らずに、「奪ひあひ」としたことで、のびのびとした感じが出ています。

づかづかと来て踊子にささやける　　高野素十

生徒　踊子の女性に、親しい関係の男性が近づいて来て何かをささやいている場面を想像しました。おそらく踊っている最中の出来事なのではないでしょうか。背景には、何か恋愛のドラマがありそうです。

先生　俳句の中の「踊」は盆踊りのことで、秋の季語になっています。どのような人がどのような話をささやいたのか気になり、想像がふくらみますね。「づかづか」という擬態語が、［C］様子を効果的に表していて、何やら深刻な言葉をささやいているように思われます。

七夕の一粒の雨ふりにけり　　山口青邨

生徒　七夕の日に一粒の雨が降ったという、非常にシンプルな内容の句です。七夕は、夏ではなく秋の季語なのですね。この句の良さはどのようなところにあるのでしょうか。

先生　昔の暦によって季節が決まっているので、今の感覚とズレがありますね。この句には、①季語の力が強く発揮されていると思います。一粒の雨が降ったというだけでは平凡な内容なのですが、それが「七夕」であることで、世界が一気に広がりますね。細かいところですが、「七夕に」ではなく「七夕の」となっていることによって、一粒の雨が七夕の世界を含む特別な雨に感じられます。「に」だと説明的でありきたりの表現になってしまいます。俳句は、たった一文字の違いでまったく変わるの

4　発露（はつろ）……外にあらわれ出ること。
5　耐性（たいせい）……困難などに耐（た）えることのできる性質。

問一　A 、 B に入る言葉として適切なものを次の中から一つずつ選び、それぞれ記号で答えなさい。

ア　つまり　　イ　しかし　　ウ　たとえば
エ　しかも　　オ　なぜなら

問二　――線①「きちんとした受身のレスポンスをとること」とありますが、どのようなことですか。三十字以内で答えなさい。

問三　X に入る言葉として適切なものを次の中から一つ選び、記号で答えなさい。

ア　安易　　イ　正直　　ウ　特別　　エ　正確

問四　――線②「相手に対するそういう拒絶」とありますが、どのような拒絶ですか。適切なものを次の中から一つ選び、記号で答えなさい。

ア　話し相手を意図的に傷つけるような拒絶
イ　話し相手の異質性への嫌悪感（けんおかん）を示す拒絶
ウ　話し相手へ自分の感情を早急に表す拒絶
エ　話し相手の非を責めるような拒絶

問五　――線③「彼女の内面で確実に何かが変ったのだと思います」とありますが、どのようなことができるようになったと考えられますか。三十字以上、四十字以内で答えなさい。

問六　次の文が入るのに適切な箇所（かしょ）を本文中の Ⅰ ～ Ⅳ から一つ選び、記号で答えなさい。

だから人とのつながりを少しずつ丁寧（ていねい）に築こうと思ったとき、これらの言葉はなおさら非常に問題を孕（はら）んだ言葉になるのです。

問七　この文章にタイトルをつけるとすればどのようなものが良いですか。適切なものを次の中から一つ選び、記号で答えなさい。

ア　他者との付き合い方と「受身の立場」
イ　「受身の立場」から考える「言語的ツール」
ウ　関係が深まらない「コミュニケーション阻害語」
エ　「コミュニケーション阻害語」から学ぶ言葉の変化

できる、非常に便利な言語的ツールなのです。

[B]、自分にとって少しでも異質だと感じたり、これは苦い感じだなと思ったときに、すぐさま「おれは不快だ」と表現して、異質なものと折り合おうとする意欲を即座に遮断してしまう言葉です。しかもそれは他者に対しての攻撃の言葉としても使えます。「おれはこいつが気に入らない、嫌いだ」ということを根拠もなく感情のままに言えるということです。ふつうは、「嫌いだ」と言うときには、「こういう理由で」という根拠を添えなければなりませんが、「うざい」の一言で済んでしまうわけです。自分にとって異質なものに対して端的な拒否をすぐ表明できる、[X]で便利な言語的ツールなわけですね。[Ⅱ]

どんなに身近にいても、他者との関係というものはいつも百パーセントうまくいくものではありません。関係を構築していく中で、常にいろいろな阻害要因が発生します。他者は自分とは異質なものなのですから、当然です。じっくり話せば理解し合えたとしても、すぐには気持ちが伝わらないということもあります。そうした他者との関係の中にある異質性を、ちょっと我慢して自分の中になじませる努力を最初から放棄しているわけです。

つまり「うざい」とか「ムカツク」と口に出したとたんに、これまで私が幸福を築くうえで大切だよと述べてきた、異質性を受け入れた形での親密性、親しさの形成、親しさを作り上げていくという可能性は、ほとんど根こそぎゼロになってしまうのです。これではコミュニケーション能力が高まっていくはずがありません。

もっとも、流行語になるずっと以前から、「むかつく」とか、「うざったい」という言葉はありました。でもあまり日常語として頻繁に現れるということはありませんでした。なぜかといえば、現在の状況のように、すぐに「ムカツク」とか「うぜー」と表現することを許すような、場の雰囲気というものがなかったのです。でも今はあります。[Ⅲ]

「ムカツク」「うざい」が頻繁に使われる以前はどうしていたのでしょうか。私たちの世代でも今の若い人たちと同じように、ムカついたり、うざいという感情を持つことはあったはずです。でもそれを社会的に表現するには、それだけの理由、②相手に対するそういう拒絶を表現してもいいのだという根拠を与える理由がないと言えないという雰囲気があったわけです。

それが今は、主観的な心情を簡単に発露[※4]できてしまうほど、社会のルール性がゆるくなってしまったのだと思います。昔は、そんな言葉はきちんとした正当性がない限り、言ってはいけないという暗黙の了解がありました。だから、いくらムカついてもグッと言葉を飲み込んでおくことによって、ある種の耐性[※5]がうまく作られていったと思うのです。[Ⅳ]

さて、ここで私の娘の話に戻るのですが、こうした言葉を言わなくなってから人に対する彼女の態度がハッキリ変わりました。自分が気に入らない状況やまるごと肯定してはくれない他者に対してある程度耐性が出来上がったようなのです。それは単に年齢が上になったからとか、少し大人になったからといった自然成長的な変化ではありません。③彼女の内面で確実に何かが変ったのだと思います。

友だちとのコミュニケーションを深くじっくり味わうためにも、自分の内面の耐性を鍛えるためにも、「ムカツク」「うざい」という言葉はやはり使わないほうがいいでしょう。

（菅野仁『友だち幻想　人と人の〈つながり〉を考える』）

※1　レスポンス……応答。反応。
2　交感……心が通い合って、お互いに相手の気持ちがわかること。
3　まなざす……ものを見ること。

三 次の文章を読んで、後の問いに答えなさい。

他者との関係を深めるにあたって、自分が他者に対して「受身の立場」をとれるということも大事です。

受身の立場とは何かというと、相手が自分に働きかけてくれることに対して、それなりにきちんとレスポンス[※1]できるということです。

それは、決して百パーセント相手に合わせることではないし、百パーセント丸ごと受容できないからといって親しさがないということではありません。違うところは違ってもいいのです。

でも、なるべくいろいろな人の言葉に耳を傾けるということが、関係作りのバランスを鍛えるいいトレーニングになると思います。

［A］、読者の皆さん、とりわけ若い皆さんがふだん何気なく使っている言葉（しかも使用頻度がかなり高いと思われる。）に、①きちんとした受身のレスポンスをとることをいつのまにか阻害する働きをしてしまう言葉があります。

そのことに気づいたのにはこんなきっかけがありました。私の娘が小学校の中学年ぐらいになったときに、ムカツクとかうざいといったたぐいの言葉をよく使うようになりました。そのあたりから、友だちへのまなざしがどうもよくない、友だちをマイナスの面から見ることが多くなり、家族やまわりの人たちへのギスギスした態度が目についてきました。そこで、そうした言葉を使わないようにとアドバイスしてみました。その言葉にはいくつかあって、私はそれらをとりわけ子どもたちにとっての「コミュニケーション阻害語」と名づけて、気にかけるようになりました。

その理由は次のとおりです。

子どもから大人になるプロセスにある十代は、その人が他者とコミュニケーションを取り交わす作法を学び取る大切な時期です。私たちは他者である相手と言葉を交わすことによって、情報内容の伝達だけではなく、思いや感情といった情緒的側面の交感[※2]をも重ねます。そうしたコミュニケーションの過程のなかで、自分から相手をまなざす[※3]と同時に、相手から自分に向けられるまなざしを受け止めながら、〈いま・ここ〉の自分のあり方を振り返り、とらえ直す作法を学び取ります。

しかしこれから検討していく言葉群、私が「コミュニケーション阻害語」と名づけた一連の言葉は、そうした自分と相手の双方向のまなざしが自分自身のなかで交差することを、著しく阻害する危険性があると思うのです。自分から相手を一方的にまなざすばかりで、相手からのまなざしを回避してしまう道具としての性格を、こうした言葉はいつのまにか帯びてしまっているというのが、私の考えです。［Ⅰ］

もちろん私は、「こうした言葉を用いることを一律に禁止せよ」、といっているわけではありません。大人になって、状況判断や相手との間合いの取り方などに長けてくれば、時と場合によっては、冗談半分で使うこともあるでしょう。でも他者とのコミュニケーションの作法をこれから学び取り、状況に応じた相手との距離の感覚やきちんとした向き合い方を身につけていかなければならない十代の若者たちにとって、これから取り上げる言葉群は、異質な他者ときちんと向き合うことから自分を遠ざける、いわば〈逃げのアイテム〉としての機能をもち、そうした言葉を多用することによって、知らず知らずのうちに他者が帯びる異質性に最初から背を向けてしまうような身体性を作ってしまう危険性があることを、私は指摘したいと思うのです。

阻害語の代表的なものが、「ムカツク」と「うざい」という二つの言葉です。

この言葉は、このところ若者を中心にあっという間に定着してしまった感のある言葉です。「ムカツク」とか「うざい」というのはどういう言葉かというと、自分の中に少しでも不快感が生じたときに、そうした感情をすぐに言語化

問四　――線④「耳にざらざらと残る言葉だった」とありますが、これはどういうことですか。適切なものを次の中から一つ選び、記号で答えなさい。

ア　「エゴを飛ばす」という言葉に心を打たれ、自分の行動に迷いがなくなったということ。

イ　「エゴを飛ばす」という言葉の意味を理解できない自分を、腹立たしく思っているということ。

ウ　「エゴを飛ばす」という言葉になんとなく納得いかず、受け入れられずにいるということ。

エ　「エゴを飛ばす」という言葉を理解はできないが、なんとなく気がかりで忘れられないということ。

問五　[A]に入る言葉として適切なものを次の中から一つ選び、記号で答えなさい。

ア　いらいら

イ　うずうず

ウ　どきどき

エ　はらはら

問六　――線⑤「涙がじんわり滲んだ」とありますが、このときの悟の心情を説明したものとして適切なものを次の中から一つ選び、記号で答えなさい。

ア　小さな体で壮大な大地や海を飛んでいく鳩の姿を見て、自分も鳩のように、過酷な道に挫折することなく力強く生きようと固く誓っている。

イ　飛ぶべき方向を自ら判断して旅立つ鳩の姿を見て、生き物が生まれながらに備えている本能のすごさ、またそれに従い困難に力強く立ち向かう生き物の美しさに感動している。

ウ　過酷な旅と知りながら旅立つことを決意した鳩の姿を見て、自分を信じて鳩を飛ばすことを決意した自分の判断が間違っていなかったと確信している。

エ　本能に従いひたすら家を目指す鳩の姿を見て、鳩が備えている本能のすごさに感動するとともに、すべての鳩たちが無事に家につくことを心から願っている。

問七　この文章の表現に関する説明として適切なものを次の中から一つ選び、記号で答えなさい。

ア　おしっこの出や湯気の様子の描写によって、悟と父の会話の中でのそれぞれの心情の変化を表現している。

イ　悟の会話文中に用いられる「……」は、悟が父の発言に対してどのように答えようか迷っている様子を表現している。

ウ　「緑の大地」や「青い海」という表現は、色を用いることで悟が北海道の自然に感動していることを表現している。

エ　鳩が飛び立つ姿を色や空気の様子で描くことによって、鳩が激しく力強く羽ばたいていく様子を表現している。

でずっといっしょだったのに、八千羽の中に交ざってしまうと、もうどこにいるのかさっぱりわからない。

「悟君※ちの鳩たちといっしょになれればいいね」

みなとが言う。おれもユリカも大きくうなずいた。

方向判定が終わったのだろう。鳩たちはいっせいに南の方角へと向かい始めた。ちゃんとみんな飛ぶべき方角がわかるのだ。すごい。本能ってすごい。そして、その本能に従ってひたすら家を目指す鳩たちもすごい。

ふと、おれは考えた。人間もなにかの本能に従って生きているんだろうか。過酷な旅とわかっていながら旅立っていく鳩のように、その先は大変だとわかっていても、突き進むことを人間もするんだろうか。本能に突き動かされて。

北海道の緑の大地を、横断していく鳩たちの姿を想像した。彼らはやがて力強く青い海を渡っていく。なんて健気で美しい姿なんだろう。⑤涙がじんわり滲んだ。

「おうちで会おうね！」

ユリカが飛び去る鳩たちに向かって叫んだ。おれもみなとも叫んだ。

「おうちで会おうね！」

「おうちで会おうね！」

みなとが満面の笑みで話しかけてくる。

「ライツィハーに会いに、ぼくらも帰ろうよ」

「そうだな」

おれは涙を気づかれないように首をひねって答えた。そのとき、両手を組み合わせ、目をつぶって祈るユリカの姿が目に入った。高台のここからは海が見える。朝日に輝く海を背に祈る彼女は、まるで美しい乙女の銅像みたいだった。

（関口尚『はとの神様』）

※　悟君ちの鳩……悟の父が飛ばした鳩のこと。ライツィハーとは別の鳩。

問一　――線①「の」と文法的に同じものを次の中から一つ選び、記号で答えなさい。

ア　母は本を読むのが好きだ。

イ　妹の描いた絵が金賞をとった。

ウ　学校の友達と話しながら帰る。

エ　体調が悪いので学校を休む。

問二　――線②「鳩レースが大好きで夢中な父ちゃんに、レースに批判的な言葉を言う」とありますが、鳩を飛ばすことについて悟と父はそれぞれどのように考えていますか。六十字以上八十字以内で説明しなさい。

問三　――線③「父ちゃんは苦笑いした」とありますが、このときの父の様子として適切なものを次の中から一つ選び、記号で答えなさい。

ア　自分で言っておきながら、十分に理解していないことを恥ずかしく思い、それをごまかす様子。

イ　想像もしていなかった悟の突飛な質問に困惑しているのを必死で隠す様子。

ウ　「エゴを飛ばす」という言葉の意味を理解できない悟のまぬけさにあきれている様子。

エ　自分ですら理解が足りていない言葉であるが、いつか悟が理解できることを確信している様子。

すのは、人間の勝手だと思う？」

ユリカに突きつけられた質問が、胸の中にずっと残っていた。父ちゃんはおしっこが終わったのか、黙ったままズボンのチャックを上げた。

返事がないのでさらに尋ねた。ユリカからの質問で考えるようになったことだ。

「レースをするためだけに生まれてくる鳩たちって、なんかかわいそうじゃないかな。人間がそんなふうに命を勝手に操っていいのかな。レースって絶対に帰ってこられる保証はないわけでしょ？　帰還率百パーセントのレースなんてないもんね。帰ってこられなかった鳩たちは、死んでしまったか、どこかで苦労して暮らしているかしてるはずだもん。そんな目にあわせる人間ってひどいんじゃないかな。死ぬこともあるのに飛ばすなんて、ひどいことしてるんじゃないかな」

②鳩レースが大好きで夢中な父ちゃんに、レースに批判的な言葉を言う。緊張しておしっこの出が悪くなった。父ちゃんの答えが気になって耳をすます。父ちゃんは夏のあいだ草原となっているスキー場を見渡しながら言った。

「悟よ、よく聞け。鳩レースはいいか悪いかじゃないんだよ。たしかに鳩レースは人間の勝手ばかりだ。より強い鳩を作出するために、いい血統の鳩同士を交配させて、いいレース結果が出ればまるで神様気取りになる。けどな、いいか悪いかじゃなくて、それを超えたところでやってるんだよ」

「いいか悪いかを超えたところ……」

「おれたちが飛ばす鳩ってやつは、飛ばす人間の名誉欲とかお金とか執念とかそういったものの塊なんだ。いわば、おれたちはエゴを飛ばしてるんだ。だからこそ、それに引っついてくる悲しみや心の痛みはみんな自分で引き受けなきゃいけない。飛ばすからには全部引き受けるんだ」

「エゴってなに？」

③父ちゃんは苦笑いした。

「実はおれもよくわかってねえ。だけど、いつか悟ならわかるときが来るんじゃねえかな」

エゴを飛ばす。飛ばすからには全部引き受ける。意味はぜんぜんわからないけれど、④耳にざらざらと残る言葉だった。

スタートはちょうど朝の五時だった。スキー場には、ぎっしりと鳩を積んだ六台のトラックが停まっていた。鳩を運ぶ専用の放鳩車だ。その放鳩車のコンテナの扉が、いっせいに開いた。

明けたばかりの青い空に八千羽の鳩が飛び出していく。空が一瞬にしてかき曇り、羽の音が空気を震わせる。

鳩の一群は上空に駆けのぼると、方向判定のために輪を描くようにして飛んだ。おれたちがいる場所までその一群が近づいてくる。まるで海鳴りがものすごい速さで近づいてくるような怖さがあった。

籠の中でライツィハーが羽をはばたかせた。自分と同じ鳩たちが旅立っていくのを感じ、飛びたくて［A］しているのだろうか。

父ちゃんと目が合う。飛ばせ、ということらしい。

「よし、こっちもスタートだ！」

おれが叫ぶと、ユリカは自分の人差し指の先にキスをして、そのキスした部分をライツィハーの嘴に近づけた。ライツィハーがつつく。痛いだろうにユリカは微笑んだ。間接キス。そうなんだと気づいたとき、彼女は籠を開けた。

「いってらっしゃい、ライちゃん！」

ライツィハーは矢のように飛んでいった。羽の外側は灰色、内側は白。激しくはばたくと灰色と白が交互に見えた。

空中で旋回するレース鳩の一群に、やがてライツィハーは合流した。いまま

2023年度

芝浦工業大学附属中学校

【国　語】〈第二回試験〉（六〇分）〈満点：一二〇点〉

〈編集部注：一の音声には下のＱＲコードからアクセス可能です。〉

〈注意〉一、一は聞いて解く問題です。聞いて解く問題は、試験開始後すぐに放送します。

二、指示がない限り、句読点や記号などは一字として数えます。

三、正しく読めるように、読みがなをふったところがあります。

一　これから聞いて解く問題を始めます。問題の放送は一回のみです。問題文の放送中にメモを取っても構いません。放送の指示に従って、問一から問三に答えなさい。

二　次の文章を読んで、後の問いに答えなさい。

> 小学五年生の「悟（さとる）」は同級生の「ユリカ」「みなと」とともに拾い鳩（ばと）であるライツィハーを鳩（はと）レースに参加させるため、北海道の稚内（わっかない）を目指す。鳩レースとは、スタート地点である放鳩地（ほうきゅうち）からゴールである自分の家の鳩舎（きゅうしゃ）まで、どれくらいの「速さ」で飛んだかを競う競技である。次の話は、悟がみなと、ユリカとともに、放鳩地である稚内まで父にトラックで送ってもらったあとの場面である。

トラックのドアが閉まった音で目が覚めた。父ちゃんが外に出ていったようだ。空はまだ暗くて星が見えた。

おしっこがしたくなって、助手席のドアを開けて出る。トラックはスキー場のロッジのそばに停（と）められている。今回のレースの放鳩地点がスキー場であるためだ。放鳩するのには見晴らしの①いい場所のほうがいいし、鉄塔（てっとう）や送電線がないほうがいいし、高い建物もないほうがいい。それで今回はスキー場が選ばれたらしい。

トラックの後方に回ったら、父ちゃんが先におしっこをしていた。

「おお、悟か。おはよう」

「おはよう」

父ちゃんと並んでおしっこをする。北海道の五月の朝はまだまだとても寒くて、おしっこをしたら白い湯気が立った。

「なあ、父ちゃん」

「なんだ」

「父ちゃんはさ、放鳩するときは鳩が心配になったり、鳩に悪いことしてるなって悩（なや）むことはある？　せっかく育てた鳩を遠いところまで連れていって飛ば

2023年度

芝浦工業大学附属中学校 ▶解説と解答

算 数 ＜第２回試験＞（60分）＜満点：120点＞

解 答

1 (1) ８回 (2) ① 解説の図１を参照のこと。 ② 9.42cm 2 (1) 2.5 (2) 3 (3) 2 (4) ア…48度，イ…18度 3 (1) 32番目 (2) 4.8km (3) 21分30秒 (4) ３種類，90cm^3 (5) 解説の図３を参照のこと。 4 (1) **自動車とバスの一般道での時速**…30km，**バスの高速道路での時速**…98km (2) 14時25分 (3) 解説の図２を参照のこと。 (4) 13時$37\frac{6}{17}$分 5 (1) $2\frac{2}{3}\text{cm}^3$ (2) 6 cm^2 (3) $\frac{1}{2}$cm

解 説

1 放送問題

(1) １月は月額料金とガチャ３回分の料金の合計が1440円で，ガチャ３回分の料金は，150×３＝450(円)だから，月額料金は，1440－450＝990(円)とわかる。また，２月の料金の合計は2190円なので，２月のガチャの料金は，2190－990＝1200(円)となる。よって，２月に回したガチャの回数は，1200÷150＝８(回)と求められる。

〔ほかの解き方〕 ２月は１月より□回多くガチャを回したとすると，１月と２月で月額料金は同じだから，差の，2190－1440＝750(円)は，ガチャ□回の料金にあたる。よって，□＝750÷150＝５(回)だから，２月に回したガチャの回数は，３＋５＝８(回)と求めることもできる。

(2) ① 問題文の指示通りに，半径３cmの円をかき，その円周上の１点を中心として半径３cmの円をもう１つかき，２つの円の重なる部分を斜線（しゃせん）で示すと，その一例は右の図１のようになる。 ② ①でかいた２つの円の中心をＡ，Ｂとし，２つの円の交点の１つをＣとすると，AC，BCの長さはいずれも円の半径と同じ３cmなので，Ｃを中心とする半径３cmの円をかくと，右上の図２のように，点Ａ，Ｂを通る。このとき，３つの円の重なった部分の周は，図２の太線部分で，ABの長さも３cmだから，三角形ABCは１辺３cmの正三角形である。よって，太線部分の長さの和は，半径３cm，中心角60度のおうぎ形の弧３つ分となるから，$3\times2\times3.14\times\frac{60}{360}\times3=9.42$(cm)と求められる。

図１

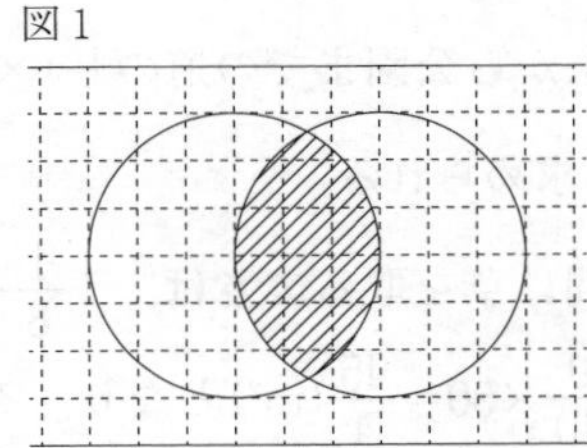

図２

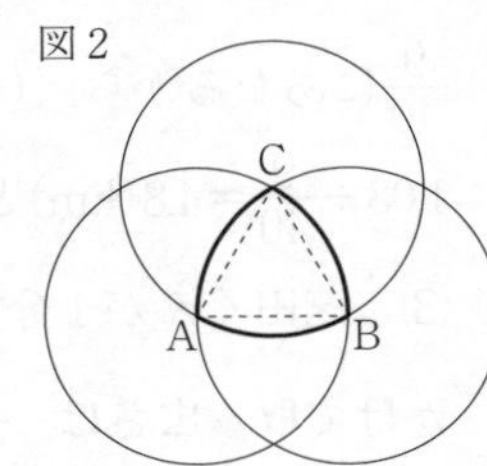

2 四則計算，逆算，展開図，角度

(1) $4\frac{2}{5}\div\left(0.25+\frac{17}{20}\right)-3.9\times\frac{5}{13}=\frac{22}{5}\div\left(\frac{1}{4}+\frac{17}{20}\right)-\frac{39}{10}\times\frac{5}{13}=\frac{22}{5}\div\left(\frac{5}{20}+\frac{17}{20}\right)-\frac{3}{2}=\frac{22}{5}\div\frac{22}{20}-\frac{3}{2}=\frac{22}{5}\times\frac{20}{22}-\frac{3}{2}=4-\frac{3}{2}=4-1.5=2.5$

(2)　$14.5\times6=87$，$37\times\frac{3}{10}=37\times0.3=11.1$より，$87-2\times(2.8\times\square+11.1)=48$，$2\times(2.8\times\square+11.1)=87-48=39$，$2.8\times\square+11.1=39\div2=19.5$，$2.8\times\square=19.5-11.1=8.4$　よって，$\square=8.4\div2.8=3$

(3)　右の図１で，４の面とＢの面，６の面とＣの面がそれぞれ向かい合うから，５の面とＡの面が向かい合うことがわかる。よって，Ａにあてはまる目の数は，$7-5=2$である。

(4)　右の図２で，太線で囲んだ三角形に注目すると，○印をつけた角の大きさは，$132-60=72$(度)とわかる。また，○印をつけた角と●印をつけた角の大きさの和は90度なので，●印をつけた角の大きさは，$90-72=18$(度)と求められ，イの角の大きさも18度になる。さらに，かげをつけた三角形に注目すると，アの角の大きさは，$30+18=48$(度)とわかる。

３　数列，相当算，仕事算，分割，体積，相似，図形の移動，作図

(1)　□番目の式は，$1+2+\cdots+\square=(1+\square)\times\square\div2$と表すことができる。これが500より大きくなるから，$(1+\square)\times\square\div2>500$より，$(1+\square)\times\square>1000$にあてはまる最も小さい□を求めればよい。$\square=30$とすると，$(1+30)\times30=930$，$\square=31$とすると，$(1+31)\times31=992$，$\square=32$とすると，$(1+32)\times32=1056$となるので，計算結果がはじめて500より大きくなるのは32番目の式とわかる。

(2)　家から公園までの道のりを１とすると，家から店までの道のりは，$1\times\frac{9}{16}=\frac{9}{16}$となるから，店から公園までの道のりは，$1-\frac{9}{16}=\frac{7}{16}$とわかる。よって，店から進んだ道のりは，$\frac{7}{16}\times\frac{17}{35}=\frac{17}{80}$となるので，右の図１のように表すことができる。図１で，最後に残った1.08kmは家から公園までの道のりの，$\frac{7}{16}-\frac{17}{80}=\frac{9}{40}$にあたるから，(家から公園までの道のり)$\times\frac{9}{40}=1.08$(km)より，家から公園までの道のりは，$1.08\div\frac{9}{40}=4.8$(km)と求められる。

図１
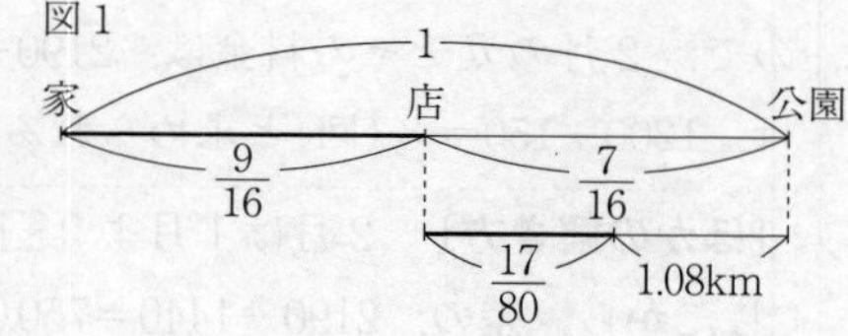

(3)　芝田くんが１分間に草を取る広さは，$1\frac{1}{8}\div5=\frac{9}{40}$(m²)である。よって，芝田くんが50分間かけて取る広さは，$\frac{9}{40}\times50=\frac{45}{4}$(m²)となり，その半分の広さは，$\frac{45}{4}\div2=\frac{45}{8}$(m²)とわかる。この広さの草取りをするのに田浦さんは15分間かかるので，田浦さんが１分間に取る広さは，$\frac{45}{8}\div15=\frac{3}{8}$(m²)と求められる。よって，２人ですると１分間に，$\frac{9}{40}+\frac{3}{8}=\frac{3}{5}$(m²)の草取りができるから，12.9m²の草取りをするのにかかる時間は，$12.9\div\frac{3}{5}=21.5$(分)とわかる。$60\times0.5=30$(秒)より，これは21分30秒となる。

(4)　正面から見ると下の図２のようになる。図２で，ア，イ，ウはそれぞれ合同な図形なので，体積の異なる立体は全部で３種類できる。また，その中で体積が１番小さい立体はアである。次に，三角形PABと三角形PCDは相似であり，相似比は，PB：PD＝３：１だから，$\text{CD}=10\times\frac{1}{3}=\frac{10}{3}$(cm)とわかる。よって，三角形PCDの面積は，$\frac{10}{3}\times6\div2=10$(cm²)なので，アの立体の体積は，

$10\times 9=90(\mathrm{cm}^3)$と求められる。

(5)　下の図３で，点Ａが通過したのは太実線，点Ｄが通過したのは太点線である。よって，辺ＡＤが通過したのは斜線部分になる。

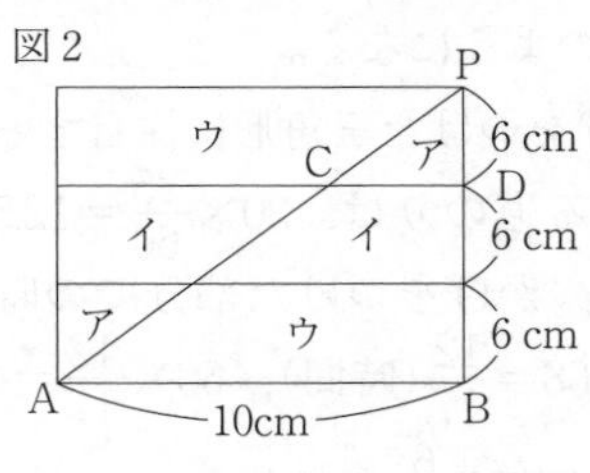

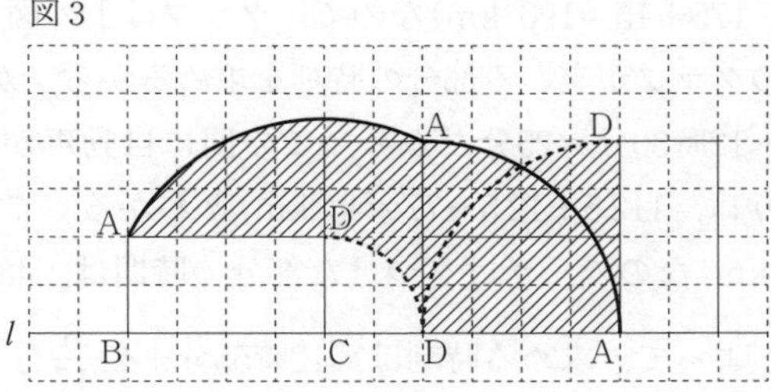

4 速さ，旅人算，グラフ

(1)　自動車とバスの進行のようすを図に表すと，右の図１のようになる(バスの太線部分は高速道路)。自動車が公園を出発してから２回目の休憩場所に着くまでの時間は，12時－８時＝４時間であり，ここから１回目の休憩時間を除くと，112.5kmを走るのにかかる時間は，４時間－15分＝３時間45分となる。よって，一般道での時速は，$112.5\div 3\frac{45}{60}=30$(km)と求められる。次に，バスが公園を出発してから高速道路の入口に着くまでの時間は，11時41分－10時45分＝56分であり，この間に走る道のりは，$30\times\frac{56}{60}=28$(km)だから，高速道路の入口から休憩場所までの道のりは，77－28＝49(km)とわかる。また，この区間を走る時間は，12時11分－11時41分＝30分なので，高速道路での時速は，$49\div\frac{30}{60}=98$(km)と求められる。

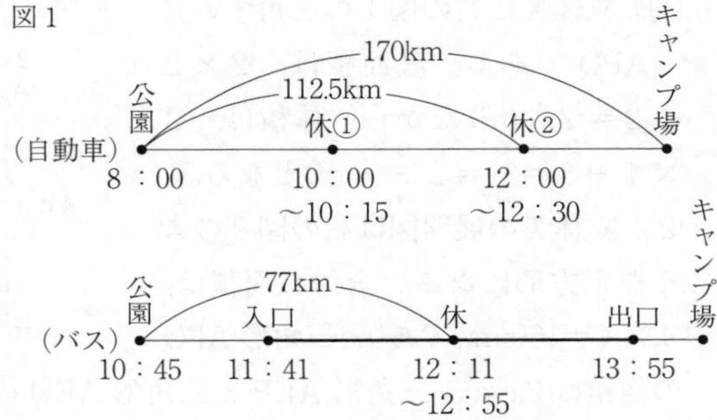

(2)　自動車について，２回目の休憩場所からキャンプ場までの道のりは，170－112.5＝57.5(km)だから，この区間を走る時間は，$57.5\div 30=\frac{23}{12}=1\frac{11}{12}$(時間)とわかる。$60\times\frac{11}{12}=55$(分)より，これは１時間55分となるので，自動車(およびバス)がキャンプ場に着く時刻は，12時30分＋１時間55分＝14時25分である。

(3)　自動車について，公園を出発してから１回目の休憩場所に着くまでの時間は，10時－８時＝２時間だから，この間に走る道のりは，30×２＝60(km)である。次にバスについて，休憩場所を出発してから高速道路の出口に着くまでの時間は，13時55分－12時55分＝１時間なので，この間に走る道のり

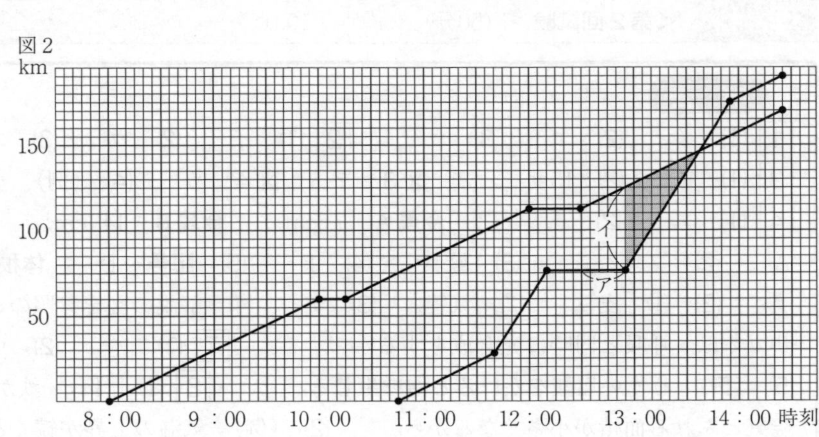

は，98×１＝98(km)である。また，高速道路の出口を出発してからキャンプ場に着くまでの時間は，14時25分－13時55分＝30分だから，この間に走る道のりは，$30\times\frac{30}{60}$＝15(km)と求められる。よって，公園から高速道路の出口までの道のりは，77＋98＝175(km)，公園からキャンプ場までの道のりは，175＋15＝190(km)なので，グラフは上の図２のようになる。

(4)　２つのグラフが交わる部分の時刻を求めるから，かげをつけた三角形に注目する。アの時間は，12時55分－12時30分＝25分だから，この間に自動車が走る道のりは，$30\times\frac{25}{60}$＝12.5(km)であり，イの道のりは，112.5＋12.5－77＝48(km)とわかる。また，かげをつけた部分での時速の差は，98－30＝68(km)なので，かげをつけた部分の時間は，$48\div68=\frac{12}{17}$(時間)，$60\times\frac{12}{17}=42\frac{6}{17}$(分)と求められる。よって，求める時刻は，12時55分＋$42\frac{6}{17}$分＝13時$37\frac{6}{17}$分である。

5　立体図形―分割，体積，展開図

(1)　立体Xは右の図１の三角すいE－APQである。底面積は，２×２÷２＝２(cm²)だから，体積は，$2\times4\div3=\frac{8}{3}=2\frac{2}{3}$(cm³)となる。

(2)　立体Xの展開図は右の図２のような正方形になる。全体の面積は，４×４＝16(cm²)であり，三角形APQの面積は２cm²，三角形AEPと三角形AEQの面積はどちらも，２×４÷２＝４(cm²)なので，三角形EPQの面積は，16－(２＋４×２)＝６(cm²)と求められる。

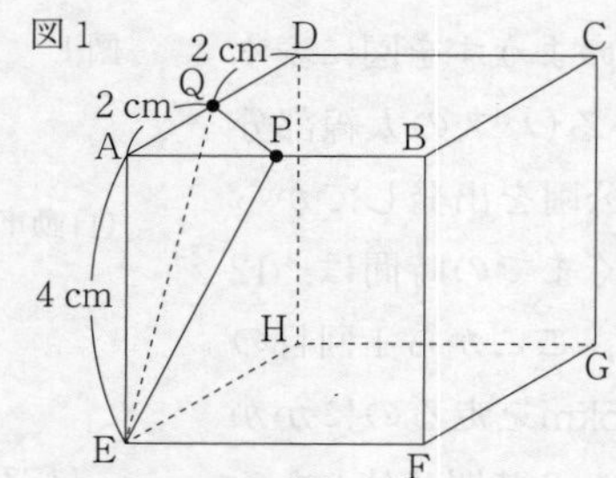

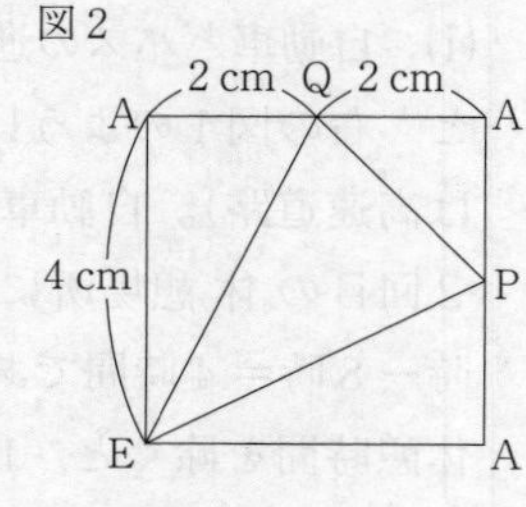

(3)　球の中心をOとすると，立体Xは４つの三角すいO－APQ，O－AEP，O－AEQ，O－EPQに分けることができる。また，これらの三角すいの高さはすべて球の半径と等しくなるから，球の半径を□cmとすると，４つの三角すいの体積の合計は，２×□÷３＋４×□÷３＋４×□÷３＋６×□÷３＝(２＋４＋４＋６)×□÷３＝$\frac{16}{3}$×□(cm³)と表すことができる。これが$\frac{8}{3}$cm³なので，$\frac{16}{3}$×□＝$\frac{8}{3}$より，□＝$\frac{8}{3}\div\frac{16}{3}=\frac{1}{2}$(cm)と求められる。

理　科　<第２回試験>（50分）<満点：100点>

解　答

1 (1)　イ　(2)　エ　(3)　ウ　**2** (1)　イ　(2)　ウ　(3)　エ　(4)　ア，エ
3 (1)　イ　(2)　15度　(3)　**図３**…ア　**図４**…カ　(4)　(例)　全体が暗くなる。
4 (1)　エ　(2)　イ　(3)　**金属Ａ**…7.5cm³　**金属Ｂ**…14.1cm³　(4)　0.04ｇ　**5** (1)　Ａ　(2)　プロパン　(3)　酸素　(4)　Ｆ　(5)　**記号**…Ｄ　**体積**…15mL　**6** (1)　ア　(2)　①　皮ふ　②　気管　(3)　ア　(4)　解説の図を参照のこと。　(5)　(例)　アサガオは，呼吸と同時に光合成をするから。　**7** (1)　エ　(2)　ウ　(3)　イ　(4)　ア　(5)　(例)　うすい塩酸をかけると泡を生じる。　**8** (1)　(例)　鉄がかたまりになることで，空気とふれる面積が小さくなるから。　(2)　(例)　気温の上昇が続くと海水温も上昇し，海水に溶ける二酸化炭素の量も減り，それが大気中にたまっていくから。

解　説

1 放送問題

(1)　ステンレスは酸素と反応しにくいため，加熱しても重さが変化しないステンレス皿を用いる。

(2)　マグネシウムをガスバーナーで加熱すると，マグネシウムが飛びはねることがあって危険なため，ステンレス皿の上に金あみをのせておく。

(3)　マグネシウム2.4gの加熱をくり返すと，重さは4.0gから変わらなくなったから，マグネシウム2.4gがすべて酸素と結びついたとき，結びついた酸素の重さは，4.0－2.4＝1.6(g)とわかる。また，2.4gのマグネシウムを５分間加熱するごとに0.4gずつ重くなっていったので，10分間加熱したあとに増えた重さは，$0.4\times\frac{10}{5}=0.8$(g)となり，このとき結びついた酸素の重さは0.8gとわかる。よって，10分間で酸素と反応したマグネシウムの割合は，$\frac{0.8}{1.6}\times100=50$(%)と求められる。

2 電磁石についての問題

(1)　右手の親指以外の４本の指を電流の向きに合わせてコイルをにぎるようにもったとき，親指の向きがＮ極になる。

(2)　電磁石の強さを強くするには，コイルの巻き数を増やし，コイルの中に入れる鉄の棒を太くし，流れる電流を大きくすればよい。コイルに流れる電流は，かん電池を直列につなぐと大きくなるが，かん電池を並列につないでも変わらない。

(3)　磁力を帯びたくぎを缶(かん)の中に入れ，缶をふってくぎにしょうげきをあたえると，くぎの磁力が弱まり，やがてなくなる。

(4)　図２で，くぎの頭部は磁石のＮ極に引きつけられているので，Ｓ極になり，くぎの先はＮ極になる。また，Ｎ極とＳ極の間には引き合う力がはたらき，Ｎ極とＮ極の間にはしりぞけあう力がはたらく。よって，図４で，くぎをのせた発泡(はっぽう)スチロールが横向きの状態から反時計回りに45度回るのは，アのようにくぎの頭部(Ｓ極)に棒磁石のＮ極を図の左下から近づけたときと，エのようにくぎの先(Ｎ極)に棒磁石のＮ極を図の右下から近づけたときである。

3 潜(せん)望鏡の見え方についての問題

(1)　図１の潜望鏡を進む光の道すじは下の図①のようになり，上から入った光が上に見え，下から入った光が下に見える。よって，上の窓の下半分を黒い紙でおおうと，景色の下半分が見えなくなる。

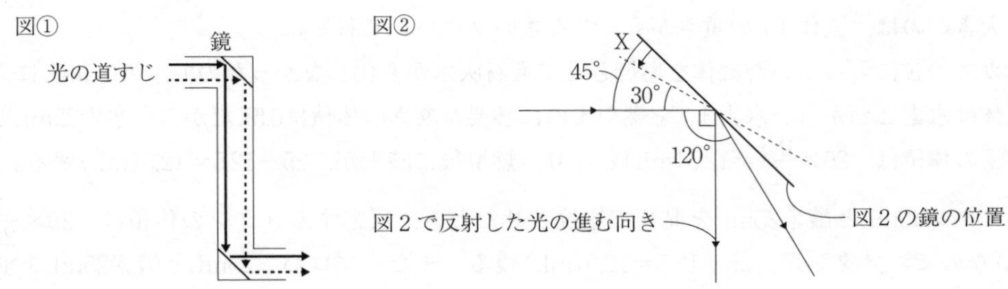

(2)　光と鏡の間の角度は，図２のとき，(180－90)÷２＝45(度)，図５のとき，(180－120)÷２＝30(度)である。すると，図２と図５で，光の進む向きは上の図②のようになる。よって，鏡をかたむけた角度Ｘは，45－30＝15(度)である。

(3)　**図３**…実際の風景が鏡で反射するときのようすは，下の図③のようになる。よって，アのように上下左右が反対になって見える。
…実際の風景が鏡で反射するときのようすは，右の図④のようになる。したがって，カのように左に90度回転して見える。

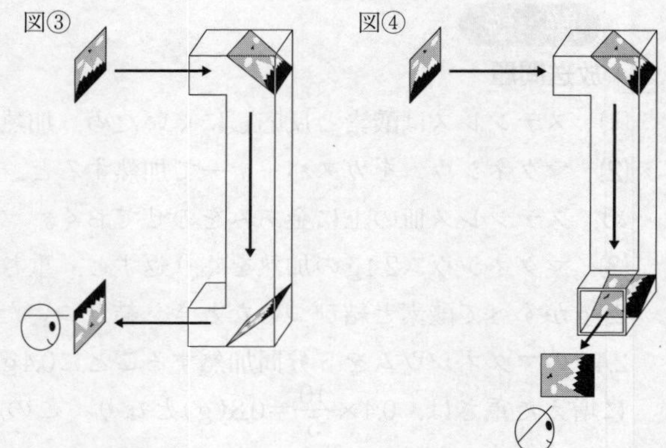

(4)　対物レンズの中心部を黒い紙でおおうと，対物レンズを通る光の量が減るから，見える景色は暗くなるが，見える景色の形は変わらない。

4　金属と水溶液の反応についての問題

(1)　アルミニウムにうすい塩酸や水酸化ナトリウム水溶液を加えると，アルミニウムが溶けて水素が発生する。マグネシウムにうすい塩酸を加えると，マグネシウムが溶けて水素が発生するが，水酸化ナトリウム水溶液を加えても反応しない。また，銅にうすい塩酸や水酸化ナトリウム水溶液を加えても反応しない。これより，金属Ａはマグネシウム，金属Ｂはアルミニウム，金属Ｃは銅とわかる。

(2)　この実験では水素が発生する。水素は燃える気体なので，火を近づけてはいけない。

(3)　塩酸30cm^{3}と過不足なく反応する金属Ａの重さは，１$-0.2=0.8$(g)である。よって，残った金属A0.2gを溶かすのに必要な塩酸の体積は，$30\times\frac{0.2}{0.8}=7.5$(cm^3)になる。また，塩酸30cm^{3}と過不足なく反応する金属Ｂの重さは，１$-0.32=0.68$(g)である。したがって，残った金属B0.32gを溶かすのに必要な塩酸の体積は，$30\times\frac{0.32}{0.68}=14.11$…より，14.1cm^{3}となる。

(4)　金属Ａ0.32gと過不足なく反応する塩酸の体積は，$30\times\frac{0.32}{0.8}=12$(cm^3)だから，反応後に残る塩酸の体積は，$24-12=12$(cm^3)である。塩酸12cm^{3}と過不足なく反応する金属Ｂの重さは，$0.68\times\frac{12}{30}=0.272$(g)なので，金属Ｂを0.23g入れたあと，さらに溶かすことができる金属Ｂの重さは，$0.272-0.23=0.042$より，0.04gと求められる。

5　気体の燃焼についての問題

(1)　酸素１Lの重さは1.56gだから，酸素50mLの重さは，$1.56\times\frac{50}{1000}=0.078$(g)となる。よって，酸素缶はガス缶Ａとわかる。

(2)　ガス缶Ｄ，ガス缶Ｅ，ガス缶Ｆからそれぞれ25mLずつ気体を出したとき，重さの変化がもっとも大きいのは，気体１Lの重さがもっとも重いプロパンである。

(3)　ガス缶Ｅに入っていた気体を燃焼させても石灰水が変化しなかったので，ガス缶Ｅに入っていた気体は水素とわかる。水素１Lを燃やすのに必要な酸素の体積は0.5Lだから，水素25mLと反応する酸素の体積は，$25\times\frac{0.5}{1}=12.5$(mL)となり，燃焼後に酸素が，$25-12.5=12.5$(mL)残る。

(4)　メタン25mLと酸素25mLを混ぜて燃焼させたとき，反応するメタンの体積は，$25\times\frac{1}{2.0}=12.5$(mL)なので，メタンが，$25-12.5=12.5$(mL)残る。また，プロパン25mLと酸素25mLを混ぜて燃焼させたとき，反応するプロパンの体積は，$25\times\frac{1}{5.0}=5$(mL)だから，プロパンが，$25-5=20$(mL)残る。表３より，燃焼後の気体の体積が20.0mLのガス缶Ｄにはプロパン，燃焼後の気体の体積が12.5mLのガス缶Ｆにはメタンが入っていることがわかる。プロパン20.0mLの重さは，$2.15\times\frac{20.0}{1000}=0.043$(g)，ガス缶Ｅに入っていた水素を燃焼させたときに残った酸素12.5mLの重さは，1.56

$\times\frac{12.5}{1000}=0.0195$(g)，メタン12.5mLの重さは，$0.78\times\frac{12.5}{1000}=0.00975$(g)となる。よって，燃焼後に残る気体の重さがもっとも小さいものはガス缶Ｆである。なお，ここでは発生した二酸化炭素はすべて石灰水に溶けたものとして考えた。

(5)　ガス缶Ｄではプロパン５mLが燃焼しており，このときに発生する二酸化炭素の体積は，$5\times\frac{3}{1}=15$(mL)である。また，ガス缶Ｆではメタン12.5mLが燃焼しており，このときに発生する二酸化炭素の体積は，$12.5\times\frac{1}{1}=12.5$(mL)である。よって，燃焼後に発生した二酸化炭素の量がもっとも多いのはガス缶Ｄで15mLとなる。

6　生物の生態やからだのつくりについての問題

(1)　ネズミが呼吸を行うとき，空気に含まれる酸素は，気管→気管支→肺胞の順に送られ，肺胞のまわりにはりめぐらされた毛細血管を流れる血液中に取りこまれる。

(2)　イモリは両生類で，両生類は子のときはエラと皮ふ，親になると肺と皮ふで呼吸する。また，バッタは昆虫類で，昆虫類は胸部や腹部にある気門から空気を体内に取りこみ，気管で呼吸する。

(3)　アはエラ，イは貝柱，ウはしん弁(口のあたり)，エは出水管と入水管，オはあしである。

(4)　フナは魚類で，魚類はエラで呼吸している。口から吸いこんだ水がエラを通過するときに，水に溶けている酸素を血液中に取りこみ，その後，えらぶたから水を排出する。よって，右の図のようになる。

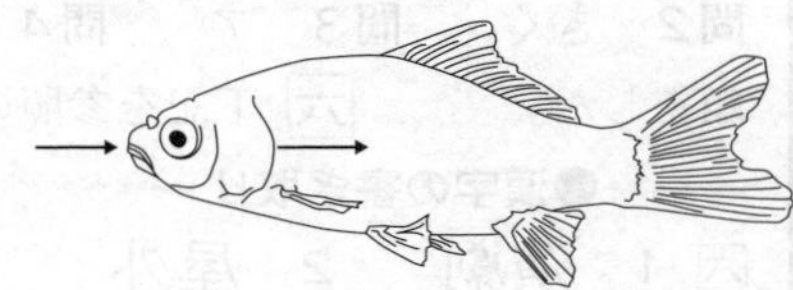

(5)　アサガオのような植物は，呼吸を行うだけでなく，二酸化炭素を吸収し，光のエネルギーを利用して光合成を行っている。明るい部屋ではアサガオが呼吸で放出する二酸化炭素の量より，光合成で吸収する二酸化炭素の量の方が多いと考えられる。したがって，箱の中の空気を石灰水にとおしても，石灰水は白くにごらない。

7　岩石のつくりについての問題

(1)　岩石のように，動かせるものをルーペで観察するときは，ルーペを目に近づけてもち，岩石を前後に動かして観察する。

(2)　岩石Ａは，ほぼ同じ大きさの鉱物によってできている等粒状組織になっているので，深成岩である。深成岩は，マグマが地下深いところで長い時間をかけて冷え固まってできる。

(3)　岩石Ｂの色は全体に黒っぽいから，ねばりけが弱いマグマによってできたと考えられる。ねばりけが弱いマグマによってできる火山の形は，けいしゃがゆるやかなたて状になる。

(4)　フズリナは古生代の示準化石である。示準化石には，限られた時代に，広い地域に分布していた生物の化石が用いられる。

(5)　石灰岩に塩酸をかけると，二酸化炭素を出しながら溶けるので，石灰岩かどうかを確かめられる。

8　鉄の燃焼と大気中の二酸化炭素についての問題

(1)　鉄の粉やスチールウールに比べて，鉄製のくぎは表面積が非常に小さく，空気(酸素)とふれる面積が小さくなるので，ライターの火を近づけても燃焼しない。

(2)　グラフより，水温が高くなると，溶ける二酸化炭素の量が減少することがわかる。温暖化によって気温上昇が続くと，海水の温度が上昇するので，海水に溶ける二酸化炭素の量が減少する。すると，溶けきれなくなった二酸化炭素が大気中に出てくるので，温暖化がさらに進むことになる。

国　語　＜第２回試験＞（60分）＜満点：120点＞

解　答

一　問１　観光牧場　　問２　ウ　　問３　１　イ　　２　イ　　３　ア　　二　問１　イ
問２　（例）　悟は鳩レースを人間の勝手で鳩の命を左右するひどいことではないかと考えているが，父はそれも含めて，苦しみを引き受けて行うのが鳩レースであると考えている。　問３　ア　　問４　エ　　問５　イ　　問６　イ　　問７　エ　　三　問１　Ａ　イ　Ｂ　ア
問２　（例）　なるべくいろいろな人の言葉に耳を傾けて応答すること。　問３　ア　　問４　イ　　問５　（例）　他者との関係にある異質性や自分が気に入らない状況を我慢し，受け入れること。　問６　Ⅱ　　問７　ウ　　四　問１　イ　　問２　生命　　問３　ア　　問４　エ
問５　（例）　実際に触った「桜」の名前を出すと，桜の花の特徴を含む豊かな表現になって，より具体的なイメージが伝わりますよ。また，芽の感触の特徴がもっとはっきり伝わるように，硬さと柔らかさがどのような感じだったのか，もう一度考えてみましょう。　五　問１　イ
問２　きく　　問３　ア　　問４　（例）　オーディションを通った彼女は狐につままれたような顔をした。　六　下記を参照のこと。

●漢字の書き取り

六　１　演劇　　２　屋外　　３　紀行　　４　郵便　　５　刷(る)

解　説

一　放送問題

問１　動物を飼育するだけでなく，動物たちをいかしたさまざまな遊びやイベントで，訪れた観光客を楽しませる「観光牧場」だと説明されている。

問２　この牧場で楽しめる活動のうち，人に慣れたおだやかな羊と園内を散歩することは，小さな子どもに人気があると述べられている。

問３　１　シープドッグショーは，羊飼いの笛によって牧羊犬が羊の群れを追い立てるショーであり，羊飼いの笛で羊が移動するわけではないため，誤っている。　２　レストランでは園内で育てられた野菜のバーベキューを楽しむことができるが，食材は全て園内のもので自給自足をしているという説明はないため，誤りである。　３　この牧場では「見る」「ふれあう」「あじわう」体験を楽しむことができると説明されており，正しい。

二　出典は関口尚の『はとの神様』による。悟は，ライツィハーという自分たちの鳩をレースに出すために放鳩地点であるスキー場にやってきた。鳩レースに対して迷いもあった悟だが，飛び立つ鳩たちの姿を見て涙をうかべる。

問１　ぼう線①の「の」は，「が」で言いかえられる。同じように「が」で言いかえられるのは，イである。

問２　直前の悟の言葉に注目すると，悟は，レースに出る鳩は絶対に帰ってこられるわけではなく，死んでしまうこともあるのだから，人間はひどいことをしているのではないかと考えていることがわかる。それに対して父は，悲しみや心の痛みもみんな自分で引き受けるのが鳩レースだと話している。

問３　直後に父が「実はおれもよくわかってねえ」と言っている。父は，悟に鳩レースでは「エゴを飛ばしてるんだ」と言ってみたものの，自分もよくわかっていないので，恥ずかしくて苦笑いしたのだと考えられる。

問４　「ざらざらと」という表現から，父から聞いた「エゴを飛ばす。飛ばすからには全部引き受ける」といった言葉が悟の心にひっかかっていることが読み取れる。言葉の意味はわからないが，気になっているのである。

問５　空らんの前に「飛びたくて」とあるので，“あることをしたくてじっとしていられないようす”を表す「うずうず」があてはまる。

問６　直前に注目する。悟は，いっせいに飛ぶべき方角を見定め本能に従って突き進む鳩たちのようすを見て，「なんて健気で美しい姿なんだろう」と感動している。よって，イがふさわしい。

問７　八千羽の鳩が飛び出していく場面に，「空が一瞬にしてかき曇り，羽の音が空気を震わせる」とある。また，ライツィハーが飛び立った場面に「激しくはばたくと灰色と白が交互に見えた」とあり，鳩の羽ばたくようすが力強く表現されている。よって，エが選べる。

三　**出典は菅野仁の『友だち幻想―人と人の〈つながり〉を考える』による。**筆者は，他者との関係を深めるためには「受身の立場」をとることが大事だが，それを阻害するような言葉があると説明している。

問１　**A**　「相手が自分に働きかけてくれることに対して，それなりにきちんとレスポンスできる」ことが大事だと述べた後で，「きちんとした受身のレスポンスをとることをいつのまにか阻害する働きをしてしまう言葉」があると述べているので，前のことがらを受けて，それに反する内容を述べるときに用いる「しかし」があてはまる。　**B**　「ムカツク」や「うざい」という言葉について，直前では「自分の中に～非常に便利な言語的ツール」であると述べ，直後で「自分にとって～遮断してしまう言葉」であると言いかえているので，前に述べた内容を言いかえるときに用いる「つまり」がふさわしい。

問２　他者との関係を深めるためには，「受身の立場」つまり相手の働きかけに対して応答できることが大切であり，「なるべくいろいろな人の言葉に耳を傾ける」ことが関係づくりのバランスを鍛えると述べられている。したがって，ぼう線①は「なるべくいろいろな人の言葉に耳を傾けて応答すること」のようにまとめる。

問３　自分にとって異質なものに対して，根拠もなく感情のままに即座に拒否することをあらわす言葉なので，“深く考えずに”という意味の「安易」があてはまる。

問４　空らんＸの直前に，「ムカツク」や「うざい」という言葉は，「自分にとって異質なものに対して端的な拒否をすぐ表明できる」言葉だと述べられているので，イが合う。

問５　ぼう線③の二つ前の文に，「自分が気に入らない状況やまるごと肯定してはくれない他者に対してある程度耐性が出来上がったよう」だと述べられている。したがって，「自分が気に入らない状況や他者との間にある異質性を我慢し，受け入れること」のようにまとめる。

問６　もどす文に，「なおさら非常に問題を孕んだ言葉になる」とあることに注目する。筆者はⅠの前で，「コミュニケーション阻害語」は，「自分と相手の双方向のまなざしが自分自身のなかで交差することを，著しく阻害する危険性がある」と述べている。さらに，Ⅱの前で，それらの言葉は「自分にとって異質なものに対して端的な拒否をすぐ表明できる」という問題点もつけ加えているので，Ⅱに入れると文意が通る。

問７　筆者は，他者との関係を築くために重要な「受身の立場」をとることを阻害する言葉を「コミュニケーション阻害語」と名づけ，本文全体を通してそれらの言葉の持つ問題点について説明している。

四　俳句の鑑賞

問１　「欠伸(あくび)うつして」には，おどけたようなおもしろさという意味の「滑稽(こっけい)」があう。

問２　直前にあるように，擬人法(ぎじんほう)によって「たくさんの枝が空に向かって勢いよく広がっている」ようすが表現されている。そこから，紅梅の力強さ，生命力が感じられる。

問３　直後に「何やら深刻な言葉をささやいているように思われます」とあることから，差しせまったようすをあらわす「緊迫した」が合う。

問４　七夕の雨ということで，織姫(おりひめ)と彦星(ひこぼし)が会えないという特別な意味を持つようになる。よって，エがふさわしい。

問５　木の芽に手を伸(の)ばしてふれてみたら，硬(かた)さと柔(やわ)らかさを感じた，という俳句である。最初に詠(よ)んだ句とつくり直した句を比べて，どこがどのように変わったかに注目すると，最初は「木の芽(こ)」だったのが「桜の芽」となり木の名前が具体的になっていることがわかる。さらに，「硬くて」は「引き締(し)まりたる」，「柔き」は「しなやかに」と言いかえられていることから，どのようなアドバイスがあったのかを考える。

五　四字熟語の知識，慣用句の完成，敬語の知識，慣用句の知識

問１　「同工異曲」は，“外見は違(ちが)っているようだが，中身は同じである”という意味。

問２　「目がきく」は，“ものの良(よ)し悪(あ)しを見分けられる”という意味。「顔がきく」は，“信用や力があって，相手に無理を言える”という意味。

問３　自分や自分の身内をへりくだって言うときに使う「いただく」を，「先生」の動作に対して使っているアがふさわしくない。

問４　「狐(きつね)につままれる」は，“意外なことが起こって，状況が飲みこめずぽかんとする”という意味。

六　漢字の書き取り

1　俳優(はいゆう)が舞台の上で，脚本(きゃくほん)に従って言葉や動作で演じ，観客に見せる芸術。　**2**　建物の外。　**3**　旅行中の体験や感想などを書き記した文章。　**4**　手紙や荷物などをあて先の人に送り届ける事業。　**5**　音読みは「サツ」で，「印刷」などの熟語がある。

2022年度　芝浦工業大学附属中学校

〔電　話〕　(03)3520－８５０１
〔所在地〕　〒135－8139　東京都江東区豊洲６－２－７
〔交　通〕　東京メトロ有楽町線 ―「豊洲駅」より徒歩７分
ゆりかもめ ―「新豊洲駅」より徒歩１分

【算　数】〈第１回試験〉（60分）〈満点：120点〉

〈編集部注：**1**のスクリプトには右のＱＲコードからアクセス可能です。〉

〔注意〕１．**1**は聞いて解く問題です。聞いて解く問題は，試験開始後すぐに放送します。
２．**3**以降は，答えだけではなく式や考え方を書いてください。式や考え方にも得点があります。
３．定規(じょうぎ)とコンパスを使用してもかまいませんが，三角定規と分度器を使用してはいけません。
４．作図に用いた線は消さないでください。
５．円周率が必要な場合は，すべて3.14で計算してください。

1　この問題は聞いて解く問題です。

聞いて解く問題は全部で(1)と(2)の２題です。(1)は１問，(2)は①と②の２問があります。問題文の放送は１回のみです。問題文が流れているときはメモを取ってもかまいません。ひとつの問題文が放送された後，計算したり，解答用紙に記入したりする時間は１分です。聞いて解く問題の解答は答えのみを書いてください。ただし，答えに単位が必要な場合は必ず単位をつけてください。

2　次の各問いに答えなさい。ただし，答えのみでよい。

(1)　$\frac{1}{7}\times\left(\frac{11}{5}-\frac{11}{12}\right)+0.85\div\frac{1}{3}-2\frac{1}{3}$　を計算しなさい。

(2)　□にあてはまる数を求めなさい。

$$\left(\frac{1}{10\times11}+\frac{1}{11\times12}\right)=\square\times\frac{3}{20}-1\frac{1}{3}$$

(3)　ある列車は長さ150ｍのホームを通過するのに25秒かかります。また，ホームに立っている人を通過するのに10秒かかります。このとき，列車は時速何kmですか。

(4)　右の図のように，半径４cmの円が３つあります。真ん中の円の中心で左右の２つの円が１点で交わっています。このとき，斜線(しゃせん)部分の周の長さを求めなさい。

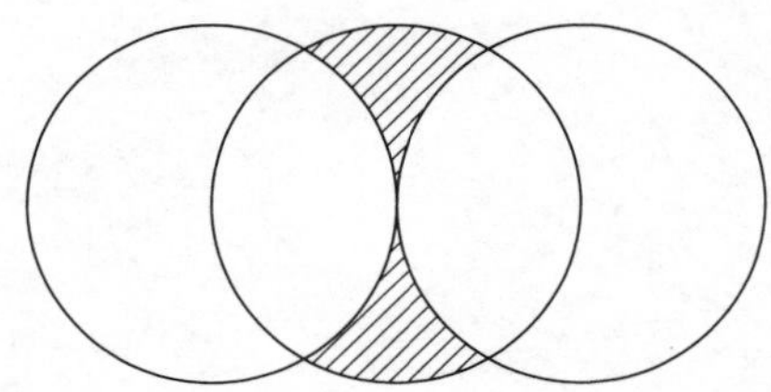

3 次の各問いに答えなさい。

⑴　１から５までの５つの数字を使って４桁（けた）の暗証番号を作るとき，２つの数字をそれぞれ２回ずつ使うような暗証番号は何通りできますか。

⑵　ある本を１日目に全体の$\frac{1}{6}$より10ページ多く読み，２日目は１日目の半分を読みました。３日目は２日目よりも１ページ少なく読んだところ，残りのページは全体の$\frac{3}{5}$でした。この本は全部で何ページですか。

⑶　全校生徒1000人で生徒会長を１人決めます。この選挙にA，B，Cの３人が立候補しました。開票率が48％の時点で，Bさんは開票された票のうち40％の票を獲得し，Aさんの票数からCさんの票数を引くと30票であることが分かりました。この後，Cさんが確実に当選するために必要な票数は最低あと何票ですか。

⑷　右の図において，直角三角形ABCを直線ℓを軸（じく）として１回転させたときにできる立体の体積を求めなさい。
ただし，（円すいの体積）＝（底面の面積）×（高さ）÷３です。

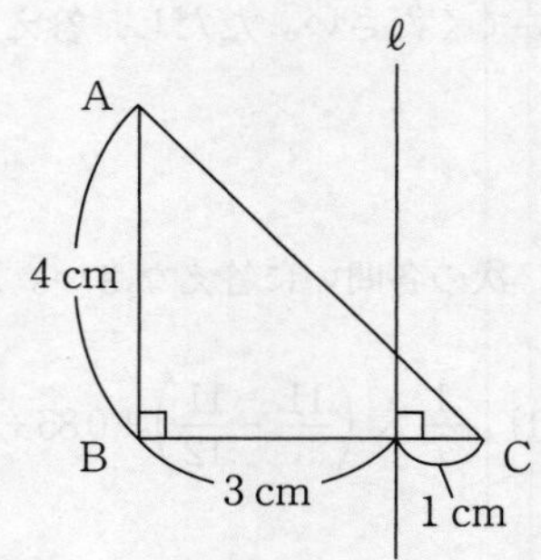

⑸　右の図は辺の長さが等しい２つの正方形です。正方形ABCDがもう一方の正方形の周りを矢印の方向にすべることなくもとの位置まで転がります。
辺ABの通過した部分を作図しなさい。（この問題は答えのみでよい）

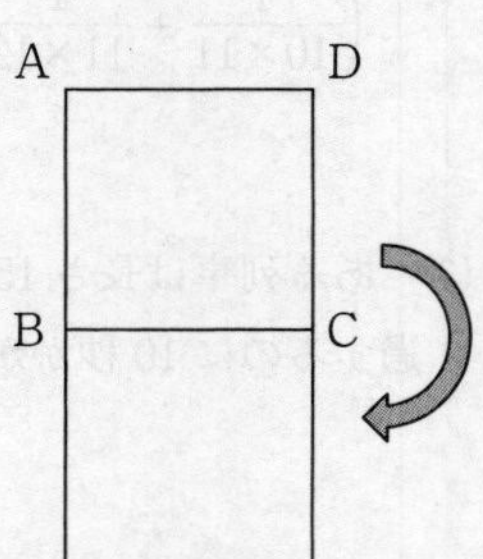

4 右の図のように，ＡからＢまでの道があり，Ｃからには橋がかかっています。図の距離は正確ではありません。この橋を渡るには２つのルールがあります。

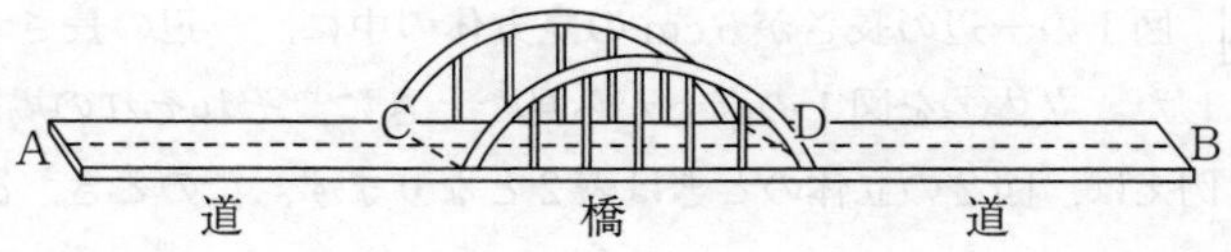

ルール① 橋は１人しか渡れません。誰かが橋を渡っているときに橋に到着したら渡っている人が渡りきるまでその場で待機します。

ルール② 橋を渡っているときの速さは道を歩く速さの半分になります。

芝田くんはＡを，田浦さんはＢをそれぞれ同時に出発します。芝田くんはＢまで行き，Ａに戻ってきます。田浦さんはＡまで行き，Ｂに戻ってきます。下のグラフは田浦さんのＢからの距離と出発してからの時間の関係を表しています。芝田くんの歩く速さが田浦さんより速いとき，次の各問いに答えなさい。

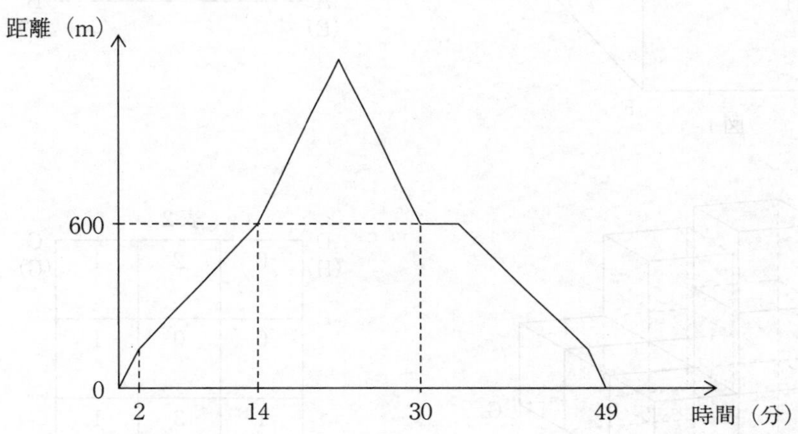

⑴ 田浦さんの橋を歩く速さは分速何ｍですか。

⑵ AC 間の道，BD 間の道，橋の長さをそれぞれ求めなさい。

⑶ 芝田くんの橋を歩く速さは分速何ｍですか。

⑷ 芝田くんのＡからの距離と出発してからの時間の関係をグラフに表しなさい。必要に応じてメモリを記しなさい。

5 図１の一辺の長さが６cmの立方体の中に，一辺の長さが２cmの立方体を積み上げて立体㋐を作りました。立体㋐を図１の真上から見たときに，それぞれの場所に積まれた立方体の個数を表１に表します。例えば，図２の立体のときは表２となります。このとき，次の各問いに答えなさい。

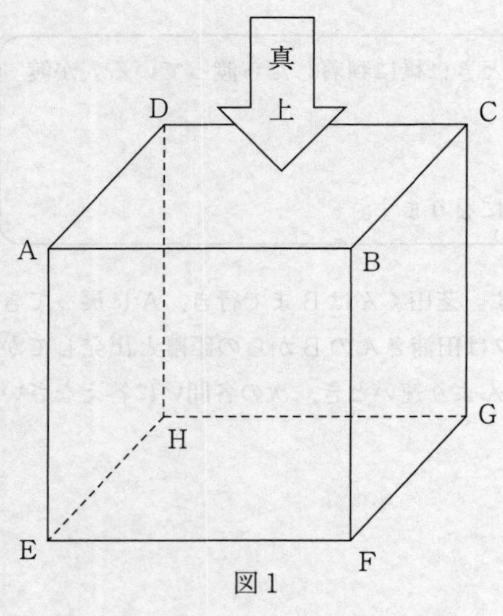

図１

表１

D (H) ／ C (G) 上側，A (E) ／ B (F) 下側

3	1	3
2	2	1
0	1	2

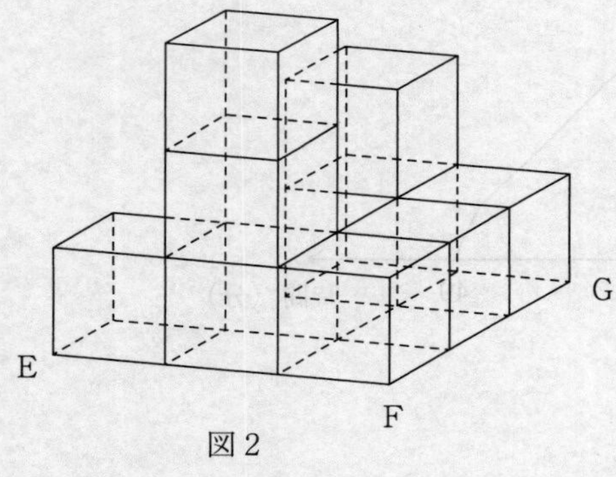

図２

表２

D (H) ／ C (G) 上側，A (E) ／ B (F) 下側

0	2	1
0	0	1
1	3	1

(1)　立体㋐の表面積を求めなさい。

(2)　立体㋐を３点Ｂ，Ｃ，Ｅを通る平面で切断したとき，大きい方の立体の体積を求めなさい。

(3)　(2)で体積を求めた立体をさらに，３点Ｂ，Ｆ，Ｈを通る平面で切断したとき，大きい方の立体の体積を求めなさい。ただし，(三角すいや四角すいの体積)＝(底面の面積)×(高さ)÷３です。

【理　科】〈第１回試験〉（50分）〈満点：100点〉

〈編集部注：1のスクリプトには右のＱＲコードからアクセス可能です。〉

〔注意〕1は聞いて解く問題です。聞いて解く問題は，試験開始後すぐに放送します。

1 この問題は聞いて解く問題です。

聞いて解く問題は全部で３題です。問題文の放送中にメモを取っても構いません。ひとつの問題文が放送された後、解答用紙に記入する時間は15秒です。聞いて解く問題の解答は答えのみを書いてください。

(1) 実験に関する説明を聞き、あとの問いに答えなさい。

ア．電池の消耗が激しくなるから。

イ．導線がすぐに熱くなり、やけどをしてしまうから。

ウ．電池と導線がくっついて、離れなくなってしまうから。

(2) **（図）**の電池、豆電球Ｘ～Ｚ、スイッチ、電流計を用いて回路をつくります。回路のつくり方の説明を聞き、①、②の問いに答えなさい。ただし、豆電球Ｘ～Ｚはすべて同じものを使用します。

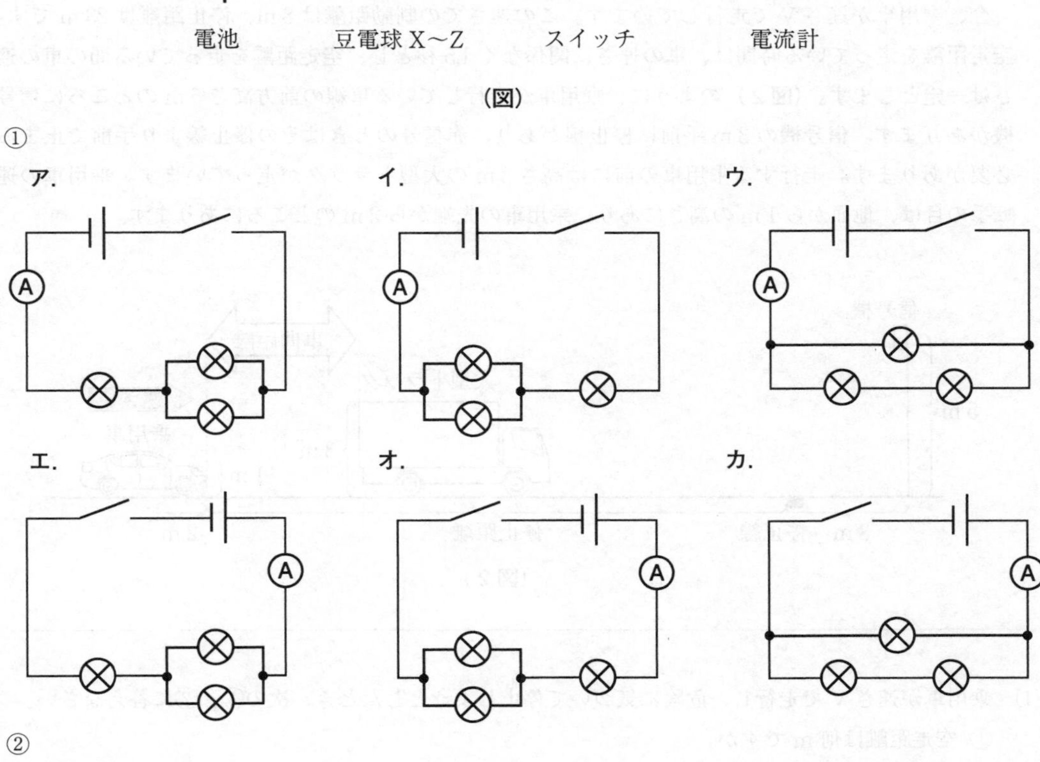

（図）

②

ア．明るい　　**イ**．変わらない　　**ウ**．暗い

2 次の文を読み、あとの問いに答えなさい。

（図１）のように、自動車の運転手が危険に気づいた地点から、ブレーキを踏(ふ)み、止まるまでの距離(きょり)を停止距離といいます。停止距離は空走距離と制動距離の和で求めることができます。空走距離とは、運転手が危険に気づいてから、ブレーキを踏み、ブレーキがきき始めるまでの間に車が走る距離のことです。制動距離とは、ブレーキがきき始めてから車が止まるまでに走る距離です。

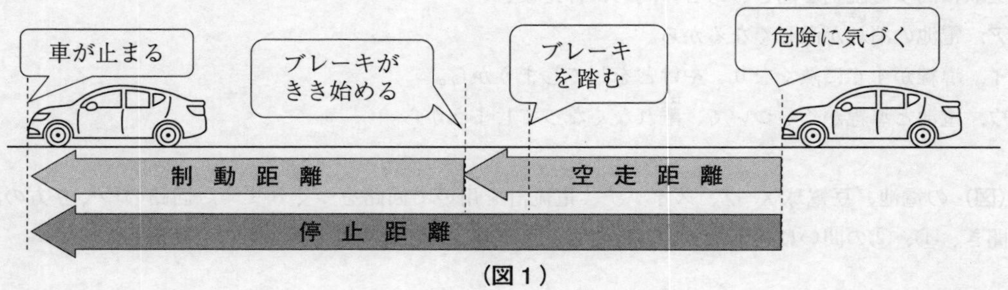

（図１）

今、乗用車が速さＶで走行しています。この速さでの制動距離は８m、停止距離は23mです。空走距離を走っている時間は、車の速さに関係なく1.5秒とし、空走距離を走っている間の車の速さは一定とします。**（図２）**のように、乗用車が走行している車線の前方高さ５mのところに信号機があります。信号機の３m手前に停止線があり、赤信号のときはその停止線より手前で止まる必要があります。走行する乗用車の前には高さ３mの大型トラックが走っています。乗用車の運転手の目は、地面から１mの高さにあり、乗用車の先端(せんたん)から２mのところにあります。

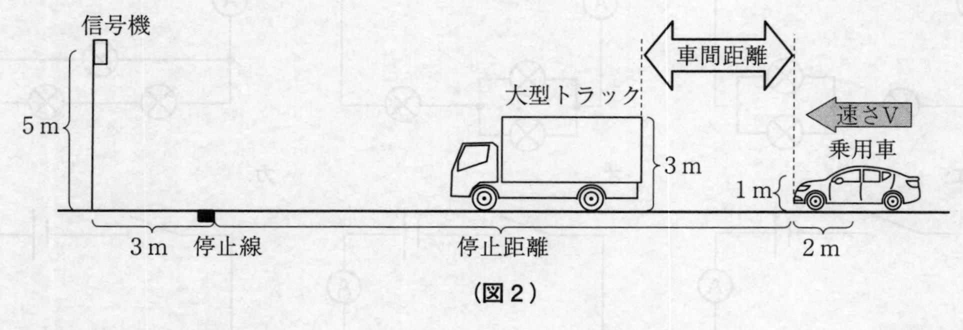

（図２）

(1) 乗用車が速さＶで走行し、危険に気づいて停止しようとしたとき、次の①、②に答えなさい。

① 空走距離は何mですか。

② 乗用車の速さＶは毎秒何mですか。

(2) 速さＶで走行している乗用車に乗る運転手が、黄色信号に気づきブレーキをかけたところ、車の前面が停止線の位置に止まりました。次の①、②に答えなさい。ただし、前方を走る大型トラックは信号機を通過するものとします。

① 運転手が黄色信号に気づいたとき、運転手の目から信号機までの地面と平行な距離は何ｍ必要ですか。

② 運転手が黄色信号に気づいたとき、大型トラックと乗用車との車間距離は何ｍ以上あいていましたか。

(3) 実際の道路では、乗用車の前に大型トラックが走っていても信号機が見えるように工夫がされています。信号機を設置する上で、どのような工夫がされていますか。20字以内で答えなさい。

3 家庭用エアコンでの冷房(ぼう)運転のしくみについて次の文を読み、あとの問いに答えなさい。

① エアコンは「室内機」と「室外機」の２つで構成されている。
② 室内機と室外機を結ぶパイプの中には、冷媒(れいばい)と呼ばれる物質が移動している。
③ 冷媒は圧縮機を通ると、圧縮されることで温度がとても高くなる。また同様に、減圧機を通ると、<u>膨張(ぼうちょう)されることで温度がとても低くなる。</u>
④ 低温の冷媒によって冷やされた室内機の中にある熱交換(かん)機で、室内の空気から熱がうばわれることで冷風が作られる。
⑤ ①～④の内容をまとめて示したのが **(図)** である。

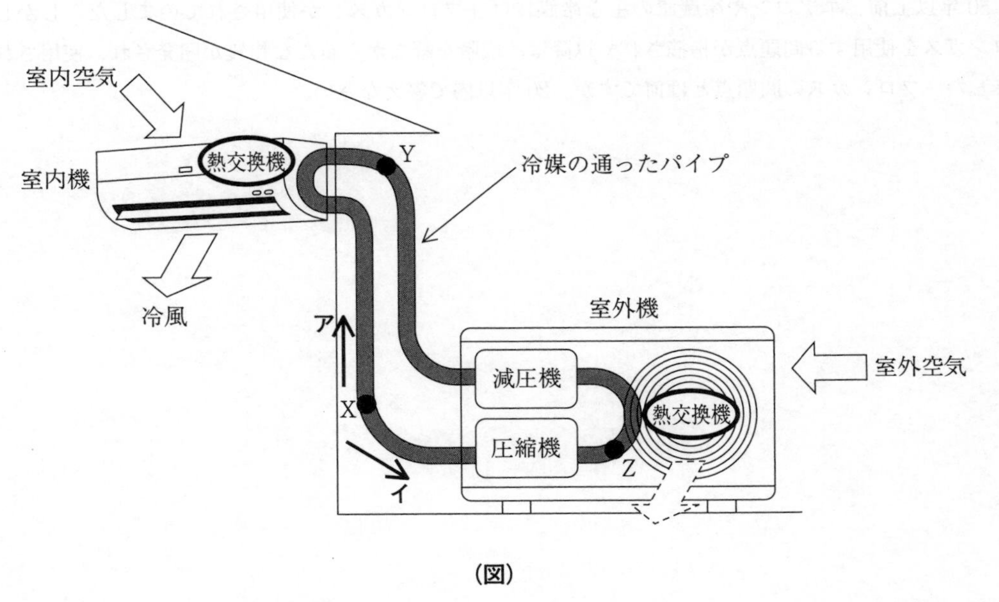

(図)

(1)　**(図)** のＸ点を移動する冷媒の向きはどちらですか。**(図)** の**ア**、**イ**から選び記号で答えなさい。

(2)　文中の下線部にあてはまる現象はどれですか。**ア**～**ウ**から選び記号で答えなさい。

ア．注射を打つ前に、腕(うで)をアルコールで消毒するとヒンヤリした。

イ．地表付近の空気が上昇(しょう)気流によって上昇し、雲ができた。

ウ．氷水を入れた金属製のコップの表面に水てきがついた。

(3)　**(図)** のＸ点に比べて、Ｙ点とＺ点のそれぞれの温度が高いか低いかを正しく示しているのはどれですか。**ア**～**エ**から選び記号で答えなさい。

	Ｙ点	Ｚ点
ア	高い	高い
イ	低い	低い
ウ	高い	低い
エ	低い	高い

(4)　室外機の熱交換機に取り込まれた室外空気について、正しいものはどれですか。**ア**～**ウ**から選び記号で答えなさい。

ア．熱が奪われて、冷風として放出される。

イ．熱を受け取って、温風として放出される。

ウ．パイプ内の冷媒に取り込まれて室内へ移動するので、室外機からは放出されない。

(5)　30年以上前、エアコンや冷蔵庫の主な冷媒には「フロンガス」が使用されていました。しかし、フロンガスを使用する問題点が指摘(てき)されて以降は、段階を経ながら新たな物質が開発され、使用されてきました。フロンガスの問題点とは何ですか。20字以内で答えなさい。

4 次の文を読み、あとの問いに答えなさい。

〔実験準備〕

（図１）のように電子てんびんにビーカーを置いてから「0表示」ボタンを押した。その後、**（図２）**のようにビーカーに水を50.00ｇになるまで加えた。

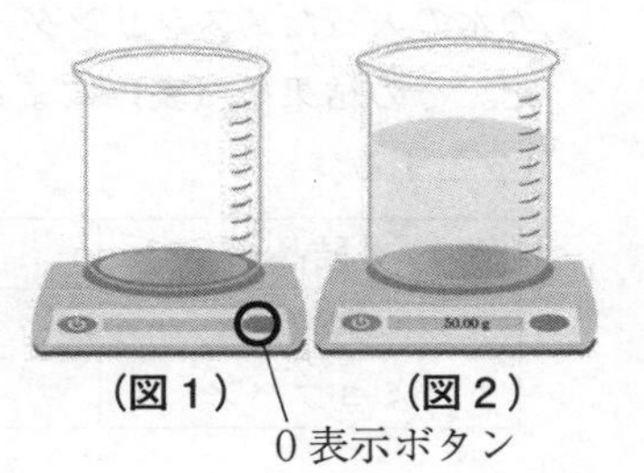

（図１）　**（図２）**

次に**（図３）**のようにスタンドのクランプに、金属で目の細かい茶こしと温度計を固定して、**（図４）**のように茶こしの目印が水面に来るまでクランプをゆっくり下げた。またその際に気泡（きほう）が入らないように気をつけた。もう一度「0表示」ボタンを押した。

（図５）のように再びクランプを持ち上げて、茶こしの中に結晶（けっしょう）を入れた。

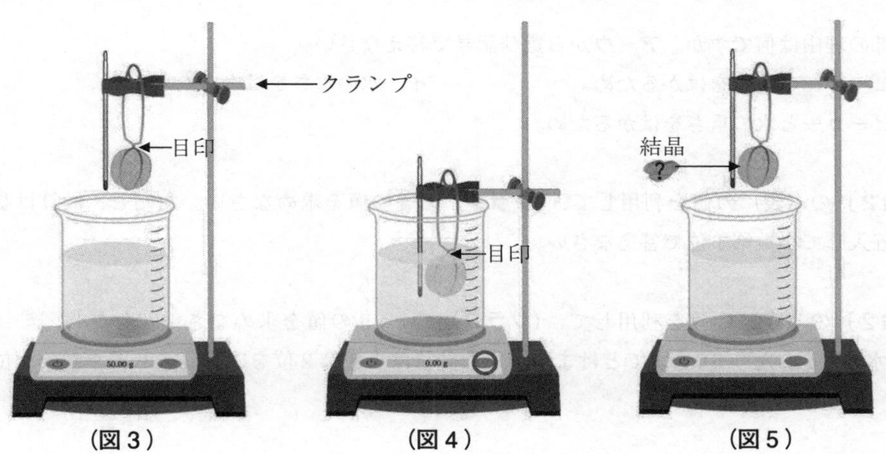

（図３）　**（図４）**　**（図５）**

〔実験１〕

（図６）のように、結晶を茶こしに入れて、目印が水面に来るまでクランプをゆっくり下げた。**（グラフ）**は、そのときからの時間（h）、電子てんびんの値（g）を示した。電子てんびんの値が２時間以上変化しなくなったところで、測定を終わりにした。結晶は氷砂糖、ミョウバンをそれぞれ20.00ｇはかり取ったものを用いた。ただし、これらの結晶の大きさは茶こしの目より十分大きく、とけ残りは茶こしに残るものとする。また温度はいずれも20℃で、水の蒸発は考えないものとする。

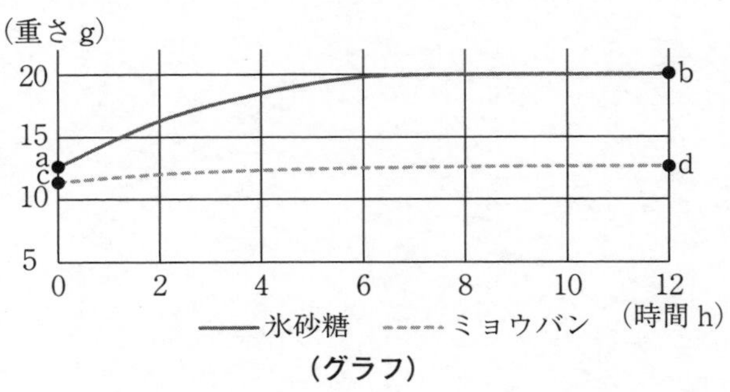

（グラフ）

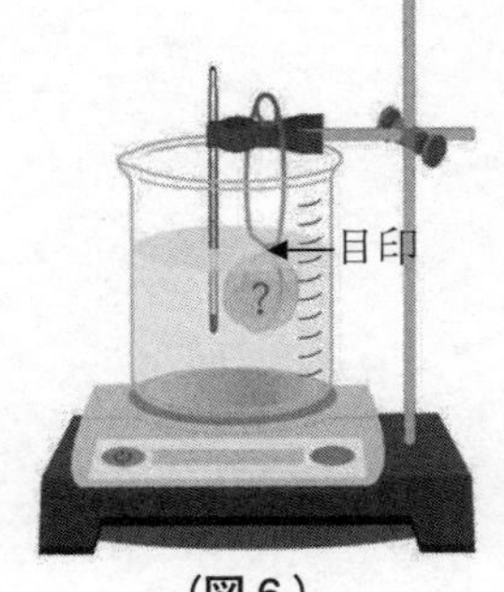

（図６）

〔実験２〕

〔実験１〕と同じ種類の結晶の重さをはかり、**(図７)**のように20℃の水の入ったメスシリンダーに、結晶を入れてすぐの体積変化を調べた。その結果を**(表)**にまとめた。ただし、水も水よう液も１mLは１gとする。

結晶	重さ (g)	体積変化 (mL)
氷砂糖	15.87	10.00
ミョウバン	17.05	9.69

(表)

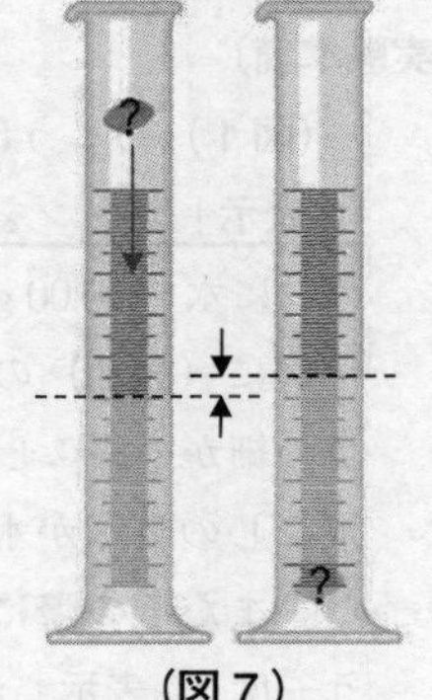

(図７)

(1) 下線部の理由は何ですか。**ア～ウ**から選び記号で答えなさい。

ア. ビーカーの重さをはかるため。　**イ.** 水の重さをはかるため。

ウ. ビーカーと水の重さをはかるため。

(2) **〔実験２〕**の**(表)**の値を利用して、**(グラフ)**のaの値を求めなさい。ただし、計算は小数第２位を四捨五入して小数第１位で答えなさい。

(3) **〔実験２〕**の**(表)**の値を利用して、**(グラフ)**のc、dの値を求めなさい。ただし、ミョウバンは20℃の水100gあたり5.9gまでとけます。また計算は小数第２位を四捨五入して小数第１位で答えなさい。

(4) **〔実験１〕**で温度を70℃に保つことのできる恒温(こうおん)装置の中で氷砂糖をとかした場合、どのようなグラフになりますか。解答用紙に氷砂糖20℃のときの**(グラフ)**に重ねて答えなさい。ただし、氷砂糖は**〔実験１〕**のときと同じ大きさ、形状のものとします。また70℃の水100gに320gまでとけます。

5 ヒマワリを用いて、次のような実験を行いました。

キク科の植物であるヒマワリの種子を、１つの鉢(はち)に１つぶずつ、６つの鉢に植えた。それぞれの鉢を、屋外の同じ場所で同じ条件で３週間育て、それぞれ鉢Ａ～Ｆとした。

〔実験１〕

鉢Ａからヒマワリをぬき、土をていねいにはらい落として、からだのつくりを調べた。

〔実験２〕

鉢Ｂのヒマワリの葉の表と裏に、それぞれ塩化コバルト紙をテープではり付けた。すると、葉の裏側にはった塩化コバルト紙の方がはやく色が変化した。

〔実験３〕

鉢ＣとＤの重さを測定した後、鉢Ｃをそのまま屋外で、鉢Ｄを光を通さない箱の中に置いてさらに３日間育てた。光が当たる、当たらない以外の条件を同じにしておいたところ、３日後の重さは鉢Ｃで増え、鉢Ｄでは減った。

〔実験４〕

（図）のように、鉢Ｅを穴の開いた箱の中に立てて入れて屋外で育て、鉢Ｆを箱の中で横にたおして屋外で育てた。すると、鉢Ｅのヒマワリは穴の方に向かってのび、鉢Ｆのヒマワリは地面と反対の方へのびた。

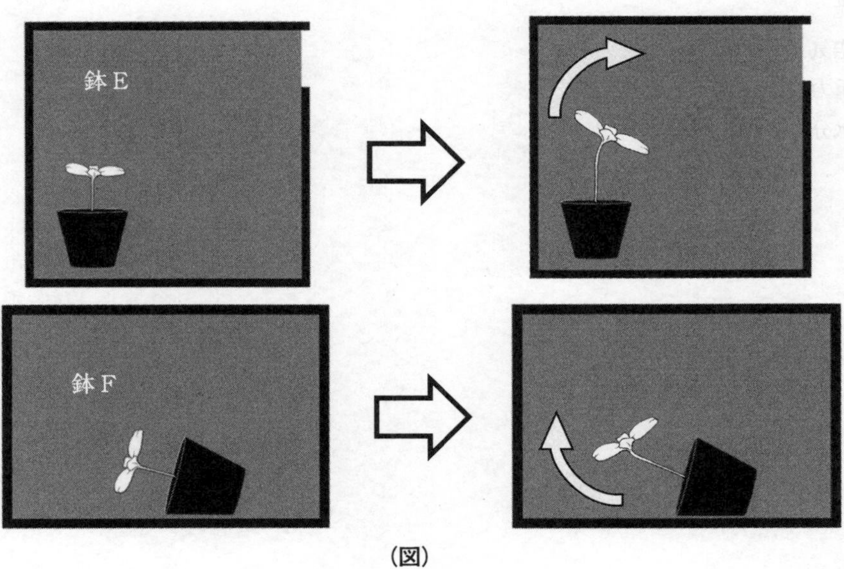

（図）

(1) **〔実験１〕**で、３週間育てたヒマワリを観察してわかることは何ですか。**ア**～**エ**から選び記号で答えなさい。

ア．双子葉類である。

イ．裸子植物である。

ウ．離弁花がさく。

エ．ひげ根をもつ。

(2) **〔実験２〕**で、葉の裏にはった塩化コバルト紙の方が早く変化が見られたのは、葉の裏側の方がある現象が盛んであるためです。その現象とは何ですか。

(3) **〔実験３〕**で、鉢Ｃと鉢Ｄの重さの変化が起こった理由はどれですか。それぞれ**ア**～**エ**から選び記号で答えなさい。

ア．光合成と呼吸をしたから。

イ．光合成をして、呼吸をしなかったから。

ウ．光合成をせず、呼吸をしたから。

エ．呼吸も光合成もしなかったから。

(4) **〔実験４〕**のように、植物の体の一部が外からの刺激によって一定の方向に曲がる性質を何といいますか。

(5) 鉢Ｅと鉢Ｆの茎が**(図)**のように曲がったのは、どのような刺激によるものですか。それぞれ**ア**～**エ**から選び記号で答えなさい。

ア．光

イ．空気

ウ．重力

エ．水分

6 地震（しん）に関して次の文を読み、あとの問いに答えなさい。

いろいろな地震を観測してみると、最初に小さなゆれを感じ、続いて大きなゆれを感じます。このようにゆれを引き起こす地震波は２種類あり、前者は（　①　）波、後者は（　②　）波によって引き起こされます。また、この観測結果から（　③　）波の方が伝わる速さが速いこともわかります。

（図１）は、関東地方で発生したある地震の、観測地点Ⅰ、Ⅱ、Ⅲで、それぞれの地震計に記録された、ゆれのようすを表したものです。

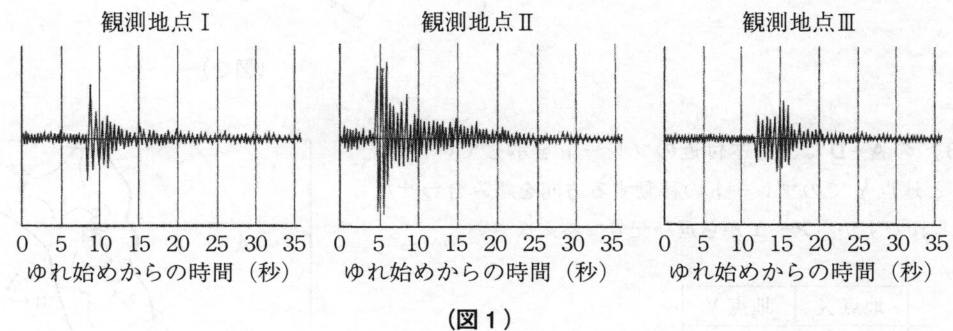

（図１）

地球の表面は、十数枚のプレートと呼ばれる厚さ約 100 km の板状の岩石におおわれています。その中で日本列島付近を見てみると、４枚のプレートが存在し、それぞれがゆっくりと運動をしています。その結果、プレートの境目周辺では大きな力がはたらき、その付近の岩石が変形し、その岩石が変形にたえきれずに破壊（はかい）されると地震が発生します。

(1) 文中の（　①　）～（　③　）にあてはまる記号の組み合わせはどれですか。**ア～エ**から選び記号で答えなさい。

	①	②	③
ア	S	P	S
イ	S	P	P
ウ	P	S	S
エ	P	S	P

(2)　**（図２）**で、この地震の震央（震源の真上の地表の地点）の位置（×印）を示したものはどれですか。**ア**～**オ**から選び記号で答えなさい。ただし、この地震は地表近くで発生し、地下のつくりはどこも一様であるものとします。

（図２）

(3)　**（図３）**の**A**～**D**は、日本付近のプレートを示しています。地点Ｘと地点Ｙでのプレートの移動する方向を組み合わせたものはどれですか。**ア**～**エ**から選び記号で答えなさい。

	地点Ｘ	地点Ｙ
ア	a	c
イ	a	d
ウ	b	c
エ	b	d

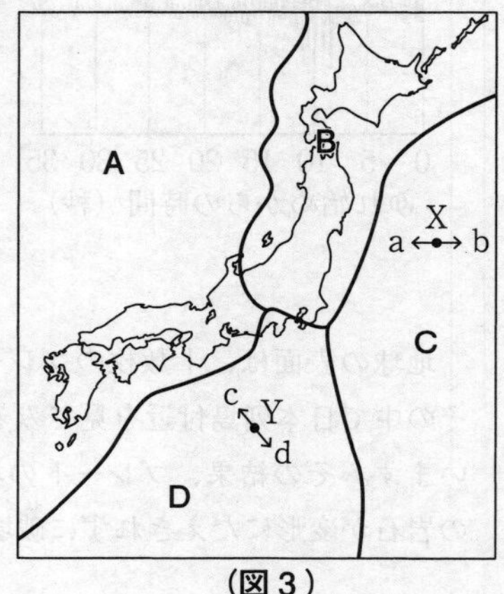

（図３）

(4)　**（図３）**の４つのプレートの中で、大陸プレートを組み合わせたものはどれですか。**ア**～**カ**から選び記号で答えなさい。

ア．**A**・**B**・**C**

イ．**A**・**B**

ウ．**B**・**C**

エ．**C**・**D**

オ．**A**・**B**・**D**

カ．**B**・**C**・**D**

(5)　プレート**A**の名前を答えなさい。

7 次の文を読み、あとの問いに答えなさい。

2021年7月23日に東京オリンピックの開会式が行われました。聖火リレーで使用されたトーチや聖火台に使用された燃料は、大会史上初めて［ A ］が使用されました。今までの大会では①LPガスが使用されていましたが、この大会では脱(だつ)②炭素社会の実現を目指していくというメッセージが込められています。

また、この［ A ］は東日本大震災(だいしんさい)の被災地(ひさいち)である、福島県浪江町(なみえまち)に設置される世界最大級の施(し)設で製造されたものです。［ A ］は消費するときやつくるときにも、［ B ］を排出(はいしゅつ)しないため、③再生可能エネルギーと呼ばれています。

この施設では1日当たり30000 m^3 の［ A ］を製造できます。これをエネルギーにすると、一般家庭ならば、1500世帯、燃料電池車ならば560台を満タンにできる量です。

(1) ［ A ］、［ B ］にあてはまる気体は何ですか。

(2) 下線部①の中には、プロパンとブタンという気体が一定の割合で混ざっています。LPガスにはプロパンが何％入っていますか。**ア**～**エ**から選び記号で答えなさい。ただし、LPガス、プロパン、ブタンをそれぞれ1g燃やすと、それぞれ1.622g、1.64g、1.55gの水が出るものとする。

ア．20％　**イ**．40％　**ウ**．60％　**エ**．80％

(3) 下線部②が入っていないものはどれですか。**ア**～**エ**から選び記号で答えなさい。

ア．天然ガス　**イ**．えんぴつの芯(しん)　**ウ**．プラスチック　**エ**．スチールウール

(4) 下線部③として、ふさわしくないものはどれですか。**ア**～**エ**から選び記号で答えなさい。

ア．太陽光発電　**イ**．火力発電　**ウ**．バイオマス発電　**エ**．地熱発電

(5) ［ A ］からエネルギーを得るためには、［ A ］の体積の半分の酸素を消費します。1世帯当たりが1日に消費する酸素は何 m^3 ですか。整数で答えなさい。

8 次の問いを解答用紙 No.２に答えなさい。

(1) 地球上では雨や雪によって、陸や海に水が１年間で約500兆トン降り注ぎます。これに対して陸や海からも水が約500兆トン失われています。このため基本的に海面が雪や雨の影響(えいきょう)で上昇(しょう)し続ける現象は起こらないとされています。

しかし、近年地球温暖化によって「海面上昇」が問題となっています。**(グラフ)** は温度と水１gの体積の関係を表したものです。**(図１)** はヒマラヤ山脈の氷河の様子です。以下を参考にし、海面上昇の原因を２つあげ、それぞれ30字以内で答えなさい。

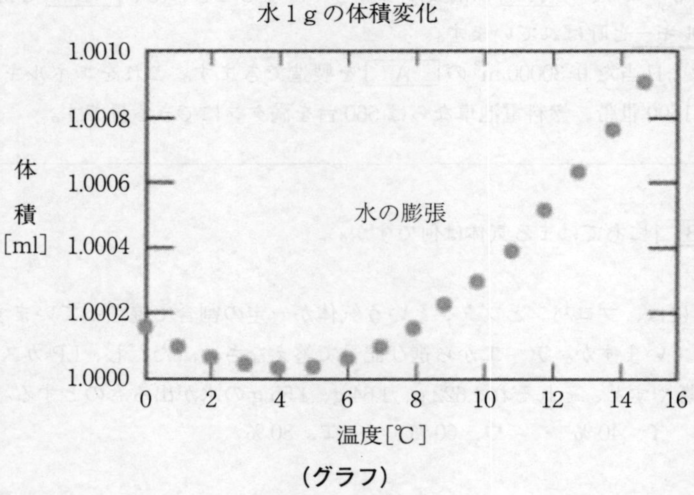

(グラフ)

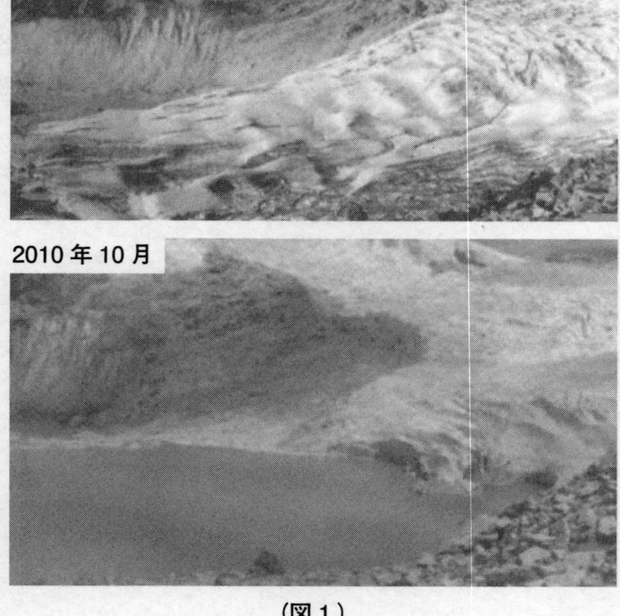

(図１)

(2) 生物の仕組みを利用して世の中の役に立つものをつくることを「バイオミミクリー」といいます。例として500系新幹線の先頭部分のデザインがあります。これは、カワセミがエサをとるために水中に飛び込んだときに水しぶきがほとんど上がらない点が注目され、くちばしのデザインを利用して空気抵抗(ていこう)が少ない先頭部分のデザインが考えられました。その結果、500系新幹線は、トンネルに入る時や走行時の騒(そう)音が少なく、その線路の近くに住む人たちにとって優しい電車となりました。**（図２）**は、それぞれの形状の写真です。

このような「バイオミミクリー」を利用してあなたならどのような世の中に役立つものをつくりますか。利用した生物の仕組みと共に以下の**（条件）**をふまえて60字以内で答えなさい。ただし、例にあげたカワセミと新幹線については、解答の対象外とします。

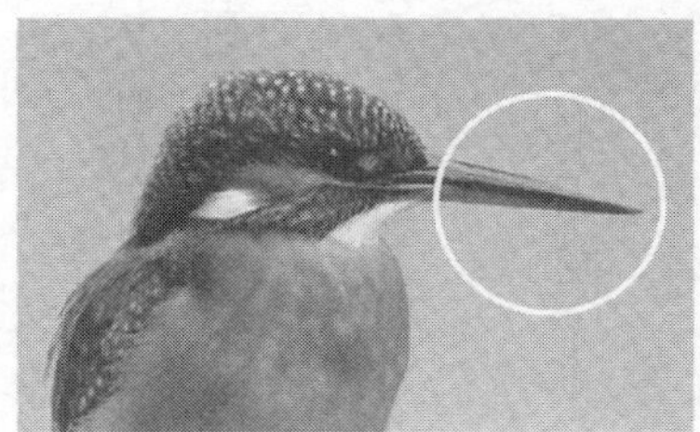

（図２）

（条件）

生物は植物でも動物でも良い。

生物や生物がつくったものをそのまま利用しない。

役立つものは今あるものでも、自分で新しく考えたものでも良い。

五　次の各問いに答えなさい。

問一　次の言葉のつかい方として正しい文を、あとのア～エの中から一つ選び、記号で答えなさい。

「心安い」

ア　心安かった毎日が終わり、明日からは厳しい生活が待っている。

イ　あの店は店員さんの説明が心安いので、心配せずに買うことができる。

ウ　陸上大会で決勝まで残ることができたので、心安くして臨もうと思った。

エ　心安い友だちが集まって、ワイワイと楽しいひとときを味わった。

問二　次の四字熟語の中の、まちがっている漢字の右側に正しい漢字を書きなさい。

①　絶対絶命

②　異句同音

問三　次の「慣用句」をつかって、短い文を作りなさい。

「高をくくる」

※慣用句の内容が具体的にわかるようにしなさい。

慣用句「足がぼうになる」の場合

（悪い例）「ぼくは、足がぼうになった。」

（良い例）「ぼくは、落とし物をしてしまい、足がぼうになるまで探し回った。」

※「動きを表す語」など、後に続く語によって形が変わる場合は、変えても良いです。

（例：「あるく」→「あるいた」）

六　――線部の平仮名を漢字に直しなさい。

1　仕事にしまつをつける

2　人類のそせん

3　国が生活をほしょうする

4　かんけつな言葉で伝える

5　おごそかな式典

四 次の短歌を読んで、後の問いに答えなさい。

Ⅰ ①木琴のように会話が弾むとき「楽しいなあ」と素直に思う

Ⅱ 脳裏には恋の記憶の部屋がありそこにあなたが暮らし始めた

Ⅲ 何か必死に探す事 恰好悪いことじゃないんだ。②暁の方へ

Ⅳ 魂はそっと教室抜け出してもっと肝心な事探してた

Ⅴ ぼくたちはロボットじゃないからときに信じられない奇跡を起こす

（萩原慎一郎『歌集 滑走路』）

問一 ――線①「木琴のように会話が弾むとき」とありますが、それはどのような状況ですか。その説明として適切で**ない**ものを次の中から一つ選び、記号で答えなさい。

ア 誰かとの心地よい会話が、いつまでも柔らかく響き合っている状況。

イ 誰かとの楽しげな会話が、次から次へ途切れずに進んでいく状況。

ウ 誰かとの軽やかな会話が、音楽を奏でるように広がっていく状況。

エ 誰かとのけたたましい会話が、縦横無尽に繰り返されている状況。

問二 Ⅱの歌の説明として適切なものを次の中から一つ選び、記号で答えなさい。

ア 作者は過去の恋愛の楽しい思い出もつらい思い出も全て日記に残しており、そこに最近失恋した相手の思い出も加わった。

イ 作者は恋愛の最中であり、その相手を好きなあまり、日々生活している中でその相手をたびたび思い出すようになった。

ウ 作者はいくつかの恋愛経験があり、最近失恋した相手もまた、今までの相手と同じように恋愛の思い出の一つとなった。

エ 作者は好きな人と一緒に暮らしていた部屋に別れた今でも暮らしており、そこには恋人との思い出がまだたくさん残っている。

問三 ――線②「暁」は夜明けの意味ですが、作者がこの単語を使った理由はどのようなものだと考えられますか。適切なものを次の中から一つ選び、記号で答えなさい。

ア 良いことと悪いことは必ず繰り返すことを示すため。

イ 希望に満ちた新しい何かが始まることを示すため。

ウ 自分の探していた何かを見つけたことを示すため。

エ 朝の空気を吸うと気分が楽になることを示すため。

問四 あなたは同級生のAさんから悩み事を相談されたので、Ⅰ～Ⅴのいずれかの短歌と共にアドバイスを贈り、その日の出来事を日記に書きました。その日記を書きなさい。ただし、次の条件に従うこと。

A 贈った短歌は「Ⅰの短歌」のように作文の中で表記すること。

B Aさんの悩みの内容を具体的に書くこと。

C Aさんへのアドバイスの内容を、Aさんに話した言葉のまま書くこと。

D 八十字以上、百二十字以内で書くこと。ただし、出だしの一マスは空けないで書くこと。

ア　けれども　　イ　もちろん　　ウ　だから
エ　つまり　　オ　たとえば　　カ　おそらく

問二　――線①「ＹＡＭＡＫＡＳＩ」とありますが、筆者が「ＹＡＭＡＫＡＳＩ」の例を挿入した意図は何だと考えられますか。適切なものを次の中から一つ選び、記号で答えなさい。

ア　前半部分とは違う話題を提示しながらも、発想や考え方の根本は「ヤマカシ」も難波さんたちも変わらないと説明することで、主題の捉え方に厚みを持たせるため。

イ　前半の文章と一見関わりのない話ではあるが、映画という親しみやすい話題でイメージを膨らませることで、後半の主題が「難波さんのユーモア」に変化することへの読者の理解を助けるため。

ウ　映画の話ではあるが、常人離れした動きをする「ヤマカシ」は実在すると伝えることで、難波さんたちの発想にもリアリティがあることを示し、主題に説得力を持たせるため。

エ　危険をかえりみず挑戦することを「運試し」と捉える「ヤマカシ」の姿は、常にリスクと隣り合わせで生活する視覚障害者に通じるものがあると伝えることで、文章全体に一貫性を持たせるため。

問三　――線②「その手」が指す内容を、四十字以内で答えなさい。

問四　[X] に入る言葉としてあてはまるものを自由に考え、八字以上十五字以内で答えなさい。ただし、それが実際に存在していなくても構いません。

問五　――線③「遊びのツールとしてもとらえている」とありますが、そのような発想の根底には難波さんのどのような考え方があると考えられますか。解答用紙の「～を持たないこと。」につながる三十～三十五字の部分を本文中からぬき出し、最初と最後の五字を答えなさい。

問六　――線④「健常者の社会や価値観そのものが、障害者の使い道によって相対化される」とありますが、どういうことですか。適切なものを次の中から一つ選び、記号で答えなさい。

ア　健常者が障害者の独創的な使い方を理解することで、障害者の使い方があってこそ健常者のまじめな使い方が成り立っていると気づけるようになるということ。

イ　健常者が障害者のユーモアあふれる使い方を目にすることで、デザインやサービスをナナメから見なければならないと理解できるようになるということ。

ウ　健常者が障害者の新しい使い方を知ることで、健常者の使い方はいくつかある選択肢のうちの一つであると思えるようになるということ。

エ　健常者が障害者の先進的な使い方に出会うことで、健常者が障害者の気持ちを理解しようとするきっかけを作れるということ。

問七　本文には、次の一文がぬけています。この一文を補う箇所として適切な所を本文中の [Ⅰ] ～ [Ⅴ] から一つ選び、記号で答えなさい。

だからこそ「痛」快なのです。

そう、彼らのユーモアは、「痛快」なのです。困難な状況をポジティブに生きていることへの感心や敬意ももちろん感じます。けれども、それだけでは笑いは生まれない。やられた！　②その手があったか！　という感じ。その心地よさが笑いの原因でした。Ｉ

均一なレトルトのパックや自動販売機のシステムは、言うまでもなく見える人が見える人のために設計したものです。率直に言って、見えない人を排除しています。福祉的な視点に立つなら、あるいは「情報」的な視点に立つなら、そうした排除は可能な限りなくしていくべきでしょう。パッケージに切り込みの印をつけるようメーカーに要望したり、自動販売機に Ｘ ように働きかけたりすることも一つの方法です。実際に、そのような製品も出回っています。

けれども、難波さんがとったのは全く別の方法です。健常者が、いわば「大まじめ」に中身どおりのソースをパスタにかけているかたわらで、難波さんは③それを遊びのツールとしてもとらえている。Ⅱ

いまだかつて、レトルトのパックで運試ししようと思った健常者がいたでしょうか。大都市をジャングルとして生きるヤマカシのように、自分の体に合わないデザインやサービスをナナメから見てみる。そうすることで、彼らの方がむしろ遊んでいるのです。Ⅲ

第1章で、見えない人は「道」から相対[※4]的に自由だという話をしました。健常者は、製品やサービスに埋め込まれた使い方におのずと従ってしまいます。そんなまじめなユーザーを尻目に、見えない人は決められた道をかわしていきます。「こっちの道もあるよ！」――何だか先を越されたような気分さえ感じます。

「こっちの道もあるよ！」と先を越されるのが痛快なのは、④健常者の社会や価値観そのものが、障害者の使い道によって相対化されるからに他なりません。パスタソースや自動販売機の例は、笑いのジャンルとしては「自虐」[※5]に近いものです。ところが、自虐の攻撃対象がふつうはそれを口にする本人であるのに対し、この場合はなぜか言われた方もチクッとやられたような気分になる。Ⅳ

なぜ痛みがこちらに返ってくるのか。言うまでもなくそれは、笑いのネタに「障害」が関わっているからです。そして、それを聞いている私たちが、健常者だからです。

しかし、それは単なる痛みではありません。「『痛』快」は「痛『快』」でもあるわけで、何か「つかえ」がとれたような気分にもなる。痛すぎると笑えなくなってしまいますが、快さがあるかぎり、その笑いは建設的なものです。Ⅴ

（伊藤亜紗『目の見えない人は世界をどう見ているのか』）

※1　ロシアンルーレット……「一つだけ外れの入ったくじを作り、その外れくじを引いた一人に罰ゲームを与える」という趣旨のゲーム全般を指す言葉。

2　ユクスキュル……ドイツの生物学者・哲学者ヤーコプ・フォン・ユクスキュルのこと。

3　環世界……ユクスキュルが提唱した生物学の概念。すべての動物はそれぞれ特有の見方・感じ方を持っており、その見方・感じ方を通してそれぞれが行動しているという考え。

4　相対……他との関係の上に存在あるいは成立していること。

5　自虐……自分で自分を（必要以上に）いじめること。特に自分をおとしめることで笑いをとるネタを「自虐ネタ」と言う。

問一　Ａ ～ Ｃ に入る語として適切なものを次の中から一つずつ選び、記号で答えなさい。

三　次の文章を読んで、後の問いに答えなさい。

筆者は、様々な視覚障害者の方々との対話を通して、「目の見えない人はどのように世界を捉えているのか」について研究している。本文は、その視覚障害者の一人である「難波さん」を中心に書かれたものである。

難波さんは、自宅でよくスパゲティを食べるのでレトルトのソースをまとめ買いしています。ソースにはミートソースやクリームソースなどいろいろな味がありますが、すべてのパックが同じ形状をしている。つまり一人暮らしの難波さんがパックの中身を知るには、基本的に開封してみるしかありません。ミートソースが食べたい気分のときに、クリームソースが当たってしまったりする。

はたから考えれば、こうした状況は一〇〇パーセントネガティブなものです。でも難波さんは、これを単なるネガティブな状況と受け取りません。食べたい味が出れば当たり、そうでなければハズレ。見方を変えて、それを「くじ引き」や「運試し」のような状況として楽しむのです。「残念というのはあるけど、今日は何かなと思って食べた方が楽しいですよね。心の持って行き方なのかな」「『思い通りにならなくてはダメだ』『コントロールしよう』という気持ちさえなければ、楽しめるんじゃないかな」。

A　難波さんは、見えないことに由来する自由度の減少を、ハプニングの増大としてポジティブに解釈しているのです。「情報」の欠如を、だからこそ生まれる「意味」によってひっくり返しているのです。

難波さん以外の視覚障害者からも、似たような「ひっくり返し」を聞いたことがあります。　B　「回転寿司はロシアンルーレットだ」[※1]という説。お寿司には香りがほとんどありません。見えない人は、目の前を通過する寿司が何のネタかを確認することができないのです。　C　、お店の人に頼んで食べたいものを握ってもらうこともできます。

でも、その状況をあえてゲームとして楽しむこともある。まず皿を取ってみて、食べてみて、何のネタかを当てるのだそうです。同様の見方をあてはめれば、自動販売機もおみくじ装置と化します。何が出るか分からないままボタンを押してみる。手軽に「今日の運勢」を試せます。

あるいは、こちらはふたたび難波さんの発言ですが、都会の混雑した道を歩くことを「お化け屋敷」と形容していました。難波さんは、リハビリ期間を終えた後、見えていた頃に住んでいた自宅で一人暮らしを再開しました。ところが、同じ町なのに駅までの道のりがそれまでとは全く別のものになってしまった。まだ「見えない世界の初心者」だったために、歩道に止めてある自転車や、思いがけない突起に、いちいちドキッとさせられていたのでしょう。「富士急ハイランドに最恐戦慄迷宮という、一度入ったら何時間も出られないお化け屋敷があるんですが、毎日があんな感じでしたよ（笑）」。

（中略）

①「ＹＡＭＡＫＡＳＩ」という映画をご存知でしょうか。リュック・ベッソンが脚本を書いた作品ですが、この映画には、「ヤマカシ」と呼ばれる少年七人のグループが登場します。彼らは実在のグループで、体ひとつで高層ビルをよじ登ったり、屋上から屋上へと飛び回っていく。もちろん危険が伴いますが、人工的な都会の町も、彼らの手にかかるとジャングルのようなものに姿を変えます。

パスタソースや自動販売機で運試しする生き方は、あのヤマカシを思い起こさせます。物理的には同じ環境でありながら、それを全く別の方法で使いこなす痛快さ。ユクスキュル[※2]の言葉を使っていえば、見えない人ならではの「環世界」[※3]に触れたと感じる一瞬です。

問四　――線④「それから僕はとなりの一組と、その反対のとなりの三組に、軽くなったマルカンを山脇先生と一緒にもって行って、事情を説明して、少しずつミネストローネをわけてもらわなければいけなかった」とありますが、となりのクラスにミネストローネをわけてもらいに行ったときに「僕」が感じたこととして適切なものを次の中から一つ選び、記号で答えなさい。

ア　何人かの男子に文句を言われたことで、申し訳なさと後ろめたさを感じた。

イ　自分に文句を言わずに憐れんでくれた人もいたことで、後ろめたさがなくなり、心が救われた。

ウ　すくっているのを先生が黙って見守ってくれていたことで、いくらか気持ちが軽くなった。

エ　先生が僕に優しく声をかけてくれたことで、かえってみじめさが増し、つらく感じられた。

問五　A　に入る言葉として適切なものを次から一つ選び、記号で答えなさい。

ア　心地よさと後ろめたさ

イ　申し訳なさと感謝

ウ　やさしさと不可解さ

エ　わずらわしさと喜び

問六　「最　B　」は一般的には使われない「僕」が考えた言葉である。本文中の　B　に入るひらがな三文字の言葉を、本文中から書きぬきなさい。

問七　――線⑤「栗田君」とありますが、栗田君の説明として適切なものを次から一つ選び、記号で答えなさい。

ア　クラスが重い空気になると、それを和らげようとふざけてしまうひょうきんさを持っている。

イ　みんなに不気味であると思われつつも、「きゅうり」という愛称をつけられるほどの親しみやすさを持っている。

ウ　まわりの空気に流されることなく、いつでも正しい選択をすることができる正義感を持っている。

エ　凍り付いた空気の中でも、まわりを気にせず自分の思ったことを口にして伝えられる素直さを持っている。

もっとみじめである。

たった数分のあいだに人生の最 **B** がどんどん更新されていくという状況のつらさに、僕はその場から消えてなくなりたかった。

でもここで一組とはちょっとちがうことが起きて、それは⑤栗田君という男子が、静まり返った教室の中で、とても自然な感じに僕のところまで歩いてきて、僕の肩をぽんぽんと二回たたいて「ドンマイ」と言ったことだった。そのときの言い方が僕をからかうような感じではなくて、うまく言えないけど、心から、「そんなに落ち込むなよ」っていう気持ちを込めてドンマイと言っている、というふうなドンマイで、僕はそのストレートななぐさめがとても身に染みて、あやうく目にためていた涙をこぼしそうになった。

このときの三組の空気はおそろしく、もしも栗田君がドンマイと言ってくれなければその研ぎ澄まされた空気で僕は意識を失って絶命していたかもしれないのだ。栗田君は僕の命の恩人である。

栗田君は四年生のあたまに三組に転校してきた男子である。

ちょっとびっくりするくらいカッパに似た顔をしていて、三組の人たちからは「きゅうり」と呼ばれていて、お調子者で、そして人気者であるということしか僕は栗田君についての知識を持っていない。僕は彼に対して、目がぎょろっとしていてうわくちびるがとがったその顔をちょっと、いや、かなり不気味だなあとすら思っていたから、そんなふうに、いきなり自然な感じで優しい言葉をかけられて、驚いてもいた。

（小嶋陽太郎『放課後ひとり同盟』）

問一 ――線①「キョクショテキ」とありますが、カタカナで表記されているのはなぜだと考えられますか。その説明として適切なものを次の中から一つ選び、記号で答えなさい。

ア 「僕」が、大人びた言葉を使いこなせるほど、賢いことを強調するため。

イ 「僕」が使い慣れていない難しい言葉を使い、背伸びしている様子を表現するため。

ウ 「僕」には漢字がわからないことを示し、「僕」のマヌケさを表現するため。

エ 「僕」の、カタカナ言葉を使えば大人の仲間入りができるという勘違いを表現するため。

問二 ――線②「あの瞬間、神様か何かが現れて、『いますぐ隕石を落として地球を滅亡させることもできますけど、どうします?』と聞かれたら僕はまちがいなく隕石を落としてもらっただろう」とありますが、これはミネストローネをこぼしたことが僕にとってどのような出来事だったことをあらわしていますか。六十字以内で説明しなさい。

問三 ――線③「から」と文法的に同じものを次の中から一つ選び、記号で答えなさい。

ア 夏休みは宿題が終わってから遊ぼう。

イ 不安から眠ることができなかった。

ウ ワインはブドウから作られる。

エ たくさん食べたからお腹がいっぱいだ。

このときの僕の気持ちを言いあらわすとしたら、なんと言ったらいいのだろうか。

最初に「こんなことが起こるはずはないから、これは夢にちがいない」っていうふうに思って、でもトマトとか野菜が煮込まれたスープのにおい（いつもはいいにおいと思うけど、このときはまったくそう思えなかった）と、もうもうと立ち上る湯気に、やっぱり現実だ、と思って、そして僕の中で人生が終わった。

そういうときって、心臓がひっくり返ったみたいな感じになって、息があさくなって、それからユウタイリダツしているみたいに、ぶちまけられたミネストローネを見下ろしてボウゼンとしている自分を天井から見ているような気分になるから不思議だ。

②あの瞬間、神様か何かが現れて、「いますぐ隕石を落として地球を滅亡させることもできますけど、どうします?」と聞かれたら僕はまちがいなく隕石を落としてもらっただろう。

もちろん、その選択が正しくないのはわかっている。でも給食のＡＢＣミネストローネを半分以上床にぶちまけるというのは、僕の、半分しか大人になっていない体では、瞬時には受け止めきれないくらいのおそろしい事態だったのだ。その罪から逃れるためなら地球そのものが滅亡してもいいと思えてしまうくらいの。

（中略）

それはともかく、いますぐ家に帰って小麦粉をいっしょうけんめい練って、ＵとＮとＴとＩのマカロニを作ってもってくるから③許して、と僕はそのとき真剣に思ったけど、そんな理由で家に帰ることを先生は許してくれないだろう。

④それから僕はとなりの一組と、その反対のとなりの三組に、軽くなったマルカンを山脇先生と一緒にもって行って、事情を説明して、少しずつミネストローネをわけてもらわなければいけなかった。

一緒にマルカンを運んでくれた佐田君が、僕も一緒にお願いしに行くよって言ってくれたけど、僕は、佐田君がミネストローネを一緒に片づけてくれたことと、ちっとも僕を責めなかったことで佐田君に［　Ａ　］をたくさん感じていたからそれは断った。佐田君はなんて優しい人なんだろう、と僕は思う。

僕と山脇先生はまず一組に行って、僕が一組の先生に事情を説明して、ＡＢＣミネストローネを少しわけてもらえませんか、と言った。

一組の先生はそれは大変だったねと言って、それからマルカン係の女の子に「わけてあげて」と言って、彼女は、僕たちの半分以下になったマルカンにおたまでいくらかＡＢＣミネストローネをすくって入れてくれた。僕は、ＵとＮとＴとＩが多く入りますようにと祈りながらそれを見ていた。

何人かの男子が「なんでおれたちのぶんを二組にわけなきゃいけねーの」と言っていて、僕は肩を丸めて、背中に小石を投げつけられているような気持ちで教室を出て行った。もちろん、そんなふうに文句を言う人ばかりじゃなくて、かわいそうに、っていう目で僕を見ている女子なんかもいたけど、アワレミの目っていうのも、それはそれでこたえるものなのだ。むしろ、責められるよりもずっとこたえるかもしれない。

三組でも同じことが繰り返されて、僕は非難とアワレミの視線を受けながら、三組のマルカン係の子が僕と山脇先生が持参したマルカンにＡＢＣミネストローネをおたまですくって入れてくれるのを見ていた。そのあいだ、みんなしゃべっちゃいけないみたいな感じで、全員がじっとマルカンと僕を見ているものだから僕はどういう顔をして立っていればいいのかわからなかった。三組のみんな、ごめんね、ありがとうね。山脇先生の声だけが響いていて、さっきより、

二〇二二年度
芝浦工業大学附属中学校

【国語】〈第一回試験〉（六〇分）〈満点：一二〇点〉

〈編集部注：実物の試験問題では、絵はカラー印刷です。
㊀のスクリプトには下のQRコードからアクセス可能です。〉

〔注意〕一、㊀は聞いて解く問題です。聞いて解く問題は、試験開始後すぐに放送します。
二、指示がない限り、句読点や記号などは一字として数えます。
三、正しく読めるように、読みがなをふったところがあります。

㊀ この問題は聞いて解く問題です。問題の放送は一回のみです。メモを取っても構いません。放送の指示に従って、問一と問二に答えなさい。

問一

ア 

イ 

ウ 

エ 

オ 

カ 

㊁ 次の文章を読んで、後の問いに答えなさい。

次の文章は、小学四年生である「僕」が悲しいできごとの一つである「ABCミネストローネ事件」について回想している場面である。「ABCミネストローネ」とは「僕」の小学校の給食で出るアルファベットの形をしたマカロニが入ったミネストローネで、「UNTI」などのおもしろい言葉をつくれることから一部の男子に人気なメニューである。

ともかくABCミネストローネは一部の男子に人気の献立である。ヘタをしたら汁物最強メニューのカレーと肩を並べるくらい。大人ふうの言い方をすると、①キョクショテキな人気を誇る献立、とでもいえばいいのだろうか。

そしてやっと本題に入れるのだけど、僕はそんなABCミネストローネが三十一人分たっぷり入ったマルカンを佐田君と二人で二階の教室まで運ぶ途中、階段の折り返しのところでなぜだかつまずいて、中身を三分の二ほど床にぶちまけてしまった。

これは思い出すだけで全身が冷たくなって震えてしまうくらいのおそろしいできごとだった。

僕の百三十四センチしかない体がバランスをくずして前につんのめったのと同時にマルカンも傾いて、でも僕はマルカンの持ち手からは手を離さなかったから、佐田君もそれに引っ張られて前につんのめり、そしてマルカンは横倒しになった。マルカンにはふたがついていたけど、かんたんに外れて、中に入っていた赤いスープとか野菜とかベーコンとかAとかFとかGとかLとかXが床にぶちまけられた。

僕と佐田君はあわてて倒れたマルカンを縦にした。でももう中身は半分以上、うす緑色のひんやりした床に流れて広がっていた。

2022年度 芝浦工業大学附属中学校 ▶解説と解答

算　数　＜第１回試験＞（60分）＜満点：120点＞

解　答

1 (1)　376.8m^3　(2)　①　最も多くて20人，最も少なくて５人　②　15人　2 (1)　$\frac{2}{5}$　(2)　9　(3)　時速36km　(4)　25.12cm　3 (1)　60通り　(2)　285ページ　(3)　292票　(4)　84.78cm^3　(5)　解説の図４を参照のこと。　4 (1)　分速37.5m　(2)　AC…600m　BD…150m　橋…450m　(3)　分速50m　(4)　解説の図を参照のこと。　5 (1)　208cm^2　(2)　80cm^3　(3)　$53\frac{1}{3}\text{cm}^3$

解　説

1　放送問題

(1)　右の図１のような，底面の円の半径が，$4\div2=2$(m)，高さが，$2\times15=30$(m)の円柱の体積を求めればよい。よって，$2\times2\times3.14\times30=120\times3.14=376.8(\text{m}^3)$となる。

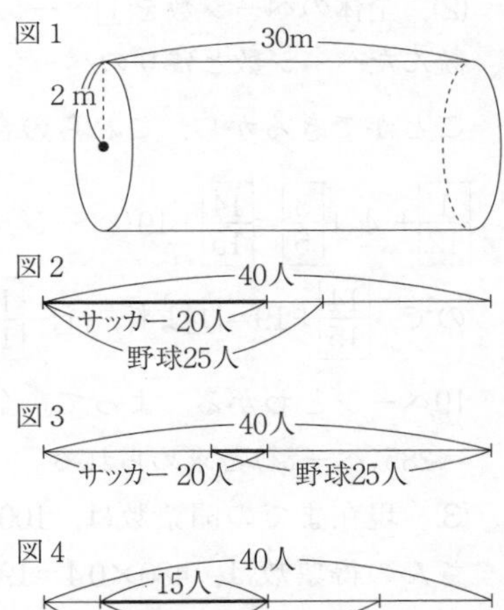

(2)　①　サッカーが好きな生徒の数は，$40\times\frac{1}{2}=20$(人)，野球が好きな生徒の数は，$40\times0.625=25$(人)である。両方とも好きな生徒の数が最も多いのは，右の図２のように，サッカーが好きな生徒がすべて野球も好きな場合であり，20人となる。また，両方とも好きな生徒の数が最も少ないのは，右の図３のように，どちらも好きではない生徒がいない場合であり，$20+25-40=5$(人)とわかる。　②　右の図４のように，両方とも好きな生徒の数が，$20-5=15$(人)の場合を考える。このとき，サッカーだけが好きな生徒の数は，$20-15=5$(人)，野球だけが好きな生徒の数は，$25-15=10$(人)だから，どちらか一方だけが好きな生徒の数は，$5+10=15$(人)と求められる。

2　四則計算，逆算，計算のくふう，通過算，長さ

(1)　$\frac{1}{7}\times\left(\frac{11}{5}-\frac{11}{12}\right)+0.85\div\frac{1}{3}-2\frac{1}{3}=\frac{1}{7}\times\left(\frac{132}{60}-\frac{55}{60}\right)+\frac{17}{20}\times\frac{3}{1}-\frac{7}{3}=\frac{1}{7}\times\frac{77}{60}+\frac{51}{20}-\frac{7}{3}=\frac{11}{60}+\frac{153}{60}-\frac{140}{60}=\frac{24}{60}=\frac{2}{5}$

(2)　$\frac{1}{N\times(N+1)}=\frac{1}{N}-\frac{1}{N+1}$となることを利用すると，$\frac{1}{10\times11}+\frac{1}{11\times12}=\frac{1}{10}-\frac{1}{11}+\frac{1}{11}-\frac{1}{12}=\frac{1}{10}-\frac{1}{12}=\frac{6}{60}-\frac{5}{60}=\frac{1}{60}$となる。したがって，$\frac{1}{60}=\square\times\frac{3}{20}-1\frac{1}{3}$より，$\square\times\frac{3}{20}=\frac{1}{60}+1\frac{1}{3}=\frac{1}{60}+\frac{4}{3}=\frac{1}{60}+\frac{80}{60}=\frac{81}{60}=\frac{27}{20}$　よって，$\square=\frac{27}{20}\div\frac{3}{20}=\frac{27}{20}\times\frac{20}{3}=9$

(3)　図に表すと下の図１のようになる。図１から，この列車が150mを走るのにかかる時間は，25

$-10=15$(秒)とわかるから，この列車の速さは秒速，$150\div15=10$(m)と求められる。これは時速に直すと，時速，$10\times60\times60\div1000=36$(km)になる。

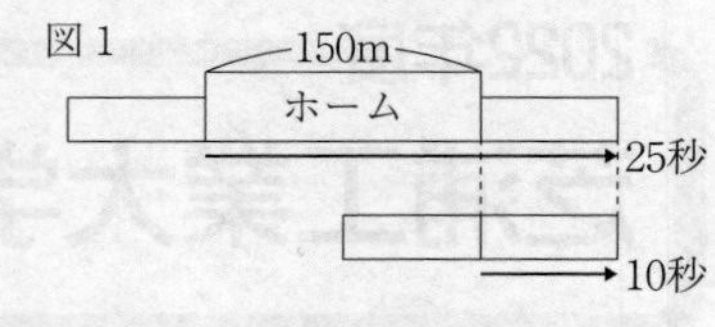

図１

⑷　右の図２で，点線部分はどれも円の半径で長さが等しいので，かげをつけた三角形はどちらも正三角形である。よって，おうぎ形AOCとおうぎ形BDOの中心角はどちらも60度であり，おうぎ形ODCの中心角は，$180-60\times2=60$(度)とわかる。下側についても同様なので，斜線部分の周の長さは，半径が4cmで中心角が60度のおうぎ形の弧を6個集めた長さと等しくなる。したがって，$4\times2\times3.14\times\frac{60}{360}\times6=8\times3.14=25.12$(cm)と求められる。

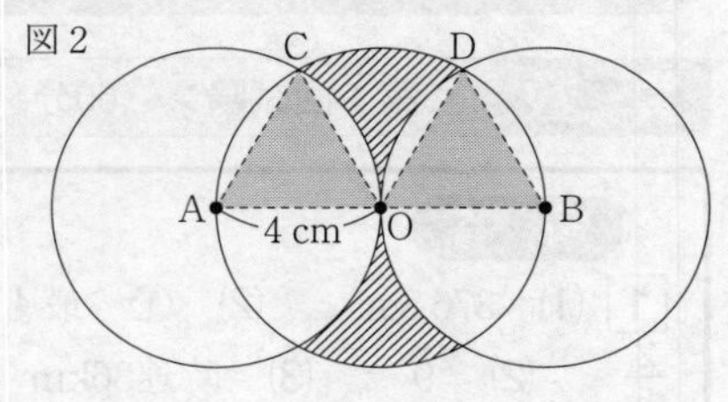

図２

3　場合の数，相当算，和差算，条件の整理，体積，図形の移動

⑴　２つの数字を□と△とする。□と△の並べ方は，□と△を入れかえても同じことに注意すると，□□△△，□△□△，□△△□の３通りある。どの場合も，□の決め方が５通り，△の決め方が残りの４通りあるから，このような暗証番号は，$(5\times4)\times3=60$(通り)できる。

⑵　全体のページ数を$\boxed{1}$ページとすると，それぞれの日に読んだページ数と残りのページ数は右の図１のように表すことができるから，これらの合計は，$\boxed{\frac{1}{6}}+10+\boxed{\frac{1}{12}}+5+\boxed{\frac{1}{12}}+4+\boxed{\frac{3}{5}}=\boxed{\frac{14}{15}}+19$(ページ)となる。これが$\boxed{1}$と等しいので，$\boxed{\frac{14}{15}}+19=\boxed{1}$より，$\boxed{1}-\boxed{\frac{14}{15}}=\boxed{\frac{1}{15}}$にあたるページ数が19ページとわかる。よって，全体のページ数は，$19\div\frac{1}{15}=285$(ページ)と求められる。

図１

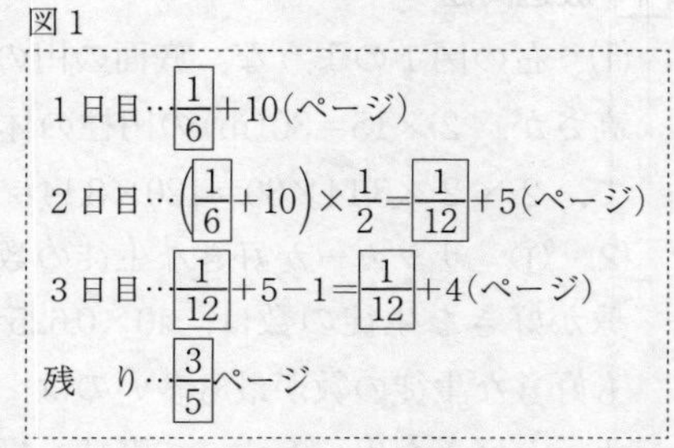

⑶　現在までの開票数は，$1000\times0.48=480$(票)だから，Bさんの得票数は，$480\times0.4=192$(票)である。よって，AさんとCさんの得票数の和は，$480-192=288$(票)なので，右の図２のように表すことができ，Aさんの得票数は，$(288+30)\div2=159$(票)，Cさんの得票数は，$159-30=129$(票)とわかる。この後，Cさんが確実に当選するために必要な票数は，残りの票が全てBさんとCさんに入った場合を考えればよい。現在までのBさんとCさんの得票数，および残りの票数の合計は，$1000-159=841$(票)である。最終的にこの過半数を獲得する必要があるので，$841\div2=420$余り１より，あと，$421-129=292$(票)必要と求められる。

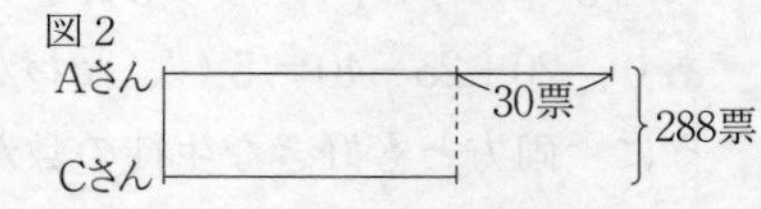

図２

⑷　下の図３のように，円柱から円すいをくり抜いた形の立体ができる。ここで，BCの長さは，$3+1=4$(cm)だから，三角形ABCは直角二等辺三角形である。すると，三角形DECも直角二等辺三角形で，DEの長さは1cmなので，FDの長さは，$4-1=3$(cm)とわかる。したがって，円柱の体積は，$3\times3\times3.14\times4=36\times3.14$(cm^3)，円すいの体積は，$3\times3\times3.14\times3\div3=9\times3.14$(cm^3)だから，この立体の体積は，$36\times3.14-9\times3.14=(36-9)\times3.14=27\times3.14=84.78$(cm^3)と求められる。

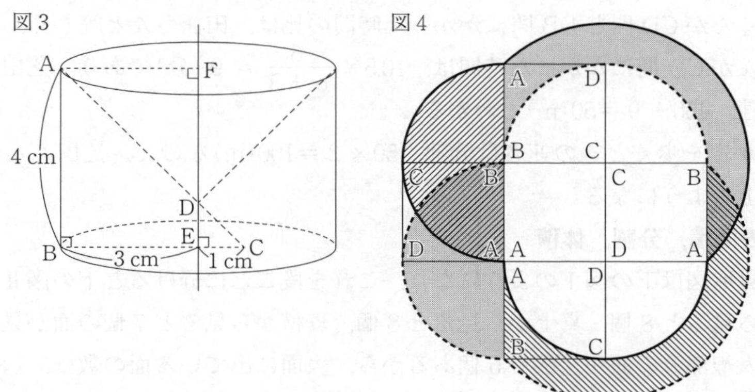

(5)　上の図４のように，正方形に頂点の記号を書き入れると，点Aが通過する部分は太実線，点Bが通過する部分は太点線のようになることがわかる。すると，辺ABは１回目に点Cを中心にして180度回転し，それにともなって辺ABはかげの部分を通過する。また，２回目に点Dを中心にして180度回転し，それにともなって辺ABは斜線部分を通過する。同様に考えると，３回目に通過するのはかげの部分の半円，４回目に通過するのは斜線部分の半円になる。

4 グラフ―速さと比

(1)　問題文中のグラフから，田浦さんがBD間を歩くのにかかった時間が２分，DC間を歩くのにかかった時間が，14－２＝12(分)とわかる。また，BD間を歩くときとDC間を歩くときの速さの比が２：１だから，BD間とDC間の距離(きょり)の比は，（２×２）：（１×12）＝１：３とわかる。この和が600ｍなので，DC間の距離は，$600\times\frac{3}{1+3}$＝450(m)であり，田浦さんが橋を歩くときの速さは分速，450÷12＝37.5(m)と求められる。

(2)　(1)より，橋の長さは450m，BD間の距離は，$450\times\frac{1}{3}$＝150(m)とわかる。また，田浦さんが道を歩くときの速さは分速，37.5×２＝75(m)であり，田浦さんがAC間を往復するのにかかった時間が，30－14＝16(分)だから，AC間の距離は，75×16÷２＝600(m)と求められる。

(3)　AC間の距離とBC間の距離はそれぞれ600mで等しく，芝田くんの速さは田浦さんの速さよりも速いので，田浦さんが橋を渡(わた)り終える前に芝田くんはC地点に着いていて，C地点で田浦さんが橋を渡り終えるのを待っていたことになる。また，問題文中のグラフから，田浦さんは帰りにC地点で芝田くんが橋を渡り終えるのを待っていたことがわかる。次に，田浦さんが帰りにCB間にかかった時間は行きと等しく14分だから，田浦さんが帰りに橋を渡り始めたのは出発してから，49－14＝35(分後)とわかる。つまり，芝田くんが行きに橋を渡り始めたのは14分後，帰りに橋を渡り終えたのは35分後なので，芝田くんがCB間を往復するのにかかった時間は，35－14＝21(分)，CB間の片道にかかった時間は，21÷２＝10.5(分)と求められる。

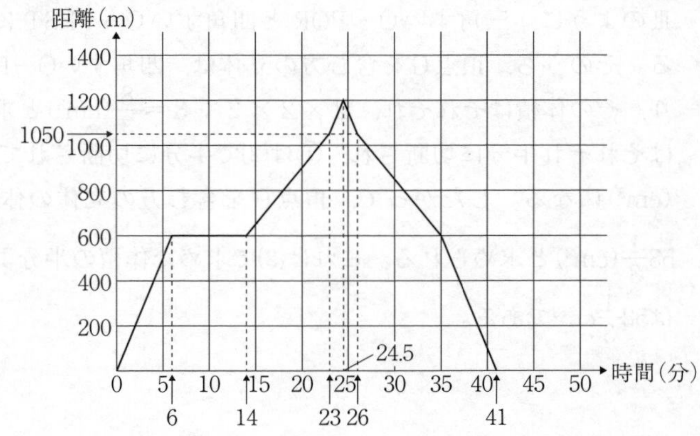

さらに，芝田くんがCD間とDB間にかかった時間の比は，田浦さんと等しく，12：２＝６：１だから，芝田くんがCD間にかかった時間は，$10.5\times\frac{6}{6+1}=9$（分）であり，芝田くんが橋を歩くときの速さは分速，450÷９＝50(m)とわかる。

(4) 芝田くんが道を歩くときの速さは分速，50×２＝100(m)なので，芝田くんの進行のようすを表すグラフは上のようになる。

5 立体図形—表面積，分割，体積

(1) 立体㋐の見取図は下の図Ⅰのようになり，これを段ごとに分けると下の図Ⅱのようになる。図Ⅰを，正面から見ると８個，真上から見ると８個，真横から見ると７個の面が見える。また，これ以外に図Ⅱの太線部分の面が全部で６個あるから，表面に出ている面の数は，（８＋８＋７）×２＋６＝52(個)とわかる。よって，立体㋐の表面積は，２×２×52＝208(cm^2)と求められる。

(2) 図Ⅱで，上段には２個，中段には５個，下段には８個の立方体が使われているので，立体㋐に使われている立方体の数は全部で，２＋５＋８＝15(個)である。また，図Ⅰの立体をB，C，Eを通る平面で切断すると，図Ⅱの⬇の列にあるかげのついた立方体がそれぞれ半分に切断される。よって，辺FGを含(ふく)む方の立体は，①，②，⑤，⑥の立方体の半分と，③，④，⑦，⑧，⑨，⑩，⑪，⑫の立方体を合わせた立体になるから，辺FGを含む方の立体の体積は，一辺の長さが２cmの立方体の体積の，４÷２＋８＝10(個分)とわかる。したがって，大きい方の立体は辺FGを含む方の立体であり，その体積は，（２×２×２）×10＝８×10＝80(cm^3)と求められる。

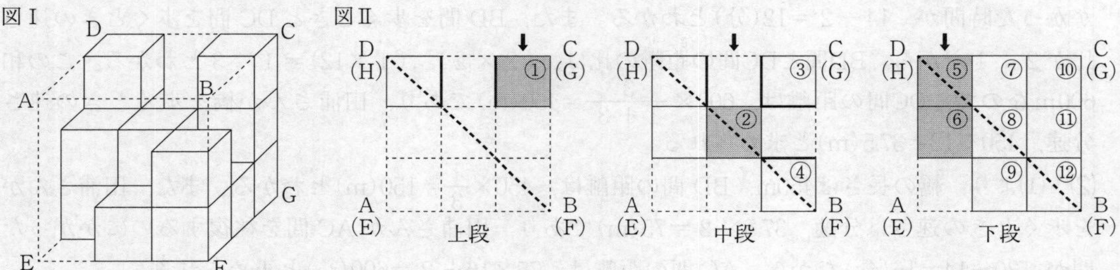

(3) B，F，Hを通る平面で切断すると，図Ⅱの太点線が通る立方体が切断されるので，頂点Gを含む方の立体は，①，②，③，④，⑤，⑦，⑧，⑩，⑪，⑫の一部または全部を合わせた立体になる。また，②と⑤の立方体はすでに半分に切断されているから，右の図Ⅲのように，三角すいO－PQRと四角すいO－PRSTに切断される。そのうち，頂点Gを含む方の立体は，四角すいO－PRSTであり，その体積はそれぞれ，$2\times2\times2\div3=\frac{8}{3}$($cm^3$)と求められる。さらに，④，⑧，⑫の立方体はそれぞれ半分に切断され，①は(2)で半分に切断されているので，体積はそれぞれ，８÷２＝４(cm^3)になる。したがって，頂点Gを含む方の立体の体積は，$8\times4+4\times4+\frac{8}{3}\times2=\frac{160}{3}=53\frac{1}{3}$($cm^3$)と求められる。これは(2)で求めた体積の半分よりも大きいから，大きい方の立体の体積は$53\frac{1}{3}cm^3$である。

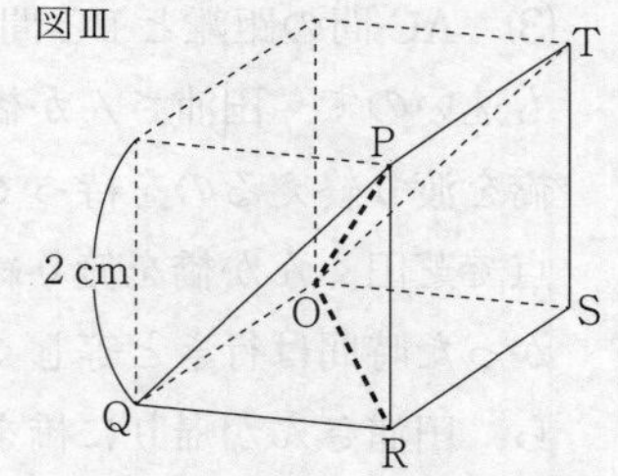

理科　＜第１回試験＞（50分）＜満点：100点＞

解答

1 (1) イ　(2) ① イ　② ア　2 (1) ① 15m　② 毎秒10m　(2) ① 28m　② 12m　(3) (例) 反対車線にも信号機が設置されている。　3 (1) イ　(2) イ　(3) エ　(4) イ　(5) (例) オゾン層が破壊され，紫外線の量が増える。
4 (1) イ　(2) 12.6g　(3) *c* 11.4g　*d* 12.6g　(4) 解説の図を参照のこと。
5 (1) ア　(2) 蒸散　(3) **鉢C**…ア　**鉢D**…ウ　(4) くっ性　(5) **鉢E**…ア　**鉢F**…ウ　6 (1) エ　(2) オ　(3) ア　(4) イ　(5) ユーラシアプレート
7 (1) **A** 水素　**B** 二酸化炭素　(2) エ　(3) エ　(4) イ　(5) $10m^3$　8 (1) (例) 雪などによってできる氷河などがとけ，海に流れこむから。／水温が高くなることによって海水の体積が増えるから。　(2) (例) ヤモリのかべにはりつくことができる足の裏の構造を利用して，少ない面積で大きなねん着力を得られるテープをつくる。

解説

1 放送問題

(1) この実験でやってはいけないことは，豆電球を使わずに，電池と導線だけで回路を組むこと，その理由は，導線に一気に電流が流れて回路全体が高温になり，やけどをしてしまうおそれがあるためと述べていることから，イが選べる。

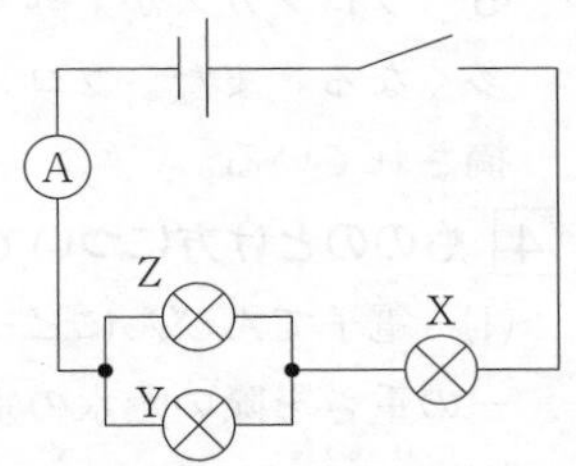

(2) ① 電池の＋極とスイッチをつなぎ，次にスイッチと豆電球Xをつなぎ，さらに豆電球Xと豆電球Yを直列につなぐ。そして，豆電球Yと電流計を直列につないだ後，豆電球Zを豆電球Yと並列つなぎにして，電流計と電池の－極をつなぐため，回路は右上の図のようになる。　② 豆電球Xを流れる電流が豆電球Yと豆電球Zに分かれて流れるので，豆電球Xは豆電球Yより明るい。

2 自動車の停止についての問題

(1) ① 停止距離(きょり)が23m，制動距離が８mだから，空走距離は，23－８＝15(m)である。　② (速さ)＝(移動距離)÷(時間)で求められるので，乗用車の速さ*V*は，15÷1.5＝10より，毎秒10mとなる。

(2) ① 信号機から停止線までの距離が３m，停止距離が23m，乗用車の先端(せんたん)から運転手の目までの距離が２mだから，運転手の目から信号機までの地面と平行な距離は，３＋23＋２＝28(m)必要である。　② 運転手が黄色信号に最初に気づいたとき，運転手の目と大型トラック後部の上端，信号機を結ぶと，右の図のように一直線になる。ここで，運転手の目の高さから信号機までの高さは，５－１＝４(m)，運転手の目の高さからトラック後部の上端までの高さは，

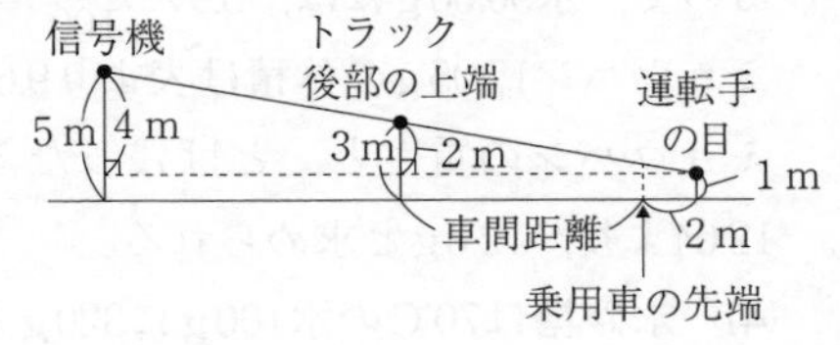

３－１＝２(m)となり，その比は，４：２＝２：１となる。よって，三角形の相似より，目からトラック後部までの距離は，28÷２＝14(m)とわかる。さらに，運転手の目は乗用車の先端から２m

のところにあるので，車間距離は，14－２＝12(m)以上あいていたとわかる。

(3)　同じ車線を走っていると，大型の車両に信号機がかくれて見えない場合がある。そこで，反対車線にも信号機を設置して確認できるようにしてあることがある。

3　エアコンの冷房運転のしくみについての問題

(1)　室外機の減圧機を通過した冷媒が室内機の熱交換機に送られ，室内の熱を受け取って室外機の圧縮機に向かうという流れで室内を冷やすから，Ｘ点では冷媒はイの向きに移動している。

(2)　地表付近の空気が上昇すると，上空は気圧が低いので膨張して温度が下がる。このとき，空気の温度が露点以下に下がると空気中の水蒸気が水てきなどになる。この水てきなどの集まりが上空に浮かんでいるものが雲である。なお，アはアルコールが蒸発するときに熱をうばう現象，ウはコップの表面にふれた空気中の水蒸気が冷やされて水てきになる現象である。

(3)　Ｙ点は減圧機を通過した直後の冷媒が流れているので，その後室内機の熱交換機で熱を受け取った冷媒が流れるＸ点より温度が低い。また，Ｚ点は圧縮機を通過した直後の冷媒が流れているから温度はＸ点より高い。

(4)　室外機は，高温にした冷媒から室外の空気が熱を受け取っている。そのため，室外機から出てくる空気は温風となっている。

(5)　フロンガスが上昇すると，上空のオゾン層を破壊し，地球にとどく生物に有害な紫外線の量が多くなる。また，フロンガスは温室効果ガスの一種であり，地球温暖化を進めるという問題点が指摘されている。

4　もののとけ方についての問題

(1)　電子てんびんにビーカーを置いてから「０表示」ボタンを押し，その後水を加えると，ビーカーの重さを除いた水の重さだけが表示される。

(2)　結晶を水中に沈めた瞬間に電子てんびんが示す値を求める。その瞬間は結晶がまだ水にとけていないと考えられるので，氷砂糖の結晶は，結晶が押しのけた水の重さに等しい浮力を受けている。ビーカーの底は図４のときよりも，この浮力の大きさの分だけ電子てんびんを下向きに押すことになる。表より，氷砂糖15.87ｇの体積が10.00mLだから，20.00ｇの氷砂糖の体積は，$10.00\times\frac{20.00}{15.87}=12.60\cdots$より，12.6mLである。水も水よう液も１mLは１ｇとするので，浮力の大きさは12.6ｇとなり，電子てんびんも12.6ｇを示す。

(3)　cの値は，20.00ｇのミョウバンの結晶が水から受けている浮力の大きさと同じ値となる。表より，ミョウバンは17.05ｇの体積が9.69mLだから，20.00ｇの体積は，$9.69\times\frac{20.00}{17.05}=11.36\cdots$より，11.4mLである。よって，$c$の値は11.4ｇとなる。また，ミョウバンは20℃の水100ｇあたり5.9ｇとけるので，水50.00ｇには，$5.9\times\frac{50.00}{100}=2.95$(ｇ)とけ，20.00－2.95＝17.05(ｇ)がとけ残る。とけ残ったミョウバン17.05ｇの体積は表より9.69mLだから，浮力は9.69ｇとなる。よって，dの値は，とけたミョウバンの重さと，とけ残ったミョウバンの結晶にはたらく浮力の和に等しく，2.95＋9.69＝12.64より，12.6ｇと求められる。

(4)　氷砂糖は70℃の水100ｇに320ｇとけるので，70℃の水50.00ｇには，$320\times\frac{50.00}{100}=160$(ｇ)とける。よって，20.00ｇの氷砂糖はすべてとける。したがって，電子てんびんの値は20ｇで一定となる。また，

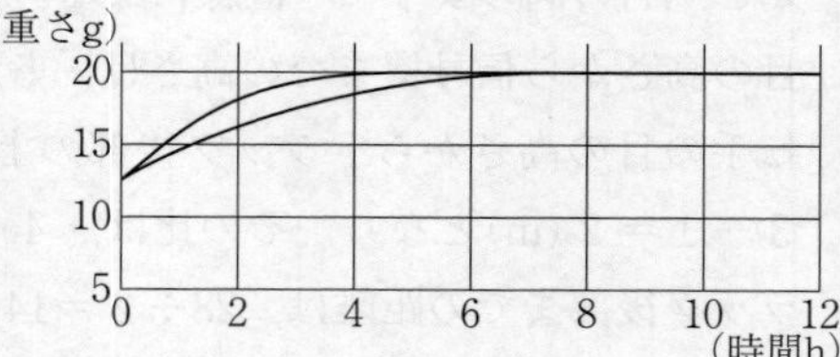

20gに達するまでの時間は，20℃のときよりも早くなると考えられるから，グラフは上の図のようになる。

5 ヒマワリの成長や反応についての問題

⑴ 土をていねいにはらい落としてわかるのは根のつくりである。ヒマワリの根はひげ根ではなく，太い主根とそこからのびた細い側根からなる。このような根をもつ植物は双子葉類である。

⑵ 葉の表面には気孔という小さいすきまがあり，気孔から体内の水分を水蒸気のすがたで放出するはたらきをしている。このはたらきを蒸散という。塩化コバルト紙に水をつけると青色から赤色に変化する。葉の裏側の方が表側よりも気孔が多く，蒸散がさかんなので，実験２では葉の裏にはった塩化コバルト紙の方が早く変化が見られる。

⑶ 鉢Ｃはヒマワリを屋外で日光に当てて育てたので，ヒマワリは呼吸より光合成をさかんに行い，デンプンなどの栄養分をつくったことで重さが増えた。一方，鉢Ｄはヒマワリを光を通さない箱の中で育てたから，光合成を行うことができず呼吸だけを行い，体内の栄養分を消費して重さが減った。

⑷ 植物の体の一部が，光や接触などの外からの刺激により決まった方向に曲がる反応を，くっ性という。

⑸ 鉢Ｅのヒマワリは光が届く穴の方に向かってのびたので，光の刺激に反応したことを示している。鉢Ｆのヒマワリは地面と反対の方へのびたのだから，地球がものを地球の中心へ向かって引く下向きの力である重力にさからって曲がったことがわかる。

6 地震についての問題

⑴ 地震が発生したときに感じる小さなゆれを初期微動といい，Ｐ波が到着することによって起こる。続いて感じる大きなゆれを主要動といい，Ｓ波が到着することによって起こる。Ｐ波とＳ波の２種類の地震波は地震の発生と同時に生じるが，観測地点Ⅰ～観測地点Ⅲの地震計の記録からわかるように，初期微動の方が早く起こっているから，Ｐ波の方がＳ波より速く伝わるとわかる。

⑵ 最初の小さなゆれが続く時間は，震源からの距離が遠いほど長くなる。図１より，震源から観測地点までの距離の関係は，観測地点Ⅱ＜観測地点Ⅰ＜観測地点Ⅲとわかり，このような位置関係になるのは震央の位置がオのときである。

⑶～⑸ Ａはユーラシアプレート，Ｂは北アメリカ(北米)プレートで，どちらも大陸プレートである。Ｃは太平洋プレート，Ｄはフィリピン海プレートで，これらは海洋プレートである。日本付近では，海洋プレートが大陸プレートの方に向かって移動し，大陸プレートの下に沈みこんでいる。

7 水素とエネルギーについての問題

⑴ 2021年に開かれた東京オリンピックの聖火台に使用された燃料は水素で，水素は燃えても酸素と結びついて水ができるだけで，二酸化炭素を排出しない。

⑵ 100gのLPガスを燃やすと，1.622×100＝162.2(g)の水が出て，100gのブタンを燃やすと，1.55×100＝155(g)の水が出る。ブタン１gをプロパン１gにかえて燃やすごとに水の発生量が，1.64－1.55＝0.09(g)だけ増えるので，100gのLPガス中にふくまれるプロパンの重さは，(162.2－155)÷0.09＝80(g)と求められる。よって，LPガス中のプロパンの割合は，80÷100×100＝80(％)である。

⑶ 天然ガスやえんぴつの芯，プラスチックには炭素がふくまれている。スチールウールは鉄を繊

維状にしたものである。

(4)　火力発電の多くは，石炭，石油，天然ガスなど化石燃料を燃やして発電していて，化石燃料は資源の量が限られている。

(5)　１世帯当たりが１日に消費する水素は，30000÷1500＝20(m³)と求められる。水素の体積の半分の酸素を消費するから，消費される酸素は，20÷２＝10(m³)である。

8　海面上昇，生物の仕組みの利用についての問題

(1)　グラフから，温度が上がると水が膨張し体積が増えるので，地球温暖化によって海水の温度が上がると体積が増え，海面が上昇する。また，図１ではヒマラヤの氷河がとけて減少しているようすが示されている。陸上の氷河が気温の上昇によってとけて海に流れこむと，やはり海面が上昇することになる。

(2)　バイオミミクリーとして，カの針をまねた痛みの少ない注射針や，鳥のはねをヒントにしたエアコンのファン，チョウのはねを参考にした扇風機のファンなどもあげられる。

国　語　＜第１回試験＞（60分）＜満点：120点＞

解　答

一　問１　１　エ　２　イ　問２　１　ア　２　イ　３　イ　４　ア　５　ア　６　イ　二　問１　イ　問２　(例)　罪から逃れるためなら地球が滅びてもいいと思えてしまうほど，瞬時には受け止め難いおそろしいできごとだったということ。　問３　エ　問４　ア　問５　イ　問６　みじめ　問７　エ　三　問１　Ａ　エ　Ｂ　オ　Ｃ　イ　問２　ア　問３　(例)　日常で感じる不便を，ユーモアあふれる痛快な方法を使って楽しみに変えていること。　問４　(例)　音声案内をつける　問５　『思い通り～いう気持ち（を持たないこと。）』　問６　ウ　問７　Ⅳ　四　問１　エ　問２　ウ　問３　イ　問４　(例)　お母さんから学校の授業に集中していないことを怒られてしまった，と今日Ａさんに相談された。だから私はⅣの短歌を贈り，授業以外にも大事なことはあるから気にしないで大丈夫だよ，とアドバイスをした。　五　問１　エ　問２　①　絶対絶命…体　②　異句同音…口　問３　(例)　確かめもせずに多分だいじょうぶだと高をくくる人が多いのは残念だ。　六　下記を参照のこと。

●漢字の書き取り

六　１　始末　２　祖先　３　保障　４　簡潔　５　厳(か)

解　説

一　放送問題

問１　１　「左折可」の道路標識には，「横長の長方形で，白地に青い矢印」が描かれているのだから，エが選べる。　２　「指定方向外進行禁止」の道路標識は，白い矢印が中央にあり，背景が青色で丸型の標識なので，イになる。

問２　交通違反になるものはア，ならないものはイと答える。　１　「指定方向外進行禁止」は矢印方向にしか通行できないという標識なので，ほかの車が来ていないのを確認したとしても，矢印以外の方向に進むのは交通違反となる。よって，アが選べる。　**2**「一方通行」の標識の矢印方向に進んだ場合，その道の途中で曲がるのは交通違反ではないので，イとなる。　**3**「左折可」の表示板があった場合，信号の色にかかわらず左折してかまわないので，イでよい。　**4**「一方通行」の矢印方向に進んだ後にＵターンすると，一方通行区間を逆方向に進むことになるので，アとなる。　**5**　自分の進行方向には直進のみを示す「指定方向外進行禁止」の標識があったにもかかわらず，右折した反対車線の車と同方向に曲がったのだから，アとなる。青信号であっても，指定方向外には進めない。　**6**　一方通行区間に入る前なので，指定された方向に進まなくても違反ではなく，イが答えとなる。

二　出典は小嶋陽太郎の『放課後ひとり同盟』による。給食を床にぶちまけてしまい，ほかのクラスに分けてもらいに行ってみじめな気持ちになった「僕」を，栗田君はなぐさめてくれる。

問１　「局所的」は，“限られた特定の場所の”という意味。一部の男子に人気であるようすを，「大人ふうの言い方をすると」と前で断っているとおり，使い慣れていない背伸びした表現で表したのだから，イがあてはまる。

問２　次の段落の内容からまとめる。ミネストローネをこぼしたことは，その罪から逃れるためなら地球が滅亡してもいいと思えてしまうほど，「僕」にとっては「瞬時には受け止めきれないくらいのおそろしい事態」だったとある。

問３　ぼう線③の「から」は原因・理由を示す接続助詞なので，エが選べる。イも原因・理由を表すが，体言についており，格助詞である。

問４　一組でも三組でも，何人かの男子が二組にミネストローネを分けることについて文句を言ったため，「僕」はその場にいづらく，「背中に小石を投げつけられているような気持ち」になったとある。自分のしてしまったことが申し訳なく，後ろめたかったのだから，アが合う。

問５　「僕」がつまずいたのが原因でミネストローネは床にぶちまけられてしまったが，佐田君は一緒に片づけてくれたうえ，「僕」を責めなかったのだから，「僕」は佐田君に手間をかけてしまって申し訳ないという気持ちとありがたいという思いを持ったと考えられる。よって，イが選べる。

問６　数分の間に，「僕」の人生で最もつらい状況がどんどん更新されていったことが前後からわかる。このとき「僕」は，ミネストローネを分けてもらうために一組と三組を回って「非難とアワレミ」の視線を浴び，どんどん「みじめ」になっているので，これがぬき出せる。

問７　「僕」をなぐさめてくれた栗田君は「からかうような感じではな」かったのだから，「ふざけ」たとあるアは誤り。「僕」は栗田君の顔を不気味だと思っていたが，みんながそう思っていたかどうかや，栗田君が「いつでも正しい選択をする」かどうかはわからないことから，イとウも合わない。

三　出典は伊藤亜紗の『目の見えない人は世界をどう見ているのか』による。視覚障害者の難波さんが，日常での不便さをユーモアあふれる方法で乗りこえていることなどを紹介している。

問１　**A**　視覚障害者の難波さんは，スパゲティソースを選ぶとき，食べたい味が開封できたら当たり，できなければハズレと「くじ引き」のように考えて楽しんでいると前にある。後ではこのような，ネガティブに思える状況を，難波さんはポジティブに解釈していると説明している。よって，前に述べた内容を“要するに”とまとめて言いかえるときに用いる「つまり」が合う。　**B**　ネガティブな状況をポジティブに解釈する「ひっくり返し」を，筆者は難波さん以外の視覚障害者からも聞いていると前にある。後にはその例として，回転寿司をロシアンルーレットに見立てる説があげられているので，具体的な例をあげるときに用いる「たとえば」が入る。 **C** 視覚障害者は寿司のネタを自分では確認できないが，食べたいものをお店の人に頼んで握ってもらうことはできると当然の内容が後に続いている。よって，“言うまでもなく”という意味の「もちろん」があてはまる。

問２ 直後の段落に注目する。「物理的には」我々と「同じ環境でありながら，それを全く別の方法で使いこなす痛快さ」がある点で，パスタソースや自動販売機で運試しをする難波さんたちと「ヤマカシ」とよばれる少年たちの発想や考え方は似通っているのだから，アがよい。

問３ 「その手」とは，困難な状況をポジティブに生きるというだけでなく，ユーモアを使って解決する方法を指す。よって，パスタソースの味の表示が見えないなどの日常での不便を，見えないことを逆手に，運試しに使うといったユーモアあふれる痛快な方法で楽しみに変えることだといえる。

問４ 見えない人でも買いたい商品が買えるようにするための，自動販売機につける工夫を書けばよい。情報を視覚以外で確認できるようにすればよいので，「音声案内をつける」などが考えられる。

問５ そのとき食べたいパスタソースを選ぶ自由がない視覚障害者の難波さんは，食べたい味に当たれば当たりという運試しとしてその状況を楽しんでいる。この根底には，「『思い通りにならなくてはダメだ』『コントロールしよう』という気持ち」を持たないことで楽しめるという考え方がある。

問６ 「相対化」とは，絶対的な見方を改め，ほかと比較して考えていくことをいう。健常者がレトルトのパックを選ぶ場合，食べたい味を選ぶのが当たり前だが，遊びのツールとしてとらえるという障害者のやり方を知れば，自分たちの方法は選択肢の一つにすぎないと気づくので，ウが合う。

問７ 「痛快」は胸がすくように気持ちがいいようすをいうが，もどす文では「痛」が強調されている。また，後の内容の理由が前にあることを示す「だから」が文の最初にあるので，「言われたほうもチクッとやられたよう」という痛みを示す表現が直前にある，Ⅳに入れるのがふさわしい。

四 出典は萩原慎一郎の『歌集　滑走路』による。日常生活を題材にした短歌五首が取り上げられている。

問１ 会話が弾むようすを，木琴の軽やかで楽しげで心地よい音色にたとえているので，ア～ウはふさわしい。「けたたましい」は，するどくかんだかいようすをいうので，エは合わない。

問２ 作者は恋の思い出を頭のなかの「恋の記憶の部屋」に残していると言い表しており，そこに暮らし始めた「あなた」とは，過ぎ去って思い出になった恋の相手なので，ウがあてはまる。

問３ 夜明けとは，暗い夜が明けて光が差しこむときである。どうすればよいのか迷うとき，必死に手がかりを探すのはかっこう悪いことではない，その行動自体があなたを何も見えない暗やみから救い，希望に満ちた明るい未来へ導くのだからとはげます歌なので，イが選べる。

問４ Ａさんの悩みの具体的内容を述べ，それに対してどの短歌を，どういうアドバイスとともに贈ったかを書けばよい。解答は一例だが，このほか，「友人とけんかしてしまい，仲直りできずにいる」「成績が上がらない」などの悩みに対し，ⅢやⅤの短歌を贈って勇気づけるなども考えられる。

五　言葉の知識，四字熟語の訂正（ていせい），短文づくり

問１「心安い」は，遠慮（えんりょ）がいらないようすをいうので，エが選べる。

問２　①「絶体絶命」は，追いつめられて，そこから逃（のが）れる方法がないようす。　②「異口同音」は，たくさんの人が口をそろえて同じことを言うこと。

問３「高をくくる」は，“大したことはないとばかにする”という意味。解答にあるのは一例である。

六　漢字の書き取り

１　かたづけること。しめくくり。　**２**　現在ある存在の，元になったもの。　**３**　危険や災（わざわ）いから責任をもって守ること。　**４**　簡単ですっきりとまとまっているようす。　**５**　音読みは「ゲン」「ゴン」で，「厳格」「荘厳（そうごん）」などの熟語がある。訓読みにはほかに「きび(しい)」がある。

2022年度　芝浦工業大学附属中学校

〔電　話〕　(03)3520－８５０１
〔所在地〕　〒135－8139　東京都江東区豊洲６－２－７
〔交　通〕　東京メトロ有楽町線 ―「豊洲駅」より徒歩７分
ゆりかもめ ―「新豊洲駅」より徒歩１分

【算　数】〈第２回試験〉（60分）〈満点：120点〉

〈編集部注：１のスクリプトには右のＱＲコードからアクセス可能です。〉

〔注意〕１．１は聞いて解く問題です。聞いて解く問題は，試験開始後すぐに放送します。
２．３以降は，答えだけではなく式や考え方を書いてください。式や考え方にも得点があります。
３．定規(じょうぎ)とコンパスを使用してもかまいませんが，三角定規と分度器を使用してはいけません。
４．作図に用いた線は消さないでください。
５．円周率が必要な場合は，すべて3.14で計算してください。

１　この問題は聞いて解く問題です。

聞いて解く問題は全部で(1)と(2)の２題です。(1)は１問，(2)は①と②の２問があります。問題文の放送は１回のみです。問題文が流れているときはメモを取ってもかまいません。ひとつの問題文が放送された後，計算したり，解答用紙に記入したりする時間は１分です。聞いて解く問題の解答は答えのみを書いてください。ただし，答えに単位が必要な場合は必ず単位をつけてください。

２　次の各問いに答えなさい。ただし，答えのみでよい。

(1)　$\frac{2}{5}-\left\{\frac{1}{2}-\left(0.375+\frac{1}{8}\right)\times\frac{2}{9}\right\}\div 1\frac{3}{4}$　を計算しなさい。

(2)　□にあてはまる数を求めなさい。
$\{414-(63+24\times 3-45\div\square)\}\div 4=71$

(3)　定価の2.5割引きで売られている商品は，10％の消費税を含めて1980円です。この商品の定価はいくらですか。

(4)　右の図は，長方形をABを折り目として折り曲げたものです。角アと角イの大きさをそれぞれ求めなさい。

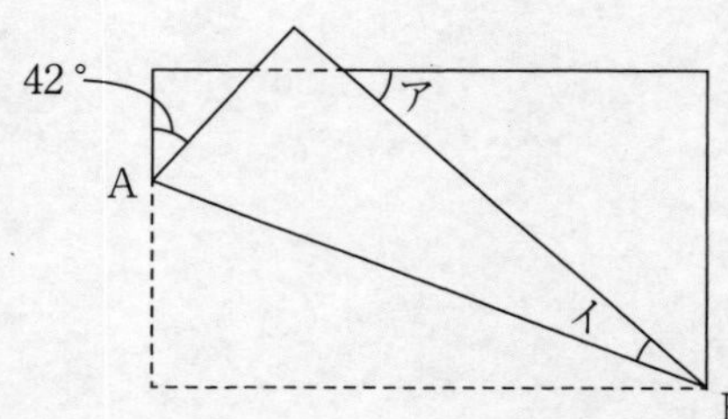

3 次の各問いに答えなさい。

(1) 次のように分数が規則的に並んでいます。2022番目の分数を求めなさい。

$\frac{1}{1}$, $\frac{3}{1}$, $\frac{5}{1}$, $\frac{1}{2}$, $\frac{3}{2}$, $\frac{5}{2}$, $\frac{1}{3}$, $\frac{3}{3}$, $\frac{5}{3}$, $\frac{1}{4}$, $\frac{3}{4}$, $\frac{5}{4}$, $\frac{1}{5}$, ……

(2) [1], [2], …, [10]の10枚のカードの中から３枚のカードを取り出し，大きい順に並べます。１番目と２番目の差と，２番目と３番目の差が同じになるような取り出し方は何通りありますか。

(3) ある食べ物を温めるのに，400 W なら４分30秒，450 W なら４分かかります。この食べ物を500 W で温めるときにかかる時間は何分何秒ですか。
ただし，熱量(仕事量)＝ワット数(W)×加熱時間(秒)です。

(4) 右の図の正三角形ABCにおいて，AD：DE：EB＝AG：GF：FC＝2：1：1です。
斜(しゃ)線部分の面積が15 cm^2 のとき，三角形ABCの面積を求めなさい。

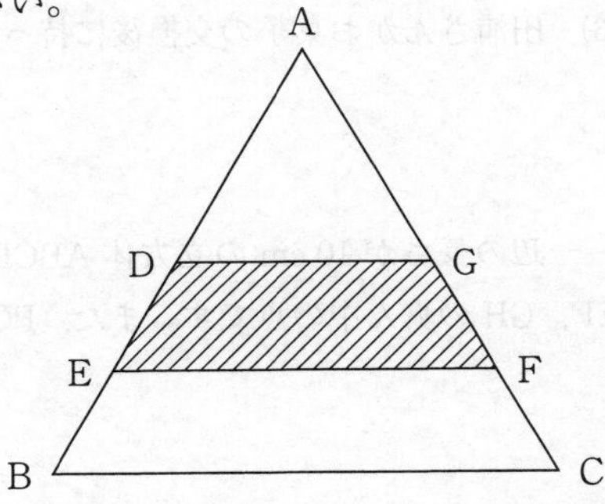

(5) 正方形の各頂点を中心とし，対角線を半径とする円を４つかきます。
４つの円が重なる部分を作図しなさい。(この問題は答えのみでよい)

4 芝田くんと田浦さんはチョコレートとクッキーをそれぞれいくつか持っています。芝田くんと田浦さんがチョコレートを４個ずつ食べたところ，芝田くんと田浦さんのチョコレートの個数の比は５：９になりました。さらに，芝田くんと田浦さんはチョコレートを６個ずつもらったので，芝田くんと田浦さんのチョコレートの個数の比は２：３になりました。このとき，次の各問いに答えなさい。

(1) 芝田くんと田浦さんが最初に持っていたチョコレートの個数を求めなさい。

さらに，芝田くんと田浦さんはお菓子を次のように交換(かん)しました。まず，田浦さんは持っているクッキーの$\frac{1}{3}$を芝田くんにあげ，芝田くんはもらったクッキーの個数と同じ数だけのチョコレートを田浦さんにあげました。次に，芝田くんは持っているクッキーの$\frac{2}{5}$と２個を田浦さんにあげ，田浦さんはもらったクッキーの個数と同じ数だけのチョコレートを芝田くんにあげました。お菓子の交換後，田浦さんのチョコレートの個数は，交換前より５個少なくなり，芝田くんのクッキーの個数は，交換前の$\frac{2}{3}$になりました。

(2) 芝田くんがお菓子の交換後に持っているクッキーの個数は，交換前と比べて何個減りましたか。

(3) 田浦さんがお菓子の交換後に持っているクッキーの個数は何個ですか。

5 一辺の長さが10 cmの立方体ABCD－EFGHがあります。図の点P，Q，R，Sは，それぞれAB，CD，EF，GHの真ん中の点です。また，PQの真ん中の点をOとします。このとき，次の各問いに答えなさい。

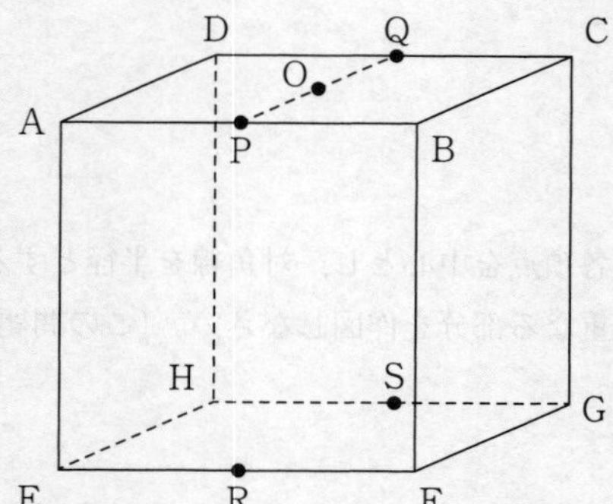

(1) 立体PBCQ－ERSHの体積を求めなさい。

(2) (1)の立体について，３点O，E，Rを通る平面で切断するとき，切り口の形を答えなさい。また，体積が小さい方の立体の面の数を答えなさい。（この問題は答えのみでよい）

(3) (2)のとき，体積が小さい方の立体と直方体APQD－ERSHの共通する部分の立体の体積を求めなさい。ただし，（三角すいの体積）＝（底面の面積）×（高さ）÷３です。

【理　科】〈第２回試験〉（50分）〈満点：100点〉

〈編集部注：1のスクリプトには右のＱＲコードからアクセス可能です。〉

〔注意〕1は聞いて解く問題です。聞いて解く問題は，試験開始後すぐに放送します。

1 この問題は聞いて解く問題です。

聞いて解く問題は全部で(1)～(3)の３題です。(1)～(3)は１問ずつあります。問題文の放送は１回のみです。メモを取っても構いません。ひとつの問題文が放送された後、解答用紙に記入する時間は15秒です。聞いて解く問題の解答は答えのみを書いてください。

(1)

ア. 砂　　**イ.** 岩塩　　**ウ.** 海水　　**エ.** ミネラル

(2)

ア. 砂　　**イ.** 日光　　**ウ.** かまど　　**エ.** 真空状態

(3)

ア. 海水から有害な物質を取り除く。
イ. 海水から真水を取り出せる。
ウ. 海水から直接塩を取り出せる。
エ. 海水からかん水を取り出せる。

2 次の文を読み、あとの問いに答えなさい。

（図１）のように、等間隔(かく)に印をつけた棒を、支点が棒の中心になるように支柱に置いて静かに手を放すと、棒は水平につりあいました。この棒とおもりを用いて、**〔実験１〕**～**〔実験３〕**を行いました。なお、この実験で使用するおもりはすべて同じものとします。

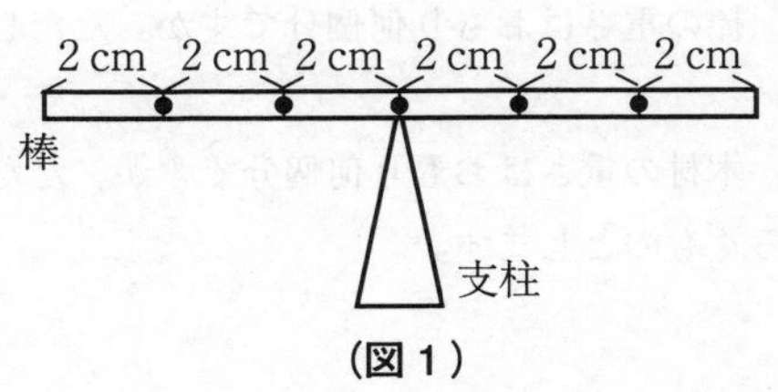

（図１）

〔実験１〕

（図２）のように、Ｅの位置に軽い糸を使っておもりを１個つるしたところ、棒はかたむきました。

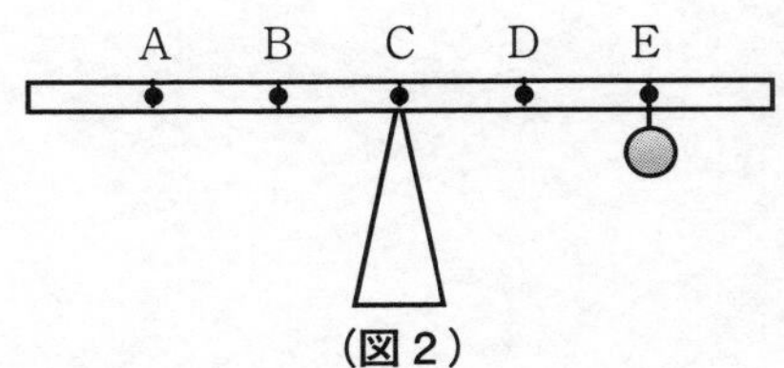

（図２）

〔実験2〕

(図3) のように、支点をBの位置にずらし、Aの位置におもりを3個、Dの位置におもりを1個つるしたところ、棒は水平につりあいました。

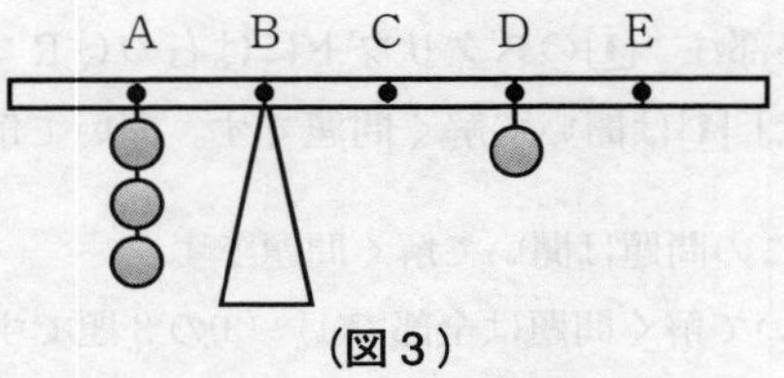

(図3)

〔実験3〕

この棒を木材と接合し、**(図4)** のように床(ゆか)に立て、おもり1個を棒のAからEに向かって順番につるしていきました。すると、Eの位置におもりをつるしたときに、木材は棒と接合したまま、点Pを支点として倒(たお)れました。

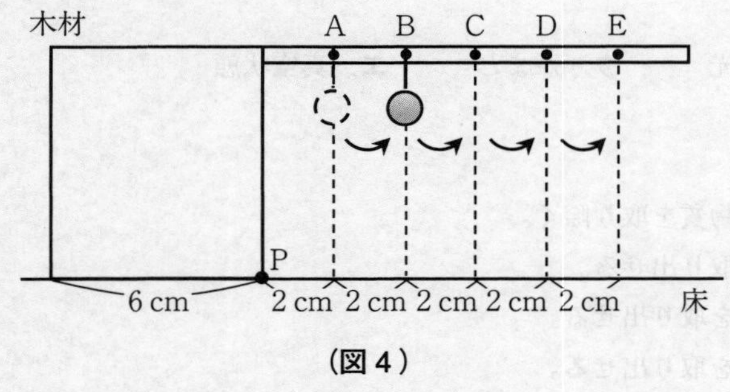

(図4)

(1) **〔実験1〕** で、Bの位置におもりをつるして棒をつりあわせるためには、何個のおもりをつるせばよいですか。

(2) 棒の重さはおもり何個分ですか。ただし、棒の重さは棒の中心にはたらくものとします。

(3) 木材の重さはおもり何個分ですか。ただし、木材の重さはおもりの整数倍であり、木材の中心にはたらくものとします。

(4) **〔実験３〕**で、**(図５)** のように棒をななめに接合し直して、点Ｅにおもりを１個つるしたところ、木材は倒れませんでした。このとき、点Ｅにはおもりの何倍の重さのものまでつるすことができますか。小数で答えなさい。

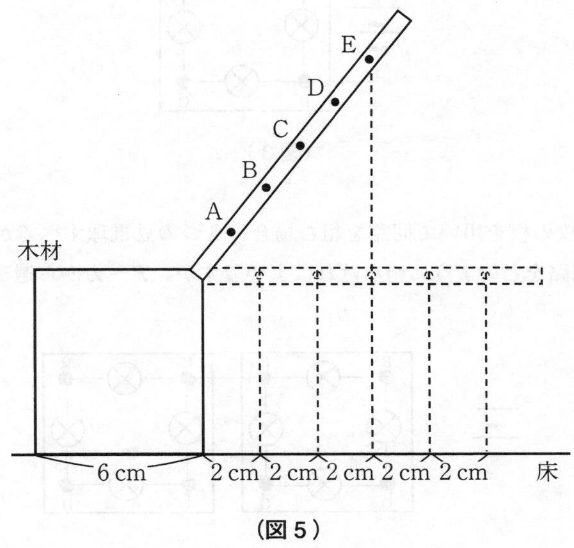

(図５)

3 次の文を読み、あとの問いに答えなさい。

正方形の板上に、同じ種類の豆電球４つと端子（たんし）４つを **(図１)** のように導線でつなぎ、電池を接続しました。**(図２)** は **(図１)** を回路図で表したものです。**(図２)** 中の ⊗ は豆電球を表し、⊣⊢ は電池を表しています。なお、●は導線を接続することができる端子を表しています。

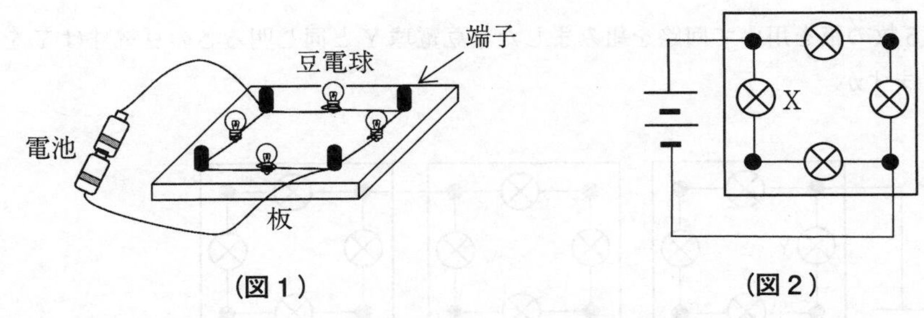

(図１)　**(図２)**

(1) **(図２)** の豆電球Ｘと同じ明るさの豆電球をふくむ回路はどれですか。**ア～エ**から選び記号で答えなさい。

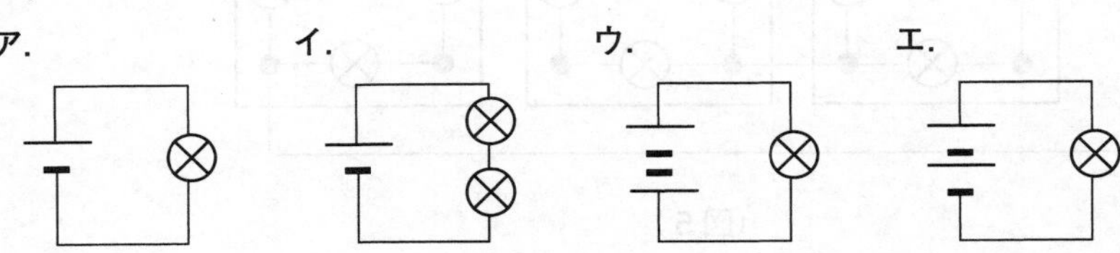

⑵ **（図３）**のように電池を端子に接続したとき、ab 間を流れる電流は cd 間を流れる電流の何倍になりますか。

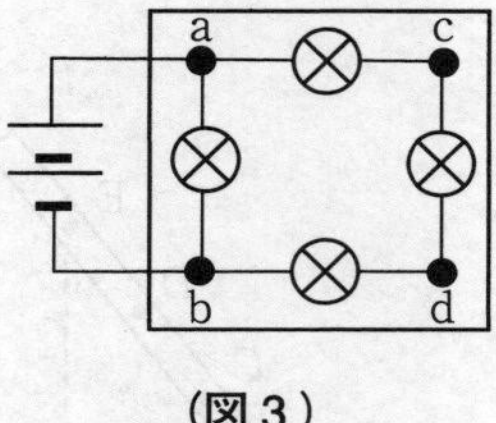

（図３）

⑶ **（図４）**のように２枚の板を用いて回路を組む場合、８つの豆電球すべてが同じ明るさでつくようにするためには電池と回路をどのようにつなげればよいですか。**ア**～**カ**から選び記号で答えなさい。

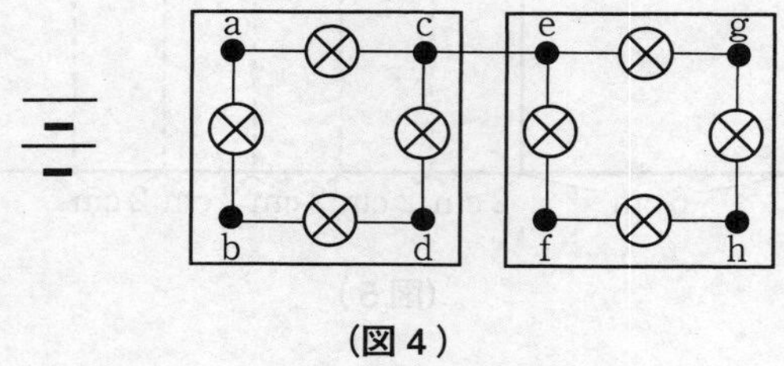

（図４）

ア．電池の＋極を a 点に接続し、－極を g 点に接続する。
イ．電池の＋極を a 点に接続し、－極を h 点に接続する。
ウ．電池の＋極を b 点に接続し、－極を g 点に接続する。
エ．電池の＋極を b 点に接続し、－極を h 点に接続する。
オ．電池の＋極を d 点に接続し、－極を g 点に接続する。
カ．電池の＋極を d 点に接続し、－極を h 点に接続する。

⑷ **（図５）**のように６枚の板を用いて回路を組みました。豆電球Ｙと同じ明るさの豆電球はＹをのぞいて全部で何個ありますか。

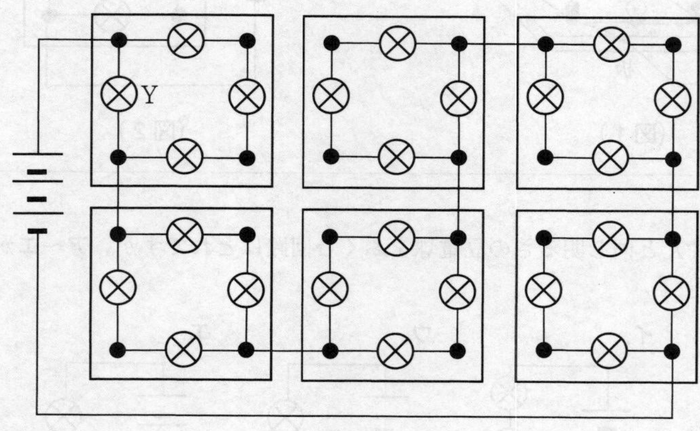

（図５）

4 次の文を読み、あとの問いに答えなさい。

現在、世界では新しいエネルギー源がつくられています。最近ではバスに燃料電池が使われるなど、「脱化石燃料」にむかっています。エネルギー源を考えるうえで重要な考え方が、「エネルギー密度」というものです。エネルギー密度には「質量エネルギー密度」と「体積エネルギー密度」があります。エネルギーの大きさを表す単位として、Wh（ワット時）というものがあります。質量エネルギー密度とは、１kgあたりのエネルギーの量で、単位はWh/kg（ワット時毎キログラム）を用います。体積エネルギー密度とは、１Ｌあたりのエネルギーの量で、単位はWh/L（ワット時毎リットル）を用います。エネルギー密度が大きいほどより少ない量で大きいエネルギーをもっているといえるため、より優れたエネルギー源ということができます。

（表）は昨今のエネルギー源や電池について、エネルギー密度と物質の性質などをまとめたものです。

エネルギー源	質量エネルギー密度［Wh/kg］	密度*1［kg/L］	保管温度	融点［℃］*2	沸点［℃］
高圧水素*3	33000	0.023	常温	－259	－253
液体水素		0.070	－253℃以下		
ガソリン	13000	0.78	常温	－40以下	30～220
リチウムイオン電池	200	2.6	常温	（基本的に固体）	（基本的に固体）
メチルシクロヘキサン	2000	0.77	常温	－126	101

*1：１Ｌあたりの重さ。　*2：固体がとける温度。　*3：高圧水素の圧力は大気圧の350倍とする。

（表）

(1) 燃料電池が発電時に排出する物質はどれですか。**ア～エ**から選び記号で答えなさい。

ア． 二酸化硫黄　**イ．** 一酸化ちっ素　**ウ．** 水　**エ．** 二酸化炭素

(2) 次の物質のうち、体積エネルギー密度の最も大きい物質はどれですか。**ア～エ**から選び記号で答えなさい。また、その体積エネルギー密度［Wh/L］を整数で答えなさい。

ア． 高圧水素　**イ．** 液体水素　**ウ．** ガソリン　**エ．** リチウムイオン電池

(3) 水素は液体水素として貯蔵することができます。また、水素をトルエンという物質と反応させ、メチルシクロヘキサンとして貯蔵する方法もあります。メチルシクロヘキサンからは触媒を用いてトルエンとともに水素を取り出すことができるので、これは水素を貯蔵していることと同じと考えることができます。

ためるとき　　　水素＋トルエン→メチルシクロヘキサン
取り出すとき　　メチルシクロヘキサン→水素＋トルエン

水素を液体として直接貯蔵するのではなく、この方法を用いるよいところは何ですか。**(表)** を参考に、次の文の空らんにあうように理由とともに25字程度で答えなさい。

この方法を用いることで、＿＿＿＿＿＿＿必要がなくなる点。

(4)　燃料電池同様に地球環境にやさしいとされるものに、木材をはじめとした植物を原料に作られるバイオマス燃料があります。バイオマス燃料が化石燃料に比べて環境にやさしいとされるのは、燃やしても空気中の二酸化炭素濃度が上昇しないと考えられるからです。バイオマス燃料を燃やしても空気中の二酸化炭素濃度が上昇しないと考えてよい理由はどれですか。**ア**～**エ**から選び記号で答えなさい。

ア．バイオマス燃料は燃えるときに二酸化炭素を発生しないから。
イ．バイオマス燃料が普及すると原料になる植物の価格が上昇し、燃料の消費量が減少するから。
ウ．バイオマス燃料を燃やしたときに発生する二酸化炭素の量は、同じ重さの石油や石炭などの化石燃料を燃やしたときに発生する二酸化炭素の量よりずっと少ないから。
エ．バイオマス燃料が燃えるときに発生する二酸化炭素の量は、光合成で取り入れた二酸化炭素の量と同じだから。

5　次の文を読み、あとの問いに答えなさい。

中学1年生では、身のまわりにあるさまざまな金属についてグループ学習を行います。グループＡ～Ｄにわかれ、それぞれアルミニウム、鉄、銅、銀の金属を1つ選び、それについて調べて発表しました。

〔グループ A〕

この金属は鉱石から取り出します。鉱石、コークス、①石灰石を混ぜ加熱します。ここで得られた金属にはまだ、炭素が4～5％入っているため、さらに加熱して金属を取り出します。日本では「たたら」という炉で作られるようになり、その後、技術もさらに発展し、明治34年に北九州の八幡で大規模な工場が作られ、日本の産業近代化がスタートしました。現代では様々なところで利用されています。また、この金属から作られた日本刀は日本を代表する美術工芸品です。

〔グループ B〕

この金属は平安時代に産出されたといわれています。特に有名なのは島根県にある石見の鉱山です。ここではこの金属が多く産出し、世界的に大きな影響を与えたこともあり、2007年に世界遺産に登録されました。灰吹法という方法でこの金属を取り出していましたが、現在は電気を利用して取り出しています。②写真のフィルムに利用されていましたが、デジタル化にともない縮小し、今は太陽電池や抗菌などに利用されています。

〔グループC〕

ヒ素や硫黄(いおう)などを多くふくんだ鉱石から取り出します。この鉱石を加熱することで、金属ができます。しかし、1％ほど不純物が混ざっているので、電気を利用して99.99％までの純度にします。人類が初めて手にした金属といわれており、古くから生活や文化の発展に貢献(こうけん)しました。日本では奈良、平安時代に仏像、仏具、工芸品などが盛んに作られ、特に東大寺の大仏が有名です。現在は［ X ］などに使用されています。

〔グループD〕

ボーキサイトという鉱石から取り出します。まずボーキサイトを水酸化ナトリウム水溶(よう)液にとかし、これをおよそ1200度に加熱します。その後、電気炉に入れ、高温で電気を流すと、金属ができます。この金属は大量の電力が使えるようになってはじめて利用できるようになったものです。日本で初めてこの金属の製品が作られたのは1894年でした。現在は硬貨(こうか)、缶、飛行機などに使用されています。

(1) 下線部①と同じものはどれですか。**ア～エ**から選び記号で答えなさい。

ア．かわいた割りばしをむし焼きにしたところ、黒い固体が残った。

イ．くぎを加熱すると黒色の固体になった。

ウ．石灰水に二酸化炭素をふきこむと、白い固体が出てきた。

エ．水の中にドライアイスを入れると、白いけむりが発生した。

(2) 下線部②はどのような性質を利用したものですか。**ア～エ**から選び記号で答えなさい。

ア．他の金属にくらべて、電流をよく通す。

イ．他の金属にくらべて、1 cm^3あたりの重さが軽い。

ウ．光に反応する。

エ．電流を流すと発熱する。

(3) ［ X ］の中に入るものはどれですか。**ア～エ**から選び記号で答えなさい。

ア． 1円玉・ステンレス・ニクロム線

イ．10円玉・　鍋(なべ)　・コイル

ウ． 1円玉・　鍋　・ニクロム線

エ．10円玉・ステンレス・コイル

(4) 〔グループA〕～〔グループD〕の金属の性質として正しいものはどれですか。**ア～エ**から選び記号で答えなさい。

ア．〔グループA〕の金属は水酸化ナトリウム水溶液と反応し、水素を発生する。

イ．〔グループB〕の金属は塩酸と反応し、水素を発生する。

ウ．〔グループC〕の金属は水酸化ナトリウム水溶液と反応し、水素を発生する。

エ．〔グループD〕の金属は塩酸と反応し、水素を発生する。

6 2021年５月26日に日本全国で皆既月食が起こりました。芝雄君は残念ながら天気が悪くほとんど見ることができませんでしたが、このときの月食の特ちょうを調べて、次のようにまとめました。あとの問いに答えなさい。

【まとめ】

月の出：18時38分
部分食の始まり：18時45分
皆既食の始まり：20時09分
皆既食の終わり：20時28分
部分食の終わり：21時53分
月の入り：04時04分

1．１年の中で見かけの大きさがもっとも大きい満月（スーパームーン）で起こった月食であった。この日の月の明るさは、見かけの大きさがもっとも小さい満月に比べて30％も明るかった。

2．皆既月食のときには、皆既日食のときのように真っ暗にならず、月全体が［ ① ］見える。これは太陽の光の一部が地球の大気を通るときに進路を曲げることと［ ② ］光が散乱（太陽の光が大気の粒子によって乱反射すること）されやすいためである。

3．３年前の月食では、皆既食の時間が１時間17分であったが、今回の皆既食の時間は、［ ③ ］分で非常に短かった。

（図１）は、地球を北極側から見たときの太陽光線の向きと地球と月の位置関係を表したものである。

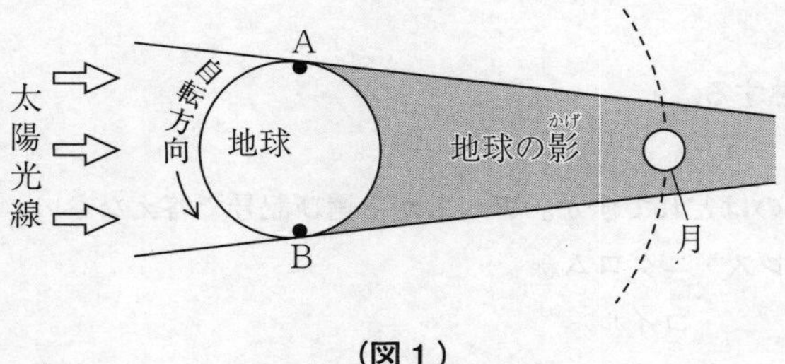

（図１）

（図２）は、この日の東京の月食の始まりから終わりまでの月の位置を示したものである。

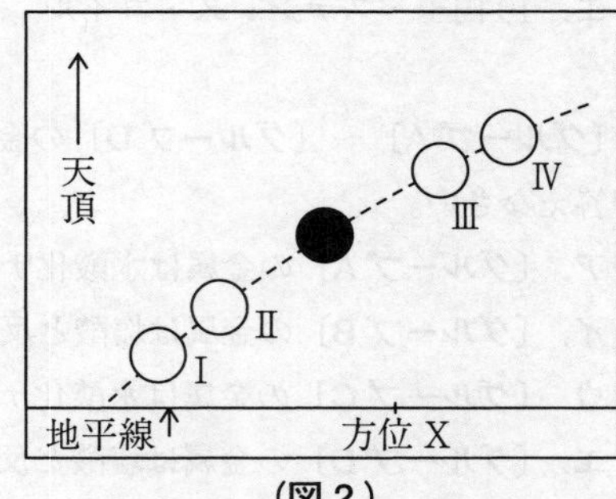

（図２）

(1) **(図１)** で、この時の日本の位置と、**(図２)** で日本から見える月の方位Ｘを組み合わせたものはどれですか。**ア〜エ**から選び記号で答えなさい。

ア. 日本の位置はＡで、月の見える方位Ｘは南東である。
イ. 日本の位置はＡで、月の見える方位Ｘは南西である。
ウ. 日本の位置はＢで、月の見える方位Ｘは南東である。
エ. 日本の位置はＢで、月の見える方位Ｘは南西である。

(2) **(図２)** のⅠ〜Ⅳにあてはまる影のようすを表したのはどれですか。**ア〜エ**から選び記号で答えなさい。ただし、上側を天頂の方向とし、月食の時に暗く見える部分を黒く表しています。

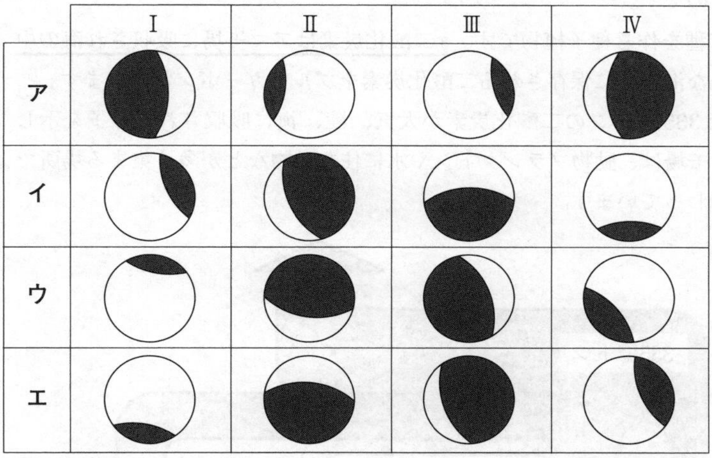

	Ⅰ	Ⅱ	Ⅲ	Ⅳ
ア				
イ				
ウ				
エ				

(3) **【まとめ】** 1で、月の見かけの大きさが変化する理由はどれですか。**ア〜エ**から選び記号で答えなさい。

ア. 月自身が内部の温度変化によってわずかにふくらんだり縮んだりしているから。
イ. 地球と月の距離(きょり)がわずかに変化するから。
ウ. 地球の大気の温度が高くなると月がふくらんで見えるから。
エ. 月の自転周期が変化するから。

(4) **【まとめ】** 2の［　①　］、［　②　］にあてはまるのはどれですか。**ア〜エ**から選び記号で答えなさい。

ア. ①：赤く　　②：青い
イ. ①：赤く　　②：赤い
ウ. ①：青白く　②：青い
エ. ①：青白く　②：赤い

(5) **【まとめ】** 3の［　③　］に適当な数値を入れ、その時間が短かった理由を次の文に続けて書きなさい。

月が地球の影の［　　　　　　　　　　］から。

7 次の文を読み、あとの問いに答えなさい。

本校で2021年から始まった「探究」の授業では学校周辺の企業や豊洲の街について調べて発表をします。水陸両用バス「スカイダック」に乗って東京湾から豊洲の街を見る授業もあります。次の文は東京湾について調べたものです。

・東京湾のアマモ

東京湾にはアマモが生育しており、その場所をアマモ場といいます。**（図１）**は、アマモの葉の一部をスケッチしたものです。

アマモは、花を咲かせて種を作る種子植物です。①二酸化炭素はアマモ場に吸収され海の中へ保存されます。このような海洋中に保存される二酸化炭素をブルーカーボンと言います。

（図２）は、ヒトが出した335億トンの二酸化炭素が大気、陸、海に吸収される様子を示した模式図です。また、アマモ場は、動物プランクトンや水に住む動物などが多く集まる場所で、東京湾の生物や水質にも関わっています。

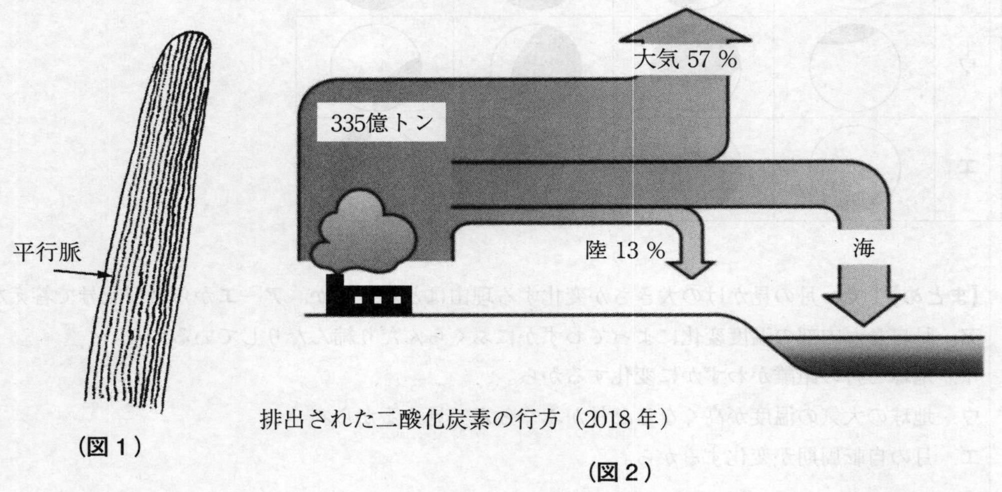

排出された二酸化炭素の行方（2018年）

（図１）

（図２）

・東京湾の水質

東京湾は、水質によりしばしば②赤潮が発生することがあります。2021年に行われた東京オリンピックではトライアスロンの競技などが東京湾で行われました。競技会場の砂浜には、水質をよくする目的でアサリやハマグリなどの二枚貝をすみつかせるため多くの砂が投入されました。

・水質浄化の実験

アサリの水質浄化を確かめるために、にごった水とアサリをビーカーに入れて水の色の変化を確かめました。１日後観察したところ、水がとう明になっていました。

(1) **（図１）**のような特ちょうを持つ植物を何といいますか。

(2) 下線部①について、次の文の［ A ］、［ B ］に適する言葉を答えなさい。

> アマモなどの海の植物は、太陽のエネルギーを受けて［ A ］をつくります。つくられた［ A ］は、アマモの葉の表面で泡として見ることができます。また、空気中から海洋中にとけた二酸化炭素を吸収して［ B ］をつくります。
> アマモがかれると海の底に沈(しず)み、吸収された二酸化炭素は大気中にもどらずにそのまま保存されます。

(3) **(図２)** について、海に吸収された二酸化炭素は、何億トンですか。小数第１位を四捨五入して整数で答えなさい。ただし、出された二酸化炭素は大気、陸、海で全て吸収されるものとします。

(4) 下線部②について、次の文の［ X ］、［ Y ］、［ Z ］に適する言葉として正しいものはどれですか。**ア**～**エ**から選び記号で答えなさい。

> 東京湾には、植物の栄養となる［ X ］がたくさんとけています。日照時間が［ Y ］なり、気温が［ Z ］と海水中の植物プランクトンやそれを食べる動物プランクトンが増えます。プランクトンが異常に増えることで海水がにごり、赤潮が発生します。また、有毒なプランクトンによる赤潮は、魚や貝類に害をあたえることがあります。

	X	Y	Z
ア	ちっ素やリン	長く	上がる
イ	ちっ素やリン	短く	下がる
ウ	水素や炭素	長く	上がる
エ	水素や炭素	短く	下がる

(5) **(図３)** は、アサリの内部をスケッチしたものですが、あしがかかれていません。アサリのあしを解答らんの図中にかきなさい。

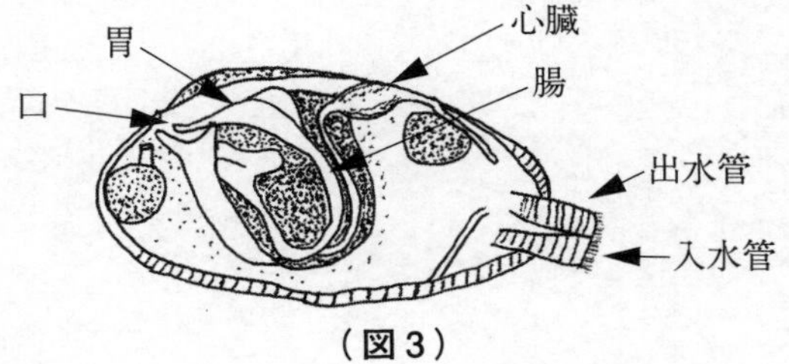

(図３)

(6) アサリが水質を浄化する仕組みとして正しいものはどれですか。**ア**～**エ**から選び記号で答えなさい。

ア．水質を浄化するものを出して、有機物を分解する。
イ．汚(お)染の原因となる有機物を食べて体内でろ過する。
ウ．汚染の原因となるものを特定して体内にため込む。
エ．貝がらがフィルターになって水をろ過する。

8 次の問いに答えなさい。

(1) 宇宙ステーション（**図１**）は、地球及び宇宙の観測や宇宙環境を利用したさまざまな研究、実験を行うための巨大な有人施設です。地上から約 400 km 上空の熱圏を秒速約 7.7 km（時速約 27,700 km）で地球の赤道に対して 51.6 度の角度で飛行し、地球を約 90 分で 1 周、24 時間で約 16 周しています。

（**図２**）は宇宙ステーション内部の様子です。宇宙飛行士やりんごが浮いていることから宇宙ステーションの中は無重量（無重力）状態だとわかります。なぜ、宇宙ステーションの中は無重量（無重力）状態になるのでしょうか。「遠心力」と「重力」の語句を用いて、「宇宙ステーションが」に続くように 40 字程度で説明しなさい。

ただし、遠心力とは（**図３**）のように水を入れたバケツを勢いよく回したとき、バケツの中の水が外向きに受ける力です。

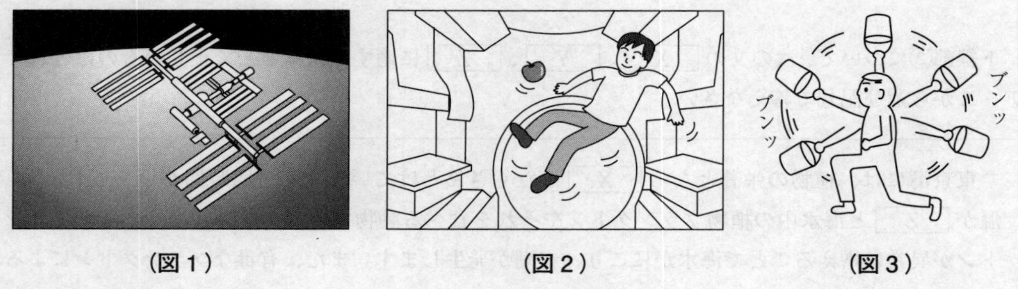

（**図１**）　（**図２**）　（**図３**）

(2) ワクチンとは、からだに、病気に対するめんえきをつくらせるために体内に入れる、病原体やその一部をふくむ医薬品です。たとえば現在使用されているインフルエンザワクチンは、インフルエンザの原因となる病原体の一部のタンパク質を、注射によって体内に入れます。このタンパク質の形がその形のまま血液中に入ることで、血液成分がめんえきをつくります。これを予防接種といいます。しかし、このインフルエンザワクチンは飲んでもめんえきをつくることはできません。その理由を 40 字程度で答えなさい。

Ｃ　解答用紙の「この詩が一番伝えたいことは、」に続く形で八十字以上、百二十字以内で書くこと。ただし、出だしの一マスは空けないで書くこと。

五

次の各問いに答えなさい。

問一　次の言葉のつかい方として正しい文を、あとのア～エの中から一つ選び、記号で答えなさい。

「心づくし」

ア　おばあさんが作ってくれた心づくしの料理をいただいた。
イ　妹への心づくしの態度について、お母さんから注意された。
ウ　朝から晩まで心づくしして自分の部屋を片付けた。
エ　友だちの心づくした態度に、心から感謝した。

問二　次の四字熟語の中の、まちがっている漢字の右側に正しい漢字を書きなさい。

①　粉骨砕心
②　無身乾燥

問三　次の「慣用句」をつかって、短い文を作りなさい。

「板につく」

※慣用句の内容が具体的にわかるようにしなさい。
　慣用句「足がぼうになる」の場合
　（悪い例）「ぼくは、足がぼうになった。」
　（良い例）「ぼくは、落とし物をしてしまい、足がぼうになるまで探し回った。」

※「動きを表す語」など、後に続く語によって形が変わる場合は、変えても良いです。
（例：「あるく」→「あるいた」）

六

――線部の平仮名を漢字に直しなさい。

1　かいしんの作品が完成した
2　原本とたいしょうする
3　行政のさっしんを図る
4　じゅうおうに活躍する
5　医学をおさめる

落ちこぼれの実
　いっぱい包容できるのが①豊かな大地
それならお前が落ちこぼれろ
　はい　女としてはとっくに落ちこぼれ
②落ちこぼれずに旨げに成って
　むざむざ食われてなるものか
落ちこぼれ
　結果ではなく
落ちこぼれ
　華々しい意志であれ

（茨木のり子『寸志』）

※1　自嘲……自分をつまらない人間とみなして軽蔑すること。
　2　謂……「～という意味」の言葉。

問一　――線①「豊かな大地」とありますが、これはどのような社会のあり方を比喩的に表現したものだと考えられますか。適切なものを次の中から一つ選び、記号で答えなさい。

ア　学業についていけなくても、助けてくれる人が必ずそばにいる社会。
イ　落ちこぼれを出さないように、落ちこぼれ予備軍をしっかり教育してくれる社会。
ウ　魅力的な落ちこぼれにこそ価値があるとして、落ちこぼれることを勧める社会。
エ　落ちこぼれたとしても、それを一つの個性として認めてくれる社会。

問二　――線②「落ちこぼれずに旨げに成って」とありますが、これはどのような生き方を表したものだと考えられますか。適切なものを次の中から一つ選び、記号で答えなさい。

ア　他者の期待に応え続けた生き方。
イ　人を惹きつけるような人間性を育んできた生き方。
ウ　出来の悪い人間を差別し、見下してきた生き方。
エ　一日一日を精一杯楽しんできた生き方。

問三　テレビ番組の企画で、「有名な声優さんが、中学生の演出をもとに詩を朗読する」という授業の収録が行われることになり、幸運にも芝浦工業大学附属中学校がその学校の一つに選ばれました。さらに幸運なことに、あなたはその演出チームのリーダーに選ばれ、この詩（茨木のり子「落ちこぼれ」）を担当することになりました。
さて、声優さんと演出チームの打ち合わせの時、あなたは声優さんから、「リーダーは、この詩が一番伝えたいことは何だと考えていますか。また、それを伝えるために、私にどのように読んでほしいと思っていますか。」と聞かれました。この質問に対するあなたの答えを書きなさい。ただし、次の条件に従うこと。

A　「この詩が一番伝えたいこと」を書く際、それを声優さんに納得してもらうために、「あなたがそう考えた理由」についても必ず書きなさい。その後、「どのように読んでほしいか」について書きなさい。

B　文章は、あなたが声優さんに伝える形式で書きなさい。また、あなたの意見を聞いた声優さんがすぐにそれを実行できるよう、わかりやすく伝えることを心がけなさい。

エ　同化圧力が強くなって自分の考えを失いそうになると、意見の押しつけに反発して他者との衝突が生じることもあるから。

問三　A・B・C に入る文として適切でないものを次の中から一つ選び、記号で答えなさい。

ア　同じ意見を持たなければならない
イ　自分は周りから浮いていないだろうか
ウ　社長の考えに反していないだろうか
エ　仲間と同じ行動をしなければならない

問四　――線③「緊張は面白いことに人間の場合、才能の現れでもあります」とありますが、そのように言えるのはなぜですか。四十字以上五十字以内で答えなさい。

問五　D・E に入る言葉として適切なものを次の中から一つずつ選び、それぞれ記号で答えなさい。ただし、同じ言葉を二度用いることはできません。

ア　また　　イ　つまり　　ウ　しかし
エ　なぜなら　　オ　さらには　　カ　それとも

問六　次の文が入るのに適切な箇所を本文中の I ～ Ⅳ から選び、記号で答えなさい。

また受験生や就活中の学生なら、合格できるだろうか、自分を認めてもらえるだろうかと、緊張しているかもしれません。

問七　本文についての説明として正しいものにはア、正しくないものにはイを、それぞれ答えなさい。ただし、すべてア、またはすべてイという解答は認めません。

1　専門家の立場から、脳科学によって明らかになった緊張の仕組みについて、研究の内容を詳しく書いている。
2　緊張についての疑問に対して、脳科学の知識や体験談をもとに考えてたどり着いた一つの結論を書いている。
3　緊張を生じさせる原因を探ることによって、緊張しないためにどうすればよいかが分かるように書いている。
4　人が緊張する様々な場面を具体的に挙げながら、脳科学に詳しくない人にも分かりやすいように書いている。

四

次の詩を読んで、後の問いに答えなさい。

落ちこぼれ

落ちこぼれ
和菓子の名につけたいようなやさしさ
落ちこぼれ
いまは自嘲[※1]や出来そこないの謂[※2]
落ちこぼれないための
ばかばかしくも切ない修行
落ちこぼれにこそ
魅力も風合いも薫るのに

ものです。

大勢の聴衆を目の前にした講演の名手として、私が一番に思いつくのは、日本を代表する文芸評論家の小林秀雄さん(1902~1983)です。

『信ずることと考えること』(新潮CD　小林秀雄講演第二巻)など、私たちがいかに生きるべきかを語り、感動のあまり涙を流す人も出たといわれる小林さんの講演は、ほとんど録音が禁止されていました。

しかしごく一部の肉声が残されていて、今ではCDを購入することができます。私はこの音源が好きで、若い頃から幾度となく聴いてきました。

意外と思われる人も多いかもしれませんが、小林さんは講演の前、ものすごく緊張する人だったそうです。

彼の担当編集者だった池田雅延さんは、小林さんが緊張を和らげるために、お酒を一杯飲んでから演台に上がっていたことがあったと証言しています。

D 小林さんの語り口は、落語家の神様と呼ばれる五代目古今亭志ん生さん(1890~1973)のようにざっくばらんで、全く天然、自然の話し方、即興で話しているように聞こえます。

しかし本当は即興などではなく、意外なことに、小林さんは綿密な準備をして講演にのぞんでいて、講演前には一人で控え室にこもって、ぶつぶつ練習をしていたそうです。**E** 実際に志ん生さんの真似をして、話す練習を重ねていたとの話もあります。

緊張は、要求水準が高いことの裏返しです。

人に聞かせる話として、どんなものでなければならないか、どうやれば、あるいは、どこまでやれば人の心を動かすことができるのか、自分が自分に要求する話のレベルが高いから小林さんは緊張し、「そこまで⁉」と思うほどの準備をしていたのです。

(茂木健一郎『緊張を味方につける脳科学』)

※1　中枢……ものごとの中心となるもの。

2　交感神経……自律神経の一つで、体の活動をさかんにするように作用する。

3　欲求……何かを欲しがり求めること。

問一　――線①「動物的な意味での『緊張』」とありますが、その説明として適切なものを次の中から一つ選び、記号で答えなさい。

ア　自分の力ではどうしようもなくなったときに、扁桃体の作用によって、思いもよらない力を発揮させる働き。

イ　自分の身を脅かすような状況に置かれたときに、扁桃体が活動して身を守るために体を備えさせる働き。

ウ　今までに経験したことのない状況に遭遇したときに、解決するための方法を脳に判断させる扁桃体の働き。

エ　自分よりも力の強い存在に出会ったときに、体の各部位に対して逃げるように命令を送る扁桃体の働き。

問二　――線②「そもそも他者の存在は、私たちを緊張させるものです」とありますが、それはなぜですか。理由として適切なものを次の中から一つ選び、記号で答えなさい。

ア　自分は他者の期待に応えなければならないと考えるようになり、また、考えが異なれば他者とぶつかる可能性もあるから。

イ　他者の期待に応えようとして行動したのに他者から承認してもらえない場合には、他者に対して不満を持つようになるから。

ウ　他者とは考え方の違いによって喧嘩になることもあり、また、自分は他者の期待に応えられていないと思い込んでしまうから。

もたらすようになったのです。

先日、前田裕二さんとお話しする機会がありました。

前田さんといえば、「SHOWROOM株式会社」の社長ですが、『メモの魔力 The Magic of Memos』（幻冬舎、2018年）が50万部を超えるベストセラーになりました。

どのように『メモの魔力』が生まれたかをうかがっていたのですが、前田さんがメモを考えはじめたきっかけはとても興味深いものでした。

前田さんが子供のときに、同じクラスにとても勉強のできる友達がいたそうです。

一方前田さんは、幼くしてご両親を亡くして、当時精神的にも経済的にも、大変苦しい状態にありました。塾などにはとても行けなかったそうです。

しかしその友達は、塾に行って自由にのびのび勉強を進めていて、先生や周りの子供たちに認められていくのを見ていて、とても苦しかったと言います。

それで、なんとかして他者に認めてもらおうという承認※3欲求を強く持ったとのことでした。

承認欲求とは、他者から認められたい、あるいは自分が世間的に価値ある存在として認められたいという欲求を指します。

この承認欲求は人間において、強い緊張を生み出すものの一つです。

前田さんは、結果的にすごいメモを書くことで、周囲から認めてもらうことができるようになったわけですが、承認欲求は一般に、満たされるまでとても辛いものです。

誰かを好きになって告白したときを思い出してみてください。

この人に自分が受け入れてもらえるかどうか、認めてもらえるかどうか、その緊張による苦しさ、拒絶されたときの痛みは、誰もが体験したことがあるはずです。［Ⅲ］

②そもそも他者の存在は、私たちを緊張させるものです。他者は、自分とは異なっていて、新しい刺激を与えてくれるものですが、考え方の違いから喧嘩になるなど、衝突を起こすものでもあります。

他者という存在は、人生において大事なものであるだけに、他人が自分をどう見ているか、他人の期待に自分は応えられるか、と、いつのまにか自分自身よりも重んじてしまいがちです。

他人の期待に応えることで、自分という人間の価値と居場所を見出そうとすると、「これで自分は大丈夫だろうか」「今の私の振る舞いは間違っていないだろうか」と緊張が生まれることになります。

またその緊張を、他人から強いられることもあります。それは、「同化圧力」というものです。

同化圧力とは、ある特定のグループにおいて意思決定がなされる場合に、少数意見を持っている人に対して、暗黙のプレッシャーをかけて多数の意見に従うように強制することです。

同化圧力の強い社会では、「［A］」「［B］」「［C］」と常に警戒していなければならなくなります。

そうして周りの考えだけで生き、自分の考えを失ってしまう。そのような緊張状態にいる人は、「和」を重んじる日本では特に、多いのではないでしょうか。［Ⅳ］

そうは言っても、③緊張は面白いことに人間の場合、才能の現れでもあります。

これは脳科学者としての私の意見です。

例えば、人前で話すという状況を想像してみてください。

これほど私たちの身近で緊張をする場面は他にないかもしれません。

自分の話を受け入れてくれるのか、馬鹿だと思われるのではないか、など自分の価値が他者に委ねられている状況では、どんな人もプレッシャーを感じる

問四　――線③「基は頬を緩めることができなかった」とありますが、その説明として適切なものを次の中から一つ選び、記号で答えなさい。

ア　頭では瑛太郎の話が冗談に過ぎないということがわかっていても、全くありえないとは言い切れない不気味さを感じている。

イ　ぎこちない瑛太郎の笑顔を見て、これから更に深刻な話が始まるのではないのかと緊張している。

ウ　無遠慮な瑛太郎の物言いに対して、いくら笑顔で取り繕ってみても納得しきれない反感を抱いている。

エ　悲観的な未来を示され、自分たちの置かれた現状を認識できたことでこれからの活動に不安を覚えている。

問五　――線④「静まりかえった音楽室」とありますが、これと同じような様子を比喩的に表した一文を本文中から探し、初めの五字を書きぬきなさい。

問六　――線⑤「呼ばないでくれ。頼むから、いつか僕を魅了した声で、僕の名前を呼ばないでくれ」とありますが、どうしてこのように思ったのか五十字以内で説明しなさい。

三　次の文章を読んで、後の問いに答えなさい。

緊張とは、根本的には、私たちが動物として持っている本能です。

動物は、肉食獣に襲われたときや敵が攻めてきたときに、自分や仲間の身を守るために、逃げるか戦うかを瞬時に決めます。動物にとっては、「命が脅かされる状況」で感じるものが、緊張なのです。

このとき脳の中では、「扁桃体」と呼ばれる感情の中枢[※1]がまず働きます。自分を脅かす存在や思ってもみなかった事態に遭遇すると、扁桃体が強く活動して、他の脳部位に命令を送って、交感神経[※2]を通して心拍を上げたり、発汗させたり、胃の消化作用を一時的に止めたりして、体を備えさせます。

激しい攻撃行動を開始するにせよ、凍りついてしまうにせよ、基本的には身を守るための体の準備、それが緊張した状態です。

新型コロナウイルス、集中豪雨、大地震という、自分や周りの人の命を直接に脅かす状況に置かれると、人間も扁桃体が活動し、大きな緊張を感じます。Ⅰ

上司や先生に理不尽に怒られたり、あるいは海外旅行に行った先の見知らぬ土地で、道に迷ってしまったりなど、自分にはどうしようもできないと思うような状況に置かれて、体が凍りついてしまった。そんな経験が、みなさんにもあるでしょう。これこそ①動物的な意味での「緊張」なのです。

人間では、こうした扁桃体が活動する機会は、脳が大きくなるにつれて、徐々に複雑になっていきました。戦いは身を脅かす戦いだけに限られず、受験という戦い、就職活動という戦いなど、自分の能力をめぐる社会的競争が大部分を占めるようになっていったのです。Ⅱ

つまり動物における生きるか死ぬかの問題が、人間では形を変えて、社会の中で自分はやっていけるのかどうかという社会的死活問題においても、緊張を

した。

「手始めに、部長を一年の茶園基に替える」

瑛太郎の声は、時を止める魔法をまとっていた。④静まりかえった音楽室で、基は気がついたら立ち上がっていた。倒れる。音を立てて楽譜が周辺に散らばった。

「茶園」

⑤呼ばないでくれ。頼むから、いつか僕を魅了した声で、僕の名前を呼ばないでくれ。

「一緒に全日本吹奏楽コンクールに行く部を作ろうか」

今度こそ、瑛太郎が笑った。目の奥をきらりと光らせて、彼が高校三年生のときのように。全日本吹奏楽コンクールに出場したときのように。

「はい」

口が勝手に動いた。

音楽室がどよめく。玲於奈が静かに振り返り、瞳を揺らして、基を凝視した。

（額賀澪『風に恋う』）

※玲於奈……高校三年生。基の幼馴染であり吹奏楽部の現部長。

問一 ――線①「膝にやっていた手を、基は握り締めた」とありますが、それはなぜですか。適切なものを次の中から一つ選び、記号で答えなさい。

ア 思ってもいなかった指摘を受けたことで強い怒りを覚えたから。

イ 薄々は感じていた問題を改めて口に出されたことで緊張感が高まったから。

ウ 自分も常々抱えていた疑問を投げかけてくれたことに感謝しているから。

エ 挑戦的な発言に仲間を侮辱されたように感じ反発しているから。

問二 ――線②「瑛太郎の言い方」とありますが、このとき瑛太郎はどのような口調で話していたと考えられますか。適切なものを次の中から一つ選び、記号で答えなさい。

ア 部員一人一人の答えを求めるような口調

イ 吹奏楽に対する姿勢をとがめるような口調

ウ 返事を求めず各自に考えることを促すような口調

エ 会話とは異なるまるで独り言のような口調

問三 ＝＝線「れ」と同じ種類・用法のものを次の中から一つ選び、記号で答えなさい。

ア 病気の友人の容態が案じられる。

イ 彼がそんなことを言うとは到底信じられない。

ウ 先生は彼の案を最も評価された。

エ やたらと重い荷物を持たされる。

さす。

「目指せ全日本、というのはわかる。でも、君等にとっての一音入魂って何だ?」

六十四人の部員を見回して、瑛太郎は言う。

「別に、全員揃って同じ答えを言えというわけじゃない。それぞれがそれぞれの込めるべき魂を持って演奏してるなら、それでいい」

それが感じられないから、今話してるんだけどな。瑛太郎の顔にはそんな本音が書いてある。①膝にやっていた手を、基は握り締めた。

「君等は、自分の頭のなかに『こんな風に演奏したい』という理想はあるか。自分の音と理想を比べて、足りない部分を修正する作業を今日したか? これから始まる合奏に間に合わせるために必死になったか?」

②瑛太郎の言い方は、決してこちらを詰問するようなものではなかった。お説教されているわけでもない。強いて言うなら――ソロパートを吹いているようだった。

「全日本に出たいという目標は素晴らしいが、君達には目標があっても理想がない。闇雲に目標を追いかけて、追いかけることがマンネリ化して、モチベーションが下がってる」

誰も何も言わなかった。音楽室ごと、海の底にでも沈められた気分だ。音がしない。シンとした緊張感の中、誰もが瑛太郎を見ていた。みんな、心の底では同じように思っていたのだろう。面白いくらい綺麗に、言い当てられた。

「俺は三好先生から『吹奏楽部を何とかしてほしい』と言われた。それに、このまま低迷し続ければ、部も今まで通りに活動できないだろう」

最前列で、玲於奈がすっと手を挙げた。瑛太郎以外、誰も口を利かなかった音楽室に、「先生」という凛とした声が響く。

「今まで通りに活動できないって、どういう意味ですか」

「吹奏楽部は学院の強化指定部になってる。例えば第一音楽室は実質うちの専用練習場で、授業で使うのは隣の第二音楽室のみ。予算だって他の部より多い。コンクールの遠征費や楽器を買う予算は、部費だけじゃ賄えない。学院に実績が認められて、頑張れと言ってもらえているから、君達はこうやって活動できている」

「じゃあ、全日本に出られなかったら強化指定部から外れるってことですか?」

玲於奈が続けてそう聞くと、瑛太郎ははっきりと頷いた。

「六年だ。もう六年、千学は全日本に出ていない。それが長いか短いかは俺が判断することじゃない。ただ学院は《長い》と判断した。三好先生も体調が優れないし、顧問を替えて、今後はコンクールに出場しない方針になるかもしれない。それなら朝から晩まで練習する必要もないし、君達は勉強に専念できる。大学合格実績が上がって学院は万々歳。吹奏楽部が使っていた予算を、活躍している他の部に回すこともできる」

瑛太郎は《かもしれない》と言った。でも、仮定の話だと受け取った人間はいないだろう。

「というわけで、俺はコーチとして君達を全日本に連れて行かないといけない。君たちもこの通り全日本を目標としてる。目標は一致してるわけだ。お互い頑張ろうじゃないか」

瑛太郎の口元が笑った。とてもじゃないが、③基は頬を緩めることができなかった。

「一ヶ月考えたんだが、まずは一度、この部をぶっ壊すところから始めようと決めた」

突然、瑛太郎が指揮者用の譜面台に置いてあった指揮棒を取った。条件反射で首から提げたアルトサックスに手をやってしまう。

その白く鋭い切っ先は、何かの輪郭をなぞるようにして空を掻き――基を差

二〇二二年度　芝浦工業大学附属中学校

【国語】〈第二回試験〉（六〇分）〈満点：一二〇点〉

〈編集部注：一のスクリプトには下のＱＲコードからアクセス可能です。〉

〈注意〉一、一は聞いて解く問題です。聞いて解く問題は、試験開始後すぐに放送します。

二、指示がない限り、句読点や記号などは一字として数えます。

三、正しく読めるように、読みがなをふったところがあります。

一　この問題は聞いて解く問題です。問題文の放送は一回のみです。メモを取っても構いません。放送の指示に従って、問一から問三に答えなさい。

問二　「やっと」グループの言葉と「ついに」グループの言葉の意味として適切な表現を、次の中からそれぞれ一つ選び、記号で答えなさい。

ア　最終的な結果　　イ　予期せぬ結末　　ウ　自然な解決
エ　偶然の成果　　オ　困難の克服

二　次の文章を読んで、後の問いに答えなさい。

かつて千間学院高校（千学）を全日本吹奏楽コンクールへと導いた伝説の奏者、不破瑛太郎に憧れて同校吹奏楽部に入部した茶園基は、新たに指導者として千学へ戻ってきた瑛太郎のもとで部活動にはげんでいた。

今日は課題曲Ⅰ「スケルツァンド」を合わせると事前に予告されているから、時間をかけて練習することにした。中間部にはアルトサックスによる美しい旋律がある。瑛太郎から「やってみろ」と言われたら、完璧に吹きたい。

マウスピースを口に咥えようとした瞬間、背後から笑い声が聞こえた。一瞬だけ振り返って確認すると、池辺先輩と二年生の先輩が明らかに部活とは関係ない話をしていた。越谷先輩がやんわり注意したけれど、本当にやんわりだった。木のざわめき程度だった。

遠くから、きらびやかなトランペットの音が聞こえてきた。これは堂林の音だ。どうやら、理由をつけて一人で練習しているみたいだ。いっそ、僕もそうしちゃおうかな、なんて思ってしまう。ここにいたら、自分まで溶けたアイスクリームみたいになってしまいそうで。

練習に集中しているうちに、気がついたら五時半近くになっていた。そろそろ合奏が始まる時間だ。楽器を抱えて第一音楽室に戻ると、瑛太郎がすでに指揮台の上に置かれたパイプ椅子に腰掛けていた。膝に頬杖をついて、ぼんやりとスコアを眺めている。

すべてのパートが集まったタイミングで、普段だったら※玲於奈が号令をかける。ところが、それより早く瑛太郎が立ち上がった。

「ちょっと教えてくれないか」

「一音入魂！　目指せ！　全日本吹奏楽コンクール」という部の目標を、指

2022年度

芝浦工業大学附属中学校 ▶解説と解答

算 数 ＜第２回試験＞（60分）＜満点：120点＞

解 答

[1] (1) 11年後 (2) ① （例） 解説を参照のこと。 ② 25.12cm^2 [2] (1) $\frac{8}{45}$ (2) 9 (3) 2400円 (4) **ア** 42度 **イ** 21度 [3] (1) $\frac{5}{674}$ (2) 20通り (3) 3分36秒 (4) 48cm^2 (5) 解説の図２を参照のこと。 [4] (1) **芝田くん**…14個 **田浦さん**…22個 (2) 5個 (3) 20個 [5] (1) 500cm^3 (2) **切り口の形**…平行四辺形 **面の数**…５個 (3) $41\frac{2}{3}$cm^3

解 説

[1] 放送問題

(1) 385440kmを時速４kmで歩くと，385440÷４＝96360(時間)かかる。これは，96360÷24＝4015(日)であり，１年は365日だから，4015÷365＝11(年後)と求められる。

(2) ① 円Ｂの中心は，右の図のかげの部分を通ることができる。これは，中心が円Ａの中心と同じで，半径が，３－２＝１(cm)の円の内側および周上である。 ② 円Ｂの円周が通ることができるのは，円Ａの内側のうち，かげの部分を除いた部分である。よって，その面積は，３×３×3.14－１×１×3.14＝(９－１)×3.14＝８×3.14＝25.12(cm^2)とわかる。

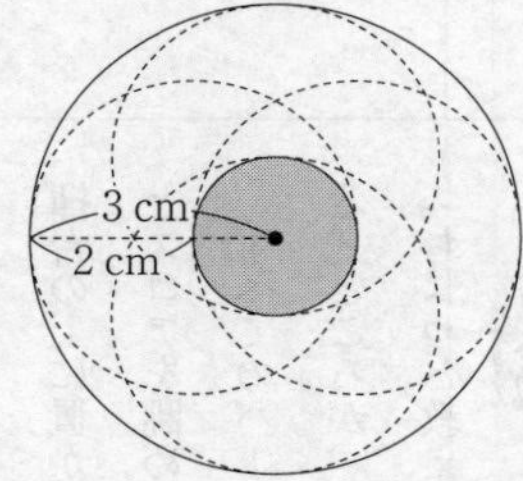

[2] 四則計算，逆算，売買損益，相当算，角度

(1) $\frac{2}{5}-\left\{\frac{1}{2}-\left(0.375+\frac{1}{8}\right)\times\frac{2}{9}\right\}\div1\frac{3}{4}=\frac{2}{5}-\left\{\frac{1}{2}-\left(\frac{3}{8}+\frac{1}{8}\right)\times\frac{2}{9}\right\}\div\frac{7}{4}=\frac{2}{5}-\left(\frac{1}{2}-\frac{4}{8}\times\frac{2}{9}\right)\div\frac{7}{4}=\frac{2}{5}-\left(\frac{1}{2}-\frac{1}{9}\right)\div\frac{7}{4}=\frac{2}{5}-\left(\frac{9}{18}-\frac{2}{18}\right)\div\frac{7}{4}=\frac{2}{5}-\frac{7}{18}\times\frac{4}{7}=\frac{2}{5}-\frac{2}{9}=\frac{18}{45}-\frac{10}{45}=\frac{8}{45}$

(2) 63＋24×３＝63＋72＝135より，{414－(135－45÷□)}÷４＝71，414－(135－45÷□)＝71×４＝284，135－45÷□＝414－284＝130，45÷□＝135－130＝５ よって，□＝45÷５＝９

(3) 定価を１とすると，定価の2.5割引きは，１×(１－0.25)＝0.75となるから，これに10％の消費税を含(ふく)めた金額は，0.75×(１＋0.1)＝0.825とわかる。これが1980円なので，(定価)×0.825＝1980より，定価は，1980÷0.825＝2400(円)と求められる。

(4) 右の図で，三角形EBCと三角形EFCは合同だから，○印と●印をつけた角の大きさはそれぞれ等しい。また，○印２個分の角の大きさが，180－42＝138(度)なので，○印の角の大きさは，138÷２＝69(度)となり，●印の角(＝角イ)の大きさは，180－(90＋69)＝21(度)と求められる。さらに，ADとBCは平行だから，角

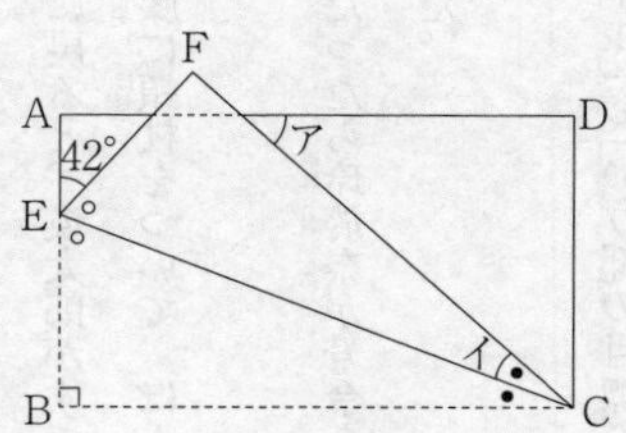

アの大きさは●印２個分の角の大きさと等しくなり，21×２＝42(度)とわかる。

3 周期算，数列，場合の数，正比例と反比例，相似，面積，構成

(1) 分子には{1，３，５}の３個の整数がくり返し並んでいて，分母には１から順に整数が３個ずつ並んでいる。よって，2022÷３＝674より，2022番目の分数の分子は５，分母は674とわかるから，2022番目の分数は$\frac{5}{674}$である。

(2) 選んだ３枚のカードを，大きい順にA，B，Cとし，AとBの差，BとCの差がそれぞれ１，２，３，４の場合に分けて求める(差が５以上になることはない)。差が１の場合，A＝10とすると，C＝10－１×２＝８となるので，Cとして考えられる数は１から８までの８通りあり，８通りの取り出し方があることがわかる。同様に考えると，差が２の場合は，10－２×２＝６より，６通り，差が３の場合は，10－３×２＝４より，４通り，差が４の場合は，10－４×２＝２より，２通りとわかるから，全部で，８＋６＋４＋２＝20(通り)と求められる。

(3) この食べ物を温めるのに必要な熱量は，400×$4\frac{30}{60}$＝1800(W)，または，450×４＝1800(W)と求められる。よって，500Wで温めるときにかかる時間は，1800÷500＝3.6(分)とわかる。60×0.6＝36(秒)より，これは３分36秒となる。

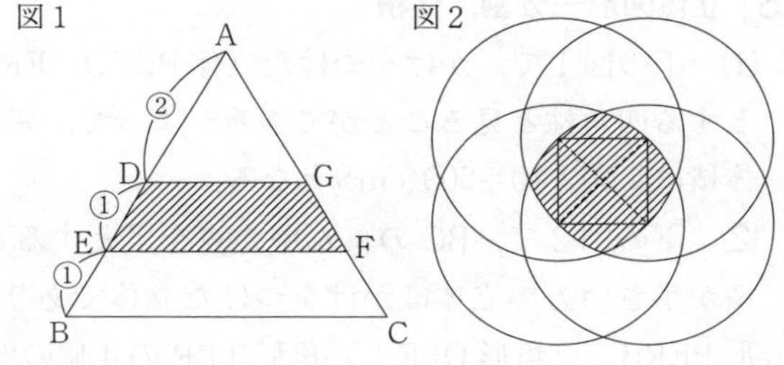

(4) 右の図１で，３つの三角形ADG，AEF，ABCは相似であり，相似比は，AD：AE：AB＝２：(２＋１)：(２＋１＋１)＝２：３：４である。よって，面積の比は，(２×２)：(３×３)：(４×４)＝４：９：16なので，斜線(しゃせん)部分と三角形ABCの面積の比は，(９－４)：16＝５：16とわかる。したがって，三角形ABCの面積は，15×$\frac{16}{5}$＝48(cm^2)と求められる。

(5) 右上の図２の斜線部分になる。

4 倍数算，割合と比

(1) チョコレートを６個ずつもらう前後で，２人が持っているチョコレートの個数の差は変わらない。よって，このときの比の差をそろえると，右の図のようになる。図で，そろえた比の，８－５＝12－９＝３にあたる個数が６個だから，比の１にあたる個数は，６÷３＝２(個)となり，６個ずつもらう前の個数は，芝田くんが，２×５＝10(個)，田浦さんが，２×９＝18(個)と求められる。よって，４個ずつ食べる前の個数は，芝田くんが，10＋４＝14(個)，田浦さんが，18＋４＝22(個)である。

	芝田		田浦		芝田		田浦
前	5	：	9	＝	5	：	9
		差４		×１		差４	
後	2	：	3	＝	8	：	12
		差１		×４		差４	

(2) ６個ずつもらった後のチョコレートの個数は，芝田くんが，10＋６＝16(個)，田浦さんが，18＋６＝24(個)である。また，交換(こうかん)後のチョコレートの個数は，田浦さんが，24－５＝19(個)なので，芝田くんは，16＋５＝21(個)になる。ここで，２人は同じ個数のクッキーとチョコレートを交換しているので，それぞれが持っているチョコレートとクッキーの個数の合計は変わらない。また，交換の前後で芝田くんのチョコレートの個数は５個増えているから，クッキーの個数は逆に５個減っていることになる。

(3)　芝田くんのクッキーの個数は，交換前と比べて，$1-\frac{2}{3}=\frac{1}{3}$少なくなり，これが５個にあたるので，芝田くんのクッキーの個数は，交換前が，$5\div\frac{1}{3}=15$(個)，交換後が，$15\times\frac{2}{3}=10$(個)と求められる。よって，田浦さんの交換前のクッキーの個数を$\boxed{1}$個とすると，田浦さんが芝田くんにあげたクッキーの個数(芝田くんが田浦さんにあげたチョコレートの個数)は，$\boxed{1}\times\frac{1}{3}=\boxed{\frac{1}{3}}$となる。すると，このとき芝田くんが持っているクッキーの個数は，$15+\boxed{\frac{1}{3}}$(個)と表すことができるから，芝田くんが田浦さんにあげたクッキーの個数(田浦さんが芝田くんにあげたチョコレートの個数)は，$\left(15+\boxed{\frac{1}{3}}\right)\times\frac{2}{5}+2=15\times\frac{2}{5}+\boxed{\frac{1}{3}}\times\frac{2}{5}+2=8+\boxed{\frac{2}{15}}$(個)となる。すると，交換後の芝田くんのチョコレートの個数は，$16-\boxed{\frac{1}{3}}+8+\boxed{\frac{2}{15}}=24-\boxed{\frac{1}{5}}$(個)と表すことができる。これが21個なので，$24-\boxed{\frac{1}{5}}=21$より，$\boxed{1}$にあたる個数は，$(24-21)\div\frac{1}{5}=15$(個)と求められる。したがって，クッキーの個数は全部で，15＋15＝30(個)だから，交換後の田浦さんのクッキーの個数は，30－10＝20(個)とわかる。

5　立体図形—分割，体積

(1)　下の図１で，かげをつけた立体PBCQ－ERSHは，平行四辺形PERBを底面とし，CBを高さとする四角柱と見ることができる。よって，底面積は，$5\times10=50(\text{cm}^2)$で，高さは10cmだから，体積は，$50\times10=500(\text{cm}^3)$となる。

(2)　下の図２で，BCの真ん中の点をTとすると，切り口は平行四辺形OERTになる。また，体積が小さい方の立体はかげをつけた立体であり，切り口の面のほかに，長方形OPBT，平行四辺形PERB，三角形OPE，三角形TBRの４個の面がある。よって，この立体の面の数は全部で５個である。

(3)　下の図３のかげをつけた立体の体積を求めればよい。これは，三角形PERを底面とし，OPを高さとする三角すいと見ることができる。よって，底面積は，$5\times10\div2=25(\text{cm}^2)$で，高さは５cmなので，体積は，$25\times5\div3=\frac{125}{3}=41\frac{2}{3}(\text{cm}^3)$と求められる。

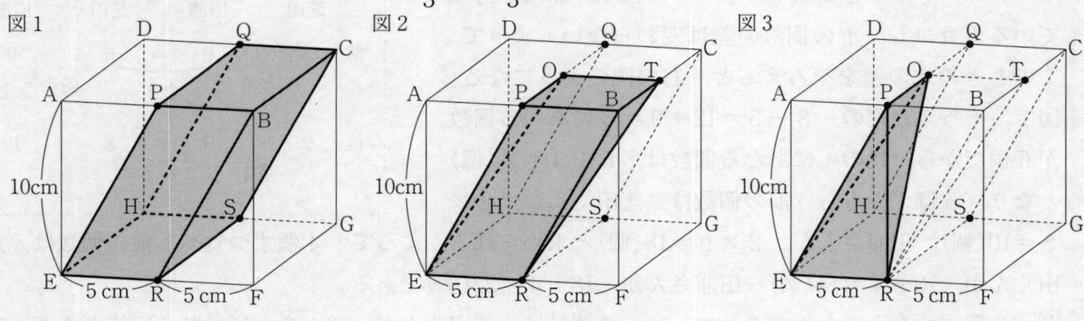

理科　＜第２回試験＞（50分）＜満点：100点＞

解答

1 (1)　ウ　(2)　エ　(3)　ウ　2 (1)　２個　(2)　１個分　(3)　５個分　(4)　1.9倍　3 (1)　ア　(2)　３倍　(3)　エ　(4)　２個　4 (1)　ウ　(2)　記号…ウ

体積エネルギー密度…10140Wh/L　(3)（例）沸点が高くなり，常温で液体にできるので，冷却する　(4) エ　5 (1) ウ　(2) ウ　(3) イ　(4) エ　6 (1) ウ　(2) エ　(3) イ　(4) ア　(5) **数値**…19　**理由**…（例）中心からはなれたところを通った　7 (1) 単子葉植物　(2) **A** 酸素　**B** デンプン　(3) 101億トン　(4) ア　(5) 解説の図を参照のこと。　(6) イ　8 (1)（例）高速で地球のまわりを回転していて遠心力が生じ，重力が打ち消されたため。　(2)（例）ワクチンを飲むと，タンパク質が消化されてしまい，その形のまま血液中に入らないため。

解　説

1 放送問題

(1) 日本においては，昔も今も海水から塩がつくられている。

(2) 伝統的な塩作りでは，まず，海水をくみ上げて砂をしいた塩田にまき，日光に当てて乾(かわ)かす。その後，乾いた砂を集め，そこに海水をかけて砂についた塩分をとかしてかん水(こい塩水)をつくる。そして，かん水をかまどで煮(に)つめて塩を取り出すという方法がとられている。真空状態にして水を蒸発させる方法は現在用いられている方法である。

(3) 逆浸透膜(しんとうまく)は，圧力をかけることで海水を真水とかん水にわけることができ，さらに，有害な物質を逆浸透膜に付着させて取り除くことができる。

2 てこのつりあいについての問題

(1) おもり１個の重さを１として，Bの位置につるすおもりの数を□個とすると，１×□×２＝１×１×４の関係が成り立ち，□＝２(個)となる。

(2) 棒の重さは棒の中心Cの位置にかかる。棒の重さを□とすると，１×３×２＝□×２＋１×１×４の関係が成り立ち，□＝１となるから，棒の重さはおもり，１÷１＝１(個分)とわかる。

(3) 木材の重さを□とすると，木材の重心は点Pから左に３cmの位置にあり，木材は点Pを支点として倒れたことから，□×３＝１×１×６＋１×１×10の関係が成り立つ。これより，□＝5.3…となり，5.3÷１＝5.3より，木材の重さはおもり5.3個分より軽く，おもりの整数倍なので，木材の重さはおもり５個分となる。

(4) 右の図のように，支点から棒の重さがかかる点までの長さを$x$cmとすると，三角形の相似より，10：６＝(２×３)：xとなり，x＝3.6(cm)になる。これより，木材が倒(たお)れる直前の点Eにつることができるおもりの重さを□とすると，５×３＝１×3.6＋□×６の関係が成り立ち，□＝11.4÷６＝1.9より，おもりの，1.9÷１＝1.9(倍)の重さのものまでつることができる。

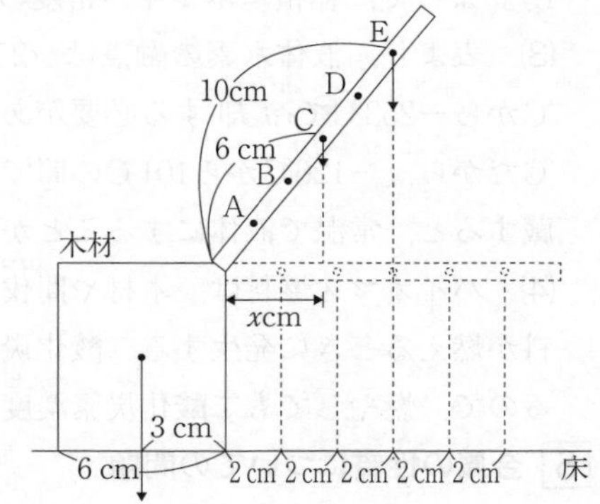

3 回路と豆電球の明るさについての問題

(1) 図２は，電池２個を直列につないだものに，豆電球２個を直列につないだものを２本並列につないだ回路である。このとき，豆電球Xには電池１個分の電流が流れる。豆電球にこれと同じ大きさの電流が流れる回路はアで，豆電球Xとアの豆電球は同じ明るさになる。

(2) 図３の回路では，電流は，a→c→d→bとa→bの２つに分かれて流れる。豆電球３個が直列につながれている部分を流れる電流の大きさは，豆電球１個がつながれている部分を流れる電流の大きさの$\frac{1}{3}$になる。よって，ａｂ間を流れる電流はｃｄ間を流れる電流の，$1 \div \frac{1}{3} = 3$(倍)になる。

(3)　８つの豆電球がすべて同じ明るさでつくようにするためには，すべての豆電球に流れる電流の大きさが同じになるようにすればよい。電池の＋極をｂ点に接続し，－極をｈ点に接続すると，２枚の板のそれぞれで，豆電球２個を直列につないだものを２本並列につないだ回路となり，８つの豆電球すべてに流れる電流の大きさが同じになり，豆電球は同じ明るさでつく。

(4)　豆電球が並列につながれた部分では，分かれる前の電流の大きさと，再び合流したときの電流の大きさは等しい。図５では電池が３個直列につながれているから，豆電球Ｙに流れる電流の大きさを３として，それぞれの豆電球や回路に流れる電流の大きさを示すと，右の図のようになる。これより，豆電球に流れる電流の大きさが３の豆電球は２個あり，この２個の豆電球は豆電球Ｙと同じ明るさになる。

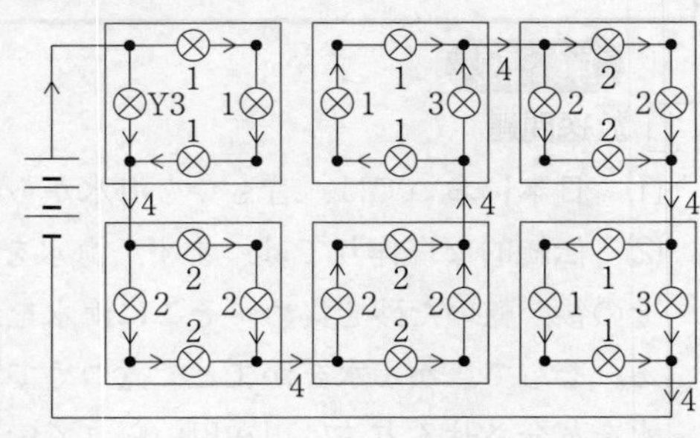

4 新しいエネルギーについての問題

(1)　燃料電池は水素と酸素が結びつく反応を利用した電池で，排出(はいしゅつ)されるものは，水素と酸素が結びついてできる水である。

(2)　質量エネルギー密度は１kgあたりのエネルギー量(Wh)で，表中の密度は，１Ｌあたりの重さ(kg)なので，エネルギー源１Ｌあたりのエネルギー量，つまり，体積エネルギー密度は，(質量エネルギー量)×(密度)で求めることができる。したがって，それぞれの体積エネルギー密度を求めると次のようになる。高圧水素は，33000×0.023＝759(Wh/L)，液体水素は，33000×0.070＝2310(Wh/L)，ガソリンは，13000×0.78＝10140(Wh/L)，リチウムイオン電池は，200×2.6＝520(Wh/L)。よって，体積エネルギー密度の最も大きい物質はガソリンとわかる。

(3)　表より，液体水素の融(ゆう)点は－259℃，沸(ふっ)点は－253℃で，水素を液体として貯蔵するには－259℃から－253℃で冷却(れいきゃく)する必要がある。一方，メチルシクロヘキサンの融点は－126℃，沸点は101℃だから，－126℃から101℃の間で液体となる。このため，水素をメチルシクロヘキサンとして貯蔵すると，常温で液体にすることができ，貯蔵するときに冷却する必要がなくなる。

(4)　バイオマス燃料は，木材や間伐(ばつ)材など，生物からつくりだされる燃料のことで，バイオマス燃料が燃えるときに発生する二酸化炭素は，植物が光合成で取り入れた二酸化炭素がもとになっているので，燃やしても二酸化炭素濃度(のうど)が上昇(じょうしょう)しないと考えられる。

5 金属の性質についての問題

(1)　石灰石のおもな成分は炭酸カルシウムで，石灰水に二酸化炭素をふきこんだときにできる白い固体も炭酸カルシウムである。なお，グループＡの金属は鉄である。

(2)　グループＢの金属は，説明より銀とわかる。写真のフィルムには銀が結びついてできた物質が使われており，この物質が光に反応することを利用したフィルム写真が多く使われていた。

(3)　グループＣの金属は銅である。10円玉には銅が95％ふくまれている。また，熱を伝えやすいことから鍋(なべ)，電流をよく通すのでコイルに使用されている。

⑷　グループＤの金属はアルミニウムである。アルミニウムに塩酸を加えると，アルミニウムがとけて水素が発生する。

6 皆既月食についての問題

⑴　この日は月の出が18時38分なので，日本の位置は昼から夜に変わろうとしているＢである。また，図２のように月が東から出て南の空高くにのぼる途中で見られたから，方位Ｘは南東になる。

⑵　月食は，地球のまわりを北極側から見て反時計回りに公転している月が地球の影に入る現象で，月は東側から欠けていき，東側から現れる。

⑶　地球のまわりを公転している月の軌道の形は円ではなくだ円である。したがって，地球と月の間の距離は一定ではなく，わずかに変化する。このため，月の見かけの大きさが変化する。

⑷　太陽の光のうち，青色の光は地球の大気を通るときに散乱しやすく，赤色の光は青色の光より散乱しにくい。また，赤色の光は，青色の光より折れ曲がりやすく，地球の大気を通るときに大きく曲がるため，皆既月食のときは太陽の光のうち赤色の光が月に届く。そのため，皆既月食のとき，月は赤っぽく見える。

⑸　皆既食の始まりは20時09分，終わりは20時28分なので，皆既食の時間は，20時28分－20時09分＝19(分)と短かった。その理由は，月が地球のつくる影の中心からはなれたところを通ったためである。

7 アマモと水質についての問題

⑴　図１で，葉脈は平行脈になっている。平行脈をもつ植物のなかまを単子葉植物という。

⑵　植物は，水と二酸化炭素を原料に，太陽のエネルギーを受けてデンプンなどの栄養分をつくりだしている。このはたらきを光合成といい，このとき酸素も同時につくられる。アマモの葉の表面に泡として見ることができたのは酸素である。

⑶　排出された二酸化炭素のうち，海に吸収された二酸化炭素の割合は，100－(57＋13)＝30(％)だから，海に吸収された二酸化炭素の量は，$335\times\frac{30}{100}=100.5$より，101億トンとなる。

⑷　植物の栄養となるのはちっ素やリン(リン酸)で，これらは植物プランクトンの栄養となる。日照時間が長くなり，気温が上がると光合成が盛んになり，植物プランクトンが増え，それを食べる動物プランクトンも増える。

⑸　アサリは移動したり砂にもぐったりするために，斧のような形のあしをもち，右の図のようについている。

⑹　アサリは入水管から海水を取り入れ，海水にふくまれている汚染の原因となる有機物を食べ，ろ過してきれいになった海水を出水管から出している。

8 宇宙ステーション，ワクチンについての問題

⑴　宇宙ステーションは高速で地球のまわりを回っているので，外向きに遠心力がはたらいている。この遠心力と，宇宙ステーションにはたらく，地球の中心に向かってはたらく重力がつりあっているため，宇宙ステーションの中は無重量状態になる。

⑵　ワクチンをヒトに接種することで，体内に病原体のタンパク質の一部が入り，それに反応して血液成分がめんえきをつくる。しかし，ワクチンを飲んだ場合はタンパク質が体内で消化されて別の物質に変わってしまい，そのままの形で血液中に入ることがないので，めんえきを作ることはで

きない。

国 語 <第２回試験>（60分）<満点：120点>

解 答

一 問１ ようやく 問２ 「やっと」グループ…オ 「ついに」グループ…ア 問３ １ ア ２ ア ３ イ ４ ア ５ イ 二 問１ イ 問２ ウ 問３ イ 問４ エ 問５ 音楽室ごと 問６ （例） 一年生である自分が上級生を押しのけて部長に就任したくはないが，憧れの人に対していやとは言えないから。 三 問１ イ 問２ ア 問３ ウ 問４ （例） 自分に対する要求水準が高いことから緊張が生じ，綿密な準備をすることで，より才能が認められるから。 問５ Ｄ ア Ｅ オ 問６ Ⅲ 問７ １ イ ２ イ ３ イ ４ ア 四 問１ エ 問２ ア 問３ （例） （この詩が一番伝えたいことは，）「落ちこぼれへの応援」です。なぜなら，作者は「やさしさ」や「魅力」，「風合い」という言葉を使い，落ちこぼれを認め，はげましているからです。朗読時は，目の前に悩みを抱えた人がいると思って，ゆっくりと力強く語りかけるように読んでください。 五 問１ ア 問２ ① 粉骨砕心…身 ② 無身乾燥…味 問３ （例） ようやく板についてきた手話で，ゆっくりと会話することができた。 六 下記を参照のこと。

●漢字の書き取り

六 １ 会心 ２ 対照 ３ 刷新 ４ 縦横 ５ 修(める)

解 説

一 放送問題

問１ 二人はほかに「ようやく」と「とうとう」をあげていた。「宿題が終わらなかった」に続けることのできない「やっと」グループは，「ようやく」である。

問２ 「やっと」グループの言葉とは，時間の経過や努力のおかげで障害をクリアし，めざしていたいい結果にたどり着いたという意味を持つのでオが，「ついに」グループの言葉とは，良くも悪くも最後はこうなったという意味を持つのでアが選べる。

問３ Ａ君とＢさんの議論の内容について，適切なものにはア，適切でないものにはイと答える。 １ Ａ君は，議論の初めでは「やっと」と「ついに」とは同じ意味だという考えだったが，「宿題が終わらなかった」場合にその言葉が使えるかどうかを考えた結果，最後では考えが変わっているので，合う。 ２ Ａ君の「やっと」と「ついに」は同じ意味だという最初の主張は，「宿題が終わった」という文には両方が使えるという具体例を根拠(こんきょ)にしているので，合う。 ３ 「Ｂさんは，初めからＡ君と対立する考えを持っている」という内容だが，ＢさんはＡ君の主張を聞いた直後には納得(なっとく)していたので，合わない。 ４ 「Ｂさんは，『やっと』と『ついに』のちがいを明らかにするために，『宿題が終わらなかった』という文で考えることを提案した」という内容なので，合う。 ５ 「『やっと』と『ついに』は，両方使える場合と，片方だけ使える場合と，両方とも使えない場合があることがわかった」という内容だが，「両方とも使えない場合」はあげられていないので，合わない。

二 **出典は額賀澪の『風に恋う』による。**一年生の茶園基は，憧れの瑛太郎の指導のもと，全日本コンクール出場を目指す吹奏楽部に入部したが，低迷する吹奏楽部を変えるため，部長に指名されてしまう。

問１ 第二，第三段落では，むだ話を厳しくとがめもしない練習風景がえがかれ，基はそれを「溶けたアイスクリームみたい」で，だらけ気味だと感じている。「一音入魂」という目標とはうらはらに，部員たちの演奏に魂を感じないらしい瑛太郎の言葉に，気になっていたことを指摘されたと基は感じてどきっとしているのだから，イがよい。

問２ 瑛太郎は部員たちに，理想を持ち，それに近づこうと必死になったかと問いかけている。厳しく問いつめたり説教したりはしていないが，ソロパートを吹くように自分の考えを明確に示し，部員たちが自分のあり方を考えるようにしむけているので，ウが合う。

問３ 二重ぼう線の「れ」は可能を表しているので，イが同じ用法になる。なお，アは自発を表し，ウは尊敬語の一部，エは受身を表している。

問４ 今年全日本コンクールに出場できなければ，吹奏楽部は強化指定部から外れるだろうと瑛太郎は推測し，「お互い頑張ろうじゃないか」と笑みを見せた。しかし，深刻な現状を認識させられた基は笑えなかったのだから，エがあてはまる。

問５ 一年生を部長にするという瑛太郎の思い切った考えに，全員が息をのみ，音楽室は静まりかえっている。ぼう線②の少し後にも，誰も何も言わない場面があり，「音楽室ごと，海の底にでも沈められた気分だ」と表現されている。

問６ 改革の第一歩として，部長を基に変えると瑛太郎が宣言し，基の名前を呼んだ場面である。上級生を押しのけて部長になるのは一年生の基にとって気が重く，乗り気にはなれないが，瑛太郎は基の憧れの人であり，その人に対していやとは言えないのだと考えられる。

三 **出典は茂木健一郎の『緊張を味方につける脳科学』による。**緊張とは，命が脅かされる状況で身を守るために準備する働きで，人間の場合は才能の現れでもあるとして，さまざまな場面を例にあげて説明している。

問１ 第四，第五段落に着目すると，自分を脅かす存在や想定外の事態に遭遇したとき，扁桃体が活動し，身を守るために体が準備するのが「緊張」だとまとめられる。この内容にイが合う。

問２ ぼう線②に続く部分から考える。他者とは考え方の違いから衝突を起こすこともあるが，他者の存在自体が大事であるため，他者の期待に応えることを重んじてしまいがちなのだと述べられている。この内容にアがふさわしい。

問３ グループ内の意思決定のさい，少数意見を持つ人に，多数の意見に従うよう強制することが同化圧力だとある。同化圧力の強い社会では，周囲と同じ意見を持ったり同じようにふるまったりすることが求められるが，社長は個人であり，多数の意見にはあたらないので，ウは適切でない。

問４ ぼう線③の説明のため，筆者は小林秀雄さんを例にあげている。小林さんは講演の名手であったが，実はとても緊張する人であり，綿密な準備をしていたことが紹介されている。「緊張は，要求水準が高いことの裏返し」だとあるとおり，自分に要求する水準が高いために緊張が生まれ，綿密な準備をすることになるが，その結果，人の心を動かす講演となって，さらに才能が認められるのである。

問５ Ｄ 前には，小林さんは講演前に，緊張を和らげるためにお酒を一杯飲んでいたことがあったと書かれている。後には，綿密な準備をして講演にのぞんでいたことが述べられている。いずれも，小林さんの講演前のようすを述べているので，ことがらを並べ立てるときに用いる「また」が合う。　**E**　前には，小林さんは講演前，控え室で練習をしていたとある。後には，志ん生さんの真似をして話す練習も重ねていたと続く。よって，前のことがらを受けて，さらに別のことをつけ加えるときに用いる「さらには」が入る。

問６　もどす文は，認められたいという承認欲求が緊張を生み出す例にあたる。文頭に並立を表す「また」があるので，直前にも同じような例があると考えられる。よって，好きな相手に告白する場合が取り上げられた後の，Ⅲに入れるのがよい。

問７　**1**　最初の部分で緊張のしくみについては書かれているが，簡潔な内容であり，研究内容に詳しくふみこんではいない。　**2**　緊張についての疑問に答える形で書かれているわけではない。　**3**　緊張しないためにはどうすればよいかは書かれていない。　**4**　命が脅かされる状況や，怒られたり道に迷ったりして体が凍りつく経験，受験，就職活動，人前で話す状況など，緊張するさまざまな場面を例に分かりやすく書かれているので，合う。

四　出典は茨木のり子の『寸志』所収の詩「落ちこぼれ」による。決められたわくからはみ出した個性的な人を「落ちこぼれ」と呼ぶあり方に疑問をいだき，「落ちこぼれ」とされる人をはげましている。

問１　作者は落ちこぼれにこそ「魅力」や「風合い」があるとして，一般によしとされる規格から「華々しい意志」を持ってはみ出し，個性を輝かせる人をたくさん受け止める社会こそが「豊かな大地」だと考えている。したがって，エが選べる。

問２　落ちこぼれないために必要な「ばかばかしくも切ない修行」とは，こうあるべきだという他者の期待に沿うように，自分の個性をみがくことを後回しにし，決められた規格に合うようになることに意味を見いだし，精を出すことを意味すると考えられる。よって，アがふさわしい。

問３　「自嘲や出来そこないの謂」である「落ちこぼれ」に，作者は「やさしさ」「魅力」「風合い」という言葉を使ってその価値を認め，はげましている。よって，「この詩が一番伝えたいこと」は，「落ちこぼれ」への応援，はげましなどになると考えられる。読み方としては，「落ちこぼれ」とされ，なやむ人の心に届くよう，力強くゆっくりと語りかけるように伝えるとよい。

五　言葉の知識，四字熟語の訂正，短文づくり

問１　「心づくし」は，気持ちがこもっていることをいい，料理やおくりものなどに用いることが多い。

問２　①「粉骨砕身」は，力のかぎりをつくすようす。　②「無味乾燥」は，味わいやおもしろみがないようす。

問３　「板につく」は，“努力の結果ふさわしい技術が身につく”という意味。

六　漢字の書き取り

1　満足すること。　**2**　照らし合わせること。　**3**　悪いところを取り除いて，すっかり新しくすること。　**4**　ここでは，思うとおりにふるまうようす。　**5**　音読みは「シュウ」「シュ」で，「修復」「修行」などの熟語がある。

2021年度　芝浦工業大学附属中学校

〔電　話〕　(03)3520－８５０１
〔所在地〕　〒135－8139　東京都江東区豊洲６－２－７
〔交　通〕　東京メトロ有楽町線 ―「豊洲駅」より徒歩７分
ゆりかもめ ―「新豊洲駅」より徒歩１分

【算　数】〈第１回試験〉（60分）〈満点：120点〉

〈編集部注：１のスクリプトは問題のおわりに掲載しています。なお，右のＱＲコードからもアクセス可能です。〉

〔注意〕１．１は聞いて解く問題です。聞いて解く問題は，試験開始後すぐに放送します。
２．３以降は，答えだけではなく式や考え方を書いてください。式や考え方にも得点があります。
３．定規（じょうぎ）とコンパスを使用しても構いませんが，三角定規と分度器を使用してはいけません。
４．作図に用いた線は消さないでください。
５．円周率が必要な場合は，すべて3.14で計算してください。

１　この問題は聞いて解く問題です。

聞いて解く問題は全部で(1)と(2)の２題です。(1)は１問，(2)は２問あります。問題文の放送は１回のみです。メモを取っても構いません。ひとつの問題文が放送された後，計算したり，解答用紙に記入したりする時間はそれぞれ１分です。聞いて解く問題の解答は答えのみを書いてください。ただし，答えに単位が必要な場合は必ず単位をつけてください。下の図は，(1)で使う図です。

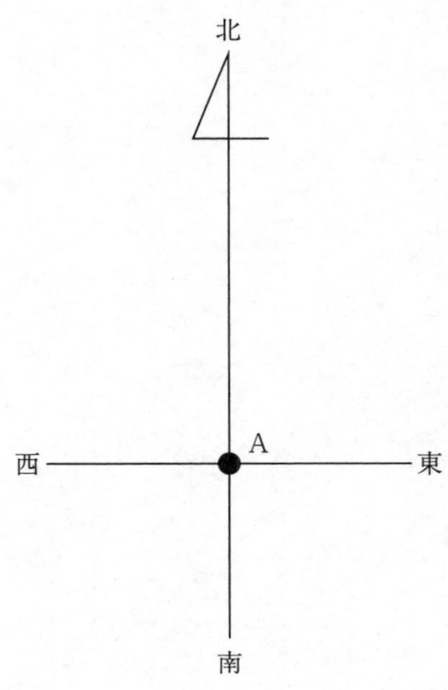

2 次の各問いに答えなさい。ただし，答えのみでよい。

(1)　$15\times23+24\times19-3\times41-6\times39$　を計算しなさい。

(2)　□にあてはまる数を求めなさい。

$$1.23\times0.2+\frac{1}{25}=11\times(12+\square)\times\left(\frac{1}{20}-\frac{1}{25}\right)\div5$$

(3)　水の入ったビーカーの中に，長さの差が 10 cm の２本のガラス棒が底に対して垂直に立っています。水につかっている部分はガラス棒全体の長さのそれぞれ$\frac{3}{5}$，$\frac{5}{11}$です。このとき，ビーカーの中の水の高さを求めなさい。

(4)　右の図の印のついた８か所の角の大きさの和を求めなさい。

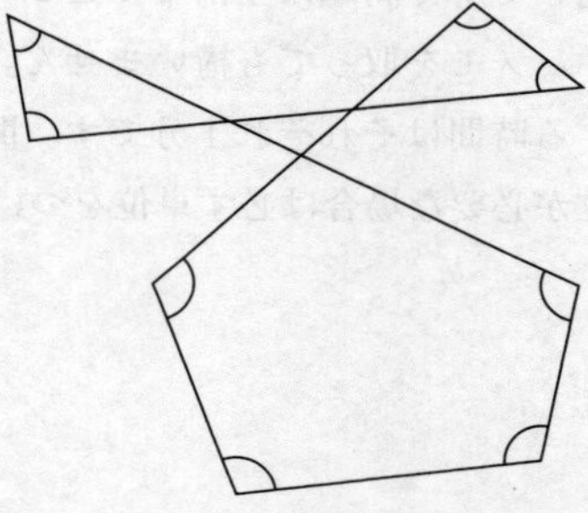

3 次の各問いに答えなさい。

(1) 大中小の３つのさいころを投げて，出た目の数の和が 12 になる目の出方は全部で何通りですか。

(2) 地球が誕生したのは約 46 億年前，人類が誕生したのは約 700 万年前と言われています。地球誕生から現在までの 46 億年を１年とすると，現在から 700 万年前は何月何日何時何分になりますか。ただし，1 年は 365 日，地球誕生を１月１日の午前０時とし，割り切れないときは帯分数で答えなさい。

(3) ０から７までの数字で部屋番号を表している 15 階建てのマンションがあります。各階にはそれぞれ 11 部屋あります。１階の７番目の部屋番号は 0107，８番目の部屋番号は 0110，７階の最初の部屋番号は 0701，８階の９番目の部屋番号は 1011 となります。部屋番号 0101 を１番目とするとき，151 番目の部屋番号を求めなさい。

(4) 右の図において，半径 1 cm の円が長方形 ABCD の内側の辺上をすべることなく転がりながら１周するとき，円が通った部分の面積を求めなさい。

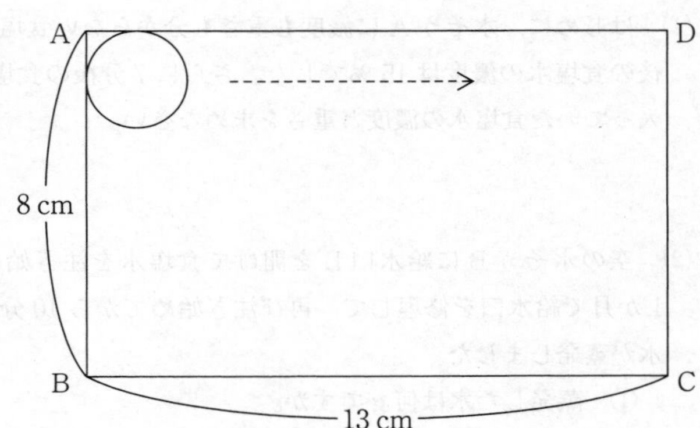

(5) 右の図の直角三角形 ABC を，BC を軸に１回転させてできた立体を，さらに AC を軸に１回転させます。このときにできる立体を AC を通る面で切断したとき，切り口を解答用紙に作図し，斜線を引きなさい。
(この問題は答えのみでよい)

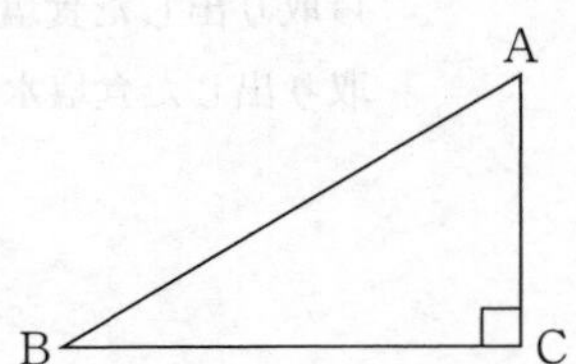

4 図のように，水そうＡ，Ｂにそれぞれ給水口Ａ，Ｂがついており，どちらの給水口からも12％の食塩水を水そうに注ぎます。10000ｇの食塩水を水そうに注ぐのに給水口Ａだけ使うと40分，給水口Ｂだけ使うと25分かかります。このとき，次の各問いに答えなさい。

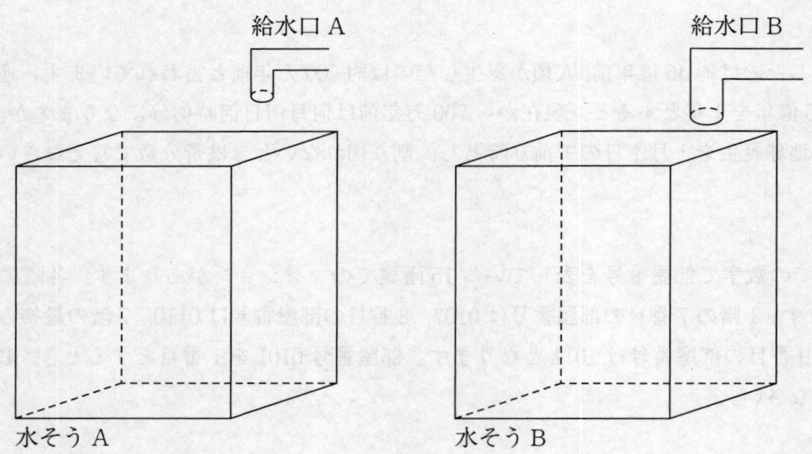

(1) はじめに，水そうＡに濃度も重さも分からない食塩水が入っています。給水口Ａを開けてから４分後の食塩水の濃度は15％でした。さらに７分後の食塩水の濃度は14％でした。はじめに水そうＡに入っていた食塩水の濃度と重さを求めなさい。

(2) 空の水そうＢに給水口Ｂを開けて食塩水を注ぎ始めましたが，15分後に給水口Ｂが壊れました。1か月で給水口を修理して，再び注ぎ始めてから10分後の食塩水の濃度は12.5％でした。修理の間に水が蒸発しました。

① 蒸発した水は何ｇですか。

② 空の水そうＡに給水口Ａを開けて21分36秒間食塩水を注ぎました。水そうＡ，Ｂから，それぞれ同じ重さの食塩水を取り出し，水そうＡから取り出した食塩水を水そうＢへ，水そうＢから取り出した食塩水を水そうＡに入れると，食塩水の濃度が等しくなりました。水そうＡから取り出した食塩水は何ｇですか。

5 図のように，一辺の長さが6 cmの立方体があり，次のように立体に名前をつけます。
頂点B，D，Eを通る平面で立方体を切断したとき，頂点Aを含む立体をA′とします。
頂点A，C，Fを通る平面で立方体を切断したとき，頂点Bを含む立体をB′とします。
A′とB′の重なる部分の立体を（AB）と表します。このとき，次の各問いに答えなさい。
ただし，(三角すいや四角すいの体積)＝(底面の面積)×(高さ)÷3です。

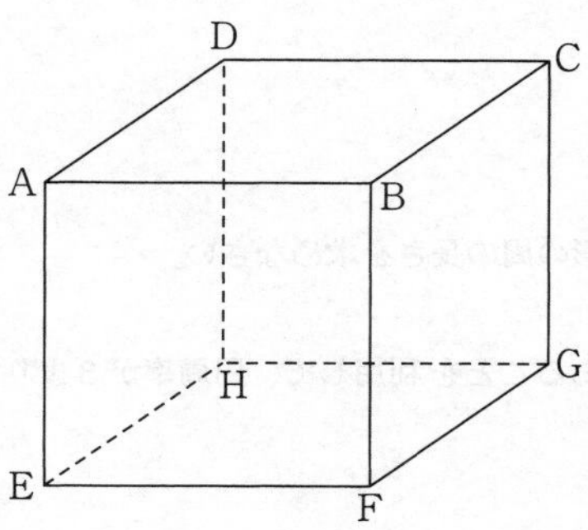

(1) A′の体積を求めなさい。

(2) 立方体から（AB）を取り出したとき，（AB）について次のア～オの説明が正しい場合は○，誤っている場合は×をつけなさい。(この問題は答えのみでよい)

ア．面の数は４面である
イ．面の数は６面である
ウ．面の図形は，正三角形と二等辺三角形である
エ．面の中に，正方形の面がある
オ．辺は全部で６本ある

(3) （AB）の体積を求めなさい。

(4) 頂点B，D，Gを通る平面で立方体を切断したとき，頂点Cを含む立体をC′とします。
頂点A，C，Hを通る平面で立方体を切断したとき，頂点Dを含む立体をD′とします。
頂点A，F，Hを通る平面で立方体を切断したとき，頂点Eを含む立体をE′とします。
頂点B，E，Gを通る平面で立方体を切断したとき，頂点Fを含む立体をF′とします。
頂点C，F，Hを通る平面で立方体を切断したとき，頂点Gを含む立体をG′とします。
頂点D，E，Gを通る平面で立方体を切断したとき，頂点Hを含む立体をH′とします。
立方体のうち，A′，B′，C′，D′，E′，F′，G′，H′のどこにも含まれない部分は立体です。この立体の体積を求めなさい。

〈聞いて解く問題のスプリクト〉

1 聞いて解く問題

（1）ある船が地点Aから北に向かって走りました。この船は２時間30分で60 kmの距離を走ります。地点Aから灯台は北西に見えました。船が走り出して30分後にもう一度灯台を見たところ，ちょうど西に見えました。このとき，船から灯台までの距離を求めなさい。

〈編集部注：実際のスプリクトには，ここに**1**の問題文と同じ図があります。〉

（2）半径１０cmの円があります。

①　６つの頂点が円周上にある正六角形の周の長さを求めなさい。

②　正六角形の周の長さが①の答えであることを利用して、円周率が３より大きことを説明しなさい。

【理　科】〈第１回試験〉（50分）〈満点：100点〉

1　次の文を読み、あとの問いに答えなさい。

日本は温泉大国と言われている。多くの人が温泉に入り、心と身体をいやしている。温泉は温泉法により、地中からわきだした温水が「温度25℃以上」あるいは「ある成分を一定量以上ふくんでいること」を条件としている。このように温泉が温かく、様々な成分をふくんでいる理由は、地質による温泉のでき方に関係している。大きく分けて火山地帯やその周辺でわき出す「火山性温泉」と火山が存在しない地域からわきだす「非火山性温泉」がある。

温泉にはその性質によってさまざまな効果がある。温泉成分による効果はもちろん、温泉の温熱効果で血流が良くなることや、浮(ふ)力や水圧による物理的効果が挙げられる。

そこで、異なる３つの温泉Ａ～Ｃを用意し、**〔調査１〕**、**〔調査２〕**を行った。

〔調査１〕

３種類の温泉Ａ～Ｃを採取し、それぞれの温泉に関して、色・におい・肌(はだ)ざわり・味・成分による効果を**（表１）**にまとめた。

	温泉Ａ	温泉Ｂ	温泉Ｃ
色	無色	無色	無色
におい	少し独特なにおいがする	少し刺(し)激臭がする	ほぼしない
肌ざわり	少しべたつく	刺激がある	少しぬるぬるしている
味	しょっぱい	すっぱい	しない
効果	保温効果	殺菌(きん)効果	美肌効果

（表１）

〔調査２〕

（図１）のように、ばねはかりにつるされた50 cm^3、100 gのおもりを温泉Ａ～Ｃにそれぞれ完全に入れたときのばねはかりの値を**（表２）**にまとめた。

	温泉Ａ	温泉Ｂ	温泉Ｃ
ばねはかりの値（g）	40	48	45

（表２）

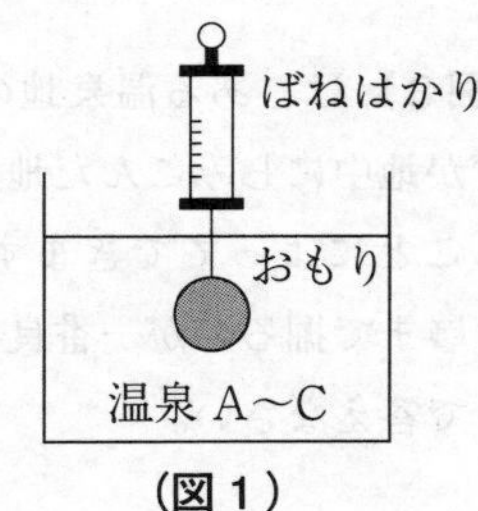

（図１）

(1)　温泉Ａ〜Ｃの泉質名として正しい組み合わせはどれですか。**ア〜エ**から選び記号で答えなさい。

	温泉Ａ	温泉Ｂ	温泉Ｃ
ア	アルカリ性単純泉	酸性泉	食塩泉
イ	食塩泉	アルカリ性単純泉	酸性泉
ウ	食塩泉	酸性泉	アルカリ性単純泉
エ	アルカリ性単純泉	食塩泉	酸性泉

(2)　温泉Ａ〜Ｃに関する性質として正しいものはどれですか。**ア〜エ**から選び記号で答えなさい。

ア．温泉Ａ〜Ｃにそれぞれ鉄片を入れたところ、Ｂのみとけてなくなる。

イ．温泉Ａ〜Ｃにそれぞれ青色リトマス紙をつけたところ、Ａのみ赤色に変化する。

ウ．温泉Ａ〜Ｃにそれぞれ石灰石を入れたところ、Ａ〜Ｃすべてとけてなくなる。

エ．温泉Ａ〜Ｃの中では、Ｂの密度が一番大きく、たくさんの成分が入っている。

(3)　下線部に関する次の文の（　Ｘ　）、（　Ｙ　）にあてはまる語句を答えなさい。

血液の液体成分である（　Ｘ　）によって、栄養分が体全体に運ばれる。また血液中にもっとも多くふくまれている赤血球は、赤い色素をもつ（　Ｙ　）によって酸素を肺から体全体に運ぶ役割がある。よって血流が良くなると、体全体に酸素や栄養分を送ることができる。

(4)　底面積 $20\,cm^2$、高さ８cmの一様な物体を**（図２）**のように温泉Ａに入れたところ、上部が３cmだけういて静止しました。この物体のおもさは何ｇですか。

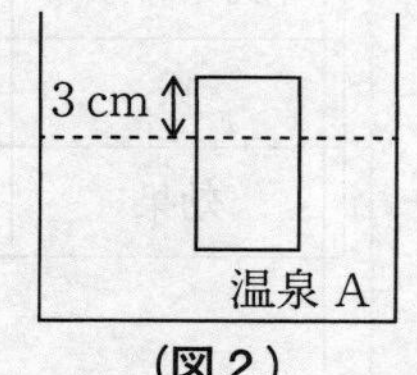

（図２）

(5)　**（図３）**は、ある温泉地の地層を表したものです。温泉は、雨などが地中にしみこんだ地下水が底まで入りこみ、地熱で温められることによってできます。温泉を掘（ほ）り当てるには**（図３）**のどの層まで掘るのが一番良いと考えられますか。**ア〜エ**から選び記号で答えなさい。

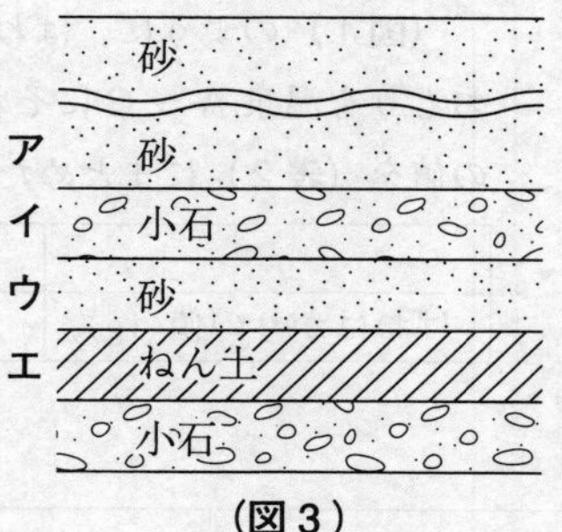

（図３）

2 自転車は、チェーンでつながれた２つの「てこ」を利用して前へ進むことができます。**（図１）**は、自転車の各部分の名前と、一方のてこの［支点］、［力点］、［作用点］を示しています。

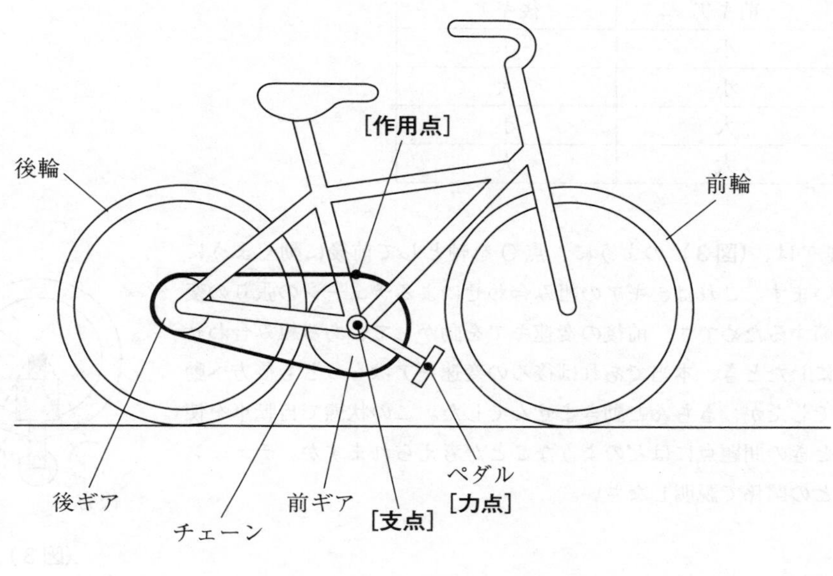

（図１）

(1) **（図１）**で表されたてことは別の、もう１つのてこの［作用点］はどこですか。解答欄に「•」で示し、その点がわかるように近くに「**P**」と書きなさい。

(2) 前ギアの半径が18 cm、後ギアの半径が15 cmのとき、ペダルをこいで60回転させると、自転車は何ｍ進みますか。ただし、タイヤの周の長さは２ｍとします。

(3) 自転車には変速ギアのついているものがあります。変速ギアは、走る道の条件等に合わせて、より快適（かいてき）に自転車に乗れるようにギアを選択することができます。**（図２）**は、前ギアと後ギアがともに半径の異なる２種類のギアの自転車について、一部分を拡大して表したものです。ただし、前の変速ギアは省略し、後ろの変速ギアは簡素化して表しています。

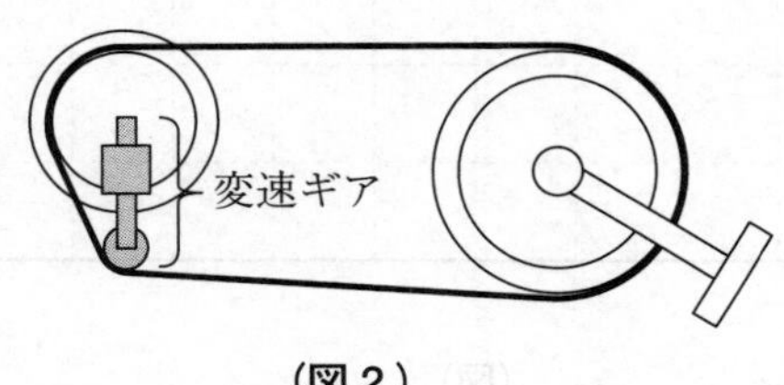

（図２）

① この変速ギアつき自転車で坂道を登るとき、もっとも小さな力でこぐのに適したギアの組み合わせはどれですか。**ア～エ**から選びなさい。ただし、「大」や「小」とは、ギアの半径を表しています。

	前ギア	後ギア
ア	小	小
イ	小	大
ウ	大	小
エ	大	大

② 変速ギアは、**(図３)** のように、点Ｏを軸として前後に動くようにできています。これは、ギアの組み合わせによるチェーンの張りの変化を調節するためです。前後の変速ギアを動かして、ある組み合わせのギアにしたとき、本当であれば後ろの変速ギアはもっとも後方へ動くはずでしたが、きちんと動きませんでした。この状態で自転車を使用したときの問題点にはどのようなことが考えられますか。チェーンの張りとの関係で説明しなさい。

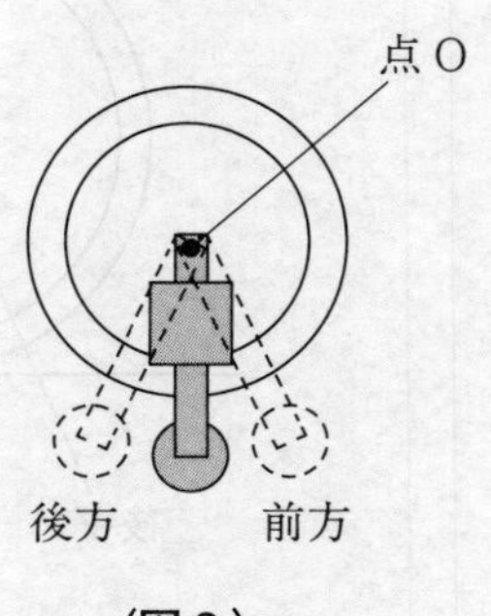

(図３)

3 **(図)** は、たて８m、横10m、高さ３mの部屋を上から見た床の様子です。部屋の中には長さ４m、高さ３mの光を通さないついたてがあります。次の問いに答えなさい。ただし、壁やついたては光を反射しないものとします。また、ついたてや鏡の厚さは考えないものとします。

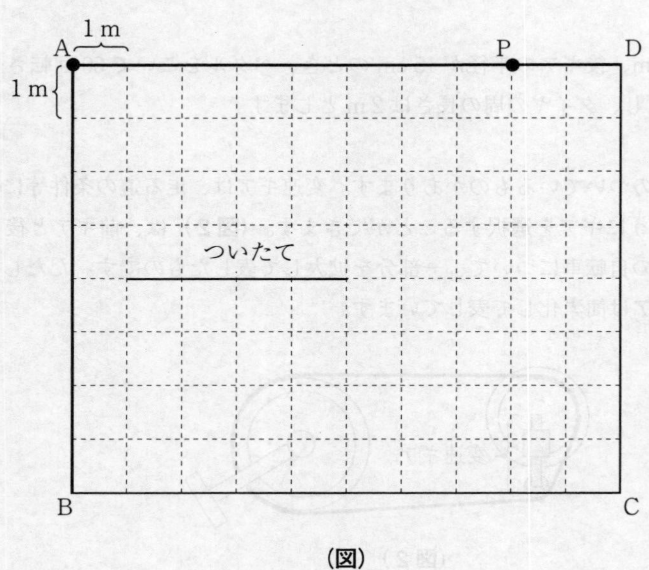

(図)

(1) Ａ点に電球があるとすると、ついたてによって影になる床の面積は何m^2ですか。

(2) 電球が壁に沿って、A点からP点まで移動したとき、ついたてによって常に影になっていた部分の床の面積は何m^2ですか。

(3) 点Pに電球があり、(2)の問題の常に影になった部分に光を当てるには、壁BCに沿って横幅(はば)が最低何mの鏡をどこに置けばよいですか。解答用紙の図に鏡を太線でかきなさい。

(4) 点Pに電球があり、(3)の問題の答えになる鏡が壁BCに置かれているとき、影になる床の面積は何m^2ですか。割り切れない場合は、仮分数で答えなさい。

4 水100gにとける気体の体積と固体の重さについて、それぞれ（**表１**）と（**表２**）にまとめました。あとの問いに答えなさい。

温度	0℃	20℃	40℃	60℃	80℃
酸素［cm^3］	4.9	3.1	2.3	1.9	1.8
水素［cm^3］	2.2	1.8	1.6	1.6	1.6
ちっ素［cm^3］	2.4	1.6	1.2	1.0	0.96

（**表１**）

温度	0℃	20℃	40℃	60℃	80℃
ホウ酸［g］	2.77	4.88	8.90	14.89	23.55
食塩［g］	35.69	35.83	36.33	37.08	38.01
ミョウバン［g］	5.65	11.40	23.82	57.36	321.61

（**表２**）

(1) （**表１**）、（**表２**）からわかることは何ですか。**ア**～**エ**から選び記号で答えなさい。

ア．気体も固体もとかすときは温度を上げると多くとけるようになる。

イ．気体も固体もとかすときは温度を下げると多くとけるようになる。

ウ．気体をとかすときは温度を上げ、固体をとかすときは温度を下げると多くとけるようになる。

エ．気体をとかすときは温度を下げ、固体をとかすときは温度を上げると多くとけるようになる。

(2) 60℃のほう和ホウ酸水溶(よう)液のこさは何%ですか。小数第１位を四捨五入して整数で答えなさい。

(3) 0℃の水210gにとける酸素の重さは何mgですか。小数第１位を四捨五入して整数で答えなさい。ただし、酸素1cm^3の重さは1.4mgとします。

(4) 次のA～Cの値を大きい順に並べなさい。

A. 40℃の水100gにとける食塩の重さ。

B. 20℃の水1kgでつくったホウ酸のほう和水溶液を40℃にしたとき、さらにとかすことのできるホウ酸の重さ。

C. 60℃の水100gでつくったミョウバンのほう和水溶液を40℃にしたとき、出てくるミョウバンの結晶(しょう)の重さ。

5 気体Ａ～Ｄは、次のいずれかが入っています。これらのガスかんを用意して、**〔実験１〕**～**〔実験３〕**を行い、結果を **(表)** にまとめました。あとの問いに答えなさい。

ガスかんの気体：アンモニア、酸素、水素、ちっ素、二酸化炭素、ブタン

〔実験１〕

(図１) のように、ガスかんにシャボン液をつけた細いストローをつなげた。風のないところでシャボン玉をつくり、シャボン玉のようすを観察した。

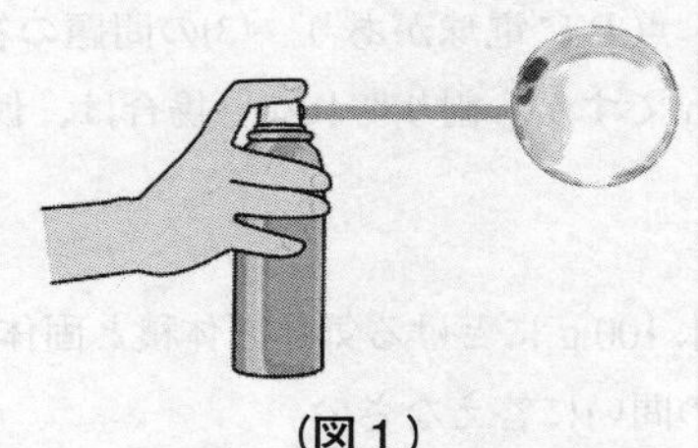

(図１)

〔実験２〕

(図１) で作ったシャボン玉に火のついた線香を近づけ、ようすを観察した。

〔実験３〕

(図２) のように、ドライアイスを入れた水そうの中でシャボン玉をつくり、シャボン玉のようすを観察した。**(図３)** はシャボン玉が水そうの中でういて静止したようすである。

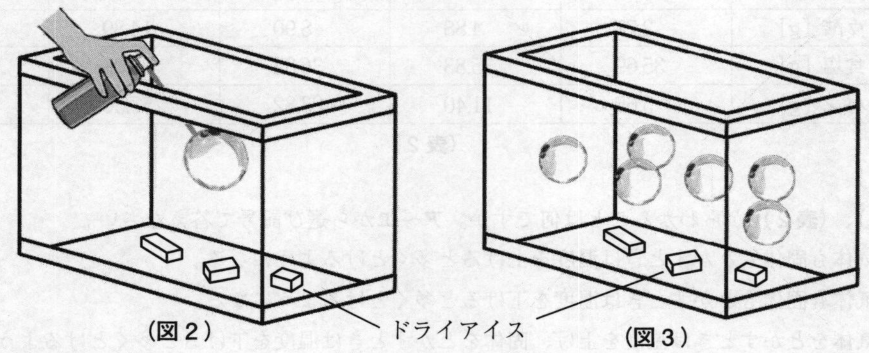

(図２)　**(図３)**

〔結果〕

気体	実験１	実験２	実験３
A	ういた	シャボン玉が大きな音とともに燃えた	水そうより上にういた
B	ゆっくりしずんだ	線香の火が大きくなった	**(図３)** のようになった
C	ゆっくりしずんだ	線香の火が消えた	**(図３)** のようになった
D	しずんだ	シャボン玉が明るいほのおをあげて燃えた	水そうの底にしずんで割れた

(表)

(1) 気体Ａとして考えられる性質はどれですか。**ア～カ**から２つ選び記号で答えなさい。

ア．水にとけやすい　**イ**．空気より軽い　**ウ**．ものをよく燃やすはたらきがある

エ．BTB 液を青くする　**オ**．塩酸と鉄からできる　**カ**．塩酸と石灰石からできる

(2) 気体Ｂとして考えられる性質はどれですか。(1)の**ア～カ**から選び記号で答えなさい。

(3) 気体Ｂを発生させる方法はどれですか。**ア～エ**から選び記号で答えなさい。

ア．重そうにクエン酸を加えてお湯につける。

イ．塩酸にアルミニウム板を加える。

ウ．オキシドールに大根おろしを加える。

エ．アンモニア水を加熱する。

(4) 気体Ｃとして考えられる特ちょうはどれですか。**ア～オ**から２つ選び記号で答えなさい。

ア．吸う息とはく息とで気体の量が変わらない。

イ．緑色の BTB 液に気体を通すと黄色になる。

ウ．緑色の BTB 液に気体を通すと緑色のままになる。

エ．空気中に二番目に多い。

オ．この気体をふくむ空気を吸うと声が高くなる。

(5) **（図３）**のようになった理由としてもっとも適したものはどれですか。**ア～オ**から選び記号で答えなさい。

ア．ドライアイスから生じた電気と、シャボン玉に帯びた電気とが反発するため。

イ．ドライアイスから生じた気体が、シャボン玉の中の気体よりも軽いため。

ウ．ドライアイスから生じた気体が、空気よりも軽いため。

エ．シャボン玉の中の気体が、ドライアイスから生じた気体と同じくらいの重さで空気よりも軽いため。

オ．シャボン玉の中の気体が、ドライアイスから生じた気体よりも軽く空気と同じくらいの重さのため。

(6) 気体Ｄは日常では燃料として多く利用されていますが、保管するためには容器内に液体の状態にしています。その理由を 20 字以内で答えなさい。

6 地球環境問題について、次の文を読み、あとの問いに答えなさい。

・温暖化

温暖化の主な原因はメタン、①二酸化炭素などの②温室効果ガスである。温室効果ガスの性質によって大気の温度が上昇する。

・酸性雨

③雨は通常では弱い酸性を示すが、石油などを燃やした物質が雨にとけ、通常より強い酸性を示す。

・オゾン層の減少

成層圏にはオゾン層があり、宇宙からの有害な光線が地球に届くのを防ぐはたらきがある。**（表）**と**（グラフ）**は、南極でオゾン層のうすい場所の面積を年ごとに示したものである。④オゾン層がうすくなると様々な問題が起きる。

年	1981	1982	1983	1984	1985	1986	1987	1988	1989	1990
面積	310	1080	1220	1460	1880	1440	2240	1370	2170	2100
年	1991	1992	1993	1994	1995	1996	1997	1998	1999	2000
面積	2250	2490	2570	2510	2280	2670	2500	2780	2560	2960
年	2001	2002	2003	2004	2005	2006	2007	2008	2009	2010
面積	2630	2170	2830	2270	2670	2930	2490	2650	2400	2190
年	2011	2012	2013	2014	2015	2016	2017	2018	2019	
面積	2550	2080	2340	2340	2780	2270	1880	2460	1100	

（表）

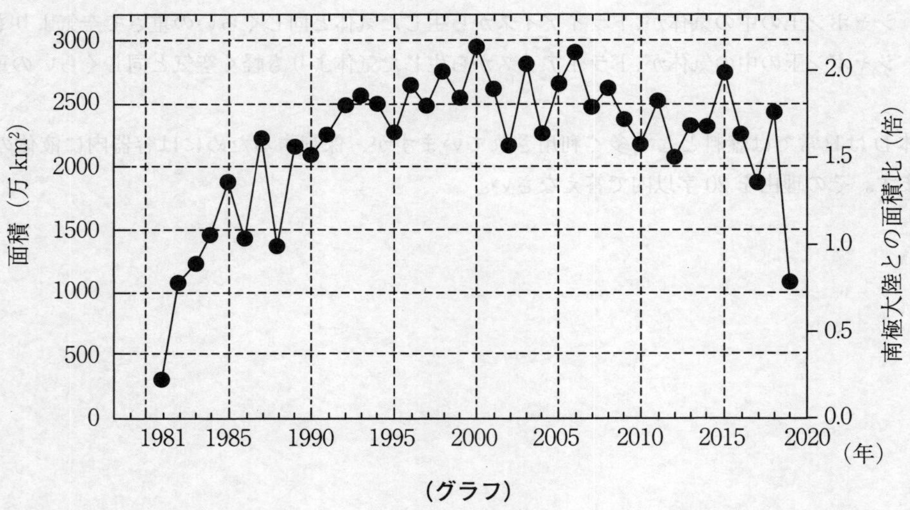

（グラフ）

出典：気象庁ホームページ「南極オゾンホールの年最大面積の経年変化」（https://www.data.jma.go.jp/gmd/env/ozonehp/link_hole_areamax.html）を加工して作成

(1) 下線部①を利用して植物は次の式のような反応をしている。このはたらきを何といいますか。

二酸化炭素＋水 ──光エネルギー──→ デンプン＋酸素

(2) 下線部②のはたらきについて正しく示しているものはどれですか。**ア**～**エ**から選び記号で答えなさい。

ア.

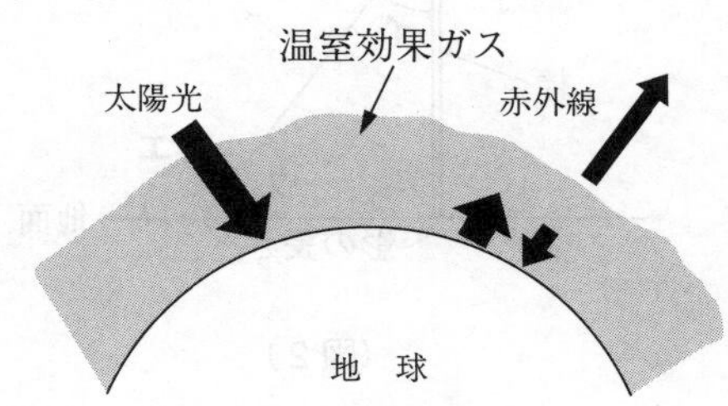

イ.

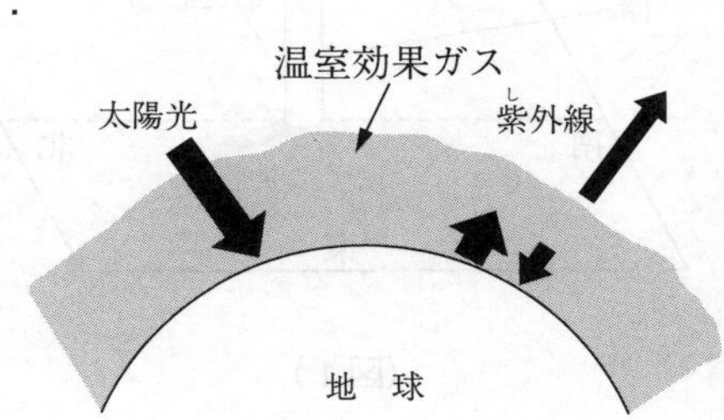

ウ.

温室効果ガス
太陽光
赤外線
地　球

エ.

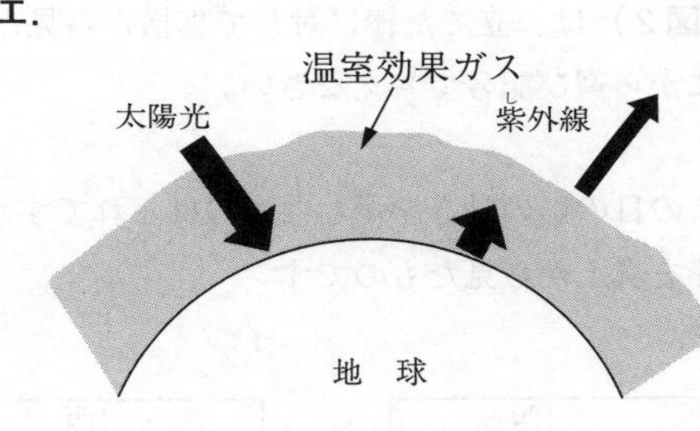

(3) 下線部③の理由を答えなさい。

(4) 下線部④について、次の文の［ A ］、［ B ］に適する言葉を書きなさい。

> オゾンを分解する物質は、［ A ］ガスである。また、オゾン層のうすい場所のことを［ B ］という。この場所では多くの有害な目に見えない光線が地表に届き、皮ふがんの原因になる。

(5) **(表)** と **(グラフ)** について、次の文の［ X ］、［ Y ］、［ Z ］に適する数字を書きなさい。

> 1981年から［ X ］年までは、面積は増加し続けている。その次の年からは増減をくり返している。記録上、［ Y ］年は前の年からもっとも大きな減少が見られ［ Z ］年の値に最も近くなった。

7 夏至の日の太陽の動きを調べるために東京のある地点で、**(図1)** のように水平な地面に記録用紙をおいて東西南北を示す十字線を引き、その中心に棒を垂直に立てて、太陽の光によってできる棒の影(かげ)の動きと長さを調べました。次の問いに答えなさい。

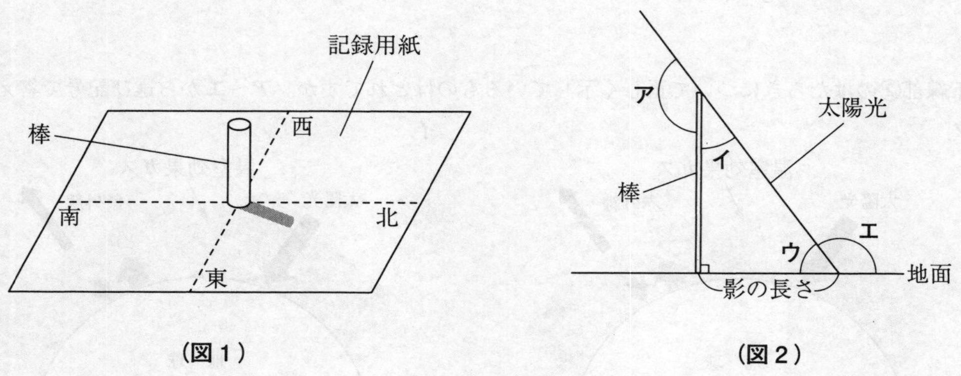

(図1)　　**(図2)**

(1) **(図2)** は、立てた棒に対して真横から見たものです。太陽の高度を表すのはどれですか。図中の**ア**～**エ**から選び記号で答えなさい。

(2) この日の影の動きを示したものはどれですか。**ア**～**エ**から選び記号で答えなさい。ただし、図中の○は棒を真上から見たものです。

ア.

西
南　北
東

イ.

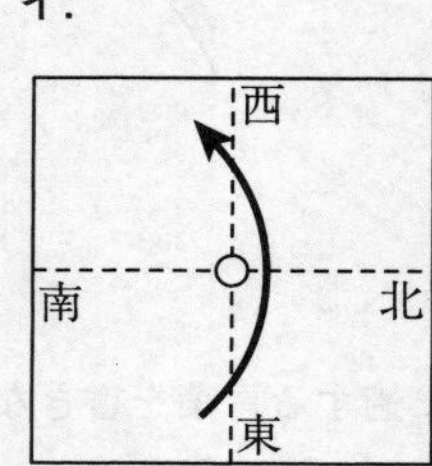

ウ.

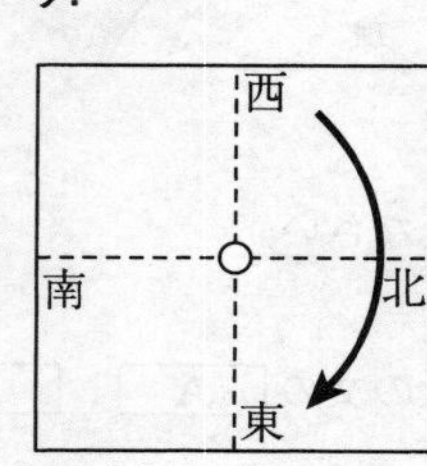

エ.

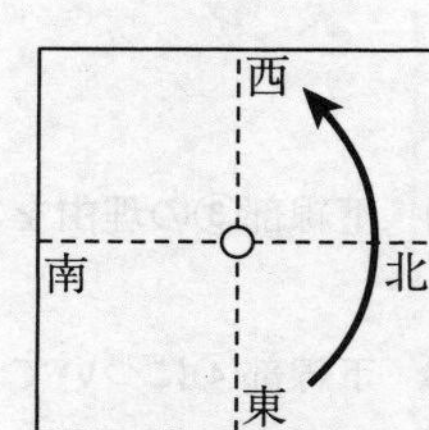

(3) 同じ日に関東地方のある地点で同じ観察をしました。この地点での影がもっとも短くなる時刻と影の長さについて述べたものはどれですか。**ア**～**エ**から選び記号で答えなさい。ただし、この地点は東京から見て南西の方向に位置しています。

ア. 影がもっとも短くなる時刻は東京よりも早く、できる影の長さは東京よりも長い。

イ. 影がもっとも短くなる時刻は東京よりも早く、できる影の長さは東京よりも短い。

ウ. 影がもっとも短くなる時刻は東京よりもおそく、できる影の長さは東京よりも長い。

エ. 影がもっとも短くなる時刻は東京よりもおそく、できる影の長さは東京よりも短い。

(4) **(図３)** は、地球が太陽のまわりを公転するようすを模式的に表したものです。A～Dは、それぞれ春分、夏至、秋分、冬至のいずれかの位置を表したものです。夏至の地球の位置はどこですか。A～Dから選び記号で答えなさい。

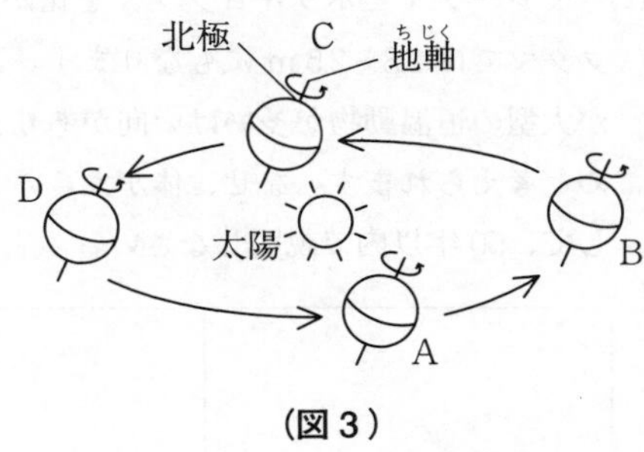

(図３)

(5) 次の文は、夏至の日の太陽の動きについて説明したものです。**ア～エ**の中で正しいものをすべて選び、記号で答えなさい。

ア．日の入りの時刻が１年で一番早くなる。
イ．１年で南中高度がもっとも高くなる。
ウ．昼の長さがもっとも長い。
エ．太陽はつねに観測者の南よりを通る。

8 次の問いを解答用紙No. 2に答えなさい。

(1) **(図)** の **(a)** のように、おもさ300ｇの台車につけたひもをかっ車に通し、もう一方のはしに100ｇのおもりをつるします。また、**(b)** のように、300ｇの台車につけたひもをかっ車に通し、もう一方のはしを指でつまみます。**(a)** で100ｇのおもりから手を離すと同時に、**(b)** のひものはしを100ｇの力で引き続けると、**(b)** の台車の方が先に20 cmの距離を動きました。このような結果になる理由を、「全体」という言葉を用いて50字以内で説明しなさい。ただし、**(a)** と **(b)** や100などの数値は、１マスに書くこと。

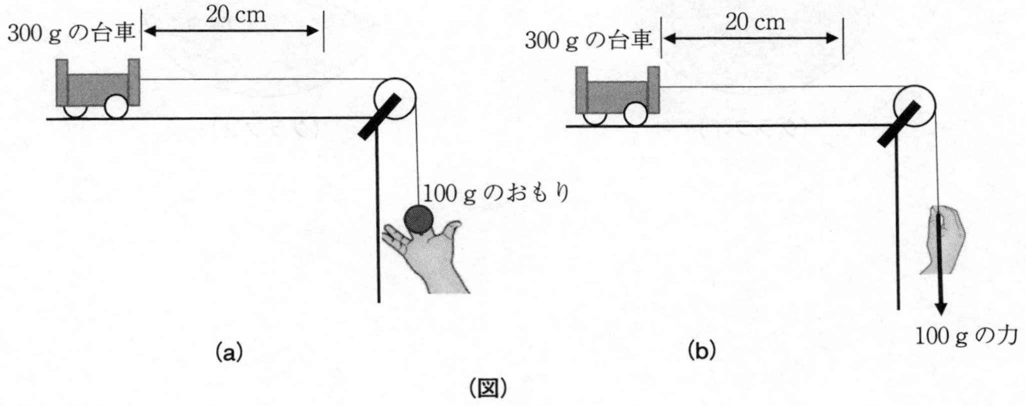

(図)

(2) マレーグマとホッキョクグマを比かくすると、マレーグマの体長は１～1.5 m なのに対し、ホッキョクグマでは1.8～2.5 m にもなります。このように、北極など寒い地域と、赤道付近では、寒い地域の方が大型の恒(こう)温動物が多いけい向があります。これは、寒い地域では体が大きい動物の方が有利であるためと考えられます。なぜ、体が大きいことが寒い地域で有利であるといえるのか、下の **(表)** を参考にして、50字以内で説明しなさい。

１辺が１cm の立方体を組み合わせたもの			
表面積	6 cm^2	24 cm^2	54 cm^2
体積	1 cm^3	8 cm^3	27 cm^3

(表)

(3) 身の回りの空気は **(グラフ１)** のようになっています。気圧は変わらずに **(グラフ２)** のように空気の割合が変化したとき、身の回りでどのような変化がみられますか。理由も含めて「酸素が増えることによって」に続くように50字以内で答えなさい。

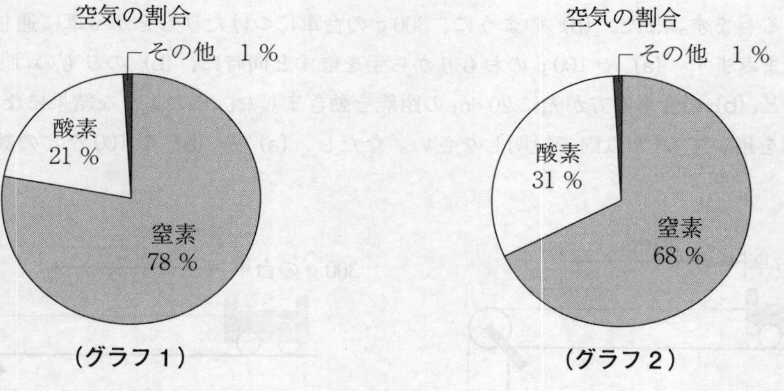

(グラフ１)　**(グラフ２)**

問二　酒とみりんを先に小鍋で煮立たせるのはなぜですか。その理由として適切なものを次のア～エの中から一つ選び、記号で答えなさい。

ア　味をなじませるため。
イ　水けを軽く切るため。
ウ　アルコール分を飛ばすため。
エ　食材の火の通りをよくするため。

問三　この放送の内容は大きく三つに分けられます。それぞれの小見出しとして適切なものを次のア～カの中から放送と同じ順序で選び、記号で答えなさい。

ア　料理名の由来　イ　調理のコツ　ウ　材料の紹介
エ　含まれる栄養素　オ　類似した料理　カ　調理の手順

問四　完成した「しもつかれ」を次のア～エの中から一つ選び、記号で答えなさい。

〈編集部注：実際のスクリプトには、ここに問題文の一と同じ写真があります。〉

〈聞いて解く問題のスプリクト〉

一　次の放送を聞いて、後の問いに答えなさい。

これから「しもつかれ」という栃木県の郷土料理について説明します。材料は以下の通りです。大根が三分の一本、にんじん一本、いり大豆二分の一カップ、さつま揚げ一枚。酒、みりん、しょうゆ、砂糖、お酢、各大さじ三杯。これらはすべて六人前の分量です。

それでは、料理の手順を説明します。まず大根とニンジンは皮付きのままおろし金ですりおろし、ざるに上げて水けを軽く切ります。いり大豆は薄皮をむき、さつま揚げは一センチ幅に切ります。次に、小鍋に酒とみりんを入れて煮立たせ、アルコール分を飛ばします。最後に、下ごしらえした材料、小鍋の酒とみりん、残りの調味料を、全て大きな鍋に入れて火にかけます。煮立ったら中火で七、八分煮て、火を止め、そのまま冷まして味をなじませたら完成です。

ちなみに、この「しもつかれ」という料理名は変わっていると思いませんか。この名前の由来には、この料理が作られる栃木県が昔下野と呼ばれていたためという説と、元々あった「酢むつかり」という大豆にお酢をかけた料理の名前から来たという説とがあるそうです。

問一　「しもつかれ」を四人前作るとき、しょうゆの必要な量として適切なものを次のア～エの中から一つ選び、記号で答えなさい。

ア　大さじ一杯　イ　大さじ二杯　ウ　大さじ三杯　エ　大さじ四杯

問二　次の各文の中から、誤ったことばの用法があるものを一つ選び、記号で答えなさい。

ア　父の子ども時代の夢は、パイロットになりたかったそうだ。

イ　今年の夏休みは、新型コロナウイルスの流行で未曽有（みぞう）の事態になった。

ウ　相手チームの投手のピッチング練習を見たら、球の速さに度肝（どぎも）を抜（ぬ）かれた。

エ　ペナルティキックを失敗してしまった自分に、みんながかけてくれた言葉に温かみを感じた。

問三　次の「慣用句」をつかって、短い文を作りなさい。

「気をもむ」

※慣用句の内容が具体的にわかるようにしなさい。

慣用句の例「足がぼうになる」

（悪い例）「ぼくは、足がぼうになった。」

（良い例）「ぼくは、落とし物をしてしまい、足がぼうになるまで探し回った。」

※「動きを表す語」など、後に続く語によって形が変わる場合は、変えても良いです。

（例：「あるく」→「あるいた」）

六

――線の平仮名を漢字に直しなさい。

1　病状がかいほうに向かう。

2　チームのメンバーにふんきをうながす。

3　多くの人のしせんが集まった。

4　クラス委員長の座をしりぞく。

5　多くのしょめいを集めることが出来た。

問二　【Ⅰ】と【Ⅱ】の違いについて説明した文として適切なものを次の中から一つ選び、記号で答えなさい。

ア　【Ⅰ】よりも【Ⅱ】の方が、ビワの木に書斎を覗かれていると感じたことに対する緊張が強い。

イ　【Ⅰ】の詩でも、【Ⅱ】の詩でも、ビワの木は生長しすぎたためにすでに一度枝を切り払われている。

ウ　枝を切る予定が【Ⅰ】「いずれ」から【Ⅱ】「今日あたり」になることで、出はなをくじかれた作者の滑稽さが強まる。

エ　【Ⅰ】では「誰か」と漢字表記なのに、【Ⅱ】では「だれか」とひらがな表記なのは、ビワの実の柔らかさを表すためである。

問三　【Ⅰ】は作者がこの詩を最初に作った形であり、【Ⅱ】は【Ⅰ】に四度の推敲（完成度を高めるための書き直し）を加えて、完成した作品である。【Ⅰ】から【Ⅱ】に推敲をした狙いについて、作者の川崎洋は「（書斎の窓から）最初ビワの木の先端を目にしたときの、一種の驚きと感動」（川崎洋『あなたの世界が広がる詩』）に焦点を当てるために、【Ⅰ】の最初の四行（いちばん美味しかった食べ物の話）を削除したと述べている。

これをふまえたうえで、A～Dの条件を満たして、次の作文を書き直しなさい。

昨日、私は学校の運動会に参加した。まず開会式と準備運動を行った後、一年生から四年生の五十メートル走が始まった。それが終わると、五・六年生の百メートル走で、私も出場した。次に学年種目になり、一年生から順に競技が始まった。一年生は玉入れをしていた。三年生まで学年種目が終わると昼食になった。私は教室で友達とお弁当を食べた。午後になり、学年種目が進み、私たち六年生はクラス対抗綱引きをした。四クラスでトーナメント戦をした。その後、一・二年生がダンス、三・四年生が創作ダンスをし、五・六年生は合同で組体操を行った。そして、最後に一年生から六年生のクラス代表者によるリレー対決が行われ、私は選手ではなかったので応援をした。

A　あなたが小学六年生として運動会に参加して、翌日この作文を書いたとする。

B　今現在のこの作文は、どこに焦点が当たっているのかが明確ではない。そこで、元の作文から一つの出来事に焦点を当て、その内容が明確になるように書き直すこと。どこに焦点を当てるかは自由とする。

C　出来事だけではなく、その時の自分の気持ちについても書くこと。なお、元の作文から読み取れないこと（競技の結果、自分や友達の細かな言動、気持ちなど）は自由に想像して書いてよいものとする。ただし、小学校の運動会で通常起こりえないことは避けること。

D　八十字以上、百二十字以内で書くこと。ただし、作文に題名は付けず、出だしの一マス目から本文を書くこと。

五

次の各問いに答えなさい。

問一　次の「四字熟語」のそれぞれの空らんには「対義（反対の意味）」の漢字が入りますが、それを答えなさい。

1　□往□往　　2　徹□徹□

問七　——線⑤「こういうツッコミ」の指す内容を本文中からぬき出し、最初と最後の十字で答えなさい。

四　【Ⅰ】と【Ⅱ】、二つの詩を読んで後の問いに答えなさい。

【Ⅰ】

これまでいちばん美味しかったのは
と問われれば
娘が子どものころ植えた種から芽吹いたビワが
初めてつけた実三つほどと答える
その後繁りに繁って隣家の玄関に
大きな影を落とすようになったので
先日ばっさばっさと枝を切り落とした
今日　二階の窓から
誰かが書斎を覗く気配があり
はっとして顔を上げると
細くなったそのビワの木の先っぽが
ガラス窓の左隅でゆれた
あまり切らないでよ　と
声を聞いたようだった
いずれ梯子をかけて
切ろうと思っていたところだった

【Ⅱ】

だれかが背伸びして
二階の書斎を覗いている
と思ったら
ビワの木の先端だった
娘が子どものころ種を植えたのが
よくもまあ育ったものだ
陽光を大幅に遮るので今日あたり
ざっくり枝々を切り払おうと思っていたところだった
機先を制された

（川崎洋「ビワの木」『あなたの世界が広がる詩』より）

問一　——線「今日」の前後での、作者によるビワの木の見方の変化について説明した文として適切なものを次の中から一つ選び、記号で答えなさい。

ア　それまでは単に自宅に植えた植物として見ていたが、書斎を覗かれていると感じたことで心を持った存在だと感じるようになった。

イ　それまでは美味しい実をつけるありがたい植物として見ていたが、文句を言われた気がしたことで敵対する存在だと感じるようになった。

ウ　それまでは自分の思い通りになるものとして見ていたが、不意を突かれたことで油断ならない存在だと感じるようになった。

エ　それまでは隣家に迷惑をかけるうっとおしいものとして見ていたが、話しかけられた気がしたことで友人のような存在だと感じるようになった。

を聞くなかで、「死ぬ」「死なない」とか、「動く」「起こす」「(短く)できる」とか、正しい言い方にも多少は触れているはずではないのか、と。ちゃんと丁寧に例を拾えば、そもそも間違った規則を作り出さなくて済むのではないか、と。さらに、２歳児ならまだしも４〜５歳にもなれば、たとえば「れる・られる」やら「する・させる」やら、直接教えたほうがよほど効率がいいのではないか、と。

それもそうですよね。次の章でもう少し考えてみましょう、どうして子どもは「普通に学ばない」のかを。

(広瀬友紀『ちいさい言語学者の冒険』)

問一 ――線①「その場を余計にこじらせる」の具体的な説明として適切なものを、次の中から一つ選び、記号で答えなさい。

ア　Ｋ太郎が生死の問題として母親に質問しているが、その現実感と拗ねて発する「死めばいいんだ」という言葉の間に落差を感じる母親の様子。

イ　Ｋ太郎が手洗いの問題から生死を気にかける事態になっているのに、母親がその責任を感じていないことに腹を立てているＫ太郎の様子。

ウ　Ｋ太郎が感情的になって死を持ち出しているのに、その場にふさわしくない母親の表情がＫ太郎の心をよけいにさわがせている様子。

エ　Ｋ太郎がいつもと違って真剣にバイキンについて聞いているのに、別のことに夢中になっている母親の態度がＫ太郎の感情を複雑にする様子。

問二 ――線②「なぜこうした例が見られるのでしょうか」とありますが、「死む」に限らず、子どもが間違った言葉の使い方を身につけてしまうのはなぜですか。答えとなる部分を、解答用紙の言葉につながる形で文章中から四十字前後で書きぬきなさい。

問三 ――線③「(笑)」とありますが、どういうおかしさがあるのか、四十字以内で分かりやすく説明しなさい。

問四 [Ａ]・[Ｂ] に入る言葉として適切なものを次の中から一つずつ選び、それぞれ記号で答えなさい。

ア　たとえば　　イ　あるいは　　ウ　すると
エ　さて　　オ　つまり

問五 ――線④「使える表現を自力で何倍にも増やしている」とありますが、後の犬の例の中で「何倍にも増やしている」具体例の部分を書きぬきなさい。

問六 文章中の [　] の中には二つの例が書かれています。後の文は、その内容を説明したものです。後の文の [Ⅰ] 〜 [Ⅲ] にあてはまる言葉をそれぞれ指定された字数で本文中から書きぬきなさい。

【一つ目は「ワンワン」という名詞で、その言葉の意味の拡大解釈や意味の範囲といった、[Ⅰ(漢字二字)] の適用の仕方を説明しています。二つ目は「去る」という [Ⅱ(漢字二字)] で、その分解や終止形に直す判断は、知っている他の言葉から類推した高度な活動だとしています。これら二つの例は [Ⅲ(漢字五字)] に関するものです。】

ひとつなのです。国語の先生でもない限り、ほとんどの方は知らない、というか知らなくても問題のない豆知識です。(ちなみに関西方言ではもうひとつ、「去(い)ぬ」というのがあって「いぬ」なのに「さる(去る)」という意味なのですが③(笑)、自分は中学校(奈良市)のときテスト期間中に職員室にうっかり入って「いね!」と怒られたことを思い出します。わざわざ思い出すくらいだからそう頻繁には耳にしない動詞だったと思いますが。)

[A]、マ行動詞であれナ行動詞であれ「飲んだ・読んだ・はさんだ・かんだ」[B]「死んだ」というふうに、活用語尾が「ん」になることについては、たまたま形が共通しています。おそらく子どもは、「虫さん死んじゃったねえ」「あれ、死んでないよ」というようなやりとりを通して、「死んじゃった」は、「飲んじゃった・読んじゃった・はさんでない・かんでない」と同じ使い方をすることばなんだな、という類推を行っているのでしょう。そうして子どもは、ふだん多く触れている、いわば規則を熟知しているマ行動詞の活用形を「死ぬ」というナ行動詞にもあてはめているのだと推測できます。(「死む」でネット検索したら、同様の推理をされているママさんのブログもありました。大人の冒険仲間を発見した気分です。)

ここまでのことから、子どもは実際に聞いたことのある表現だけを身につけていくわけではないこと、実際に聞いたことのない表現も、その性質を類推し、その時点で身につけた規則を適用することによって、④使える表現を自力で何倍にも増やしていることがわかります。その過程で起こる、「大人から見ると間違った規則の使い方」を「過剰一般化」といいます。

小さい子どもが犬を見たときに、お母さんからそれを「ワンワンね」と教わったとしましょう。その後しばらく、その子は猫や牛などの犬以外の動物を見てもすべて「ワンワン」とよぶようになる、というのも、「子ども語あるある」のひとつです。「ワンワン」が指す対象を、特定の動物(犬)から動物一般に拡大解釈している例ですね。この「ワンワンは何を指すか問題」、つまりある単語の意味の範囲がどこまでか？という問題については第5章で触れるので、ここでは活用形の話に戻りますが、とにかく子どものことばはこの「過剰一般化」のデパートです。

もうひとつ例を見てみましょう。K太郎(6歳)がテレビで「去って行く」という表現を耳にして母親に聞きました。

「ねえ、「さう」ってどういう意味?」

彼は何を考えてこう言ったのでしょう?

まず「去って行く」が「さって」と「いく」というふたつの動詞に分解できるという知識を動員。さらに「さって」ということばの意味を尋ねるために、終止形に直したほうがよいと判断。「買って—買う」「言って—言う」などから類推したのか、それが「さう」であると(過剰に)一般化。最後のところは大人から見れば間違っていますが(正解は「去う」じゃなくて「去る」)、それにしても、推論の過程を考えると、かなり高度なことをするようになったものです。

(中略)

さて、この章で紹介したいくつもの例は、大人をお手本にしても出てこない(大人から見れば「誤った」)使い方ばかり。これはむしろ、子どもが自分の頭のなかで、ことばを司る規則を発見していく過程なのだ、ということを示すものでした。

だけど、⑤こういうツッコミを入れる人もいるかもしれませんね。大人の発話

問六 ――線⑤「それはヤバいね」とありますが、このときの「息子」の考えはどのようなものですか。適切なものを次の中から一つ選び、記号で答えなさい。

ア お金持ちの子と先生は同じコミュニティの住人だから、当然ボロい借家の子のほうが叱られるのだろう。

イ お金持ちの子を殴ったら、ボロい借家の子は後でお金持ちの子のグループからいじめられるにちがいない。

ウ 先生は家出をするぐらい激しい性格の人だから、先生を怒らせてしまったら厳しく指導されてもおかしくない。

エ いくら叱られるのがイヤだからって叱られる前に泣き始めるなんて、ボロい借家の子はズルい奴だ。

問七 「わたし」の回想の中の喧嘩とティムとダニエルの喧嘩には、先生たちの考え方の違いによって生徒への対応に違いが見られます。「わたし」の担任の先生はどのような考え方から生徒の喧嘩にどう対応しましたか。四十五字以上五十五字以内で答えなさい。

三

次の文章を読んで、後の問いに答えなさい。

ある日のK太郎（5歳）と母の会話。

「お手々洗わないでゴハン食べたらバイキンも一緒にお腹に入るよ」
「…じゃ、これ食べたら死む？」
「いや、死んじゃったりしないよ、大丈夫」
「ホント？　死まない？　死まない？（涙目）」

生死をそこまで気にしている割には、ちょっと拗ねたらすぐこれ。

「…ボクなんかもう死めばいいんだ」

むくれる本人を尻目に笑いをこらえられず、①その場を余計にこじらせる母でした。

この「死む」「死まない」「死めば」は「子ども語あるある」の上位を占める「死の活用形」（と勝手に命名）。ネットで検索したら結構な数の報告数。どうして子どもたちはこぞってこのような活用をするのでしょう？

「そもそも子どもはどうやってことばを覚えるのか」という問いに対し、「まわりの大人たちが使っていることばを聞いて覚えていく」と想像するのが普通だと思います。けれども、まわりの大人のなかに「死む」「死まない」「死めば」などと言う人はいないはずです（かりにそういう方言があったとしても、子どもの「死の活用形」は全国区の現象ですので、大人の影響とは考えられません）。では、②なぜこうした例が見られるのでしょうか。

ところで「死む」「死まない」「死めば」はそもそもどうしておかしいのでしょう。「飲む」「飲まない」「飲めば」あるいは「読む」「読まない」「読めば」とは言うのに。

大人が子どもに話しかけることばにもよく出てきそうな「飲む」「読む」は、マ行の音で展開する五段活用です。同様の動詞は他にもたくさんあって、「はさむ」「かむ」「つかむ」などなど、どれも同じように活用します。そしてご存じのように、マ行以外の五段活用も日本語にはさまざまありますが、ナ行の五段活用というのはじつは現代の日本語（少なくとも標準語）では「死ぬ」ただ

3　雨天車両問題……以前、息子がティムとダニエルの両者から、雨の日は一緒に登下校しようと言われ、どちらの家の車で登下校すべきか迷っていた問題。結局どちらも断った。

4　蔑称……相手をさげすんでいう呼び名。

5　隔離……へだててはなすこと。

6　コミュニティ……町村・都市・地方など、生産・自治・習慣などで深い結びつきをもつ共同体。地域社会。

7　ミッション……使命。重要な任務。

8　逆手に取る……機転を利かせて不利な状況を活かすこと。

問一　――線①「納得いかないのはティムのほうが厳しい罰を受けたことなんだ」とありますが、このときの「息子」の心情はどのようなものですか。正しいものには○、正しくないものには×で、それぞれ答えなさい。ただし、すべて○、またはすべて×という解答は認めません。

ア　ティムは人種差別的なことを言ったのだから、もっと厳しい罰を受けた方が良いんだ。

イ　ダニエルもティムもお互いに良くないことを言ったのだから、どっちも悪いはずだ。

ウ　ダニエルが先にティムをからかったのだから、ダニエルのほうが厳しい罰を受けるべきだ。

エ　二人とも確かに悪いことを言ったけど、まだ子どもだし、絶対に罰を与えるべきじゃない。

オ　いくら合法だからと言っても、誰かを傷つけることは言ってはいけないのではないか。

問二　[　　]に当てはまる表現として適切なものを次の中から一つ選び、記号で答えなさい。

ア　不思議そうに　　イ　険しそうに

ウ　寂しそうに　　エ　不満そうに

問三　――線②「の」とありますが、この「の」と文法的に同じものとして適切なものを次の中から一つ選び、記号で答えなさい。

ア　近所には花の咲く丘がある。

イ　遊ぶ前に学校の宿題をする。

ウ　くつを新しいのに買いかえる。

エ　さっきまで居たのにもういない。

問四　――線③「ボロい借家の子」とありますが、これは誰のことですか。本文中から四字で書きぬきなさい。

問五　――線④「そんなのひどい」とありますが、このときの「息子」の心情はどのようなものですか。適切なものを次の中から一つ選び、記号で答えなさい。

ア　人が恥ずかしく思っていることをからかうなんてひどい、と怒っている。

イ　自分の力ではないのにお金持ちを自慢するなんてひどい、と怒っている。

ウ　友達も呼べないぐらいボロい家に住んでいるなんてひどい、と怒っている。

エ　自分もあの地区の住人のくせに人の家に口を出すなんてひどい、と怒っている。

「で、ある日、教室で喧嘩が起きたんだ。ある生徒が、別の生徒のことを③『ボロい借家の子』ってバカにしたんだ。バカにしたほうの子はお金持ちだったからすごく大きな新築の家に住んでいて、バカにされた子の家は小さくて古くて、その子は自分の家のことを恥に思ってたから絶対に友達を遊びに来させたりしなかったし、どこに住んでいるのかも人に知られたくない様子だった。それで、お金持ちの子がそれをからかったんだね」

④「そんなのひどい」

「それで、バカにされた子はくやしいから、『おまえだってあの地区の住人のくせに』って言い返したんだ。そのお金持ちの子は、差別されているコミュニティに住んでいたから。そしたらお金持ちの子も激怒して、ティムとダニエルみたいに殴り合いの喧嘩になっちゃった」

「それで、どうなったの？」

「あの先生が2人を止めに入ったんだけど、『ボロい借家の子』って言われた子は、絶対に自分のほうが叱られるとわかってたから、先生が何も言わないうちから下を向いて泣いていた。だって、先生はその子がバカにしたコミュニティの住人になっていたし、実際、そのコミュニティの人と結婚するためにすごく苦労したってことを大人たちから聞いていたから」

⑤「それはヤバいね」

「でも、先生はその子だけを叱らなかったんだよ。2人を平等に叱った。『暴力は言葉でもふるえるんです。2人とも、殴られるよりそっちのほうが痛かったでしょう』って」

わたしがそう言うと、息子が聞いた。

「なんでその先生は喧嘩両成敗にしたんだろうね」

「差別はいけないと教えることが大事なのはもちろんなんだけど、あの先生はちょっと違ってた。どの差別がいけない、っていう前に、人を傷つけることはどんなことでもよくないっていつも言っていた。だから2人を平等に叱ったんだと思う」

「……それは、真理だよね」と息子がしみじみ言うのでわたしも答えた。

「うん。世の中をうまく回す意味でも、それが有効だと思う」

翌日から息子には新たなミッション※7ができた。

学校から罰されているのでティムもダニエルも喧嘩はもうできないという事実を逆手に取り※8、わざと鉢合わせする状況をつくったりして仲良くさせようとしているようだが、学食でも校庭でもなかなかうまくいかないらしい。しかし、最近、体育の授業でサッカーをやったときに、ダニエルがアシストしたボールをティムがゴールへ叩き込んだ後に一瞬だけちょっといい感じになったという。

「時間の問題だと思うよ」と息子は余裕を見せている。「こないだ、ダニエルと2人でランチを食べていたときに、母ちゃんが聞かせてくれた話をしたんだ。クラスメートと喧嘩して、先生に怒られると思って下を向いて泣いていた日本の男の子の話。ダニエル、黙ってじっと聞いていたよ」というので、「あ、そう」とわたしは答えた。

40年前、殴り合いの喧嘩をして下を向いて泣いていたのは実は男の子ではなく、いま自分の母ちゃんになっているということを息子はまだ知らない。

（ブレイディみかこ『ぼくはイエローでホワイトで、ちょっとブルー』）

※1　ティム……息子の友人。貧しく荒れた地区に住む、息子と同じ学校に通う同い年の小柄でやせ細った英国人の少年。

2　ダニエル……息子の友人。ハンガリー（東欧）の移民を両親に持つ、息子と同じ学校に通う同い年の少年。

二

次の文章を読んで、後の問いに答えなさい。

> 日本人の「わたし」とヨーロッパ人の夫の間に生まれた息子は、英国の学校に通っているが、貧困や格差などの社会問題を日々体験しながら過ごしている。

※1ティムと※2ダニエルと息子をめぐる※3雨天車両問題は、雨の日が減るとともに落ち着きを見せたのだったが、ついにある日、ティムとダニエルが校内で派手に衝突してしまった。

ティムのリュックの底が破れて本やノートが飛び出しているのを見たダニエルが、「貧乏人」と笑ったので、ティムが「ファッキン・ハンキー（中欧・東欧出身者への※4蔑称）」と言い返し、逆上したダニエルがティムにとびかかって取っ組み合いの喧嘩になったのである。若い男性の体育教員が飛んできて、2人とも生徒指導室に連れて行かれたらしい。

「①納得いかないのはティムのほうが厳しい罰を受けたことなんだ。ダニエルは居残りだけで済んだけど、ティムは一日中、自習室に※5隔離されて、一週間も放課後に奉仕活動をさせられている」

「人種差別的なことを言ったからでしょ」

「けど、ダニエルも、ティムに『貧乏人』って言ったんだよ。僕はどっちも悪いと思うんだけど、友達はみんな、人種差別のほうが社会に出たら違法になるから悪いことだって言うんだ」

息子は［　］語気を荒らげて続けた。

「人種差別は違法だけど、貧乏な人や恵まれない人は差別しても合法なんて、おかしくないかな。そんなの、本当に正しいのかな?」

「いや、法は正しいってのが②そもそも違うと思うよ。法は世の中をうまく回していくためのものだから、必ずしも正しいわけじゃない。でも、法からはみ出すと将来的に困るのはティムだから、それで罰を重くしたんじゃないかな」

「それじゃまるで犬のしつけみたいじゃないか」

息子の真剣な目つきを見ていると、ふと自分も彼と同じぐらいの年齢に戻ったような気分になった。

「去年、夏に日本に帰ったとき、スーパーで母ちゃんの昔の学校の先生に会ったの、覚えてる?」

「うん。女の先生だよね?」

「あの人ね、ちょうど母ちゃんがあんたぐらいのとき、担任の先生だったんだ」

「もう40年も前じゃん」

「うん。で、今でも覚えてるんだけど、あの頃、母ちゃんの学校でも似たようなことがあったよ」

わたしは食器を洗う手を休めて台ふきんで手を拭きながら話し始めた。

「母ちゃんの学校の近くにも、坂の上の高層団地みたいに差別されている地区があってね。でも、そこはもっとずっと昔から、人々に『あそこの人たちとは付き合うな』とか『あそこの住人は俺たちと違う』っていわれなき差別をされてきた※6コミュニティだった。で、あのスーパーで会った先生は、あの頃、大学を出たばかりで、若くてすごく可愛かったんだけど、そのコミュニティの人と恋をして結婚しようと思ったんだ。でも、先生の家族は大反対で『あんなところに住んでいる人と結婚するのは許さない』とか言うから、先生は家出して、ようやくそのコミュニティの人と結婚したんだ」

「なんで母ちゃんが先生のそんなプライベートなこと知ってたの」

「田舎だったからすぐ何でも噂になって、大人たちがみんな話してたんだよ」

「ふうん」

二〇二一年度　芝浦工業大学附属中学校

【国　語】〈第一回試験〉（六〇分）〈満点：一二〇点〉

〈編集部注：実物の試験問題では、写真はカラー印刷です。なお、㊀のスクリプトは問題のおわりに掲載しています。下のＱＲコードからもアクセス可能です。〉

〈注意〉一、㊀は聞いて解く問題です。聞いて解く問題は、試験開始後すぐに放送します。

二、指示がない限り、句読点や記号などは一字として数えます。

三、正しく読めるように、読みがなをふったところがあります。

㊀　この問題は聞いて解く問題です。問題文の放送は一回のみです。メモを取っても構いません。放送の指示に従って、問一～四に答えなさい。なお、問一～三は選択肢(せんたくし)も放送されますので、よく聞いて答えを選びなさい。問四は次のア～エの中から適切なものを一つ選び、記号で答えなさい。

問四　選択肢

ア

イ

ウ

エ

2021年度

芝浦工業大学附属中学校 ▶解説と解答

算 数 ＜第１回試験＞（60分）＜満点：120点＞

解 答

[1] (1) 12km (2) ① 60cm ② （例） 正六角形の周の長さは60cmだから，円の直径の３倍である。円周は正六角形の周の長さより長いので，円周率は３より大きくなる。 [2] (1) 444 (2) 1 (3) $18\frac{3}{4}$cm (4) 720度 [3] (1) 25通り (2) 12月31日10時$40\frac{4}{23}$分 (3) 1610 (4) 67.14cm^2 (5) 解説の図５を参照のこと。 [4] (1) 16.2%，2500ｇ (2) ① 400ｇ ② 3456ｇ [5] (1) 36cm^3 (2) ア ○ イ × ウ ○ エ × オ ○ (3) 9cm^3 (4) 36cm^3

解 説

[1] 放送問題

(1) ２時間30分は，60×２＋30＝150（分）なので，この船の速さは分速，60÷150＝0.4（km）である。すると，この船は30分で，0.4×30＝12（km）進むから，船が走り出して30分後の状態は右の図１のようになる。図１より，かげをつけた三角形は直角二等辺三角形になるので，船から灯台までの距離（きょり）は，船から地点Ａまでの距離と等しく，12kmとわかる。

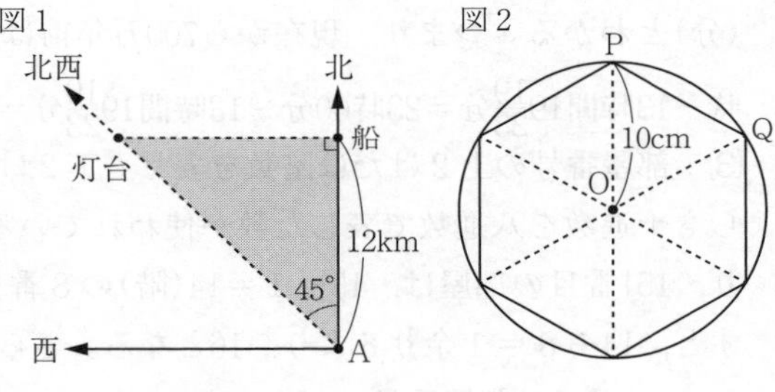

(2) ① 右上の図２のように正六角形を対角線で区切ると，角POQの大きさは，360÷６＝60（度）で，OP＝OQ＝10cmだから，三角形POQは１辺10cmの正三角形になる。よって，正六角形の周の長さは辺PQの長さの６倍になるので，10×６＝60（cm）とわかる。 ② 図２で，円周の長さは正六角形の周の長さより長い。したがって，円周率は，（円周の長さ）÷（円の直径）で求められ，60÷（10×２）＝３だから，円周率は３より大きいことがわかる。

[2] 四則計算，逆算，比の性質，角度

(1) 15×23＋24×19－３×41－６×39＝345＋456－123－234＝801－123－234＝678－234＝444

(2) $1.23\times0.2+\frac{1}{25}=0.246+0.04=0.286$，$11\times\left(\frac{1}{20}-\frac{1}{25}\right)\div5=11\times(0.05-0.04)\div5=11\times0.01\div5=0.11\div5=0.022$より，0.286＝（12＋□）×0.022，12＋□＝$0.286\div0.022=\frac{0.286}{0.022}=\frac{286}{22}=13$ よって，□＝13－12＝１

(3) ビーカーの中の水の高さを１とすると，２本のガラス棒の長さはそれぞれ，$1\div\frac{3}{5}=\frac{5}{3}$，$1\div\frac{5}{11}=\frac{11}{5}$となり，長さの差は，$\frac{11}{5}-\frac{5}{3}=\frac{8}{15}$となる。これが10cmにあたるので，ビーカーの中の水の高さは，$10\div\frac{8}{15}=\frac{75}{4}=18\frac{3}{4}$（cm）とわかる。

(4)　N角形の内角の和は，180×(N－２)で求められるから，五角形の内角の和は，180×(５－２)＝540(度)である。よって，右の図のかげをつけた図形の内角の和は，180×２＋540＝900(度)とわかる。このうち，ア，イ，ウの角の大きさの和は，斜線(しゃせん)をつけた三角形の内角の和と等しく180度なので，印のついた８か所の角の大きさの和は，900－180＝720(度)と求められる。

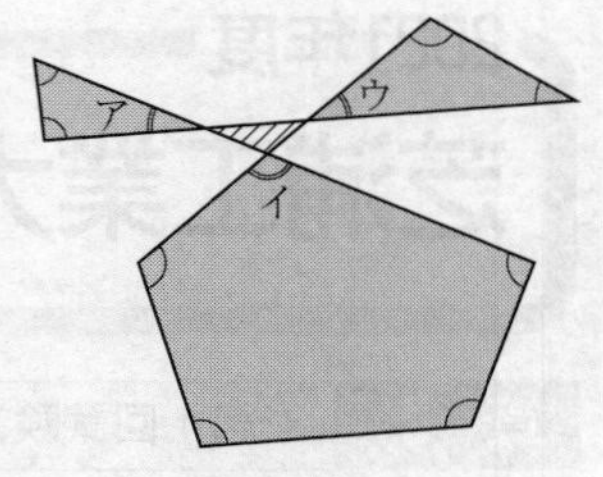

3　場合の数，正比例と反比例，単位の計算，N進数，図形の移動，面積，分割

(1)　はじめに，３つの目の和が12になる組み合わせは，㋐(１，５，６)，㋑(２，４，６)，㋒(２，５，５)，㋓(３，３，６)，㋔(３，４，５)，㋕(４，４，４)の６通りある。次に，それぞれの組み合わせについて大中小のさいころの目の出方を考えると，㋐，㋑，㋔の場合は，３×２×１＝６(通り)ずつ，㋒，㋓の場合は３通りずつ，㋕の場合は１通りある。よって，大中小の３つのさいころを投げて，出た目の数の和が12になる目の出方は全部で，６×３＋３×２＋１＝25(通り)とわかる。

(2)　(46億年)：(700万年)＝(460000万年)：(700万年)＝4600：７なので，46億年を１年(365日)とすると，700万年は，$365\times\frac{7}{4600}=\frac{511}{920}$(日)になる。また，１日は24時間だから，これは，$24\times\frac{511}{920}=\frac{1533}{115}=13\frac{38}{115}$(時間)となる。さらに，１時間は60分なので，$\frac{38}{115}$時間は，$60\times\frac{38}{115}=\frac{456}{23}=19\frac{19}{23}$(分)とわかる。つまり，現在から700万年前は，12月31日24時の13時間$19\frac{19}{23}$分前にあたるので，24時－13時間$19\frac{19}{23}$分＝23時60分－13時間$19\frac{19}{23}$分＝10時$40\frac{4}{23}$分より，12月31日10時$40\frac{4}{23}$分と求められる。

(3)　部屋番号の上２けたは階数を表し，下２けたはその階の中の番号を表している。ただし，どちらも十進数を八進数で表した数が使われている。各階には11部屋あるから，151÷11＝13余り８より，151番目の部屋は，13＋１＝14(階)の８番目の部屋とわかる。また，十進数の14を八進数で表すと，14÷８＝１余り６より，16となる。さらに，十進数の８を八進数で表すと，10となる。よって，151番目の部屋番号は1610である。

(4)　円が通るのは，右の図１のかげをつけた部分である。この面積は，長方形ABCDの面積から，円が通らない部分の面積をひいて求めることができる。また，斜線部分の面積の合計は，１辺の長さが，１×２＝２(cm)の正方形の面積から，半径が１cmの円の面積をひいて求めることができるので，２×２－１×１×3.14＝４－3.14＝0.86(cm²)とわかる。さらに，★印をつけた長方形は，たての長さが，８－２×２＝４(cm)，横の長さが，13－２×２＝９(cm)なので，面積は，４×９＝36(cm²)となる。よって，円が通らない部分の面積は，0.86＋36＝36.86(cm²)だから，円が通る部分の面積は，８×13－36.86＝67.14(cm²)と求められる。

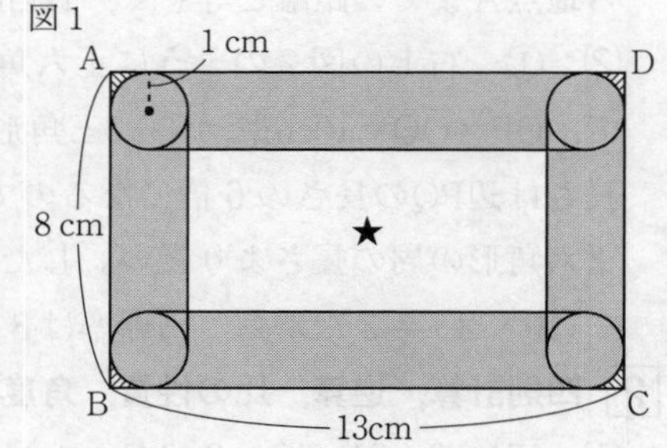

(5)　下の図２のように，直角三角形ABCをBCを軸(じく)に１回転させると，円すいができる。次に，図２の円すいをACを軸に１回転させるとき，側面が通過する部分は，下の図３のように円すいを２つ組み合わせた形の立体になり，底面が通過する部分は，下の図４のような球になる。よって，できる立体は図３と図４を合わせた立体となり，この立体をACを通る面で切断すると，切り口は下

の図５の斜線部分のようになる。

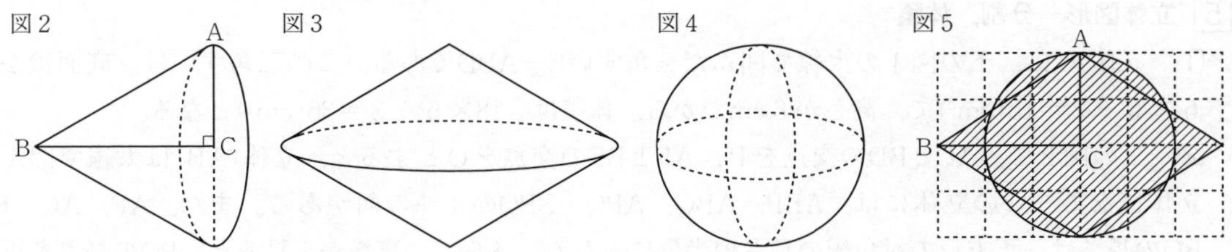

4 濃度（のうど）

(1)　水そうＡの濃度は，給水口Ａを開いてから４分後には15%になり，さらにその７分後には14%になる。ここで，給水口Ａから１分間に入る食塩水の重さは，10000÷40＝250(ｇ)なので，７分間で入る食塩水の重さは，250×７＝1750(ｇ)となる。よって，４分後の食塩水の重さを□ｇとすると，４＋７＝11(分後)のようすは右上の図１のように表すことができる。図１で，1750×(14－12)＝□×(15－14)より，□＝1750×２÷１＝3500(ｇ)とわかる。また，４分間で入れた食塩水の重さは，250×４＝1000(ｇ)だから，はじめに水そうＡに入っていた食塩水の重さは，3500－1000＝2500(ｇ)と求められる。次に，はじめに水そうＡに入っていた食塩水の濃度を△%とすると，４分後のようすは右の図２のようになる。図２で，1000×(15－12)＝2500×(△－15)より，△－15＝1000×３÷2500＝1.2，△＝1.2＋15＝16.2(%)と求められる。

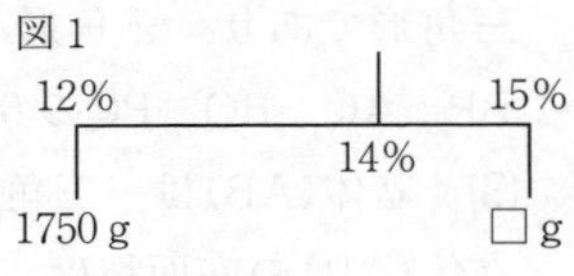

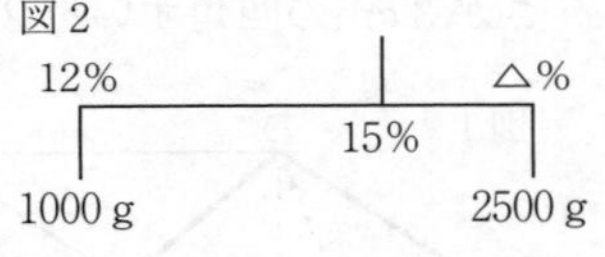

(2)　①　給水口Ｂから１分間に入る食塩水の重さは，10000÷25＝400(ｇ)なので，15分間で入る食塩水の重さは，400×15＝6000(ｇ)である。また，給水口Ｂから１分間に入る食塩の重さは，400×0.12＝48(ｇ)なので，15分後に入っている食塩の重さは，48×15＝720(ｇ)とわかる。さらに，水を蒸発させても食塩の重さは変わらないので，１か月後に再び注ぎ始めてから10分後に入っている食塩の重さは，720＋48×10＝1200(ｇ)と求められる。よって，食塩水の重さ，濃度，食塩の重さの関係をまとめると，右の図３のようになる。図３で，ア＝1200÷0.125＝9600(ｇ)であり，蒸発後の10分間で入れた食塩水の重さは，400×10＝4000(ｇ)だから，イ＝9600－4000＝5600(ｇ)とわかる。したがって，蒸発した水の重さは，6000－5600＝400(ｇ)である。

図３

	食塩水の重さ	濃度	食塩の重さ
15分後	6000ｇ	12%	720ｇ
蒸発後	イｇ		720ｇ
再開の10分後	アｇ	12.5%	1200ｇ

②　21分36秒後に，水そうＡには濃度12%の食塩水が，$250\times21\frac{36}{60}$＝5400(ｇ)入っていて，水そうＢには濃度12.5%の食塩水が9600ｇ入っている。この２つの食塩水を混ぜると，食塩水の重さは，5400＋9600＝15000(ｇ)，食塩の重さは，5400×0.12＋1200＝1848(ｇ)になるので，濃度は，1848÷15000×100＝12.32(%)と求められ，これが食塩水を移しかえたあとに等しくなった濃度にあたる。よって，水そうＡ，Ｂから取り出した食塩水の重さを○ｇとすると，移しかえたときの水そうＡの食塩水のようすは，右の図４のように表すことができる。図４で，a ：b＝(12.32－12)：(12.5－12.32)＝16：９だから，食塩水の重さの比は，$\frac{1}{16}$：$\frac{1}{9}$＝９：16となる。この和が5400ｇなので，○＝$5400\times\frac{16}{9+16}$＝3456(ｇ)

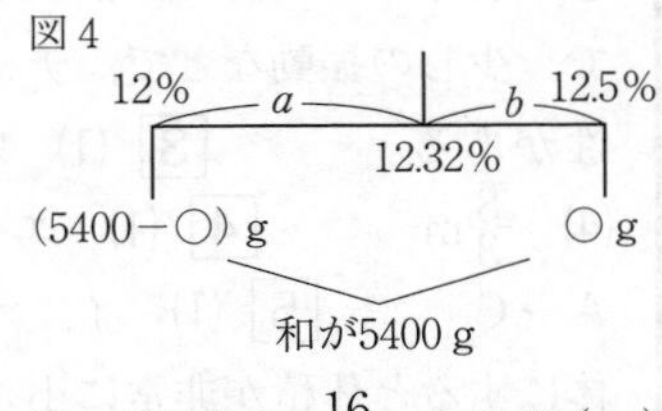

と求められる。

5 立体図形─分割，体積

(1)　立体A′は，下の図１の太線で囲んだ三角すいE－ABDである。この三角すいは，底面積が，$6\times6\div2=18(cm^2)$で，高さが6 cmだから，体積は，$18\times6\div3=36(cm^3)$となる。

(2)　下の図２で，ACとBDの交点をP，AFとBEの交点をQとすると，立体(AB)は太線で囲んだ立体になる。この立体には，ABP，ABQ，APQ，BPQの４つの面がある。また，AP，AQ，BP，BQの長さは，正方形の対角線の長さの半分にあたる。さらに，真横から見ると，PQの長さも正方形の対角線の長さの半分にあたることがわかる。よって，三角形ABPと三角形ABQは直角二等辺三角形であり，三角形APQと三角形BPQは正三角形となる。そして，この立体には，AB，AP，BP，AQ，BQ，PQの６本の辺がある。したがって，正しいのはア，ウ，オとなる。

(3)　立体(AB)は，三角形PABを底面とする三角すいQ－PABと考えることができる。このとき，立体(AB)の底面積は，$6\times6\div4=9(cm^2)$，高さは，$6\div2=3(cm)$なので，体積は，$9\times3\div3=9(cm^3)$と求められる。

(4)　A′～H′のどこにも含(ふく)まれない部分は，下の図３の点線で囲んだ立体である(この立体の頂点はどれも，正方形の２本の対角線の交点である)。これは，底面積が，$6\times6\div2=18(cm^2)$，高さが3 cmの四角すいを２つ組み合わせた立体だから，体積は，$18\times3\div3\times2=36(cm^3)$となる。

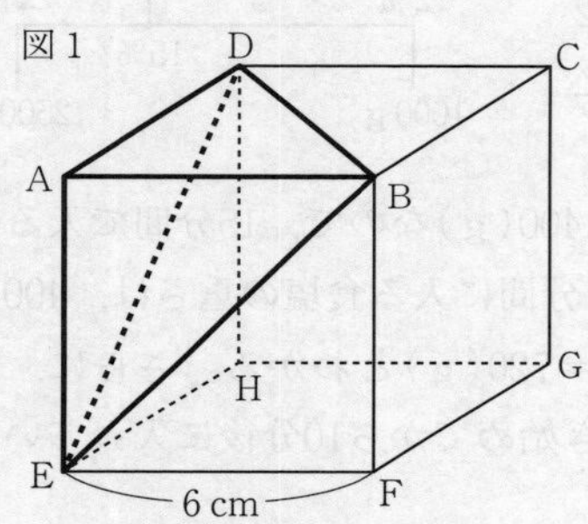

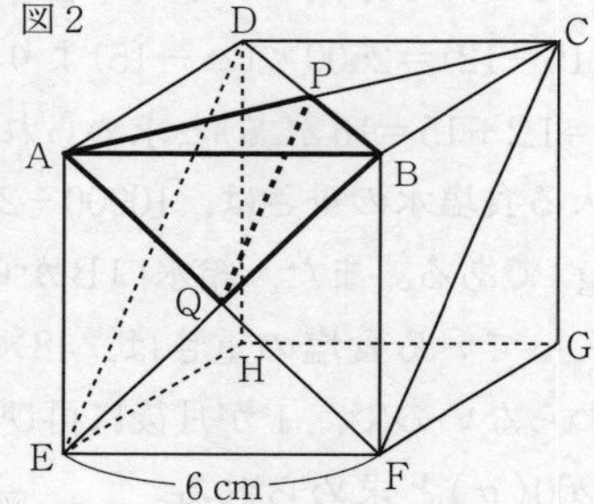

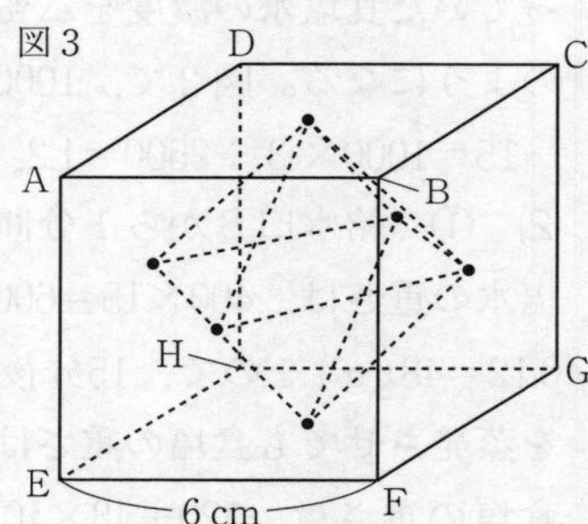

理　科　＜第１回試験＞（50分）＜満点：100点＞

解　答

1 (1) ウ　(2) ア　(3) X 血しょう　Y ヘモグロビン　(4) 120 g　(5) ウ

2 (1) 右の図１　(2) 144m　(3) ① イ　② (例) チェーンの張りがゆるくなっているので，少しの振動などで，チェーンがはずれる可能性がある。

3 (1) 24m²　(2) 8 m²　(3) 右の図２　(4) $\frac{8}{3}$m²

4 (1) エ　(2) 13％　(3) 14mg　(4) B→A→C

5 (1) イ，オ　(2) ウ　(3) ウ　(4) ア，ウ　(5) オ　(6) (例) 液体にすると体積が非常に小さくなるから。

6 (1) 光合成　(2) ア　(3) (例) 二酸

図１

P

図２

A　P　D

ついたて

B　C

化炭素がとけているから。 (4) A フロン B オゾンホール (5) X 1985 Y 2019 Z 1982 7 (1) ウ (2) ア (3) エ (4) D (5) イ，ウ 8 (1) (例) (a)は，全体で400gの物体を100gの力で引いているが，(b)は，全体で300gの物体を100gの力で引いているため。 (2) (例) からだが大きいほど，からだの体積に対する表面積の割合が小さくなり，体温が失われにくくなるため。 (3) (例) (酸素が増えることによって)酸化がはやく進むので，金属がさびやすくなる変化がみられる。

解説

1 温泉をテーマにした問題

(1) 調査１より，温泉Ａはしょっぱい味がしているので食塩泉，温泉Ｂはすっぱい味がしているので酸性泉，残りの温泉Ｃはアルカリ性単純泉と考えられる。

(2) ア 鉄をとかすのは酸性の水溶液(すいようえき)だけなので，酸性の温泉Ｂに入れた鉄片のみとけてなくなる。 イ 青色リトマス紙は，酸性の水溶液をつけると赤色に変化するが，中性やアルカリ性の水溶液をつけても青色のままで変化しない。したがって，青色リトマス紙を酸性の温泉Ｂにつけると赤色に変化するが，中性の温泉Ａとアルカリ性の温泉Ｃにつけても色は変化しない。 ウ 石灰石をとかすのは酸性の水溶液だけなので，酸性の温泉Ｂに入れた石灰石のみとけてなくなる。 エ 液体中におもりなどを入れると，おしのけた液体のおもさに等しい大きさの浮力(ふりょく)を受ける。調査２より，それぞれの温泉の密度(みつど)(１cm^3あたりのおもさ)を求めると，温泉Ａは，１cm^3あたり，(100－40)÷50＝1.2(ｇ)，温泉Ｂは，(100－48)÷50＝1.04(ｇ)，温泉Ｃは，(100－45)÷50＝1.1(ｇ)となるので，温泉Ｂの密度が一番小さく，入っている成分が少ないと考えられる。

(3) X 血液の液体成分は血しょうとよばれる。 Y 赤血球にはヘモグロビンとよばれる赤色のタンパク質がふくまれていて，このヘモグロビンが酸素の多いところでは酸素と結びつき，酸素の少ないところでは酸素を放すことで，体の各部分まで酸素が運ばれていく。

(4) (2)のエより，温泉Ａの１cm^3あたりのおもさは1.2ｇである。図２で，物体がおしのけている液体の体積は，20×(８－３)＝100(cm^3)なので，物体にはたらいている浮力は，1.2×100＝120(ｇ)であり，これとつり合っている物体の重さも120ｇである。

(5) 地下水がたまっているのは，水を通しにくいねん土の層やかたい岩盤(がんばん)の上の層である。図３では，エのねん土の層の上の，ウの砂の層に地下水がたまりやすい。

2 自転車のしくみについての問題

(1) 図１で，もう１つのてこ(輪軸(りんじく))の支点は後輪の中心軸，力点は後ギアの円周部分，作用点は後輪が地面に接している点である。

(2) ペダルをこいで60回転させると，チェーンが(18×２×3.14×60)cm動くので，後輪は，(18×２×3.14×60)÷(15×２×3.14)＝72(回転)する。よって，自転車は，２×72＝144(ｍ)進む。

(3) ① 前ギアを小さくすると，１つめのてこの支点と作用点の間の長さが短くなるので，ペダル(力点)にかかる力が小さくなる。また，後ギアを大きくすると，２つめのてこの支点と力点の間の長さが長くなるので，力点にかかる力が小さくなり，チェーンを引く力が小さくなる。したがって，イがふさわしい。 ② もっとも後方へ動くはずのギアが本来の位置より前方にあると，チェーンの張り方が弱くなるので，チェーンがギアからはずれやすくなる。

3　光の進み方や影の面積についての問題

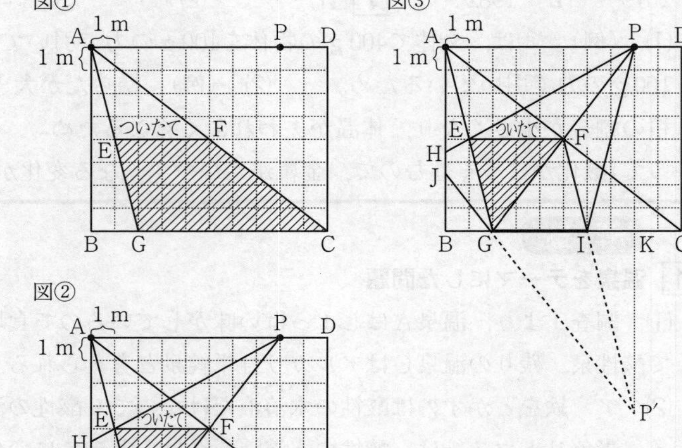

⑴　右の図①で，電球がＡ点にあるとき，ついたての影は斜線部分の台形EGCFで，その面積は，（４＋８）×４÷２＝24(m²)と求められる。

⑵　右下の図②で，電球が壁に沿ってＡ点からＰ点まで移動するとき，ついたての影は，台形EGCFから全体的に左方向へ移動しながら形を変え，五角形EHBGFとなる。このとき，常に影になっていた部分は斜線部分の三角形EGFで，その面積は，４×４÷２＝８(m²)となる。

⑶　右上の図③で，点Ｐにある電球から出て壁BC上にある鏡で反射する光は，鏡による電球の像の位置（点Ｐ′）から出たように進むので，⑵で常に影になった部分（三角形EGF）に光を当てるには，Ｐ′ＦとＰ′Ｇではさまれた範囲に光が届くようにする必要がある。よって，最低４ｍの鏡をGI間に置けばよい。

⑷　⑶では，点Ｐにある電球から出た光とついたてによってできた影（五角形EHBGF）のうち，BCに沿って置いた鏡での光の反射によって五角形EHJGFの部分には光が当たるので，三角形JBGの部分が影になる。三角形JBGと三角形Ｐ′KGは相似であり，相似比は，BG：KG＝２：６＝１：３なので，JB＝Ｐ′Ｋ×$\frac{1}{3}$＝PK×$\frac{1}{3}$＝８×$\frac{1}{3}$＝$\frac{8}{3}$(m)である。よって，三角形JBGの面積は，２×$\frac{8}{3}$÷２＝$\frac{8}{3}$(m²)と求められる。

4　もののとけ方についての問題

⑴　表１では，どの気体も水温が低いほど多くとけている。また，表２では，どの固体も水温が高いほど多くとけている。したがって，エがふさわしい。

⑵　物質をこれ以上とかすことのできない状態をほう和といい，水に物質をとかしてほう和させた水溶液をほう和水溶液という。表２より，60℃の水100ｇにホウ酸は14.89ｇまでとけるので，60℃のほう和ホウ酸水溶液のこさは，14.89÷(14.89＋100)×100＝12.9…より，13％と求められる。

⑶　表１より，０℃の水100ｇに酸素は4.9cm³までとける。また，酸素１cm³の重さは1.4mgとある。よって，1.4×4.9×$\frac{210}{100}$＝14.4…より，０℃の水210ｇにとける酸素の重さは14mgである。

⑷　Ａについて，表２より，36.33ｇである。Ｂについて，水１kgにとけるホウ酸の重さは，20℃のとき，4.88×$\frac{1000}{100}$＝48.8(ｇ)，40℃のとき，8.90×$\frac{1000}{100}$＝89.0(ｇ)なので，20℃の水１kgのほう和ホウ酸水溶液を40℃にしたとき，さらにとかせるホウ酸の重さは，89.0－48.8＝40.2(ｇ)である。Ｃについて，水100ｇにとけるミョウバンの重さは，60℃のとき57.36ｇ，40℃のとき23.82ｇなので，60℃のほう和ミョウバン水溶液を20℃にしたとき，出てくる結晶の重さは，57.36－23.82＝33.54(ｇ)である。以上より，値が大きい順にＢ，Ａ，Ｃとなる。

5 いろいろな気体の性質についての問題

⑴ 気体Ａは，実験１，２より空気より軽く，燃える気体であることがわかる。これにあてはまる気体は水素である。水素は空気より軽く，塩酸に鉄やアルミニウムなどの金属を入れると発生する。また，水にほとんどとけず，ものを燃やすはたらき(助燃性)はなく，BTB液の色を変えない。なお，塩酸に石灰石を加えると，二酸化炭素が発生する。

⑵ 気体Ｂは，実験２より助燃性があるので酸素であり，⑴のウがあてはまる。

⑶ オキシドール(うすい過酸化水素水)に大根おろしを加えると，大根おろしにふくまれるこう素が過酸化水素の分解を助け，酸素が発生する。なお，アは二酸化炭素，イは水素，エはアンモニアが得られる。

⑷ シャボン玉をつくることができたので，気体Ｃと気体Ｄは水にとけにくい気体とわかる。ガスかんの気体で残っているもののうち，アンモニアは水に非常によくとけ，ちっ素は水にほとんどとけず，二酸化炭素は水に少しとける。また，アンモニア，ちっ素，二酸化炭素は燃えないが，ブタンは燃える。したがって，気体Ｃはちっ素，気体Ｄはブタンと判断できる。ちっ素は体内に取りこまれたり体内から放出されたりしないので，吸う息とはく息で気体の量は変わらない。また，水にとけにくいので，緑色のBTB液に通しても，色の変化は見られない。なお，地球の空気の約78％はちっ素，約21％は酸素がしめており，残りの約１％にはアルゴン(約0.93％)や二酸化炭素(約0.03～0.04％)などさまざまな気体がふくまれている。また，オはヘリウムの特徴(とくちょう)である。

⑸ ドライアイスは二酸化炭素が固体になったものであり，二酸化炭素は空気より重いため，図3では，水そうの底の方にたまっていると考えられる。よって，水そうの中でシャボン玉がういているのは，シャボン玉の中の気体の重さが二酸化炭素よりは軽く，空気とほぼ同じくらいの重さであることを示している。

⑹ ブタンなどの燃料として利用される気体を容器に入れて保管するには，体積の小さい液体にして保管する。液体の状態にしておくと，気体の状態に比べてはるかに小さい体積になるので，保管や運ぱんに都合がよい。また，燃料の気体が自然に発火しないように，容器内には空気(酸素)が入りこまないような構造になっている。

6 地球環境(かんきょう)についての問題

⑴ 葉緑体をもつ緑色植物は，主に葉の気孔(きこう)から取り入れた二酸化炭素と根から吸収した水を原料に，日光のエネルギーを利用して栄養(デンプン)をつくり出している。このはたらきを光合成といい，このとき酸素もつくり出されて放出される。

⑵ 温室効果ガスには，太陽の光や熱は通すが，地球から宇宙空間に出ていく赤外線(熱)の一部を吸収して地表にもどす性質がある。よって，アが正しい。

⑶ 雨水が弱い酸性を示すのは，地上にとどくまでに大気中の二酸化炭素がとけこみ，弱い炭酸水となるためである。

⑷ **A** オゾンは地球の上空10～50kmの範囲(成層圏)に多く集まっていて，このオゾンの多い層をオゾン層という。オゾン層が分解されると，地上に紫外線(しがいせん)が大量に降り注いで，皮ふがんや白内障(目の病気)などにかかりやすくなったり，動植物が減少したりすると心配されている。冷蔵庫やエアコン，スプレーなどに使われてきたフロン(ガス)は，オゾン層を分解する物質といわれている。

B オゾン層がうすい場所のことを，オゾンホールという。特に南極地方の上空では，毎年８，９

月ごろにオゾンホールが観測される。

(5)　グラフから読み取る。　X　1981年から1985年まで面積が増加し続けている。　Y　2018年から2019年までの減少がもっとも大きい。　Z　2019年の値は1982年の値とほぼ等しい。

7　太陽の動きについての問題

(1)　太陽の高度は，太陽光と地面とがつくるウの角で表す。

(2)　夏至(げし)の日の太陽は，真東よりも北よりの位置からのぼり，南の空の高いところを通り，真西よりも北よりの位置にしずむ。したがって，棒の影は，朝には真西よりもやや南側に伸(の)び，昼にはもっとも短くなって北側に伸び，夕方には真東よりもやや南側に伸びるので，アが選べる。

(3)　影がもっとも短くなるのは，太陽が南中するときである。地球が西から東に向かって自転しているため，太陽が南中する時刻は西の地点ほどおそくなる。また，夏至の日には，太陽は北回帰線(北緯約23.4度)の真上を通るので，北回帰線よりも北に位置する日本では，南の地点ほど太陽の南中高度が高くなり，棒の影が短くなる。

(4)　夏至は地軸の北極側が太陽の方にもっともかたむいているときなので，Dがあてはまる。

(5)　日本では夏至の日に，１年のうちでもっとも太陽の南中高度が高くなる。また，日の出の時刻がもっとも早く，日の入りの時刻がもっともおそくなるため，昼(太陽が出ている時間)の長さがもっとも長くなる。なお，(2)で述べたように，夏至の日の太陽は，朝と夕方には観測者の北よりを通り，昼には観測者の南よりを通る。

8　物体の運動や生物の体の大きさ，酸素についての問題

(1)　(a)は，全体で，300＋100＝400(ｇ)の物体を100ｇの力で動かしている。一方，(b)は，全体で300ｇの物体を100ｇの力で動かしている。つまり，(a)と(b)は，動かす力の大きさは同じだが，(b)は(a)よりも軽いので，(b)の台車の方が先に20cmの距離(きょり)を動く。

(2)　体積に対する表面積の割合は，体積が１cm^3のときは，６÷１＝６，８cm^3のときは，24÷８＝３，27cm^3のときは，54÷27＝２となっており，体積が大きいほど割合が小さい。よって，同じ表面積から出ていく熱の量が同じであると仮定すると，体の体積が大きくなるほど，体の表面から熱が失われにくいことを意味している。したがって，寒い地域にすむ恒温(こうおん)動物の方が大型になるけい向があると考えられる。

(3)　空気中の酸素が増えると，たとえば，火事が起こりやすくなったり，いったん火事が起こると消えにくくなったりすることが考えられる。また，金属のさびは金属と空気中の酸素が結びつく現象なので，金属がさびやすくなる。ほかには，微(び)生物が呼吸しやすくなって，食べ物が早くいたむことなども考えられる。

国語　<第１回試験>（60分）<満点：120点>

解答

一　問１　イ　　問２　ウ　　問３　１つ目…ウ　　２つ目…カ　　３つ目…ア　　問４　ア

二　問１　ア　×　　イ　○　　ウ　×　　エ　×　　オ　○　　問２　エ　　問３　ウ　　問４　母ちゃん　　問５　ア　　問６　ア　　問７　(例)　どの差別がいけないかの前に，人を傷つけることはどんなことでもよくないという考え方から喧嘩両成敗にした。　三　**問１**　ウ　**問２**　実際に聞いたことのない表現も，その性質を類推し，その時点で身につけた規則を適用する(から。)　**問３**　(例)　同じ意味の別の語が，音では犬と猿という異なる動物を表しているおかしさ。　**問４**　Ａ　エ　Ｂ　イ　**問５**　猫や牛などの犬以外の動物を見てもすべて「ワンワン」とよぶようになる　**問６**　Ⅰ　規則　Ⅱ　動詞　Ⅲ　過剰一般化　**問７**　大人の発話を聞くなか～いのではないか，と。(率がいいのではないか)　四　**問１**　ア　**問２**　ウ　**問３**　(例)　昨日，私は運動会で百メートル走に出場した。今まで一等になれたことがなく今年こそと思っていたので，緊張していた。ピストルが鳴るとともに，私は懸命に走った。競り合う形になったが，最後は私の体がいち早くテープを切った。初めての一等は誇らしかった。　五　**問１**　１　右(往)左(往)　２　(徹)頭(徹)尾　**問２**　ア　**問３**　(例)　子どもの帰りが遅いので，お母さんは気をもんだ。　六　下記を参照のこと。

●漢字の書き取り

六　１　**快方**　２　**奮起**　３　**視線**　４　**退(く)**　５　**署名**

解　説

一　放送問題

問１　「しもつかれ」を「六人前」つくるためにしょうゆは「大さじ三杯」必要なのだから，大さじ一杯の分量では二人前つくれることになる。よって，「四人前」の「しもつかれ」に必要なしょうゆの分量は「大さじ二杯」だとわかる。

問２　「料理の手順」の説明のなかで，野菜やさつま揚げの下ごしらえをした後，「小鍋に酒とみりんを入れて煮立たせ，アルコール分を飛ば」すと言っているので，ウがあてはまる。

問３　まず，栃木県の郷土料理である「しもつかれ」をつくるために必要な「材料」を紹介し，次に「料理の手順」を説明している。最後は，「ちなみに」と前置きをしたうえで「しもつかれ」という「名前の由来」について語っているので，１つ目はウ，２つ目はカ，３つ目はアとなる。

問４　「しもつかれ」に必要なのは，「大根」「にんじん」「いり大豆」「さつま揚げ」のほか各種調味料であり，「大根とニンジンは皮付きのままおろし金ですりおろし」てしまうことから，イ～エは合わない。

二　出典はブレイディみかこの『ぼくはイエローでホワイトで，ちょっとブルー』による。

喧嘩をしたダニエルとティムが受けた罰に納得がいかない息子に，母親の「わたし」は子どものころの体験を話す。

問１　**ア**　傍線①にあるように，息子は二人が受けた罰が平等でないことを問題にしているので，正しくない。　**イ**　「僕はどっちも悪いと思う」とあるので，あてはまる。　**ウ，エ**　どちらが「先に」からかったのかや，二人が「まだ子ども」であることを，息子は問題にしていないので，ふさわしくない。　**オ**　息子は，「ダニエルも，ティムに『貧乏人』って言ったんだよ」，「人種差別は違法だけど，貧乏な人や恵まれない人は差別しても合法なんて，おかしくないかな」と言っている。つまり息子は，合法ならば人を傷つけることを言っても軽い罰ですむのはおかしいと考えているので，正しい。

問２　息子は「納得いかない」と言っているので，「不満そうに」が合う。「納得」は，他人の考えなどを理解し認めること。

問３　「こと」や「もの」で言いかえられる働きを持つ「の」なので，「新しいもの」と言いかえることのできるウが同じ。なお，アは部分の主語を示す用法で，「が」に言いかえられる。イは語を結びつけて関係性を持たせる働きの「の」，エは“にもかかわらず”という意味の「のに」の一部。

問４　続く部分に，「『ボロい借家の子』って言われた子は～下を向いて泣いていた」，「下を向いて泣いていたのは～いま自分の母ちゃんになっている」とあるので，「母ちゃん」がぬき出せる。

問５　すぐ前に，「バカにされた子の家は小さくて古くて，その子は自分の家のことを恥に思ってた」，「お金持ちの子がそれをからかった」とあるので，「人が恥ずかしく思っていることをからかう」とあるアがよい。

問６　すぐ前に，「『ボロい借家の子』って言われた子は，絶対に自分のほうが叱られるとわかってた」，「先生はその子がバカにしたコミュニティの住人になっていたし，実際，そのコミュニティの人と結婚するためにすごく苦労した」とあるので，アが選べる。

問７　「わたし」の担任の先生の考え方と生徒への対応については，「どの差別がいけない，っていう前に，人を傷つけることはどんなことでもよくない」，「喧嘩両成敗にした」と語られているので，これらの内容をまとめる。

三　出典は広瀬友紀の『ちいさい言語学者の冒険　子どもに学ぶことばの秘密』による。子どもが誤った言葉の使い方をする例を紹介し，それは子どもが言葉を司る規則を発見していく過程であると説明している。

問１　前の部分に「生死をそこまで気にしている」，「むくれる本人を尻目に笑いをこらえられず」とあるので，「Ｋ太郎が感情的になって死を持ち出しているのに，その場にふさわしくない母親の表情」とあるウがよい。

問２　子どもが間違った言葉の使い方を身につけてしまうことについては，後のほうで，「実際に聞いたことのない表現も，その性質を類推し，その時点で身につけた規則を適用する」という子どもの特徴が説明されている。

問３　「いぬ」と「さる」は別の言葉だが，「去る」という同じ意味を表す。その二つの言葉が，“犬”と“猿”という別の動物を表す言葉と同じ発音であることにおかしさがある。

問４　**Ａ**　前の部分では，「マ行の音で展開する五段活用」の動詞はたくさんあるのに「ナ行の五段活用」の動詞は「死ぬ」しかないことが説明されており，続く部分では，「マ行動詞であれナ行動詞であれ～活用語尾が『ん』になることについては，たまたま形が共通しています」という内容が説明されている。したがって，それまでの話題を切りあげて別な話題に移ることを表す「さて」が合う。　　**Ｂ**　マ行動詞の「飲んだ・読んだ・はさんだ・かんだ」であれ，ナ行動詞の「死んだ」であれ，「活用語尾が『ん』になることについては，たまたま形が共通してい」るのだから，同類のことがらを並べ立てて，いろいろな場合があることを表す「あるいは」がふさわしい。

問５　直後の段落の犬の例の中では，「猫や牛などの犬以外の動物を見てもすべて『ワンワン』とよぶようになる」こと，つまり，「『ワンワン』が指す対象を，特定の動物（犬）から動物一般に拡大解釈」することが，傍線④の具体例としてあげられている。

問６　**Ⅰ**　四角で囲まれた部分の直前の段落に「規則を適用する」とあるので，「規則」を入れて，「規則の適用の仕方」とするのが合う。　　**Ⅱ**　「『去って行く』が「さって」と「いく」というふたつの動詞に分解できる」とあるので，「動詞」がぬき出せる。なお，K太郎は「去る」の終止形を「去う」だと思っている。　Ⅲ　一つ目の例では犬以外の動物も「ワンワン」とよんでしまう点で，二つ目の例では「去る」の終止形を「去う」だろうと推測している点で，「過剰一般化」が行われている。

問７　「ツッコミ」は，ものごとに対して鋭い指摘を行うこと。傍線⑤をふくむ一文に続く三つの文で，筆者が予想している「ツッコミ」の例が三つあげられている。

四　出典は川崎洋の『あなたの世界が広がる詩』所収の「ビワの木」による。ビワの木と作者のかかわりをうたっている。

問１　作者は，「今日」の前の部分では，「実」を取り「枝を切り落と」す対象としてビワの木を見ている。一方，「今日」の後の部分では，「あまり切らないでよ」と意見を言う存在としてビワの木を見ている。よって，「今日」の前を「植物」，後を「心を持った存在」と表しているアが選べる。

問２　枝を切る予定は，【Ⅰ】では「いずれ」だったが，【Ⅱ】では「今日あたり」になっている。「機先を制された」ともあるように，出はなをくじかれた滑稽さは【Ⅱ】のほうが強いので，ウがふさわしい。

問３　「私」が参加した種目は「百メートル走」，「クラス対抗綱引き」，「組体操」であり，このどれかに焦点をあてて書くとよい。また，“一等になった”，“惜しくも二等で終わった”，“転倒してしまったが，最後まで走った”などのように，具体的な状況を設定したほうが作文らしくなる。

五　四字熟語の完成，言葉のきまり，慣用句の知識

問１　１　「右往左往」は，右に行ったり左に行ったりと，まごつきあわてるようす。　２　「徹頭徹尾」は，“始めから終わりまで一貫して”という意味。

問２　ア　「夢は」という主語と，「なりたかったそうだ」という述語は結びつかない。「父の子ども時代の夢は，パイロットになることだったそうだ」のような表現が正しい。　イ　「未曽有」は，“今までに一度も起こったことがない”という意味。　ウ　「度肝を抜かれる」は，非常にびっくりすること。　エ　「温かみ」は，“愛情や思いやりがある”という意味。

問３　「気をもむ」は，心配すること。はらはらすること。不安になるような状況を考えて，例文をつくればよい。

六　漢字の書き取り

１　病気や傷が次第に治ってくること。　**２**　勇気を持って奮い立つこと。　**３**　目が見ている方向。　**４**　音読みは「タイ」で，「退職」などの熟語がある。　**５**　本人であることや責任を明らかにするために，自分の氏名を記すこと。また，その書かれた氏名。

Dr.福井の
入試に勝つ！脳とからだのウルトラ科学

試験場でアガらない秘けつ

キミたちの多くは，今まで何度か模擬試験（たとえば合不合判定テストや首都圏模試）を受けていて，大勢のライバルに囲まれながらテストを受ける雰囲気を味わっているだろう。しかし，模擬試験と本番とでは雰囲気がまったくちがう。そういうところでも緊張しない性格ならば問題ないが，入試独特の雰囲気に飲みこまれてアガってしまうと，実力を出せなくなってしまう。

試験場でアガらないためには，試験を突破するぞという意気ごみを持つこと。つまり，気合いを入れることだ。たとえば，中学の校門前にはあちこちの塾の先生が激励（げきれい）のために立っている。もし，キミが通った塾の先生を見つけたら，「がんばります！」とあいさつをしよう。そうすれば先生は必ずはげましてくれる。これだけでもかなり気合いが入るはずだ。ちなみに，ヤル気が出るのは，TRHホルモンという物質の作用によるもので，十分な睡眠をとる，運動する（特に歩く），ガムをかむことなどで出されやすい。

試験開始の直前になってもアガっているときは，腹式呼吸が効果的だ。目を閉じ，おなかをふくらませるようにしながら，ゆっくりと大きく息を吸う。ここでは「ゆっくり」「大きく」がポイントだ。そして，ゆっくりと息をはく。これをくり返し何回も行うと，ノルアドレナリンという悪いホルモンが減っていくので，アガりを解消することができる。

よく「手のひらに“人”の字を書いて飲みこむことを3回行う」とアガらないというが，そのようなおまじないを信じて実行し，自分に暗示をかけてもいいだろう。要は，入試に対するさまざまな不安な気持ちを消し去って，試験に集中できるようなくふうをこらせばいいのだ。

Dr.福井（福井一成（ふくいかずしげ））…医学博士。開成中・高から東大・文Ⅱに入学後，再受験して翌年東大・理Ⅲに合格。同大医学部卒。さまざまな勉強法や脳科学に関する著書多数。

2021年度　芝浦工業大学附属中学校

〔電　話〕　(03)3520－８５０１
〔所在地〕　〒135－8139　東京都江東区豊洲６－２－７
〔交　通〕　東京メトロ有楽町線 ―「豊洲駅」より徒歩７分
ゆりかもめ ―「新豊洲駅」より徒歩１分

【算　数】〈第２回試験〉（60分）〈満点：120点〉

〈編集部注：1のスクリプトは問題のおわりに掲載しています。なお，右のＱＲコードからもアクセス可能です。〉

〔注意〕１．1は聞いて解く問題です。聞いて解く問題は，試験開始後すぐに放送します。
２．3以降は，答えだけではなく式や考え方を書いてください。式や考え方にも得点があります。
３．定規(じょうぎ)とコンパスを使用しても構いませんが，三角定規と分度器を使用してはいけません。
４．作図に用いた線は消さないでください。
５．円周率が必要な場合は，すべて3.14で計算してください。

1　この問題は聞いて解く問題です。

聞いて解く問題は全部で(1)と(2)の２題です。(1)は１問，(2)は２問あります。問題文の放送は１回のみです。メモを取っても構いません。ひとつの問題文が放送された後，計算したり，解答用紙に記入したりする時間はそれぞれ１分です。聞いて解く問題の解答は答えのみを書いてください。ただし，答えに単位が必要な場合は必ず単位をつけてください。下の図は，(2)で使う図です。

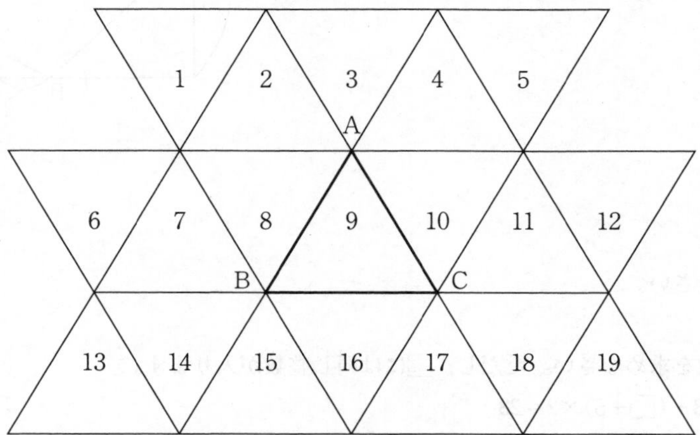

2 次の各問いに答えなさい。ただし，答えのみでよい。

(1) $4.5 \div 2\frac{1}{2} - \frac{4}{5} \times 1.25$ を計算しなさい。

(2) A 地点と B 地点を，行きは時速 60 km，帰りは時速 90 km で往復します。往復の平均の速さは時速何 km ですか。

(3) 右の図において，角アの大きさを求めなさい。ただし，○は同じ長さを表します。

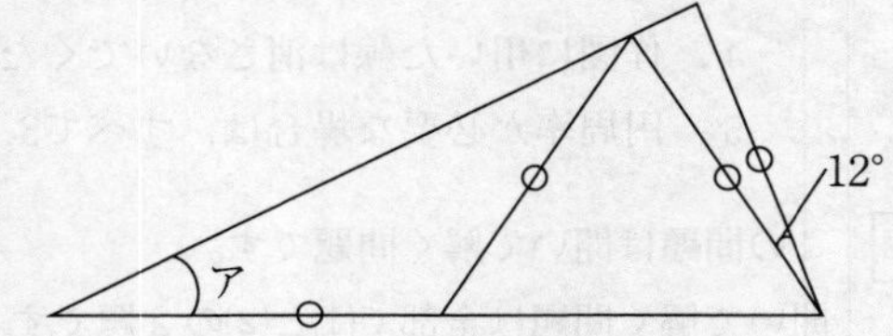

(4) 右の図の長方形において，四角形 ABCD の面積を求めなさい。

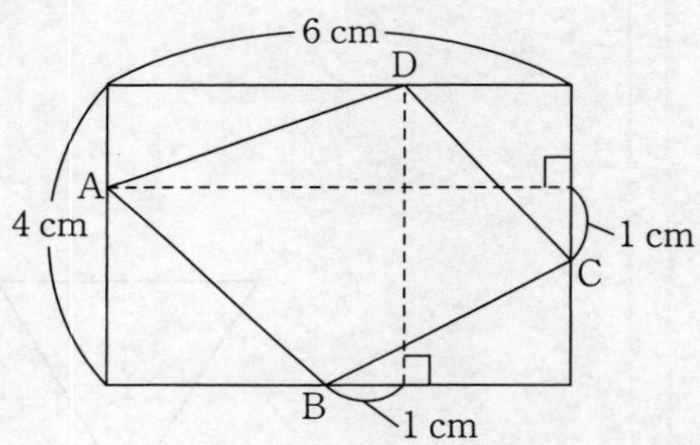

3 次の各問いに答えなさい。

(1) □にあてはまる数を求めなさい。ただし，□には同じ整数が入ります。
(252 ÷ 18 − □) ÷ 3 + (□ + 5) × 2 = 23

(2) 2021 年 2 月 2 日は火曜日です。2021 年の 2 月と 3 月のある曜日の日にちをすべてたすと 121 になります。ある曜日とは何曜日ですか。

(3)　水と食塩の重さの割合が４：１の食塩水Ａと６：１の食塩水Ｂがあります。この２種類の食塩水を混ぜて，水と食塩の重さの割合が５：１になる食塩水を作ります。ＡとＢの食塩水の重さをどのような割合で混ぜればよいか最も簡単な整数の比で答えなさい。

(4)　右の図の四角形を直線 ℓ を軸(じく)として１回転させたときにできる立体の表面積を求めなさい。

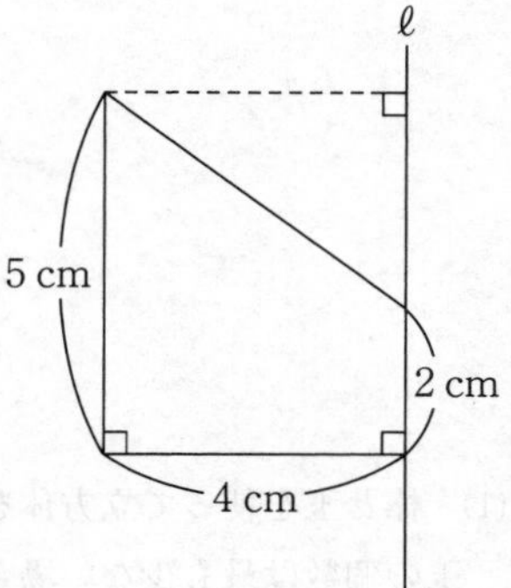

(5)　長方形の折り紙を頂点Ａが頂点Ｃに重なるように折るとき，コンパスと定規を用いて，折り目を作図しなさい。
（この問題は，作図に用いた線と答えのみでよい）

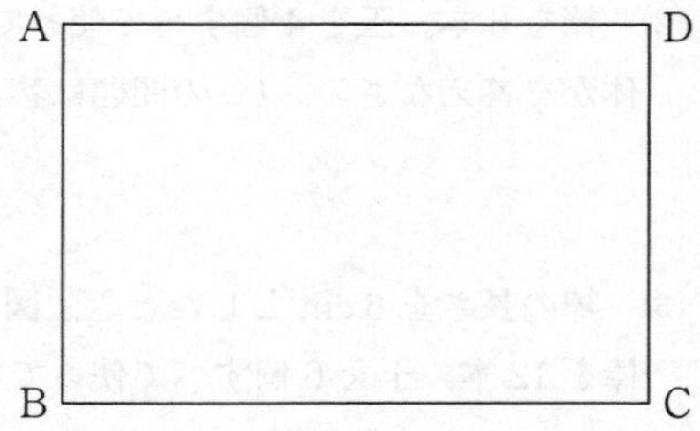

4　芝田くんは正しい時刻を示す時計を，田浦さんは１時間で５分早く進む時計をもっています。芝田くんと田浦さんが，ある日のちょうど０時に時計を合わせました。次の各問いに答えなさい。ただし，秒数が割り切れないときは，帯分数で答えなさい。

(1)　芝田くんの時計で，長針と短針が５回目に一直線になるのは何時何分何秒のときですか。ただし，長針と短針が重なる場合は除きます。

(2)　田浦さんの時計の長針と短針がはじめて一直線になるのは，芝田くんの時計が何時何分何秒のときですか。

(3)　芝田くんと田浦さんは，長針と短針が反時計回りに回る時計をもつ旅人に出会いました。旅人の時計は，短針が12時間で一周する時計です。３人が０時ちょうどに時計の表示を合わせました。旅人と田浦さんの時計の短針が次に同じ位置になるのは，田浦さんの時計が何時何分何秒のときですか。

5 同じ長さの棒と玉を使い，立体を作ります。棒と玉は，図１のようにつなぐことができます。また，棒は図１の角度であれば，何本でも玉につなぐことができます。玉は棒の端(はし)にしかつかず，棒の太さや玉の大きさは考えないものとします。次の各問いに答えなさい。

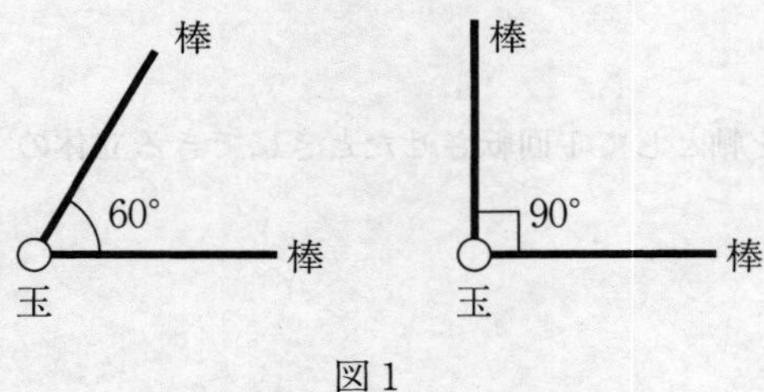

図１

(1) 棒と玉を使って立方体を作るとき，使う棒の本数と玉の個数を答えなさい。ただし，使う棒の本数と玉の個数は最も少ない場合とします。（この問題は答えのみでよい）

(2) 棒を６本，玉を４個すべて使ってできる立体の見取り図を描(か)きなさい。また，描いた図形がどんな立体かを答えなさい。（この問題は答えのみでよい）

(3) 棒の長さを６cm としたとき，図２の△の長さを 5.2 cm とします。このとき，棒を 12 本，玉を６個すべて使ってできる立体の表面積を求めなさい。

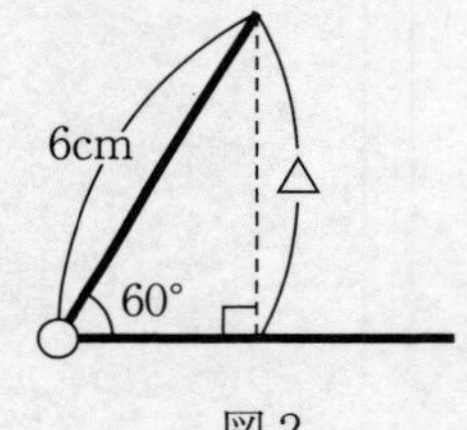

図２

〈聞いて解く問題のスプリクト〉

1 聞いて解く問題

(1) ハンマーで杭を打ちます。ハンマーを 1 回打つことによって杭が１ミリメートル沈みます。毎分 20 回ハンマーを打つことができます。杭を 15 センチメートル沈めるためには何分何秒間ハンマーを打ちますか。

(2) 正三角形ＡＢＣがあります．問題用紙のように，頂点に反時計回りにＡ，Ｂ，Ｃと名前をつけます．正三角形ＡＢＣを，ＢＣで折り返した正三角形をＢＦＣとします。さらに，正三角形ＢＦＣを点Ｂを中心に時計回りに 120° だけ回転移動させます。

①正三角形ＡＢＣは移動するとどの位置にありますか。問題用紙の図の番号で答えなさい。

②点Ｆを回転移動した点をＧとするとき，正三角形ＡＦＧの面積は，正三角形ＡＢＣの面積の何倍ですか。

【理　科】〈第２回試験〉（50分）〈満点：100点〉

1　次の文を読み、あとの問いに答えなさい。

芝浦工業大学附属高等学校の高校２年生は、国内教育旅行として1995年から26年連続で長崎を訪れています。2018年にユネスコ世界遺産として、「長崎と天草地方の潜伏（せんぷく）キリシタン関連遺産」が登録されたことでも有名です。

大村湾（わん）付近では①山々が沈降（ちんこう）することによってできる複雑な海岸線が見られます。海には多くの②イルカが生息し、イルカウォッチングを楽しむことができます。

長崎は1945年８月９日に③原子爆弾が投下され、大きな被（ひ）害を受けました。平和学習として原爆資料館にて被爆体験講話を聴（き）かせてもらいます。

最終日は雲仙（うんぜん）温泉に宿泊（はく）します。雲仙温泉には「地獄（じごく）」とよばれる水蒸気をふくむ煙（けむり）が噴（ふ）き出す場所があり、④卵の腐（くさ）ったようなにおいがします。

(1)　下線部①のような地形のことを何といいますか。

(2)　下線部②と同じ種類の動物はどれですか。**ア**～**エ**から選び記号で答えなさい。
ア．イワシ　　**イ**．カメ　　**ウ**．クジラ　　**エ**．マグロ

(3)　長崎に落とされた下線部③の爆発の元になるものはプルトニウムでしたが、広島に落とされた下線部③の爆発の元になったものはどれですか。**ア**～**エ**から選び記号で答えなさい。
ア．水素　　**イ**．酸素　　**ウ**．ナトリウム　　**エ**．ウラン

(4)　下線部④にふくまれるものは何ですか。**ア**～**エ**から選び記号で答えなさい。
ア．カルシウム　　**イ**．イオウ　　**ウ**．マグネシウム　　**エ**．塩素

2 金属の粉末の反応について、**〔実験１〕**～**〔実験３〕**を行いました。あとの問いに答えなさい。

〔実験１〕

マグネシウム、銅の粉末をそれぞれステンレスの皿にのせて、薬さじでよくかき混ぜながらガスバーナーで十分に加熱して完全燃焼させた。その金属とできた酸化物との重さの関係を**（グラフ）**にまとめた。

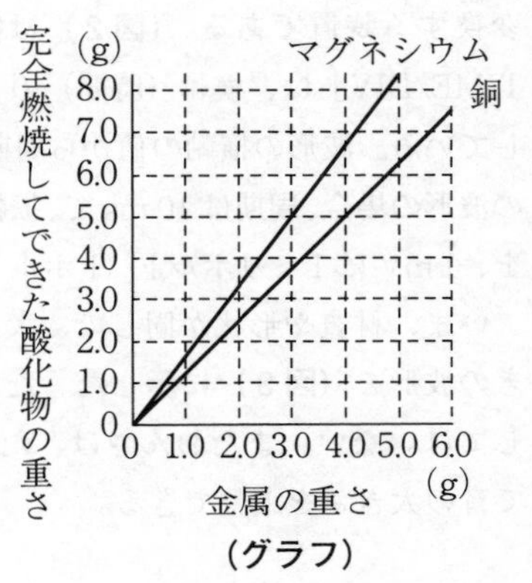

（グラフ）

〔実験２〕

マグネシウム、銅、鉄、アルミニウムの粉末を試験管に１ｇずつ加えて、それぞれうすい塩酸を加えたところ、①いくつかの金属からは小さなあわが発生した。

〔実験３〕

アルミニウムの粉末に酸化鉄を混ぜて砂の上で着火したところ、火花を出して燃え上がった。十分に冷えたのち砂の上を観察すると、銀白色で光沢（たく）のあるつぶができていた。このつぶは磁石に引きよせられる性質があることが分かった。

同様に、アルミニウム粉末に酸化銅を混ぜて着火したところ、燃え上がり、砂の上には②赤みを帯びたつぶができていた。

(1) マグネシウムの粉末 12ｇと結びつく酸素は何ｇですか。

(2) 一定量の酸素と結びつくマグネシウムと銅の重さの比を簡単な整数比で求めなさい。

(3) マグネシウムと銅の粉末を混ぜ合わせた 10ｇの粉末を完全燃焼させると 15ｇの酸化物ができました。このとき、マグネシウムに結びついた酸素は何ｇですか。

(4) 下線部①のあわは何という気体ですか。またあわが発生しなかったのはどの金属の粉末ですか。

(5) 下線部②の物質は何ですか。またそのように考えた理由を「アルミニウム」と「酸化鉄」という言葉を用いて 50 字程度で答えなさい。

3 次の文を読み、あとの問いに答えなさい。

（図１） のようにオシロスコープは、マイクで集められた音（空気の振動のようす）を電気信号に変換する装置である。**（図２）** は観測される波１個分（振動１回分）の波形を示した。「SWEEP TIME/DIV」は、横軸（時間）の１目盛の値、「VOLTS/DIV」はたて軸（電圧）の１目盛の値を表している。波形の横軸の値から周期を、たて軸の値から振幅の値を読み取ることが出来る。**（図２）** の波形の場合、周期は 10 ms で、振幅は 30 mV である。なお、1 ms は１ミリ秒（１秒の1000 分の１）を、1 mV は１ミリボルト（１ボルトの1000 分の１）をあらわしている。

いま、材質や形状が同じで、大きさのみが異なるおんさＡ～Ｃをオシロスコープで観測したときの波形を **（図３）** に示した。ただし、横軸とたて軸のスケール（１目盛の値）は、必ずしも一致してはいない。またおんさは、たたくと一定の波形の音を出すことができる器具で、たたく強さで音の大きさを調整できる。

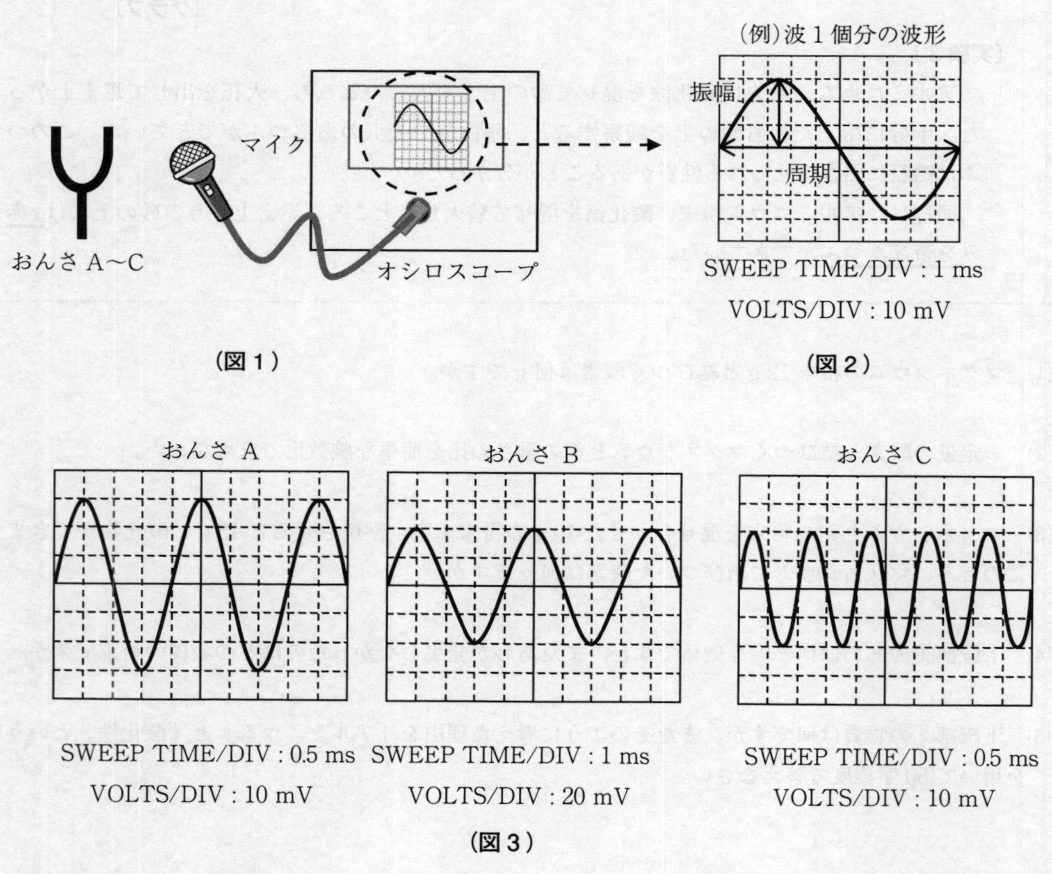

（図１）

（図２）

（図３）

(1) **（図３）**の中で一番大きい音が出たおんさはどれですか。A～Cから選び記号で答えなさい。

(2) **（図３）**の中で一番高い音が出たおんさはどれですか。A～Cから選び記号で答えなさい。

(3) 次の文中の（　①　）、（　②　）に入る数を答えなさい。

> 周期は、「波が１回振動するのに必要な時間」と定義される。おんさAの周期は観測されたグラフより（　①　）msである。また振動数は、「波が１秒間に振動する回数」と定義され、単位はHz（ヘルツ）を用いる。例えば、波が１秒間に100回振動する場合は100 Hzとなる。このときおんさAの振動数は（　②　）Hzとなる。

(4) 200 Hzのおんさをたたいたときに観測される波形をかきなさい。ただし、振幅は40 mVで、SWEEP TIME/DIVは1 ms、VOLTS/DIVは20 mVとします。

4 次の文を読み、あとの問いに答えなさい。

〔実験１〕

水平な台の上に置かれたレールを**（図）**のように固定して、重さ10 gの小球Aを、高さが5 cm、10 cm、15 cm、20 cmとなる位置から静かにはなして、点Pで静止している同じ重さの小球Bに衝突（しょうとつ）させ、小球Bが到達（とう）する最高点の高さを測定したところ、**（表１）**のような結果になりました。

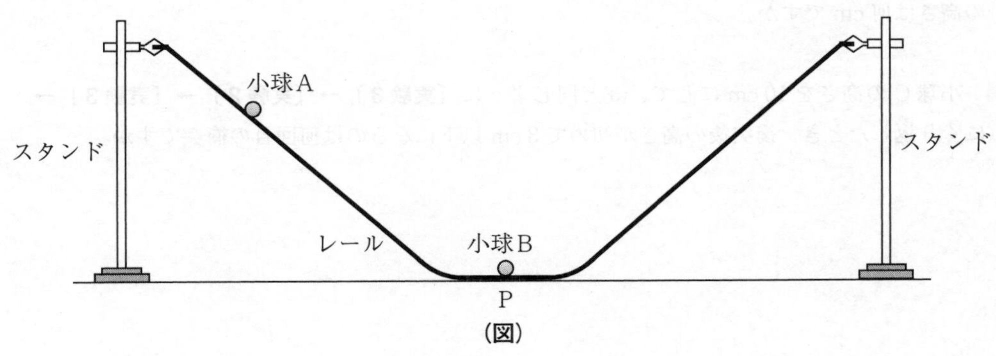

（図）

小球Aの高さ〔cm〕	5	10	15	20
小球Bの高さ〔cm〕	4.5	9	13.5	18

（表１）

〔実験２〕

〔実験１〕と同じようにして、小球Ａを重さ20ｇの小球Ｃに衝突させたところ**（表２）**のような結果になりました。

小球Ａの高さ〔cm〕	5	10	15	20
小球Ｃの高さ〔cm〕	2	4	6	8

（表２）

〔実験３〕

〔実験１〕と同じようにして、小球Ｃを小球Ａに衝突させたところ**（表３）**のような結果になりました。

小球Ｃの高さ〔cm〕	5	10	15	20
小球Ａの高さ〔cm〕	8	16	24	32

（表３）

(1) **〔実験１〕**で、小球Ａの高さを30cmにしたときの小球Ｂの高さは何cmですか。

(2) **〔実験１〕**、**〔実験２〕**で、小球Ｂの高さと小球Ｃの高さが一致するとき、**〔実験２〕**における小球Ａの高さは、**〔実験１〕**における小球Ａの高さの何倍ですか。

(3) **〔実験３〕**で、小球Ｃの高さを25cmにして小球Ａに衝突させ、そのときに小球Ａが到達した位置の高さから**〔実験２〕**を行い、小球Ａを小球Ｃに衝突させました。さらに、**〔実験２〕**で小球Ｃが到達した位置の高さから再び**〔実験３〕**を行い、小球Ｃを小球Ａに衝突させました。このときの小球Ａの高さは何cmですか。

(4) 小球Ｃの高さを10cmにして、(3)と同じように**〔実験３〕**→**〔実験２〕**→**〔実験３〕**→ … と交互(こうご)にくり返したとき、衝突後の高さが初めて３cm以下になるのは何回目の衝突ですか。

5 次の文を読み、あとの問いに答えなさい。

溶液とはとけたものが均一にまざりあった(こさはどこも同じ)ものをいいます。また、とけているものを溶質、とかしているものを溶媒といいます。砂糖水を例にすると、溶質が砂糖、溶媒が水、溶液が砂糖水となります。水と食紅をまぜた水溶液(水溶液Xとする)について、それぞれの液体を冷やした時の温度変化を**(グラフ)**に示しました。

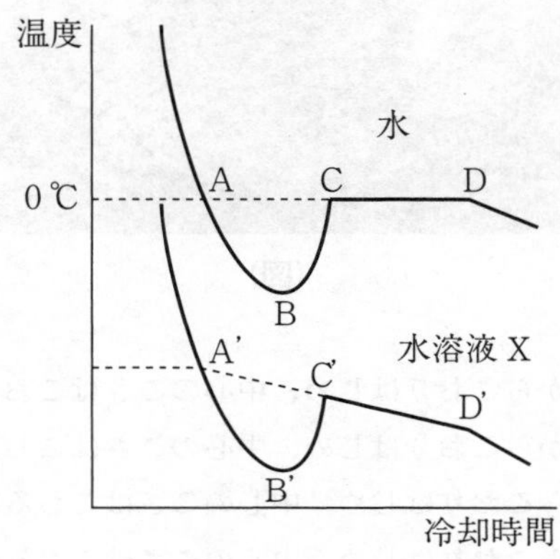

(グラフ)

(グラフ)のA、A'がこおる温度ですが、今回はB、B'のところでこおり始めました。CD、C'D'のところでは液体と固体が混ざっており、D、D'で液体が全て固体になりました。

(グラフ)を見ると、2つの点で違いがありました。1つ目はこおる温度が水溶液Xの方が低いということです。2つ目は水はすべて氷になるまで、温度が変わらないのに対して水溶液Xでは少しずつ温度が下がっていきます。これは溶媒だけがこおり、水溶液のこさが変わってしまうためにこのような現象がおきます。

(1) 下線部を参考に炭酸水の溶質、溶媒を答えなさい。

(2) **(グラフ)**にあるB、B'はこおる温度になっているのに液体のままです。このような状態を何といいますか。

(3) A〜Dで体積が1番大きくなるのはどれですか。

(4) こおった水溶液Ｘは**(図)**のようになりました。このことからわかることはなんですか。**ア～エ**から選び記号で答えなさい。

(図)

ア. 色がついていないところからこおりはじめ、中心のこさはこおる前の水溶液よりこい。
イ. 色がついていないところからこおりはじめ、中心のこさはこおる前の水溶液よりうすい。
ウ. 色がついているところからこおりはじめ、中心のこさはこおる前の水溶液よりこい。
エ. 色がついているところからこおりはじめ、中心のこさはこおる前の水溶液よりうすい。

(5) こおった水溶液Ｘを室温におきました。とけて出た水溶液を順番に試験管に10 mLずつとりました。とった水溶液のようすとして正しいのはどれですか。**ア～エ**から選び記号で答えなさい。

ア. とった順番に色がこくなっていく。
イ. とった順番に色がうすくなっていく。
ウ. どの順番でも同じこさになる。
エ. 色のこさに規則性はない。

6 **(図１)** のように、６種類の動物がスケッチしてあるカードがあります。あとの問いに答えなさい。

①ニホンミツバチ

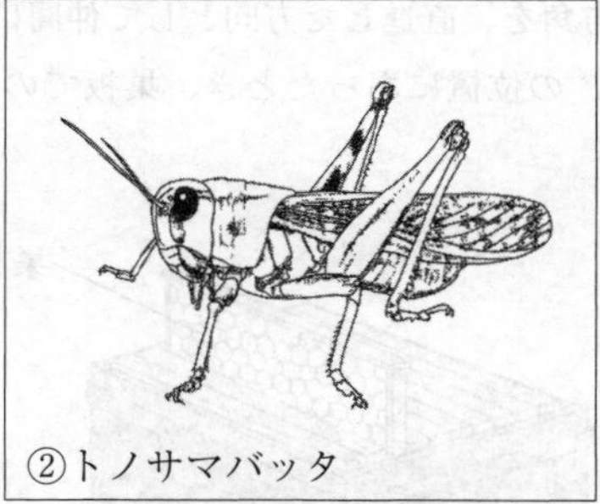
②トノサマバッタ

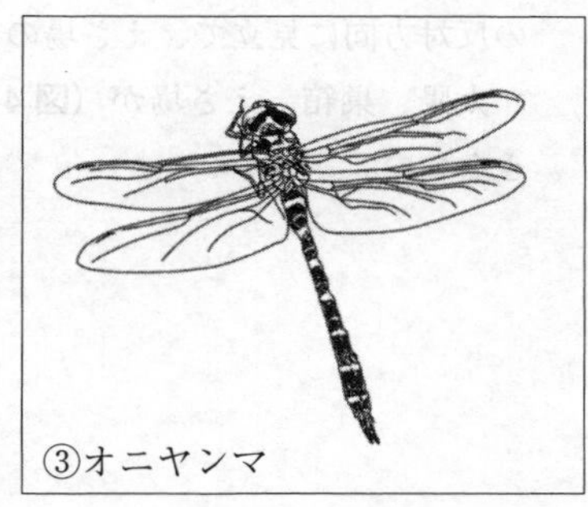
③オニヤンマ

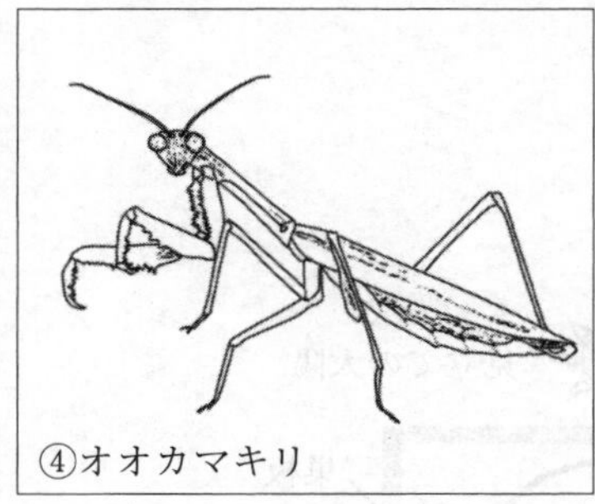
④オオカマキリ

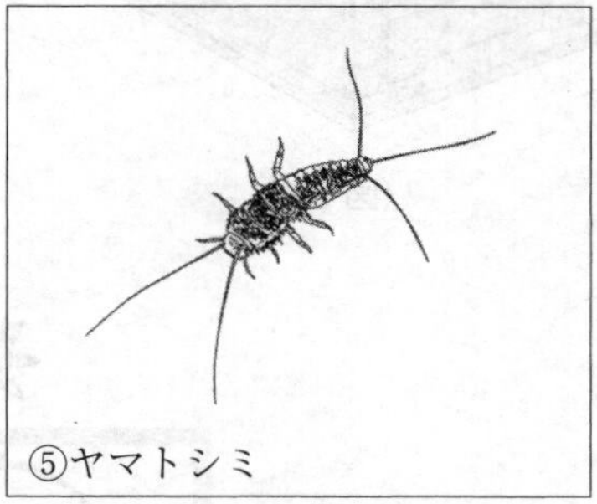
⑤ヤマトシミ

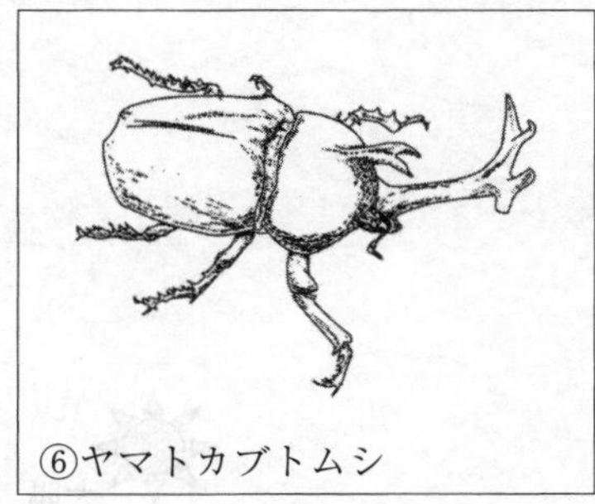
⑥ヤマトカブトムシ

(図１)

(1)　これらのカードに動物をスケッチするとき、虫めがねを使用しました。使用した虫めがねの拡大倍率としてもっとも適切なものはどれですか。**ア**～**エ**から選び記号で答えなさい。

ア．2～5倍　　**イ**．20～50倍　　**ウ**．100～200倍　　**エ**．300～500倍

(2)　Ａ子さんとＢ太君は、６種類のカードから４枚を選び、次のように分けました。それぞれ、どのようなルールで分けましたか。**ア**～**エ**から選び記号で答えなさい。

Ａ子：①・②と③・④　　　Ｂ太：②・④と③・⑥

ア．肉食か草食か

イ．卵で冬を越(こ)すか幼虫で冬を越すか

ウ．子育てをするかしないか

エ．オスの方が大きいかメスの方が大きいか

(3)　６種類のカードから５枚を選び、変態の仕方について完全変態と不完全変態の２つのグループに分けなさい。答えるときは(2)の例にならって、分けたカードの数字を書くこと。

(4)　①のニホンミツバチは、えさ場からえさを持ち帰った働きバチが、**（図２）**のような巣箱の垂直な巣板の上で、**（図３）**のような８の字をかくようにダンスをします。そのときハチは、太陽の方角を重力の反対方向に見立て、えさ場の方角を、直進した方向として仲間に伝達します。

太陽、巣箱、えさ場が**（図４）**の位置にあったとき、巣板でのハチの動きを**（図３）**にならってかきなさい。

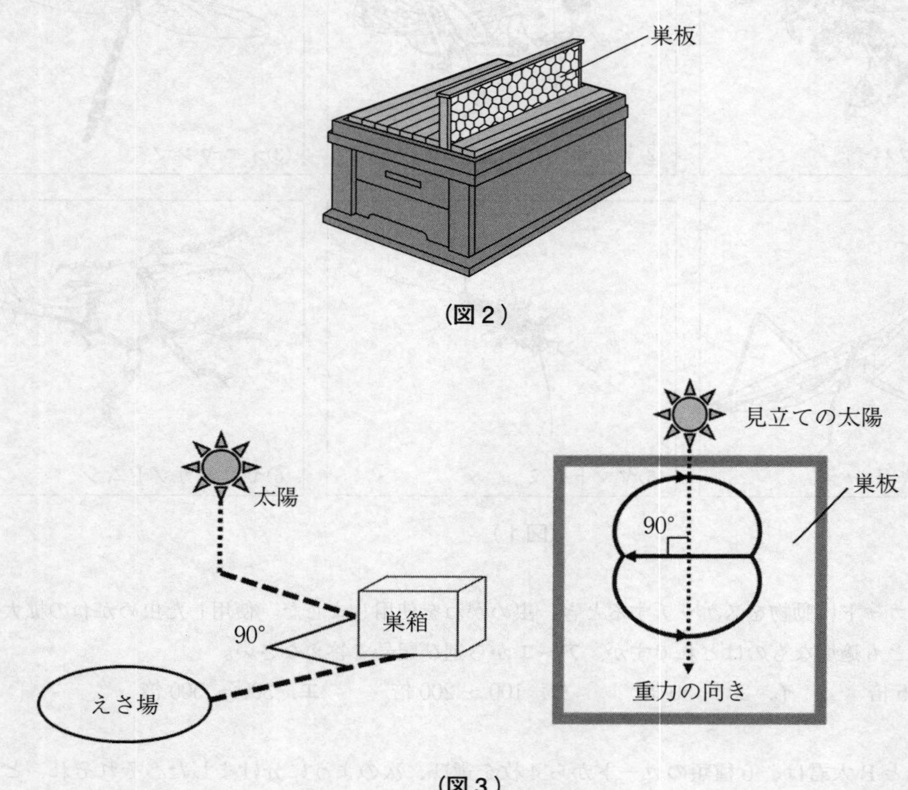

（図２）

（図３）

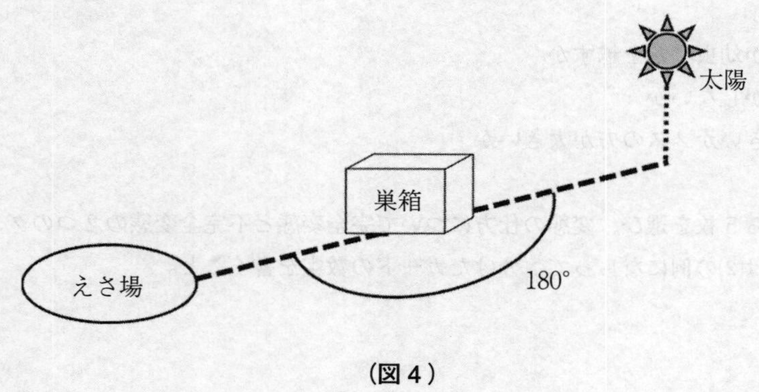

（図４）

7 7月10日の21時に夏の星空を観察しようと星座早見をもって外へ出ました。**（図１）**は星座早見を簡単に示したものです。**（図２）**は外側の円ばんを動かして現在の星空に合わせたところを表しています。この星座早見は，東経135度の明石市での使用に合わせてつくられています。次の問いに答えなさい。

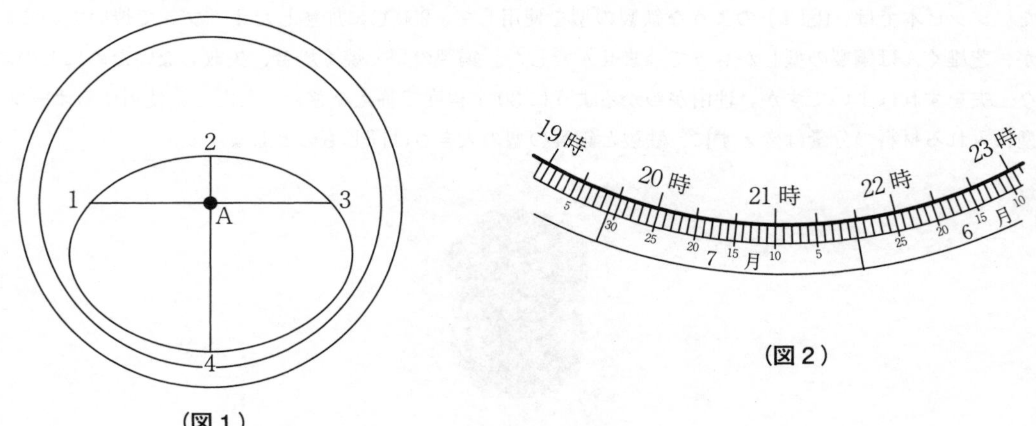

（図１）

（図２）

(1) **（図１）**の１～４は、東西南北のいずれかの方位を表したものです。北と西をそれぞれ選び数字で答えなさい。

(2) **（図１）**のＡの位置にある星を何といいますか。

(3) 東の空を観察するとき、星座早見をどの向きにしてもちますか。**ア～エ**から選び記号で答えなさい。

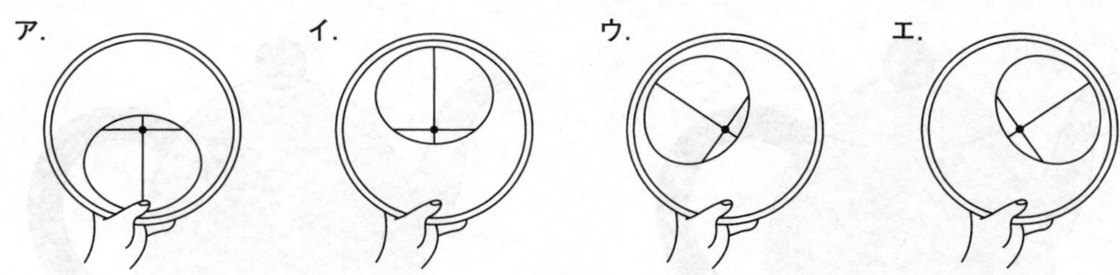

(4) この日の同じ時刻に東京近こう（東経140度）で観察する場合、21時の目もりと星座早見の日付をどのようにすればよいですか。**ア～エ**から選び記号で答えなさい。

ア． この地点は明石より５度東にあるので、日付を７月５日に合わせる。
イ． この地点は明石より５度東にあるので、日付を７月15日に合わせる。
ウ． この地点は明石より５度西にあるので、日付を７月５日に合わせる。
エ． この地点は明石より５度西にあるので、日付を７月15日に合わせる。

(5) この日肉眼で明るく見えた星の名前と星の色を**（表）**にまとめました。星の色は表面温度に関係があります。表面温度の最も高い星から最も低い星の順番にならべて、記号で答えなさい。

	星の名前	星の色
ア	デネブ	白
イ	アンタレス	赤
ウ	アークテュルス	だいだい
エ	スピカ	青白

（表）

8 次の問いを解答用紙No.２に答えなさい。

(1) 芝雄くんが、カヌレというお菓子をつくるためにレシピ本を見ながら材料を分量通りに用意しました。レシピ本では、**(図１)** のような鉄製の型を使用して、250℃に加熱したオーブンで焼いていましたが、芝雄くんは銅製の型しかもっていませんでした。銅製の型で焼く場合、失敗しないためにどのような工夫をすればよいですか。理由がわかるように30字程度で答えなさい。ただし、使用するオーブン、型に入れる材料の分量は変えずに、鉄製と銅製の型の大きさは同じものとします。

(図１)

(2) **(図２)** のように、室温の水を鉄製のヤカンに入れて電磁（IH）調理器を用いて加熱しても、ヤカンの表面には変化は見られません。しかし、**(図３)** のようにガスコンロを使って同じ鉄製のヤカンを加熱すると、少しの時間だけヤカンの表面がくもります。ガスコンロを使うとヤカンの表面がくもる理由を50字以内で答えなさい。

(図２)　**(図３)**

(3) 2019年は、各地で記録的な大雨が観測されました。気象庁は、重大な災害の起こるおそれが高まると、最大級の警戒を呼びかける「特別警報」を発表しています。「特別警報」が発表された地域では多くの洪水が起こり被害が出ました。**（図４）**は、バックウォーター現象によって洪水の起こる主な仕組みを示したものです。このような水害を防ぐためにどのような技術で解決できると考えますか。次の**（条件）**をふまえてあなたの考えを50字以内で答えなさい。

（条件）
高い堤防をつくらない。
川幅を広げない。
上流にダムをつくらない。

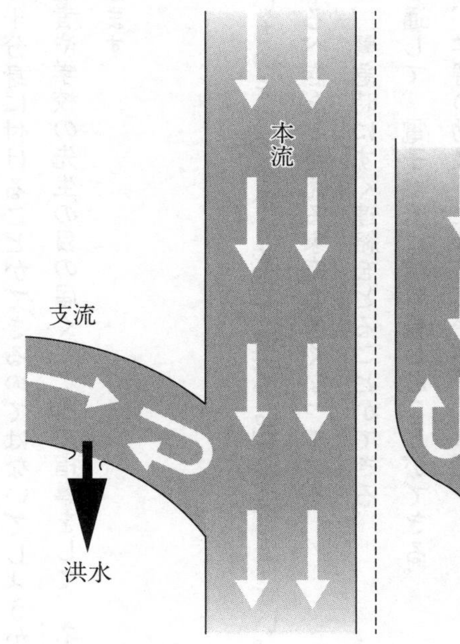

洪水

本流の流れる量が多く、支流で逆流が発生して、洪水につながる。

下流で川幅がせまくなり、上流に水がたまり洪水につながる。

（図４）

Ａ：私はだからこそ中学生にスマートフォンを持たせるべきだと考えています。大人になってからネット上のマナーを知らないがために、トラブルに巻き込まれた場合は誰も守ってあげることはできません。早い段階で電子機器に触れる機会を増やし、正しい使い方を身につけさせていくことが重要だと考えます。

Ｂ：しかしそれはスマートフォンである必要があるでしょうか。それはパソコンを使って保護者や先生の目の届くところで指導することで十分身に付けることができるのではないでしょうか。私はスマートフォンを持つのは、パソコンなどで保護者や学校の先生の目の届くところで指導をして、ネット上のマナーを身につけてから持たせるべきだと考えます。

問一、Ａさんの主張として正しいものを次の中からすべて選び、記号で答えなさい。

ア　スマートフォンを持たせるべきだと考える家庭も多くなっている。
イ　スマートフォンがあれば、緊急時にすぐ連絡をとることができる。
ウ　スマートフォンの扱いを通して、電子機器に慣れ親しむことができる。
エ　スマートフォンがあれば、学習の効果を上げることができる。
オ　スマートフォンでマメに連絡を取り合うことで、良好な友人関係を築くことができる。

問二、Ｂさんの主張として正しいものを次の中から一つ選び、記号で答えなさい。

ア　スマートフォンでは十分に安全確保は図れない。
イ　スマートフォンが学習の効果を高めることはありえない。
ウ　スマートフォンは子供が保護者の目の届かないところで使えるため危険である。
エ　スマートフォンよりパソコンの方がネット上のマナーを身につけるのに適している。
オ　スマートフォンには魅力的なコンテンツが一つもない。

〈聞いて解く問題のスプリクト〉

一 Ａさんと Ｂさんは「中学生にスマートフォンを持たせるべきか」について討論をしています。二人の主張を聞き、後の問いに答えなさい。

Ａ：私は、中学生にスマートフォンを持たせるべきだと考えます。理由は２つあります。まず一つ目の理由は、登下校時の安全を確保する必要があるからです。スマートフォンを持っていれば、緊急時にすぐに連絡を取ることができます。二つ目の理由は、学習に役立つからです。わからないことがあればインターネットですぐに調べることができ、また、動画などを見たりすることで、ただ文字で読むよりも効果的な学習をすることができます。以上の理由から、私は中学生にスマートフォンを持たせるべきだと考えます。

Ｂ：私は、中学生にスマートフォンを持たせるべきではないと考えます。緊急の連絡を取るだけであれば、ガラケーでも十分にできます。また、たしかにスマートフォンは上手に活用すれば効果的な学習をすることもできますが、SNS やゲームなど中学生にとって魅力的なコンテンツがあり、かえって学習の妨げになると思います。加えて、ネットや SNS 上の正しいマナーなどが身についていない中学生はネットトラブルに巻き込まれる危険性もあります。以上の理由から、私は中学生にスマートフォンを持たせるべきではないと考えます。

Ａ：Ｂさんの心配するようなトラブルは起きないのではないのでしょうか。たしかに中学生がスマートフォンを間違った使い方をして、ネットトラブルに巻き込まれる危険性は否定できません。しかし、現在学校では授業の一環としてネット上のマナーについて指導する学校が増えています。したがって、Ｂさんの考えるような心配は不要だと思います。

Ｂ：Ａさんの主張通り、ネット上のマナーについて指導する学校が増えているのは事実でしょう。しかし、いくら学校で指導をしても、スマートフォンは保護者や先生の目の見えない所で使えてしまうので、ネット上のトラブルに巻き込まれる危険性は否定できないでしょう。

※「動きを表す語」など、後に続く語によって形が変わる場合は、変えても良いです。
（例：「あるく」→「あるいた」）

六　――線の平仮名を漢字に直しなさい。

1　さいしんの注意をはらう。
2　台風が日本をじゅうだんした。
3　彼は手先がきようです。
4　クラス委員長の座につく。
5　必要な物資を確実にきょうきゅうする。

四 次の俳句を読んで、後の問いに答えなさい。

① 蛍狩(ほたるがり)われを小川に落(おと)しけり
② 初夢や金も拾(ワ)はず死にもせず
③ 行(ゆ)く年や膝(ひざ)と膝とをつき合(あわ)せ
④ 有(あ)る程(ほど)の菊(きく)抛(な)げ※入れよ棺(かん)の中
（※「抛げ」は「投げ」に置きかえてよい。）
⑤ 腸(はらわた)に春滴(したた)るや粥(かゆ)の味

（『漱石全集』岩波書店）

問一　①～⑤の俳句から季語を書きぬきなさい。

問二　問一で書きぬいた季語の季節として適切なものを次の中から一つずつ選び、記号で答えなさい。

ア　春　　イ　夏　　ウ　秋　　エ　冬　　オ　新年

問三　①～⑤の俳句から一句を選び、その俳句から自分が想像した物語を書きなさい。ただし、次の条件に従って書くこと。

A　選んだ俳句の番号を書くこと。
B　俳句から想像した出来事を書くこと。
C　俳句の作者の気持ちを書くこと。
D　俳句の作者になりきって書くこと。
E　八十字以上、百二十字以内で書くこと。ただし、出だしの一マスは空けないで書くこと。

五 次の各問いに答えなさい。

問一　次の「四字熟語」のそれぞれの空らんには「対義（反対の意味）」の漢字が入りますが、それを答えなさい。

1　□平無□　　2　□□一貫(いっかん)

問二　次の各文の中から、誤ったことばの用法があるものを一つ選び、記号で答えなさい。

ア　「情けは人の為(ため)ならず。」というから、知らない人にも親切にしようと思います。
イ　夕焼け空が真っ赤に染まっているから、おそらく明日は晴れるだろう。
ウ　無口な伊藤君だが、好きなサッカーの話になると立て板に水のように話し出す。
エ　どうして山田君がこの場所に来ないのは、ぼくには全く分からない。

問三　次の「慣用句」をつかって、短い文を作りなさい。

「玉にきず」

※慣用句の内容が具体的にわかるようにしなさい。
慣用句の例「足がぼうになる」
（悪い例）「ぼくは、足がぼうになった。」
（良い例）「ぼくは、落とし物をしてしまい、足がぼうになるまで探し回った。」

※1 ソフトウェア……コンピュータを動かすプログラムのこと。
2 ライセンス契約……制作者が利用者に使用を許可する契約。
3 性善説……人間の本性は善であるという考え。これに対して「性悪説」は、人間の本性は悪であるという考えをいう。

問一 ――線①「ベストエフォート」について、次の問いに答えなさい。

(1) ベストエフォートの考え方はITの世界以外に、どのような社会で取り入れられていますか。本文中から五字で書きぬきなさい。

(2) ベストエフォート型のサービスについて述べた次の文から、適切でないものを一つ選び、記号で答えなさい。

ア 安くサービスを提供することができる。
イ すばやく修復・改良をすることができる。
ウ ITの基盤となるすべてのものに取り入れられている。
エ ITの世界に限らず、いろいろなところで取り入れられている。

(3) ベストエフォートのサービスは「利用者が損をする仕組み」とも言えますが、それはなぜですか。理由を四十字以内で説明しなさい。

問二 [A]、[B] に当てはまる語として適切なものを次の中から一つずつ選び、それぞれ記号で答えなさい。

ア だから　イ しかし　ウ たとえば
エ さらに　オ すなわち

問三 この文章には次の一文が抜けています。次の一文が入る適切な個所を、本文中の [I] ~ [V] の中から選び、記号で答えなさい。

このように、ベストエフォートには、悪い面と良い面があります。

問四 ――線②「性善説で作られたITを、性悪説にたって使うという態度が必要になります」とありますが、なぜこのような態度が必要になるのですか。その理由を五十字以内で説明しなさい。

問五 本文の内容について説明したものとして正しいものには○、正しくないものには×で、それぞれ答えなさい。ただし、すべて○、またはすべて×という解答は認めません。

ア ITも人間が作ったものであり、完璧に作られたものはあまり多くないから、悪意ある人に攻撃されるおそれがある。
イ IT社会が急速に立ち上がったことなどにより、我々はいつとはなしにベストエフォートの考え方を受け入れるようになった。
ウ ベストエフォート型のサービスは安全性に欠けるため、保証型のサービスを積極的に取り入れるべきである。
エ 現代ではソフトウェアを使う際に結ぶライセンス契約の条件に、ベストエフォートの考え方が反映されているのが一般的である。
オ 我々が安心してITの進歩の恩恵を受けるには、ITは性悪説で作られたと認識すべきである。

の攻撃に対して弱いところ（ぜい弱性）のない形でソフトウェアを提供する。そのために最善の努力を尽くすが、それでも出してしまった故障やぜい弱性に対しては、何も補償はしない。このことを理解した上で使いたければ使ってください」

「最善は尽くすが補償はしない」サービスを、ベストエフォート型のサービスといいます。これに対して、完全に守られるべき品質をあらかじめ定めておき、もしこれが守られない場合にはサービス側で補償するのが、保証型のサービスです。［A］、銀行の定期預金は、決められた期日以後であれば、利用者が元本に加えてあらかじめ定められた利子を受け取ることのできる保証型のサービスです。サービスをする側である銀行がこれを保証しているわけです。［Ⅰ］

ソフトウェアの多くは、ベストエフォート型のサービスを提供すると明言しているのです。

情報社会では、ソフトウェアだけでなく、通信の速度や、インターネットによる接続についても、ベストエフォートの考え方が導入されています。

ベストエフォートの考え方は、ITの世界に限らず、実はこれまでも日本の社会の中の多くの場所で見られたことです。たとえば、自動車を社会に導入するときに、「完全に事故がゼロになること」が保証されていたでしょうか。いえいえ、そうではありませんでした。「きちんと交通ルールを守れば事故は防ぐことができる」という考えかただったでしょう。ドライバーの中にも、歩行者にも、交通ルールを守らない人はある割合でかならずいます。特にドライバーの違反行為に対して厳しい罰則を課し、社会的な制裁を加えることで、自動車社会は一定の安全性を保っているわけです。［Ⅱ］

ベストエフォートのサービスは、提供者の考えの及ばないところに故障や弱さがあった場合、利用者が損をする仕組みです。しかし、利用者の利便性やコストという観点から見ると、完全に保証する型よりも安く商品・サービスを提供することができます。また、技術的な進歩も速く、利用者からの故障情報などをもとにすばやく修復・改良することもできるようになります。［Ⅲ］

ITの発展において、私たちの社会は、多くの利用者が知らず知らずのうちに、ベストエフォートという考え方を受け入れました。これは、個々のユーザが技術的なことを検討・理解していないうちにIT社会が急速に立ち上がったことが一因となっています。しかし、サービスしてくれる相手がベストを尽くすが補償はしてくれないということは、皆さん一人一人がよく理解しておく必要があります。［Ⅳ］

コンピュータもインターネットも、できて間もないころは、限られた利用者だけのものでした。テロリストや犯罪者も含む不特定多数の人々が使うことは想定されていなかったわけです。［B］、「インターネットは※3性善説で作られている」（後藤滋樹・外山勝保『インターネット工学』コロナ社）というわけです。

現実の情報社会は、つねに不特定多数の顔の見えない人たちを相手にする社会です。大げさな物言いにきこえるかもしれませんが、私たちが携帯電話を使うたびに、世界でも最悪の極悪人が罠をしかけてくるかもしれない。残念なことですが、今の情報社会にはそういう危うさがあると思っていたほうが良いでしょう。メディアで取り上げられる事件を思い出してください。［Ⅴ］

こうなると、ITのもつ気軽さや、抵抗感のなさが、かえって悪い結果を呼びこみかねないことが、すぐにわかるでしょう。私たちが、安全・安心にITの進歩を享受するためには、②性善説で作られたITを、性悪説にたって使うという態度が必要になります。

（坂井修一『知っておきたい情報社会の安全知識』）

問五 ――線②「太っちょの美術部員はこっちをすごい顔で睨んでた」とありますが、それはなぜですか。適切なものを次の中から一つ選び、記号で答えなさい。

ア 演劇部には溝口先生という顧問がいるのに、美術部顧問の吉岡先生に演劇部の副顧問をお願いする「私」たち演劇部員のふてぶてしさに怒りを感じているから。

イ 吉岡先生をモデルにモジリアニ風の絵を描く予定なので、吉岡先生と話し込んでいる「私」たち演劇部員を早く追い出したいから。

ウ 吉岡先生を美術部で独占したいのに、長々と話し合うことでそれを妨害する「私」たち演劇部員に対して、敵意と苛立ちを感じているから。

エ 全国大会はおろか、県大会も行けるはずのない「私」たち演劇部が美術部の邪魔をしに来たと思い、軽蔑する気持ちでいっぱいだから。

問六 Ⅰ～Ⅲの三つの会話はそれぞれ誰の会話だと推測できますか。適切なものを次の中から一つ選び、記号で答えなさい。

ア Ⅰ：ガルル　Ⅱ：「私」　Ⅲ：ユッコ
イ Ⅰ：「私」　Ⅱ：ユッコ　Ⅲ：「私」
ウ Ⅰ：ユッコ　Ⅱ：「私」　Ⅲ：ユッコ
エ Ⅰ：「私」　Ⅱ：ガルル　Ⅲ：「私」

問七 ――線③「二か月って、まだ二ヵ月前じゃん」とありますが、「二か月前のこと」について、吉岡先生はどのようにとらえていますか。その部分が描かれている一文を本文中から探し、最初の五字を書きぬきなさい。

三 次の文章を読んで、後の問いに答えなさい。

前の節で、ITは人の役に立つだけでなく、悪意を生んだり、事故や事件につながる影の部分もあるというお話をしました。

ITとて人間が作ったものですから、完璧ということがないのは、世の中のあらゆるものと共通することです。

ITの基盤となるもののうち、主要ないくつかは、①「ベストエフォート」という考えでできています。「ベストエフォート」とは、「最善を尽くすが完全なものであるという保証はしない」という意味です。

基本ソフトウェア[※1]であっても、応用ソフトウェアであっても、使いはじめるときに、制作者との間で「ライセンス契約[※2]」というものを交わします。そのさい、以前は契約書にサインするのがふつうでしたが、今では、パソコンの画面に使用にあたっての条件が表示され、「これでいいですか？」と聞かれるのがふつうになりました。ここで、「良い」のボタンをクリックすると、契約が成立したことになります。「良い」のボタンをクリックしなければ、このソフトウェアは使えません。

このライセンスの条件の一部として、次のような意味のことがらが含まれるのが一般的です。

「このソフトの提供者は、できるだけ故障や間違いがなく、悪意ある人から

私も負けずに頑張る。もう一度、
「よろしくお願いします」
「うん。大会のこととかは溝口先生に聞いておきます。あとビデオがあるかな、あなたたちが前やったのと、あと他の強い高校のやつ」
「あります。全国大会の、BS[※5]で放送したやつ、テレビの録画ですけど」
「それ貸して。研究するから。来週、できたら稽古に顔出します」
準備室を出る吉岡先生は、それだけ言って、でも言っている間も、②太っちょの美術部員はこっちをすごい顔で睨んでた。怖かった。
三人は、スキップしたいほどウキウキして、部室に帰った。
「稽古って言ってたね」
ユッコが、もう男の子のことなんてどうでもいいって顔で私に言った。
「そうそう、稽古って言うんだ、練習じゃなくて」 Ⅰ
「じゃあ、私たちも稽古って言う?」 Ⅱ
「なんか恥ずかしい」 Ⅲ
「ダンスのときは、レッスンって言うんだよ」
ガルルが口を挟んだ。ユッコが意味なくガルルを蹴った。
「レッスン、プリーズ、レッスン、プリーズ」
ガルルはそう言って、ゲラゲラ笑いながら、狭い部室の中を逃げ回る。
その夜、ユッコから電話があった。インターネットで検索したら、「吉岡美佐子」が、たくさん出てきた。「学生演劇の女王」「圧倒的存在感」、どれも演劇マニアのブログだけど、本当にけっこう有名だったらしい。特に、この二月の卒業公演は好評で、「大学演劇のレベルを超えた伝説の舞台」とも書かれていた。
③二月って、まだ二ヵ月前じゃん。

(平田オリザ『幕が上がる』)

※1 帰宅部……部活動に参加していない生徒を指す言葉。
2 サークル……大学におけるクラブ活動や同好会のこと。
3 石膏像……石膏で固められた、白一色の立体像。
4 モジリアーニ……イタリアの画家・彫刻家、アメデオ・モディリアーニのこと。
5 BS……放送衛星を利用した放送のこと。BS放送。

問一 ＝線ア～エの「から」の中で、用法の異なるものを一つ選び、記号で答えなさい。

問二 ‥‥線で囲まれた部分における「ユッコ」の心情の変化として、適切なものを次の中から一つ選び、記号で答えなさい。

ア 不安→憧れ→失意→喜び　　イ 憧れ→不安→敵意→安心
ウ 不安→憧れ→嫉妬→喜び　　エ 憧れ→嫉妬→失意→安心

問三 ――線①「だから、でも、」とありますが、吉岡先生の言いたいことをより明確にする目的で「だから」と「でも」の間に文を挿入する場合、どのような文を入れるのが適当ですか。本文中の会話文の表現に対応する形で、解答用紙の「だから、」に続けて二十字程度で答えなさい。

問四 A ～ D には次のア～エの会話が入ります。正しい順番になるように会話を当てはめ、それぞれ記号で答えなさい。

ア 行こうよ、全国大会　　イ え、なにそれ?
ウ 大会があるんでしょう?　　エ 何だ、小っちゃいな、目標

ルルも舞い上がっちゃった。オリエンテーション、見てくれてたんだ。

私が頑張らなきゃと思って、本当に頑張って口を開いた。

「先生は、どんな演劇をやってたんですか？」

「私？　まぁ普通の小劇場。学生演劇だから、そんなやってたってほどじゃないけど」

「俳優さんだったんですか？」

「まぁね、でも、出たければ誰でも出られるようなとこだったから。もう、ずいぶん、前のことだし」

吉岡先生は、なんだか自分の演劇の話はしたくないみたいだった。それから、少し時間も気にしている感じだったので、もう本題に入ることにした。

「副顧問かあ」

吉岡先生は、クラブ活動に副顧問があることも知らなかった。この高校の出身だけど、高校時代は帰宅部[※1]だったらしい。

「高校演劇って、あんまりいいイメージがないんだよね。私、大学で芝居始めたでしょう。で、同じサークル[※2]に、高校演劇出身の子が何人かいたんだけど、ちょっと頭も身体も固い感じで」

「まぁ、わかります。大学と高校の演劇は全然違うって、先輩から聞きました」

「最近は、そうじゃない高校も増えてるって聞いてるけど、私の周りが、たまたまそうだったってことだと思うけど」

ユッコはもう下を向いて、泣きそうになっていた。ガルルは、デッサン用の裸の石膏像[※3]を睨んでいる。私は、話を聞けば聞くほど、この人が私たちのクラブに必要に思えてきて、なんだか必死な気持ちになった。

「私たち、そんなに高校演劇ぽくないって言うか、何もないですから。何もないって言うか、頑張りたいんで、毎日じゃなくてもいいんで、練習見てもらえませんか？」

「……」

「ときどき見てもらうだけでいいんで」

吉岡先生は、少し部屋を見回して、それからゆっくり答えた。

「美術部のこともあるし、新人だから、いろいろ研修とかもあるのね。①だから、でも、今日のオリエンテーション見て、少し君たちに興味持ったみたい、私も」

私の視界の右端で、ユッコが握り拳をにぎった。吉岡先生は、少し顔を傾けて話す。細面の先生が、そうやって微笑むと、美術の教科書に出ていたモジリアニ[※4]の絵の女の人みたい。モジリアニ？　モンドリアン？　いや、モジリアニだ。

「まず、私も高校演劇のこと、少し勉強してみる」

「ありがとうございます」

「［　A　］」

「秋です。秋までに、頑張りたいんです。地区大会で三番以内になって、県大会が目標です」

「［　B　］」

「え？」

「［　C　］」

「でも、全国は来年だから、私たちは行けないんです」

「［　D　］」

それから、全国大会までのシステムを説明しようとしたところで、美術部の生徒たちが先生を呼びに来た。ここでも、もう吉岡先生はアイドルみたいだ。そりゃそうだよね。美術部の生徒たちの視線の冷たいこと冷たいこと。でも、

二〇二一年度　芝浦工業大学附属中学校

【国　語】〈第二回試験〉（六〇分）〈満点：一二〇点〉

〈編集部注：□一のスクリプトは問題のおわりに掲載しています。
なお、下のＱＲコードからもアクセス可能です。〉

〈注意〉一、□一は聞いて解く問題です。聞いて解く問題は、試験開始後すぐに放送します。
二、指示がない限り、句読点や記号などは一字として数えます。
三、正しく読めるように、読みがなをふったところがあります。

□一　この問題は聞いて解く問題です。問題文の放送は一回のみです。メモを取っても構いません。放送の指示に従って、二つの問いに答えなさい。選択肢も放送されますので、よく聞いて答えを選びなさい。

□二　次の文章を読んで、後の問いに答えなさい。

「私」は公立高校の3年生で、演劇部の部長である。部員が五人しかいない演劇部を盛り上げるため、同級生のユッコとガルルとともに日々奮闘している。今日は、新入生オリエンテーションで部活動紹介を行った。ガルルのオリジナルダンスを中心としたパフォーマンスで会場を大いに盛り上げられたので、新入部員の加入も大いに期待できそうだ。そんな中、演劇部顧問だが演劇については何も知らない溝口先生から、新任の美術教師の吉岡先生が、実は東京の大学で演劇をやっていたという話を聞く。

「本当は代わってもらってもいいんだけど、新卒の先生は初任者研修とかいろいろあるから、ア今年だけはオレが続けるよ。来年は、吉岡先生に顧問になってもらおう」

溝口先生は、おまえたちを見捨てるわけじゃないよって感じで、笑いながらそう言った。それから、自分たちで副顧問を頼みに行けとも言った。たぶん美術の先生だから美術部の顧問になるだろうけど、生徒からお願いすれば演劇部もやってくれるかもしれない。大会の面倒なことは溝口先生がやるから、イ練習だけでも観てもらえるように頼んだらどうかと勧められた。

ガルルとユッコとも相談して、とにかく話しに行ってみることにした。せっかくクラブの雰囲気がよくなってきたから、ウ怖い人とかだったら嫌だなとユッコは言っていたけど、「会ってみようよ」とガルルがいつになく積極的だった。

美術準備室は、校舎の北の端で、美術部の子たちはちょっと独特の雰囲気だから、この一画は授業以外では入りづらい。三人で並んでドアをノックすると「はい、どうぞ」と、高くて、でも強い声が返ってきた。

吉岡先生は、たしかに美人で腕も足も、風に折れそうなほど細くて長かった。黒いシャツと黒いスカートの上から白衣を着て、コーヒーメーカーからエ三人分のコーヒーを淹れてくれた。ちょっとした仕草の何もかもが決まっていて、この部屋に、もう何年もいるみたいだった。ユッコは、すぐにぽぉっとなって、「かっこいい」と、たぶん先生にも聞こえる声で呟いた。

「振り付けは自分で考えたの？」

吉岡先生は、コーヒーを飲みながら、ガルルに向かって微笑んだ。ガルルが一通り説明すると、「すごいね、びっくりした」と褒めてくれた。ガ

2021年度

芝浦工業大学附属中学校 ▶解説と解答

算 数 ＜第２回試験＞（60分）＜満点：120点＞

解 答

[1] (1) ７分30秒間　(2) ① 14　② ３倍　[2] (1) $\frac{4}{5}$　(2) 時速72km　(3) 28度　(4) 12.5cm^2　[3] (1) 5　(2) 月曜日　(3) 5：7　(4) 238.64cm^2　(5) 解説の図５を参照のこと。　[4] (1) ４時54分$32\frac{8}{11}$秒　(2) ０時30分$12\frac{84}{143}$秒　(3) ６時14分24秒　[5] (1) **棒**…12本，**玉**…８個　(2) **見取り図**…解説の図②を参照のこと。／**説明**…(例) 正四面体　(3) 124.8cm^2

解 説

[1] 放送問題

(1) ハンマーを１回打つと杭(くい)が１mm沈(しず)むから，杭を15cm（＝150mm）沈めるためには，150÷１＝150(回)打つ必要がある。また，毎分20回ハンマーを打つので，150回打つには，150÷20＝7.5(分間)かかる。0.5×60＝30より，これは７分30秒間と求められる。

(2) ① 右の図のように，正三角形ABCをBCで折り返した正三角形BFCは16番の位置にある。また，正三角形の１つの内角は60度だから，正三角形BFCを点Ｂを中心に時計回りに120度回転させると，14番の位置になる。　② 図で，三角形ABFは四角形ABFCを半分にした形だから，三角形ABFの面積は正三角形ABCの面積と等しくなる。同様に，三角形FBG，三角形GBAの面積も正三角形ABCと等しいから，正三角形AFGの面積は，正三角形ABCの面積の，１×３＝３(倍)とわかる。

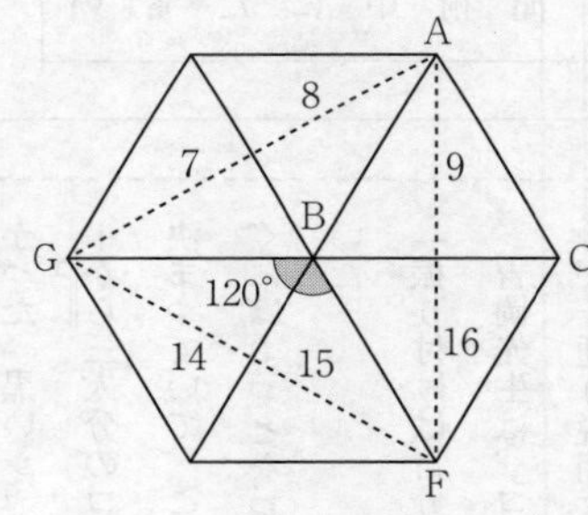

[2] 四則計算，速さ，角度，面積

(1) $4.5\div2\frac{1}{2}-\frac{4}{5}\times1.25=4\frac{1}{2}\div\frac{5}{2}-\frac{4}{5}\times1\frac{1}{4}=\frac{9}{2}\times\frac{2}{5}-\frac{4}{5}\times\frac{5}{4}=\frac{9}{5}-1=1\frac{4}{5}-1=\frac{4}{5}$

(2) 往復の平均の速さは，(往復の道のり)÷(往復にかかった時間)で求める。AB間の道のりを60と90の最小公倍数から180kmとすると，往復の道のりは，180×２＝360(km)，往復にかかる時間は，180÷60＋180÷90＝３＋２＝５(時間)となるから，往復の平均の速さは時速，360÷５＝72(km)とわかる。

(3) 右の図１で，三角形EDBは二等辺三角形だから，角アの大きさを①度とすると，角EDBの大きさも①度になる。また，三角形EDBで，三角形の外角はそれととなり合わない２つの内角の和に等しいから，角DEC＝①＋①＝②(度)とわかる。同様に，三角形DECも二等辺三角形なので，角DCE＝角DEC＝②度であり，三角形DBCに注

図１

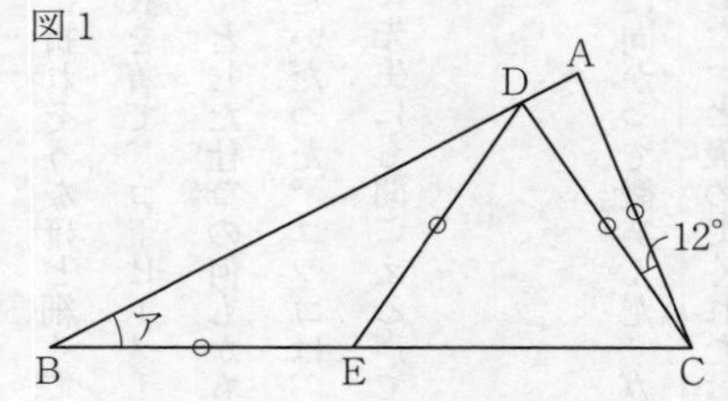

目すると，角CDA＝角DBC＋角BCD＝①＋②＝③(度)と求められる。さらに，三角形CADも二等辺三角形だから，角CAD＝角CDA＝③度であり，角CADと角CDAの大きさの和は，③＋③＝⑥(度)となる。これが，180－12＝168(度)にあたるので，角アの大きさ(①度)は，168÷６＝28(度)と求められる。

⑷　右の図２で，アとア′，イとイ′，ウとウ′，エとエ′はそれぞれ合同である。また，長方形全体の面積は，４×６＝24(cm^2)であり，★印をつけた部分の面積は，１×１＝１(cm^2)である。よって，かげをつけた部分の面積の合計は，24－１＝23(cm^2)だから，ア′，イ′，ウ′，エ′の面積の合計は，23÷２＝11.5(cm^2)となる。したがって，四角形ABCDの面積は，11.5＋１＝12.5(cm^2)と求められる。

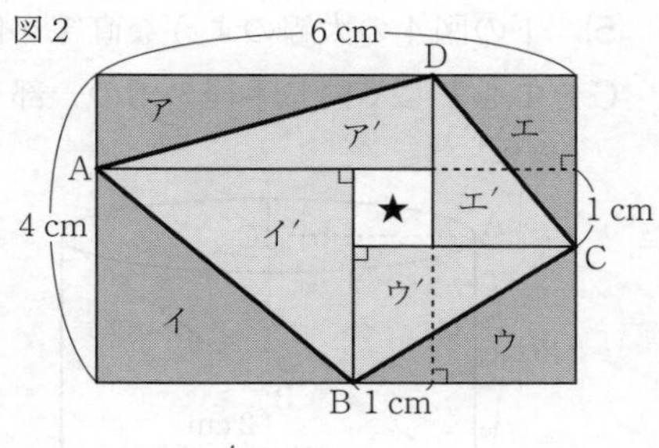

３　文字式，調べ，濃度，表面積，作図

⑴　252÷18＝14より，与えられた式は，(14－□)÷３＋(□＋５)×２＝23となる。また，等号の左側は，(14－□)×$\frac{1}{3}$＋(□＋５)×２＝14×$\frac{1}{3}$－□×$\frac{1}{3}$＋□×２＋５×２＝$\frac{14}{3}$＋□×２－□×$\frac{1}{3}$＋10＝$\left(\frac{14}{3}+10\right)$＋□×$\left(2-\frac{1}{3}\right)$＝$\frac{44}{3}$＋□×$\frac{5}{3}$となる。よって，$\frac{44}{3}$＋□×$\frac{5}{3}$＝23より，□＝$\left(23-\frac{44}{3}\right)$÷$\frac{5}{3}$＝５と求められる。

⑵　２月２日が火曜日なので，２月１日は月曜日である。また，2021年は平年だから，２月は28日までである。これはちょうど，28÷７＝４(週間)なので，３月１日も月曜日になり，２月と３月のカレンダーは右の図１のようになる。よって，月曜日の合計は，(１＋８＋15＋22)×２＋29＝(１＋22)×４÷２×２＋29＝121である。また，火曜日の合計と水曜日の合計は，どちらも月曜日の合計の121より多い。さらに，日曜日の合計は，(７＋14＋21＋28)×２＝(７＋28)×４÷２×２＝140で，土曜日，金曜日，木曜日の合計はそれぞれ，140－１×８＝140－８＝132，132－８＝124，124－８＝116となる。したがって，ある曜日とは月曜日である。

図１

	月	火	水	木	金	土	日
２月	1	2	3	4	5	6	7
	8	・	・	・	・	・	14
	15	・	・	・	・	・	21
	22	・	・	・	・	・	28
３月	1	2	3	4	5	6	7
	8	・	・	・	・	・	14
	15	・	・	・	・	・	21
	22	・	・	・	・	・	28
	29	30	31				

⑶　食塩水Ａ，Ｂにしめる食塩の割合はそれぞれ，$\frac{1}{4+1}=\frac{1}{5}$，$\frac{1}{6+1}=\frac{1}{7}$であり，Ａ，Ｂを混ぜてできた食塩水にしめる食塩の割合は，$\frac{1}{5+1}=\frac{1}{6}$である。よって，Ａ，Ｂの重さをそれぞれ□ｇ，△ｇとして図に表すと，右の図２のようになる。図２で，ア：イ＝$\left(\frac{1}{5}-\frac{1}{6}\right)$：$\left(\frac{1}{6}-\frac{1}{7}\right)$＝$\frac{1}{30}$：$\frac{1}{42}$＝７：５だから，□：△＝$\frac{1}{7}$：$\frac{1}{5}$＝５：７とわかる。

図２

$\frac{1}{5}$　ア　$\frac{1}{6}$　イ　$\frac{1}{7}$

□ｇ　△ｇ

⑷　下の図３のように，円柱から円すいをくりぬいた形の立体ができる。はじめに，円柱の底面積は，４×４×3.14＝16×3.14(cm^2)である。また，底面のまわりの長さは，４×２×3.14＝８×3.14(cm)なので，円柱の側面積は，５×(８×3.14)＝40×3.14(cm^2)となる。次に，BC＝５－２＝３(cm)，AC＝４cmより，三角形ABCは３つの辺の長さの比が３：４：５の直角三角形とわかるか

ら，AB＝５cmである。さらに，円すいの側面積は，（母線）×（底面の半径）×（円周率）で求められるので，くりぬいた円すいの側面積は，$5\times4\times3.14=20\times3.14(cm^2)$となる。よって，この立体の表面積は，$16\times3.14+40\times3.14+20\times3.14=(16+40+20)\times3.14=76\times3.14=238.64(cm^2)$と求められる。

(5)　下の図４の太線のような直線を作図する必要がある。そのためには，下の図５のように，AとCを中心として同じ半径の円の一部を描き，これらの交点どうしを結べばよい。

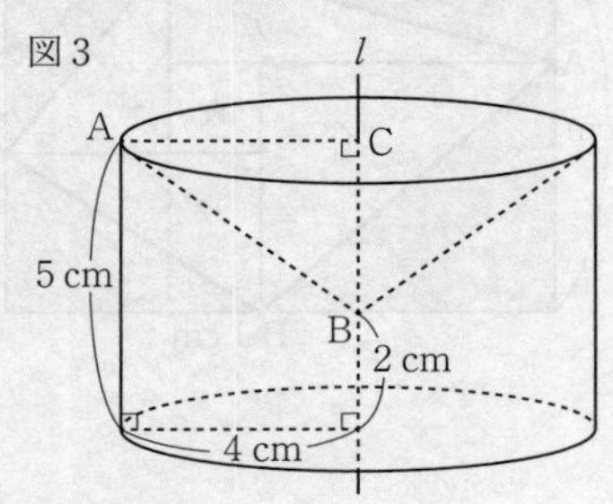

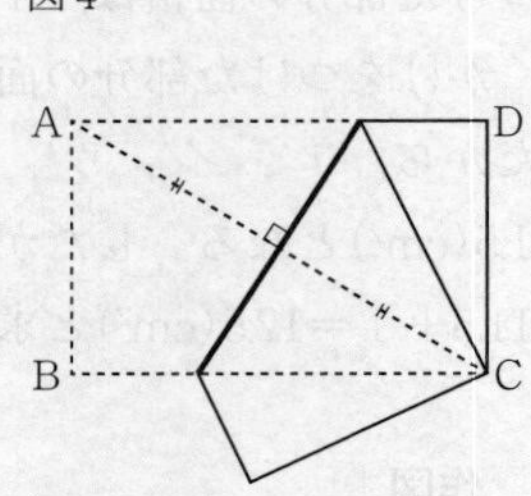

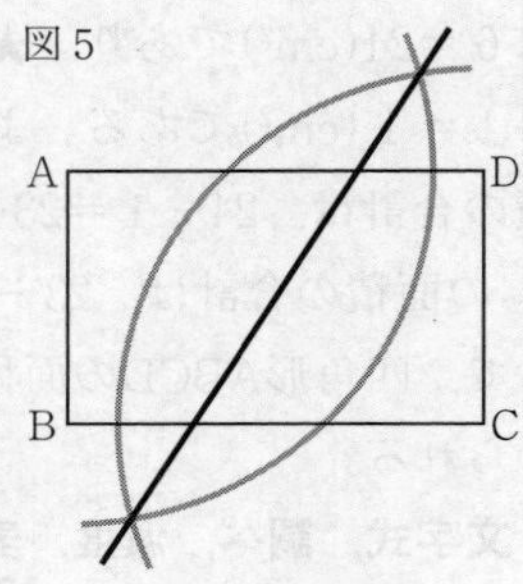

4 時計算

(1)　１回目に一直線になるのは，長針が短針よりも180度多く動いたときである。その後は，長針が短針よりも360度多く動くごとに一直線になる。よって，５回目に一直線になるのは，０時から長針が短針よりも，$180+360\times(5-1)=1620$（度）多く動いたときとわかる。また，長針は１分間に，$360\div60=6$（度）動き，短針は１分間に，$360\div12\div60=0.5$（度）動くから，長針は短針よりも１分間に，$6-0.5=5.5$（度）多く動く。したがって，５回目に一直線になるのは，０時の，$1620\div5.5=\frac{3240}{11}=294\frac{6}{11}$（分後）と求められる。これは，$294\div60=4$余り54，$60\times\frac{6}{11}=\frac{360}{11}=32\frac{8}{11}$より，４時54分$32\frac{8}{11}$秒となる。

(2)　芝田くんの時計の針がはじめて一直線になるのは，０時の，$180\div5.5=\frac{360}{11}$（分後）である。また，芝田くんの時計の針と田浦さんの時計の針が同じ時間で動く角度の比は，$60:(60+5)=12:13$だから，芝田くんの時計の針と田浦さんの時計の針が同じ角度だけ動くのにかかる時間の比は，$\frac{1}{12}:\frac{1}{13}=13:12$となる。よって，田浦さんの時計の針がはじめて一直線になるのは，０時の，$\frac{360}{11}\times\frac{12}{13}=\frac{4320}{143}=30\frac{30}{143}$（分後）と求められる。これは，$60\times\frac{30}{143}=\frac{1800}{143}=12\frac{84}{143}$より，０時30分$12\frac{84}{143}$秒となる。

(3)　旅人の時計の短針が反時計回りに１分間に動く角度は，芝田くんの時計と等しく0.5度である。また，田浦さんの時計の短針が１分間に動く角度は，$0.5\times\frac{13}{12}=\frac{13}{24}$（度）である。よって，旅人と田浦さんの時計の短針が次に同じ位置になるのは，０時の，$360\div\left(0.5+\frac{13}{24}\right)=\frac{1728}{5}$（分後），つまり，田浦さんの時計で，$\frac{1728}{5}\times\frac{13}{12}=\frac{1872}{5}=374\frac{2}{5}$（分後）と求められる。これは，$374\div60=6$余り14，$60\times\frac{2}{5}=24$より，６時14分24秒となる。

5 立体図形―構成，表面積

(1)　下の図①のようにすればよいから，棒の本数は12本，玉の個数は８個である。

(2)　下の図②のような正四面体になる。なお，立体の説明は，「正三角形が４面の立体」，「すべての辺の長さが等しい三角すい」などでもよい。

⑶　右の図③のように，１辺の長さが６cmの正八面体になる。１つの正三角形の面積は，６×5.2÷２＝15.6(cm²)なので，この立体の表面積は，15.6×８＝124.8(cm²)と求められる。

図①

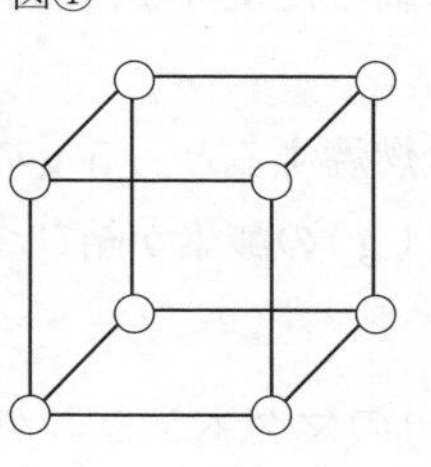

図②

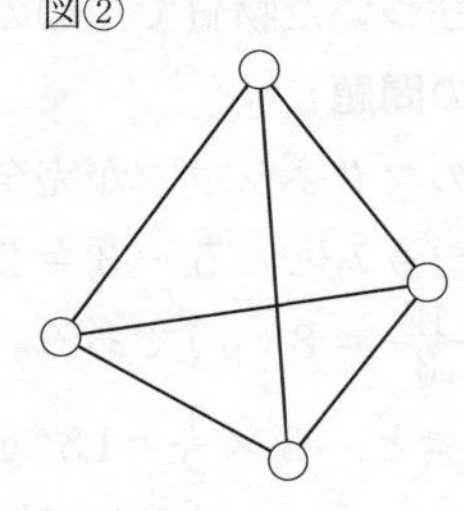

図③

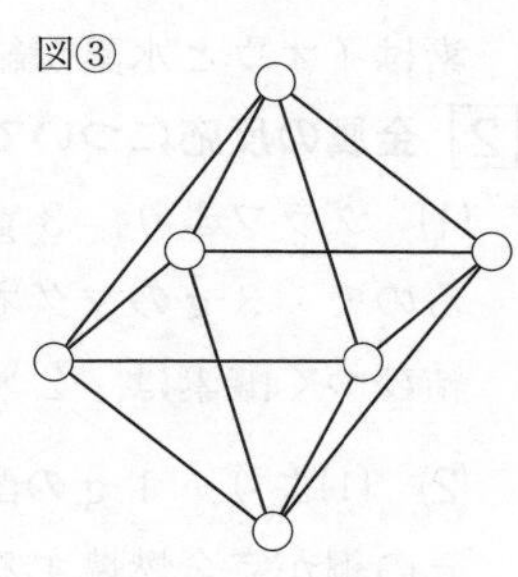

理　科　＜第２回試験＞（50分）＜満点：100点＞

解　答

[1] ⑴　リアス海岸　⑵　ウ　⑶　エ　⑷　イ　[2] ⑴　８g　⑵　３：８　⑶　４g　⑷　**気体**…水素　**金属**…銅　⑸　**物質名**…銅　**理由**…（例）　アルミニウムは，酸化鉄から酸素をうばって鉄にしたように，酸化銅からも酸素をうばったと考えられるから。　[3] ⑴　B　⑵　C　⑶　①　2　②　500　⑷　右の図１　[4] ⑴　27cm　⑵　2.25倍　⑶　25.6cm　⑷　６回目　[5] ⑴　**溶質**…二酸化炭素　**溶媒**…水　⑵　過冷きゃく　⑶　D　⑷　ア　⑸　イ　[6] ⑴　ア　⑵　**A子**…ア　**B太**…イ　⑶　①・⑥と②・③・④　⑷　右の図２　[7] ⑴　**北**…２　**西**…３　⑵　北極星　⑶　エ　⑷　イ　⑸　エ→ア→ウ→イ　[8] ⑴　（例）　銅は鉄よりも熱が伝わりやすいため，焼く温度を低くする。　⑵　（例）　ガスコンロではガスが燃焼してできた水蒸気が，ヤカンの表面で冷やされて水てきとなってつくから。　⑶　（例）　本流の流れを少なくするために，川の水が多くなったときに水を流す貯留管を，川の下につくる。

図１

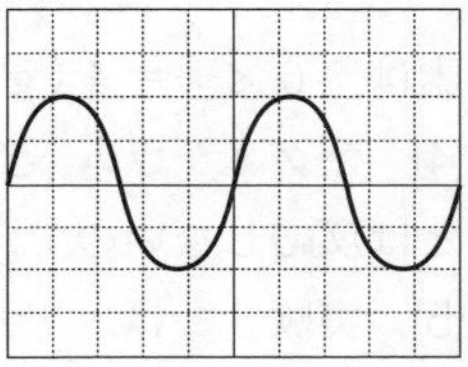

図２

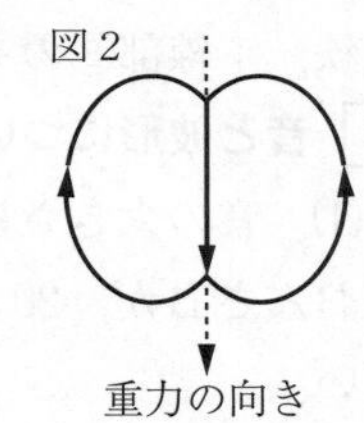

解　説

[1] 小問集合

⑴　大村湾(長崎県)付近では，リアス海岸が見られる。リアス海岸は，かつて川に侵食された山地であったところが海面下に沈むことでできた，海岸線の出入りの複雑な海岸地形である。

⑵　イルカやシャチはクジラのなかまで，ホ乳類に分類される。なお，イワシとマグロは魚類，カメはハ虫類である。

⑶　原子爆弾は，ウランやプルトニウムなどの核分裂を利用する爆弾で，非常に大きな被害をもたらす。長崎に落とされた原子爆弾はプルトニウム，広島に落とされた原子爆弾はウランを用いていた。

⑷　火山の噴火口などから出てくるさまざまな物質を火山噴出物といい，マグマが地表に出た溶岩や火山灰のほか，水蒸気を中心として二酸化イオウや硫化水素などの有毒な気体をふくむ火山ガスなどがある。二酸化イオウはイオウと酸素が結びついた物質で，刺激臭がある。また，硫化水

素はイオウと水素が結びついた物質で，卵の腐ったようなにおいがある。

2 金属の反応についての問題

⑴　グラフより，３ｇのマグネシウムが完全燃焼すると，５ｇの酸化物（酸化マグネシウム）が生じるので，３ｇのマグネシウムと，$5-3=2$（ｇ）の酸素が結びつく。よって，マグネシウム12ｇと結びつく酸素は，$2\times\frac{12}{3}=8$（ｇ）である。

⑵　⑴より，１ｇの酸素と，$3\times\frac{1}{2}=1.5$（ｇ）のマグネシウムが結びつく。また，グラフより，４ｇの銅が完全燃焼すると，５ｇの酸化物（酸化銅）が生じるので，４ｇの銅と，$5-4=1$（ｇ）の酸素が結びつく。したがって，一定量の酸素と結びつくマグネシウムと銅の重さの比は，$1.5:4=3:8$と求められる。

⑶　10ｇの粉末がすべて銅であるとすると，完全燃焼によって，$10\times\frac{5}{4}=12.5$（ｇ）の酸化物ができるが，この重さは実際よりも，$15-12.5=2.5$（ｇ）少ない。そこで，10ｇの銅のうちの１ｇをマグネシウムに入れかえると，酸化物の重さは，$1\times\frac{5}{3}-1\times\frac{5}{4}=\frac{5}{12}$（ｇ）だけ増える。したがって，10ｇの粉末中のマグネシウムの重さは，$2.5\div\frac{5}{12}=6$（ｇ）とわかるので，マグネシウムに結びついた酸素は，$6\times\frac{2}{3}=4$（ｇ）と求められる。

⑷　マグネシウム，鉄，アルミニウムにうすい塩酸を加えると，とけて水素が発生する。銅は塩酸とは反応しないので，気体は発生しない。

⑸　実験３では，アルミニウムが酸化鉄や酸化銅から酸素をうばってアルミニウムの酸化物（酸化アルミニウム）に変化すると同時に，鉄や銅ができている。磁石に引きよせられた銀白色のつぶは鉄，下線部②の赤みを帯びたつぶは銅である。

3 音と波形についての問題

⑴　音の大きさは，振幅が大きいほど大きくなる。図３の振幅は，おんさＡが，$10\times3=30$（mV），おんさＢが，$20\times2=40$（mV），おんさＣが，$10\times2=20$（mV）なので，おんさＢの音が一番大きい。

⑵　音の高さは，振動数（波が１秒間に振動する回数）が多いほど高くなる。そして，振動数は，周期（波が１回振動するのに必要な時間）が短いほど多くなる。図３の周期は，おんさＡが，$0.5\times4=2$（ms），おんさＢが，$1\times4=4$（ms），おんさＣが，$0.5\times2=1$（ms）なので，おんさＣの周期が一番短く音が高い。

⑶　⑵で述べたように，おんさＡの周期は２msである。振動数は波が１秒（1000ms）間に振動する回数なので，おんさＡの振動数は，$1000\div2=500$（Hz）と求められる。

⑷　200Hzの音の周期は，$1000\div200=5$（ms）だから，波１個は横軸の，$5\div1=5$（目盛）にあたる。また，振幅は40mVなので，たて軸の，$40\div20=2$（目盛）にあたる。

4 物体の運動についての問題

⑴　実験１では，小球Ｂの高さははじめの小球Ａの高さの，$4.5\div5=0.9$（倍）となっている。よって，小球Ａの高さを30cmにしたときの小球Ｂの高さは，$30\times0.9=27$（cm）となる。

⑵　実験２では，小球Ｃの高さは小球Ａの高さの，$2\div5=0.4$（倍）となっている。したがって，実験１と実験２で小球Ｂ，小球Ｃの高さを１とするとき，小球Ａの高さは，実験１では，$1\div0.9=\frac{10}{9}$，実験２では，$1\div0.4=\frac{5}{2}$となる。よって，実験２における小球Ａの高さは，実験１におけ

る小球Ａの高さの，$\frac{5}{2}\div\frac{10}{9}=\frac{9}{4}=2.25$(倍)である。

⑶　実験３では，小球Ａの高さは小球Ｃの高さの，８÷５＝1.6(倍)となっているので，小球Ｃの高さを25cmにすると，小球Ａの高さは，25×1.6＝40(cm)となる。したがって，小球Ａをこの高さとして実験２を行うと，小球Ｃの高さは，40×0.4＝16(cm)となるので，小球Ｃをこの高さとして実験３を行うと，小球Ａの高さは，16×1.6＝25.6(cm)になる。

⑷　衝突後の高さは，１回目が，10×1.6＝16(cm)，２回目が，16×0.4＝6.4(cm)，３回目が，6.4×1.6＝10.24(cm)，４回目が，10.24×0.4＝4.096(cm)，５回目が，4.096×1.6＝6.5536(cm)，６回目が，6.5536×0.4＝2.62144(cm)となるので，衝突後の高さが初めて３cm以下になるのは６回目の衝突とわかる。

5　温度と水溶液の状態変化についての問題

⑴　炭酸水は二酸化炭素の水溶液なので，溶質は二酸化炭素，溶媒は水である。

⑵　液体が，こおる温度より低い温度でもこおらずに液体のままになっている状態を，過冷きゃくという。過冷きゃくの状態にある液体は，わずかな震動などで急激に固体に変化する。

⑶　水は，氷になると液体のときの約1.1倍の体積になる。よって，すべて固体になったＤのときに，体積が最も大きくなる。

⑷　物質がとけている水溶液がこおるときには，水からこおり始めるため，液体のままの部分のこさはしだいにこくなっていく。図では，ビーカーが外側から冷やされているため，ビーカー内の壁側に純粋な氷(色がついていないところ)ができ，食紅がとけている水溶液(黒っぽく見えるところ)は中心に集まって，こさがこくなっている。

⑸　こおった水溶液がとけていくときは，こい部分からとけていくので，はじめにとった水溶液ほど色がこく，とった順番に色がうすくなっていく。

6　昆虫の育ち方や行動などについての問題

⑴　昆虫の観察に用いるような，一般的な虫めがねの拡大倍率は２～５倍である。

⑵　Ａ子さんの分け方について，①のミツバチは花のみつや花粉，②のバッタは草の葉を食べる草食性の昆虫であり，③のトンボと④のカマキリは，ほかの小さな昆虫などを食べる肉食性の昆虫である。また，Ｂ太君の分け方について，②のバッタ，④のカマキリは卵で冬を越し，③のトンボと⑥のカブトムシは幼虫で冬を越す。

⑶　①のハチのなかま，⑥のカブトムシのなかまは，卵→幼虫→さなぎ→成虫という完全変態の育ち方をする。また，②のバッタのなかま，③のトンボのなかま，④のカマキリのなかまは，卵→幼虫→成虫という，さなぎの時期のない不完全変態の育ち方をする。⑤のシミのなかまは，卵からふ化したときの姿のまま成長する無変態の昆虫である。

⑷　図３では，巣箱から見たえさ場の方向が太陽の左に90度の向きとなっており，この内容が巣板では，見立ての太陽に対して左に90度の向きに直進する８の字ダンスであらわされている。図４では，巣箱から見たえさ場の方向が太陽の反対側となっているので，この内容は巣板では，見立ての太陽に対して反対の向き(重力の向き)に直進する８の字ダンスとしてあらわされると考えられる。

7　星の動きと星座早見についての問題

⑴，⑵　星座早見は，星座がえがかれている星図ばん(下ばん)と窓のついた地平ばん(上ばん)を重ね合わせたつくりになっていて，星図ばんと地平ばんは中心でとめられている。この中心の位置に

は，星座をつくるすべての星の回転の中心となる北極星がある。地平ばんの１は東，２は北，３は西，４は南である。星座早見は，見る方角を下にしてもち，上にかざして使うものなので，南北に対して東西が地図上にあらわすときと反対になる。

(3)　東の空を観察するときには，東(図１の１)が下になるようにもつので，エが選べる。

(4)　経度が１度異なると，時間は４分違う。東京近こうの観測地点(東経140度)は明石市(兵庫県)よりも，140－135＝５(度)東にあるので，明石市でちょうど21時のとき，観測地点では21時から，４×５＝20(分)後の21時20分における明石市の夜空が見えている。図２の時刻目盛は１目盛が20分となっているので，観測地点の夜空を窓の中にあらわすには，図２の20分後の夜空をあらわすよう，地平ばんを時計回りに時刻の目盛１目盛(日付の目盛５目盛)分回転させる必要がある。したがって，21時の時刻の目盛を７月15日の日付の目盛に合わせればよい。

(5)　星の表面温度は，青白色が最も高く，白，黄，だいだい，赤の順に低くなっていく。

8　小問集合

(1)　銅は鉄よりも熱を伝えやすいので，鉄製の型でつくるときの温度より低めの温度で焼いたり，焼く時間を短めにしたりする必要がある。

(2)　ガスコンロの燃料のガスは，炭素や水素などが結びついてできたメタンやプロパンなどなので，燃えると二酸化炭素や水蒸気などができる。加熱を始めてすぐにヤカンの表面がくもるのは，水蒸気が冷たいヤカンの表面にふれて冷やされ，細かい水滴(液体)に変わるからである。ヤカンが温まると，この細かい水滴が蒸発するため，くもりが消える。

(3)　水害を防ぐためには，支流や上流の水の量が増えすぎた場合に，その水を一時的にたくわえたり逃がしたりする設備をつくるなどの対策が考えられる。たとえば，首都圏には，国道16号の地下を走る全長約６kmの地下水路(首都圏外郭放水路)があり，川の水があふれそうになったときに，その水がたまるようになっている。

国　語　＜第２回試験＞(60分)＜満点：120点＞

解　答

一　**問１**　イ，エ　**問２**　ウ　**二**　**問１**　エ　**問２**　ア　**問３**　(例)　(だから，)演劇部の副顧問をやるのは難しいと思うの。　**問４**　**A**　ウ　**B**　エ　**C**　ア　**D**　イ　**問５**　ウ　**問６**　イ　**問７**　もう，ずい　**三**　**問１**　(1)　自動車社会　(2)　ウ　(3)　(例)　提供者の考えの及ばないところに故障や弱さがあった場合には補償がされないから。　**問２**　**A**　ウ　**B**　オ　**問３**　Ⅲ　**問４**　(例)　現実の情報社会では，不特定多数の人を相手にするため，悪い人が攻撃してくる危険性があるから。　**問５**　**ア**　×　**イ**　○　**ウ**　×　**エ**　○　**オ**　×　**四**　**問１**　①　蛍狩　②　初夢　③　行く年　④　菊　⑤　春　**問２**　①　イ　②　オ　③　エ　④　ウ　⑤　ア　**問３**　(例)　**選んだ俳句の番号**…⑤／思いがけず大きな病をわずらった。手術を経て体調は少しずつ回復し，病室の外はすっかり春の景色である。食事もやっと取れるようになった。久しぶりに食べる粥がおいしい。まるで腸に春が滴っていくようで，すっかり元気が出てきた。　**五**　**問１**　１　公(平無)私

２　首尾(終始)(一貫)　　問２　エ　　問３　(例)　ぼくの兄は優秀なのだけれど，短気なのが玉にきずだ。　六　下記を参照のこと。

●漢字の書き取り

六　１　細心　２　縦断　３　器用　４　就(く)　５　供給

解　説

一　放送問題

問１　Ａさんが「中学生にスマートフォンを持たせるべきだ」と主張する理由は，「緊急時にすぐに連絡を取ることができ」るため「登下校時の安全」が確保できるという点と，「学習に役立つ」という点にある。よって，イとエは合う。なおＡさんは，大人になってからネット上のトラブルに巻き込まれずにすむように早い段階から電子機器に触れ，正しい使い方を身につけるべきだと言っているのであって，「電子機器に慣れ親しむこと」を目的にスマートフォンを持たせるべきだと主張しているわけではないので，ウは誤り。

問２　現在，授業の一貫としてネット上のマナーを指導する学校が増えているので，ネットトラブルに巻き込まれることへの「心配は不要だ」と話すＡさんの意見に対し，Ｂさんはいくら学校で指導をしたとしても，スマートフォンは保護者や先生の目の見えない所で使えてしまうので，「ネット上のトラブルに巻き込まれる危険性は否定できない」と主張している。よって，ウが選べる。

二　出典は平田オリザの『幕が上がる』による。

新任の美術教師の吉岡先生に，副顧問になってほしいと頼みにいった「私」たちが，吉岡先生に魅了されていくようすを描いている。

問１　「コーヒーメーカーから」の「から」は，出どころを示す言葉。「いろいろあるから」「溝口先生がやるから」「よくなってきたから」の「から」は，いずれも理由を表す言葉である。

問２　ユッコについては，「怖い人とかだったら嫌だなとユッコは言っていた」→「ユッコは，すぐにぽぉっとなって，『かっこいい』と～呟いた」→「ユッコはもう下を向いて，泣きそうになっていた」→「私の視界の右端で，ユッコが握り拳をにぎった」と描かれているので，アの「不安→憧れ→失意→喜び」があてはまる。

問３　吉岡先生は美術教師なので，当然，美術部の顧問になるだろうし，「新人だから，いろいろ研修とかもある」。そのため，吉岡先生は自分が演劇部の副顧問を引き受けるのは難しいだろうと考えていた。しかし，「今日のオリエンテーション見て，少し君たちに興味持ったみたい，私も」と感じ，副顧問を引き受けてもよいと思ったため，「でも」と続けている。

問４　Ａ　すぐ後で「私」が「秋です」と答えているので，吉岡先生は「大会があるんでしょう？」と質問したはずである。　　Ｂ　「私」が「地区大会で三番以内になって，県大会が目標です」と言うのを聞いて，吉岡先生は「何だ，小っちゃいな，目標」と，挑発したと考えられる。　Ｃ　すぐ後で「私」が「全国は来年」と答えているので，吉岡先生は「行こうよ，全国大会」と励ましたと推測できる。　　Ｄ　すぐ後に，「私」は「全国大会までのシステムを説明しようとした」とある。吉岡先生は高校演劇のシステムをよく知らず，全国大会は毎年開催されるものと思いこんでいたため，「え，なにそれ？」と聞き返したのだと考えられる。

問５　少し前に，「ここでも，もう吉岡先生はアイドルみたいだ～美術部の生徒たちの視線の冷たいこと冷たいこと」とあり，吉岡先生が美術部の生徒たちの人気を集めていることがわかる。よって，「吉岡先生を美術部で独占したい」とあるウが選べる。

問６　Ⅰ～Ⅲ　Ⅰのすぐ前に「『稽古って言ってたね』ユッコが～私に言った」とあるので，Ⅰは「私」の言葉である。また，Ⅲの後に「ガルルが口を挟んだ」とあるので，「ダンスのときは，レッスンって言うんだよ」は，ガルルが「私」とユッコの会話に割りこんだ言葉とわかる。したがって，Ⅱは Ⅰに対するユッコの言葉，Ⅲは Ⅱに対する「私」の言葉となる。なお，「口を挟む」は，“ほかの人たちの会話に横から口出しする”という意味。

問７　吉岡先生は，「二月の卒業公演は好評」だったのにもかかわらず，「もう，ずいぶん，前のことだし」ととらえている。

三　出典は坂井修一の『知っておきたい　情報社会の安全知識』による。 情報社会ではベストエフォートの考え方が導入されていることを紹介し，それが引き起こす問題を指摘している。

問１　(1)　後のほうに「ベストエフォートの考え方は，ITの世界に限らず，実はこれまでも日本の社会の中の多くの場所で見られた」とあり，続く部分で「自動車社会」の例があげられている。

(2)　三つ目の段落に「ITの基盤となるもののうち，主要ないくつかは，『ベストエフォート』という考えでできています」とあり，ベストエフォートの考え方を取り入れてないサービスもあることがわかるので，ウが適切でない。なお，アとイはⅢをふくむ段落，エはⅡをふくむ段落の内容と合う。　(3)　Ⅲをふくむ段落に「ベストエフォートのサービスは，提供者の考えの及ばないところに故障や弱さがあった場合，利用者が損をする仕組み」とあり，Ⅳをふくむ段落に「サービスしてくれる相手がベストを尽くすが補償はしてくれない」とあるので，これらの内容をまとめる。

問２　**A**　前の部分の「保証型のサービス」の例として，「銀行の定期預金」が続く部分であげられているので，具体的な例をあげるときに用いる「たとえば」があてはまる。　**B**　前の部分の「限られた利用者だけのもの」なので「テロリストや犯罪者も含む不特定多数の人々が使うことは想定されていなかった」ことを，続く部分で「性善説」と言いかえているので，前の内容を後で言いかえるはたらきを持つ「すなわち」が選べる。

問３　もどす文の内容から，直前では「ベストエフォート」の「悪い面と良い面」について，順に説明されていると推測できる。よって，Ⅲに入れると文意が通る。「しかし」の前の部分が「悪い面」，後の部分が「良い面」である。

問４　「ITを，性悪説にたって使う」理由について説明すればよい。「性悪説」は，語注の３で「人間の本性は悪であるという考え」と述べられているような考え方で，ITについては最後から二つ目の段落で具体的に説明されている。

問５　**ア**　本文では，「完璧ということがない」と述べられており，「完璧に作られたものはあまり多くない」とは述べられていない。　**イ**　Ⅳをふくむ段落の内容と合う。　**ウ**　「保証型のサービス」については Ⅰをふくむ段落で説明されているが，「積極的に取り入れるべき」とは述べられていない。　**エ**　五つ目と六つ目の段落の内容と合う。　**オ**　最後の段落の内容と合わない。

四　出典は夏目漱石の『漱石全集』による。 夏目漱石がつくった俳句が紹介されている。

問１，問２　①　“蛍を眺めて歩いているうちに，その美しさに見とれて小川に落ちてしまったことだ”という意味。季語は「蛍狩」で，季節は夏である。「蛍狩」は，蛍を捕らえたり，その美しさを観賞したりすること。　②　“一年の吉凶を占うといわれる初夢を見たが，金を拾う幸運な夢ではなく，かといって死んでしまう不運な夢でもなく，平凡な夢だった”という意味。季語は

「初夢」で，季節は新年である。「初夢」は，新年になって最初に見る夢，元日の夜または一月二日の夜に見る夢のこと。　③　“年の終わりに今年一年を振り返ると，私たちは親しい間柄だった。来年以降もこうでありたいものだ”という意味。季語は「行く年」で，季節は冬である。「行く年」は，“過ぎ去ろうとしている今年”という意味。　④　“ありったけの菊を投げ入れてしまえ，あの人が死んで納められている棺の中に”という意味。季語は「菊」で，季節は秋である。　⑤“お腹の中に春が滴り落ちてくるようだ，この粥の味は”という意味。季語は「春」で，季節は春である。

問３　たとえば①の句であれば，蛍の美しさに見とれる心情のほか，小川に落ちたときの驚きや恥ずかしさなどを書けばよい。

五　四字熟語の完成，言葉のきまり，慣用句の知識

問１　**１**「公平無私」は，えこひいきをせず，個人的な感情や利益をまじえないこと。　**２**「首尾一貫」，「終始一貫」は，はじめから終わりまで，方針などを変えずに一筋に貫き通すこと。

問２　エは，「来ないのは」ではなく「来ないのかは」が正しい。

問３　「玉にきず」は，“ほとんど完全だが，ごく小さな欠点がある”という意味。すばらしいものやことの例をあげ，そのすばらしさを損なうほどではない小さな欠点を指摘する短文をつくればよい。

六　漢字の書き取り

１　細かいところまで注意がいきとどいていること。　**２**　縦，または南北の方向に通りぬけること。　**３**　いろいろなものごとを上手にこなすようす。　**４**　音読みは「シュウ」「ジュ」で，「就職」「成就」などの熟語がある。　**５**　要求・必要に応じて，ものをそちらに与えること。

Memo

2020年度　芝浦工業大学附属中学校

〔電　話〕　(03)3520－８５０１
〔所在地〕　〒135－8139　東京都江東区豊洲６－２－７
〔交　通〕　東京メトロ有楽町線 ―「豊洲駅」より徒歩７分
ゆりかもめ ―「新豊洲駅」より徒歩１分

【算　数】〈第１回試験〉（60分）〈満点：120点〉

〔注意〕１．定規(じょうぎ)とコンパスは使用してもかまいませんが，三角定規と分度器は使用してはいけません。
２．作図に用いた線は，消さないでください。
３．円周率が必要な場合は，すべて3.14で計算してください。

1　次の各問いに答えなさい。ただし，答えのみでよい。

(1)　$3\frac{4}{5}-12\times0.3+5\div3$　を計算しなさい。

(2)　$(1.87+0.48)\times0.2+(1.3-0.7)\times0.4$　を計算しなさい。

(3)　$3-\left(\frac{2}{3}+\frac{5}{6}\times\square\right)\times0.3=1\frac{4}{5}$　の□にあてはまる数を求めなさい。

(4)　ある作業を終えるのに芝田君は14分かかり，田浦君は21分かかります。この作業を２人ですると何分何秒かかりますか。

(5)　ＡからＢまでの行き方で，点Ｐを通り，点Ｑを通らない最短の行き方は何通りですか。

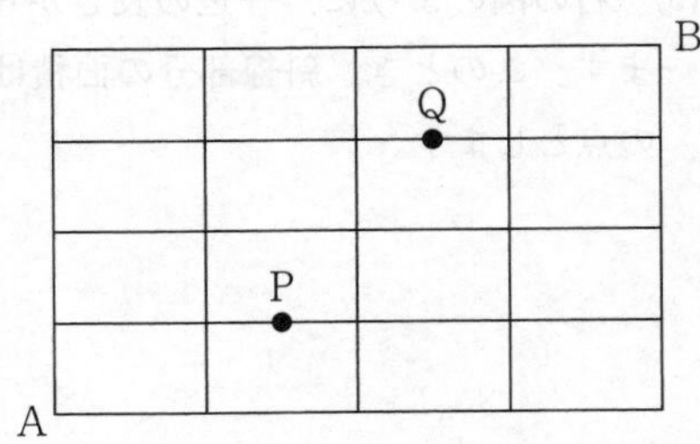

(6)　右の図のように，小さい円の外側に正方形をかき，さらにその正方形の外側に大きい円をかきました。小さい円の面積が9.42 cm^2 のとき，大きい円の面積は何 cm^2 ですか。

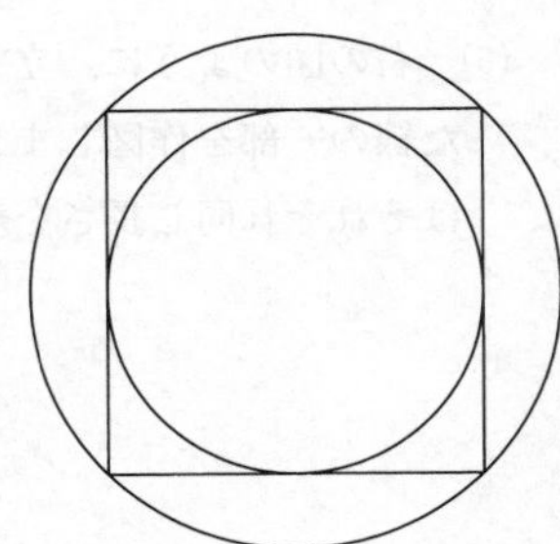

2 次の各問いに答えなさい。

(1) 10円玉，50円玉，100円玉が全部で19枚あり，合計金額は980円です。10円玉と50円玉の枚数の比が2：1であるとき，硬貨はそれぞれ何枚ずつありますか。

(2) 芝田君はマラソン大会に向けて，9月2日の月曜日からランニングをすることにしました。月，水，金曜日は1km，火，木曜日は休み，土，日曜日は2日間で合計5km走ります。芝田君が合計で50km走り終えるのは何月何日の何曜日ですか。

(3) ある遊園地の開園時間は8時30分です。開園前に400人が並んでおり，開園時間から毎分40人がこの列に加わります。入り口を3か所開くと9時50分に列がなくなります。入り口を4か所開いたら，何時何分に列がなくなりますか。

(4) 右の図で，辺ABとCE，辺ADとCDはそれぞれ同じ長さです。
このとき，角アの大きさは何度ですか。

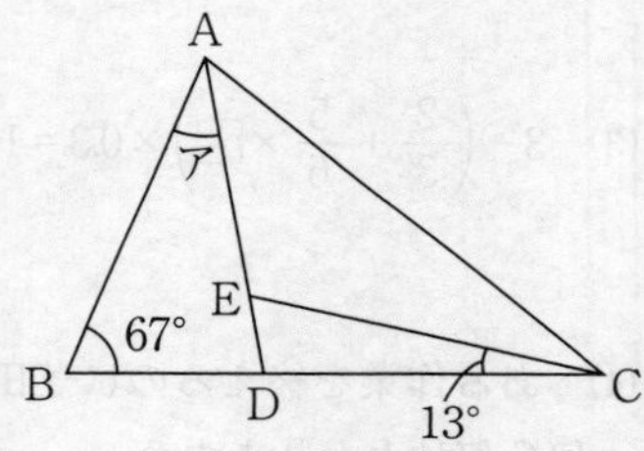

(5) 右の図のように，一辺の長さが6cmの正方形と半径が3cmの半円があります。このとき，斜線部分の面積は何cm^2ですか。ただし，Mは弧のまん中の点とします。

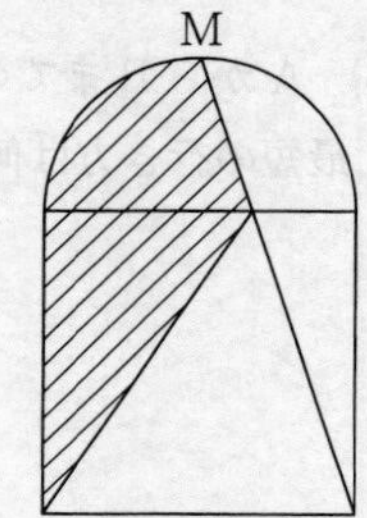

(6) 右の図のように，立方体に線を引きました。解答用紙の展開図には，引いた線の一部を作図しました。残りの線を作図しなさい。ただし，図の○，▲はそれぞれ同じ長さを表します。

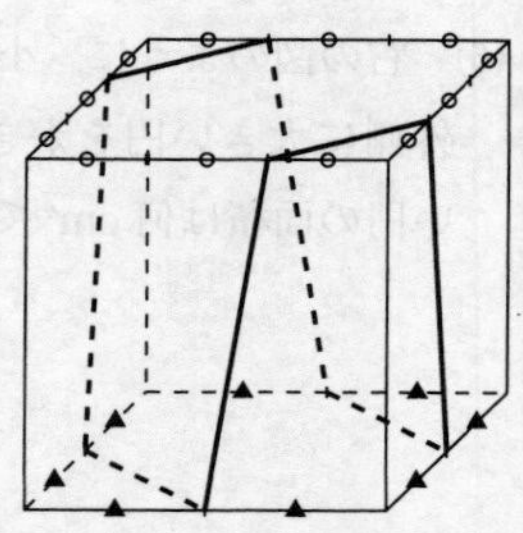

3 次のように的あてゲームを行います。

(1) 図１のように的の点数は内側から２点，１点であり，はずれはなく必ず得点するものとします。得点の取り方は次のように考えます。

（例）得点の合計がちょうど３点になるときの得点の取り方は
「１点→１点→１点」,「１点→２点」,「２点→１点」の合計３通りあります。

得点の合計がちょうど８点になるとき，次の各問いに答えなさい。

① ２点にあたった回数がちょうど２回であった場合，得点の取り方は何通りですか。

② 得点の取り方は全部で何通りですか。

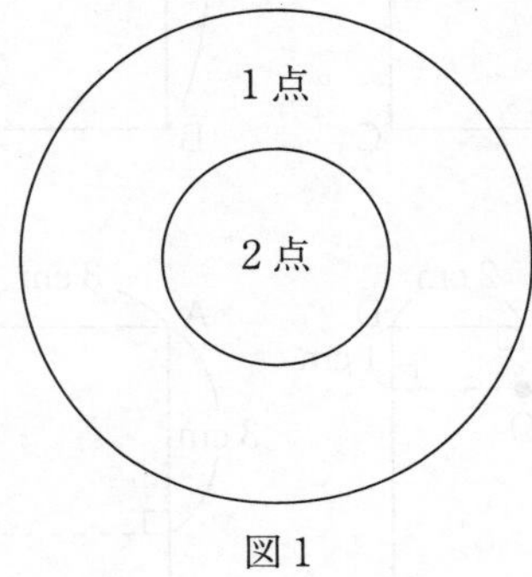

図１

(2) 図２のように的の点数は内側から３点，２点，１点であり，はずれはなく必ず得点するものとします。得点の合計がちょうど10点になるとき，次の各問いに答えなさい。

① 得点の取り方は全部で何通りですか。

② ゲームの途（と）中で，一度も７点にならない得点の取り方は何通りですか。

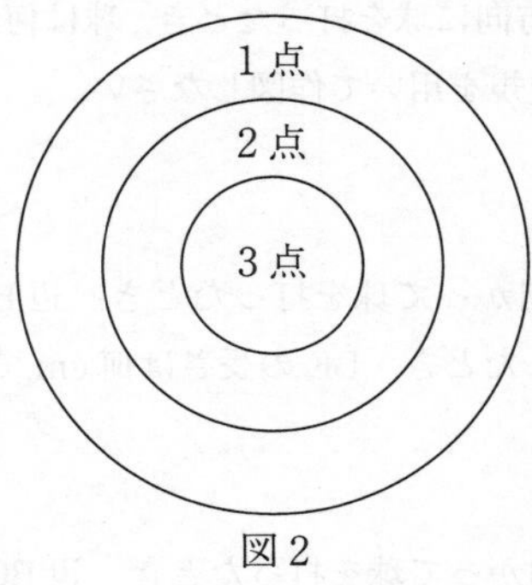

図２

4 図１のように長方形ABCDの内部に球をおき，長方形の辺に向かって球を打ちます。辺にあたった球は，角アと角イの大きさが等しくなるようにはね返ります。また，球が頂点A，B，C，Dのいずれかに到達すると，球は止まります。ただし，球の大きさは考えないものとし，打った球は辺にあたるまで，まっすぐ進み続けるものとします。

このとき，次の各問いに答えなさい。

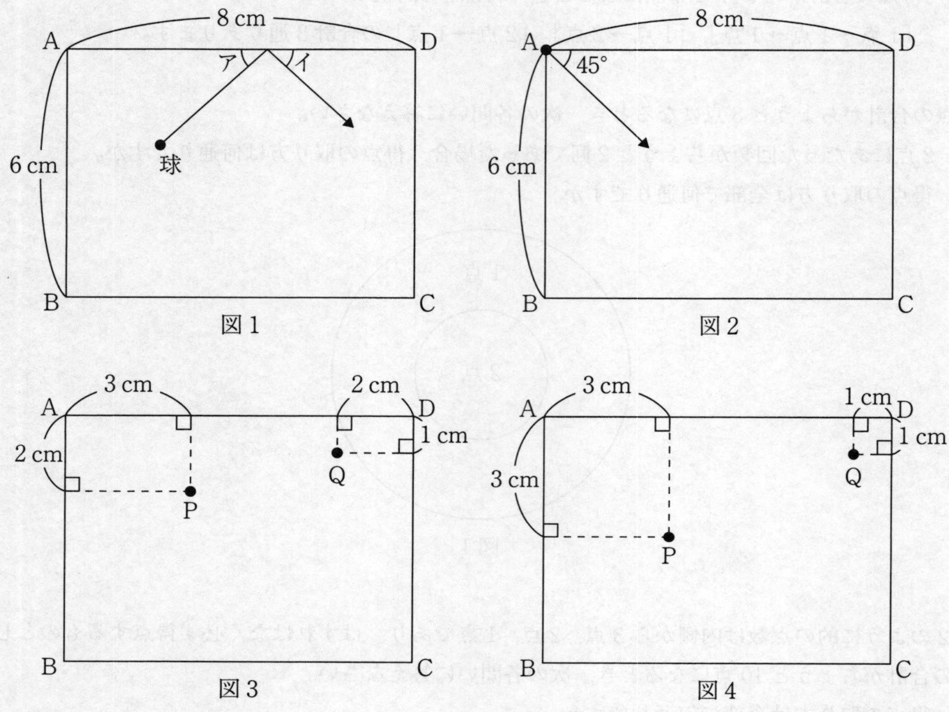

⑴ 図２のように頂点Aから矢印の方向に球を打ったとき，球は何回はね返り，どの頂点で止まりますか。また，球が動いた線をコンパスと定規を用いて作図しなさい。

⑵ 図３のように点Pから辺BCに向かって球を打ったとき，辺BC上で１回だけはね返り，点Qを通過しました。はね返った点をEとしたとき，BEの長さは何cmですか。

⑶ 図４のように点Pから辺BCに向かって球を打ったとき，辺BC上で１回，辺CD上で１回はね返り，点Qを通過しました。辺CD上ではね返った点をFとしたとき，DFの長さは何cmですか。

【理　科】〈第１回試験〉（50分）〈満点：100点〉

1　夏休みに行った旅行についてまとめました。次の文を読み、あとの問いに答えなさい。

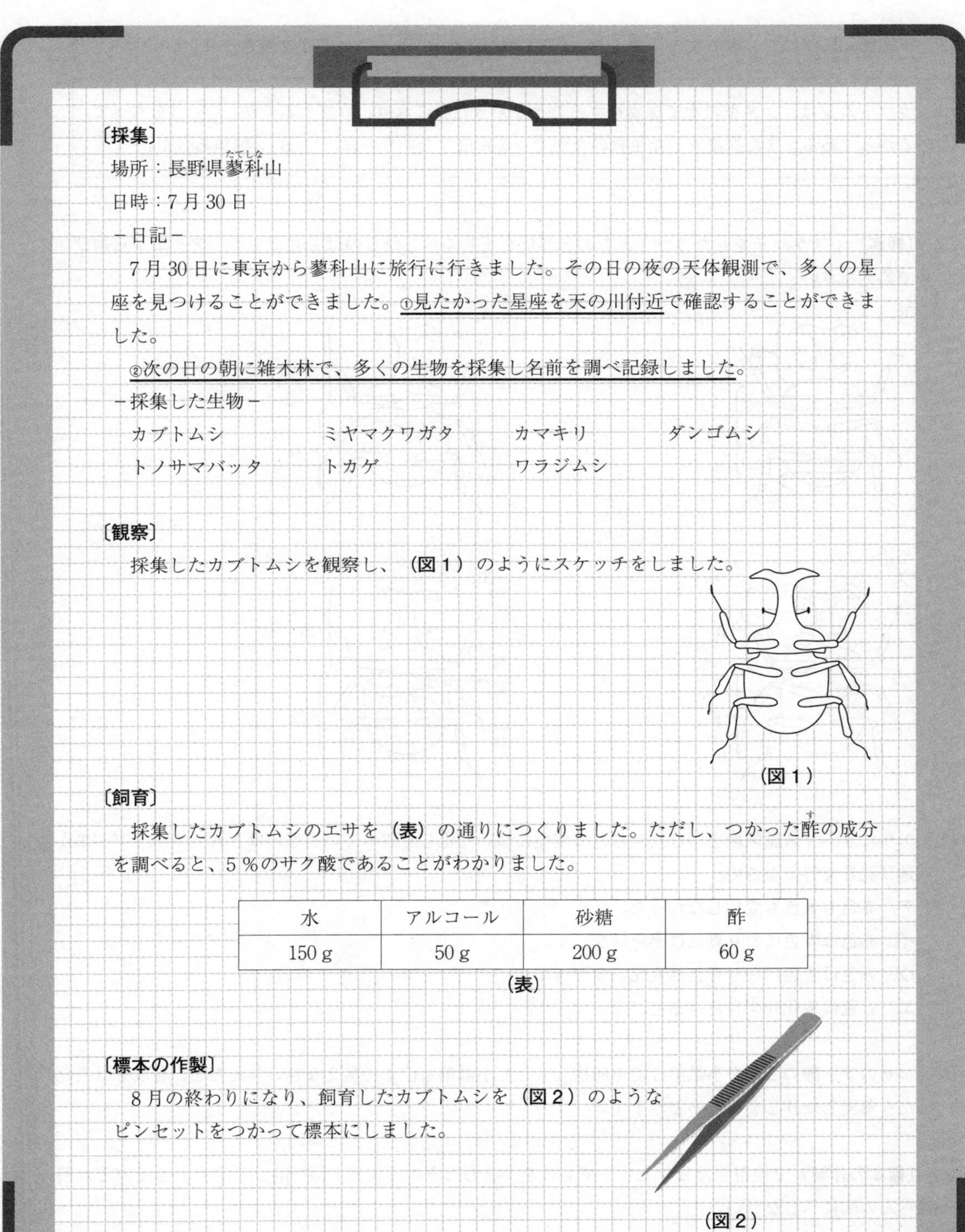

〔採集〕

場所：長野県蓼科山

日時：７月 30 日

－日記－

７月 30 日に東京から蓼科山に旅行に行きました。その日の夜の天体観測で、多くの星座を見つけることができました。①見たかった星座を天の川付近で確認することができました。

②次の日の朝に雑木林で、多くの生物を採集し名前を調べ記録しました。

－採集した生物－

カブトムシ　　ミヤマクワガタ　　カマキリ　　ダンゴムシ

トノサマバッタ　　トカゲ　　ワラジムシ

〔観察〕

採集したカブトムシを観察し、（図１）のようにスケッチをしました。

（図１）

〔飼育〕

採集したカブトムシのエサを（表）の通りにつくりました。ただし、つかった酢の成分を調べると、５％のサク酸であることがわかりました。

水	アルコール	砂糖	酢
150 g	50 g	200 g	60 g

（表）

〔標本の作製〕

８月の終わりになり、飼育したカブトムシを（図２）のようなピンセットをつかって標本にしました。

（図２）

(1)　下線部①の星座はどれですか。**ア**～**エ**から選び記号で答えなさい。

　ア．おとめ座　　**イ**．こと座　　**ウ**．オリオン座　　**エ**．おおいぬ座

(2)　下線部②について、次の文の［ Ａ ］には適する言葉を［ Ｂ ］には数字を書きなさい。

> カブトムシは、クヌギの木で採集をすることができた。これは、カブトムシが［ Ａ ］を食べているからである。また採集をした生物のなかで、こん虫でないものは、［ Ｂ ］種類あった。

(3)　**〔観察〕**でスケッチをしたカブトムシの各部位を正しく示したものはどれですか。**ア**～**エ**から選び記号で答えなさい。

ア．

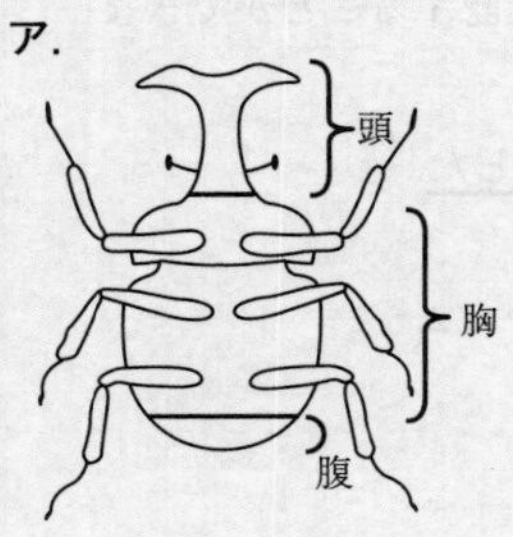

イ．

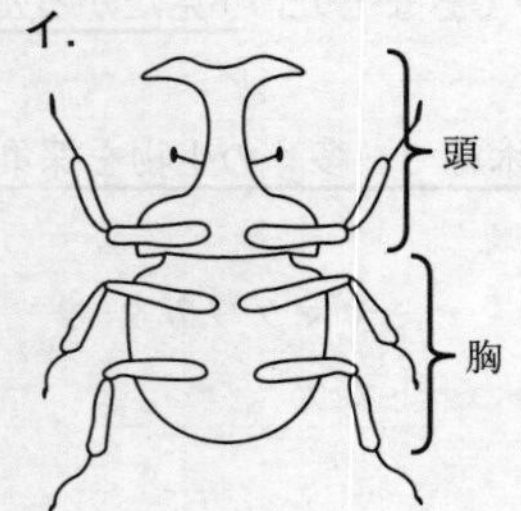

ウ．

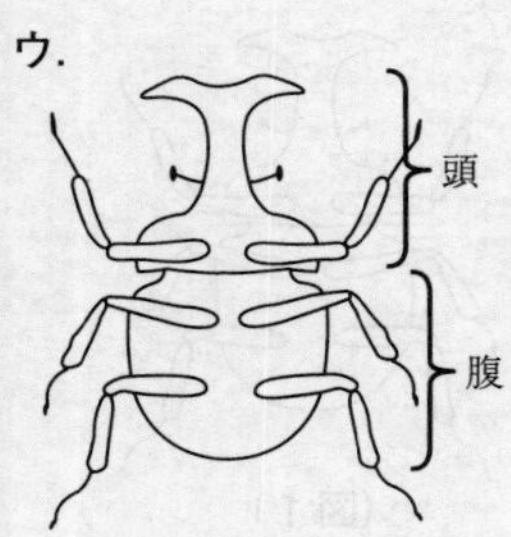

エ．

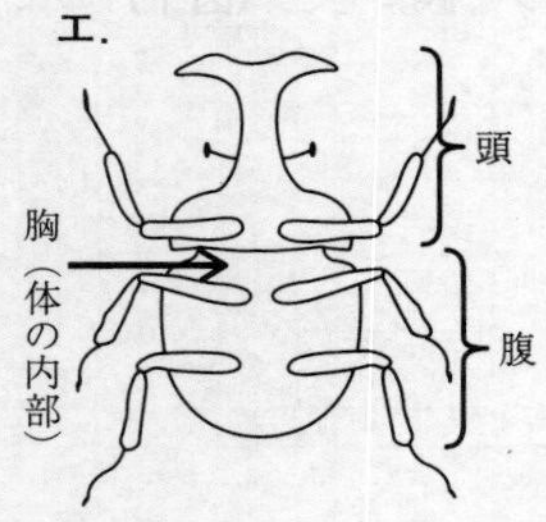

(4)　エサにリトマス試験紙をつけた時の色の変化について正しく述べているものはどれですか。**ア**～**エ**から選び記号で答えなさい。

　ア．赤色も青色も変化しなかった。

　イ．赤色は青色になり青色は赤色になった。

　ウ．赤色は青色になり青色は変化しなかった。

　エ．赤色は変化せず青色は赤色になった。

(5)　エサのサク酸のこさを小数第３位を四捨五入して小数第２位まで答えなさい。ただし、各成分は変化したり蒸発したりしないものとします。

(6)　**〔標本の作製〕**で使用したピンセットでものをつまむときの「支点」「作用点」「力点」をそれぞれ解答らんの図に示しなさい。

2 次の文を読み、あとの問いに答えなさい。

ギターは、フレットのついた指板（しばん）と６本の弦（げん）をそなえた弦楽器の一種です。**（図１）**は、ギターの各部位の名前を示しています。ギターで鳴らす音を指定する場合には、「○弦○フレット」と表記します。例えば、**（図２）**のようにAの位置を押（お）さえて、サウンドホール近くで５弦をはじくと「５弦３フレット」の音が出ます。また、指板を押さえない弦を開放弦と呼び、「○弦０フレット」と表記します。音の高低は振（しん）動数（弦が１秒間に振動する回数）によって決まり、この値が大きいほど高い音になります。**（表）**は、正しく音を調整した場合の、各弦の４フレットまでの音階と振動数をまとめたものです。

（図１）

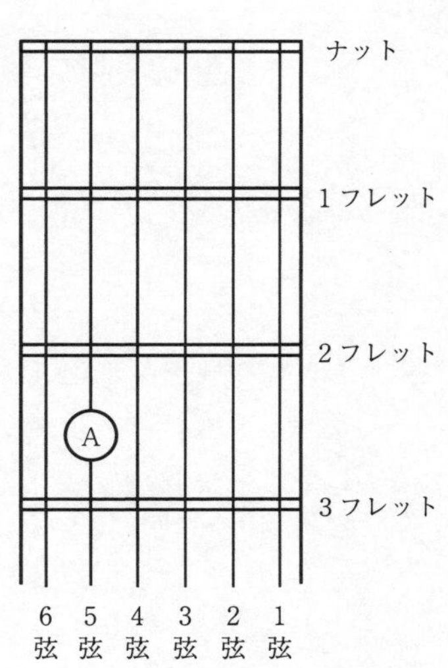

（図２）

	０フレット		１フレット		２フレット		３フレット		４フレット	
	音階	振動数	音階	振動数	音階	振動数	音階	振動数	音階	振動数
１弦	ミ	330	ファ	349	ファ＃	370	ソ	392	ソ＃	415
２弦	シ	247	ド	262	ド＃	277	レ	294	レ＃	311
３弦	ソ	196	ソ＃	208	ラ	220	ラ＃	233	シ	247
４弦	レ	147	レ＃	156	ミ	165	ファ	175	ファ＃	185
５弦	ラ	110	ラ＃	117	シ	123	ド	131	ド＃	139
６弦	ミ	82	ファ	87	ファ＃	92	ソ	98	ソ＃	104

（表）

(1)　**(表)** から、同じ弦をはじいたときの音の高さの違いについて簡単に説明しなさい。

(2)　ギターはペグを回して弦の張り方を強めたり弱めたりして音を調整します。調整の途中で音を確認したところ、４弦２フレットの音の振動数が150になっていました。この場合、どうすれば正しい音に調整できますか。簡単に説明しなさい。

(3)　**(表)** から、同じフレットでも押さえる弦によって音の高さが異なることがわかります。これは、弦の張り方の強弱も関わっていますが、弦は強く張りすぎると切れてしまうため、弦の太さの違いも利用しています。**(表)** のように音を調整した場合、１弦と６弦ではどちらの弦のほうが太いか答えなさい。

(4)　正しく音を調整した場合の、１弦８フレットの音の音階は何ですか。また、振動数はいくらですか。

3 次の文を読み、あとの問いに答えなさい。

（グラフ） は、－20℃の氷 200 g に加熱装置Ｗで熱を加え続けたときの加熱時間と温度の関係を表したものです。加熱装置Ｗで加える熱は、常に一定で、氷または水のみに与えられ、外部にはにげないものとします。

（グラフ）

(1) ふっとうするのは加熱をはじめてから何秒後ですか。

(2) 200 g のオレンジジュースに氷を入れて冷やすことを考えます。ただし、熱のやり取りをするとき、オレンジジュースはすべて水と同じであるとします。

① 加熱装置Ｗを使って、０℃の水 200 g を30℃にするには何秒かかりますか。

② ①の結果と合わせて考えると、30℃から０℃のオレンジジュース（液体）にするには、－20℃の氷を何 g 入れる必要がありますか。小数第１位を四捨五入して、整数で答えなさい。ただし、－20℃の氷 200 g を０℃の水にするのに、627 秒かかります。

(3) 汗（あせ）を蒸発させることで、人の体温を下げることを考えます。ただし、熱のやり取りをするとき、人はすべて水でできているものとし、汗もすべて水であるとします。

① 加熱装置Ｗを使って、水 50 kg を１℃上げるには何秒かかりますか。

② ①の結果と合わせて考えると、体重 50 kg の人の体温を１℃下げるには何 g の汗を蒸発させる必要がありますか。ただし、体温とほぼ同じ温度の水 200 g をすべて蒸発させるのに、加熱装置Ｗを使うと 4000 秒かかるものとします。

4 水溶液の性質を調べるために実験を行いました。次の問いに答えなさい。ただし、①～⑦のビーカーには１％塩酸、２％塩酸、４％塩酸、うすい水酸化ナトリウム水溶液、アンモニア水、砂糖水、食塩水のいずれかが入っています。また、どの塩酸も１mL あたりの重さは同じものとします。

【実験１】
①～⑦を加熱して水を蒸発させたところ、②には黒色の物質、①と④には白色の物質が残った。

【実験２】
①～⑦にムラサキキャベツ液を加えたところ、⑤、⑥、⑦が赤色に、①、③が黄色に、②、④がむらさき色になった。

【実験３】
【実験２】より、⑤、⑥、⑦それぞれ 10 mL に BTB 溶液を加えて、①の水溶液を少しずつ加えたところ、ちょうど８mL 加えたときに⑤、⑥の水溶液は青色、⑦の水溶液は緑色に変化した。

【実験４】
【実験２】より、⑤、⑥、⑦それぞれ 10 mL に BTB 溶液を加えて③の水溶液を８mL 加えると⑥の水溶液だけが青色に変化した。一方⑤の水溶液は緑色に変化した。

(1) ②の水溶液は何ですか。

(2) ①～⑦に BTB 溶液を加えて青色に変化するものはどれですか。①～⑦から全て選び番号で答えなさい。

(3) 正しい色を示しているのはどれですか。**ア～エ**から選び記号で答えなさい。
ア．①10 mL に⑤10 mL を加えると BTB 溶液は黄色になる。
イ．③10 mL に⑤10 mL を加えると BTB 溶液は青色になる。
ウ．③10 mL に⑥10 mL を加えると BTB 溶液は緑色になる。
エ．④10 mL に⑦10 mL を加えると BTB 溶液は青色になる。

(4) ⑥の水溶液は何ですか。

(5) ⑥の水溶液 10 mL に BTB 溶液を加えて、①の水溶液を何 mL 加えると緑色になりますか。また、同様に③の水溶液を何 mL 加えると緑色になりますか。それぞれ整数で答えなさい。

5 次の文を読み、あとの問いに答えなさい。

炭酸水素ナトリウムはガラスの製造や医薬品、ベーキングパウダー（ふくらし粉）、発泡性の入浴剤など、さまざまなものに利用されています。炭酸水素ナトリウムの性質を調べるために、**〔実験１〕**、**〔実験２〕**を行いました。

〔実験１〕

炭酸水素ナトリウムの重さをはかり、**（図）**のように加熱すると、試験管から気体と液体が出てきた。十分に加熱後、液体、気体の重さをそれぞれはかり**（表）**にまとめた。

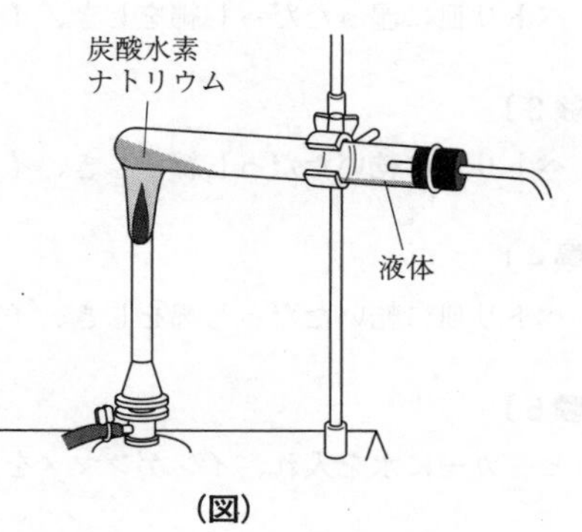

（図）

〔実験２〕

炭酸水素ナトリウムと加熱後の固体をそれぞれ水にとかし、フェノールフタレイン溶液を数てき加え観察した。

	炭酸水素ナトリウム [g]	加熱後の固体 [g]	液体 [g]	気体 [g]
１回目	8.400	5.300	(a)	(b)
２回目	(c)	3.975	0.675	1.650
３回目	4.200	(d)	0.450	1.100

（表）

(1) **〔実験１〕**のように、液体が出る実験のときに気をつけなければいけないことは何ですか。20字以内で書きなさい。

(2) **〔実験１〕**で、出てきた気体を石灰水に通すと、白い物質ができました。<u>この白い物質がふくまれていないのは</u>どれですか。**ア～エ**から選び記号で答えなさい。

ア. 水しょう　　**イ.** 貝がら　　**ウ.** 卵のから　　**エ.** 大理石

(3) **（表）**の（a)、(c）にあてはまる数値は何ですか。

(4) **〔実験２〕**で、炭酸水素ナトリウムより、加熱後の固体の方が赤色がこくなりました。このことからわかることは何ですか。**ア～エ**から選び記号で答えなさい。

ア. 加熱した物質の方が酸性が弱いこと。
イ. 加熱した物質の方が酸性が強いこと。
ウ. 加熱した物質の方がアルカリ性が弱いこと。
エ. 加熱した物質の方がアルカリ性が強いこと。

6 インゲンマメの生育について調べるために、室温25℃の明るい部屋で、次のような〔**実験１**〕～〔**実験６**〕をおこないました。あとの問いに答えなさい。

〔**実験１**〕
ペトリ皿に湿(しめ)っただっし綿をしき、インゲンマメをのせた。

〔**実験２**〕
ペトリ皿に湿っただっし綿をしき、インゲンマメをのせて光をしゃ断する箱をかぶせた。

〔**実験３**〕
ペトリ皿に乾(かわ)いただっし綿をしき、インゲンマメをのせた。

〔**実験４**〕
ペトリ皿に乾いただっし綿をしき、インゲンマメをのせて光をしゃ断する箱をかぶせた。

〔**実験５**〕
ビーカーに水を入れ、インゲンマメを水中に沈(しず)めた。

〔**実験６**〕
ビーカーに水を入れ、インゲンマメを水中に沈めて光をしゃ断する箱をかぶせた。

〔**結果**〕
１週間後にみると、〔**実験１**〕と〔**実験２**〕では種子が発芽し、〔**実験３**〕～〔**実験６**〕では発芽していませんでした。

(1) 次のうち、インゲンマメと同じ枚数の子葉をつけるものはどれですか。**ア**～**エ**から選び記号で答えなさい。

ア. ツユクサ　**イ**. ススキ　**ウ**. タケ　**エ**. ナズナ

(2) 次の①、②を調べるには、〔**実験１**〕～〔**実験６**〕の結果のうちどれとどれを比かくすればよいですか。それぞれ実験番号**１**～**６**を用いて、組み合わせをすべて答えなさい。

① 種子の発芽には、空気が必要である。
② 種子の発芽には、光は不要である。

(3) インゲンマメの発芽には、適度な温度が必要であることを調べるために、次のような〔**実験７**〕を追加しました。このとき、この〔**実験７**〕の結果を、〔**実験１**〕～〔**実験６**〕のどの結果と比かくすればよいですか。比かくする実験を実験番号**１**～**６**から選びなさい。

〔**実験７**〕
ペトリ皿に湿っただっし綿をしき、インゲンマメをのせて、冷蔵庫に入れる。

(4) 種子が発芽した条件のうち、発芽した後も同じ条件で数日間育てたところ、葉が黄色くなり、かれてしまったものがありました。かれてしまったのはなぜですか。原因と結果がわかるように20字以内で答えなさい。

7 次の文を読み、あとの問いに答えなさい。

芝雄(しばお)君は夏休みに家族といっしょにハワイ旅行に行きました。現地の博物館ではハワイ諸島や天皇海山列の解説が展示されていました。最初に現在活動中のハワイ島のキラウエア火山やマウナロア火山について見学しました。２つの火山はいずれも**（図１）**のように平たい形の①たて状火山であることがわかりました。また、ふん火によって火口から流れ出した溶岩(ようがん)は②黒色の火山岩でした。

次にハワイ島周辺の火山島の分布とでき方について解説がありました。**（図２）**ではハワイ島から北太平洋にのびる火山島と海山が列をつくって並んでいることがわかります。また、図中の数字はそれぞれの火山島ができた火山の年代を表しており、明治海山がもっともできた年代が古く、③ハワイ島に近づくにつれて活動年代が新しいことがわかりました。**（図３）**は、これらの海山や火山島のでき方について説明したものです。地球の深部からわき上がるマグマの位置はつねに変わらず（ホットスポット）、その上を④太平洋プレートが動いていくことによって、火山島が次々につくられ、古い火山島は次第に、土地がちん降したり、しん食を受けながら海面下にしずみ、海山になっていったことがわかります。比かく的新しい海山の頂上部には⑤サンゴ礁(しょう)が見られます。

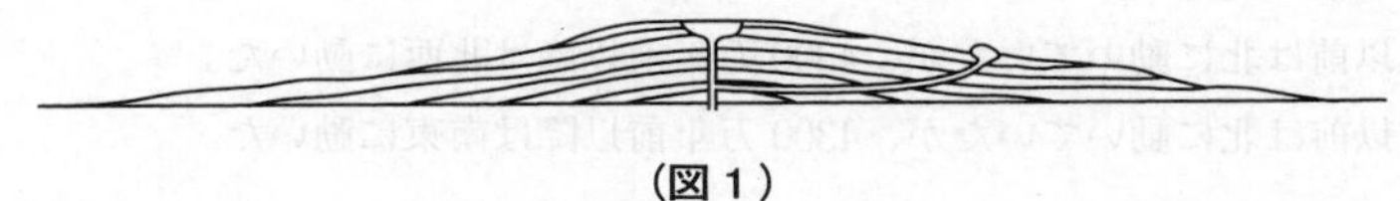

（図１）

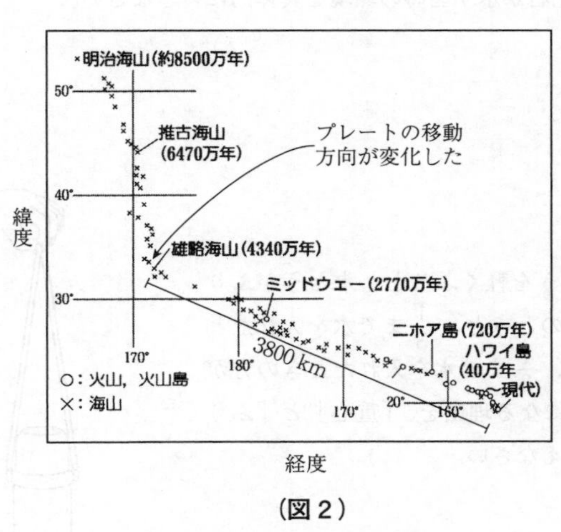

（図２）

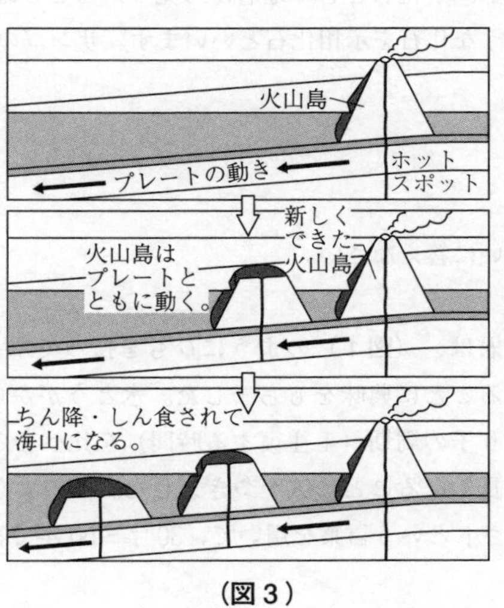

（図３）

(1) 下線部①をつくるマグマの性質とふん火のようすについて述べたものはどれですか。**ア〜エ**から選び記号で答えなさい。

ア．マグマのねばりけが強く、ばく発的なふん火をする。

イ．マグマのねばりけが強く、おだやかなふん火をする。

ウ．マグマのねばりけが弱く、ばく発的なふん火をする。

エ．マグマのねばりけが弱く、おだやかなふん火をする。

(2) 下線部②の岩石名を書きなさい。

(3) 下線部③で、ハワイ島から雄略(ゆうりゃく)海山まできょりを 3800 km、雄略海山の形成年代を約 4300 万年とするとプレートの１年あたりの移動きょりは何 cm になりますか。小数第１位を四捨五入して整数で求めなさい。ただし、プレートの移動する速さはこの期間一定であったものとします。

(4) 下線部④で、8500 万年前から現在までのプレートの動きについて説明したものはどれですか。**ア〜エ**から選び記号で答えなさい。

ア．4300 万年前以前は北西に動いていたが、4300 万年前以降は北に動いた。

イ．4300 万年前以前は北西に動いていたが、4300 万年前以降は南に動いた。

ウ．4300 万年前以前は北に動いていたが、4300 万年前以降は北西に動いた。

エ．4300 万年前以前は北に動いていたが、4300 万年前以降は南東に動いた。

(5) 下線部⑤が化石として地層から見つかると、地層ができた当時の気候や環境(かんきょう)を知ることができます。このような化石を示相化石といいます。サンゴの化石が示す当時の環境を具体的に書きなさい。

8 次の問いに答えなさい。

(1) 芝雄(しばお)君は、**（図１）**のようにひもを持って水とうを軽くふると、水とうがふり子になることに興味をもちました。水とうがからのときと、$\frac{1}{3}$まで水を入れたときでふり子の周期（１往復する時間）を比べると、$\frac{1}{3}$まで水を入れたときの方が周期が長くなることに気がつきました。そのようになる理由を、「重心」と「ふり子の長さ」という言葉を用いて、30 字〜50 字で答えなさい。

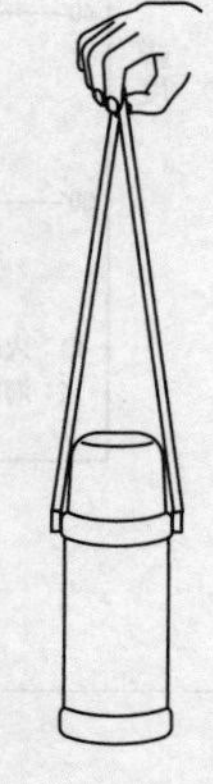

（図１）

(2) 人間の活動による世界の平均気温上昇は16世紀産業革命以降から2017年時点ですでに約1.0℃になりました。現在の度合いで温暖化が進行すれば、それによってもたらされる環境への影響(えいきょう)は大きくなると考えられています。2018年10月にIPCC（気候変動に関する政府間パネル）は、温暖化に関する基準を以下のように発表しました。

「地球温暖化を1.5℃以内にするためには、<u>社会のあらゆる側面ですぐに幅広い、これまでに例を見ない変化が必要だ。</u>地球温暖化を2℃でなく、1.5℃にすれば、人間と自然にとって明らかな利益となり、より持続可能で公平な世界を確保することができる可能性がある。」

温暖化を解決できるであろう、下線部の具体的な例を以下の条件にそって考え50字以内で答えなさい。

〔条件〕
温暖化の原因は、二酸化炭素などの温室効果ガスであるとする。
今ある技術を利用して、これまでにない変化を起こす。

(3) ろ過をするときに、ろ紙の折り方は２つあります。**（図２）**は四つ折りといい、**（図３）**はひだ折りといいます。四つ折りと比べて、ひだ折りの優れているところはどこですか。理由をふくめ、50字以内で書きなさい。

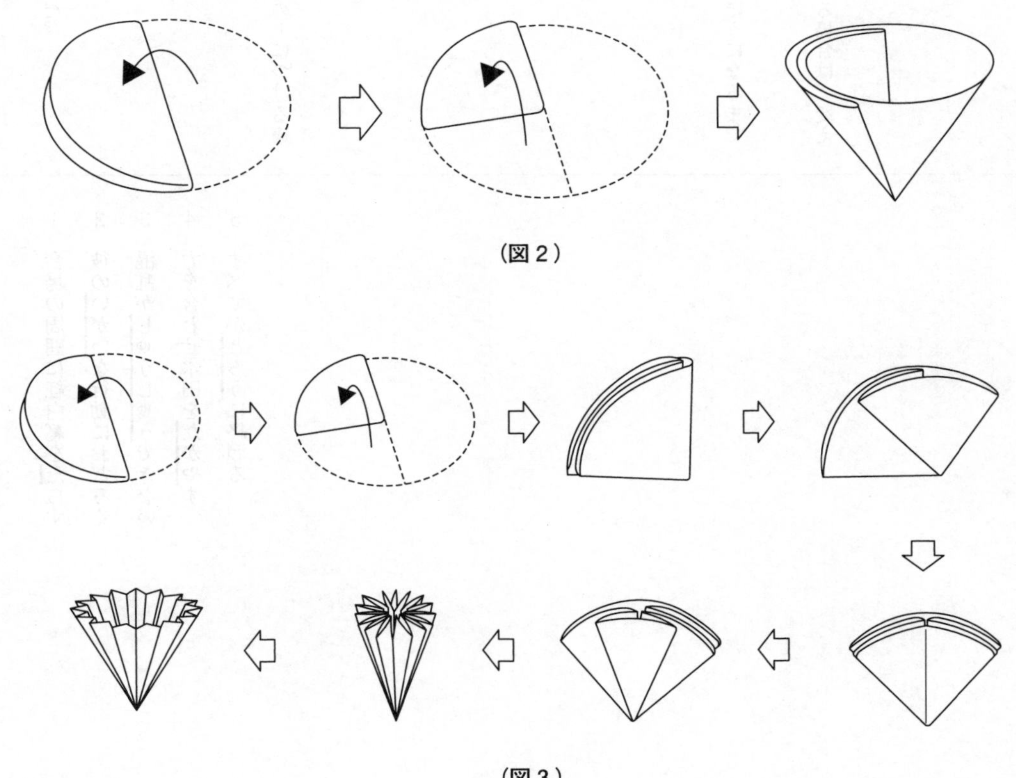

（図２）

（図３）

問二　次の各文の中から、誤ったことばの用法があるものを一つ選び、記号で答えなさい。

ア　自習室の静かさはくしゃみの音も気になるほどだ。
イ　彼のスピーチの立派さにおどろいた。
ウ　パソコンの便利さは言うまでもない。
エ　地震対策の効果さが心配だ。

問三　「本意」という言葉を反対の意味にする時、その言葉の上につける適切な語を次の中から一つ選び、記号で答えなさい。

ア　未　　イ　不　　ウ　無　　エ　非

問四　次の「慣用句」をつかって、短い文を作りなさい。

「目に余る」

※慣用句の内容が具体的にわかるようにしなさい。
慣用句の例「足がぼうになる」
（悪い例）「ぼくは、足がぼうになった。」
（良い例）「ぼくは、落とし物をしてしまい、足がぼうになるまで探し回った。」

※「動きを表す語」など、後に続く語によって形が変わる場合は、変えても良いです。
（例：「あるく」→「あるいた」）

五

——線部の平仮名を漢字に直しなさい。

1　会場の周囲に紅白幕をたらす
2　彼のいがいな行動におどろく
3　混乱がしゅうしゅうできない
4　力を合わせ水田をたがやす
5　すべてがとろうに終わる

と」を反復することによって、リズム感を持たせると同時に、雑木林に様々なできごとがあったことを印象づけている。

イ　第二連では、「生きもの」と「物語」の「もの」のように韻を踏むことによって、言葉のつながりに気づかせるとともに、雑木林の生命のつながりを強調しようとしている。

ウ　第三連では倒置法を用いて、「木々は知っている」という部分を先に言ってから「知っている」ことの中身を説明することで、連の内容を強く印象づけようとしている。

エ　第四連は「風が　葉っぱの手紙をはこんで」という擬人法を用いることで、雑木林の中の出来事の一つ一つに自然の意思が働いているということを感じ取れるようにしている。

問六　次の詩に描かれていることをふまえて「落ち葉の手紙」を書きなさい。ただし、後の条件に従うこと。なお、詩は動物（カラス）の視点で描かれています。

Ａ　詩に描かれている情景を見ていた木の立場になって書くこと。

Ｂ　最初にどんな情景を見たのかを簡潔に説明すること。またその後に、その情景を見てどんなことを感じたのかを説明すること。

Ｃ　八十字以上、百二十字以内で書くこと。ただし、出だしの一マスは空けないで書くこと。

ひかるもの

からすえいぞう

さんぼんまつの　うえから
ひかるものを　みつけた
とんでいくと
ちいさな　みずたまりだった
さっきの　ゆうだちで
できたのだな

「おまえ　ひかってるぜ」
みずたまりは「うふふ」といった
みずたまりと　おれは
ゆうやけをみながら
しばらく　はなしした
「おまえ　じつに　ひかってる」
もういちど　いって　わかれた
うちに　つれていけないものな

（工藤直子『のはらうたⅠ』）

四　次の各問いに答えなさい。

問一　次の（　）の説明に合う語を一つ選び、記号で答えなさい。

（物が重いようすを表す）

ア　どっさり　　イ　がっしり

ウ　ずっしり　　エ　たっぷり

だから　しんと静かな日々を
退屈せずにすごせることを

さあ　用意はいいですか
風が　葉っぱの手紙をはこんで
空を Ⅱ 時間です

（工藤直子・今森光彦『クヌギおやじの百万年』）

問一 Ⅰ に入るものとして適切なものを次の中から一つ選び、記号で答えなさい。

ア　青々と光りかがやく
イ　カラカラにかわききった
ウ　赤や黄色に染まった
エ　まだ生まれてまもない

問二 ――線「葉っぱをはこんでおくれ」とありますが、木々がそれを望む理由として適切なものを次の中から一つ選び、記号で答えなさい。

ア　落ち葉を大地に落とすことで、自分たちが過ごした一年の物語を大地に読んでもらい、退屈な冬の時間に感想を聞かせてもらえるから。
イ　落ち葉を通して生きものの物語を大地に読んでもらうとともに、それを吸いあげて自分たちも冬の間に読んで退屈せずに過ごせるから。
ウ　落ち葉を大地に落とせば落ち葉で地面を覆うことができるので、冬に裸になってしまう根っこの部分が寒い思いをしないですむから。
エ　大地が落ち葉を通して生きものの物語を冬の間静かに読んでいてくれれば、木々も静かに休めて春には元気になれるから。

問三 Ⅱ に入る語句として適切なものを次の中から一つ選び、記号で答えなさい。

ア　はしる　イ　はこぶ　ウ　はねる　エ　はらう

問四　詩の内容の説明として適切なものを次の中から一つ選び、記号で答えなさい。

ア　冬の静まり返った雑木林の中にも、落ち葉や風といった動くものがあることを示すことで、雑木林の持つ生命力を描き出している。
イ　木々と落ち葉、そして風を会話させることにより、どんなものにも生命が宿っているので、自然を保護することは重要だと訴えている。
ウ　風が木々から落ち葉を吹き散らしていく様子を、落ち葉の手紙を風が運ぶと表現することで、風の持つ力強さをより強めている。
エ　落ち葉が大地の養分となり、それを木が吸いあげて、また新しい葉を作り出すという循環を、物語のやりとりという形で表現している。

問五　詩中に使われている表現についての説明として適切**でないもの**を次の中から一つ選び、記号で答えなさい。

ア　第一連の「あんなこと　こんなこと　いろんなこと」で「こ

問二　A、B に当てはまる語として適切なものを、次の中から一つずつ選び、記号で答えなさい。

ア　たとえば　　イ　しかし　　ウ　さらに
エ　つまり　　オ　だから

問三　――線②「増殖率が変化します」とありますが、増殖率が低くなる場合の理由を三十字程度で説明しなさい。

問四　――線③「ヒトの遺伝的変異の少なさは驚くべきことです」とありますが、なぜこのことが驚くべきことといえるのですか。適切なものを次の中から一つ選び、記号で答えなさい。

ア　ヒトは人種の違いがあり顔や性格も違うのに、遺伝的に大きな差異がないから。
イ　ヒトはチンパンジーと同じように様々な場所に分布しているのに、遺伝的に大きな差異がないから。
ウ　気候の異なる地域に同じ種が分布した場合、遺伝的にも大きく異なるのが普通だから。
エ　住居を作れるようになるなど種が大きな進歩をした場合、遺伝的にも変化があるのが普通だから。

問五　――線④「昆虫にとって温暖化は、ヒトの感覚で考える以上に深刻なものです」とありますが、それはなぜですか。理由を答えなさい。

問六　――線⑤「ゆっくりとした温暖化や寒冷化が起こった場合とは違う問題」とありますが、どのような問題ですか。それがわかる部分を本文中から一文でぬき出し、はじめの八字を答えなさい。

問七　C に入る適切な語を、本文中から三字で書きぬきなさい。

三　次の詩を読んで、後の問いに答えなさい。

落ち葉の手紙

春がきて夏がすぎ秋になり……
あんなこと　こんなこと　いろんなこと
木々は　たくさんの記憶を
Ｉ　葉っぱに書きとめる
そして風に呼びかける

――風　風　葉っぱをはこんでおくれ
ひらひらはこんで　大地にわたしておくれ
冬の静かな　ひとときに
わたしたち生きものの物語を
大地に読んでもらいたいから

木々は知っている
その物語は　ゆっくりと大地にしみこみ
冬の裸の木々の根っこに
ふたたび吸いあげられていくことを

の住む町よりも寒い」などとも言います。ですから温暖化の問題を考える時にも、ついついヒト（ホモ・サピエンス）という動物の感覚で考えがちです。しかし、わたしたちヒトはアフリカの温暖で安定した気候のところで進化したにもかかわらず、急速にさまざまな気候のところに分布を広げました。実際に世界中のヒトの遺伝子がどのくらい違うのかを調べても、チンパンジーの中での違いよりも少ないそうです。ヒトが全世界に七〇億人以上いるのに対して、チンパンジーは今もアフリカに留まり、個体数も数十万程度であることからすると、③ヒトの遺伝的変異の少なさは驚くべきことです。

すなわち、ヒトは遺伝子レベルで大きく性質を変えることなしに世界中のさまざまな気候のもとで生活できるようになった稀有[※3]な種と言えます。それには衣服を着るようになった、風雨を防ぎ暑さ寒さから守ってくれる住居を作るようになった、火を使用するようになったなど、たくさんの理由があると思います。昆虫も世界中に分布しますが、ヒトのように気候の異なる地域に同じ種が広く分布する例はありません。また、同じ種であっても気候の違うところのものは遺伝的に大きく異なるのがふつうです。したがって、④昆虫にとって温暖化は、ヒトの感覚で考える以上に深刻なものです。

それぞれの土地の気候に適した昆虫が生息しているならば、温暖化が起こっていてもそれぞれの分布をより涼しい側、［B］高緯度側にずらすだけで維持できるようにも思えます。南から北へと緯度に沿った分布をしている昆虫ならば、そのようなこともあるでしょうが、たとえば温暖な地域にある涼しい山の上にいるような昆虫はどうなるでしょうか。温暖化が起こる前の気候と近いような涼しい山は、暑い平地を隔てたところにしかないので、よほど移動能力の高い昆虫以外は絶滅するしかありません。

さらに、現在起こっている温暖化は過去にはないくらい急激なものです。このような場合には、⑤ゆっくりとした温暖化や寒冷化が起こった場合とは違う問題が生じます。昆虫は一年に何世代も繰り返し、ある程度移動能力が高いものが多いのですが、樹木は、一世代に要する時間が長くて移動できないため分布の変化に時間がかかります。ある気候に適した樹木とそれを餌とする昆虫、あるいはその花粉を媒介[※4]する昆虫がいたとします。温暖化が進むと、この昆虫にとって好適な地域はより［C］へとずれていきます。したがって昆虫だけを考えると分布域を変えることが可能であり、また生存のためには分布域の移動が必要ですが、樹木の方は同じ速さで分布域を変えることはできません。したがって、急速な温暖化によって樹木が環境に適さないことになって枯れてしまう恐れもあるし、もし樹木が生きのびても昆虫と樹木の分布域がずれてしまうことになります。

（沼田英治『クマゼミから温暖化を考える』）

※1　系……つながり。
　2　年間世代数……昆虫が一年間に繰り返す世代の回数。
　3　稀有……めったにないこと。
　4　媒介……双方の間に立ってとりもつこと。

問一　――線①「温暖化は生息しているあらゆる生物に影響し」とありますが、昆虫にはどのような影響を及ぼしていますか。適切なものを次の中から一つ選び、記号で答えなさい。

ア　温度の変化により昆虫の生息地域が変わる。
イ　冬の寒さで死ぬ昆虫が減る代わりに、夏に死ぬ昆虫が増える。
ウ　増殖率の変化に伴い、年間世代数が増える。
エ　急速にさまざまな気候のところへ分布を広げる。

く」の気持ちに鈍感なところがある。

ウ　「ぼく」は、お父さんを手伝うことで、お父さんの関わっている仕事の面白さを見出している。

エ　「ぼく」は、お父さんやお父さんの仕事に対して、以前よりも理解を示すようになっている。

二　次の文章を読んで、後の問いに答えなさい。

温暖化が起こったらいったい何が困るのでしょうか。温度は生物にとって重要な環境要因なので、①温暖化は生息しているあらゆる生物に影響し、それらから構成される生態系にも大きな影響がおよぶと考えられます。生態系とは、ある地域にすむすべての生物とその地域内の非生物的環境をひとまとめにしてとらえたもので、生産者（光合成によって有機物を生産する緑色植物）、消費者（生産者や他の消費者を食べて有機物を得る動物）、分解者（死んだ生物などの有機物を分解する菌類やバクテリア）、および生物以外の環境から構成されます。消費者はさらに一次消費者（草食動物）、二次消費者（肉食動物）などに分けられます。

生態系の中では、物質循環やエネルギーの流れが絶えず起こっており、通常は安定した系[※1]として存在しています。そして、生産者、消費者、分解者それぞれの中にさまざまな種が存在することが、全体の生産量を増加させたり、環境の変動に対して系を安定化させたりしています。わたしたちヒトも、昆虫も消費者として生態系の一員です。生態系を構成する生物は、それぞれ、どのくらい暑さや寒さに耐えられるか、どのくらいの温度範囲で活動できるかなどが決まっており、自分に適した環境で生活しています。［Ａ］、それらの生物と環境との関係だけではなく、生物同士の相互作用も、バランスのとれた生態系が維持されるために重要です。このように、生態系は複雑なので、温暖化の生態系への影響は予測が難しいのです。

ここでは昆虫に絞って考えてみましょう。温暖化が昆虫に与える影響として以下のようなことが考えられます。まず地理的な分布の変化です。一般的には、温暖化が進むと、より低緯度地方の（北半球では南の）昆虫が高緯度地方へ（北半球では北へ）と分布を変えていくと考えられます。これについては次の節で、具体例をあげて説明します。

次に、温暖化によって冬の寒さで死ぬ昆虫が減ることです。季節変化のあるところでは、ふつうは冬に死ぬ昆虫がもっとも多いのです。冬の寒さが緩和されると冬を越すことができる割合が高くなり、結果として個体数の増加が期待されます。三番目に②増殖率が変化します。昆虫は体温が環境温度とほぼ等しい変温動物で、温度が高いほど発育が速くなりますから、一般には温暖化は昆虫の増殖率を向上させますが、ある程度以上に高い温度になると逆に高温による障害も起こるので、温暖化は増殖率を高めるばかりとは限りません。さらに増殖率とも関係しますが、温暖化により年間世代数[※2]が多くなる場合もあります。その他、餌となる植物や動物、天敵となる動物との関係、餌や場所をめぐる別の昆虫との競争という観点から見ると、季節ごとに他の生物と活動が同調しているかどうかが変化します。

過去にも地球は温暖化や寒冷化を繰り返してきたので、先にも述べたようにその変化に応じて生物は分布域を変化させたり、あるいはより暖かいあるいは寒い気候に適したように自分の性質を進化させたりしながら新しい環境に適応してきたと考えられます。わたしたちは、いつも挨拶のように「今日は特別暑いですね」とか「昨日の晩から急に冷えましたね」とか言いながら暮らしています。「今年の夏は去年よりも暑かった」とか、旅行をすると「ここはわたし

問二 ===線ア〜エの中で違う用法のものを一つ選び、記号で答えなさい。

問三 ——線②「ふと、お父さんは身震いした。へたな演技だ。とはいえ、このタイミングで演技できないのも悔しい」における「ぼく」の気持ちや状態として、適切なものを次の中から一つ選び、記号で答えなさい。

ア お父さんを手伝うのが嫌なので、へたな演技に対して軽蔑する気持ちがある。

イ 汗だくになるほどの暑さのせいで、自分にはお父さんの演技がへたくそに見える。

ウ お父さんの演技にけちをつけてはいるが、自分は演技の仕方すらわからない。

エ お父さんは映画の場面に入り込もうとしているが、自分にはその余裕がない。

問四 ——線③「うなずいた」という「ぼく」の心情の説明として、適切なものを次の中から一つ選び、記号で答えなさい。

ア 心臓の音と呼吸の音を間違えて聞いていたのであるが、それをお父さんに悟られたくないと思った。

イ お父さんの言う心臓の音は聞こえなかったが、聞こえたことにしてお父さんのペースに合わせようと思った。

ウ すう、すう、という音が心臓の音なのではないかと確かめたら、お父さんに怒られると思った。

エ お父さんの言っていることはでたらめだと直感したが、指摘するのも面倒だと思った。

問五 [A] に入る適切な言葉を二字で答えなさい。

問六 [B] に入るものとして、適切なものを次の中から一つ選び、記号で答えなさい。

ア 静かに「うん…」と答えた

イ おだやかに「ええと…」と口ごもる

ウ いきなり「ああ!」と声をあげる

エ 急に「はあ…」とためいきをついた

問七 ——線④「お父さんは最低だな」の時の「ぼく」の気持ちとして、適切でないものを次の中から一つ選び、記号で答えなさい。

ア 孤独な白熊のシーンが印象に残っていたぼくは、その純粋な気持ちをお父さんに踏みにじられた気がして嫌だった。

イ いい加減すぎるお父さんの性格をぼくは理解して受け入れようと思うのだが、嘘をついたことは許せないと思った。

ウ ぼくはお父さんへの怒りのあまりこのまま出て行きたいところだったが、録音の仕事は最後までしっかりやり通そうとした。

エ 感動的な映画の制作にお父さんは携わっていると思っていたのに、いやらしいメロドラマだったことを軽蔑した。

問八 「お父さん」「ぼく」についての説明として、適切でないものを次の中から一つ選び、記号で答えなさい。

ア 「お父さん」は、無計画に仕事を進めたりする自覚があるので、しっかり者の「ぼく」を頼っている。

イ 「お父さん」は、仕事に対する腕と情熱を持っているが、「ぼ

「あのシナリオのことか？」

思いっきり目を見開いたお父さんが訊ね、

「そうだよ」

ぼくは胸を張った。

お父さんはぽかんとした。ぼくのことをまじまじとみて、

「俺が話した物語は、ぜんぶ嘘だよ。思いつきの作り話だ。本物のシナリオは、くだらない※3メロドラマだったんだ。男と女がごじゃごじゃする、やらしくて、ありふれたラストシーンさ。でも、そうかあ。あんな俺の作り話を、本気にしてくれていたのかあ」

謝るどころかひどく感心した挙げ句、

「葉太はいいやつだな」

と、お父さんは腰をあげ、ぼくの頭をわしわしなでた。

「④お父さんは最低だな」

怒りを通りこして呆れたぼくは、お父さんの掌をぱしっとはらった。

この嘘つきやろう！

ちょっとまえのぼくならば、そんなふうに、ののしって（もしくは無視して）、リビングを飛びだしていただろう。いまはでも、しかたがないと思える。お父さんはお父さんだし、仕事は仕事だ。どちらも投げだすわけにはいかなかった。

ぼくはふきげんなまま、汗でびっしょりのTシャツを脱いだ。それをきっかけに、ぼくのいいかげんなお父さんは、仕事のときのきりっとしたお父さんへと変身した。ヘッドフォンをかぶり、ハードディスク・レコーダーを調整する。

窓を閉め、せんぷう機を止め、ぬれたタオルを首に巻いた。

あたりはとたんに、しずかになった。ぼくはソファに座り直す。お父さんが聴診器をかまえる。銀色の丸い金属が、ぼくの胸に当たる。ひやりとした感触。しんと、しずまりかえったなかで、かすかに聞きとれるのは、やっぱり自分の呼吸音だけだ。聴診器はもう生ぬるくなっている。ぺたぺたと肌に張りつき、左胸上部、中央、左胸下部と、心臓を探している。ふいに動きが止まり、お父さんがまぶたを閉じる。本番の合図だ。緊張して、どきどきしてしまわないように、数を数える。百まで数えても終わらない。数えるのに飽きあきしたころ、ようやく、OKサインがでる。お父さんはヘッドフォンを外し、聴診器を当てたまま、ハードディスク・レコーダーをスピーカーに切り替えた。

しずけさの底から、音が、すっくりと起立する。

どくん、どくん、どくん。

部屋じゅうに響きわたる。自分のものなのに、こんなふうに聞くのは、はじめてだ。

ぼんやり想像していたものよりも、ずっとゆっくり、しっかり脈打っている。とても規則正しい。とんでもなく、まじめだ。そして、ちから強い。不思議なほど、親しげなリズム。これが、ぼくの心臓の音……。

（唯野未歩子『はじめてだらけの夏休み』）

※1　ガンマイク……離れた距離から特定の音だけを拾いたいときに使用するマイク。マイクの正面の音の中でも最も狭い範囲の音を拾うことに特化し、映像収録によく用いられる。

2　テイク……映画や音楽で、一回分の撮影・録音。

3　メロドラマ……事件や変化の多い恋愛ドラマ。

問一　——線①「リビングの窓を閉め、せんぷう機を止めた」という理由を二十五字以内で答えなさい。

い雪。白い山。空も白。すみずみまで白銀の世界。草樹は枯れ、風はなく、鳥も飛ばない。車も電車も通らない。人家もなく、動物はみな冬眠している。吐く息は凍りつき、ひとりきりだ。自分のほかには誰もいない」

②ふと、お父さんは身震いした。へたな演技だ。とはいえ、このタイミングで演技できないのも悔しい。ぼくは汗だくで、身震いのしかたさえ忘れてしまっていた。

「聞いてごらん」

お父さんは両耳の裏に手をそえた。

「なにを？」

訊ねてから、ぼくも真似をした。

「深い、深い、しずけさを」

おもてはもちろん、せみ時雨だけれど。お父さんは耳の裏を指で押した。お父さんの耳は柔らかい。両方ともがぴんとたち、まるで猿みたいな顔つきになった。

「ほら。自分の心臓の音が聞こえてこないか」

お父さんはそう言った。

どっく、どっく、どっく。と、お父さんがつぶやく。かろうじて、ぼくに聞きとれたのは、すう、すう、すう、という自分の呼吸音だけだった。でも、心臓と呼吸は似たようなものだ。そう思うことにして、③うなずいた。

「だろう」

お父さんは耳から手を離した。

「葉太をみていたら、むかし雪景色のシーンに心臓の音をあてたことがあったのを、思い出したんだ。俺もまだ若くてさ、頼まれてもいないのに、わざわざ音をこしらえてね。監督には却下されたけど、その音を絶賛してくれたひともいた。いま思えば、悪くないアイデアだった。そのときに、これも開発したのさ」

自画自賛しているわりには、うつむきがちで、お父さんは［Ａ］ていた。［Ａ］隠しをするかのように、古びた紙袋をもってきて、へんてこな機材をとりだした。

丸くて、ひらべったい、銀色の金属。そこから一本のチューブが伸び、ふたまたにわかれている。これは病院でお腹をぽんぽんするやつだ。だけど、その聴診器の、お医者さんが耳にいれる部分は、Ｙ字チューブへとつながっていて、Ｙ字チューブはさらに別のチューブへ続き、そのチューブはマイクコードと接続されている。マイクコードのプラグは、ハードディスク・レコーダーにさしてあった。

マイクコードの中間にある、ちいさな機械をつまみあげ、

「小型マイクとつなげてあるから、この改造聴診器なら、心臓の音がじかに録れるぞ」

と、自慢した。

「ってことは、つまり……白熊の心臓の音を録るんだね？」

ぼくは訊ねた。

「白熊？」

なんの話をされているのか、さっぱりわからない。と、くちにはださなくても、みてとるくらい、もやもやした表情になり、お父さんがまっすぐにぼくをみた。

「だって、ラストシーンはひとりぼっちの白熊だろ？」

ぼくが続けると、お父さんは首をひねった。

おかしなことを言っているのはぼくで、お父さんはまったくまとも。そんな雰囲気を漂わせ「とんちんかんな葉太にはつきあいきれない」とでもいうかのように、お父さんは唇をへの字に曲げた。しばらく考えこみ、［Ｂ］。

二〇二〇年度　芝浦工業大学附属中学校

【国　語】〈第一回試験〉（六〇分）〈満点：一二〇点〉

〈注意〉一、指示がない限り、句読点や記号などは一字として数えます。
二、正しく読めるように、読みがなをふったところがあります。

一　次の文章を読んで、後の問いに答えなさい。

> 病気の母は九歳になる「ぼく」（葉太）を置いて、突然、新潟の実家に帰ってしまった。夏休みが始まる日、仕事でめったに家に戻ることのなかった父が五か月ぶりに戻って来た。映画やテレビドラマの録音技師である父から、白熊とサラリーマンの男との友情を描いた『夏の友だち』というタイトルの映画の音を録ると聞かされたぼくは、その仕事を手伝うことに乗り気だった。

その三日後、ぼくらは録音し直した。

まずは、竹を筒状（ちくわみたいなかたち）に切り、ひもをくくりつけて、カウボーイのようにふりまわす。ふりまわすのは、ぼくの役目だ。お父さんはヘッドフォンをかぶり、ハードディスク・レコーダーを調整し、同時にガンマイク[※1]もさす。何回かテストをし、①リビングの窓を閉め、せんぷう機を止めた。以前の録音とおなじく、室内温度は急上昇だ。暑いというより、熱くかんじる。呼吸がしにくくなり、頭はかーっとのぼせて、目のまえはくらくら。血液はかんかんに、ふっとうしている。しかし今日は準備万端。洗面器に氷水が張ってあるのだ。ぼくとお父さんは目配せしあい、氷水でタオルをぬらして、自分の首に巻きつけた。

お父さんの合図がかかる。

「テイク1[※2]」

ひゅーん、ひゅーん、ひゅーん。ぼくはひもをふりまわす。

一発でOKがでた。切れ味のよい風の音だ。ぼくは満足し、急いで窓を開けた。風は熱いけれど、室内の空気がかきまぜられるだけで、いくらかましだった。

せんぷう機をまわし、

お父さんは言った。

「実は、もうひとつ録りたい音がある」

ぼくはソファに、お父さんは床に、あぐらをかいた。ぼくらは基本的に、むかいあわない。たとえば、片方が窓のほうをむいているとき、もう片方は台所のほうをむき、どちらからともなく、ななめにいる。別に避けているわけじゃなく、これは男の心得だと、ぼくは思っている。そういえば、お母さんとは正反対だ。ぼくが正面に座らなかったり、目をあわさずに話をすると、お母さんは叱ったり、かなしんだものだった。

「いいかい」

カーテンの束のあたりをみつめながら、目をぐっと細めたお父さんが言い、

「いいよ」

せんぷう機のほうをむいたぼくも、目を細めてみる。

「まえにも話したように、雪の日は音がない」ア

「うん」

「そこで想像してみよう」

「うん」

「俺たちがいるこの場所は、くそ暑い部屋じゃなく、ひどく寒い雪野原だ。白

2020年度

芝浦工業大学附属中学校　▶解説と解答

算　数　＜第１回試験＞（60分）＜満点：120点＞

解　答

1 (1)　$1\frac{13}{15}$　(2)　0.71　(3)　4　(4)　８分24秒　(5)　16通り　(6)　18.84cm^2
2 (1)　**10円玉**…８枚，**50円玉**…４枚，**100円玉**…７枚　(2)　10月16日水曜日　(3)　８時50分　(4)　33度　(5)　20.565cm^2　(6)　解説の図６を参照のこと。　**3** (1)　①　15通り　②　34通り　(2)　①　274通り　②　98通り　**4** (1)　**作図**…(例)　解説の図②を参照のこと。／５回はね返り，頂点Ｄで止まる　(2)　$4\frac{1}{3}$cm　(3)　$2\frac{1}{3}$cm

解　説

1 **四則計算，逆算，仕事算，場合の数，面積**

(1)　$3\frac{4}{5}-12\times0.3+5\div3=\frac{19}{5}-12\times\frac{3}{10}+\frac{5}{3}=\frac{19}{5}-\frac{18}{5}+\frac{5}{3}=\frac{1}{5}+\frac{5}{3}=\frac{3}{15}+\frac{25}{15}=\frac{28}{15}=1\frac{13}{15}$

(2)　$(1.87+0.48)\times0.2+(1.3-0.7)\times0.4=2.35\times0.2+0.6\times0.4=0.47+0.24=0.71$

(3)　$3-\left(\frac{2}{3}+\frac{5}{6}\times\square\right)\times0.3=1\frac{4}{5}$より，$\left(\frac{2}{3}+\frac{5}{6}\times\square\right)\times0.3=3-1\frac{4}{5}=\frac{15}{5}-\frac{9}{5}=\frac{6}{5}$，$\frac{2}{3}+\frac{5}{6}\times\square=\frac{6}{5}\div0.3=\frac{6}{5}\div\frac{3}{10}=\frac{6}{5}\times\frac{10}{3}=4$，$\frac{5}{6}\times\square=4-\frac{2}{3}=\frac{12}{3}-\frac{2}{3}=\frac{10}{3}$　よって，$\square=\frac{10}{3}\div\frac{5}{6}=\frac{10}{3}\times\frac{6}{5}=4$

(4)　仕事全体の量を１とすると，芝田君，田浦君が１分間にする仕事の量はそれぞれ，$1\div14=\frac{1}{14}$，$1\div21=\frac{1}{21}$となる。よって，２人ですると１分間に，$\frac{1}{14}+\frac{1}{21}=\frac{5}{42}$の仕事ができるから，終わるまでに，$1\div\frac{5}{42}=8\frac{2}{5}$(分)かかる。これは，$60\times\frac{2}{5}=24$(秒)より，８分24秒となる。

(5)　右の図１で，点Ｐを通るには直線CDを通る必要があり，点Ａから点Ｃまで最短で行く方法は，交差点ごとに加えていくと，２通りある。また，点Ｄから点Ｑを通らずに点Ｂまで最短で行く方法は，交差点ごとに加えていくと，８通りある。よって，点Ａから点Ｂまでの行き方で，点Ｐを通り点Ｑを通らない最短の行き方は，$2\times8=16$(通り)となる。

図１

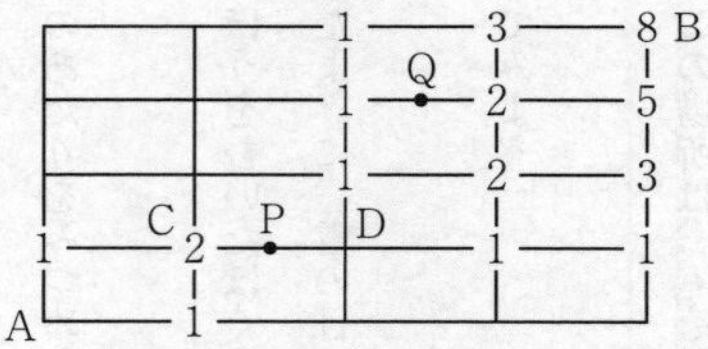

(6)　右の図２のように，小さい円の半径を□cm，大きい円の半径を△cmとすると，小さい円の面積が9.42cm^{2}なので，□×□×3.14＝9.42(cm^2)より，□×□＝9.42÷3.14＝３とわかる。よって，かげをつけた正方形の面積は３cm^{2}である。また，正方形の面積は，(対角線)×(対角線)÷２で求められるから，△×△÷２＝３(cm^2)より，△×△＝３×２＝６とわかる。したがって，大きい円の面積は，△×△×3.14＝６×3.14＝18.84(cm^2)となる。

図２
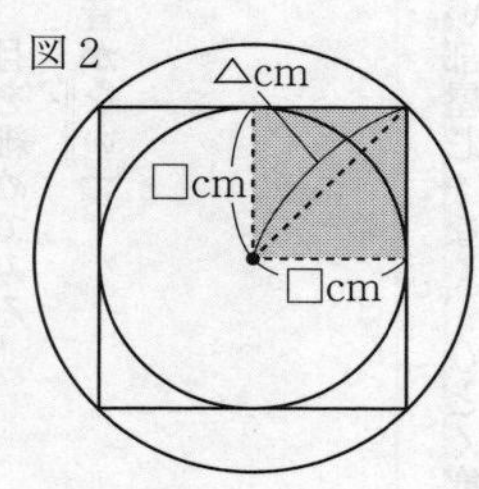

2 **つるかめ算，周期算，ニュートン算，角度，面積，展開図**

(1)　10円玉が２枚，50円玉が１枚のとき，100円玉は，$19-(2+1)=16$(枚)だから，合計金額は，

10×２＋50×１＋100×16＝1670(円)になる。また，10円玉が４枚，50円玉が２枚のとき，100円玉は，19－(４＋２)＝13(枚)なので，合計金額は，10×４＋50×２＋100×13＝1440(円)になる。このように，10円玉を２枚，50円玉を１枚増やすごとに合計金額は，1670－1440＝230(円)ずつ減るから，右の図１のようになる。よって，合計金額が980円になるのは，10円玉が８枚，50円玉が４枚，100円玉が７枚のときとわかる。

図１

10円玉(枚)	2	4	6	8
50円玉(枚)	1	2	3	4
100円玉(枚)	16	13	10	7
合計金額(円)	1670	1440	1210	980

－230　－230　－230

⑵　１週間で，１×３＋５＝８(km)走るから，50÷８＝６余り２より，50km走り終えるのは，６週間とさらに２km走ったときであり，最後の２kmを走るのは月曜日と水曜日となる。よって，50km走り終えるのは，９月２日からかぞえると，７×６＋３＝45(日目)なので，２＋45－１＝46，46－30＝16より，10月16日の水曜日とわかる。

⑶　入り口を３か所開くとき，開園してから行列がなくなるまでの時間は，９時50分－８時30分＝１時間20分＝80分である。この間に行列に加わる人数は，40×80＝3200(人)なので，はじめから並んでいた400人を加えると，80分で，400＋3200＝3600(人)が入園している。よって，１か所の入り口から１分間に入園する人数は，3600÷80÷３＝15(人)なので，４か所の入り口を開くと，１分間に，15×４＝60(人)が入園する。この間に40人が行列に加わるから，行列は１分間に，60－40＝20(人)の割合で減る。したがって，行列がなくなるまでの時間は，400÷20＝20(分)なので，その時刻は，８時30分＋20分＝８時50分である。

⑷　右の図２で，ADとCDの長さが等しく，角ADBと角EDCの和が180度であることから，三角形ABDと三角形CDEを並べると，右の図３のようになる。すると，図３の三角形ABEは二等辺三角形なので，角BAEの大きさは，180－67×２＝46(度)となり，角アの大きさは，46－13＝33(度)と求められる。

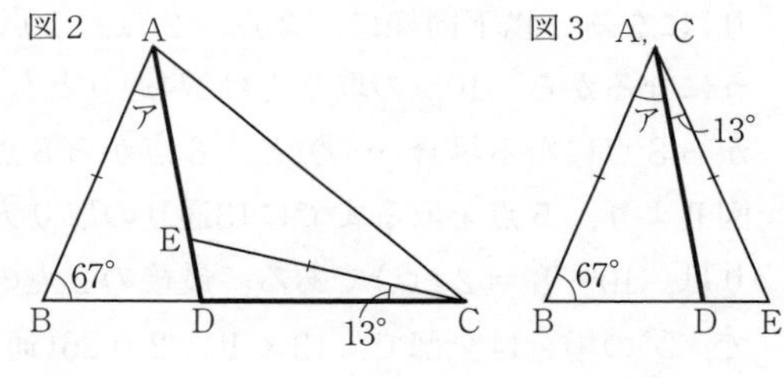

⑸　下の図４で，三角形MOEと三角形CDEは相似であり，相似比は，MO：CD＝３：６＝１：２だから，OE＝$3\times\frac{1}{1+2}$＝１(cm)とわかる。よって，三角形MOEの面積は，１×３÷２＝1.5(cm^2)，三角形ABEの面積は，(３＋１)×６÷２＝12(cm^2)と求められる。また，四分円OMAの面積は，$3\times3\times3.14\times\frac{1}{4}$＝7.065($cm^2$)である。よって，斜線(しゃせん)部分の面積は，1.5＋12＋7.065＝20.565

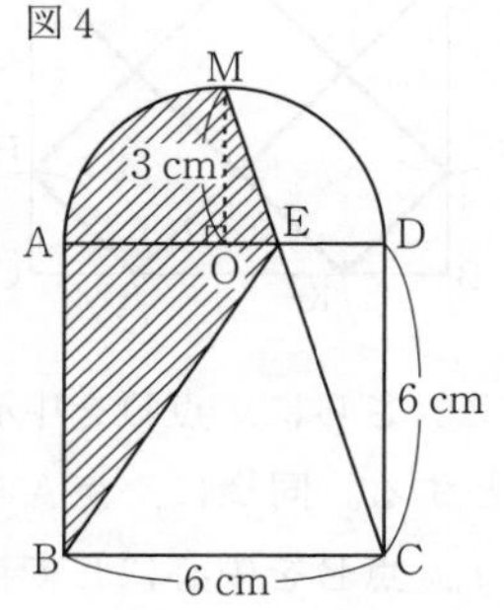

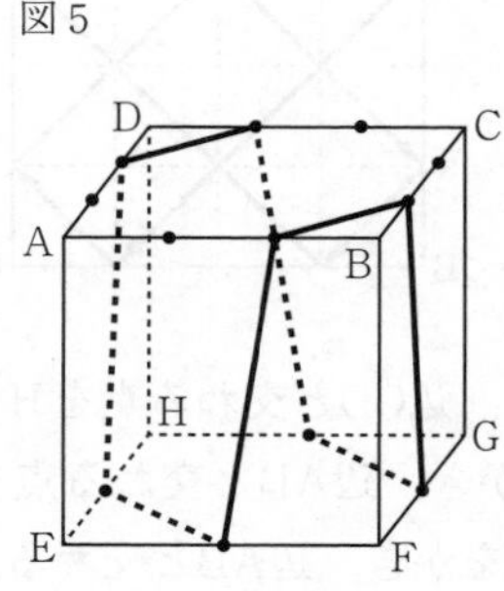

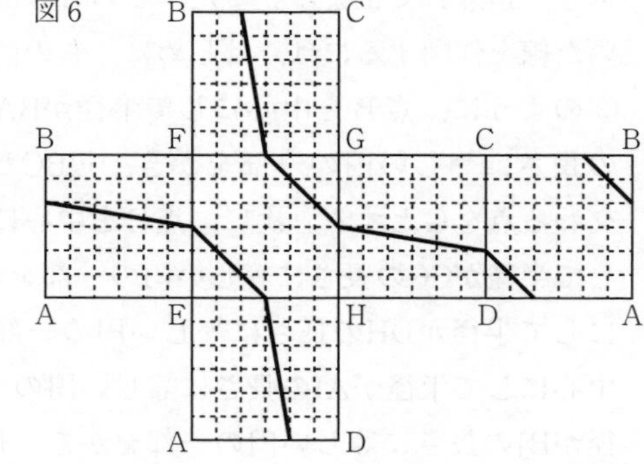

(cm^2)となる。

(6) 上の図5のように，はじめに立方体の頂点に記号をつける。次に，これを解答用紙の展開図にうつし，頂点の記号をもとにして線をかき入れると，上の図6のようになる。

3 場合の数

(1) ① 得点の合計が8点で，2点にあたった回数が2回のとき，1点にあたった回数は，$(8-2\times2)\div1=4$(回)になる。よって，全部で，$2+4=6$(回)のうち，2点にあたった2回を選ぶ組み合わせを求めると，得点の取り方は，$\frac{6\times5}{2\times1}=15$(通り)とわかる。 ② 1点の取り方は「1点」の1通り，2点の取り方は「1点→1点」と「2点」の2通りある。また，3点の取り方は，1点の取り方の後に「2点」を取る1通りと，2点の取り方の後に「1点」を取る2通りがあるから，全部で，$1+2=3$(通り)になる。以下同様に，2点低い得点の取り方の数と1点低い得点の取り方の数をたしていくと，下の図Ⅰのようになるから，8点の取り方は34通りとわかる。

図Ⅰ

得　点（点）	1	2	3	4	5	6	7	8
取り方(通り)	1	2	3	5	8	13	21	34

図Ⅱ

得　点（点）	1	2	3	4	5	6	7	8	9	10
取り方(通り)	1	2	4	7	13	24	44	81	149	274

(2) ① 1点の取り方は「1点」の1通り，2点の取り方は「1点→1点」，「2点」の2通り，3点の取り方は「1点→1点→1点」，「1点→2点」，「2点→1点」，「3点」の4通りある。また，4点の取り方は，1点の取り方の後に「3点」を取る1通りと，2点の取り方の後に「2点」を取る2通りと，3点の取り方の後に「1点」を取る4通りがあるから，全部で，$1+2+4=7$(通り)になる。以下同様に，3点，2点，1点低い得点の取り方の数をたしていくと，上の図Ⅱのようになるから，10点の取り方は274通りとわかる。 ② 途中（とちゅう）で7点にならない取り方は，5点から8点になる場合(…㋐)と，6点から8点または9点になる場合(…㋑)に分けられる。㋐の場合，図Ⅱより，5点を取るまでに13通りの取り方があり，次に「3点」を取ると得点が8点になり，残りは，$10-8=2$(点)である。最後の2点の取り方は「1点→1点」と「2点」の2通りがあるので，㋐の場合は全部で，$13\times1\times2=26$(通り)になる。次に㋑の場合，図Ⅱより，6点を取るまでに24通りの取り方があり，残りの，$10-6=4$(点)の取り方は，「2点→1点→1点」，「2点→2点」，「3点→1点」の3通りである。よって，㋑の場合は全部で，$24\times3=72$(通り)とわかる。したがって，途中で7点にならない10点の取り方は，$26+72=98$(通り)と求められる。

4 平面図形―図形上の点の移動，作図，相似

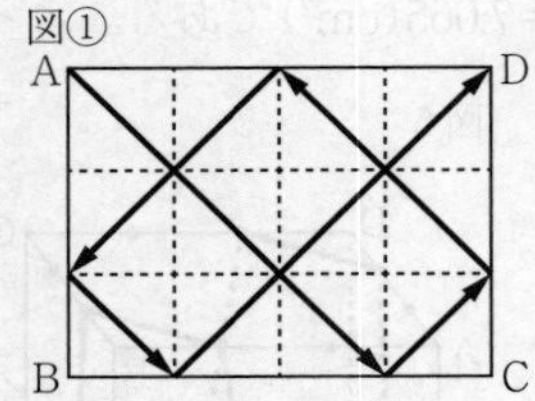

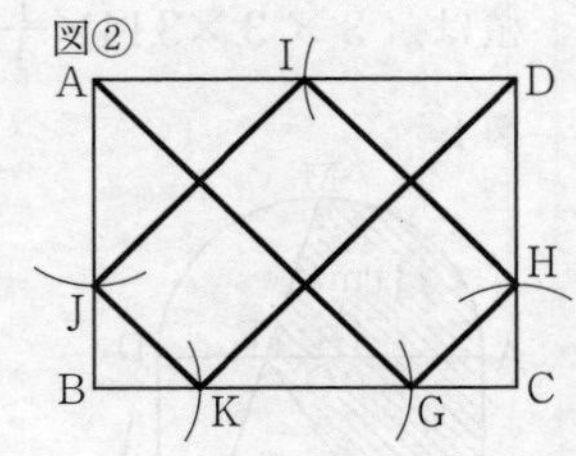

(1) 右の図①のように進むから，5回はね返り，頂点Dで止まる。また，このとき動いた線を作図するには，はじめに，右の図②のように，点Bを中心にして半径がBAの長さに等しい円の一部をかき，辺BCと交わる点をGとする。次に，点Cを中心にして半径がCGの長さに等しい円の一部をかき，辺CDと交わる点をHとする。さらに，点Dを中心にして半径がDHの長さに等しい円の一部をかき，辺ADと交わる点をIとする。同様に，点Aを中心にして半径がAIの長さに等しい円の一部をかき，辺ABと交わる点をJ，点Bを中心にして半径がBJの長さに等しい円の一部をかき，辺BCと交わる点をKとする。最後に，A→G→H→I→

Ｊ→Ｋ→Ｄの順に定規で結べばよい。

⑵　右の図③で，三角形PLEと三角形QMEは相似であり，相似比は，PL：QM＝（６－２）：（６－１）＝４：５だから，LE：ME＝４：５である。また，LMの長さは，８－（３＋２）＝３(cm)である。よって，LEの長さは，$3\times\frac{4}{4+5}=\frac{4}{3}$(cm)となるので，BEの長さは，$3+\frac{4}{3}=4\frac{1}{3}$(cm)とわかる。

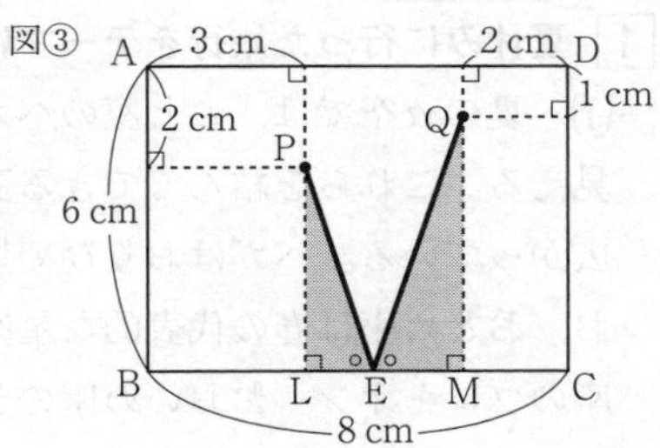

⑶　右の図④のように，長方形ABCDを辺BCについて線対称（たいしょう）の位置にかき加え，それをさらに辺CD′について線対称の位置にかき加えたのち，点Ｐから点Q″に向かって球を打つことを考える。図④で，三角形PF′Nと三角形Q″F′Oは相似であり，相似比は，PN：Q″O＝（８－３）：１＝５：１だから，NF′：OF′＝５：１とわかる。また，NOの長さは，（６－３）＋（６－１）＝８(cm)である。よって，OF′の長さは，$8\times\frac{1}{5+1}=\frac{4}{3}$(cm)なので，D′F′(DF)の長さは，$1+\frac{4}{3}=2\frac{1}{3}$(cm)と求められる。

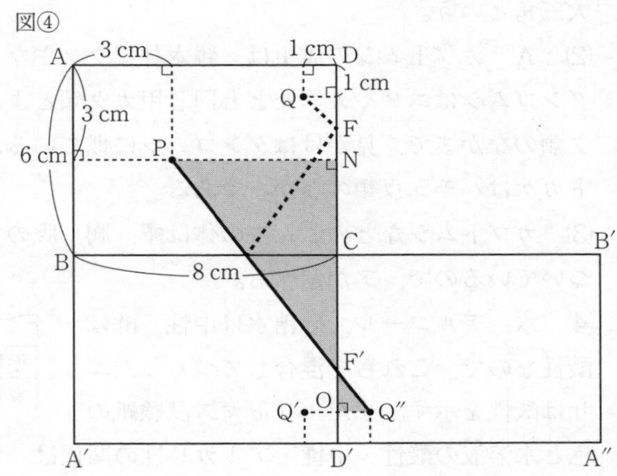

理　科　＜第１回試験＞（50分）＜満点：100点＞

解　答

1　⑴　イ　⑵　Ａ　樹液　Ｂ　３　⑶　ア　⑷　エ　⑸　0.65％　⑹　右の図　2　⑴　（例）　弦の振動する部分の長さが短くなると，音が高くなる。　⑵　（例）　弦の張り方を強くする。　⑶　６弦　⑷　**音階**…ド　**振動数**…524　3　⑴　1327秒後　⑵　①　210秒　②　67 g　⑶　①　1750秒　②　87.5 g　4　⑴　砂糖水　⑵　①，③　⑶　イ　⑷　１％塩酸　⑸　①　2 mL　③　4 mL　5　⑴　（例）　試験管の口を下げること。　⑵　ア　⑶　(a)　0.9　(c)　6.3　⑷　エ　6　⑴　エ　⑵　①　１と５，２と６　②　１と２　⑶　２　⑷　（例）　光が当たらず，光合成ができなかったから。　7　⑴　エ　⑵　玄武岩　⑶　9 cm　⑷　ウ　⑸　（例）　あたたかくて浅い海。　8　⑴　（例）　水とうに$\frac{1}{3}$まで水を入れると，全体の重心が下がり，ふり子の長さが長くなるから。　⑵　（例）　二酸化炭素のはい出量を減少させるために，太陽光や風力，地熱などの再生可能エネルギーを利用する。　⑶　（例）　四つ折りに比べて液にふれる面積が大きく，はやくろ過をすることができるところ。

力点　支点　作用点

解説

1 夏休みに行った旅行をテーマにした問題

⑴　夏の夜空では，こと座のベガ，はくちょう座のデネブ，わし座のアルタイルがひときわ明るく見える。これらを結んでできる三角形を夏の大三角といい，これらの星座は天の川にかかるように広がっている。ベガはおりひめ星，アルタイルはひこ星として，七夕の伝説でも知られている。なお，おとめ座は春の代表的な星座である。オリオン座とおおいぬ座は冬の代表的な星座で，こいぬ座のプロキオン，おおいぬ座のシリウス，オリオン座のベテルギウスを結んでできる三角形を冬の大三角という。

⑵　**A**　カブトムシの成虫は，雑木林でクヌギなどの樹木の幹に集まり，樹液をなめる。　**B**　ダンゴムシはエビやカニなどと同じ甲カク類とよばれるなかまに属する。ワラジムシも同じく甲カク類のなかまで，見かけはダンゴムシに似ているが，ダンゴムシと違い，ふれても丸くならない。トカゲはハチュウ類のなかまである。

⑶　カブトムシなどのこん虫の体は頭，胸，腹の３つの部分に分かれており，胸には３対のあしがついているので，アが選べる。

⑷　水，アルコール，砂糖水は中性，酢は酸性なので，これらを混合してつくったエサは酸性を示す。また，リトマス試験紙の色と水溶液の酸性・中性・アルカリ性の関係は，上の表のようになっている。よって，エが正しい。

	酸性	中性	アルカリ性
赤色リトマス試験紙	変化なし	変化なし	青色に変化
青色リトマス試験紙	赤色に変化	変化なし	変化なし

⑸　60ｇの酢にふくまれているサク酸は，60×0.05＝３（ｇ），エサの重さは，150＋50＋200＋60＝460（ｇ）なので，３÷460×100＝0.652…より，エサのサク酸のこさは0.65％と求められる。

⑹　支点はてこの回転の中心となる点，作用点は物体に力がはたらく点，力点は人が力を加える点で，ピンセットは支点と作用点の間に力点があるてこである。

2 ギターの音の高さについての問題

⑴　表を見ると，どの弦でもフレットの数値が大きいほど振動数が大きい。そして，説明文では，振動数が大きいほど高い音になると述べられている。したがって，弦の振動する部分の長さが短くなると，音が高くなる。

⑵　発生する音の高さは，弦の張り方が強いほど高い。４弦２フレットの正しい音の振動数は165なので，確認した音の振動数が150だった場合，弦の張り方を強くする必要がある。

⑶　発生する音の高さは，弦が太いほど低い。同じフレットの音，たとえば１フレットの音の振動数を１弦と６弦で比べると，１弦は349，６弦は87で，６弦のほうが音の高さが低いので，太いのは６弦である。

⑷　フレットの数値が１つ大きくなると，ミとファの間，シとドの間では音階が全音上がり，これら以外では音階が半音上がる。よって，１弦４フレットのソ♯から音階を上げていくと，５フレットはラ，６フレットはラ♯，７フレットはシ，８フレットはドとなる。また，表で，たとえばソの振動数は，６弦３フレットで98，３弦０フレットで196，１弦３フレットで392となっているので，196÷98＝２（倍），392÷196＝２（倍）より，振動数が２倍になると，１オクターブ上の音になることがわかる。したがって，１弦８フレットのドの振動数は，２弦１フレットのドの１オクターブ上なので，262×２＝524と求められる。

3 熱の量と温度変化についての問題

(1)　氷がすべてとけて０℃の液体の水になったのは627秒後で，907秒後に40℃まで温度が上がっている。つまり，907－627＝280(秒)の間に40℃だけ上昇しているので，水がふっとうする温度の100℃になるのは，加熱をはじめてから，$627+280\times\frac{100}{40}=1327$(秒後)である。

(2)　①　０℃の水200ｇを40℃にするのに280秒かかっているので，30℃にするには，$280\times\frac{30}{40}=210$(秒)かかる。　　②　①より，30℃のオレンジジュース200ｇの温度を０℃から30℃まで上げるのに必要な熱の量は，加熱装置Ｗが210秒で加える熱の量に等しい。したがって，氷を入れてこれと同じ量の熱を奪えば，30℃のオレンジジュースは０℃になる。このとき，氷もちょうどすべてとけて０℃の水になるようにすればよい。－20℃の氷200ｇがすべてとけて０℃の水になるまでは，加熱装置Ｗで熱を加えて627秒かかるので，$200\times\frac{210}{627}=66.9\cdots$より，210秒で－20℃の氷がすべてとけて０℃の水になるときの氷の重さは67ｇである。

(3)　①　200ｇの水の温度を40℃上げるのに280秒かかっているので，温度を１℃上げるのにかかる時間は，280÷40＝７(秒)である。この時間は水の重さに比例するので，50kgの水の場合には，$7\times\frac{50\times1000}{200}=1750$(秒)となる。　　②　水50kgの温度を１℃上げるのに必要な熱の量は，水50kgの温度を１℃下げるときに失われる熱の量に等しい。①より，体重50kgの人の体温を１℃下げるときに失われる熱の量は，加熱装置Ｗで1750秒加熱するとき加えられる熱の量と同じである。体温とほぼ同じ温度の水(汗)200ｇを蒸発させるのに必要な熱の量は，加熱装置Ｗで4000秒間に加える熱の量に等しいので，加熱装置Ｗで1750秒で蒸発させられる水(汗)の重さは，$200\times\frac{1750}{4000}=87.5$(ｇ)である。

4 水溶液の性質についての問題

(1)　塩酸は気体の塩化水素の水溶液，アンモニア水は気体のアンモニアの水溶液で，気体の水溶液を加熱すると，とけている気体は空気中に逃げていくので，水を蒸発させた後には何も残らない。うすい水酸化ナトリウム水溶液と食塩水は固体の水溶液で，水を蒸発させた後には白色の固体が残る。砂糖水は，加熱してしばらくすると砂糖がこげ始めるためねばりけのある茶色っぽい液体になり，さらに加熱して水を蒸発させると，砂糖がこげてできた黒っぽい色の物質(炭素を多くふくむ)ができる。よって，実験１より，②の水溶液は砂糖水とわかる。

(2)　実験２で用いたムラサキキャベツ液は，強い酸性で赤色，弱い酸性でピンク色，中性でむらさき色，弱いアルカリ性で緑色，強いアルカリ性で黄色を示すので，⑤，⑥，⑦は強い酸性，①，③は強いアルカリ性，②，④は中性の水溶液である。また，BTB溶液は，酸性で黄色，中性で緑色，アルカリ性で青色を示す。したがって，①，③が選べる。

(3)　(2)より，⑤，⑥，⑦は塩酸，①，③はアルカリ性の水溶液となる。すると，実験１で白色の固体が残った①はうすい水酸化ナトリウム水溶液とわかり，もう１つのアルカリ性の水溶液である③はアンモニア水と決まり，残った④は食塩水となる。次に，実験３で，うすい水酸化ナトリウム水溶液を８mLずつ加えたときに⑤と⑥はアルカリ性，⑦は中性になったので，３種類の塩酸のうち⑦がもっともこい４％塩酸であり，①８mLと⑦10mLが過不足なく中和する。また，実験４で，アンモニア水を８mLずつ加えたときにアルカリ性になった⑥がもっともうすい１％塩酸であり，⑤が２％塩酸とわかり，③８mLと⑤10mLが過不足なく中和する。よって，この混ぜかたに比べて③

が多いイは，アルカリ性を示すためBTB溶液が青色になる。なお，アとウについて，それぞれ実験３や実験４と入れた酸性の水溶液の量が同じで，アルカリ性の水溶液の量のみが多くなっている。つまり，アとウは，実験３や実験４でアルカリ性になったものに，さらにアルカリ性の水溶液を加えたものになるため，どちらもBTB溶液は青色になる。エについて，④の食塩水に⑦の塩酸を加えた溶液は酸性なので，BTB溶液は黄色になる。

⑷　⑶で述べたように，⑥は１％塩酸である。

⑸　４％塩酸10mLと①８mLが過不足なく中和するため，１％塩酸10mLに，$8\times\frac{1}{4}=2$（mL）の①を加えればBTB溶液が緑色となる。また，２％塩酸10mLと③８mLが過不足なく中和するので，１％塩酸10mLに，$8\times\frac{1}{2}=4$（mL）の③を加えると，BTB溶液は緑色を示す。

5　炭酸水素ナトリウムの反応と性質についての問題

⑴　炭酸水素ナトリウム(重曹(じゅうそう))を加熱すると，二酸化炭素，炭酸ナトリウム，水が発生する。この水が試験管の加熱部分に流れると試験管が急に冷やされて割れるおそれがある。それを防ぐため，試験管の口のほうを少し下げて，発生した水が試験管の口のほうにたまるようにする。

⑵　石灰水は水酸化カルシウムの水溶液で，実験１で発生した二酸化炭素を石灰水に通すと，水酸化カルシウムと二酸化炭素の反応により，水にとけない炭酸カルシウムができ，そのつぶが液に広がるために白くにごる。貝がらや卵のから，大理石(石灰石が熱と圧力で変化したもの)などは，炭酸カルシウムをおもな成分としてふくんでいるが，水しょうは二酸化ケイ素という物質をおもな成分としている。

⑶　表で，(a)は，１回目と３回目の値より，$0.450\times\frac{8.400}{4.200}=0.9$（g）とわかる。また，(c)は，１回目と２回目の値より，$8.400\times\frac{3.975}{5.300}=6.3$（g）と求められる。

⑷　フェノールフタレイン溶液は，酸性や中性では無色で，アルカリ性では赤色を示す。アルカリ性が強いほど赤色がこくなるので，炭酸水素ナトリウムの水溶液より炭酸ナトリウム(加熱後の固体)の水溶液のほうがアルカリ性が強いことがわかる。

6　インゲンマメの発芽と成長についての問題

⑴　種子をつくる種子植物のうち，胚珠(はいしゅ)が子房(しぼう)に包まれているものを被(ひ)子植物という。被子植物は，発芽のときに１枚の子葉が出る単子葉類と，２枚の子葉が出る双(そう)子葉類などに分類される。ツユクサ，ススキ，タケなどは単子葉類，インゲンマメ，ナズナなどは双子葉類である。単子葉類は葉に平行脈(およそ平行な葉脈)が見られ，双子葉類は葉に網(もう)状脈(網目(あみめ)状の葉脈)が見られる。

⑵　実験１～６についてまとめると，右の表のようになる。　①　空気の有無以外の条件がそろっていて，一方が発芽してもう一方が発芽しなかった組み合わせを選べばよいので，実験１と実験５，または，実験２と実験６となる。　②　光の有無以外の条件がそろっていて，２つとも発芽した組み合わせを選べばよいので，実験１と実験２となる。

	発芽の３条件				
	水	空気	温度	光	発芽
実験１	○	○	25℃	○	した
実験２	○	○	25℃	×	した
実験３	×	○	25℃	○	しなかった
実験４	×	○	25℃	×	しなかった
実験５	○	×	25℃	○	しなかった
実験６	○	×	25℃	×	しなかった

○…ある　×…ない

⑶　発芽に適度な温度が必要であることを調べるためには，実験７と温度以外の条件がそろっている実験を選べばよい。実験７は，水と空気はあるが，温度が低いため，発芽しない。また，冷蔵庫

のとびらを閉めると，中は暗くなる。したがって，実験２がふさわしい。

⑷　発芽した実験１と実験２で，実験１は光が当たっているが，実験２は光が当たっていない。よって，実験１の芽生えは光合成ができて成長したが，実験２の芽生えは光合成ができずにかれたと考えられる。なお，種子が発芽した後の芽生えの成長には，発芽の３条件に加えて光と肥料が必要である。

7　火山とプレートの動きについての問題

⑴　マグマのねばりけが弱い火山では，マグマが流れ出るようなおだやかなふん火をして，たてをふせたような形の火山(たて状火山)ができる。一方，マグマのねばりけが強い火山では，火山さいせつ物をふき上げるような爆発的なふん火をして，もり上がった形の火山(ドーム状火山)ができる。また，マグマのねばりけが中くらいの火山では，おだやかなふん火と爆発的なふん火が交互にくり返されて，円すい形の火山(成層火山)ができる。

⑵　マグマが冷え固まってできた岩石を，火成岩という。火成岩は，地上近くで急に冷え固まってできた火山岩と，地下深いところでゆっくり冷え固まってできた深成岩に分類される。火山岩には流紋岩，安山岩，玄武岩などがある(この順に黒っぽくなる)。また，深成岩には花崗岩，閃緑岩，斑れい岩などがある(この順に黒っぽくなる)。ここでは，「黒色の火山岩」とあることから，玄武岩がふさわしい。

⑶　雄略海山は，現在のハワイ島付近でできた火山が，約4300万年をかけて3800kmを移動し，現在の位置に到達したものである。したがって，3800×1000×100÷43000000＝8.8…より，プレートの１年あたりの移動きょりは９cmとなる。

⑷　4300万年以前にできた明治海山～雄略海山はほぼ北から南の方向に並んでいるので，その時代にはプレートは北に移動していたと考えられる。また，4300万年以降は海山や火山島が北西から南東の方向に並んでいるので，その時代にはプレートは北西に移動していたと考えられる。

⑸　サンゴはあたたかくて浅い海底にすむので，サンゴの化石がふくまれている層は，できた当時にあたたかくて浅い海底であったと考えることができる。このように，その化石をふくむ地層が堆積したときの環境を示す化石を示相化石という。なお，アンモナイトやキョウリュウなどの化石のように，その化石をふくむ地層が堆積した時代を知る手がかりとなる化石は，示準化石とよばれる。

8　ふり子や地球温暖化，ろ紙の折り方についての問題

⑴　ふり子の周期は，ふり子の長さ(支点からおもりの重心までのきょり)だけに関係し，おもりの重さやふれはばには関係しない。また，ふり子の長さが長いほど，周期が長くなる。水とうに水を$\frac{1}{3}$まで入れると，全体の重心が空のときよりも低くなり，ふり子の長さが長くなったことになるので，周期も長くなる。

⑵　温室効果ガスである二酸化炭素のはい出量は，火力発電所や車などの交通機関などによる化石燃料の大量消費がおもな原因とされている。したがって，これらのエネルギー消費をおさえ，太陽光や風力，地熱などの再生可能エネルギーの利用を広めることが，地球温暖化の速度をゆるめることにつながる。

⑶　図２の四つ折りは，ろ紙の重なり部分が大きく，液体にふれる部分の面積が限られる。これに比べて図３のひだ折りは，液体にふれる面積が広いため，ろ過がよりすばやく行える。

国　語　＜第１回試験＞（60分）＜満点：120点＞

解　答

一 問１　（例）　録音するのに必要のない音が入るのを防ぐため。　問２　ア　問３　エ　問４　イ　問５　照れ(てれ)　問６　ウ　問７　エ　問８　ア　二 問１　ア　問２　A　ウ　B　エ　問３　（例）　ある程度以上に高い温度になることで，高温による障害が起こるから。　問４　ウ　問５　（例）　昆虫は，同じ種が異なる環境下で生活をすることが難しいため，温暖化による気候の変化に対応して生息地を変えなければ生き残れず，その一方で樹木は昆虫と同じ速さで分布域を変えることができないため，昆虫と樹木とで分布域がずれてしまうから。　問６　したがって，急速　問７　高緯度　三 問１　ウ　問２　イ　問３　ア　問４　エ　問５　イ　問６　（例）　カラスが夕日にかがやいている水たまりを見ている姿を見ました。しばらく水たまりを見つめていたカラスが水たまりから離れる姿に，光るものが好きなのに持ち帰ることができない残念な気持ちが感じられました。カラスがかわいそうになりました。　四 問１　ウ　問２　エ　問３　イ　問４　（例）　最近のゴミすてのルールいはんは目に余る。　五 下記を参照のこと。

●漢字の書き取り

五 1　垂(らす)　2　意外　3　収拾　4　耕(す)　5　徒労

解　説

一 **出典は唯野未歩子（ただのみあこ）の『はじめてだらけの夏休み—大人になりたいぼくと，子どもでいたいお父さん』による。**自宅で父の録音を手伝っていた「ぼく」は，父の嘘（うそ）に傷ついたり，自分の心臓の音に驚（おどろ）いたりする。

問１　傍線（ぼうせん）①のようにしたのは，窓が開いていたり，せんぷう機が動いていたりすると，外の音やせんぷう機の音などの，効果音には必要のない音が録音に入ってしまうからである。

問２　アはようすをあらわす言葉で，ほかは「ぬ」と置きかえられる打ち消しの言葉である。

問３　ア　前書きに「ぼくは，その仕事を手伝うことに乗り気だった」とあるので，「お父さんを手伝うのが嫌（いや）」は合わない。　イ　「ぼく」がお父さんの演技をへただと評しているのは，寒さを身震（みぶる）いで表現するところが平凡（へいぼん）だからであり，「暑さのせい」ではない。　ウ　「ぼくは〜身震いのしかたさえ忘れてしまっていた」とあるように，「ぼく」は演技のしかたが「わからない」わけではない。　エ　「ぼく」は，お父さんの演技をへただとは思っているが，仕事に対するお父さんの熱意には敬意を抱（いだ）いている。「ぼく」が「悔（くや）しい」のは，「くそ暑い部屋」の中で「ひどく寒い雪野原」の演技をへたでもする熱意がお父さんにはあるのに，自分にはその余裕（よゆう）がないからである。

問４　すぐ前に「そう思うことにして」とあるので，「聞こえたことにして」とあるイが選べる。

問５　「〜隠（かく）し」という形の心情表現は，気はずかしさをごまかす態度を表す「照れ隠し」である。お父さんが「自画自賛しているわりには，うつむきがち」だったのは，気はずかしさを感じていたからである。

問６　後に「思いっきり目を見開いたお父さん」とあるように，お父さんは驚いているのだから，

「いきなり『ああ！』と声をあげる」のがふさわしい。

問７　「ぼく」は，お父さんが携わっているのがメロドラマとわかった後も，「仕事は仕事」という気持ちで軽蔑せずに取り組んでいるので，エが適切でない。

問８　「仕事のときのきりっとしたお父さん」とあるので，お父さんは仕事に関してはきっちりとしていると推測できる。よって，「無計画に仕事を進めたりする」とあるアが適切でない。

二　**出典は沼田英治の『クマゼミから温暖化を考える』による。**気候の異なる環境で生きられない昆虫が，温暖化の影響を受けやすいことを説明している。

問１　ア　最初から三つ目の段落の内容と合う。　イ　最初から四つ目の段落で，「高温による障害も起こる」とは述べられているが，「夏に死ぬ昆虫が増える」とは述べられていない。　ウ　最初から四つ目の段落に「温暖化は増殖率を高めるばかりとは限りません」とあるので，「増殖率とも関係」する「年間世代数」は，温暖化により減る場合もあると考えられる。　エ　最初から五つ目の段落で説明されているように，「急速にさまざまな気候のところに分布を広げ」るのはヒトの特徴である。本文の後半では，ヒトとは対照的に，昆虫やその餌などになる植物が分布を急速に変えることは困難だと述べられている。

問２　**A**　直前の「環境」の条件に，後の部分の「生物同士の相互作用」の条件をつけ加えているので，前の内容に後のことがらをつけ加えるはたらきの「さらに」が合う。　**B**　直前の「より涼しい側」を，直後で「高緯度側」と言いかえているので，まとめて言いかえるはたらきの「つまり」があてはまる。

問３　昆虫は「温度が高いほど発育が速く」なるので，「温暖化」は「増殖率を高める」ことにつながる。しかし，ある程度以上に高い温度になると「高温による障害」が起きるため，温度が高くても「増殖率」が高くならないのである。

問４　直後の段落で，昆虫を例として「同じ種であっても気候の違うところのものは遺伝的に大きく異なるのがふつう」だと述べられているので，ウが選べる。

問５　「気候の違うところ」で暮らしている昆虫は，遺伝的に大きく異なっている。このことから，昆虫は，遺伝的に変化することなしに，気候の変化に適応できないことがわかる。したがって，環境が変化すれば，生息地を変える必要が出てくるため，うまく生き残るには，高い「移動能力」が必要になるのである。一方，昆虫がうまく移動できたとしても，「樹木」は昆虫と同じ速さで分布域を変えることができない。したがって，気候に合わせて移動した昆虫が，移動先に餌となる樹木がないという可能性もある。答案には，昆虫が気候変化に対応することが困難であること，生息地を変える必要があること，樹木の分布変化の速度の遅さという三点をまとめるとよい。

問６　本文の最後の一文で述べられているように，「急速な温暖化」が起きれば，昆虫の分布域と樹木の分布域がずれてしまう可能性がある。これによって，昆虫は餌が得られなくなったり，樹木は花粉を媒介してもらえなくなったりするのである。

問７　最初から三つ目の段落で，「温暖化が進むと，より低緯度地方の（北半球では南の）昆虫が高緯度地方へ（北半球では北へ）と分布を変えていく」と述べられているので，「高緯度」がぬき出せる。

三　**出典は工藤直子，今森光彦の『クヌギおやじの百万年』による。**秋に散った葉を「言葉」にたとえ，大地にしみこんだ葉が冬を過ごす木々の栄養となることを，物語が心を楽しませてくれることに重ね合わせている。

問１　詩の題が「落ち葉の手紙」なので，紅葉や黄葉の落ち葉を便箋にたとえて，「赤や黄に染まった葉っぱに書きとめる」とするのが合う。

問２　第二連では，落ち葉の手紙を通して木々から大地に「生きものの物語」が伝えられるようすが描かれている。また，第三連では，その物語が大地から木々にもどっていくようすが描かれている。よって，イがよい。なお，アは木々と大地の間で「生きものの物語」が循環する点をとらえていないので，ふさわしくない。

問３　「風が　葉っぱの手紙をはこ」ぶようすなので，「空をはしる」とするのが合う。

問４　問２で見たように，木々と大地の間で養分が循環するようすが「生きものの物語」のやりとりに重ねられているので，エがあてはまる。

問５　「韻を踏む」とは，詩や文の句の初めや句の終わりなどの位置に，同じひびきの音をそろえること。イの「生きもの」と「物語」の「もの」は，位置がそろっていないので，韻を踏んでいるとはいえない。

問６　「落ち葉の手紙」に書かれているのは，雑木林で起きたできごとである。Ｂの条件である「情景」とは，「カラス」が「みずたまり」としばらくおしゃべりして，なごりおしそうに立ち去るというものである。このようなできごとを，Ａの条件である「木の立場」からまとめていく。「木の立場になって書く」とは，言いかえると読者の視点で書くということなので，自分の素直な感想を書けばよい。

四　語句の知識

問１　物が重いようすは，「ずっしり」である。「どっさり」「たっぷり」は量が多いこと，「がっしり」は体格などがしっかりしているようすを表す。

問２　エは，「地震対策の効果さ」ではなく「地震対策の効果」が正しい。「～さ」は，「美しい」→「美しさ」のように，ようすをあらわす言葉の一部の後について，ものの名前をあらわす言葉をつくる。

問３　熟語の上について意味を打ち消す漢字である「未」「不」「無」「非」などは，それぞれの漢字がどの熟語に対応するかを，組にして覚えておく。「不本意」は，“自分の思い通りにいかず，残念に思う”という意味。

問４　「目に余る」は，程度がひどくてだまって見ていられないほどだということ。

五　漢字の書き取り

１　音読みは「スイ」で，「垂直」などの熟語がある。　**２**　思いがけないようす。　**３**　混乱を収めること。　**４**　音読みは「コウ」で，「耕作」などの熟語がある。　**５**　無駄な苦労。

Memo

Memo

当社発行物の無断使用は固くお断りいたします。御使用の前はまずご相談ください。

当社発行物には500点余の首都圏中・高過去問をはじめ、６点の学校案内、そのほかいくつかの情報誌などがございます。その多くが年度版で、限られたスタッフが来るべき受験シーズン前に余裕を持って受験生へ届けられるよう、日夜作業にあたり出版を重ねております。

その中で、最近、多くの印刷物やネット上において当社発行物からの無断使用が見受けられ、一部で係争化しているところもございます。事例といたしましては、当社の新刊発行を待ち、それを流用して毎年ネット上に新改訂として掲載していたＡ社、当社過去問から三百箇所をはぎ合わせ「自社制作につき無断転載禁止」とし、集客材としてホームページに掲載していたＢ社、当社版誌面を無断スキャンし、記述式解答は一部殆ど丸取りして動画を制作していた家庭教師グループＣ社、当社発行物の表紙を差し替え、内容を複製し配布していた塾のＤ社などほか数社がございます。

当社発行物の全部もしくは一部を無断使用することは固くお断りいたします。

当社コンテンツの中にはリーズナブルな設定でご提供している事例もたくさんございますので、ご利用されたい方はまずは、お気軽にご相談くださいますようお願いしします。同時に、当社発行物を無断で使用している媒体などにつきましての情報もお寄せいただければ幸いです（呈薄謝）。

株式会社 声の教育社

2025年度用

■編集人 声の教育社・編集部
■発行所 株式会社 声の教育社
〒162-0814 東京都新宿区新小川町8-15
☎03-5261-5061㈹ FAX03-5261-5062
https://www.koenokyoikusha.co.jp

※本書の内容についての一切の責任は当社にあります。内容・解説・解答・その他は当社ホームページよりお問い合わせ下さい。

よくある解答用紙のご質問

01

実物のサイズにできない

拡大率にしたがってコピーすると，「解答欄」が実物大になります。配点などを含むため，用紙は実物よりも大きくなることがあります。

02

A3用紙に収まらない

拡大率164％以上の解答用紙は実物のサイズ（「出題傾向＆対策」をご覧ください）が大きいために，Ａ３に収まらない場合があります。

03

拡大率が書かれていない

複数ページにわたる解答用紙は，いずれかのページに拡大率を記載しています。どこにも表記がない場合は，正確な拡大率が不明です。

04

１ページに２つある

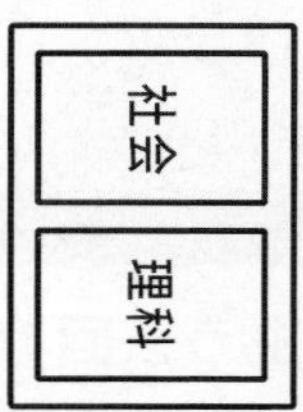

１ページに２つ解答用紙が掲載されている場合は，正確な拡大率が不明です。ほかの試験回の同じ教科をご参考になさってください。

芝浦工業大学附属中学校

【別冊】入試問題解答用紙編

解答用紙は本体からていねいに抜きとり、別冊としてご使用ください。

※ 実際の解答欄の大きさで練習するには、指定の倍率で拡大コピーしてください。なお、ページの上下に小社作成の見出しや配点を記載しているため、コピー後の用紙サイズが実物の解答用紙と異なる場合があります。

●入試結果表

年度	回	項目	国語	算数	社会	理科	合計	合格者
2024	第１回	配点(満点)	120	120		100	340	最高点
		合格者平均点	81.4	76.3		54.2	211.9	259
		受験者平均点	68.7	60.1		43.2	172.0	最低点
		キミの得点						198
	第２回	配点(満点)	120	120		100	340	最高点
		合格者平均点	75.3	73.2		70.1	218.6	264
		受験者平均点	60.1	54.9		53.3	168.3	最低点
		キミの得点						204
2023	第１回	配点(満点)	120	120		100	340	最高点
		合格者平均点	80.8	74.9		68.8	224.5	262
		受験者平均点	68.8	54.8		56.9	180.5	最低点
		キミの得点						212
	第２回	配点(満点)	120	120		100	340	最高点
		合格者平均点	80.3	84.7		64.1	229.1	272
		受験者平均点	67.4	62.7		53.7	183.8	最低点
		キミの得点						219
2022	第１回	配点(満点)	120	120		100	340	最高点
		合格者平均点	84.0	64.7		69.2	217.9	253
		受験者平均点	67.6	46.1		58.9	172.6	最低点
		キミの得点						199
	第２回	配点(満点)	120	120		100	340	最高点
		合格者平均点	76.8	82.0		65.2	224.0	295
		受験者平均点	59.1	65.1		51.3	175.5	最低点
		キミの得点						208
2021	第１回	配点(満点)	120	120		100	340	最高点
		合格者平均点	74.1	61.1		57.9	193.1	247
		受験者平均点	59.0	40.9		46.1	146.0	最低点
		キミの得点						171
	第２回	配点(満点)	120	120		100	340	最高点
		合格者平均点	79.0	73.9		68.4	221.3	287
		受験者平均点	61.5	46.2		52.3	160.0	最低点
		キミの得点						195
2020	第１回	配点(満点)	120	120		100	340	最高点
		合格者平均点	77.7	65.0		60.4	203.1	264
		受験者平均点	63.6	45.5		47.0	156.1	最低点
		キミの得点						181

※ 表中のデータは学校公表のものです。ただし、合計は各教科の平均点を合計したものなので、目安としてご覧ください。

声の教育社

２０２４年度　芝浦工業大学附属中学校

算数解答用紙　第１回　No.１

番号		氏名		評点	／120

1 (1)	(2) ①	(2) ②正方形	差

2 (1)	(2)	(3)	(4)
		通り	cm²

3 (1)	(2)
個	km
(3)	(4)
個	

(5)

D, C, A, E, B

算数解答用紙　第１回　No. ２

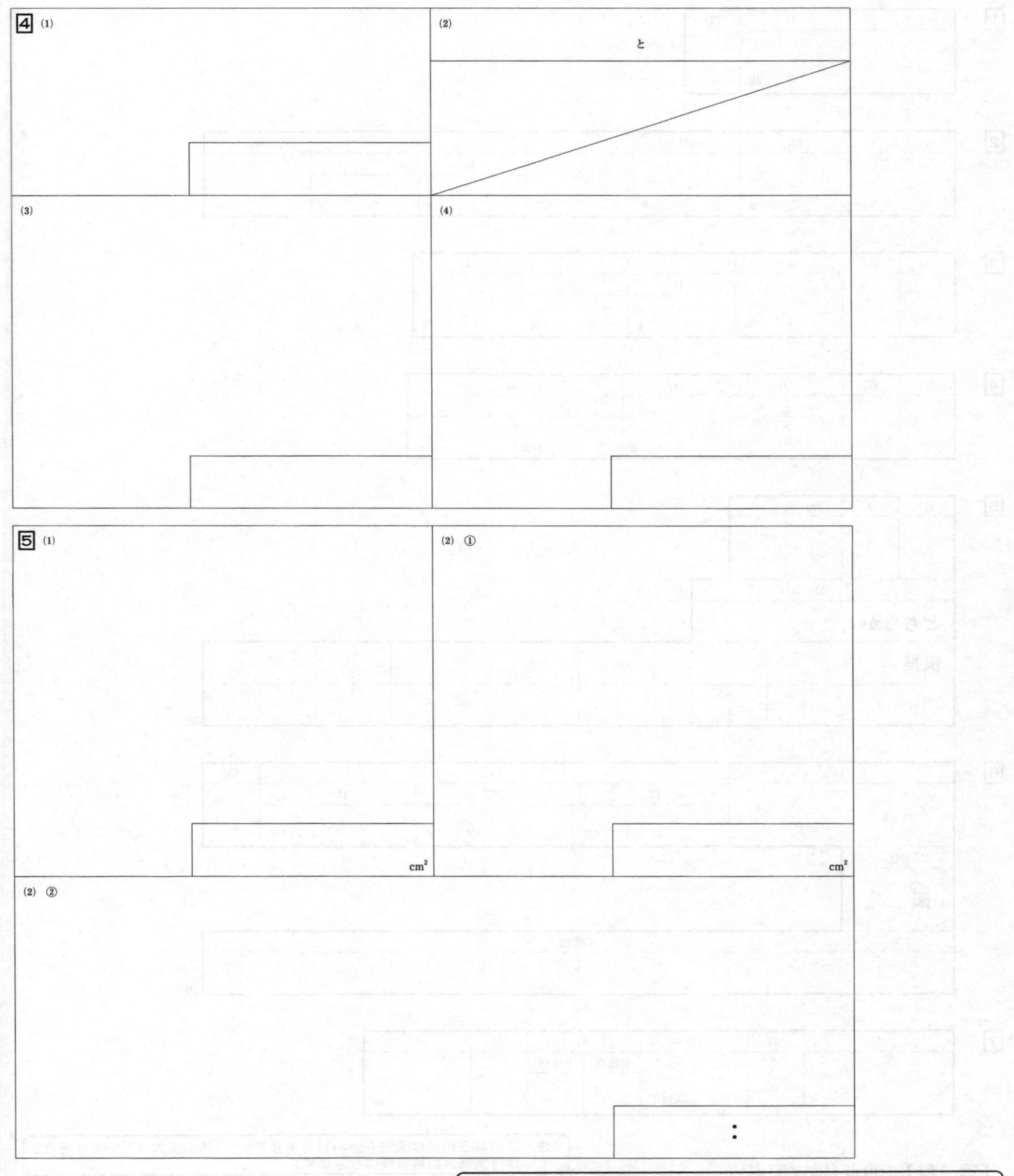

（注）この解答用紙は実物を縮小してあります。208％拡大コピーをすると、ほぼ実物大の解答欄になります。

〔算　数〕120点(推定配点)

1　(1)　５点　(2)　①　５点　②　各３点×２　2　各５点×４　3　(1)～(4)　式や考え方…各４点×４，答え…各３点×４　(5)　８点　4　(1)　式や考え方…４点，答え…３点　(2)　６点＜完答＞　(3)，(4)　式や考え方…各４点×２，答え…各３点×２　5　式や考え方…各４点×３，答え…各３点×３

２０２４年度　芝浦工業大学附属中学校

理科解答用紙　第１回

番号		氏名		評点	／100

1

(1)	(2)	(3)
	時	

2

(1)	(2)	(3)	(4)	(5)		(6)
				Y	Z	
cm	g	cm	cm	g	g	cm

3

(1)	(2)	(3)	(4)		(5)
			①	②	
		%	g	%	%

4

(1)	(2)	(3)		(4)	(5)	
		A	G		①	②
				g	mg	

5

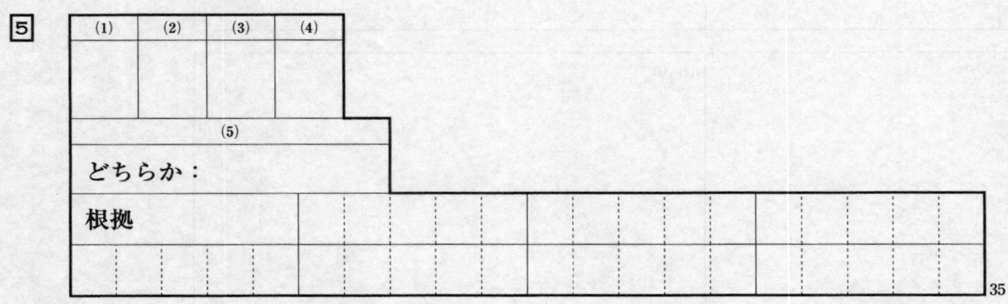

(1)	(2)	(3)	(4)

(5)

どちらか：

根拠

35

6

(1)	(2)			(3)
	図2	図3	図4	
	アンペア	アンペア	アンペア	

(4)

図＿＿

(4)理由

20

7

(1)	(2)	(3)	(4)		(5)	(6)
			E地点	P地点		
		mm以上				回

（注）この解答用紙は実物を縮小してあります。175％拡大コピーをすると、ほぼ実物大の解答欄になります。

〔理　科〕100点(推定配点)

1　各２点×３　2　(1)～(3)　各２点×３　(4)　３点　(5)　各２点×２　(6)　３点　3　(1)～(4)　各２点×５　(5)　３点　4　(1)～(3)　各２点×４　(4)，(5)　各３点×３　5　(1)～(4)　各３点×４　(5)　６点＜完答＞　6　(1)　３点＜完答＞　(2)，(3)　各２点×４　(4)　４点＜完答＞　7　(1)～(5)　各２点×６　(6)　３点

２０２４年度　芝浦工業大学附属中学校

国語解答用紙　第一回

番号　氏名　評点 ／120

一 問一　問二 について。　問三 1 2 3 4 5

二 問一　問二　問三　問四　問五　問六

三 問一　問二　問三　問四　問五 A B　問六　問七

四 問一　問二　問三　問四

五 問一　問二 1 2　問三　問四

六 1　2　3　4　5 う

（注）この解答用紙は実物を縮小してあります。200%拡大コピーをすると、ほぼ実物大の解答欄になります。

〔国　語〕120点(推定配点)

一 問１　２点　問２　３点　問３　各２点×５　二 問１　３点　問２　５点　問３　６点　問４～問６　各４点×３　三 問１～問５　各３点×６　問６　８点　問７　４点　四 問１　５点　問２　10点　問３，問４　各３点×２　五 問１～問３　各３点×４　問４　６点　六 各２点×５

2024年度　芝浦工業大学附属中学校

算数解答用紙　第2回　No.1

番号		氏名		評点	／120

1

(1) 切り口

(2) ①

(2) ②

(1) 切り取り線

2

(1)	(2)	(3) ピーマン　　個, 玉ねぎ　　個	(4) 　　度

3

(1) 　　個

(2)

(3) 　　通り

(4) 　　cm^2

(5) 　　cm

2024年度　芝浦工業大学附属中学校

算数解答用紙　第2回　No. 2

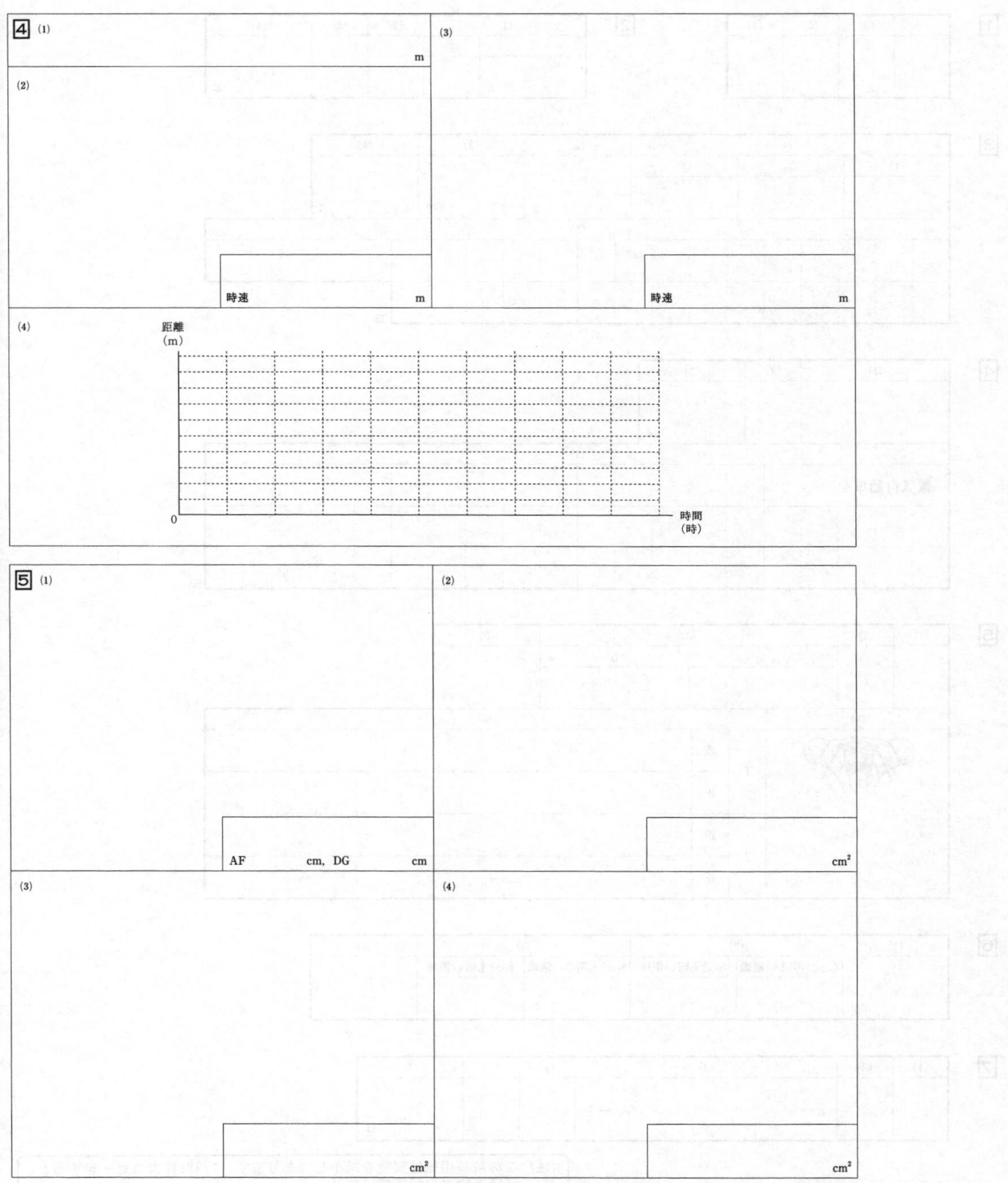

（注）この解答用紙は実物を縮小してあります。208％拡大コピーをすると、ほぼ実物大の解答欄になります。

〔算　数〕120点(推定配点)

1, 2　各4点×8<2の(3)は完答>　3　(1)～(4)　式や考え方…各4点×4, 答え…各3点×4　(5)　式や考え方…4点, 答え…4点　4　(1)　6点　(2), (3)　式や考え方…各3点×2, 答え…各3点×2　(4)　6点　5　式や考え方…各4点×4, 答え…各3点×4<(1)は完答>

２０２４年度　芝浦工業大学附属中学校

理科解答用紙　第２回

番号		氏名		評点	／100

1

(1)	(2)	(3)	(4)

2

(1) ①	(1) ②	(2)	(3)	(4)
	g			g

3

(1) ①	(1) ②	(1) ③	(2)	(3)	(4)
			g	cm	g

(5)　35

4

(1)	(2)	(3)
		g

(4)　電気自動車を　55

5

(1)	(2)	(3) a	(3) b	(5)
				匹

(4)

(6)

1	誤	
	正	
2	誤	
	正	

6

(1)	(2) もっとも明るい領域	(2) もっとも暗い領域	(3) もっとも明るい領域	(3) もっとも暗い領域	(4)
cm					

7

(1)	(2)	(3)	(4)	(5)	(6)
		a→　　　→i			日

（注）この解答用紙は実物を縮小してあります。179％拡大コピーをすると、ほぼ実物大の解答欄になります。

〔理　科〕100点(推定配点)

1　各２点×４　2　(1)，(2)　各２点×３　(3)，(4)　各３点×２　3　(1)　各２点×３　(2)～(4)　各３点×３　(5)　４点　4　(1)，(2)　各２点×２　(3)　３点　(4)　６点　5　(1)～(3)　各２点×４　(4)～(6)　各３点×４＜(6)は各々完答＞　6　(1)　２点　(2)～(4)　各３点×３＜(2)，(3)は完答＞　7　(1)　２点　(2)～(6)　各３点×５＜(3)は完答＞

２０２４年度　芝浦工業大学附属中学校

国語解答用紙　第二回

番号　氏名　評点 /120

一
問一 のわからない言葉
問二
問三 1 2 3 4

二
問一　問二　問三
問四 30
問五
問六 30
問七 10

三
問一 A C D
問二 50
問三　問四　問五
問六 〜　問七

四
問一　問二 15
問三　問四
問五 80 120

五
問一　問二 1 2　問三
問四

六
1 2 3 4 5 なる

(注) この解答用紙は実物を縮小してあります。200％拡大コピーをすると、ほぼ実物大の解答欄になります。

〔国　語〕120点(推定配点)

一 各２点×７　二 問１～問３　各３点×３　問４　５点　問５　３点　問６　５点　問７　４点　三 問１　各２点×３　問２　８点　問３～問６　各３点×４<問４は完答>　問７　４点　四 問１　３点　問２　４点　問３　３点　問４　４点　問５　10点　五 問１　３点　問２　各２点×２　問３　３点　問４　６点　六 各２点×５

２０２３年度　芝浦工業大学附属中学校

算数解答用紙　第１回　No.１

番号		氏名		評点	／120

1

(1)		
(2) ① 間違った考え	(2) ① 理由	(2) ②

2

(1)	(2)	(3)	(4)
		g	cm^2

3

(1)	(2)
カーネーション　本 バラ　本	通り
(3)	(4)
7時　分と7時　分	cm^3

(5)

A B C D E

（注）この解答用紙は実物を縮小してあります。204％拡大コピーをすると、ほぼ実物大の解答欄になります。

算数解答用紙　第１回　No. ２

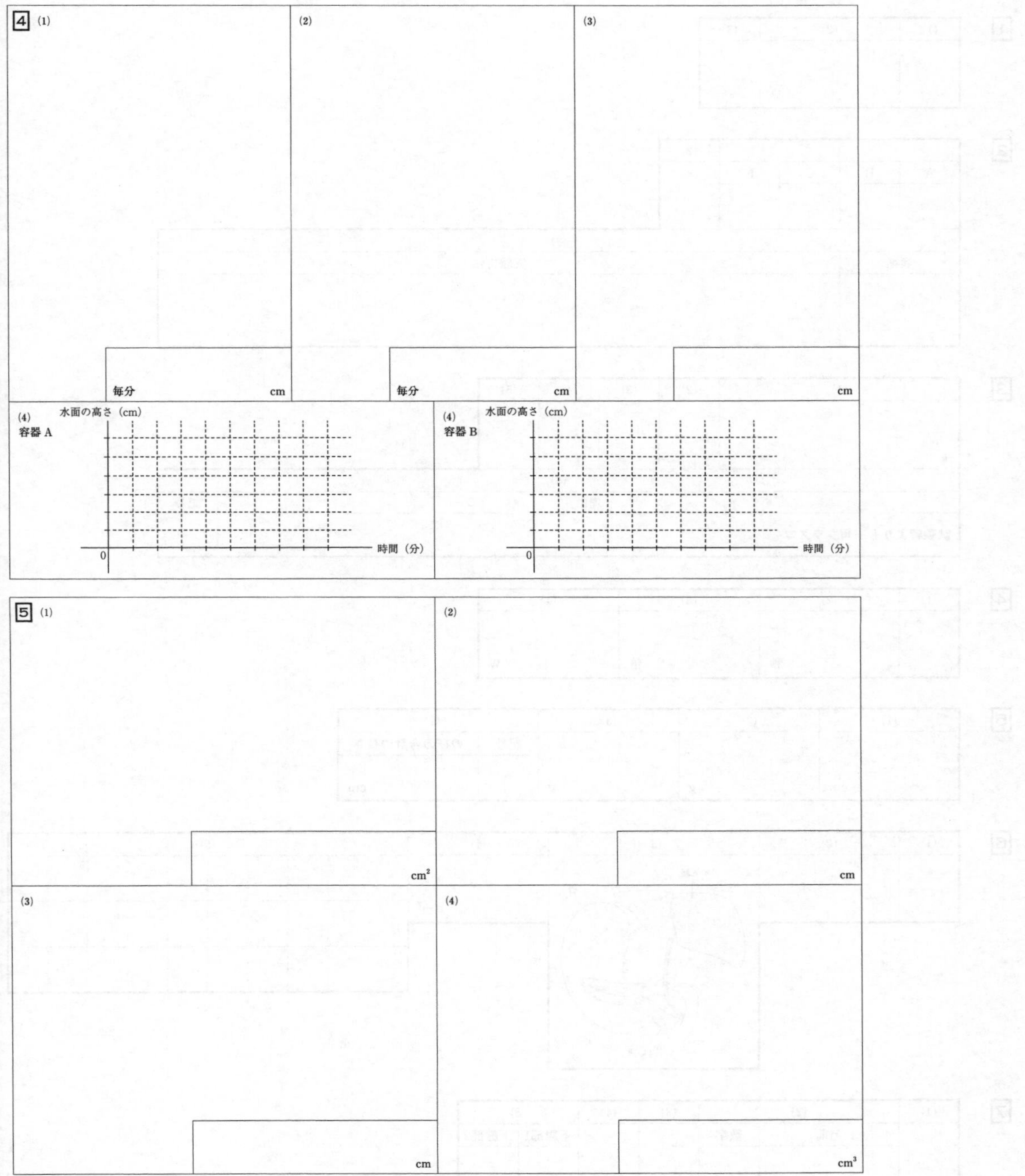

〔算　数〕120点(推定配点)

1 (1) 5点 (2) ① 各3点×2 ② 5点 2 各4点×4 3 (1)～(4) 式や考え方…各4点×4, 答え…各3点×4<(1), (3)は完答> (5) 8点 4 (1)～(3) 式や考え方…各3点×3, 答え…各3点×3 (4) 各3点×2 5 式や考え方…各4点×4, 答え…各3点×4

２０２３年度　芝浦工業大学附属中学校

理科解答用紙　第１回　No.１

番号		氏名		評点	／100

1

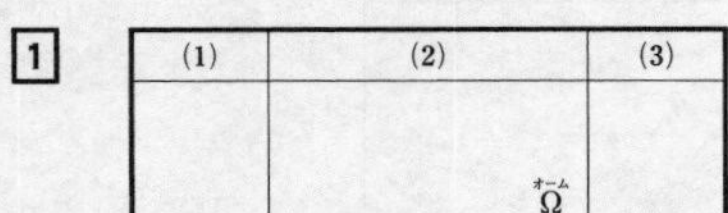

(1)	(2)	(3)
	Ω	

2

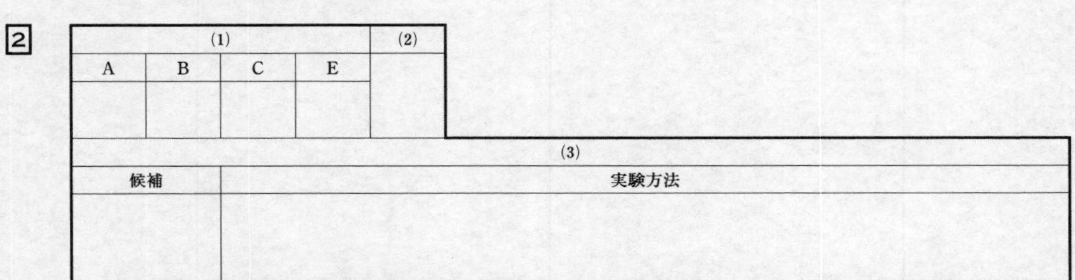

(1) A	(1) B	(1) C	(1) E	(2)

(3) 候補	(3) 実験方法

3

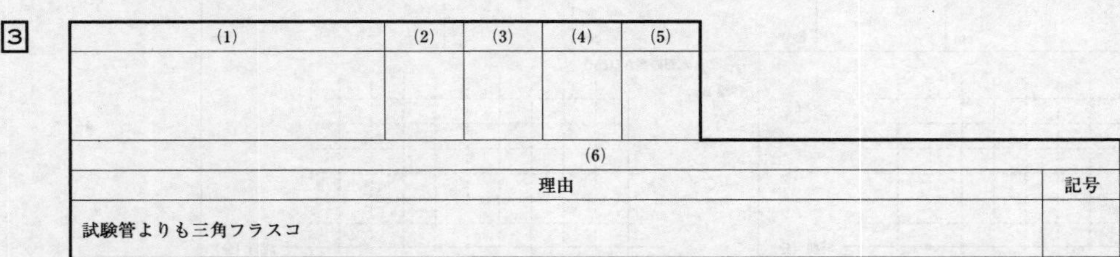

(1)	(2)	(3)	(4)	(5)

(6) 理由	(6) 記号
試験管よりも三角フラスコ	

4

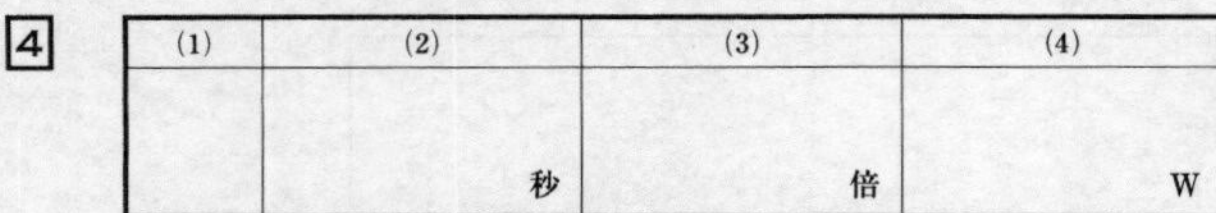

(1)	(2)	(3)	(4)
	秒	倍	W

5

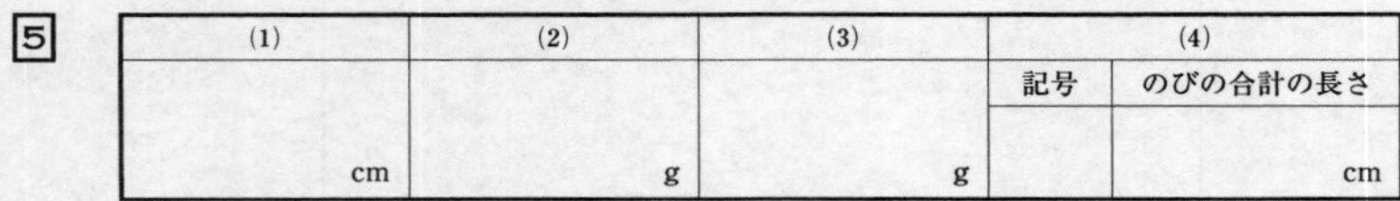

(1)	(2)	(3)	(4) 記号	(4) のびの合計の長さ
cm	g	g		cm

6

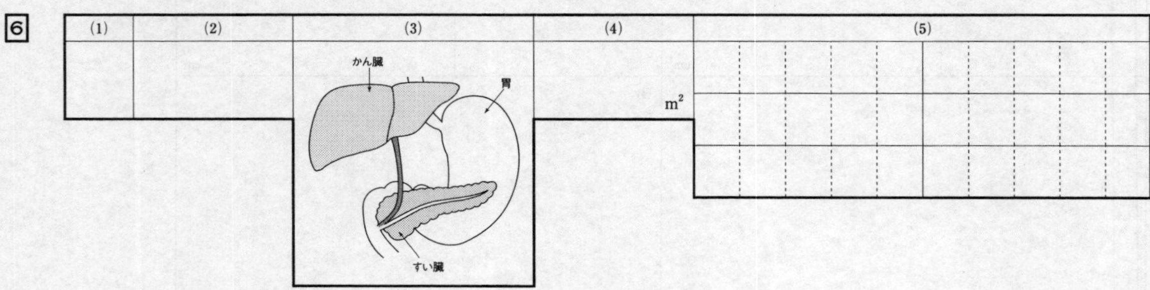

(1)	(2)	(3)	(4)	(5)
			m²	

7

(1)	(2) 名前	(2) 数字	(3)	(4)	(5) 下線部1	(5) 下線部2

理科解答用紙　第１回　No.２

8 (1)

15

15

(2)

50

〔理　科〕100点(推定配点)

1　各３点×３　2　(1)，(2)　各２点×５　(3)　３点<完答>　3　(1)～(5)　各２点×５　(6)　３点<完答>　4～6　各３点×13<5の(4)，6の(2)は完答>　7　各２点×６<(2)は完答>　8　(1)　各４点×２　(2)　６点

二〇二三年度　芝浦工業大学附属中学校

国語解答用紙　第一回

番号　氏名　評点 /120

一 問一　問二　問三 1 2 3 4 5

二 問一　問二 という思い。　問三　問四　問五　問六　問七

三 問一 A B　問二　問三 (1) (2)　問四 I II　問五　問六　問七

四 問一　問二　問三　問四　問五

五 問一　問二　問三　問四

六 1 2 3 4 5 しく

（注）この解答用紙は実物を縮小してあります。200%拡大コピーをすると、ほぼ実物大の解答欄になります。

〔国　語〕120点（推定配点）

一 各2点×7　二 問1　3点　問2　5点　問3　3点　問4　6点　問5～問7　各3点×3　三 問1，問2　各3点×3　問3　(1)　3点　(2)　6点　問4～問7　各3点×5<問6は完答>　四 問1～問4　各3点×4　問5　10点　五 問1～問3　各3点×3　問4　6点　六 各2点×5

2023年度　芝浦工業大学附属中学校

算数解答用紙　第2回　No.1

番号		氏名		評点	／120

1 (1)

(2) ①

(2) ②

2 (1)　(2)　(3)　(4) ア　度, イ　度

3 (1)　番目

(2)　km

(3)　分　秒

(4)　種類,　cm^3

(5)

A　D

ℓ

B　C

(注) この解答用紙は実物を縮小してあります。222%拡大コピーをすると、ほぼ実物大の解答欄になります。

２０２３年度　芝浦工業大学附属中学校

算数解答用紙　第２回　No. ２

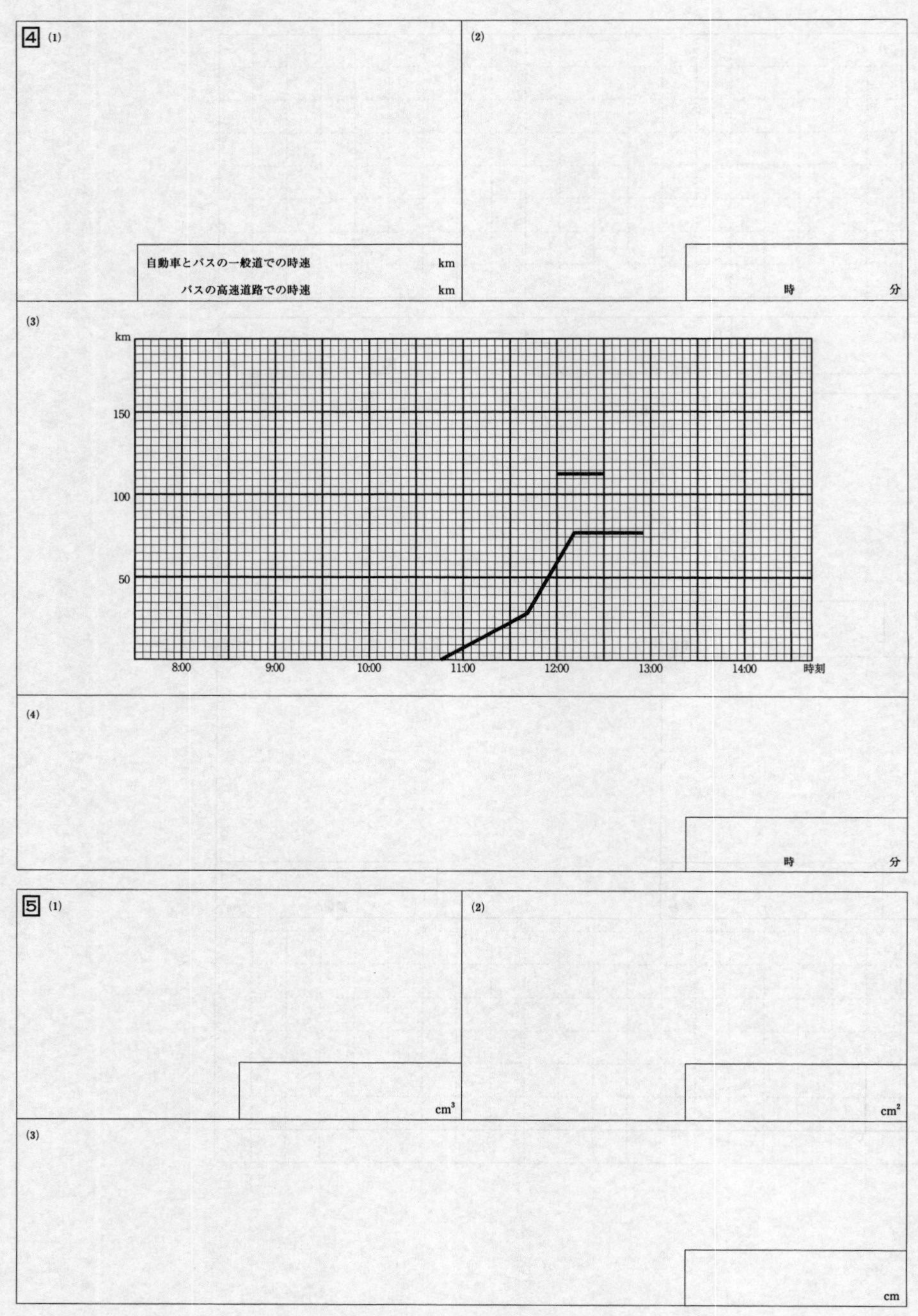

〔算　数〕120点(推定配点)

1 各５点×３　2 各４点×４<(4)は完答>　3 (1)～(4)　式や考え方…各４点×4，答え…各３点×4<(4)は完答>　(5)　８点　4 (1)　式や考え方…４点，答え…各３点×２　(2)　式や考え方…４点，答え…３点　(3)　各４点×２　(4)　式や考え方…４点，答え…３点　5 式や考え方…各４点×3，答え…各３点×3

２０２３年度　芝浦工業大学附属中学校

理科解答用紙　第２回　No.１

番号		氏名		評点	／100

1

(1)	(2)	(3)

2

(1)	(2)	(3)	(4)

3

(1)	(2)	(3)		(4)
		図3	図4	
	度			

4

(1)	(2)	(3)		(4)
		金属A	金属B	
		cm^3	cm^3	g

5

(1)	(2)	(3)	(4)	(5)	
				記号	体積
					mL

6

(1)	(2)		(3)
	①	②	

(4)

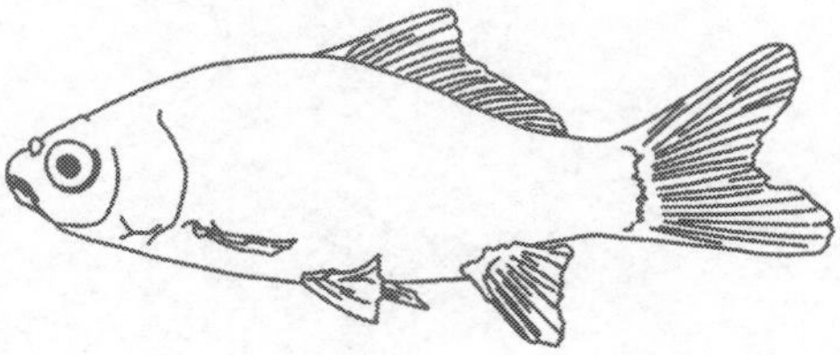

(5)

7

(1)	(2)	(3)	(4)	(5)

２０２３年度　　　芝浦工業大学附属中学校

理科解答用紙　第２回　No.２

8 (1) 30

(2) 55

（注）この解答用紙は実物を縮小してあります。Ｂ５→Ａ３(163%)に拡大コピーすると、ほぼ実物大の解答欄になります。

〔理　科〕100点(推定配点)

1～5　各３点×22<2の(4)，5の(5)は完答>　6　(1)～(4)　各２点×5　(5)　３点　7　(1)～(4)　各２点×4　(5)　３点　8　(1)　４点　(2)　６点

二〇二三年度　芝浦工業大学附属中学校

国語解答用紙　第一回

番号　氏名　評点 /120

一 問一 問二 問三 1 2 3

二 問一 問二 (60) (80) 問三 問四 問五 問六 問七

三 問一 A B 問二 (30) 問三 問四 問五 (30) (40) 問六 問七

四 問一 問二 問三 問四 問五 (80) (120)

五 問一 問二 問三 問四

六 1 2 3 4 5 る

（注）この解答用紙は実物を縮小してあります。192%拡大コピーをすると、ほぼ実物大の解答欄になります。

〔国　語〕120点(推定配点)

一 各3点×5　二 問1　3点　問2　8点　問3～問5　各3点×3　問6，問7　各4点×2　三 問1　各3点×2　問2　6点　問3，問4　各3点×2　問5　6点　問6，問7　各3点×2　四 問1～問4　各3点×4　問5　10点　五 問1～問3　各3点×3　問4　6点　六 各2点×5

２０２２年度　芝浦工業大学附属中学校

算数解答用紙　第１回　No.１

番号		氏名		評点	／120

1 (1)	(2) ①	(2) ②

2 (1)	(2)	(3) 時速　km	(4) cm

3 (1) 通り	(2) ページ
(3) 票	(4) cm³
(5) A D B C	

（注）この解答用紙は実物を縮小してあります。208％拡大コピーをすると、ほぼ実物大の解答欄になります。

算数解答用紙　第１回　No. 2

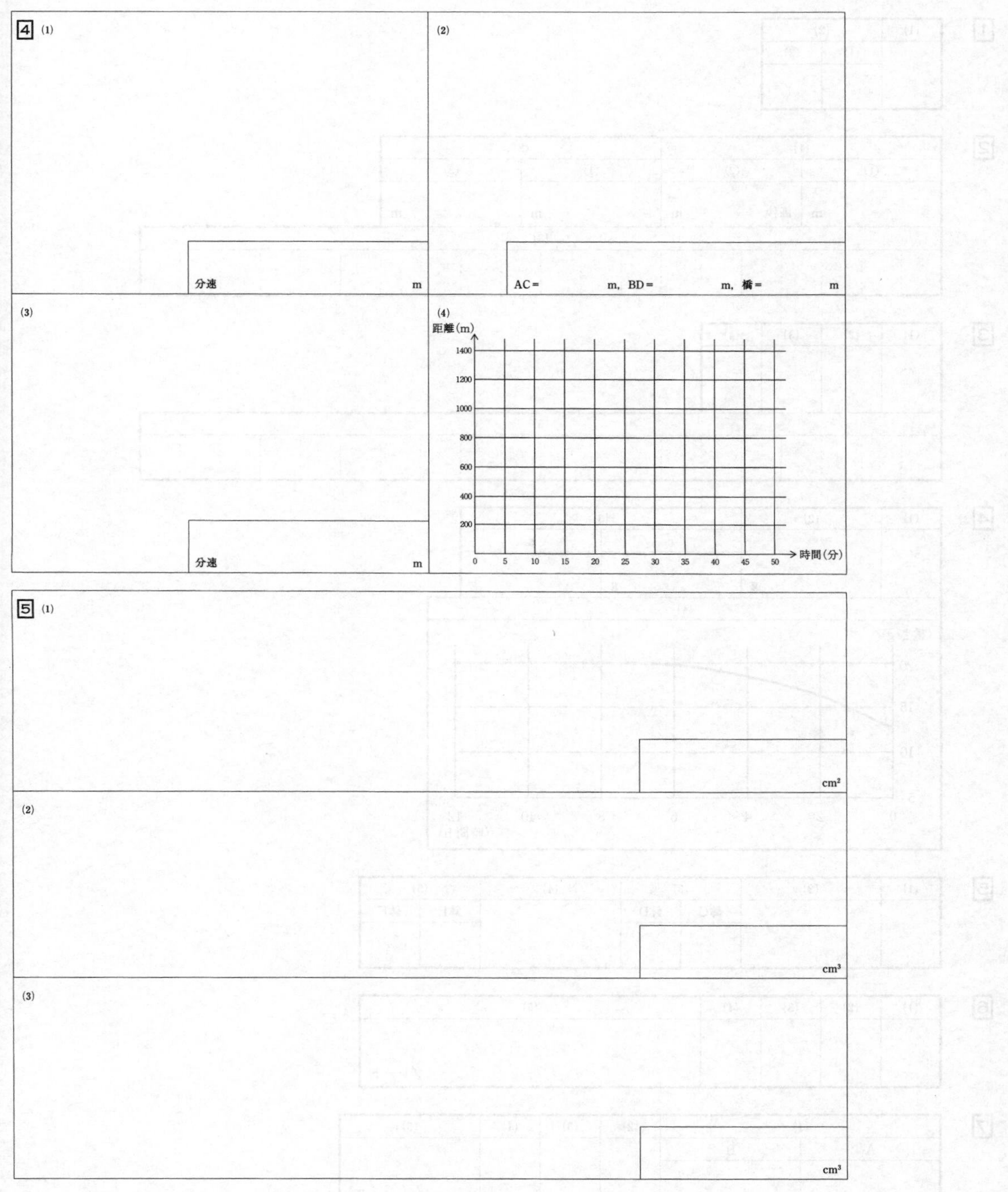

〔算　数〕120点(推定配点)

1，2　各５点×７　3　(1)～(4)　式や考え方…各４点×4，答え…各３点×4　(5)　７点　4　(1)　式や考え方…３点，答え…２点　(2)，(3)　式や考え方…各４点×2，答え…各３点×2＜(2)は完答＞　(4)　７点　5　式や考え方…各４点×3，答え…各４点×3

2022年度　芝浦工業大学附属中学校

理科解答用紙　第１回　No.１

番号		氏名		評点	／100

1

(1)	(2) ①	(2) ②

2

(1) ①	(1) ②	(2) ①	(2) ②
m	毎秒　m	m	m

(3)

3

(1)	(2)	(3)	(4)

(5)

4

(1)	(2)	(3) c	(3) d
	g	g	g

(4)

(重さ g)

20, 15, 10, 5

0, 2, 4, 6, 8, 10, 12

(時間 h)

5

(1)	(2)	(3) 鉢C	(3) 鉢D	(4)	(5) 鉢E	(5) 鉢F

6

(1)	(2)	(3)	(4)	(5)
				プレート

7

(1) A	(1) B	(2)	(3)	(4)	(5)
					m^3

２０２２年度　　芝浦工業大学附属中学校

理科解答用紙　第１回　No.２

8 (1)

30

30

(2)

60

（注）この解答用紙は実物を縮小してあります。Ｂ５→Ａ３（163%）に拡大コピーすると、ほぼ実物大の解答欄になります。

〔理　科〕100点(推定配点)

1 各３点×３　2 (1) 各２点×２　(2), (3) 各３点×３　3 (1)～(4) 各２点×４　(5) ３点　4 (1), (2) 各２点×２　(3), (4) 各３点×３　5 (1) ２点　(2) ３点　(3) 各２点×２　(4) ３点　(5) 各２点×２　6 (1)～(4) 各２点×４　(5) ３点　7 (1)～(4) 各２点×５　(5) ３点　8 (1) 各４点×２　(2) ６点

二〇二二年度　芝浦工業大学附属中学校

国語解答用紙　第一回

番号		氏名	

評点	/120

一　問一　1　2
問二　1　2　3　4　5　6

二　問一
問二　60
問三　問四　問五
問六　問七

三　問一　A　B　C　問二
問三　40
問四　8　15
問五　～　を持たないこと。
問六　問七

四　問一　問二　問三
問四　80　120

五　問一
問二　①　絶対絶命　②　異句同音
問三

六　1　2　3　4　5　か

（注）この解答用紙は実物を縮小してあります。192％拡大コピーをすると、ほぼ実物大の解答欄になります。

〔国　語〕120点（推定配点）

一　各2点×8　二　問1　3点　問2　6点　問3～問6　各3点×4　問7　5点　三　問1　各2点×3　問2　5点　問3　6点　問4～問7　各5点×4　四　問1～問3　各3点×3　問4　10点　五　問1　3点　問2　各2点×2　問3　5点　六　各2点×5

２０２２年度　芝浦工業大学附属中学校

算数解答用紙　第２回　No.１

番号		氏名		評点	／120

1 (1)

(2) ①

(2) ②

2 (1)

(2)

(3) 円

(4) アは 度，イは 度

3 (1)

(2) 通り

(3) 分 秒

(4) cm²

(5)

（注）この解答用紙は実物を縮小してあります。204%拡大コピーをすると、ほぼ実物大の解答欄になります。

２０２２年度　　芝浦工業大学附属中学校

算数解答用紙　第２回　No. 2

4 (1)

芝田くん　　個，田浦さん　　個

(2)

個

(3)

個

5 (1)

cm³

(2)

(3)

cm³

〔算　数〕120点(推定配点)

1，2　各５点×7<2の(4)は完答>　3　(1)～(4)　式や考え方…各４点×4，答え…各３点×4　(5)　7点　4　(1)　式や考え方…５点，答え…４点<完答>　(2)　８点　(3)　式や考え方…５点，答え…４点　5　(1)　式や考え方…４点，答え…４点　(2)　８点<完答>　(3)　式や考え方…４点，答え…４点

2022年度　　芝浦工業大学附属中学校

理科解答用紙　第2回　No.1

番号		氏名		評点	／100

1

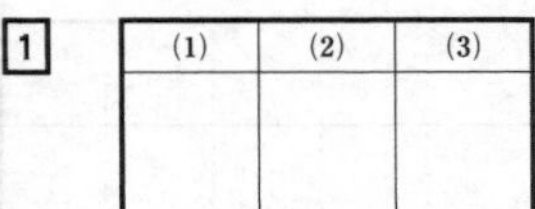

(1)	(2)	(3)

2

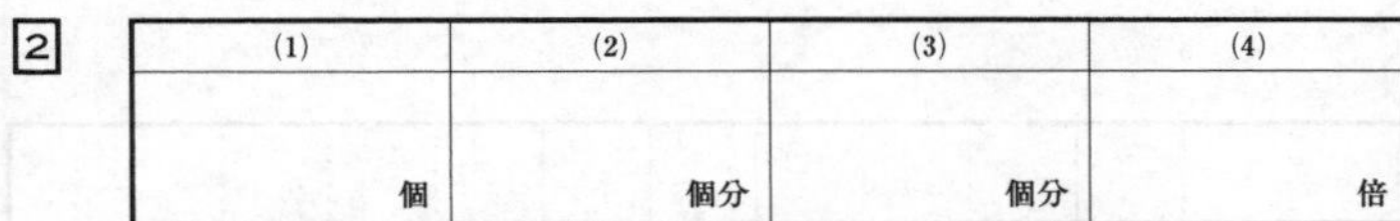

(1)	(2)	(3)	(4)
個	個分	個分	倍

3

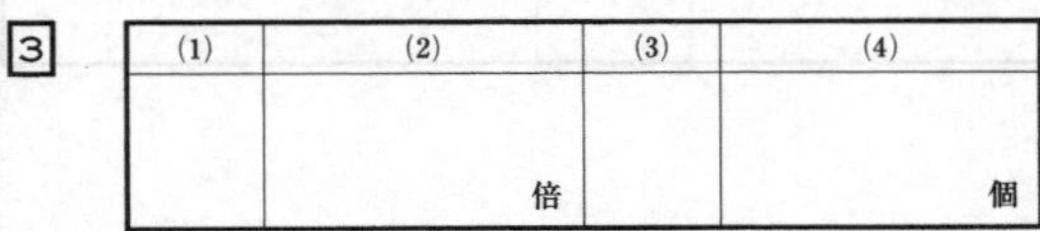

(1)	(2)	(3)	(4)
	倍		個

4

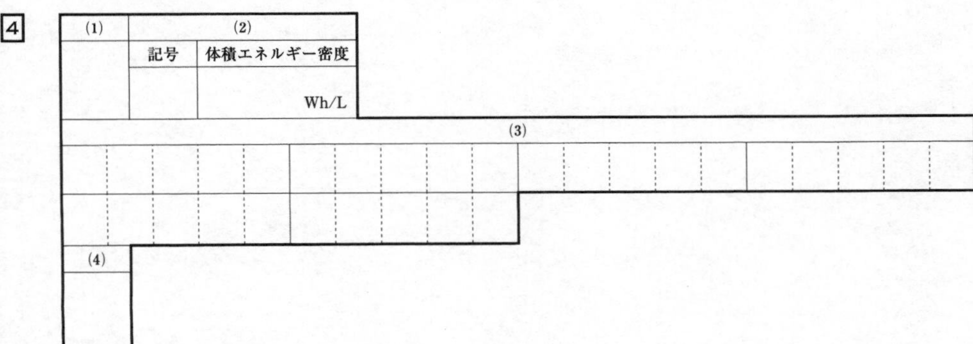

(1)	(2)	
	記号	体積エネルギー密度
		Wh/L

(3)

(4)

5

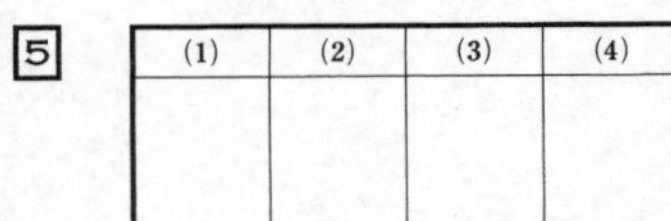

(1)	(2)	(3)	(4)

6

(1)	(2)	(3)	(4)	(5)	
				数値	理由

7

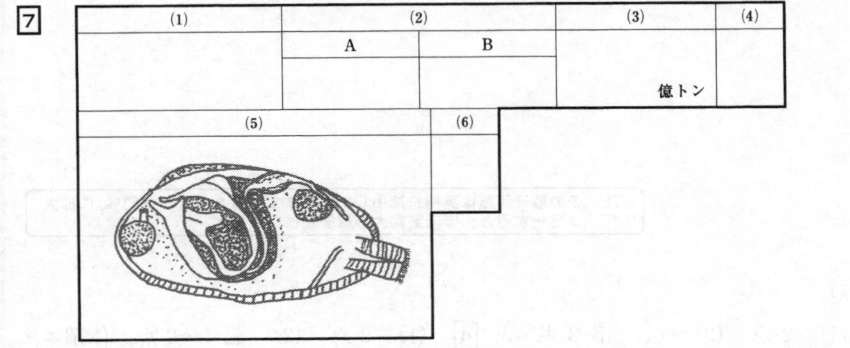

(1)	(2)		(3)	(4)
	A	B		
			億トン	

(5)	(6)

２０２２年度　芝浦工業大学附属中学校

理科解答用紙　第２回　No.２

8

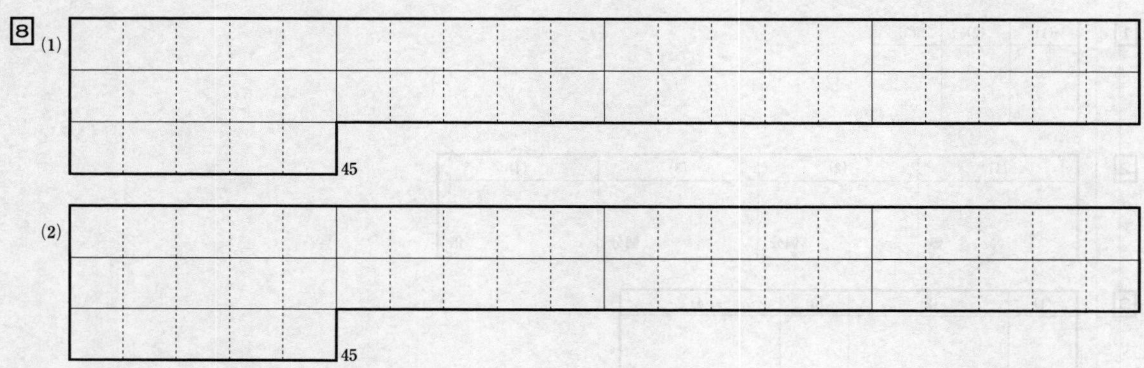

（注）この解答用紙は実物を縮小してあります。Ｂ５→Ａ３（163％）に拡大コピーすると、ほぼ実物大の解答欄になります。

〔理　科〕100点（推定配点）

1，2　各３点×７　3　(1)　２点　(2)～(4)　各３点×３　4　(1)　２点　(2)　記号…２点，体積エネルギー密度…３点　(3)，(4)　各３点×２　5　各３点×４　6　(1)～(4)　各２点×４　(5)　数値…２点，理由…３点　7　(1)　３点　(2)　各２点×２　(3)　３点　(4)　２点　(5)，(6)　各３点×２　8　各６点×２

二〇二二年度　芝浦工業大学附属中学校

国語解答用紙　第一回

番号　　氏名　　評点　/120

一
問一
問二　「やっと」グループ　「ついに」グループ
問三　1　2　3　4　5

二
問一　問二　問三
問四　問五
問六（50）

三
問一　問二　問三
問四（40）（50）
問五　D　E　問六
問七　1　2　3　4

四
問一　問二
問三　この詩が一番伝えたいことは、（80）（120）

五
問一
問二　①　粉骨砕心　②　無身乾燥
問三

六
1　2　3　4　5　める

（注）この解答用紙は実物を縮小してあります。200%拡大コピーをすると、ほぼ実物大の解答欄になります。

〔国　語〕120点(推定配点)

一　問1　3点　問2，問3　各2点×7　二　問1～問3　各3点×3　問4，問5　各5点×2　問6　8点　三　問1，問2　各5点×2　問3　3点　問4　8点　問5　各2点×2　問6　5点　問7　各2点×4　四　問1，問2　各3点×2　問3　10点　五　問1　3点　問2　各2点×2　問3　5点　六　各2点×5

2021年度　芝浦工業大学附属中学校

算数解答用紙　第１回　No.1

番号		氏名		評点	／120

1 (1)	(2) ②
(2) ①	

2 (1)	(2)	(3) cm	(4) 度

3 (1) 通り	(2) 月 日 時 分
(3)	(4) cm²
(5)	

A

B

C

（注）この解答用紙は実物を縮小してあります。208％拡大コピーをすると、ほぼ実物大の解答欄になります。

２０２１年度　　芝浦工業大学附属中学校

算数解答用紙　第１回　No. ２

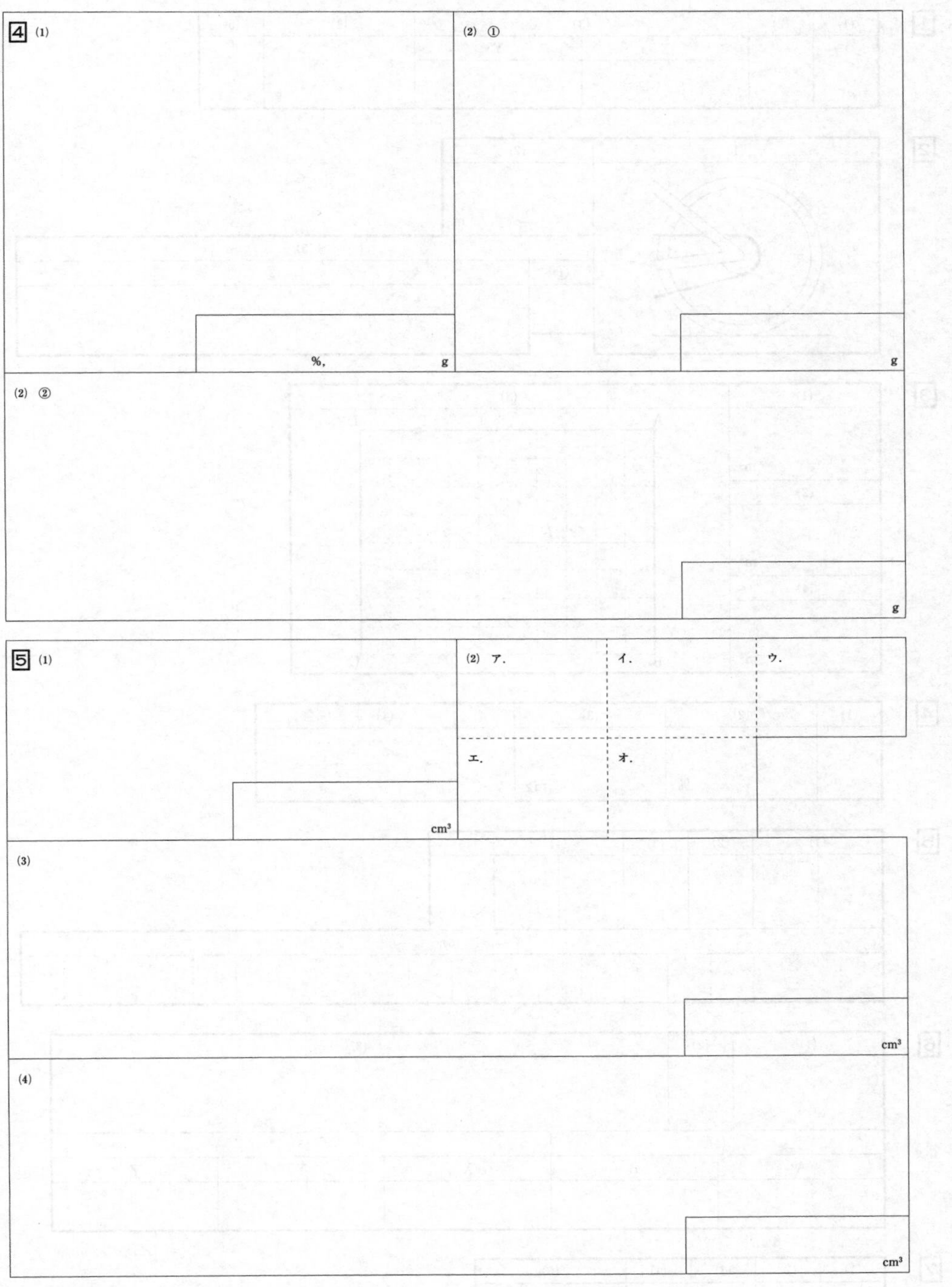

〔算　数〕120点(推定配点)

1, 2　各５点×７　3　(1)～(4)　式や考え方…各４点×4，答え…各３点×4　(5)　７点　4　式や考え方…各４点×3，答え…各４点×3<(1)は完答>　5　(1)　式や考え方…3点，答え…2点　(2)　5点<完答>　(3)，(4)　式や考え方…各４点×2，答え…各４点×2

２０２１年度　芝浦工業大学附属中学校

理科解答用紙　第１回　No.１

番号		氏名		評点	／100

1

(1)	(2)	(3)		(4)	(5)
		X	Y		
					g

2

(1)	(2)
	m

(3)	
①	②

3

(1)	(3)
m²	A　P　D ついたて B　C
(2)	
m²	
(4)	
m²	

4

(1)	(2)	(3)	(4)
	%	mg	→　→

5

(1)	(2)	(3)	(4)	(5)

(6)

6

(1)	(2)	(3)

(4)		(5)		
A	B	X	Y	Z

7

(1)	(2)	(3)	(4)	(5)

(注)　この解答用紙は実物を縮小してあります。Ｂ５→Ａ３(163%)に拡大コピーすると、ほぼ実物大の解答欄になります。

2021年度　芝浦工業大学附属中学校

理科解答用紙　第1回　No.2

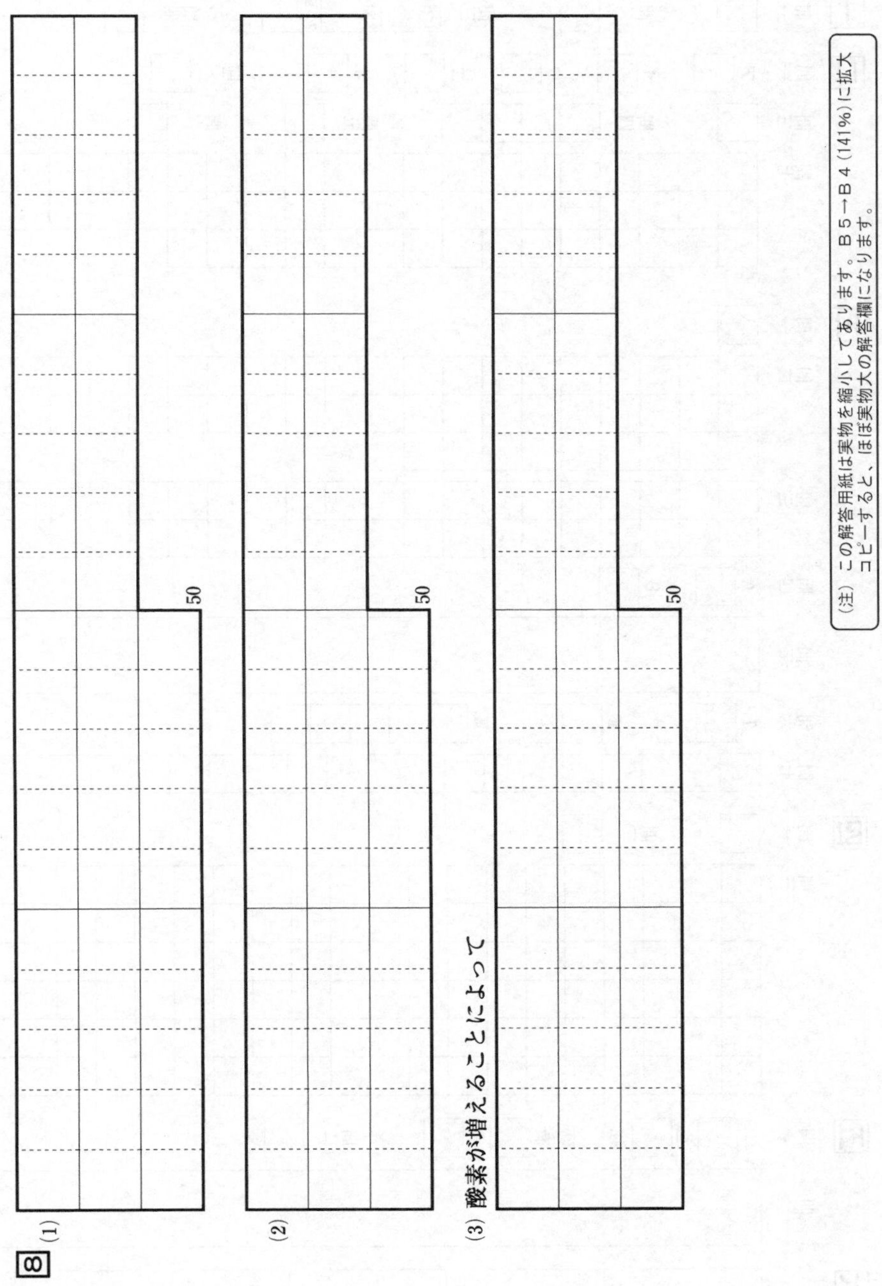

(注) この解答用紙は実物を縮小してあります。B5→B4(141%)に拡大コピーすると、ほぼ実物大の解答欄になります。

〔理　科〕100点(推定配点)

1　(1)～(3)　各2点×4　(4)　3点　(5)　2点　2　(1), (2)　各3点×2　(3)　各2点×2　3　各3点×4　4　(1)　2点　(2)～(4)　各3点×3＜(4)は完答＞　5　(1)～(5)　各2点×7　(6)　3点　6　(1), (2)　各2点×2　(3)　3点　(4)　各2点×2　(5)　3点＜完答＞　7　(1)～(4)　各2点×4　(5)　3点＜完答＞　8　各4点×3

二〇二一年度　芝浦工業大学附属中学校

国語解答用紙　第一回

番号　氏名　評点 /120

一　問一　問二　問三（1つ目・2つ目・3つ目）　問四

二　問一　ア　イ　ウ　エ　オ　問二　問三　問四　問五　問六　問七（45・55）

三　問一　問二　から。（40）　問三　問四　A　B　問五　問六　Ⅰ　Ⅱ　Ⅲ　問七　〜

四　問一　問二　問三（80・120）

五　問一　1　往　往　2　徹　徹　問二　問三

六　1　2　3　4　く　5

（注）この解答用紙は実物を縮小してあります。189％拡大コピーをすると、ほぼ実物大の解答欄になります。

〔国　語〕120点(推定配点)

一　各３点×４＜問３は完答＞　二　問１　各２点×５　問２～問６　各３点×５　問７　７点　三　問１　３点　問２　７点　問３　５点　問４　各３点×２　問５　５点　問６，問７　各３点×４　四　問１，問２　各３点×２　問３　10点　五　問１　各２点×２　問２　３点　問３　５点　六　各２点×５

2021年度　芝浦工業大学附属中学校

算数解答用紙　第2回　No.1

番号		氏名		評点	／120

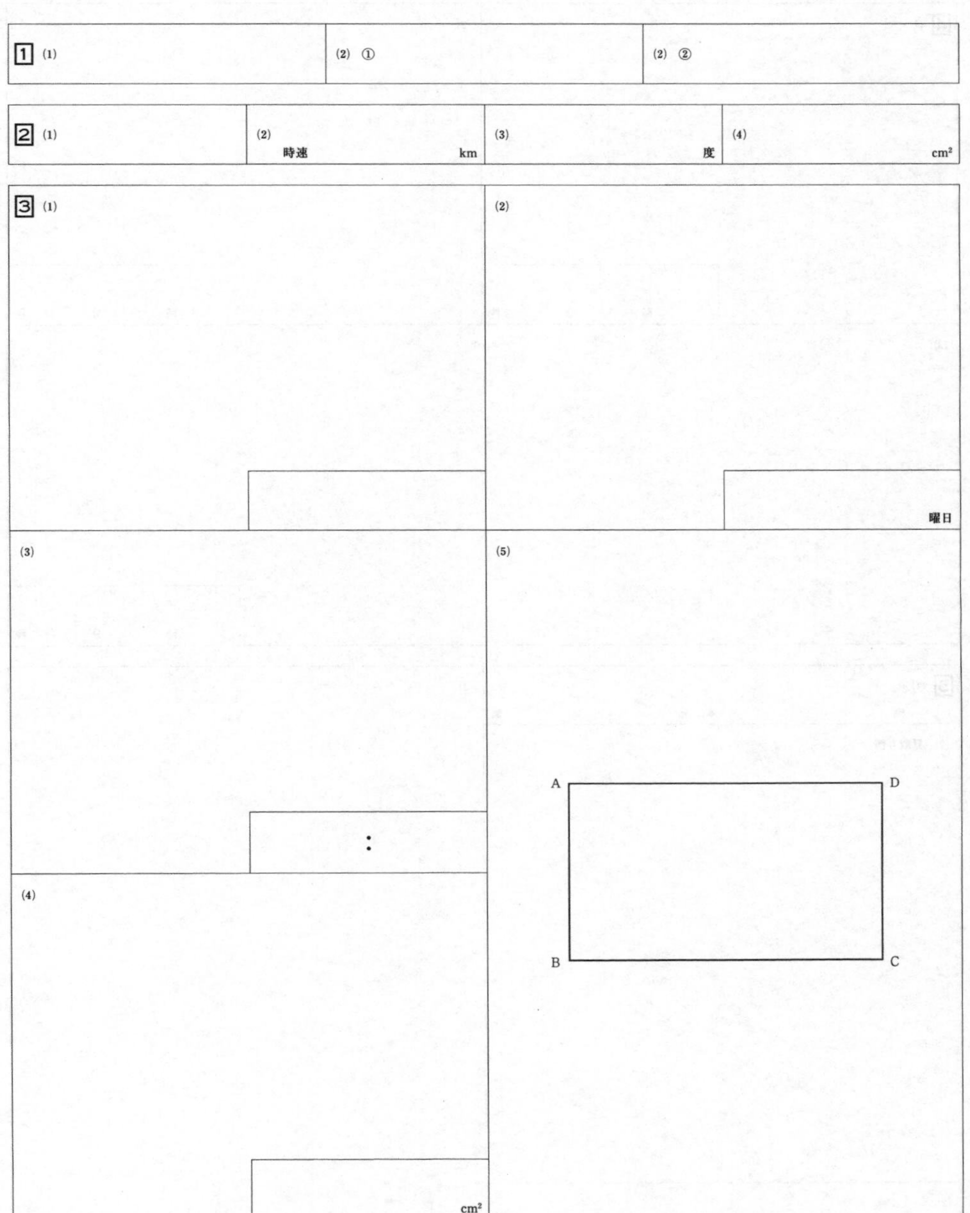

（注）この解答用紙は実物を縮小してあります。208%拡大コピーをすると、ほぼ実物大の解答欄になります。

算数解答用紙　第２回　No. 2

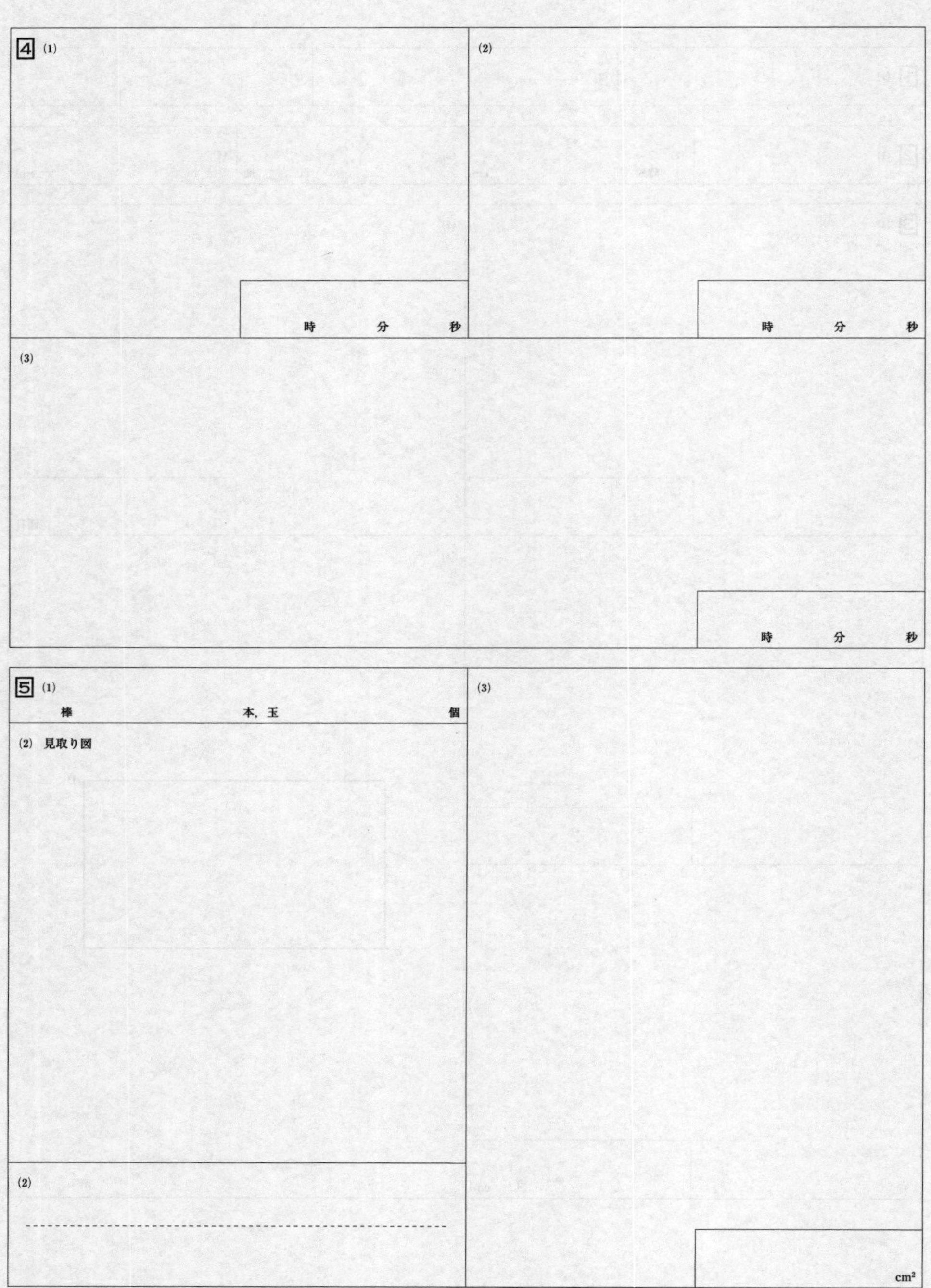

〔算　数〕120点(推定配点)

1, 2　各５点×７　3　(1)～(4)　式や考え方…各４点×4，答え…各４点×4　(5)　7点　4　(1)，(2)　式や考え方…各４点×2，答え…各４点×2　(3)　式や考え方…6点，答え…4点　5　(1)，(2)　各４点×3＜(1)は完答＞　(3)　式や考え方…4点，答え…4点

２０２１年度　芝浦工業大学附属中学校

理科解答用紙　第２回　No.１

番号		氏名		評点	／100

1

(1)	(2)	(3)	(4)

2

(1)	(2)	(3)	(4)	
	マグネシウム：銅		気体	金属
g	：	g		

(5)	
物質名	理由
	50

3

(1)	(2)	(3)		(4)
		①	②	

4

(1)	(2)	(3)	(4)
cm	倍	cm	回目

5

(1)		(2)	(3)	(4)	(5)
溶質	溶媒				

6

(1)	(2)		(3)	(4)
	A子	B太		
			と	重力の向き

7

(1)		(2)	(3)	(4)	(5)
北	西				
					→ → →

（注）この解答用紙は実物を縮小してあります。Ｂ５→Ａ３（163%）に拡大コピーすると、ほぼ実物大の解答欄になります。

２０２１年度　芝浦工業大学附属中学校

理科解答用紙　第２回　No.２

8

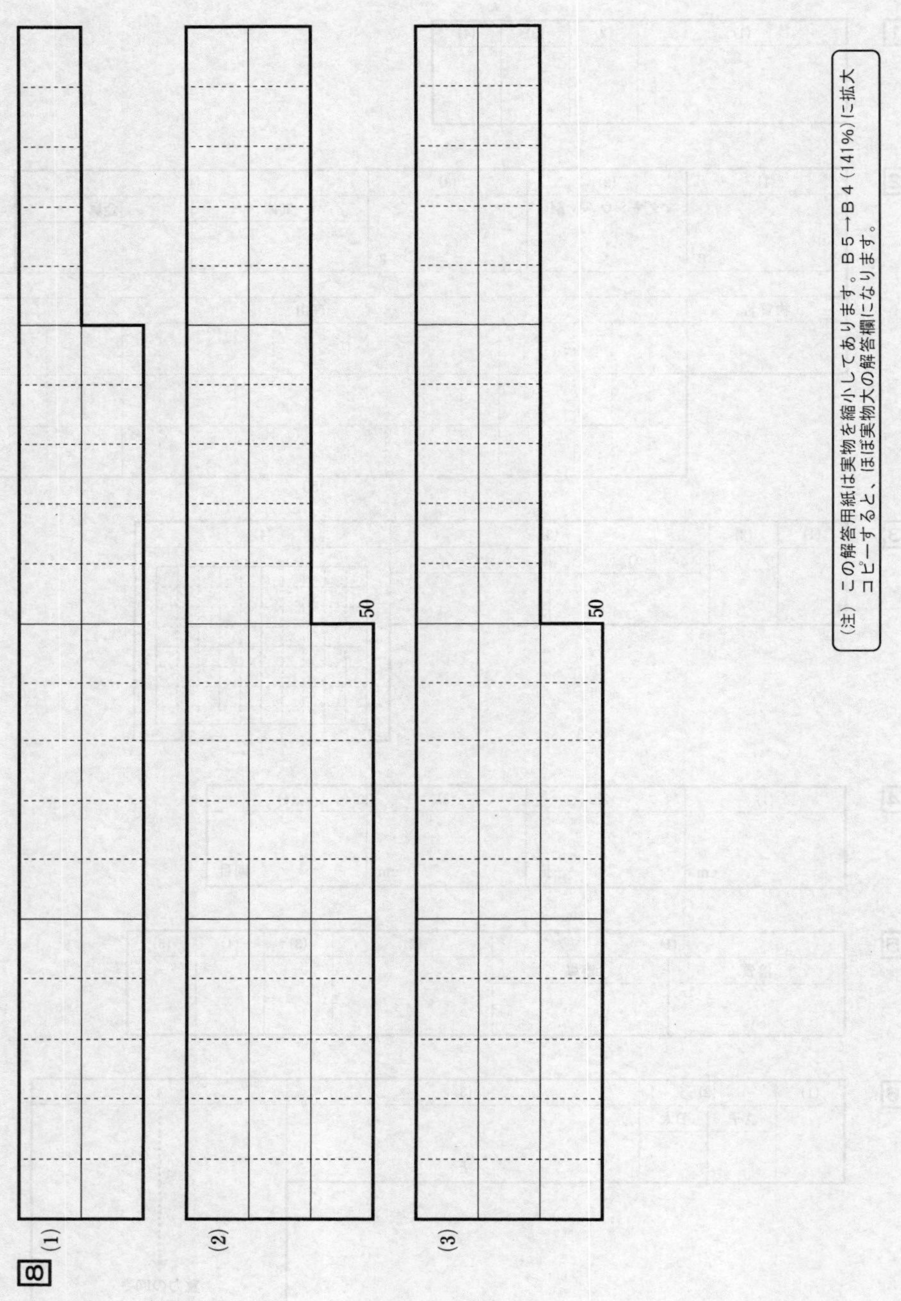

（注）この解答用紙は実物を縮小してあります。B５→B４（141%）に拡大コピーすると，ほぼ実物大の解答欄になります。

〔理　科〕100点（推定配点）

1　各２点×４　2　(1)　２点　(2)，(3)　各３点×２　(4)　各２点×２　(5)　物質名…２点，理由…３点　3，4　各３点×９　5　(1)，(2)　各３点×２＜(1)は完答＞　(3)～(5)　各２点×３　6　(1)，(2)　各２点×３　(3)，(4)　各３点×２＜(3)は完答＞　7　(1)　３点＜完答＞　(2)～(4)　各２点×３　(5)　３点＜完答＞　8　各４点×３

二〇二二年度　　芝浦工業大学附属中学校

国語解答用紙　第一回　　番号　　氏名　　評点 ／120

一　問一　問二

二　問一　問二

問三　だから、（20）

問四　A　B　C　D

問五　問六　問七

三　問一　(1)　(2)

(3)（40）

問二　A　B　問三

問四（50）

問五　ア　イ　ウ　エ　オ

四　問一　①　②　③　④　⑤

問二　①　②　③　④　⑤

問三　選んだ俳句の番号

（80）（120）

五　問一　1　平無　2　一貫　問二

問三

六　1　2　3　4　く　5

（注）この解答用紙は実物を縮小してあります。192%拡大コピーをすると、ほぼ実物大の解答欄になります。

〔国　語〕120点(推定配点)

一　各３点×２　二　問１，問２　各３点×２　問３　５点　問４〜問７　各３点×４＜問４は完答＞　三　問１　(1)，(2)　各３点×２　(3)　７点　問２，問３　各３点×３　問４　７点　問５　各２点×５　四　問１，問２　各２点×10　問３　10点　五　問１　各２点×２　問２　３点　問３　５点　六　各２点×５

２０２０年度　芝浦工業大学附属中学校

算数解答用紙　第１回　No.１

番号		氏名		評点	／120

1 (1)	(2)	(3)
(4) 分　秒	(5) 通り	(6) cm²

2 (1) 10円玉　枚，50円玉　枚，100円玉　枚	(2) 月　日　曜日
(3) 時　分	(4) 度
(5) cm²	(6)

（注）この解答用紙は実物を縮小してあります。192％拡大コピーすると、ほぼ実物大で使用できます。（タイトルと配点表は含みません）

２０２０年度　　芝浦工業大学附属中学校

算数解答用紙　第１回　No.２

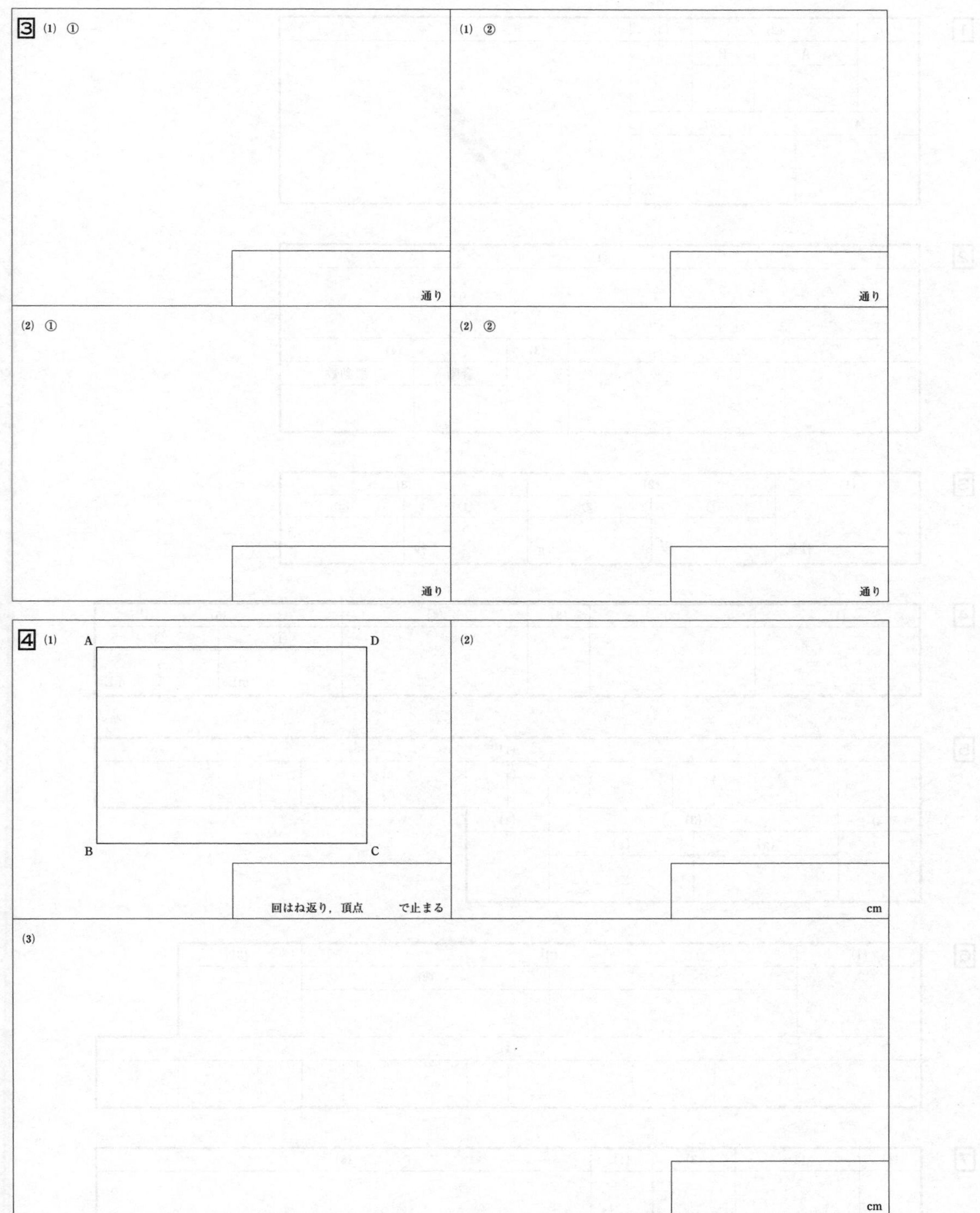

〔算　数〕120点(推定配点)

1　各５点×６　2　各７点×６　3　(1)　各４点×２　(2)　各８点×２　4　各８点×３<(1)は完答>

２０２０年度　芝浦工業大学附属中学校

理科解答用紙　第１回　No.１

番号		氏名		評点	／100

1

(1)	(2) A	(2) B	(3)	(4)	(5)	(6)
					%	

2

(1)	(2)	(3)	(4) 音階	(4) 振動数

3

(1)	(2) ①	(2) ②	(3) ①	(3) ②
秒後	秒	g	秒	g

4

(1)	(2)	(3)	(4)	(5) ①	(5) ③
				mL	mL

5

(1)

(2)	(3) (a)	(3) (c)	(4)

6

(1)	(2) ①	(2) ②	(3)

(4)

7

(1)	(2)	(3)	(4)	(5)
		cm		

（注）この解答用紙は実物を縮小してあります。Ａ３用紙に154％拡大コピーすると、ほぼ実物大で使用できます。（タイトルと配点表は含みません）

2020年度　芝浦工業大学附属中学校

理科解答用紙　第1回　No.2

(注) この解答用紙は実物を縮小してあります。B4用紙に133%拡大コピーすると、ほぼ実物大で使用できます。(タイトルと配点表は含みません)

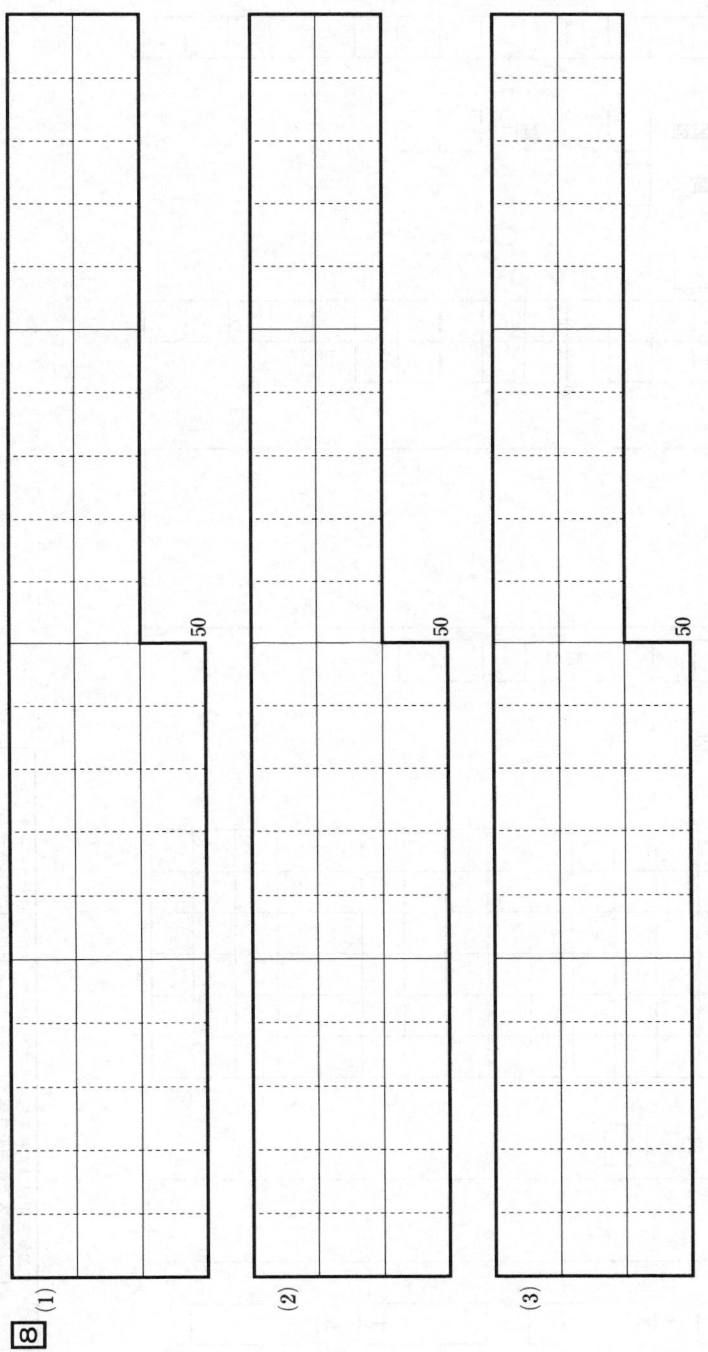

〔理　科〕100点(推定配点)

1, 2　各2点×12　3　各3点×5　4　(1)～(4)　各3点×4＜(2)は完答＞　(5)　各2点×2　5　(1)　3点　(2)～(4)　各2点×4　6　(1)～(3)　各2点×4＜(2)は各々完答＞　(4)　3点　7　(1)～(4)　各2点×4　(5)　3点　8　各4点×3

二〇二〇年度　芝浦工業大学附属中学校

国語解答用紙　第一回

番号　　氏名　　評点 ／120

一　問一　問二　問三　問四　問五　問六　問七　問八

二　問一　問二 A　B　問三　30　問四　問五　問六　問七

三　問一　問二　問三　問四　問五　問六　80　120

四　問一　問二　問三　問四

五　1 らす　2　3　4 す　5

（注）この解答用紙は実物を縮小してあります。175%拡大コピーすると、ほぼ実物大で使用できます。（タイトルと配点表は含みません）

〔国　語〕120点（推定配点）

一　問1　7点　問2～問6　各3点×5　問7，問8　各4点×2　二　問1，問2　各3点×3　問3　7点　問4　3点　問5　10点　問6，問7　各5点×2　三　問1～問5　各3点×5　問6　10点　四　問1～問3　各3点×3　問4　7点　五　各2点×5